MODERNS DEPARTMENT
NOTRE DAME S.S.
2333 HEADON FOREST DR.
BURLINGTON, ONTARIO

Les religions de l'humanité

Les religions de l'humanité

Michel MALHERBE

CRITÉRION
11, rue Duguay Trouin. 75006 PARIS

L'auteur exprime sa reconnaissance à tous ceux qui ont bien voulu relire certains chapitres de son manuscrit, en particulier :

— Jean-Yves CALVEZ
— Jean CHEVALIER
— Cheikh SALL
— Bernard DUPIRE
— Benoît GNAMBODE
— Abraham PINTO
— André PAUL

Du même auteur :

Les langages de l'humanité, éditions Seghers-Robert Laffont (1983).
Traduction en italien chez Sugarco, Milan (1984).
Édition élargie dans la collection « Bouquins » prévue en 1992.

En coopération :

Parlons coréen, éditions de l'Harmattan (1986).
Parlons hongrois, éditions de l'Harmattan (1988).
Parlons wolof, éditions de l'Harmattan (1989).

© CRITERION, Paris, 1990
ISBN 2-903702-29-2
Dépôt légal : septembre 1990
1ère Édition

PRINCIPAUX FONDATEURS OU RÉFORMATEURS DE RELIGIONS
(ordre chronologique)

ABRAHAM (monothéisme)	vers 1850 av. J.-C.
MOÏSE (judaïsme)	vers 1250 av. J.-C.
ZOROASTRE (zoroastrianisme)	650-583 av. J.-C.
LAO ZI (taoïsme)	605-520 av. J.-C.
BOUDDHA (bouddhisme)	563-483 av. J.-C.
CONFUCIUS (confucianisme)	551-479 av. J.-C.
MAHAVIRA (jaïnisme)	540-468 av. J.-C.
JÉSUS-CHRIST (christianisme)	−4+30
MAHOMET (islam)	570-632
NICHIREN (bouddhisme japonais)	1222-1282
NANAK (sikhisme)	1469-1539
LUTHER (luthéranisme)	1483-1546
HENRI VIII (anglicanisme)	1491-1547
CALVIN (calvinisme)	1509-1564
JOSEPH SMITH (mormons)	1805-1844
MIRZA ALI MUHAMMAD dit le BAB (bahaïsme)	1819-1850
GHULAM AHMAD (ahmadisme)	1835-1906
Charles TAZE RUSSEL (témoins de Jéhovah)	1852-1916
Simon KIMBANGU (kimbanguisme)	1887-1951

PRINCIPAUX FONDATEURS OU RÉFORMATEURS DE RELIGIONS
(ordre chronologique)

Dates					
-500 — 0 — 500 — 1000 — 1500	JUDAÏSME ———————————————————————————— CHRISTIANISME ———————— 　Orthodoxie 　　Catholicisme 　　　Protestantisme 　　　Anglicanisme ISLAM —— 　Sunnisme 　Chiisme	**Religions monothéistes**			
	ZOROASTRIANISME —————————————— SIKHISME —	**Religions de transition**			
	HINDOUISME —————————————————— 　Brahmanisme 　Jaïnisme ANIMISME ————————————————————— 　Vaudou ——— TAOÏSME ———————————————— SHINTOÏSME ———————————	**Religions polythéistes**			
	BOUDDHISME ——————— 　Tantrisme (Vajrayana) 　Grand véhicule (Mahayana) 　Petit véhicule (Theravada)	**Religions philosophiques**			

Prologue

« Dieu est mort » a dit Nietzsche. « Le XXIe siècle sera religieux ou ne sera pas » a dit Malraux.

Qu'on croie ou non en Dieu, la préoccupation de l'infini, le sens de la vie, les raisons de l'injustice et de la souffrance, l'espoir de subsister après la mort, restent des constantes plus ou moins diffuses de l'esprit humain.

Chacun s'accommode finalement de la vie en se forgeant une philosophie, le plus souvent conditionnée par les grands courants de pensée qui ont traversé l'humanité. L'homme peut être ainsi libre-penseur, adepte d'une religion ou d'une philosophie établie, ou se situer quelque part entre ces attitudes mais plus d'un homme sur deux dans le monde déclare ou admet croire en un Dieu, parfois en plusieurs divinités.

Cette croyance, plus ou moins structurée, est souvent si vive qu'elle apparaît à celui qui la partage comme le fait le plus essentiel de son existence. Pour d'autres, plus nombreux, il s'agit d'une option de nature presque philosophique qui reconnait l'existence d'un créateur lointain et mal défini.

Souvent, la croyance en Dieu s'articule autour d'une religion dont la doctrine est rigoureusement précisée. Chez d'autres, la croyance en Dieu est une affaire personnelle qui ne se traduit par aucune manifestation apparente.

En tout cas, le phénomène religieux tient une place majeure dans l'humanité et il a profondément marqué la culture de tous les peuples.

Les programmes scolaires, exagérément chargés par ailleurs, ne laissent généralement qu'une place insignifiante, dans les cours de philosophie, à une réflexion sur un sujet où l'Etat veut conserver, à juste titre, une stricte neutralité. Ce qui est moins normal, et même profondément criticable, c'est que cette neutralité se traduise par de l'ignorance. Le résultat en est une incapacité des Français à bien comprendre les cultures des peuples étrangers.

Aujourd'hui que nos préoccupations et nos activités nous portent loin de nos frontières et de notre univers culturel familier, le manque de connaissance des religions et des cultures qu'elles véhiculent est plus que regrettable, il est profondément dommageable, il contribue à notre exécrable chauvinisme qui fait tant sourire les étrangers, il nuit également à la qualité de nos relations politiques et économiques.

C'est pour briser le mur d'indifférence condescendante que nous élevons autour de notre hexagone, que ce livre est écrit.

A cet égard, il complète « Les langages de l'humanité », édité chez Seghers en 1983. Il est conçu dans le même esprit : c'est un ouvrage de vulgarisation, traité comme un travail de journaliste et écrit dans la langue de tous les jours.

Des montagnes d'ouvrages ont été écrits sur chacune des religions et il peut paraître hautement prétentieux de rassembler en un seul livre l'essentiel de ce qui est important dans ce domaine. L'entreprise est d'autant plus périlleuse que la spiritualité d'une religion est souvent fort éloignée de l'image que l'histoire retient de sa pratique.

Ainsi, par exemple, l'image que se font les musulmans des chrétiens et réciproquement est généralement celle de l'intolérance. Les uns voient le christianisme au travers de l'inquisition et des croisades dont ils ont été les victimes, les autres voient l'Islam comme une hégémonie guerrière arrêtée jadis à Poitiers, à Vienne ou à Lépante, mais prête à menacer à nouveau sous la houlette d'un mahdi ou d'un ayatollah.

Il est incontestable que les pouvoirs politiques ont toujours cherché à récupérer les forces spirituelles à leur profit et, trop souvent, les chefs spirituels se laissent aller à une compromission avec le pouvoir pour des motifs parfois ambigus, parfois détestables.

Mélanger ce qui dans une religion est du ressort de sa nature ou du message qu'elle transmet, avec l'usage que les hommes en font est difficile à éviter.

L'historien, en particulier, analyse les faits tels qu'ils se sont déroulés et il se trouve ainsi amené à imputer à une religion ou à une philosophie ce qu'ont fait les personnages historiques qui se sont abrités derrière elle. Le comportement des rois dits « très chrétiens » se compare difficilement à celui des moines des monastères de la chrétienté et l'alliance du sabre et du goupillon n'a rien de commun avec la parole du Christ : « rendez à César ce qui est à César et à Dieu ce qui est à Dieu ».

Si l'on veut tenter de débarrasser les religions des manipulations constantes que les pouvoirs politiques ou économiques leur ont fait subir pour saisir la nature profonde de leur spiritualité, on est naturellement amené à limiter l'importance de l'analyse historique. C'est la démarche que nous avons tentée ici.

Bien sûr, il n'est pas question d'ignorer les compromissions que les représentants de chaque religion ont pu accepter, de gré ou de force, avec des intérêts fort éloignés des principes auxquels ils auraient dû se référer. Nous insisterons cependant bien davantage sur ce qu'est, en profondeur, dans sa pureté, chacun des grands courants spirituels.

Le but auquel nous tendons est de faire percevoir, sans les mélanger dans

Prologue

un quelconque syncrétisme, sur quelles valeurs et quelles pratiques ces courants spirituels sont fondés.

Les peuples étrangers que nous rencontrons vivent selon leur système de valeurs, ils s'expriment dans des langues porteuses d'une autre civilisation où les nuances de la pensée ne sont pas les nôtres.

Notre contact avec ces peuples reste généralement superficiel, nous portons sur eux des jugements qui se réfèrent à notre culture et nous saisissons mal en quoi consistent les particularités de leur vie sociale, économique ou politique.

Parmi les facteurs les plus importants qui modèlent une civilisation, on ne peut négliger la religion.

L'homme le plus athée affirme implicitement son athéisme par rapport à l'univers religieux de la société où il vit. L'athée d'un pays d'Islam ne sera pas athée comme un Espagnol, un Russe ou un Américain.

Il y a, en fait, un substrat religieux à chaque civilisation dont la compréhension éclaire indubitablement la culture prise dans son sens le plus large.

Dernière difficulté, et non la moindre, ce livre cherche à être objectif, c'est à dire que nous nous efforcerons de présenter chaque religion de la manière dont la perçoit de l'intérieur l'un de ses adeptes. Mais ce livre n'est pas neutre ; nous ne souhaitons pas peindre un tableau dont on apprécierait la composition ou la facture. Notre but est de provoquer une réflexion sur l'homme dans sa diversité qui permette à chacun d'être plus conscient de ses choix en comprenant mieux les autres.

Comment aborder un sujet d'une telle ampleur ? La méconnaissance de ce qu'est la vie spirituelle est de plus en plus générale, au point que certains sont prêts à la confondre avec le spiritisme, la magie ou toute autre pratique mystérieuse.

Bien des hommes du XXe siècle croient en un Dieu mais les rapports avec ce Dieu peuvent être d'intimité, de respect, de frayeur ou d'indifférence. Souvent Dieu est considéré comme une invention commode de l'homme, utile pour dominer ses craintes, fuir ses responsabilités ou expliquer l'incompréhensible.

Notre première démarche consistera à recenser les différentes attitudes que l'homme adopte en réfléchissant à sa position dans le monde. Nous verrons combien ces attitudes sont diverses et ramifiées mais ont cependant souvent en commun la recherche d'une explication de l'Univers, de l'origine et de la finalité de l'homme qui conduisent à des conclusions relativement peu nombreuses concernant la croyance ou non en un Dieu, les règles de la vie en société etc.

Le phénomène d'existence des religions étant ainsi mieux situé, nous présenterons les différentes religions en nous efforçant de les voir de l'intérieur. Cette partie est volontairement limitée à ce que nous estimons essentiel c'est-à-dire que les faits historiques ne seront évoqués que dans la mesure où ils sont utiles pour comprendre le message d'une religion.

Nous constaterons que la limite est difficile à tracer nettement entre religion et philosophie. La religion donne une conception du monde reliée — c'est le sens originel de religion — à l'idée de Dieu, alors que la philosophie est une conception du monde tout court. Il y a donc une philosophie chrétienne et une philosophie marxiste; il y a une religion chrétienne mais pas de religion marxiste au sens propre. Certains courants de pensée comme le bouddhisme sont en fait des philosophies, bien que, très souvent, il existe un culte qui justifie de les assimiler à des religions.

Nous prendrons le mot religion dans un sens large qui nous amènera à dire aussi quelques mots de philosophies qui donnent une explication globale de l'univers, même en excluant nettement l'idée de Dieu, comme le marxisme.

Pour permettre au lecteur une meilleure vue d'ensemble de cette partie, forcément assez longue car elle est de nature essentiellement descriptive, nous présenterons ensuite quelques chapitres de comparaison qui feront ressortir les ressemblances et différences les plus remarquables. Nous y traiterons de thèmes tels que le sacré, la prière, les rites, le surnaturel, la morale, le pouvoir religieux etc. Nous évoquerons également l'évolution des religions telle que nous la percevons.

L'ensemble de cette partie brossera un tableau, nécessairement incomplet, des formes que prend ce qu'on appelle la vie spirituelle de l'homme.

La dernière partie cherche à provoquer la réflexion du lecteur en fonction des données précédemment présentées. Elle montre le cheminement hésitant de l'homme à la recherche du bonheur, précaire équilibre entre sa volonté et sa nature et le rôle que les religions prétendent jouer à cet égard.

Chacun tirera évidemment ses propres conclusions des faits et de l'interprétation qui en est donnée. Il nous a paru cependant utile de terminer par quelques pages qui constituent notre réflexion au terme de ce long travail, notamment en ce qui concerne le caractère plus ou moins performant des religions. Peu importe que le lecteur y adhère ou non, notre espoir est qu'il reconnaisse que ce livre est fait par et pour l'Amour dont l'homme expérimente la force créatrice dès sa naissance.

1ᵉʳᵉ PARTIE

L'homme dans le monde

Place de l'homme dans le monde

Le prodige de la vie

Ce qu'il y a de plus extraordinaire dans l'homme, c'est son existence même. Evidemment, nous y sommes habitués et nous ne nous étonnons plus de notre présence sur terre.

A vrai dire, depuis le temps que des hommes naissent, vivent et meurent, rien ne nous semble plus naturel que de côtoyer ces bipèdes pensants qui posent généralement bien d'autres problèmes que celui de leur existence.

Déjà la vie elle-même, sous sa forme végétale ou animale la plus simple, est un prodige qui tient à un concours de circonstances exceptionnelles.

Aucune vie n'existe sans molécules complexes, c'est-à-dire associant d'une façon rigoureuse un nombre considérable d'atomes d'espèces différentes. Ces arrangements d'atomes ne peuvent se constituer et rester stables que si la température environnante n'est ni trop froide ni trop chaude.

Première chance, la Terre est juste à bonne distance du Soleil, ni trop près, ni trop loin, pour qu'on puisse avoir de telles températures. Ceci exige que la Terre tourne autour du Soleil à une vitesse bien précise: plus vite, elle s'éloignerait et tout gèlerait, plus lentement, nous nous rapprocherions du Soleil et serions grillés.

Deuxième chance, la Terre tourne sur elle-même. Si, comme c'est le cas de la lune qui présente toujours la même face à la Terre, la Terre montrait toujours la même face au Soleil, un côté serait brûlé et l'autre glacé. En outre, l'inclinaison de l'axe de la Terre permet les saisons et donc des cycles qui coïncident avec ceux du développement des plantes.

La vie dépend donc d'un mécanisme d'horlogerie d'une précision tout à fait comparable à celle que nécessitent les lancements de satellites. Mais ce que la science la plus moderne vient tout juste de réussir à petite échelle n'est qu'une imitation de l'incroyable ballet des planètes autour du Soleil.

Autre constatation qui va à l'encontre de notre expérience sensible: la science nous apprend que l'Univers est une immensité de vide où la matière est une exception. Ceci est également vrai pour un atome de matière qui est une sorte de petit système solaire avec son noyau-soleil et ses électrons-satellites : dans l'atome la matière n'occupe qu'une infime partie du volume de l'ensemble.

Dans ces conditions, n'est-il pas prodigieux qu'aient pu se constituer ces molécules complexes rassemblant dans un ordre précis autant d'atomes relativement peu fréquents ?

Que la matière ait pu s'organiser dans des espaces aussi vides est également une cause de stupéfaction.

Et, par-dessus tout, comment ces incroyables molécules complexes ont-elles pu s'assembler pour constituer des ensembles vivants, des espèces différentiées, susceptibles de se reproduire et de se perfectionner ?

Du point de vue des probabilités, chacun des phénomènes de la nature que nous venons de survoler n'avait que d'infimes chances de se produire mais que l'ensemble de ces phénomènes ait pu apparaître est infiniment plus étonnant et improbable. Par comparaison, tirer un carré d'as en prenant quatre cartes au hasard dans un jeu de 52 ne se produit qu'environ une fois sur 250 000 mais, réussir ce tirage deux fois de suite n'arrive qu'une fois sur 62 milliards. Il est plus que troublant de constater la quantité de hasards favorables qui ont dû s'accumuler le long des siècles pour que puissent se réaliser les conditions d'apparition de la vie.

Quant à la vie elle-même, nous ne savons pas encore très bien ce qu'elle est !

Enfin, à l'extrémité de cette chaîne d'invraisemblances, on trouve l'homme qui, invraisemblance suprême, a la faculté supplémentaire de penser.

D'autres planètes semblables à la nôtre en ce qui concerne les conditions d'apparition de la vie peuvent-elles exister dans l'Univers ? Bien sûr, et vraisemblablement un grand nombre : notre soleil n'est qu'une des étoiles parmi les milliards que comporte notre galaxie et cet énorme amas d'étoiles n'est que l'un parmi quantité d'autres que nous arrivons à repérer dans l'Univers. Même si, comme on l'a vu, les conditions dont nous bénéficions sont exceptionnelles, il y a un tel nombre d'étoiles de tous types, à toutes les phases de leur vie, que la probabilité d'un autre miracle analogue au nôtre est loin d'être négligeable.

Malheureusement, cette constatation ne nous sert pas à grand-chose. En effet, si nous pouvons voir les étoiles éloignées, il est impossible de distinguer les éventuelles planètes qui tournent autour ; nous sommes pour de longues années encore incapables de recevoir des signaux de telles planètes.

Bien plus grave est l'obstacle du temps : les distances en cause sont telles que le message que nous serions susceptibles de recevoir remonterait à des temps très lointains.

Pour une étoile moyennement « proche » de notre galaxie située, disons, à

1000 années-lumière, la lumière reçue aujourd'hui a été, par définition, émise il y a 1000 ans[1]. Ceci exclut toute conversation avec d'éventuels habitants d'une planète tournant autour de cette étoile puisque notre réponse arriverait encore 1000 ans plus tard[2].

Le problème serait le même si nous envisagions de nous rendre sur place. Même en voyageant à la vitesse de la lumière, ce que nous ne savons pas faire et ce qui est un maximum absolu indépassable, il faudrait 1000 ans pour le voyage aller et autant pour le retour. C'est dire que ces mondes sont définitivement hors de notre portée. On peut donc imaginer tout ce qu'on veut : des mondes parfaitement différents de ce qui existe sur terre aussi bien que des planètes peuplées d'hommes semblables à nous ; ce qui est sûr, c'est que, même si nous avons un jour la preuve de leur existence, nous n'aurons aucune possibilité de communication utile avec eux.

A cela s'ajoute un phénomène auquel on ne pense généralement pas : la science nous apprend que l'ensemble de l'Univers provient d'une explosion originelle unique qui a eu lieu il y a environ 15 milliards d'années[3]. Que les étoiles soient vieilles ou jeunes, toutes procèdent du même feu d'artifice initial. Le temps d'évolution nécessaire pour l'apparition de la vie et son perfectionnement ultime n'est donc pas d'un ordre de grandeur très différent d'une planète à l'autre. Il est ainsi peu vraisemblable que la vie ait pu, sur d'autres planètes, disposer d'un temps significativement plus long que sur la Terre pour atteindre des stades d'évolution beaucoup plus avancés... à moins que, par un miracle supplémentaire, les hésitations de l'évolution des espèces aient été remplacées ailleurs par un chemin tout droit et sans aspérités, ce que nous n'avons aucune chance de savoir.

Le prodige de la pensée

Revenons à ce prodige qu'est l'existence de la pensée. Même si l'organisation spontanée de la matière aboutissait, par tâtonnements successifs, à des structures permettant son développement, comment a-t-elle pu parvenir à s'organiser pour dépasser son objet initial, c'est-à-dire la survie ?

Qu'un poisson dont l'étang s'assèche petit à petit finisse par transformer ses branchies en poumons et ses nageoires en pattes, soit, mais pourquoi le cerveau de cet animal se préoccuperait-il d'autre chose que de marcher au lieu de nager et de chasser au lieu de pêcher ?

Toute l'histoire des espèces montre que les cerveaux sont adaptés à l'existence qu'ils mènent, sans plus.

Or le cerveau humain est capable d'infiniment plus : il peut analyser sa propre pensée, imaginer ce qu'il n'a pas connu, orienter au moins partiellement son évolution, et faire des choix porteurs d'avenir à long terme.

La pensée nous libère, en quelque sorte, du temps : elle peut retourner vers le passé ou s'élancer vers l'avenir. Les animaux aussi ont une mémoire et ils sont également capables d'exploiter leur expérience passée pour imaginer l'avenir immédiat. Mais les possibilités du cerveau humain transcendent tout ce que le règne animal a produit, grâce notamment à un pouvoir de communication extrêmement diversifié.

Si nous sommes dotés d'un instrument aussi prodigieux, qu'allons-nous en faire ? Quelle évolution ultérieure pourrons-nous atteindre ?

Aurons-nous la possibilité de comprendre beaucoup plus que ce que nos sens nous proposent ? Y a-t-il des domaines encore peu connus où nous pourrons nous élancer ?

Les progrès de notre espèce auront-ils des limites ?...

Ces questions excitantes, quoiqu'un peu théoriques, sont le fruit de l'incroyable appétit de connaissances que nous ouvre notre pensée.

Mais les progrès de l'humanité ne sont pas le fait d'un bouillonnement désordonné des idées. Nos raisonnements s'organisent selon des méthodes que nous appelons scientifiques où la rigueur se marie à l'imagination. Ainsi, par étapes successives, nous comprenons mieux le monde où nous sommes et agissons sur lui.

Souvent, la seule invention d'un mot ou d'un symbole fait considérablement avancer la science : par exemple, le passage des chiffres romains aux chiffres arabes que nous employons aujourd'hui a bouleversé les opérations arithmétiques — allez donc faire une multiplication avec des chiffres romains ! De même, les inventions du zéro, des signes des quatre opérations, du symbole de la racine carrée, représentent chacune un progrès décisif pour des recherches ultérieures d'où est sorti finalement notre progrès matériel.

Mais la caractéristique la plus frappante de la façon dont progresse notre connaissance est notre capacité à former des hypothèses pour expliquer les phénomènes de la nature : notre imagination a d'abord l'intuition d'une explication, elle la formalise par une hypothèse que l'on confronte ensuite à la réalité. Si elle se révèle satisfaisante, on s'efforce d'en tirer des conclusions pour mieux agir sur la nature. Si l'hypothèse se révèle insuffisante ou fausse, une autre la remplace qui reflète mieux la réalité et permet d'avancer dans notre compréhension du monde.

Devant l'obstacle que constitue pour notre esprit l'accumulation des invraisemblances qui aboutissent à notre existence sur cette terre, il est dans la ligne de la pensée scientifique de faire l'hypothèse d'une volonté organisatrice de l'Univers.

Bien avant que la science soit ce qu'elle est, cette hypothèse a toujours été enfouie dans d'obscurs recoins du cerveau humain : celle d'un Dieu créateur.

[1] Rappelons que le diamètre de notre galaxie est d'environ 100.000 années-lumière, c'est-à-dire qu'à raison de 300.000 kilomètres par seconde elle mettrait 100.000 ans pour le parcourir. Il y a environ 200 milliards d'étoiles dans notre galaxie et l'on a recensé plus de 200.000 galaxies dans l'Univers. Les plus proches galaxies, le Sagittaire et la Vierge sont à 500.000 et 6 millions d'années-lumière.

[2] Il est évidemment exclu de trouver une vie élaborée dans le système solaire ailleurs que sur la terre pour les raisons de température vues plus haut.

[3] C'est la théorie du « Big-Bang » qui ne fait pas encore l'unanimité des savants.

L'hypothèse d'un Dieu créateur

Comme dans le cas d'innombrables autres hypothèses scientifiques, remplacer notre incapacité à comprendre pourquoi nous sommes sur cette terre et ce que nous y faisons par le concept d'un Créateur qui l'a voulu ainsi ne semble ni génial ni susceptible de changer grand-chose à notre vie.

Quand, au début du XIXe siècle, des savants comme Ampère, Faraday ou Oersted faisaient leurs premières expériences avec l'électricité, personne n'imaginait que le monde pourrait être un jour menacé par une panne de courant généralisée.

Quand, au début du XXe siècle, Pierre et Marie Curie se lançaient dans l'exploration des phénomènes de radio-activité, ils ne pensaient pas à la bombe atomique ni à la bombe au cobalt.

L'hypothèse d'un Dieu créateur réserve aussi des surprises. En ce qui concerne l'organisation de l'univers et son évolution, elle n'apporte pas, jusqu'ici, d'avantages ni d'ailleurs d'inconvénients: que l'univers soit créé ou qu'il soit par hasard ce qu'il est, cela ne change pas fondamentalement la science physique ou astronomique. Les savants, croyants ou incroyants, en sont au même point: ils travaillent.

C'est, de façon très inattendue, dans le domaine des sciences humaines que l'hypothèse est extraordinairement féconde.

En effet, que le monde, et nous avec, soit voulu tel qu'il est, pose de façon radicalement différente la question de notre existence et apporte des éléments d'explication à des phénomènes jusqu'alors observables mais inexplicables.

Notre évolution personnelle et celle de notre espèce apparaissent dorénavant orientées, aimantées, par cette évolution cosmique avec laquelle elles sont cohérentes. Pour dire les choses plus simplement, si le monde est créé, nous le sommes aussi. Nous sommes liés à la création et nous ne sommes pas sur terre par hasard.

Mais, bien sûr, l'hypothèse de ce Dieu ne peut, à elle seule, apporter davantage de réponse. Elle légitime seulement, et c'est déjà beaucoup, l'existence des religions, car, si Dieu existe, rien n'interdit de le chercher alors que s'il n'existait pas ce serait un exercice dénué de tout sens[1].

Est-ce à dire qu'on ne peut pas faire une autre hypothèse, athée, celle de l'absence d'un dieu quelconque? Pourquoi pas, il est parfaitement légitime de supposer qu'il n'y a rien, mais on ne fait alors que constater l'incompréhensible, comme les Gaulois constataient l'existence de la foudre, sans rien expliquer.

On est parfaitement libre de faire une hypothèse ou de n'en pas faire. Constatons seulement que la science se nourrit d'hypothèses et que refuser la légitimité d'étudier celle d'un dieu créateur n'est pas une attitude scientifique, c'est une attitude doctrinaire.

Ce Dieu créateur auquel on peut penser comme hypothèse scientifique s'est aussi imposé comme explication du monde à l'esprit d'hommes appartenant à toutes les cultures.

Chacun sait qu'il n'a été nullement nécessaire d'attendre des savants ni des philosophes patentés pour que l'idée de Dieu naisse dans l'esprit humain. Les sociétés primitives que l'on connaît ont toutes, d'une façon ou d'une autre, imaginé un ou plusieurs dieux. Elles expriment ce qu'elles pensent de ce Dieu d'une façon évidemment toute différente de ce que nous disons aujourd'hui.

Essayons de reconstituer par l'imagination comment l'idée d'un Dieu a pu venir à l'esprit des sociétés primitives.

Dans les âges les plus reculés de l'humanité, l'homme vivait déjà en société et, la nuit tombée, faute de pouvoir chasser, il échangeait des idées et se posait des questions. Organiser la chasse du lendemain, raconter les histoires des ancêtres, établir des règles de comportement, dire quelque chose de beau ou d'extraordinaire pour le plaisir d'exercer son imagination, telles étaient les manifestations de ce que sont aujourd'hui l'esprit scientifique, les sciences humaines, la philosophie ou les arts.

Combien y a-t-il eu au cours des siècles de veillées, dont personne n'a gardé la trace, mais où l'esprit s'est envolé vers les horizons de l'intuition ou de la fantaisie?

Tous les sujets ont dû y passer: pourquoi y a-t-il du bien et du mal, peut-on neutraliser les forces du mal et tirer parti de celles du bien, quel est le sens de la vie et de la mort, la mort conduit-elle quelque part, sommes-nous dépendants de la volonté d'êtres qui nous dépassent, quel est le meilleur comportement pour vivre heureux, la justice est-elle possible, y a-t-il des lois qui gouvernent le monde, à quoi obéissent la ronde des étoiles et le retour des saisons...

Intuitivement, l'homme primitif ne limitait pas la nature au visible, il se sentait entouré de forces qu'il était impuissant à dominer.

Spontanément, il se sentait entouré de ces forces que, sans bien les préciser, il a aussi appelées Dieu.

C'était sûrement un Dieu proche de l'homme. Il allait de soi qu'on pouvait lui parler, qu'il fallait craindre ses colères. Sa toute-puissance apparaissait dans les moindres phénomènes naturels, tonnerre, éclipses, inondations...

Dieu en était la cause immédiate et toute proche alors que, selon notre hypothèse, il en est une cause beaucoup plus lointaine, mais la cause quand même.

Alors, Dieu existe-t-il et qui est-il? Pour plaisanter, on peut dire que la preuve de l'existence de Dieu est qu'on le trouve dans le dictionnaire. Plus précisément, s'il s'y trouve, c'est qu'il existe une idée de Dieu dans la tête des hommes.

Dieu peut ainsi apparaître comme une hypothèse scientifique de la création du monde aussi bien que le nom donné par l'homme depuis la préhistoire à un ensemble de forces obscures qui suggèrent l'existence d'un Être suprême tout-puissant. Dans les deux cas, il s'agit d'une démarche de l'homme vers un Dieu dont il ignore tout, sauf qu'il doit être le Créateur de l'Univers.

L'homme serait-il l'inventeur de Dieu?

L'homme, inventeur ou créature de Dieu?

Partant de la constatation que l'homme existe, on peut ne pas se poser la question de savoir pourquoi, ou, ce qui revient au même, on attribue son existence au hasard et l'on considère que, parmi les nombreuses capacités imaginatives de son cerveau, l'homme s'est inventé un créateur.

Cette attitude est parfaitement compréhensible. Elle a l'inconvénient d'être stérile car elle refuse de poser un problème, celui de l'existence de Dieu, et donc celui des rapports de Dieu avec les hommes.

Si Dieu existe, l'humanité a peut-être là un moyen d'élargir ses horizons et d'accéder à davantage de connaissance, quitte à risquer de nombreux dérapages et de multiples erreurs.

Le refus de l'hypothèse d'un Dieu créateur présente en outre l'inconvénient grave de considérer comme nulle l'expérience de ceux qui disent avoir rencontré Dieu. Nous en parlerons plus loin à propos de la foi en Dieu.

L'autre volet de l'alternative est que Dieu a créé l'homme. L'idée de Dieu est indissociable de celle de créateur de l'Univers. S'il est créateur de l'Univers, il est aussi, directement ou indirectement, créateur de l'homme qui fait partie de cet univers. L'homme, créature de Dieu, est soit une conséquence des lois de la nature initialement programmées par Dieu, soit le résultat plus précisément explicite de sa volonté. Ce qui importe, c'est que nous ayions été voulus par Dieu. Les modalités importent peu[2].

Accepter l'idée que nous ayons été créés par Dieu revient, à première vue, à remplacer le hasard par Dieu, c'est-à-dire à remplacer une idée abstraite et passive par ce qui est peut-être une volonté active, certains disent même une Personne.

Il semble naturel que ce Dieu, capable de créer l'univers et l'humanité soit aussi capable de se manifester à ses créatures. Bien plus, si cette manifestation est bien réelle, cela conforte considérablement l'hypothèse de l'existence de Dieu. On voit même mal comment on pourrait s'en passer.

La foi en Dieu

En fait, certains hommes affirment avoir une expérience directe, irrécusable, de l'existence de Dieu. C'est beaucoup plus qu'une croyance, c'est une sorte de certitude qui transforme radicalement la vie de ceux qui la connaissent. Il n'est alors plus possible, sans risque de rupture avec soi-même, de rejeter cette présence, vivante et évidente. On ne peut qu'être fidèle à ce don de Dieu qu'on appelle la foi[3].

L'expérience de la foi est incommunicable : on peut en parler, s'efforcer de la décrire, elle n'est convaincante que pour celui qui est prêt, à son tour, à l'accueillir.

Parfois la foi se manifeste brutalement sans qu'on l'ait cherchée le moins du monde. Les cas abondent d'incroyants, même agressivement athées, qui se retrouvent en un instant convaincus de l'existence d'un Dieu qui les appelle.

Plus souvent, la foi est le résultat d'un long cheminement intérieur par lequel l'homme demande à ce Dieu qu'il ignore de se rendre évident.

Dans tous les cas, la foi est perçue comme un lien direct et personnel du croyant avec Dieu. Elle procède d'une démarche de Dieu vers l'homme et peut toucher chaque homme en particulier.

Ce phénomène de la foi est difficilement contestable puisqu'on le rencontre dans des pays de cultures très variées, à toutes les époques et chez un nombre important d'individus. Nier la foi reviendrait à récuser tant de témoignages humains concordants. Reste à savoir comment interpréter cette foi.

Il faut reconnaître que l'hypothèse d'un Dieu rend acceptable que le phénomène de la foi existe, alors que le rejet de cette hypothèse contraint à réfuter ces témoignages, c'est-à-dire à nier un fait pour ne pas avoir à l'expliquer.

Il est en effet contraire au bon sens de classer la foi parmi les maladies mentales car les croyants se portent bien, ou parmi les hallucinations, car la foi peut durer toute la vie, ou parmi les sous-produits d'un environnement politico-culturel, car elle fleurit partout spontanément, même dans des pays comme l'U.R.S.S. qui ont tout fait pour s'en protéger.

On pourrait dire que la croyance en Dieu ne prouve en rien l'existence de Dieu. C'est parfaitement exact et l'on a renoncé depuis longtemps à « prouver » quoi que ce soit dans ce domaine.

Il est cependant frappant de constater que, pour les croyants, leur foi n'est pas de nature intellectuelle. Ce n'est pas un choix qu'ils font comme de croire à une doctrine politique ou économique. La foi apparaît plutôt comme une évidence et elle s'accompagne parfois d'une expérience indicible de la présence de Dieu ;

Dans ces conditions, on peut dire que :
— ou bien la foi est ce qu'en pensent les croyants, c'est-à-dire une évidence, à l'usage des seuls croyants, de l'existence de Dieu ;
— ou bien il existe chez ceux qui se disent croyants un phénomène psychique inexpliqué qu'ils interprètent de bonne foi comme l'existence de Dieu.

Ici encore, entre ces deux hypothèses, la plus satisfaisante est la première pour la simple raison que renvoyer à un phénomène inexpliqué n'explique rien et que la multitude et la convergence des témoignages des croyants de tous bords rend peu crédible une hypothèse de nature psychique.

Ainsi, même en partant de l'analyse de la foi des croyants, on retombe sur l'hypothèse de l'existence de Dieu, hypothèse plus féconde que les autres et, jusqu'à présent, nullement contredite par les faits.

Une conséquence de l'existence de Dieu : le surnaturel

Dès que l'on admet l'existence d'un Dieu créateur, la place de l'homme dans le monde et le rôle qu'il y joue s'éclairent d'un jour nouveau en même temps que se pose une série de problèmes susceptibles de donner le vertige.

La première conséquence de l'existence possible de Dieu, c'est la constatation que nos moyens d'observation sont limités, encore plus que nous le pensions. Aucun de nos sens ne nous permet en effet de nous assurer de Sa réalité : nous ne le voyons pas et nous ne l'entendons pas. Si certains croyants ont une perception de Dieu qui relève de la certitude, c'est généralement par des voies inhabituelles devant lesquelles la science est désarmée.

Dieu nous donne donc une leçon de modestie: nous ne pouvons pas le posséder ni même en posséder la connaissance. Il nous est normalement inaccessible. Il dépasse évidemment les phénomènes naturels dont Il est le créateur, Il est, par essence, surnaturel.

Cette constatation pose alors une question: est-ce que Dieu seul est hors de notre atteinte ou bien d'autres phénomènes nous sont-ils aussi cachés, des phénomènes surnaturels?

Il n'est pas nécessaire qu'il y ait des phénomènes surnaturels pour que Dieu existe — Il aurait pu créer un monde réglé comme du papier à musique — mais, s'il existe du surnaturel, ce n'est pas incompatible avec la notion de Dieu.

Un fait est clair: le surnaturel a toujours hanté l'esprit de l'homme. Les miracles, les apparitions, la voyance, la télépathie, le spiritisme et les fantômes, la magie et bien d'autres phénomènes nimbés de mystère excitent encore aujourd'hui l'imagination.

Certes les progrès de la science ont fait perdre de leur prestige à ce qu'on appelle les sciences occultes. De nos jours, les savants ne cherchent plus la pierre philosophale et l'alchimie a perdu ses adeptes. Cependant, si, dans les pays industrialisés, notre époque a honte du surnaturel, elle ne s'en est pas complètement débarrassée.

Nous sommes à l'étroit dans notre monde trop organisé, l'imagination a besoin d'espaces que notre mode de vie nous refuse. Un peu de la façon dont la midinette rêve de mariages princiers, un côté de nous-mêmes s'attache au mystérieux. L'un rêvera en lisant des romans de science-fiction, tel autre consultera une voyante ou dévorera les prédictions de Nostradamus.

Est-ce un besoin de défoulement, un délire nécessaire comme nos rêves pendant le sommeil, ou une partie de nous-mêmes est-elle encore en friche? Le surnaturel est-il un phantasme ou, au contraire, correspond-il à une réalité, à un au-delà de la science?

Première constatation, le surnaturel recule au fur et à mesure des progrès de la science: jadis, le tonnerre exprimait la colère des dieux, aujourd'hui, c'est une décharge électrique dont on sait mesurer la différence de potentiel qui la provoque.

Deuxième évidence, plus la science avance, plus apparaissent de nouveaux domaines à explorer, plus vastes encore que ceux déjà défrichés.

Dans ces conditions, s'il semble certain qu'il y aura toujours des domaines à découvrir pour la science, peut-on imaginer que d'autres domaines lui soient interdits? Autrement dit, si le surnaturel est l'ensemble des phénomènes qui ne pourront jamais s'expliquer par les lois de la nature, donc par la science, ce surnaturel existe-t-il? S'il existe, a-t-il des rapports avec les religions et de quelle nature sont ces rapports?

Les phénomènes que la science est capable d'expliquer, avec tout ce que cela comporte d'hésitations et d'erreurs, sont des phénomènes sur lesquels on peut bâtir une théorie que l'on s'efforce ultérieurement de vérifier. Ceci implique que le phénomène soit répétitif ou permanent.

Les sciences physiques — optique, électricité, chimie, thermodynamique etc. — observent des phénomènes répétitifs : on peut les isoler, les produire à volonté, en faire varier quelques paramètres, bref on peut expérimenter une théorie et la vérifier.

Est-ce à dire que tout ce qui n'est pas répétitif ou permanent est hors du domaine de la science ? Non, mais c'est en dehors du domaine des sciences dites exactes. Un phénomène qui ne se produit qu'une fois ou très rarement passe inaperçu ou bien ne conduit qu'à des hypothèses incertaines.

L'homme est l'exemple le plus évident de phénomène non répétitif, chaque homme est unique. Cependant, on parle de sciences humaines ou de science médicale mais elles ne peuvent prétendre à la même rigueur que les sciences dites exactes ; elles ne méritent leur nom de science que par le sérieux des méthodes d'analyse qu'elles appliquent. Elles n'ont le plus souvent qu'une valeur statistique et l'on n'est jamais à l'abri de redoutables exceptions à la norme moyenne.

En fait, la réalité ne s'accommode pas de distinctions aussi simples. Les expériences scientifiques ne se déroulent jamais dans des conditions de lieu et de temps strictement identiques. Ce n'est donc qu'en considérant comme négligeables ces conditions que l'on peut parler d'expériences identiques. A l'opposé, dans les sciences humaines, il y a des degrés fort divers de qualité et de précision. Ainsi, pour ce qu'on a à en faire, on peut savoir assez bien la composition par âge ou par taille des individus d'une nation. Il est clair qu'il n'en est pas de même pour le degré d'instruction ou, pire, pour les qualités d'intelligence ou de cœur. Allez donc déterminer le pourcentage de gens qui sont capables de délit de fuite après un accident ou de non-assistance à personne en danger lors d'une agression sur la voie publique ?

Pourtant, par des enquêtes, des sondages, des extrapolations, on peut sortir de l'absence totale d'information et accéder à une certaine idée de la fourchette dans laquelle se situe un phénomène.

Alors ces fameux phénomènes dits surnaturels sont-ils abordables ? Dans un certain sens, oui. Rien n'interdit de procéder à une enquête pour déterminer quels sont ceux qui, dans une population donnée, ont cru voir des fantômes, ont parlé avec un mort, ont eu des expériences de télépathie. Ce qui en sortira vaudra toujours mieux que rien mais n'aura pas de valeur scientifique à proprement parler, car il est quasi-impossible de définir très précisément ce que recouvre la question posée et la réponse donnée. D'autre part, certains phénomènes peuvent être d'une rareté telle qu'il n'existe pas d'échantillon représentatif.

Malgré tout, il serait intéressant de savoir quels phénomènes dits surnaturels nos contemporains expérimentent le plus souvent : voyance ou télépathie, sentiment de la présence de Dieu ou d'une réponse personnalisée à une prière...

Parmi ces phénomènes, certains n'ont aucun rapport avec une religion quelconque. Ressentir les symptômes de la maladie d'un être cher, avoir la perception d'un accident très éloigné sont des expériences que certaines personnes éprouvent parfois exceptionnellement, parfois épisodiquement. La science semble d'autant plus impuissante à fournir une explication que, dans certains cas, la perception interviendrait avant que le phénomène se produise.

Il s'agit là, si ces phénomènes existent, de faits paranormaux où Dieu ne paraît pas intervenir plus directement que pour les phénomènes physiques des lois de la nature. Il n'y a donc là rien de religieux. Cependant, d'autres phénomènes, tout aussi inexplicables, sont au contraire nettement liés à une religion : apparitions mystiques, prières exaucées, guérisons miraculeuses etc.

Pour nous résumer, nous pouvons dire qu'à côté des phénomènes que nous considérons comme normaux, il existe très vraisemblablement une quantité non négligeable de phénomènes moins fréquents auxquels l'analyse scientifique s'applique mal ou ne s'applique pas encore et qu'on peut appeler paranormaux.

Le terme de surnaturel s'applique plutôt à des phénomènes, également rares et inexplicables, dans lesquels intervient un élément religieux. Cette composante religieuse peut s'interpréter, selon ce qu'on croit, comme une intervention de Dieu, du diable ou d'un de leurs intermédiaires ou bien encore comme l'habillage religieux d'un phénomène paranormal.

La limite entre le paranormal et le surnaturel religieux n'est pas facile à définir et elle peut être très subjective. Ainsi les guéridons que font tourner les médiums sont considérés par certains comme porteurs de message de l'au-delà et par d'autres comme un phénomène, paranormal certes, mais totalement déconnecté de toute interprétation spiritualiste.[4]

Ce qui, en revanche, est fort important, c'est que le surnaturel de nature religieuse ne se manifeste le plus souvent pas par des phénomènes paranormaux. Le croyant seul perçoit une intervention de Dieu dans des événements qui restent apparemment tout à fait normaux pour l'observateur extérieur. Si, par exemple, une mère prie pour le changement de comportement de son enfant et que, contre le cours vraisemblable des choses, cette prière est exaucée, rien, a priori, ne permet objectivement d'imputer à cette prière le résultat obtenu et rien n'est paranormal ni surnaturel dans ce que peut observer un étranger à la famille. Si des faits de cette nature existent, et les croyants sont légions à en être persuadés, le surnaturel ne se traduit, dans ce cas, par rien d'apparemment remarquable.

L'hypothèse d'un Dieu créateur

Dans cette hypothèse, la place du surnaturel dans la vie serait infiniment plus importante que ce qu'imagine la plupart des gens.

Ainsi, ce qu'on appelle le « surnaturel » peut recouvrir des phénomènes foncièrement différents :

— des phénomènes naturels encore inexpliqués mais dont on peut penser que la science viendra un jour à bout ;

— des phénomènes paranormaux exceptionnels qui, de ce fait, sont pratiquement inaccessibles à la science mais dans lesquels la religion n'a rien à faire ;

— des phénomènes paranormaux de nature religieuse, c'est-à-dire dans lesquels interviennent des puissances inconnues telles que Dieu ;

— enfin des phénomènes apparemment naturels mais qui sont perçus par ceux qui en sont les témoins ou les acteurs comme une manifestation de forces inconnues, de Dieu par exemple.

Cette énumération serait incomplète si nous n'ajoutions une cinquième catégorie, celle des phénomènes que certains pensent être surnaturels alors qu'ils sont seulement le fruit de leur imagination ou de leur superstition.

Certains scientistes athées rejettent systématiquement dans cette catégorie tout ce qui est affublé de l'adjectif « surnaturel ».

Rien n'est donc plus controversé et contestable que le surnaturel. Cependant, sans qu'on puisse se faire à son sujet une opinion définitive, la question du surnaturel est importante : si un Dieu existe, comme le pense la majorité des hommes, il est impossible de Le connaître ou même d'en avoir une simple idée par nos seuls moyens. Placés comme nous le sommes sur une particule de l'univers, l'étonnant serait de ne pas être affligé de myopie et d'anthropocentrisme. Dans un monde en évolution où nous avons été créés pour vivre et mourir, nous avons les pires difficultés à imaginer une existence qui se situerait hors du temps.

Alors, le surnaturel n'est-il pas une sorte de fenêtre ouverte sur une réalité qui nous dépasse infiniment et qui est entre les mains de Dieu ?

Bien des approches ont été tentées pour essayer de comprendre qui est Dieu et ce qu'Il attend de nous. Avant d'analyser les réponses des différentes religions, efforçons-nous de tracer le cadre de cette recherche.

---

[1] Ceci revient à dire que la religion vient de Dieu, en ce sens qu'elle serait absurde si Dieu ne nous laissait pas Le chercher.

[2] L'histoire d'Adam et Eve n'a que la valeur d'un symbole ; certains peuvent la prendre à la lettre mais ce n'est, bien plus vraisemblablement, qu'une façon poétique et simple de dire que l'humanité a été voulue par Dieu comme aboutissement d'un processus d'évolution, peut-être

encore inachevé. La Bible ne permet pas de savoir si nous sommes issus d'un couple unique subitement créé ou si une ou plusieurs tribus de singes évolués sont devenus hommes, en un ou plusieurs lieux, à un moment précis ou à la suite d'une évolution progressive.

[3] « Foi » et « fidèle » proviennent du même mot latin « fides ».

[4] L'auteur penche nettement pour la seconde hypothèse : il connaît un médium amateur capable de réaliser ce genre d'exercice mais qui n'y attache aucun contenu spirituel ou, encore moins, religieux. C'est, pour lui, un simple talent de société.

L'homme en face de Dieu

Si l'on creuse l'hypothèse d'un Dieu créateur, des questions importantes viennent immédiatement à l'esprit. C'est déjà beaucoup que Dieu ait voulu nous créer, mais est-il possible de connaître quelque chose de Lui? Quel but poursuit-Il? De quelle façon s'intéresse-t-Il à nous? Peut-on savoir ce qu'Il attend de nous? Quelle attitude avoir en face de Lui?

Les religions s'efforcent d'apporter leurs réponses à ces questions.

Qui est Dieu?

Qu'on accède à Dieu par des hypothèses ou par la foi, on constate que, malgré la diversité des religions, une quasi-unanimité se dégage pour attribuer à Dieu des qualités qui semblent indissociables de son existence même :
— Dieu est éternel, Il est hors du temps, la mort ne le concerne pas. On n'imagine pas non plus que Dieu puisse avoir des limites dans l'espace : Il est partout, dans le monde et hors du monde.
— Dieu est détenteur de pouvoir ou, ce qui est assez semblable, de connaissance. Par nature, ce pouvoir est total et cette connaissance infinie : Dieu sait tout et peut tout. Il est le Créateur par excellence.
— Dieu ne peut limiter son domaine aux phénomènes matériels. Le domaine de la qualité ne peut lui être étranger : Il est aussi maître du Bien et du Mal, du Beau et du Laid; Il est Juge Suprême des actions des hommes.

Que Dieu soit maître du Bien et du Mal pose un problème redoutable : comment et pourquoi Dieu peut-Il tolérer le mal dont nous constatons malheureusement la présence partout, y compris en nous-mêmes? Et si Dieu tolère le mal, à quoi rime de juger les hommes puisqu'ils ont été créés avec le mal en eux?

Cette question et celle de notre liberté semblent indissociables. Notre liberté et la présence du mal sont, en quelque sorte, deux indices convergents et complémentaires du fait que Dieu ne règle pas tout. Il ne faut pas en déduire que Dieu a abandonné la création à son sort. On conçoit difficilement qu'Il s'en désintéresse complètement : pourquoi se serait-Il livré à cet étrange exercice de la Création, si parfaite par tant de côtés et si imparfaite par d'autres ?

Ne nous inquiétons pas inutilement : si Dieu a un plan sur nous et sur le monde, il n'y a rien d'extraordinaire à ce que nous ne le comprenions que de façon bien partielle, et peut-être même pas du tout si telle est Sa volonté. Cependant c'est Dieu qui nous a donné la capacité de penser. Notre cerveau est l'instrument qu'Il a conçu pour nous et Il souhaite sûrement que nous nous en servions.

Il n'y a donc aucune raison de ne pas réfléchir à ce que peut être le plan de Dieu à notre égard.

Le plan de Dieu ?

Si Dieu nous a créés, directement ou par l'intermédiaire des lois de l'évolutionnisme, on peut se demander pourquoi.

Cette question est assez banale, mais cela ne lui enlève rien de son importance.

La réponse ne dépend évidemment que de Dieu : Il peut ne rien dire, donner une explication collective par ce qu'on appelle une révélation, ou répondre de façon personnalisée.

Les trois attitudes peuvent se rencontrer selon les époques, les pays ou les individus.

Demander à Dieu pourquoi nous sommes sur cette terre et ce qu'Il attend de nous est l'objet fréquent de la prière de nombreux croyants.

Pourquoi ne pas se poser la question dans ce livre qui évoque les multiples tentatives de l'homme pour rejoindre Dieu par la religion ?

Certes le plan de Dieu sur l'humanité n'a pas fait l'objet d'une parution au Journal Officiel. Cependant, si nous sommes créatures de Dieu, nous avons, à notre échelle, une certaine compatibilité avec Lui qui autorise la réflexion. Une religion comme le christianisme va jusqu'à dire que l'homme est à l'image de Dieu.

Qu'est-ce que cela peut signifier ?

Il est sûr que l'homme n'a pas été créé pour être un robot, serviteur discipliné, obéissant aveuglément à des ordres qui le dépassent. Si telle avait été la volonté de Dieu, le moins qu'on puisse dire, c'est qu'Il aurait manqué son objectif. De plus, on peut penser que Dieu a des préoccupations plus élevées que de construire des automates. Il a suffisamment montré sa capacité à créer un monde complexe, qu'il s'agisse des astres ou des atomes, pour qu'on puisse rejeter l'hypothèse de l'homme, bavure de la création. Ce ne serait d'ailleurs pas flatteur non plus pour notre amour propre.

Constatons d'abord l'extrême discrétion avec laquelle Dieu se manifeste. C'en est au point que nombreux sont ceux qui, en toute bonne foi, nient Son existence. Dieu ne ressemble donc en rien à ces dictateurs qui imposent à leurs sujets un culte de la personnalité. L'observation de la vie que Dieu nous laisse mener sur terre cadre mal avec l'image d'un Dieu narcissique qui aurait créé l'homme seulement pour en être adoré et obéi. La liberté qu'Il nous laisse et la discrétion dont Il témoigne laissent plutôt deviner un Dieu qui attend une démarche d'adhésion et d'amour de notre part.

En tout cas, l'approche de Dieu est possible pour ceux qui le cherchent. Les mystiques de toutes les époques et de toutes les religions ont la claire perception, non seulement de Son existence, mais de la chaleur et de la lumière qui émanent de Lui. C'est un contact qui n'est ni intellectuel ni physique et qui transcende nos sensations habituelles. Les religions s'accordent en général, à des nuances de terminologie près, sur la possibilité d'une approche de Dieu, d'un Dieu qui s'intéresse à nous, qui parfois nous appelle et toujours nous interpelle. Il semble donc bien que Dieu nous convie à Le chercher et à participer à ce qu'on peut appeler Sa vie, la Création et l'Amour.

De fait, nous, créatures, sommes associés au chantier de la Création : nous constatons chaque jour que la création se poursuit, puisque le monde évolue, et nous contribuons à cette évolution grâce à nos capacités créatrices.

Simultanément, nous faisons partie de cette création et chacun d'entre nous doit se construire, se développer, se perfectionner. Nous sommes à la fois acteurs et objets de la Création.

On comprend mieux ainsi que nous ayons été créés volontairement imparfaits : la liberté dont nous disposons constitue, en quelque sorte, l'espace de développement dont nous disposons pour notre propre épanouissement et pour notre participation à la construction du monde.

De la même façon, on peut penser que si nous sommes tous différents et placés dans des situations de grande inégalité, c'est une condition de notre liberté d'aimer : une société de fourmis dont tous les membres sont apparemment identiques ne peut avoir la même capacité d'amour ; aimer l'autre, s'il est notre copie à l'identique, n'est qu'une forme de narcissisme.

Ainsi chacun a son rôle à jouer et trouve individuellement sa place dans le plan de Dieu. La participation à la construction du monde peut revêtir les formes les plus diverses, toutes aussi valables et égales en dignité. Se dépenser au service des autres, assurer leurs moyens de subsistance, bâtir une meilleure vie matérielle, consacrer sa vie à Dieu dans la prière, mettre au monde des enfants et les élever, se former soi-même, toutes les tâches orientées vers le développement voulu par Dieu sont empreintes de la même noblesse. Chacun trouve sa propre vocation dans le dialogue qu'il recherche avec son Créateur.

Notre rôle sur terre a évidemment les limites de nos propres qualités et des contraintes extérieures que nous subissons, mais chacun à sa place peut contribuer à un progrès, aussi minime soit-il.

Si l'homme adhère volontairement à un tel plan, s'il est l'auxiliaire de Dieu dans une entreprise de création sur terre, il peut assez naturellement espérer que cette association à Dieu, geste d'amour de Sa part, n'a pas qu'un caractère provisoire, limité à la vie présente : puisque Dieu est éternel, il est plus raisonnable d'imaginer qu'une association avec Lui soit aussi éternelle et non pas temporaire.

La mort ne serait alors que la sortie du temps dont nous sommes, pour le moment, prisonniers. Le choix fait ici-bas d'œuvrer pour Dieu, de contribuer à Son projet sur le monde aurait valeur d'éternité et permettrait de participer à une phase ultérieure, inconnue encore, de la Vie. Ainsi, seuls ceux qui acceptent librement sur cette terre d'adhérer à ce projet seraient retenus pour cette « vie éternelle », une sorte de « justice divine » sélectionnerait les « élus ». En revanche, ceux que cet avenir n'intéresse pas et qui n'ont vécu que pour eux-mêmes n'auraient pas plus que ce qu'ils ont pris — la vie terrestre qui s'achève à la mort — à moins que Dieu, avec une certaine malice, ne leur fasse percevoir ce que leur attitude leur a fait manquer.

Pourquoi laisser ainsi se débrider l'imagination alors que presque rien ne justifie de rêver de la sorte ? Pourtant presque toutes les religions formulent des croyances extraordinaires dans ces domaines plus qu'hasardeux.

C'est bien là d'ailleurs que se situe ce « presque rien » qui peut donner un intérêt à ces considérations apparemment délirantes. La présence dans toutes les religions ou presque de théories sur l'au-delà, sur ce qui nous attend après la mort, sur l'évolution du monde, aussi invraisemblables soient-elles, constitue paradoxalement le seul indice crédible de l'existence de cet au-delà. De la même manière, chacun d'entre nous aspire de façon plus ou moins diffuse à sa propre survie, même si nous rejetons cette hypothèse et la jugeons invraisemblable.

Pourquoi y aurait-il dans l'humanité une telle constance à se préoccuper d'un au-delà alors que notre seule expérience concrète est celle d'une mort inéluctable et irréversible ? Il y a au fond de nous-mêmes la trace de quelque chose : ce n'est pas seulement un espoir vain comme celui de retrouver notre jeunesse ou de devenir beau et intelligent, c'est plutôt que nous ressentons, sans l'affirmer aussi précisément, notre compatibilité avec une « vie éternelle ».

L'expression de cette croyance diffuse est d'ailleurs bien maladroite : incapables que nous sommes de sortir du temps, nous imaginons l'éternité comme un temps qui ne finit pas, alors que nous ne savons rien de sa nature : peut-être est-ce une dimension dans laquelle il sera possible de se déplacer comme nous le faisons dans l'espace ?

Ce qui précède nous amène à une constatation : dès qu'on essaie d'approcher Dieu par l'intelligence ou le cœur, on est pris d'un vertige insondable. A priori, il n'y a rien d'étonnant à cela. C'est le contraire qui surprendrait, puisque Dieu nous dépasse infiniment. Mais la recherche de Dieu que se proposent les religions serait un exercice parfaitement stérile si elle ne conduisait qu'à des phantasmes déconnectés des besoins de notre vie. Bien sûr, ces grandes visions sur le plan de Dieu et le rôle qui nous est assigné sur terre ne constituent que des hypothèses hasardeuses et risquées. Personne n'est obligé de les adopter mais il faut au moins vérifier qu'elles sont cohérentes avec ce que nous observons.

Les hypothèses que nous avons présentées respectent au moins une constatation de notre expérience : le monde est en évolution, beaucoup reste à y construire et les hommes, en particulier, ont fort à faire pour assurer leur propre progrès. En revanche, ce plan de Dieu auquel nous coopérons semble un schéma bien simpliste et exagérément idyllique. Certes Dieu ne peut respecter notre liberté qu'en restant discret, mais cette attitude, pour éducative qu'elle soit, présente inévitablement l'inconvénient de nous laisser flotter. Comment peut-on se convaincre d'aller dans le bon sens ?

D'autre part, la notion de progrès de l'humanité n'est nullement évidente. Nombreux sont les pessimistes qui voient au contraire le monde se désagréger et rouler à sa perte.

Si nous avons été créés par un Dieu d'amour, la qualité de notre vie sur terre n'est pas, pour bon nombre d'entre nous, à la hauteur de ce que sa Toute-Puissance pourrait nous offrir. Quelle que soit la part de nos responsabilités, nous avons souvent le sentiment que le monde est trop imparfait pour que ce Dieu d'amour apparaisse crédible. Le spectacle de la condition humaine est-il si affligeant que Dieu, s'Il existe, ne serait qu'une sorte de sadique contemplant nos malheurs sans réagir ?

LA CONDITION HUMAINE

Si la condition humaine semble difficilement compatible avec un plan d'amour de Dieu pour les hommes, c'est que nous subissons deux contraintes majeures :

— le temps, qui nous entraîne inéluctablement vers la mort ;
— la souffrance que nous rencontrons à chaque instant de notre vie.

Le temps est une énigme : Dieu n'en est pas prisonnier, mais Il a voulu nous y plonger, comme si l'illusion de la durée nous était nécessaire. Manifestement, nous ne pouvons être lucides sur le rôle que nous sommes appelés à jouer dans le plan divin que si nous avons la modestie de relativiser la valeur de notre temps.

Nous n'avons pas une perception objective du temps. Pour chacun d'entre nous, elle varie avec l'âge. Dans notre enfance, une année paraissait interminable, tandis que les vieillards ont le sentiment que le temps s'écoule de plus en plus rapidement.

Nous pensons généralement que les choses allaient mieux du temps de notre jeunesse sans nous demander si cette impression de multiplication des catastrophes n'est pas l'effet d'une information plus complète et préférentiellement tournée vers le sensationnel.

Globalement pourtant, on peut difficilement contester que, sur une longue période, l'humanité progresse. Qu'il y ait d'importants décalages entre les différentes cultures n'enlève rien au fait que les sociétés, malgré des hésitations et des reculs partiels, poursuivent une marche en avant.

Si l'on tente de comparer honnêtement l'état de l'humanité telle qu'elle était il y a plusieurs siècles avec ce que nous connaissons aujourd'hui, il faut un aveuglement certain pour ne pas constater de prodigieux progrès matériels et intellectuels. Comment ces progrès ne s'accompagneraient-ils pas de plus de dignité pour l'homme et, partant, de meilleures conditions pour l'épanouissement de la vie spirituelle ?

Il nous est évidemment très difficile d'apprécier le progrès spirituel de l'humanité s'il y en a un, mais peut-on sérieusement penser, par exemple que nos rois dits « très chrétiens » débordaient de l'amour de leur prochain quand ils déclenchaient des guerres pour de simples questions de prestige ou d'héritage ? Croit-on que le respect de la dignité de l'homme était pris en compte quand on pratiquait la torture, non seulement sur les condamnés mais aussi sur les prévenus ?

Si notre époque a besoin d'optimisme, qu'elle se penche un peu sur la sauvagerie et la barbarie des siècles précédents et qu'elle mesure les progrès effectués autant que le travail qui lui reste à faire. Rien n'est jamais définitivement acquis. Cependant cette conception du temps qui nous entraîne vers un progrès n'est pas la seule possible. Puisque tout doit disparaître un jour, certains en déduisent que le monde est irréel, que nos désirs sont à l'origine de notre souffrance et que la seule façon de retrouver l'absolu d'un Dieu éventuel est de quitter cette terre après avoir renoncé à toutes les illusions dont nos passions nous entourent. Ces conceptions bouddhistes paraissent bien éloignées de ce que nous avons proposé, elles témoignent cependant de la même croyance profonde au caractère relatif de notre présence sur terre par rapport à un Absolu qui nous attend.

L'homme en face de Dieu

Une sorte de convergence existe donc ainsi entre ces philosophies sur l'idée que nous ne vivons sur terre qu'une partie d'une vie hors du temps qui échappe à nos sens.

Mieux percevoir le plan de Dieu implique donc que nous ayons une plus claire notion du temps. Mais quels que soient nos efforts pour recentrer notre vision du monde et de son évolution, nous ne pouvons nous défaire, autrement que par l'imagination, du poids que le temps fait peser sur nous, du conditionnement auquel il nous soumet. Même les plus convaincus d'une future vie éternelle se refusent généralement à relativiser leur vie terrestre, malgré les souffrances qu'ils y éprouvent.

La souffrance est un scandale. Bien que l'homme soit, individuellement ou collectivement, responsable d'une bonne part des souffrances qu'il subit, la souffrance semble un moyen bien sauvage de nous apprendre l'amour et la compassion. En fait, c'est même très fréquemment la cause ou le prétexte de notre éloignement de Dieu.

Remarquons cependant que nous confondons bien souvent souffrance et spectacle de la souffrance : il est insupportable de voir un enfant mourir de faim ou un être cher perdre progressivement toutes ses facultés, mais les intéressés ne perçoivent pas toujours leur souffrance comme une torture. Souvent nous appelons souffrance ce que nous ne pouvons admettre pour nous-mêmes, le caractère inéluctable de notre disparition ou de notre déchéance.

La souffrance est presque toujours amplifiée par notre sensibilité. Nous en avons peur et nous souffrons d'autant plus. Les animaux supérieurs subissent eux aussi des blessures et des maladies qu'ils supportent apparemment en se plaignant moins que nous. Peut-être ne hurlent-ils pas parce qu'ils savent qu'ils n'ont pas d'aide à espérer. Pour l'homme, la part psychique de la souffrance a besoin d'attention, d'affection et de consolation. Cependant, ruminer sa propre souffrance ou la décrire longuement à des tiers n'arrange rien : cela peut lasser l'entourage et surtout cela place la souffrance au centre de toutes les préoccupations, sans dérivatif possible.

Mais, quelle que soit la part de notre psychisme, la souffrance est bien une réalité, toujours pénible et souvent tragique. Elle laisse en outre un profond sentiment d'injustice puisqu'elle ne nous frappe pas tous avec la même intensité.

Tous les penseurs, philosophes et théologiens, ont exercé leur réflexion sur ce sujet inépuisable.

Les causes de la souffrance nous échappent complètement. L'expliquer par une quelconque expiation de nos fautes est en contradiction manifeste avec la réalité de la souffrance d'êtres innocents. Considérer que ce sont nos désirs qui créent la souffrance n'est que partiellement vrai. La souffrance est inscrite dans les lois de la nature, comme la mort, c'est tout ce que, semble-t-il, on peut en dire. D'ailleurs, philosophies et religions ne nous apportent généralement de conseils que sur la façon de nous en accommoder.

Les croyants peuvent en outre essayer de se consoler en constatant qu'elle est limitée à la durée de la vie, ce qui est bien peu par rapport à l'éternité à laquelle ils espèrent participer.

Mais en face de la réalité d'une souffrance si inégalement répartie, notre besoin de justice reste insatisfait si notre destin s'arrête à notre mort.

On imagine mal que Dieu, dont les qualités sont, par définition, infinies, nous abandonne à notre triste sort après nous avoir créés. C'est sur ce sentiment que repose l'immense appétit de nombreux hommes pour une Justice absolue après la mort. Qu'elle ait ou non le nom de Jugement Dernier, seule cette justice est susceptible d'apporter des correctifs à ce que cette vie a d'imparfait, de médiocre ou même de hideux.

A noter que seule une telle Justice est cohérente avec l'hypothèse d'un Dieu d'amour, ce qui nous amène à nouveau à relativiser le temps : seule une prolongation d'une certaine forme de vie après la mort peut permettre à une Justice, inexistante sur terre, de s'exercer enfin.

Ainsi, il semble bien qu'il y ait un lien entre les deux grandes énigmes insolubles de notre existence, le temps et la souffrance. C'est vraisemblablement parce que nous avons une vue très subjective du temps que la souffrance est insoutenable.

Mais l'incertitude qui plane sur ces grandes questions laisse la place à un très large éventail d'hypothèses sur la condition humaine. Certaines donnent le vertige ou tombent dans une sorte de merveilleux qui semble bien loin de notre expérience concrète. Mais tant qu'il n'y a pas contradiction ou incohérence avec ce que nous pouvons vérifier, il n'y a pas lieu de sourire de ce que nous ne pouvons pas savoir. Chaque religion s'est ainsi forgé une conception des rapports de l'homme avec Dieu.

Les attitudes à l'égard de Dieu : les religions

Dans les pages précédentes, nous nous sommes livrés, à partir de l'hypothèse d'un Dieu créateur, à des suppositions sur le rôle qui pourrait nous être assigné sur cette terre : pourquoi pas notre participation à la création divine ? Mais cette idée se heurte à l'expérience de la souffrance et de la mort, apparemment difficilement compatible avec la vision idyllique d'une humanité progressant librement vers Dieu. On peut trouver une explication, au moins partielle, dans la liberté dont nous disposons et dans la vision déformée que nous avons du temps. Ce sont là cependant des arguments dont l'évidence ne s'impose pas à tous.

Constatons donc que l'insuffisance de nos capacités à percevoir le plan de Dieu à notre égard, rend éminemment floue et hypothétique toute recherche dans ce domaine.

Ainsi, il n'est pas étonnant que Dieu ayant créé les hommes si différents, les sociétés que ceux-ci ont constituées aient des interprétations très variées des rapports avec Dieu et que dans chaque système, les individus aient eux-mêmes des interprétations plus variées encore.

Par exemple, le simple fait de croire en Dieu ou d'admettre son existence peut conduire les uns à tout Lui consacrer et les autres à simplement s'en accommoder, sans que grand'chose soit changé par rapport au comportement d'un athée. On trouve donc partout, en proportions variables, des scrupuleux et des hypocrites, des cérébraux et des sensibles, des inquiets et des confiants.

Ce sont de tels hommes, avec leurs qualités et leurs défauts, qui ont bâti les différentes religions, autour d'un maître, d'un prophète ou parfois d'un roi.

Ainsi, les religions sont avant tout l'expression des efforts constants de l'humanité pour s'ouvrir un chemin vers Dieu. Même si Dieu contribue par une révélation à guider telle ou telle religion, Sa discrétion laisse toujours à l'homme de la place pour l'erreur ou le doute. Comme tout ce que nous construisons, les religions ne peuvent qu'évoluer, et donc être imparfaites, chacune d'entre elles restant marquée par la culture de la société qui l'a vu naître.

Cependant, les religions s'accordent sur certains points:
— La vie humaine ne se limite pas à une vie terrestre.
— Nos actes ont une incidence sur notre avenir après la mort.
— La liberté dont nous disposons nous expose inévitablement à des tâtonnements: nous ne sommes pas programmés rigoureusement comme des machines: le risque de nous tromper ou de faire le mal est la conséquence de notre liberté.
— Participer à notre échelle à l'œuvre de la création nous impose un devoir d'éducation, envers nous-mêmes et envers les autres.

Il est frappant de constater à cet égard l'étroit parallélisme entre l'évolution des religions et le processus de la découverte scientifique:
— La science croit en une vérité à connaître comme les religions en un Dieu à découvrir.
— A chaque pas en avant, le savant comme le théologien croit bien souvent avoir atteint son but, alors qu'il reste toujours à chercher au-delà.
— Les meilleurs savants, comme les meilleurs théologiens sont ceux qui ont le plus d'humilité intellectuelle, puisqu'ils ne se satisfont pas de ce qu'ils ont déjà trouvé.
— La science, comme les religions, ne peut progresser qu'en s'appuyant sur l'expérience accumulée des erreurs et des succès passés.

Faut-il voir dans ces similitudes une marque de plus de l'unicité de notre nature?

Dans l'approche plus détaillée des religions à laquelle nous allons procéder maintenant, gardons à l'esprit que chacune d'elles mérite le respect, dans la mesure où elle est une tentative honnête de l'homme de comprendre et de maîtriser son destin.

2ème PARTIE

Les religions

Estimation du nombre des adeptes des grandes religions

Rien n'est plus hasardeux que d'avancer des chiffres en matière de religion, puisque c'est par nature une affaire de conscience personnelle. Même si l'on pouvait poser à chaque individu la question extrêmement simple : « quelle est votre religion ? », on trouverait aussi bien des incroyants qui, par pression sociale, se déclareraient croyants que le contraire, sous les régimes officiellement athées par exemple.

Sans évoquer la phrase de Staline — « le Vatican, combien a-t-il de divisions ? » — il faut reconnaître qu'on peut compter des troupes mais on ne peut apprécier des croyances.

Est-il bien raisonnable, par exemple, de compter comme chrétiens tous les baptisés, alors qu'un nombre important d'entre eux ne retrouvent l'église qui les a enregistrés que pour une cérémonie d'enterrement ? Mais cette absence de pratique de toute une vie n'est possible que dans un système qui le permet à ses ressortissants. Jamais on ne verra un Saoudien déclarer qu'il n'est pas musulman, alors qu'en Arabie comme ailleurs — peut-être moins qu'ailleurs — il existe un nombre non négligeable d'indifférents qui ne respectent pas le Coran à la lettre pour peu qu'ils soient à l'abri du qu'en dira-t-on.

En outre, si, en Europe, la réponse concernant l'appartenance à une religion est généralement simple et unique, au Japon par exemple la réponse la plus fréquente consistera à se juger adepte de deux, trois ou quatre religions : un Japonais pratiquera des rites shintoïstes pour la naissance, bouddhistes pour les funérailles, suivra fréquemment des comportements confucianistes et ne récusera pas pour autant le christianisme, considérant la Bible comme un best-seller de la spiritualité. De la même façon, l'Amérique Latine, quasi totalement baptisée dans une religion chrétienne, le plus souvent catholique, conserve dans ses populations indiennes ou noires des cultes de type animiste[1], refuges de l'identité culturelle ou ethnique, qui se cumulent sans trouble apparent avec le catholicisme. On trouve ainsi des Africains, particulièrement au Bénin mais également dans d'autres pays, qui sont profondément religieux et se sentent à la fois catholiques, musulmans et animistes.

Dans ces conditions, il serait plus scientifique de se refuser à donner des évaluations quantitatives quant à une évaluation qualitative, elle n'appartient qu'à Dieu, en admettant que cette question l'intéresse.

Si l'on cherche toutefois, ce qui est légitime, à dégager des ordres de grandeur grossiers de l'importance quantitative des religions, une constatation s'impose: depuis le début du siècle au moins, on ne peut plus négliger la masse de ceux qui sont inclassables et ne rentrent pas dans une religion particulière.

Les raisons de ce phénomène sont nombreuses. La plus importante semble être que la croyance en un Etre Suprême, appelé Dieu, n'implique pas la pratique assidue d'une religion ; or, jadis, on classait ces croyants dans la religion dominante de leur pays, tandis qu'aujourd'hui il est plus facile de récuser toute appartenance religieuse.

Parfois aussi, la pression sociale conduit à se déclarer athée quand on ne pratique pas : en Asie Centrale soviétique, selon le discours officiel, seuls les vieux se rendent à la mosquée, mais, si l'on interroge de plus jeunes, ils répondent qu'ils iront à la mosquée après leur retraite. Le stock des pratiquants semble donc indéfiniment renouvelable, ce que la présentation officielle ne suggère pas.

Faute de pouvoir apprécier la pratique réelle, la seule possibilité est d'estimer le nombre de ceux qui reconnaissent se rattacher, au moins sociologiquement, à une religion. Pour les chrétiens, on recensera le nombre des baptisés, ce qui est relativement simple mais un nombre important de baptisés peut avoir perdu non seulement toute pratique mais aussi leur croyance d'origine. Même en Israël, dont le peuple se rassemble autour d'une religion, les pratiquants rigoristes ne sont qu'une minorité d'environ 10 % de la population, et beaucoup d'Israéliens, profondément attachés à la culture juive, se considèrent comme non religieux et parfois même athées.

La situation est opposée dans les pays d'Islam. Cette religion a un caractère global qui touche l'ensemble de la vie courante[2] et la société exerce donc généralement une pression de fait qui rend fort difficile de se dire à moitié musulman ou bien croyant mais non pratiquant. Le fait de vivre selon les règles de la société musulmane constitue un critère visible d'appartenance à l'Islam. On peut imaginer dans ces pays des pratiquants non croyants alors que, dans les pays de tradition chrétienne, on rencontre souvent des croyants non pratiquants.

Retenons que, contrairement aux évaluations du siècle passé, il est aujourd'hui normal d'évaluer le nombre de ceux qui n'ont pas de religion connue ou pas de religion du tout. Il en résulte l'apparition subite au XXe siècle d'une masse de plus du tiers de l'humanité qui se range dans cette catégorie. Cela n'est pas, pour l'essentiel, dû à un développement spectaculaire de l'athéisme, c'est une manière plus honnête d'évaluer la réalité. L'athéisme a toujours existé, il se développe sûrement, mais il n'a pas pris subitement en un siècle la place que lui reconnaissent aujourd'hui les statistiques. Il faut d'ailleurs rappeler que beaucoup de ces incroyants vivent dans des pays dont le régime est ou a été anti-religieux, comme les pays de l'Est européen ou la Chine. Quand le but du gouvernement est explicitement de lutter contre toute religion, le plus simple est de faire disparaître la religion des statistiques. La moindre prudence pour un croyant est de ne pas afficher son appartenance religieuse, ce qui laisse la place à toutes les suppositions les plus contradictoires sur la situation réelle. Faute de pouvoir sonder les consciences, nous avons adopté un chiffre volontairement bas pour le nombre des croyants de ces pays, ce qui laisse la place pour une remontée en flèche le jour où plus de liberté sera admis.

Sous toutes ces réserves, il faut bien se résoudre à articuler quelques chiffres. On pourrait être tenté de donner une fourchette dont la valeur supérieure correspondrait à une affinité plus ou moins nette avec la religion considérée et la valeur basse à une pratique délibérée, sinon militante. L'inconvénient est que l'écart entre ces chiffres serait trop grand pour permettre une interprétation comparative de la situation des religions. En outre, ces chiffres sont aussi fort difficiles à évaluer et cette méthode doublerait les obstacles à surmonter.

Les chiffres retenus sont donc ceux généralement admis par les spécialistes, parfois légèrement corrigés pour tenir compte d'appréciations divergentes.

Quatre grands groupes de religions se partagent la quasi-totalité des croyants :
- le christianisme, environ 1400 millions d'hommes
- l'Islam   " 900 " "
- l'hindouisme   " 700 " "
- le bouddhisme   " 280 " "

Ceux qui récusent l'appartenance à toute religion sont estimés à 1450 millions.

Parmi les adeptes des autres religions, le groupe très disparate des animistes purs, c'est-à-dire sans autre croyance, compte un peu plus de 100 millions d'âmes. Leur nombre décroit par suite des conversions à l'Islam ou au christianisme mais le nombre total d'hommes qui conservent des pratiques animistes malgré leur appartenance à d'autres religions reste considérable et dépasse vraisemblablement le chiffre de 300 millions.

Il faut aussi compter 17 millions de Sikhs, 16 millions de Juifs, 3 millions de Baha'is, près de 300 000 Zoroastriens etc.

Si l'on souhaite entrer dans plus de détails, on s'aperçoit vite que chacune des grandes religions se décompose en courants de pensée où l'essentiel est

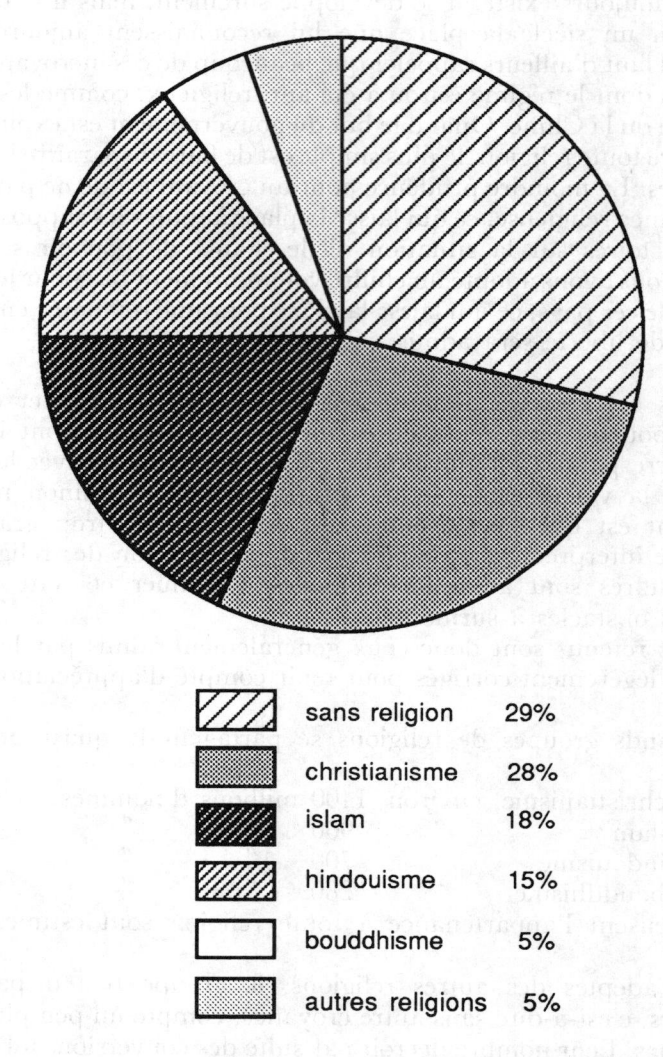

sans religion	29%
christianisme	28%
islam	18%
hindouisme	15%
bouddhisme	5%
autres religions	5%

conservé mais où les différences sur des points secondaires peuvent être considérables.

Le christianisme

Les trois courants les plus importants du christianisme, par ordre d'importance numérique décroissante, sont:

le catholicisme	850 millions
le protestantisme[3]	400 "
l'orthodoxie	150 "

Rappelons que l'on devient chrétien par le baptême: ces chiffres sont des évaluations du nombre de baptisés, non de pratiquants.

Par sa structure et sa doctrine, le catholicisme est très homogène; seuls quelques rites varient selon certaines traditions historiques.

L'orthodoxie fait également preuve d'une grande unité de doctrine, et diffère surtout du catholicisme par sa hiérarchie décentralisée: chaque patriarcat est autonome.

En revanche, le protestantisme s'émiette en une foule de tendances d'importance extrêmement variable où apparaissent parfois des divergences doctrinales non négligeables.

Il existe aussi des religions, comme l'Eglise des Mormons, qui se réclament du Christ mais dont le message est considéré comme aberrant par les autres religions chrétiennes.

LE CATHOLICISME

On trouve des catholiques dans presque tous les pays. Les baptisés catholiques constituent la majorité de la population de près de 50 pays.

Géographiquement, les pays qui comptent le plus de catholiques sont les suivants:

Brésil	125 millions
Mexique	66 "
Etats-Unis	55 "
Italie	50 "
Philippines	47 "

France	40	millions
Espagne	37	"
Pologne	32	"
Colombie	29	"
Allemagne (R.F.A.)	27	"
Argentine	25	"

Ainsi, les 11 pays qui comptent plus de 20 millions de catholiques totalisent 476 millions de baptisés, soit moins de 60 % de tous les catholiques.

L'écrasante majorité des catholiques est de rite latin, mais il existe aussi des catholiques de rites orientaux divers :

maronite	1 500 000	fidèles
grec-melkite	500 000	"
chaldéen	300 000	"
arménien	100 000	"
copte	100 000	"
éthiopien	100 000	"
syriaque	80 000	"
syro-malabar	3 000 000	"
syro-malankar	200 000	"

L'ORTHODOXIE

Héritage de l'Eglise d'Orient, l'orthodoxie est naturellement concentrée dans les pays de l'Est européen. Ceux qui en comptent le plus grand nombre sont :

U.R.S.S.	60	millions (estimation)
Roumanie	14	"
Grèce	9,5	"
Yougoslavie	9	"
Bulgarie	6	"
Etats-Unis	4	"

Dans ce dernier pays, les orthodoxes sont des descendants d'émigrés d'Europe orientale.

Il existe des communautés de plusieurs centaines de milliers d'orthodoxes dans des pays aussi divers que le Canada, Chypre, le Liban, la Pologne... La France en compte plus de 400 000.

L'EGLISE MONOPHYSITE *(arméniens, coptes et jacobites)*

Les différences de doctrine touchant à la double nature de Jésus-Christ, à la fois Dieu et homme, ont séparé les Eglises arménienne, copte et jacobite du reste du christianisme depuis le concile de Chalcédoine en l'an 451.

Aujourd'hui ces Eglises sont très proches de l'orthodoxie avec laquelle nous les avons regroupées pour des raisons de simplicité.

On compte 20 millions de chrétiens coptes en Ethiopie, 7 millions en Egypte, 700 000 chrétiens jacobites dans la province du Kérala en Inde, environ 120 000 en Syrie et quelques dizaines de milliers dans différents pays du Moyen-Orient ou immigrés aux Etats-Unis.

L'ANGLICANISME

L'Eglise d'Angleterre s'est séparée du catholicisme en 1534 par la volonté du roi Henri VIII, en conflit avec la papauté à propos de son divorce. Sa doctrine, définie en 1562, la rapproche du protestantisme mais les cérémonies sont restées proches de celles de l'Eglise catholique.

L'anglicanisme s'est considérablement développé dans le sillage de l'empire britannique, notamment au XIXe siècle. Les pays où l'on compte le plus grand nombre d'anglicans sont:

Grande-Bretagne	35	millions
Nigéria	7	"
Australie	4,5	"
Ouganda	3,5	"

Etats-Unis	3	millions
Inde	3	"
Canada	2,7	"
Afrique du Sud	2,2	"
Kénya	1,4	"
Nouvelle-Zélande	1	"
Petites Antilles	1	"

Au total, les anglicans sont environ 68 millions dans le monde. Ce chiffre comprend les fidèles d'Eglises épiscopaliennes très proches de l'anglicanisme et qu'on appelle la « communion anglicane ».

LE PROTESTANTISME

Les innombrables courants du protestantisme peuvent, pour la plupart, se rattacher à quelques grands courants représentés par:

les luthériens	85	millions	de fidèles
les baptistes	48	"	"
les méthodistes	40	"	"
les calvinistes	35	"	"
les pentecôtistes	20(?)	"	"

Ces chiffres sont discutables et très approximatifs car de nombreuses Eglises protestantes ont des dénominations qui ne font pas explicitement référence à l'une de ces tendances et leur classement dans l'une d'entre elles reste arbitraire. Dans ce décompte, les Eglises évangéliques sont rattachées au luthérianisme tandis que les presbytériens, les Eglises réformées et congrégationalistes sont dans la mouvance du calvinisme.

Les pays où les *luthériens* sont les plus nombreux sont:

l'ensemble de la Scandinavie	32	millions
la République Fédérale d'Allemagne	26	"
la République Démocratique Allemande	8	"

les Etats-Unis	8 milllions	
l'Indonésie	2	"
le Brésil	1	"
la Tanzanie	1	"

Les baptistes sont, dans la proportion de 80 %, citoyens des Etats-Unis où ils constituent le deuxième groupe religieux par importance numérique après les catholiques. On trouve aussi des baptistes en U.R.S.S. où leurs sympathisants seraient près de 3 millions ainsi qu'en Inde (800 000), au Brésil (500 000), au Nigéria (400 000), en Birmanie, en Chine, au Japon, au Zaïre, en Grande Bretagne, en Roumanie etc. Seuls les adultes baptisés sont recensés comme baptistes mais, par souci d'homogénéité, nous donnons ici une évaluation de tous ceux qui sont dans la mouvance baptiste, enfants compris.

Les méthodistes sont environ 13 millions aux Etats-Unis, soit le tiers de leur nombre total. Les Eglises méthodistes sont importantes en Afrique du Sud (2 millions dont 1,5 millions de Noirs), au Canada (2 millions), en Grande Bretagne et en Australie (1,5 millions chacun), mais on en trouve dans la plupart des pays, principalement en Afrique, en Inde, au Japon et dans les pays anglophones.

Les pays à forte population *calviniste* ou *presbytérienne* sont:

les Etats-Unis	8 millions	
les Pays-Bas	5	"
l'Ecosse	4	"
l'Afrique du Sud	4	"
l'Indonésie	3	"
la Suisse	2,5	"
le Canada	2	"
l'Australie	1	"
la Corée du Sud	1	"

Les 2/3 des protestants français sont calvinistes, ceux d'Alsace-Lorraine sont généralement luthériens.

Les effectifs des *pentecôtistes* reflètent vraisemblablement l'enthousiasme parfois excessif de ces jeunes Eglises dérivées du baptisme depuis le début de notre siècle. Les pays où leurs fidèles sont les plus nombreux sont:

le Brésil	de 1 à 3 millions	
l'U.R.S.S.	1 à 2	"
les Etats-Unis	1 à 2	"
l'Indonésie	1 à 2	"

D'autres groupes de pentecôtistes se trouvent au Chili, au Kénya, au Nigéria en Corée, au Congo, au Mexique etc.

LES EGLISES LOCALES

Dans la mouvance du protestantisme dont la structure est très décentralisée, le XXe siècle a vu se développer, principalement en Afrique, une quantité d'Eglises locales incontestablement chrétiennes mais qu'il est difficile de rattacher à l'un des grands courants du protestantisme.

Au total, ces Eglises rassemblent plus de 30 millions de fidèles. Elles ont tendance à croître rapidement, parfois aux dépens du catholicisme mais plus souvent à ceux des autres Eglises protestantes.

Les pays où ces Eglises ont le plus grand nombre de fidèles sont :

Afrique du Sud	8	millions
Nigéria	7	"
Kénya	4	"
Philippines	3,5	"
Zaïre	3	"
Zimbabwe	1,4	"

Cette énumération n'épuise ni la liste des Eglises protestantes ni, a fortiori, celle des mouvements qui se réclament de Jésus-Christ. Il faut y ajouter ce qu'on peut appeler les nouvelles Eglises et des mouvements marginaux inclassables. Dans cet ensemble disparate, on trouve les Adventistes, les Témoins de Jéhovah, les Darbystes, les Quakers, les Frères de Plymouth etc. Les Mormons, qui se réclament aussi de Jésus-Christ, ont une doctrine si particulière qu'ils ne sont pas considérés comme protestants.

Numériquement, les plus importants de ces mouvements sont :

les Mormons	environ 5	millions
les Adventistes	4	"
les Témoins de Jéhovah	3	"
les Darbystes	2	"

L'Islam

La répartition des 900 millions de musulmans entre les différents courants de l'Islam est sensiblement la suivante :

— Sunnites   800 millions, soit près de 89 %
— Chiites   96 millions, soit environ 11 %
— Kharedjites 3 millions, soit moins de 0,4 %

Géographiquement, l'Islam apparaît très concentré : 36 pays sont majoritairement musulmans, dont 32 à plus de 80 %. Par ordre d'importance numérique, les pays qui comptent le plus de musulmans sont les suivants :

Indonésie	160	millions
Pakistan	97	"
Bangladesh	88	"
Inde	88	"
Nigéria	47	"
Turquie	45	"
Egypte	43	"
Iran	39	"
U.R.S.S.	32	"
Maroc	24	"
Afghanistan	23	"
Algérie	23	"

Ces douze pays qui dépassent 20 millions de musulmans en totalisent 707 millions, soit 80 % de leur nombre total.

Aucun des sept premiers pays n'est arabe et seuls trois pays sont à majorité arabe parmi les douze cités. En revanche, les citoyens des 19 pays de langue arabe sont 180 millions, parmi lesquels 90 % sont musulmans.

Dans les douze pays de plus de 20 millions de musulmans, l'Islam est partout nettement majoritaire sauf en Inde (11 % de la population), au Nigéria (50 %) et en U.R.S.S. (11 %).

Trois pays sont majoritairement chiites, l'Iran à 93 %, Bahrein à 66 % et l'Iraq à près de 60 %. Les pays qui comptent plus d'un million de chiites sont: l'Iran (36 millions), l'Inde (22 millions), le Pakistan (16 millions) l'Iraq (7,5 millions), l'Afghanistan (6 millions) et l'U.R.S.S. (6 millions). Le seul qui soit majoritairement arabe est l'Iraq

Un seul pays est officiellement et majoritairement kharedjite, le sultanat d'Oman et Mascate.

L'hindouisme

L'hindouisme est majoritaire de façon écrasante en Inde et au Népal. En dehors de ces pays, il n'est guère pratiqué que par des populations expatriées d'origine indienne, à l'exception de l'île de Bali où il constitue une survivance du passé hindouiste de l'Indonésie.

Les hindouistes se répartissent donc ainsi:

Inde	650 millions
Népal	13 "
Bangladesh	12 "
Indonésie	3,6 "
Pakistan	1,5 "
Malaisie	1 "
Maurice	500 000
Etats-Unis	500 000
Birmanie	300 000
Bhoutan	300 000
Fidji	300 000

Le chiffre de 700 millions d'hindouistes constitue un ordre de grandeur, vraisemblablement par excès, des pratiquants de cette religion typiquement indienne.

On peut inclure dans ce chiffre les Jaïns qui forment une religion particulière très proche de l'hindouisme et sont près de 3 millions.

Il est malheureusement impossible de donner un ordre de grandeur de l'importance relative des quelque 250 courants ou sectes qui se partagent la ferveur des hindouistes. Les seules données chiffrées disponibles, d'ailleurs contestables, concernent les sectes récentes d'inspiration hindouiste qui font du prosélytisme en Occident. La « mission de la lumière divine » du gourou Maharaj Ji compterait plusieurs millions d'adeptes, la Méditation Transcendentale environ 2 millions, Bhagwan 80 000 ; et la très active « Conscience de Krishna » dite aussi « mouvement Hare Krishna » environ 15 000.

Le bouddhisme

Rien n'est plus difficile à évaluer que le nombre de bouddhistes. D'une part, il n'existe pas d'enregistrement à l'occasion d'une quelconque initiation, comme c'est le cas pour le baptême chrétien, d'autre part le bouddhisme étant davantage une philosophie qu'une religion, il est possible et fréquent d'être un peu bouddhiste et un peu autre chose. C'est ainsi que de nombreux Chinois sont à la fois bouddhistes, confucianistes et taoïstes, que les Japonais pratiquent aussi bien le bouddhisme que le shintoïsme et que certains Birmans mêlent leur bouddhisme d'animisme.

En revanche, la forme de bouddhisme pratiqué dans un pays donné est très généralement unique.

Cette répartition est la suivante :

Adeptes du « *petit Véhicule* » (hinayana), plus proprement appelé Theravada c'est-à-dire « doctrine des anciens » :

Thaïlande	47,5	millions
Birmanie	34	"
Sri Lanka	10	"
Cambodge	5 (?)	"
Laos	2	"

Adeptes du « *grand Véhicule* » (mahayana) :

Chine	55 millions
Japon	35 "
Viêt-nam	16 "
Corée	12 "
Népal	1,5 "
Chinois d'Outre-mer	20 "

Adeptes du bouddhisme tantrique ou « *Véhicule du Diamant* » (Vajrayana) :

Tibet	5 millions
Bhoutan	1 "
Mongolie	(pour mémoire)

Un total de 250 millions de bouddhistes constitue un ordre de grandeur raisonnable. On constate que les tenants du Mahayana sont apparemment plus nombreux que ceux du Théravada mais ils sont plus difficiles à dénombrer par suite de la situation particulière de la Chine et du mélange des pratiques dont nous avons parlé. Le bouddhisme tantrique n'atteint pas 2,5 % de l'ensemble.

LES ANIMISMES

Pour des raisons de commodité et d'analogies, nous avons regroupé les différents animismes sous une même rubrique mais il convient de garder à l'esprit que leurs croyances varient considérablement d'une région à l'autre, comme nous le verrons ultérieurement dans le chapitre consacré à ces religions.

Statistiquement, les animistes purs, c'est-à-dire ceux qui ne pratiquent pas simultanément une autre religion, sont estimés d'une façon arrondie à 100 millions d'individus dont près de 80 % en Afrique noire, 18 % en Asie et le reste en Amérique latine et en Océanie.

Les pays où l'on compte le plus d'animistes sont les suivants :

— Nigéria   14 millions soit 15 % de la population
— Inde   10   "   1 %   "
— Mozambique   6   "   45 %   "
— Côte d'ivoire   5,4   "   60 %   "
— Ethiopie   5   "   15 %   "
— Madagascar   4,5   "   45 %   "
— Tanzanie   4,4   "   23 %   "
— Afrique du Sud 4,3   "   15 %   "
— Kénya   4   "   20 %   "
— Burkina-Faso   3,5   "   54 %   "
— Zimbabwe   3   "   40 %   "
— Soudan   3   "   18 %   "
— Ghana   2,2   "   20 %   "
— Sierra Leone   2   "   50 %   "
— Indonésie   2   "   1 %   "

Ces chiffres sont très approximatifs et aléatoires. On constate que le Japon n'est pas mentionné car on peut considérer que les Japonais ne sont pratiquement jamais purement shintoïstes.

Continent	Population (en millions)	Total des chrétiens	Catholiques	Divers Protestants et Anglicans	Orthodoxes et monophysites	Musulmans	Hindouistes	Bouddhistes	Animistes	Sans religion[1]
Afrique noire / blanche	475 / 115	590	228 / 12	97 / —	110 / 4	21 / 8	145 / 103	— / —	— / —	82 / —	20 / —
Amérique nord / sud [2]	275 / 425	700	155 / 370	63 / 355	87 / 15	5 / —	1 / —	— / —	— / —	— / 1	35 / 38
Asie	2 900	130	80	45	5	614	750	250	66	1 100
Europe sans URSS / URSS	500 / 285	785	410 / 73	240 / 5	130 / 5	40 / 63	5[3] / 32	— / —	— / —	— / —	75 / 180
Océanie	25	22	7	15	—	—	—	—	1	2
Total	5 000 [4]	1 400	847	411	142	900	750	250	150	1 450

(1) - Évaluation du nombre de ceux qui récusent l'appartenance sociologique à une religion
(2) - Amérique au Sud des États-Unis
(3) - Il s'agit des nationaux européens, non des personnes immigrées qui sont comptées dans leur pays d'origine.
(4) - Le total de la population ne correspond pas exactement au total des autres colonnes par suite des religions numériquement faibles que ne sont pas portées sur ce tableau (judaïsme, sikhisme, bahaïsme etc.).

LES ATHÉES MILITANTS

Si l'on cherche à évaluer le nombre d'athées qui se déclarent tels, c'est-à-dire ceux qui non seulement ne pratiquent pas de religion mais rejettent explicitement toute croyance en un Dieu, on ne peut que faire de grossières suppositions.

Il est plus facile de dénombrer les marxistes militants athées qui en constituent les plus gros bataillons. Un ordre de grandeur de leur nombre est le suivant :

Chine	100	millions
U.R.S.S.	40	"
Europe occ.	25	"
Europe orient.	10	"
Viêt-nam	10	"
Reste du monde	15	"
Total	200	"

Les athées marxistes militants représenteraient donc environ 14 % de ceux qui déclarent ne se rattacher à aucune religion.

Ce pourcentage est d'un ordre de grandeur grossièrement comparable à celui des pratiquants actifs parmi ceux qui déclarent appartenir à une religion, pour autant qu'on puisse les estimer.

Répartition des religions par continents

Globalement, la répartition des religions dans le monde est conforme à ce que l'on attend :
— Plus des 3/4 des chrétiens vivent en Europe et dans les deux Amériques.
— La quasi-totalité des musulmans habite l'Asie ou l'Afrique.
— Les hindouistes sont presqu'exclusivement en Inde et les bouddhistes en Asie orientale.

Il est cependant intéressant de noter, que l'Asie, cinq fois plus peuplée que l'Afrique, compte un peu moins de chrétiens que celle-ci mais beaucoup plus de musulmans (580 millions, U.R.S.S. comprise, contre 220 millions).

Le tableau ci-dessous résume la situation religieuse du monde.

D'une façon plus précise, la situation des différents continents appelle les commentaires suivants :

L'Afrique compte environ 44 % de musulmans, 39 % de chrétiens et 15 % d'animistes. Cependant l'Afrique blanche[4], soit près de 100 millions d'âmes, est musulmane à 93 % tandis que l'Afrique noire, avec 475 millions d'habitants, compte 44 % de chrétiens, 30 % de musulmans et moins de 20 % d'animistes.

Au cours des dernières décennies, l'Islam et le christianisme se sont considérablement étendus aux dépens de l'animisme. Cette évolution rapide rend inévitable que de nombreuses pratiques animistes persistent encore chez les nouveaux convertis. En particulier, le catholicisme se heurte fréquemment à l'habitude de la polygamie.

Il est important de noter que l'influence de l'Islam est très faible au sud de l'équateur et même, plus généralement, en dehors de l'Afrique sahélienne. Autrement dit, la quantité importante de travailleurs immigrés en France provenant du Sénégal, de la Mauritanie et du Mali donne une impression fausse de la composition religieuse de l'Afrique noire.

L'Amérique apparaît très christianisée mais la pénétration de cette religion est très variable, parfois superficielle et teintée de pratiques animistes ou superstitieuses. C'est une situation favorable à l'apparition de sectes ou de religions syncrétistes.

L'Asie abrite 58 % de la population mondiale, plus de 60 % en comptant l'Asie centrale et la Sibérie soviétiques. On y trouve 75 % des hommes qui se déclarent sans religion, 70 % des musulmans mais seulement 9 % des chrétiens. Le nombre des animistes purs est faible mais il deviendrait considérable si l'on y ajoutait les adeptes partiels du taoïsme ou du shintoïsme. Il est remarquable que la Chine et, à un moindre degré, le Japon où aucun monothéisme n'a jamais été religion officielle soient les pays qui comptent la plus grande proportion de « sans religion ».

L'Europe, de tradition presqu'entièrement chrétienne, connaît un recul en pourcentage de ceux qui déclarent se rattacher à une religion. La pratique religieuse chute depuis quelques années de façon encore plus nette.

Evolution du nombre des adeptes des grandes religions

Depuis le début du siècle, des changements notables sont intervenus dans le paysage religieux de l'humanité. Leur appréciation quantitative est difficile par suite de la faiblesse des sources statistiques. Cependant, dans ce domaine, la précision au 1 % près n'est pas nécessaire et un ordre de grandeur suffit pour faire ressortir les évolutions les plus importantes.

En comparant des statistiques des années 1920 avec nos chiffres, on obtient le tableau suivant :

	1928	1988
Population mondiale	1550 millions	4700 millions
Chrétiens	550 millions soit 35 %	1300 millions 28 %
dont catholiques	(265) millions soit (17 %)	(800 millions (17 %)
Hindouistes	235 millions soit 15 %	700 millions 15 %
Musulmans	210 millions soit 13 %	800 millions 17 %
Animistes	145 millions soit 9,5 %	100 millions 2 %
Bouddhistes	120 millions soit 8 %	230 millions 4,8 %
Juifs	11 millions soit 0,8 %	15 millions 0,3 %
Sans religion (par différence)	214 millions soit 13 %	1555 millions 33 %

On constate que, pour un triplement de la population mondiale en deux générations, les pourcentages d'adeptes des grandes religions n'ont pas très considérablement varié. En fait, l'humanité a davantage subi une révolution démographique qu'un bouleversement religieux.

Des faits saillants sont cependant à retenir :
— L'augmentation brutale de ceux qui déclarent ne se rattacher à aucune religion. Comme nous l'avons déjà vu, ceci s'explique par deux causes majeures, pas totalement indépendantes l'une de l'autre : d'une part, l'instauration de régimes délibérément et vigoureusement athées dans des pays qui abritent le tiers de l'humanité (Chine, URSS, Europe de l'Est, Viêt-nam...) a porté des coups sévères au bouddhisme, au taoïsme, au confucianisme et à l'orthodoxie, principalement ; d'autre part, la pression sociale qui, en Europe occidentale notamment, conduisait une quantité importante de non-convaincus à se déclarer chrétiens a pratiquement disparu, augmentant nettement le nombre officiel des sans-religion.
— Le maintien de l'hindouisme, reflet de la position démographique stable de l'Inde dans le monde.
— L'effondrement des religions purement animistes, remplacées presque toujours par l'Islam ou le christianisme.
— L'affaissement du bouddhisme qui, par nature, n'a pas eu la combativité suffisante pour s'opposer efficacement à l'athéisme en Chine, au Viêt-nam et au Cambodge.
— L'Islam, seul, affiche un progrès en pourcentage (passage de 13 à 17 % de la population mondiale en 60 ans). Ceci provient d'une part de ce qu'il est

implanté dans des pays à forte démographie et d'autre part qu'il a remplacé largement l'animisme dans les pays de l'Afrique Noire sahélienne.
— Le recul en pourcentage du christianisme dans son ensemble mais le maintien du catholicisme.

Ces changements s'expliquent pour une large part par le poids de l'évolution démographique, très variable selon les pays. Rappelons par exemple que la France représentait plus de 2 % de la population mondiale des années 20 contre à peine plus de 1 % aujourd'hui, alors que l'évolution est sensiblement opposée pour le Nigéria.

Ainsi, le taux faible de croissance démographique en Europe occidentale et en Amérique du Nord entraîne un affaiblissement relatif du protestantisme, malgré d'importants succès missionnaires en Afrique et en Amérique latine. Le maintien des positions du catholicisme, qui perd du terrain en Occident, s'explique grâce au poids de cette Eglise en Amérique latine et, plus récemment, en Afrique Noire. Le recul du judaïsme a évidemment pour cause le génocide hitlérien, mais aussi la faiblesse du taux de natalité, au moins chez les Ashkénazes.

Nombre de religions dans le monde

On pourrait être tenté de se demander combien il existe de religions dans le monde.

C'est une question à laquelle on ne peut pas apporter de réponse sérieuse. Certes, les religions se répartissent en quelques grands groupes, christianisme, Islam, hindouisme, bouddhisme, animisme... mais nous verrons bientôt à quel point ces grands ensembles se diversifient en particularismes parfois si affirmés qu'il est plus raisonnable de les considérer comme des religions distinctes.

Ainsi, si l'on s'en tient aux caractéristiques les plus générales, on ne prendra en compte qu'un seul christianisme ou un seul animisme et les systèmes religieux se compteront sur les doigts des deux mains. Si, au contraire on adopte des critères fondés sur des nuances de doctrine ou la pluralité des rites, on arrivera à plusieurs centaines.

En outre, de nombreux peuples, notamment en Extrême-Orient, pratiquent simultanément plusieurs religions. Est-ce qu'une telle attitude ne constitue pas une autre sorte de religion, distincte de ses composants ?

En fait, si l'on peut poser à un individu la question « quelle langue parlez-vous ? », demander quelle religion précise pratique une personne conduit à des réponses si diverses qu'il y a, à vrai dire, une religion pour chaque croyant.

Si le lecteur ne se satisfait pas de cette réponse, on peut dire que les mouvements religieux passés en revue dans ce livre, qui est loin d'être exhaustif, sont, selon l'index alphabétique final, au nombre de plus d'une centaine.

---

[1] Voir plus loin le chapitre sur les animismes.
[2] C'est aussi le cas du judaïsme traditionnel.
[3] Les protestants sont pris au sens large, en y incluant les anglicans et les Eglises locales d'inspiration chrétienne qui fleurissent notamment en Afrique.
[4] Les pays à majorité blanche sont le Maroc, l'Algérie, la Tunisie, la Libye et l'Egypte. Nous ne prenons pas en compte ici les pays à minorité blanche importante comme la Mauritanie ou l'Afrique du Sud.

Les grandes religions

Les données chiffrées que nous venons de présenter, malgré leur caractère approximatif, montrent déjà la grande diversité des religions et, surtout, laissent percevoir comment chaque courant religieux se fractionne en tendances jusqu'à aboutir à l'émiettement final que nous constatons tous: il n'y a pas deux hommes qui pensent exactement pareil.

Mais tout en gardant cette vérité fondamentale à l'esprit, on peut aussi valablement constater que cette infinie variété se regroupe autour des croyances fondamentales caractéristiques des grandes religions ou des grandes philosophies.

Ce sont ces croyances fondamentales que nous allons décrire maintenant mais, plutôt que de les présenter dans le désordre, nous suivrons un plan qui fait ressortir leur relative continuité.

Trois grands groupes se dégagent :

— Certaines religions se disent révélées, c'est-à-dire que Dieu s'est manifesté pour indiquer en quoi consistent les rapports qu'Il entend voir s'établir entre Lui et les hommes. Par ordre d'apparition dans l'histoire, ces religions sont le judaïsme, le christianisme, l'Islam et la religion des Mormons. Toutes sont très clairement monothéistes — elles ne reconnaissent qu'un seul Dieu — et elles comportent des règles nombreuses et précises touchant non seulement le culte rendu à Dieu mais aussi la vie en société. Ce sont des religions intégrales.

— Un autre groupe de religions donne, par comparaison avec les précédentes, l'impression d'être moins décantées, moins organisées, plus touffues. Sans que cette réflexion soit le moins du monde péjorative, on y constate un foisonnement de cultes qui peuvent s'interpréter comme une réticence ou une impuissance à formuler l'idée d'un Dieu unique. Généralement, ces religions connaissent des variantes qui se rapprochent du monothéisme, mais sans qu'il soit clairement affirmé. Ce type de religion se rencontre le plus souvent dans les civilisations très anciennes, le contenu en est rarement conceptualisé de façon précise, un certain flou dans les croyances est communément admis. En transition entre ce groupe et le précédent, on trouve le zoroastrianisme, forme récente et élaborée de la religion avestique.

Au stade ultime de son évolution, c'est pratiquement un monothéisme ; dans une phase antérieure, il existait deux divinités, celle du Bien et celle du Mal, et, à l'origine, une multiplicité de dieux aux fonctions diverses. Parmi les religions actuelles qu'on peut rattacher à ce deuxième groupe, on compte l'hindouisme, auquel est lointainement apparenté le zoroastrianisme, mais également les différentes formes d'animisme qu'on trouve sous des formes diverses sur tous les continents. La grande majorité des religions antiques se rattache à ce groupe.

— Le troisième groupe comprend des quasi-religions, c'est-à-dire que ce sont essentiellement des philosophies : elles ne rejettent pas l'idée d'un Dieu mais s'en passent le plus souvent, considérant qu'Il est hors de portée. Ces « religions » proposent surtout un comportement, c'est-à-dire une morale. En transition avec le groupe précédent, le bouddhisme, issu de l'hindouisme, connaît des variantes populaires où sont quasiment divinisés ceux qui ont atteint l'état de Bouddha. Ce type bouddhisme résulte souvent d'un amalgame avec un fonds animiste plus ancien.

Ainsi, l'ordre dans lequel nous présenterons les principales religions sera le suivant :
— *religions révélées* :
- judaïsme
- christianisme
- Islam
- mormons

— *religions de transition* :
- zoroastriens
- sikhs

— *religions « polythéistes »* :
- hindouisme
- animisme (shinto, vaudou...)
- religions antiques

— *religions « morales »* :
- bouddhisme
- confucianisme
- taoïsme

Nous complèterons par quelques indications sur les religions syncrétistes qui cherchent à rassembler dans un culte unique ce qu'elles jugent le meilleur dans les autres religions, puis nous évoquerons les sectes sous leur différentes formes, et enfin le communisme, considéré sous l'angle de ses rites.

Ce plan tente de faire ressortir une impression qui n'engage que l'auteur : les religions monothéistes ont, en quelque sorte, une position médiane entre les religions apparemment polythéistes et les religions dont le contenu est essentiellement moral.

Seules les religions révélées affirment avec netteté l'existence d'un Dieu unique qui se manifeste aux hommes. Les religions polythéistes ressentent, consciemment ou non, le besoin d'intermédiaires entre l'homme et l'Absolu. Quant aux religions « morales », elles hésitent à formuler explicitement l'existence d'un Dieu mais elles recommandent un comportement qui converge étonnamment avec celui des autres religions.

Si Dieu existe et qu'Il cherche à se faire connaître, ses voies sont aussi variées que les hommes, ses créatures sont diverses. Peut-être attend-Il, pour accélérer notre progrès vers Lui, que nous mettions en commun l'expérience de nos différentes approches ?

Si telle est Sa volonté, il est intéressant de constater à quel point la liberté de l'homme est respectée et avec quelle délicatesse et quelle sage lenteur Il suggère où se trouve l'essentiel.

Les grandes religions révélées

Les trois grandes religions révélées sont le judaïsme, le christianisme et l'Islam[1]. Toutes trois affirment nettement qu'il n'y a qu'un Dieu[2]. La filiation entre ces religions est évidente, elles se réfèrent toutes à Abraham, le « Père des croyants », chef de tribu sémite qui nomadisa au Moyen-Orient, entre l'Iraq et l'Egypte, vers le XIXe siècle avant notre ère.

Son descendant, Moïse, reçut sur le mont Sinaï les Tables de la Loi, marque de l'alliance de Dieu avec son peuple : c'est le début du judaïsme.

La longue histoire de ce peuple guidé vers Dieu par ses prophètes doit selon la Bible, conduire à l'apparition du Messie, l'envoyé de Dieu. Les chrétiens l'ont reconnu en la personne de Jésus-Christ : c'est le début du christianisme.

Près de sept siècles plus tard, Mahomet reçoit la révélation du Coran qui lui est dicté personnellement. Le Coran est, selon les musulmans, l'accomplissement de la révélation faite aux prophètes et à Jésus.

Les trois grandes religions révélées se réfèrent ainsi à des textes sacrés : la Torah pour les Juifs, la Bible pour les chrétiens[3], le Coran pour les musulmans. Les croyants trouvent dans ces textes la parole de Dieu et l'inspiration de leurs actions en ce monde.

Ces textes comportent de nombreux éléments communs. Cependant, la façon dont Dieu s'y révèle aux hommes n'est pas identique dans les trois religions.

Dans la Bible, le plus connu des livres saints et le plus important par son influence, Dieu ne s'exprime pas directement mais Il inspire différents personnages, prophètes, rois ou autres, dont chacun garde son style et écrit sur un sujet particulier : histoire, poésie, morale...

Ainsi, dans l'Ancien Testament la parole de Dieu n'est pas toujours clairement apparente et elle doit se découvrir en tenant compte de la personnalité de l'auteur et du contexte historique et culturel de l'époque.

Dans les Evangiles, qui relatent l'enseignement de Jésus-Christ, ses paroles sont rapportées par des témoins, les quatre évangélistes, et l'existence de quatre textes exposant sensiblement les mêmes événements permet d'intéressantes comparaisons[4].

Le Coran, au contraire, est, pour les musulmans, la parole même de Dieu : rien ne peut y être ajouté ou retranché et seul le texte original en arabe fait foi.

Les textes sacrés n'ont donc pas la même situation dans les trois grandes religions révélées. L'opposition est nette entre le judaïsme et l'Islam d'une part et le catholicisme dont la référence fondamentale est la personne du Christ, vivant dans son Eglise, plus encore que la trace écrite de son enseignement. A cet égard les protestants auraient, au moins pour certains d'entre eux, une position intermédiaire de par l'importance qu'ils donnent à la Bible.

La certitude de bénéficier d'une révélation donne assez normalement à ces religions une très grande confiance en elles-mêmes : il existe une seule vérité et elles en détiennent l'accès. D'où leur tendance très nette à formaliser précisément cette vérité en lois ou dogmes et à s'efforcer d'en convaincre tous ceux qui s'égarent à penser autrement.

Cette attitude est fort différente de celle des religions de nature plus philosophique de l'Orient qui ont une conception du monde assez lâche et admettent en leur sein bien des tendances et expressions divergentes.

D'un point de vue extérieur, on ne peut manquer d'être frappé d'une certaine incompatibilité apparente de ces trois religions dites révélées.

On peut en déduire :
— soit qu'il n'y a aucune révélation et que tout cela n'est qu'un produit de l'illusion humaine ;
— soit qu'il existe bien une révélation et que deux religions sur trois, au moins, se trompent ;
— soit que la révélation est beaucoup moins précise et contraignante que les religions le pensent généralement. Il existerait alors un « fonds commun » de vérité révélée que chaque religion aurait « habillé » d'éléments inutiles rendant ainsi leurs messages apparemment incompatibles.

Les grandes religions

Si révélation il y a, le choix entre les deux dernières hypothèses ne doit pas, semble-t-il, relever de l'opinion de chacun mais de l'analyse approfondie du contenu des révélations. Peut-être certains musulmans ne mettent-ils pas assez en position centrale de leur comportement la phrase du Coran « pas de contrainte en matière de religion » tandis que certains chrétiens ne donnent pas toute sa place à l'Amour des autres, et donc à leur respect.

Pour le moment, nous nous contenterons de décrire les croyances de ces trois grandes religions révélées en les présentant selon l'ordre de leur arrivée dans l'histoire.
— le judaïsme ;
— le christianisme ;
— l'Islam.

LE JUDAÏSME

Le judaïsme est la religion du peuple juif. Ce peuple est dépositaire de la loi que Dieu a donnée aux hommes. La révélation de cette loi à Moïse sur le mont Sinaï, vers 1250 av. J.C., est le prolongement du pacte d'alliance passé entre Dieu et Abraham quelques siècles auparavant.

Le judaïsme est indissociable de l'Histoire qui apparaît comme le cheminement de l'humanité sous la conduite de Dieu. L'Histoire n'est pas autre chose que la réalisation du plan de Dieu sur la création : selon le judaïsme, l'homme se doit de purifier le monde par ses actes pour que Dieu puisse y demeurer.

Que Dieu ait choisi le peuple juif pour porter au monde sa révélation ne confère à ce peuple aucun privilège : il s'agit d'une mission spirituelle, d'une véritable épreuve qui comporte sens de la responsabilité et sacrifices. La fidélité à Dieu que cela implique est avant tout l'effort quotidien d'observation de la loi et d'exercice de la justice. Le judaïsme cherche à présenter un modèle spirituel bien plus qu'à convertir. Il est possible de se convertir au judaïsme mais rien n'est fait pour le favoriser. En France, on ne compte chaque année qu'une dizaine de conversions au judaïsme, alors que près de 4000 Juifs deviennent chrétiens, parfois pour des raisons plus sociales que spirituelles. C'est donc surtout par la naissance que l'on est juif : est réputé juif tout enfant né d'une mère juive.

Jadis cependant, le prosélytisme a connu des périodes fort actives, notamment sous l'Empire romain. C'est pourquoi il n'y a aucune homogénéité ethnique du peuple juif, ce que souligne l'exemple extrême des Juifs éthiopiens, les Falachas.

Ainsi, aujourd'hui, le peuple juif ne peut véritablement se définir que comme celui qui adhère au judaïsme

Selon la tradition, Dieu a donné aux enfants d'Abraham la terre où se trouve de nos jours l'Etat d'Israël. L'attachement des Juifs à cette terre est, pour eux, de nature génétique[5]. La majorité des Juifs voient dans l'Etat d'Israël le symbole de leur confiance dans l'avenir, ce qui répond à leur aspiration profonde de vivre en toute souveraineté sur la terre que Dieu leur a confiée. Cette terre est sainte, elle est constamment placée sous l'œil de Dieu et tout Juif a le droit de demander à y vivre. L'immigration en Israël est désignée par le nom hébreu d'aliyah qui signifie « montée » car elle est perçue comme une élévation spirituelle vers Dieu[6].

Cependant la possession effective de cette terre est soumise à l'obéissance à la loi divine, faute de quoi l'invasion par l'ennemi et l'exil à l'étranger restent toujours possibles.

En fait, tout au long de l'histoire le peuple juif a dû subir de la part de voisins puissants des déportations et des massacres qui constituent peut-être le prix du maintien de son originalité et de son particularisme.

Malgré leur dispersion aux quatre coins du monde, les communautés juives gardent un attachement profond à leur loi, à leur terre et à leur langue religieuse, l'hébreu, qui a été ressuscité comme langue vivante grâce à l'Etat d'Israël.

Le peuple juif ne dépasse guère 15 millions d'âmes : 6 millions vivent aux Etats-Unis, 3 500 000 en Israël, près de 3 millions en U.R.S.S., 650 000 en France, 500 000 en Argentine, 450 000 en Grande-Bretagne, 300 000 au Canada, 150 000 au Brésil, 120 000 en Afrique du Sud, près de 100 000 en Hongrie etc. Mais l'importance spirituelle du judaïsme est bien plus considérable que ces chiffres ne le laissent supposer. En effet, le judaïsme, en tant que première religion monothéiste révélée, est, pour une large part, à l'origine du christianisme et de l'Islam.

L'étude de la doctrine du judaïsme est donc capitale pour comprendre l'ensemble de ces religions auxquelles se rattachent, au moins culturellement, 40 % de l'humanité.

La doctrine du judaïsme

Dieu est unique, tout-puissant et éternel. Il a créé le monde. L'homme est incapable de connaître Dieu, sauf dans la mesure où Il se révèle. Or, précisément, la volonté de Dieu s'exprime, soit qu'Il parle directement à certains hommes, soit qu'Il en inspire d'autres qui parlent en son nom et sont ses prophètes. Dieu conduit ainsi la progression infinie de l'humanité mais Il laisse à chaque homme sa liberté, son libre-arbitre. La loi de Dieu n'est pas imposée mais celui qui ne la suit pas en subira les conséquences.

L'objectif est un règne de paix et de justice qui s'établira sous l'égide d'un homme, le Messie, choisi par Dieu et descendant du roi David. L'humanité vivra dans l'abondance et le peuple juif verra la fin de son exil : il reviendra en Terre Sainte et se repentira de ses fautes. Le monde entier reconnaîtra Dieu et acceptera sa souveraineté. Selon la tradition juive, l'humanité deviendra végétarienne, comme elle l'était avant le déluge. Cette ère messianique sera celle de la réconciliation entre les peuples et Jérusalem sera le centre spirituel de l'humanité.

Rien ne permet de savoir quand cette période bienheureuse commencera. Certains rabbins cependant croient que le monde durera 6000 ans et que le 7e millénaire en sera l'apothéose, de la même façon que le sabbat, le jour de fête juif, termine la semaine dans la joie. Nous serions ainsi à la veille de l'ère messianique qui pourra être hâtée si les hommes en sont dignes.

La certitude de son destin qui anime le peuple juif est la conséquence de la promesse faite par Dieu à Abraham, il y a près de 4000 ans. Dieu est indéfectiblement fidèle à sa promesse mais les hommes multiplient les manquements et les trahisons. Le peuple juif n'est pas, par nature, meilleur qu'un autre mais il a la responsabilité d'observer la loi que Dieu lui a donnée pour l'ensemble de l'humanité.

Cette interaction de Dieu et de l'histoire des hommes est relatée dans la Bible, livre écrit par des hommes d'époques très diverses mais inspiré par Dieu. La première partie, qui en est le noyau, est la loi proprement dite. Elle comprend cinq livres, d'où son nom grec de Pentateuque, et elle a été directement dictée par Dieu à Moïse. La Torah est le contrat entre Dieu et le peuple juif qui définit leurs engagements réciproques.

Le texte le plus connu et le plus important de la loi est celui des « Dix Commandements », en grec le « Décalogue ». Il se trouve au chapitre 20 du livre de l'Exode, le deuxième du Pentateuque. On peut le traduire sensiblement comme suit :

1— « Moi, Yahweh, je suis ton Dieu qui t'ai sorti d'Egypte, de la maison des esclaves.

2— Tu n'auras pas d'autre dieu que Moi, tu ne feras et n'adoreras aucune image car Je suis un Dieu jaloux qui punit l'iniquité mais fait miséricorde à ceux qui m'aiment et observent mes commandements.

3— Tu ne prononceras pas le nom de Dieu à l'appui du mensonge car Je ne laisse pas impuni celui qui jure Mon nom en vain.

4— Souviens-toi du jour du sabbat pour le sanctifier. Tu travailleras pendant six jours mais le septième jour est consacré à l'Eternel, ton Dieu. Tu ne feras aucun travail, ni toi, ni ton fils, ni ta fille, ni ton serviteur, ni ta servante, ni ton bétail, ni l'étranger qui est chez toi, car Dieu l'Eternel a créé en six jours le ciel, la terre, la mer et tout ce qu'ils renferment et Il a béni le septième jour et Il l'a sanctifié.

5— Honore ton père et ta mère afin que tu vives longtemps sur terre.

6— Tu ne tueras pas.

7— Tu ne commettras pas d'adultère.

8— Tu ne voleras pas.

9— Tu ne feras pas de faux témoignages.

10— Tu ne convoiteras pas la maison de ton prochain, ni sa femme, ni son serviteur, ni sa servante, ni son bœuf, ni son âne, ni rien de ce qui appartient à ton prochain ».

La Bible juive comprend, outre le Pentateuque, huit livres des Prophètes et onze livres d'Ecrits, soit au total 24 livres. La Bible catholique traduite en latin, dite « Vulgate » se divise différemment en 46 livres[8].

Le caractère parfois imprécis des textes de la Torah a, dès l'origine, nécessité des explications qui constituent le mode d'emploi de la loi dans les différentes circonstances de la vie. C'est ce qu'on appelle la « Torah orale » qui est propre à la religion juive, contrairement à la Torah écrite, c'est-à-dire les cinq premiers livres de la Bible, cette partie est aussi un livre sacré pour les chrétiens et, d'une certaine façon, pour les musulmans.

Au cours des siècles, les commentaires de cette Torah orale sont devenus si nombreux qu'au deuxième siècle de notre ère le rabbin Yéhouda entreprit de les rédiger pour en assurer la conservation. Cette Torah orale, désormais écrite, s'appelle la Mishnah[9] : elle traite de sujets concrets tels que l'agriculture, la vie familiale, le droit civil ou pénal, mais aussi de sujets religieux comme les prières, les fêtes, les services du Temple ou les conditions de la pureté rituelle.

Cependant, cette Mishnah est elle-même assez synthétique et les rabbins l'ont complétée par de nombreux autres commentaires, dits « Guemarah ».

Ce qu'on appelle le Talmud est constitué de l'ensemble de la Mishnah et de ses commentaires. Ces écrits, très volumineux, ont été rédigés en deux versions, l'une à Jérusalem au IVe siècle de notre ère, l'autre à Babylone au Ve siècle.

Les grandes religions

Le Talmud[10] aussi complet qu'il soit, n'est que la référence et la source de la loi juive ; il s'y ajoute une quantité d'autres textes d'importance diverse :
— La Halakha, mot signifiant « marcher », « évoluer », permet une adaptation des règles aux conditions de la vie moderne. On y répond, par exemple, à la question de savoir s'il est conforme à la loi de pratiquer la contraception ou d'allumer l'électricité le jour du sabbat. C'est un traité de jurisprudence.
— La Haggada, qui signifie « narration », rassemble des textes moraux ou anecdotiques, à but d'édification.

On peut encore citer :
— Le Midrash[11], commentaire explicatif de la Torah, mais sans caractère juridique. Certains de ses textes, d'origines différentes, semblent parfois contradictoires, ce qui, pour un esprit juif, est source de nouvelles interprétations qui concilient d'apparents contraires.
— La Kabbale, ou Cabale,[12] qui n'est pas un ouvrage unique mais plutôt un courant de pensée. La Torah y est interprétée de façon symbolique et mystique. Le plus connu des livres issus de la Cabale est le Zohar, ou « livre de la Splendeur », écrit vers le XIIIe siècle.

Quelle que soit l'importance de tous ces ouvrages, c'est l'étude de la Torah qui est au centre de la pratique religieuse juive que nous allons maintenant aborder.

La pratique du judaïsme

Le judaïsme ne comporte pas d'Eglise constituée : il n'y a pas d'autorité suprême ni de clergé à proprement parler. Les rabbins sont des chefs spirituels reconnus pour leur connaissance des textes sacrés mais ce sont des Juifs comme les autres dont la réputation tient à leur sagesse et leur érudition.

Le judaïsme est avant tout un humanisme et un style de vie qui suit cependant des règles strictes. Pour un Juif pieux, le respect de la Loi est au centre de la pratique religieuse. L'observation scrupuleuse des préceptes repose sur l'étude approfondie des textes, ce qui s'accompagne parfois d'un certain formalisme.

Ainsi, toute représentation de Dieu sous forme d'image ou de statue est rigoureusement interdite car on en viendrait à adorer une idole. Même le nom de Dieu est imprononçable : comme Il est, par nature, inaccessible et inconnaissable, on ne peut savoir Son nom. Le seul repère est constitué de l'équivalent en hébreu des quatre lettres YHWH qui désignent Dieu dans les tables de la loi remises à Moïse. Ces lettres peuvent s'interpréter comme signifiant « Celui qui est », mais leur prononciation est inconnue. On en a tiré arbitrairement Yahweh ou Jéhovah mais les Juifs disent plutôt l'Eternel ou Adonaï qui signifie « Seigneur ».[13]

Ce Dieu, hors de portée de l'homme, est cependant partout présent. Il est créateur de toute chose, il mène, selon des voies cachées qui lui sont propres, le destin de chaque homme, celui de l'humanité et de tout l'univers. Il est aussi le Juge Suprême auquel il nous faudra rendre des comptes et qui nous récompensera ou nous punira selon nos actes. Il n'y a donc ni hasard ni fatalité. Ainsi tout appartient à Dieu et le Juif pieux ne saurait placer aucune barrière entre sa vie spirituelle et sa vie quotidienne.

C'est pourquoi le Juif s'efforce d'étudier dans la Torah, y compris le Talmud, quel doit être son comportement en toute circonstance. L'homme met ainsi sa liberté au service de Dieu, dont il est, en quelque sorte, le partenaire.

Bien que les règles de la Torah soient édictées par Dieu, donc immuables, la pratique du judaïsme n'est pas restée identique à elle-même au cours des siècles. Ainsi les sacrifices d'animaux, partie importante du culte, devaient obligatoirement se célébrer dans le Temple de Jérusalem. Après la destruction de celui-ci par les Romains en l'an 70 de notre ère, ces sacrifices disparurent et le peuple juif dut se disperser[14]. Cet événement tragique eut d'autres conséquences :

— Les prêtres, « cohen » en hébreu, célébrant dans le Temple, perdirent de leur influence au profit des rabbins dont la mission n'est pas sacrificielle mais consacrée à l'étude et à l'enseignement de la Torah.

— Les communautés juives exilées durent s'adapter à leur nouvel environnement culturel. C'est l'origine des deux grands courants du judaïsme fondés sur des rites différents. Les Ashkénazes[15], dont la langue est le yiddisch (c'est-à-dire « jüdisch-deutsch », juif-allemand) sont les Juifs d'Europe Centrale tandis que les Sépharades, dont le nom signifie « espagnols » s'établirent dans les pays méditerranéens et adoptèrent pour langue de leur communauté le ladino, dérivé de l'espagnol médiéval.

— Outre la différence de langue, ashkénazes et sépharades se différencient par de nombreux autres éléments de leur culture. Ainsi les premiers ont gardé de leur passage dans les pays froids l'habitude de porter de longs manteaux noirs, particulièrement inadaptés au climat d'Israël. Sur le plan religieux, les deux communautés récitent leurs prières différemment et elles ont chacune leur grand rabbin à Jérusalem.

— Ces différences culturelles entraînent inévitablement des rivalités. Les ashkénazes provenant de pays plus développés avaient en général une meilleure formation technique ; leur arrivée massive en Israël avant et après la guerre de 1939-1945 leur permit de prendre le contrôle des plus importants rouages économiques et politiques du jeune Etat. Les sépharades, dont la natalité est plus élevée, ont reçu en outre d'importants renforts grâce au rapatriement des communautés juives du Proche-Orient et surtout d'Afrique du Nord dans les années 1960. La situation tend aujourd'hui à s'équilibrer mais l'unité est encore loin d'être acquise.

Quelle que soit l'incidence des événements historiques, l'essentiel des pratiques religieuses s'est conservé au cours de la longue vie du judaïsme. Leurs caractéristiques les plus originales sont l'accent mis sur la famille et le respect formaliste de la loi divine.

L'importance de la famille s'explique par la nécessité de maintenir la culture juive dans une diaspora soumise aux influences étrangères.

Le formalisme est la conséquence de la référence à un texte immuable, la Torah. On constate le même phénomène dans l'Islam qui se fonde sur le Coran. Mais l'étude de la Torah et du Talmud développe sans doute les capacités intellectuelles ; elle peut même conduire à un penchant exagéré pour les jeux de l'esprit ou à un excès d'intellectualisme, souvent tempéré par une bonne dose d'humour.

Un Juif pieux s'efforce donc de respecter les 613 mitzvoth, les commandements qui touchent toutes les circonstances de la vie courante, notamment les rites alimentaires que nous détaillerons plus loin p.339.

Ainsi Dieu est présent à chaque instant de l'existence, de la naissance à la mort. La première cérémonie, qui introduit véritablement un garçon dans le peuple juif, est la circoncision, « brith mila » en hébreu ; elle est exécutée le huitième jour après la naissance par un médecin ou un spécialiste appelé « mohel ». Cette opération chirurgicale sanglante est chargée de symbolisme : elle évoque une nouvelle naissance et la coupure du cordon ombilical. Pour les filles, il existe une cérémonie de bénédiction du nom, le « zeved habat », pratiquée par un rabbin à la synagogue ou au domicile.

La majorité religieuse intervient à 13 ans pour les garçons et à 12 ans pour les filles. L'enfant devient alors « bar mitzvah », fils du commandement[16]. C'est le couronnement de la formation religieuse de l'enfant, donnée en famille et, dès l'âge de 5 ou 6 ans, dans une école religieuse rattachée à la synagogue.

Le mariage est aussi un moment important de la vie religieuse car il permet au peuple élu de se perpétuer. La cérémonie est appelée « kiddushin », c'est-à-dire sanctification.

Les mariés échangent leur consentement à la synagogue sous une sorte d'étole appelée « chappah », qui symbolise à la fois leur future maison et la protection divine. Le jeune marié remet à son épouse un contrat de mariage, le « ketoubah »[17]. Un Juif ne peut se marier à la synagogue avec une non-juive et il n'est pas possible à une femme de se convertir uniquement en vue du mariage. Cette exigence est motivée par le fait que la qualité de Juif se transmet par la mère : est juif, un enfant d'une mère juive.

Le divorce, y compris par consentement mutuel, est admis par le judaïsme mais au prix de procédures difficiles. Il est prononcé par le tribunal rabbinique, la « Beth din ».

On pourrait ainsi multiplier les exemples des rites et prescriptions qui scandent la vie du Juif pieux. Nous y reviendrons dans la IIIe partie à propos de la prière, des fêtes et des rites funéraires. Mais le respect de ces règles et coutumes dépend largement aujourd'hui de la forme du judaïsme à laquelle adhère le croyant.

Les différentes formes du judaïsme

Durant les 3000 ans de son histoire, il n'est pas étonnant que le judaïsme ait connu des évolutions importantes qui se sont traduites notamment par la formation de mouvements dissidents et des interprétations variées de la mission du peuple élu.

Rien ne subsiste cependant aujourd'hui de ce qui opposait les Saducéens, niant la résurrection, la loi orale et l'existence des anges, et les Pharisiens qui en étaient convaincus ; rien non plus des Esséniens, célèbres par les manuscrits de la Mer morte, dont la sensibilité a préparé, semble-t-il, l'avènement du christianisme. Seuls parmi les sectes de l'antiquité, les Samaritains ont laissé quelques traces jusqu'à nos jours.

Plus tard, au VIIIe siècle, apparurent les Karaïtes qui ne sont plus que quelques rares dizaines de milliers. Au XIVe siècle, le mouvement de la Kabbale né en Espagne introduit une dimension ésotérique qui est reprise par le hassidisme, originaire de Pologne, au XVIIe siècle. Celui-ci, à la fois mystique et rigoriste, a profondément imprégné le judaïsme d'Europe Centrale et se trouve au cœur de l'actuelle tendance « orthodoxe ».

Ainsi, le paysage du judaïsme contemporain est-il modelé par des strates successives et complémentaires de ce qui constitue le monde infiniment complexe de la pensée juive.

Depuis la fin du XIXe siècle, deux mouvements nouveaux ont été particulièrement marquants, le judaïsme réformé et le sionisme, mais ils n'ont pas effacé les autres tendances.

Le judaïsme réformé est un courant de pensée qui s'est développé dans les démocraties occidentales quand y ont été abolies toutes discriminations de nature religieuse. Certains Juifs ont alors volontairement abandonné la référence à une nation juive pour se considérer comme une confession religieuse parmi les autres. Cette tendance, très vigoureuse avant 1939, préconisait des réformes du culte telles que l'abandon de l'hébreu au profit de la langue locale, le remplacement du sabbat par le dimanche, l'égalité des sexes, l'introduction de l'orgue à la synagogue etc. Les Juifs réformés font généralement preuve d'un grand nationalisme pour le pays où ils vivent et voient davantage le Messie comme un idéal de reconnaissance universelle de Dieu que comme un homme qui restaurera la domination du peuple d'Israël.

Les grandes religions 73

Le sionisme au contraire refuse l'assimilation totale des Juifs à leur milieu et souligne le rôle de la nation juive. Celle-ci devient ainsi le point fort du judaïsme, même si la religion doit passer au second plan. Pour le sionisme, le Messie, c'est le peuple d'Israël qui revient sur sa terre et y trouve son unité. La création de l'Etat d'Israël en 1948 a permis à cette tendance de s'exprimer pleinement.

A côté de ces sionistes qu'on appelle *laïcs* ou *libéraux* et qui sont la majorité, on trouve également des *orthodoxes* qui souhaitent qu'Israël soit un état théocratique dont les lois soient strictement conformes à la Torah.

Parmi les *anti-sionistes*, minoritaires mais en nombre non négligeable, il faut distinguer deux courants radicalement opposés : les Juifs « de gauche », souvent marxistes, convaincus qu'Israël ne pourra indéfiniment subsister face à des voisins plus nombreux et menaçants, préconisent un partage amiable de la terre d'Israël avec les Palestiniens et l'établissement d'un Etat pluriconfessionnel.

A l'opposé, les « Gardiens de la Cité », Natorei Karta, ultra-conservateurs constituent un groupe très minoritaire mais extrémiste de religieux anti-sionistes : pour eux, le Messie rassemblera son peuple quand il le voudra et l'Etat d'Israël ne fait que retarder cet avènement. Ils souhaitent donc la disparition de l'Etat, réservent l'hébreu pour la prière et parlent yiddisch, refusent la carte d'identité et les impôts...

Quelles que soient ces tendances divergentes, la constitution de l'Etat d'Israël marque dorénavant le judaïsme et entraîne d'importantes conséquences sur les différentes orientations de la pensée juive. C'est ainsi que le courant réformé, qui aboutissait à un certain effacement de l'originalité du judaïsme, a régressé au profit d'une plus grande conformité avec la tradition. Depuis moins d'une génération, on constate que les jeunes reviennent à une pratique religieuse que leurs parents avaient bien souvent abandonnée.

Le souci d'une adaptation constante du judaïsme à la modernité n'est pas exclu pour autant. C'est ce qu'on constate notamment au sein de la communauté juive américaine.

On estime que, sur 6 millions de Juifs américains, 3 millions ne se rattachent à aucune synagogue, c'est-à-dire ne pratiquent pas leur religion. Sur les 3 millions restants, 15 % sont de tendance orthodoxe, 35 % sont libéraux tandis que 50 % sont, selon le terme anglo-saxon, « conservative ». Il s'agit donc du courant de pensée le plus important qui s'efforce d'adapter la pratique de la loi au monde moderne, sans pour autant en rejeter la rigueur.

Quelques exemples illustreront les positions de ce mouvement :
— les femmes se voient reconnaître une parfaite égalité avec les hommes ; elles participent aux cérémonies de la synagogue et peuvent même être rabbins ;
— l'usage de l'électricité est admis le jour de sabbat ainsi même que celui de

l'automobile pour se rendre à la synagogue, mais seulement si celle-ci est hors de portée de marche à pied ;
— les prières ont été complétées et modifiées pour évoquer le martyre des Juifs sous le régime nazi etc.

En revanche, ce mouvement n'admet que la nourriture cacher, il exige le respect des rites tels que d'avoir la tête couverte à la synagogue et maintient fermement le principe de la transmission de la judaïté par la mère, ce sur quoi les réformés sont réservés.

Le mouvement « conservative » se situe donc, en fait, à mi-chemin entre les judaïsmes réformé et orthodoxe, il insiste sur la responsabilisation du croyant et l'éducation de sa liberté : chacun doit pouvoir, en conscience, interpréter l'esprit de la loi plutôt que d'en suivre aveuglément la lettre.

Nous terminerons ce chapitre sur le judaïsme par la brève description du hassidisme, puis, en nous éloignant de plus en plus du judaïsme orthodoxe, nous présentons les Karaïtes, les Samaritains et les « Hébreux noirs ». En fin quelques lignes sur les « Tribus perdues d'Israël évoqueront divers points curieux de l'histoire juive.

LE HASSIDISME

Le terme hébreu hassid signifie « pieux », hassidim est son pluriel. Il s'est jadis appliqué aux disciples de Judas Macchabée, révolté en 165 av. J.-C. contre l'ennemi syrien[18]. Ce n'est cependant qu'au XVIIIe siècle que réapparaît en Pologne un nouvel hassidisme : cette fois c'est un mouvement de réaction contre le formalisme des rabbins. L'animateur en est Israël ben Eliezer Miedziboz (1700-1760), surnommé Baal Shem Tov, « maître du bon nom », Besht en abrégé. Ce mystique s'appuie sur la Cabale pour présenter un judaïsme à la fois très rigoriste et intuitif. Pour lui, Dieu est fondamentalement bon et l'homme est au centre de la création. Il soutient que la piété est plus importante que l'étude, ce qui convient bien à une époque où l'ignorance était quasi-générale et la superstition très répandue. Aidé par un talent de guérisseur et une réputation de faiseur de prodiges, Besht développe rapidement son mouvement au grand dépit des rabbins qui font brûler ses livres mais finissent par trouver un compromis avec lui.

Aujourd'hui les Hassidim ne constituent qu'une petite minorité du peuple juif, ils sont à peine quelques centaines de milliers. Cependant leur communauté en Israël joue un rôle politique charnière entre la droite et les travaillistes, ce qui leur permet d'avoir une influence hors de proportion avec leur importance numérique. Le quartier de Mea Shearim, les « cent portes », est le bastion où ils vivent regroupés. On y trouve de nombreuses synagogues et écoles talmudiques mais on y est surtout frappé par la vie de la rue qui rappelle les ghettos d'Europe centrale de jadis : les hommes en grands manteaux noirs et chapeaux à large bord parlent yiddish et portent barbe et favoris bouclés. Le style de vie des Hassidim est plus difficile à percevoir ; le plus étonnant est la condition de la femme : il lui est interdit de prendre ses repas à la table des hommes, sa sexualité n'est admise qu'en vue de la procréation, rien n'est fait pour qu'elle soit attrayante, elle ne doit pas se déshabiller complètement dans ses moments d'intimité conjugale et, plus curieux encore, elle est tondue et porte perruque.

LES KARAÏTES

Le mouvement karaïte est né à Baghdad au VIIIe siècle ap. J.-C. Il se développa rapidement en Perse au IXe siècle puis dans le bassin méditerranéen en Crimée, en Lituanie et en Pologne. La communauté polonaise brilla particulièrement jusqu'au XIXe siècle par sa vie religieuse et culturelle. Le mouvement perdit ensuite de son dynamisme et s'effondra finalement sous les coups de l'hitlérisme. Les Karaïtes ne sont plus guère aujourd'hui que 10 ou 20 000. La majeure partie d'entre eux vit en Crimée où Catherine II leur accorda jadis un statut privilégié.

Leur particularisme religieux se fonde sur le refus de la tradition orale rabbinique, et donc de la Mishnah et du Talmud. Ils interprètent avec la plus grande rigueur la loi biblique. Les points qui les séparent des autres Juifs sont cependant nombreux : les Karaïtes admettent de mélanger dans leurs repas des laitages et de la viande, ils ne portent pas de phylactères, se déchaussent avant d'entrer dans les synagogues, ont un calendrier légèrement différent qui décale leurs fêtes religieuses, ils ne célèbrent pas la cérémonie du « bar mitzvah » etc.

Toutefois c'est en matière de mariage que les difficultés sont les plus grandes : comme les Karaïtes ne reconnaissent pas les rabbins et que ceux-ci récusent les chachachim, chefs religieux du mouvement, les mariages entre Juifs des deux communautés sont impossibles, d'autant plus que le mariage religieux est le seul reconnu par l'Etat d'Israël.

D'une certaine manière, par leur attachement exclusif à l'Ecriture, on a pu dire que les Karaïtes sont les « protestants » du judaïsme.

LES SAMARITAINS

Ce peuple garde une certaine notoriété grâce à la parabole du bon Samaritain de l'Evangile et au Grand Magasin parisien de la Samaritaine[19]. Mais il existe encore quelques Samaritains dont la religion est une variante éloignée du judaïsme.

L'hostilité des Samaritains et des Israélites remonte au fond des âges puisque son origine porte sur l'emplacement choisi par Moïse pour bâtir le Temple : pour les Juifs, il s'agit du mont Moriah à Jérusalem et pour les Samaritains du mont Garizim, près de Naplouse en Palestine, jadis la Samarie.

Du temps d'Alexandre le Grand, au IIIe siècle avant notre ère, il existait un temple sur chaque montagne et les rapports étaient déjà définitivement rompus entre les deux peuples.

Les Samaritains se considèrent comme les authentiques et uniques gardiens de la Loi, mais ils n'acceptent comme livres sacrés de l'Ancien Testament que le Pentateuque et le livre de Josué ; ils rejettent les prophètes et le Talmud, observent de la façon la plus rigoureuse les lois du sabbat et les rites alimentaires. A cet égard, les Samaritains ont un rite d'égorgement des animaux différent du rite juif ce qui leur interdit le plus souvent de manger de la viande. Aujourd'hui en effet les Samaritains ne sont plus qu'une infime minorité de quelques centaines de fidèles dont la plupart vit près de Naplouse.

Parmi les autres particularités de leur religion, signalons qu'ils ne portent ni châle de prière ni phylactères ; ils ont leur propre calendrier ; pour la fête de Pâque, ils vont camper sur leur montagne sacrée où ils égorgent sept agneaux selon les anciens rites. Ils parlent entre eux un ancien dialecte araméen, mais le plus souvent emploient l'arabe.

C'est précisément parce que les Samaritains étaient considérés par les Juifs comme des hérétiques peu fréquentables que Jésus-Christ leur donna le beau rôle dans les Evangiles : cela soulignait l'ouverture d'esprit de son message religieux.

Les Hébreux noirs

Les « hébreux noirs » sont peut-être l'un des plus étranges mouvements religieux qui prolifèrent aux Etats-Unis. Leur chef spirituel, Avie Ben Carter, un Noir américain, se déclare être le Messie. Vers la fin des années 1960 il a convaincu ses disciples d'émigrer en Israël, qui est la mère-patrie des Hébreux noirs, comme l'Afrique est leur pays-père. C'est ainsi que près de 1500 Noirs américains se sont établis dans des villages de pionniers du désert du Neguev, tels que Timona, Arad et Mitzpé-Ramon.

Outre leur conception peu orthodoxe du messianisme, les Hébreux noirs se distinguent des Juifs par la pratique de la polygamie, une alimentation strictement végétarienne et la prohibition de l'alcool. Toutefois, ils respectent le sabbat et les principales fêtes juives.

Depuis 1984, le Ministère de l'Intérieur israélien semble ne plus tolérer la présence des Hébreux noirs[20] et un nombre important d'entre eux a été récemment expulsé vers les Etats-Unis.

Les grandes religions

LES TRIBUS PERDUES D'ISRAËL

Comme toute minorité attachée à ses particularismes, les Juifs ont subi des persécutions, souvent sanglantes, tout au long de leur histoire.

Exilés en Egypte au milieu du IIe millénaire avant notre ère, à l'époque de Moïse, déportés à Babylone au VIe siècle avant Jésus-Christ par Nabuchonosor II, ils furent contraints de s'exiler à nouveau après la destruction du grand Temple de Jérusalem en 70 ap.J.-C.

Rien d'étonnant dans ces conditions que se soit produite à divers moments de l'histoire une dispersion (diaspora en grec) des Juifs dans divers pays de la Méditerranée et de l'Orient. Il faut ajouter qu'après la conquête d'Alexandre, au IVe siècle avant notre ère, l'unité politique a favorisé des échanges commerciaux qui ont poussé de nombreux Juifs à émigrer vers l'Egypte ou la Syrie.

Il faut que la religion soit un ciment particulièrement puissant pour que le peuple juif ait conservé malgré tout son unité. L'une des croyances les plus indéracinables du judaïsme est précisément celle du retour sur leur terre de toutes les tribus d'Israël[21]. Ce grand rassemblement se produira dans un avenir indéfini et concernera aussi ceux qui, selon la mémoire collective du peuple juif, appartiennent à des « tribus perdues ».

Il s'agit peut-être d'une légende, mais celle-ci a la vie dure puisque ces tribus sont évoquées périodiquement à propos de peuples divers tels que les Falashas d'Ethiopie, les Pashtous d'Afghanistan, les Khazars du Nord du Caucase ou même les Indiens d'Amérique.

En ce qui concerne ces derniers, les Mormons sont les seuls à croire qu'ils sont descendants d'une tribu d'Israël ; nous en traiterons au chapitre sur cette religion.

Les trois autres cas ne relèvent pas de la légende mais de faits historiques dont les traces sont encore vivantes.

Les Falashas sont ces Juifs d'Ethiopie qui apparurent dans l'actualité en 1985, quand un pont aérien israélien les sortit du Moyen-Age et de la famine pour les rapatrier en Israël.

Quoique leur caractère juif ne fasse aucun doute, ils se sont détachés depuis si longtemps du tronc commun que la trace de leur histoire est bien incertaine. Eux-mêmes se disent descendants de la reine de Saba et du roi Salomon, qui vécurent des amours célèbres vers le Xe siècle avant notre ère. Le fils de cette union, le premier empereur d'Ethiopie Ménélik Ier, serait leur aïeul. C'est au IVe siècle que l'introduction du christianisme en Ethiopie les aurait refoulés vers le Nord du pays où ils résident. Leur nom éthiopien de falasha signifie précisément « exilé ».

D'autres hypothèses ont été émises : ils auraient pu être convertis par des missionnaires juifs venus du Sud de l'Arabie après la destruction du Temple au Ier siècle ap.J.-C., ou provenir de colonies juives de Haute-Egypte descendues vers le Sud après la première destruction du Temple en 586 av.J.-C.

Ils apparaissent avec plus de certitude dans l'histoire vers le Xe siècle, quand ils fondèrent un royaume juif qui compta, dit-on, près d'un million de sujets. Mais ce royaume, pris entre les chrétiens coptes d'Ethiopie et les musulmans, s'effondra au XVIIe siècle. Au début du XXe siècle, les Falashas ne sont guère plus d'une centaine de milliers, peu ménagés par le pouvoir éthiopien. Soumis à de nombreuses pressions et vivant misérablement, les Falashas n'ont jamais perdu l'espoir de tout Juif de retourner un jour en Israël, mais, jusqu'à une époque récente, ils se croyaient les seuls Juifs existant au monde.

Quand les autres Juifs découvrirent leur existence, les réactions furent mitigées ; certains se félicitèrent que Dieu ait permis d'aussi inattendues retrouvailles, d'autres les jugèrent encombrants et mirent en doute la pureté de leur judaïsme. Ce n'est qu'en 1975 que les grands rabbins d'Israël les reconnurent comme Juifs à part entière, descendants de la tribu de Dan.

Toutefois, les pratiques religieuses des Falashas diffèrent de celles des autres Juifs par leur caractère archaïque. Ils observent scrupuleusement les rites alimentaires et s'interdisent d'allumer tout feu — même une bougie — pendant le sabbat. Les femmes s'isolent dans une hutte indépendante pendant la période de leurs règles. La vaisselle en argile qui sert au repas de la Pâque est détruite après usage, symbole du départ définitif d'Egypte.

Les Falashas célèbrent les fêtes juives, à l'exception de celles établies depuis l'exil de Babylone, comme celle de Pourim. Cela confirme que leur séparation des autres communautés juives est antérieure à cet événement.

De leur vie en Ethiopie, ils gardent l'usage de la langue éthiopienne ancienne, le guèze, pour leur liturgie ainsi que le mot « masguid », mosquée, pour désigner leur synagogue.

En 1980, après l'installation d'un gouvernement marxiste à Addis-Abeba, l'Etat d'Israël décida de rapatrier ce qui pouvait l'être de la communauté falasha. Le pont aérien de « l'opération Josué » fut mis en place en 1985 et près de 20 000 Falashas retrouvèrent la Terre Promise.

Toutefois, le choc culturel de ces Juifs noirs sous-développés avec l'univers de l'Etat hébreu ne fut pas sans poser de redoutables problèmes de part et d'autre. D'une part des Juifs ultra-conservateurs, généralement ashkénazes, exigèrent des Falashas une « conversion rigoureuse au judaïsme » comportant trois rites de « renouvellement de l'alliance » : circoncision, bain rituel et déclaration d'acception des lois religieuses. Comme les Falashas avaient très généralement déjà subi la circoncision et que l'opération ne peut évidemment se répéter, les rabbins puristes voulurent imposer une saignée pratiquée en piquant la verge à l'endroit du prépuce disparu. Ces prétentions furent ressenties comme infamantes et vexatoires par des gens qui avaient conservé

Les grandes religions 79

héroïquement la flamme de leur judaïsme au cours des siècles. Les Falashas eux-mêmes se trouvèrent choqués par le peu de respect des règles de la Torah par de nombreux Juifs d'Israël non-pratiquants. Parfois l'incompréhension des Falashas n'était pas justifiée: ils s'indignaient de voir les Israéliens manger chaud pendant le sabbat, mais personne n'avait contrevenu à la règle de ne pas allumer de feu, on avait seulement utilisée une plaque chauffante électrique allumée depuis la veille.

Finalement les difficultés d'assimilation bien compréhensibles ont été dans l'ensemble surmontées, les Falashas apprirent l'hébreu, langue sémite comme la leur, en un temps record, et Israël compte dorénavant une vingtaine de milliers de pieux citoyens supplémentaires.

Les Khazars sont un peuple de race turque qui occupait jadis un vaste territoire au Nord du Caucase. Entre le VIIe et le Xe siècle, ils ont constitué un empire dont la puissance rivalisait avec celle des Byzantins de Constantinople et des Omeyyades de Damas. Leur rôle historique semble avoir été considérable puisqu'ils ont arrêté, comme Charles Martel à Poitiers, l'expansion de l'Islam vers les steppes de l'actuelle U.R.S.S. Toutefois leur histoire n'est connue qu'à travers les chroniques des peuples voisins, ce qui laisse subsister de grandes incertitudes sur leur civilisation et l'écroulement de leur empire.

Un fait troublant semble cependant certain, c'est la conversion au judaïsme du roi des Khazars et d'au moins une partie de son peuple vers le milieu du VIIIe siècle de notre ère. Cette décision peut s'expliquer partiellement par le souci politique de ne prendre position ni pour l'Islam ni pour le christianisme, religions des deux empires rivaux de celui des Khazars.

Une telle conversion n'est pas sans analogie avec celle de Vladimir en 989 qui adopta, lui, le christianisme orthodoxe après avoir fait comparaître des représentants de toutes les grandes religions.

Le judaïsme des Khazars semble avoir été, à ses débuts, proche de celui des Karaïtes dont la doctrine est sensiblement celle de la période la plus faste de l'empire khazar. Puis, sous l'influence de rabbins venus du Proche Orient, on en serait venu à un judaïsme plus classique.

Ainsi, huit siècles après la destruction du Temple et la diaspora du peuple juif, il existait un empire de religion officielle juive mais dont la population était de race turque, c'est-à-dire non-sémite et sans rapport de sang avec Abraham.

Après que les Russes eurent détruit l'empire khazar en 965, une part importante de sa population émigra vers l'ouest au point que la langue khazar était parlée conjointement avec le hongrois dans les territoires magyars au XIIe siècle.

L'écrivain Arthur Koestler en déduit, avec de solides arguments à l'appui, que la majorité des communautés juives d'Europe Centrale, c'est-à-dire la majorité de l'ensemble des Juifs, provient de la communauté khazar et non pas des douze tribus d'Israël[22]. L'antisémitisme d'Hitler se serait donc exercé contre des non-sémites.

Les Pashtous sont entièrement islamisés depuis l'an 662. Ils sont 7 millions en Afghanistan, le tiers de la population, et environ 12 millions au Pakistan où ils représentent 8 % du total des Pakistanais. La langue pashtou est indo-européenne, proche du persan avec lequel elle partage le titre de langue officielle de l'Afghanistan.

Redoutables guerriers et d'esprit indépendant, ces montagnards sont bergers ou agriculteurs et peu scolarisés. Leur type physique, leur teint clair et leurs yeux parfois bleus les distinguent des populations d'origine turque de la région.

Curieusement, de nombreux indices convergents laissent supposer qu'ils ont une lointaine origine juive : les enfants sont circoncis le 8ᵉ jour après leur naissance, les femmes prennent un bain rituel après leurs règles, les mariages se célèbrent sous un dais avec échange d'anneaux, à partir de 13 ans les hommes portent un châle de prière à franges qui rappelle le talit juif mais sert de tapis de prière...

A ces coutumes s'ajoutent les données de la tradition orale. Selon les Pashtous, leur origine remonterait à Afghana, fils de Jérémie et petit fils-légendaire du roi Saül. L'ancienne famille royale d'Afghanistan se disait descendre de la tribu de Benjamin et du roi Saül. Les noms des groupes ethniques des Pashtous évoquent ceux des tribus d'Israël : Rabani (Reuben), Shinwari (Siméon), Levani (Lévi), Daftani (Naphtali), Djadjani (Gad), Ashuri (Aser), Yusulzai (Joseph). Kaboul, la capitale de l'Afghanistan, porte le nom d'un ancien village de Samarie occupé par la tribu d'Aser. On trouve dans le musée de la ville une stèle du XIᵉ siècle exhumée dans un village pashtou qui porte cette curieuse inscription en caractères hébraïques : « Je vis dans l'ombre de Dieu, la peur et la crainte nous attendent, les Juifs mourront, les musulmans survivront ».

Ces différents indices conduisent l'institut Amishav de Jérusalem à approfondir l'histoire des Pashtous dont le mode de vie reste, à vrai dire, très biblique[23].

Le calendrier juif

Il existe un calendrier juif auquel se rattachent les fêtes religieuses. Il compte 12 mois lunaires de 29 ou 30 jours dont chacun commence à la nouvelle lune. Un treizième mois est ajouté 7 fois tous les 19 ans pour rattraper le décalage entre l'année lunaire de 354 jours et l'année solaire normale de 365 jours et quart. On a ainsi un calendrier solaire pour l'année et lunaire pour les mois.

Les noms de ces mois sont les suivants :
  Nisan, qui couvre mars-avril
  Iyyar
  Sivan
  Tammouz
  Av
  Elul
  Tishri
  Heshvan[24]
  Kislev
  Tevet
  Shevat
  Adar

Le mois supplémentaire s'appelle Adar Sheni, c'est-à-dire « le deuxième Adar ».

Ces mois sont, à trois exceptions près, les mêmes que ceux du calendrier solaire musulman, mais prononcés de façon légèrement différente.

Ce calendrier est d'origine chaldéenne et il a été emprunté lors de la captivité de Babylone.

Les Juifs messianiques

Appelés aussi Judéo-chrétiens, les Juifs messianiques constituent une transition toute naturelle avec le prochain chapitre sur le christianisme.

Leur mouvement est d'une importance numérique minime. Il compte une quarantaine de communautés aux Etats-Unis dont chacune n'a que quelques dizaines de membres. Ce sont des Juifs convertis au christianisme, c'est-à-dire qu'ils reconnaissent que Jésus-Christ est le Messie annoncé par la Bible comme sauveur du peuple élu. Toutefois ils ont voulu conserver le plus possible leur caractère juif. Ainsi le service religieux a lieu le vendredi soir, le vin de messe est cacher et les fêtes traditionnelles juives sont respectées.

Par leur côté chrétien, les Juifs messianiques se rattachent plutôt au pentecôtisme protestant quoiqu'ils appartiennent à diverses tendances rassemblées au sein de l'Alliance du judaïsme messianique d'Amérique, fondée en 1915.

La naissance de ce courant de pensée original est difficile à dater mais il ne semble pas antérieur à la deuxième moitié du XIXe siècle, période où il apparaît en Moldavie, aux Etats-Unis et en Grande-Bretagne.

A noter qu'une communauté religieuse catholique dirigée par une Juive convertie, mère Myriam, s'efforce aussi de suivre les rites du judaïsme pour constituer une sorte de pont entre le judaïsme et le christianisme.

[1] Ce ne sont pas les seules religions qui se réfèrent à une révélation. L'Eglise des Mormons, par exemple, se rattache à la mouvance chrétienne au sens large mais fait état d'une révélation distincte: le Livre de Mormon.

[2] D'où le nom de monothéistes qu'on leur donne, du grec mono, un, et théos, dieu.

[3] Comme nous le verrons plus loin, la Torah « écrite » correspond sensiblement aux cinq premiers livres de ce que les chrétiens appellent l'Ancien Testament, partie de la Bible antérieure à Jésus-Christ, le Nouveau Testament comprend les quatre Evangiles, les Epitres, les Actes des Apotres et l'Apocalypse.

[4] Les Evangiles ont été écrits un certain temps après la mort du Christ. Les spécialistes ne s'accordent pas sur les dates qui pourraient être les suivantes: Marc, 70; Matthieu et Luc, 80; Jean, 90.

[5] Selon l'enseignement classique, Adam a été créé de la terre prélevée sur l'emplacement du Temple de Jérusalem.

[6] Le nom de la compagnie aérienne israëlienne El Al est formé sur cette racine.

[7] Selon le calendrier juif, le monde a été créé en 3760 avant notre ère. Ainsi, 1988 correspond à l'an 5748 depuis la création.

[8] Les 24 livres de la Bible juive comprennent:
— les cinq livres du *Pentateuque*, c'est à dire:
1— la *Genèse*, ou livre des origines, décrit la création du monde le déluge, l'histoire d'Abraham, d'Isaac et Jacob, jusqu'à la mort de celui-ci en Egypte.
2— l'*Exode*, raconte comment le peuple juif s'est libéré d'Egypte sous la conduite de Moïse.
3— le *Lévitique* est le recueil de la loi et des prescriptions rituelles données par Dieu à Moïse.
4— les *Nombres* relatent l'histoire des douze tribus d'Israël dans le désert, avant l'entrée en Terre Sainte.
5— le *Deutéronome* est un rappel de la loi et une exhortation à son observation.
— les huit livres des *Prophètes*: ceux de Josué, des Juges, de Samuel, des Rois, d'Isaïe, de Jérémie, d'Ezechiel et des douze autres prophètes Morale et histoire y sont inextricablement mélées.
— les onze livres d'*Ecrits*, ou hagiographies; les Psaumes, le livre de Job, les Proverbes, le livre de Ruth, le Cantique des Cantiques, l'Ecclésiaste, les Lamentations, le livre d'Esther, le livre de Daniel, le livre d'Esdras et Néhémie et, enfin, les Chroniques.

Certains livres ont un caractère purement historique comme celui d'Esther d'où Racine a tiré l'une de ses tragédies, d'autres sont des récits de nature morale, comme le livre de Job ou l'Ecclésiaste. Les Psaumes sont un recueil de prières mystiques et de chants liturgiques du peuple juif, tandis que le Cantique des Cantiques est un poème qui symbolise avec sensualité l'Amour réciproque de Dieu et d'Israël.

On s'accorde généralement à penser que ces textes ont été écrits par différents auteurs entre le IXe siècle et le VIe siècle avant notre ère, c'est-à-dire nettement après la mort de Moïse, vraisemblablement au VIIIe siècle.

[9] Mishnah signifie littéralement « répétition ».

[10] Talmud signifie « enseignement » en hébreu, le mot est dérivé de la racine de trois lettres LMD, qui porte le sens d'appendre. On retrouve cette racine par exemple dans melamad, ou melamid, « maître », « instituteur ».

[11] Midrash est dérivé d'une racine D.R.Sh. qui signifie « étudier » ; ce mot est parent de l'arabe medersa, « école coranique ».

[12] Kabbale se rattache à une racine sémite qui signifie « recevoir ». C'est à proprement parler la transmission de la tradition reçue. Le nom de l'impôt français sur le sel de l'Ancien Régime, la gabelle, lui est aussi apparenté: il est *reçu* par le fisc. « Cabalistique » a pris en français le sens de « très compliqué », « incompréhensible ».

[13] Il arrive même que, dans les textes en anglais, God soit écrit G-d pour marquer l'incapacité de prononcer le nom de Dieu.

[14] Le mot grec pour « dispersion » désigne encore de nos jours les communautés juives vivant en dehors d'Istraël, c'est la « diaspora ».

[15] Ashkénaze est un nom biblique, celui d'un petit-fils de Noë.

[16] Bar, équivalent de l'arabe « ben », se retrouve dans les noms de Barnabé, Barabbas...

[17] La racine sémite K.T.B., dont le sens est « écrire », a donné le fameux « mektoub » des Arabes : « c'est écrit » (dans le destin).

[18] L'évangile cite fréquemment les Pharisiens, en hébreu Perushim, ce qui signifie « séparés », qui sont issus de ce mouvement.

[19] Ce magasin doit son nom à une source située jadis au même endroit. La source elle-même évoque celle auprès de laquelle Jésus avait parlé avec une Samaritaine. (Jean IV 7-26).

[20] L'appellation a peut-être été inspirée par les « Musulmans noirs », plus connus sous leur nom anglais de Black Moslems.

[21] Les douze tribus sont constituées des descendants des douze fils de Jacob, lui-même petit-fils d'Abraham. Ce sont : Rében, Siméon, Juda, Issachar, Zabulon, Joseph, Benjamin, Dan, Aser, Gad, Nephtali et Lévi. Les descendants de ce dernier, les lévites, étaient chargés du culte. De nombreux noms de Juifs sont tirés de ceux des tribus. Dans l'exil, ils furent abandonnés au profit de noms du pays d'accueil, fréquemment choisis en fonction de références subtiles au nom d'origine. Ainsi Nephtali, dont le symbole est un cerf devînt Hirsch qui signifie « cerf » en allemand ; Jacob, à cause de son puits, donna des Pozzo en Italie ; Juda, dont le symbole est le lion, donna Löwen ; quant à Lévi, il donna l'anagramme Veil...

[22] « La treizième tribu », éditions Calmann-Lévy.

[23] Les Pashtous sont parfois appelés Pathans, mais Pashtou est le nom local.

[24] On dit parfois « mar heshvan », le triste heshvan, car c'est un mois sans fêtes au cours duquel on ne célèbre pas de mariages.

LE CHRISTIANISME

Plus d'un milliard d'hommes, le quart de l'humanité, se rattache au christianisme. C'est dire que cette religion, numériquement la plus importante du monde, est présente sur tous les continents et s'accommode des environnements culturels les plus différents.

Qu'y a-t-il apparemment de commun entre les manifestations exubérantes des pélerinages mexicains, la solennité froide et discrète du luthérianisme suédois, la vie longtemps quasi-clandestine des croyants d'U.R.S.S., l'affirmation héroïque de la foi du peuple polonais, la réclusion volontaire des moines dans leurs couvents ou l'intellectualisme de certains philosophes chrétiens occidentaux ?

Au cours de près de vingt siècles d'une existence agitée, le christianisme ne s'est en effet jamais définitivement identifié avec aucun système politique, social ou culturel. Son expansion est, avant tout, le résultat de la passion des chrétiens authentiques de transmettre le message de Dieu aux hommes. Souvent, l'expansionnisme politique d'un pays chrétien a soutenu par les armes l'action des missionnaires, dans le dessein ambigu de servir aussi bien ses intérêts que la cause de la foi. Plus souvent encore, les chrétiens se sont élancés, sans autres armes que la force de leur persuasion et de leur foi, pour convaincre les peuples lointains de leur espérance, celle que leur donne Jésus-Christ, fils de Dieu. Troublant les situations acquises ils ont été fréquemment rejetés et persécutés ; puis, progressivement, le message d'amour est passé, il s'est établi, il est devenu valeur universelle, partie intégrante de nombreuses philosophies qui ne reconnaissent pas toujours de quel poids le christianisme a pesé, directement ou indirectement, sur l'humanité.

Certes le christianisme est aussi une religion puisqu'il a l'ambition de relier l'homme à Dieu, mais ce lien est d'abord fondé sur une révélation et sur la personne de Jésus-Christ.

Jésus-Christ

Jésus, personnage historique parfaitement attesté, né à Bethléem vers l'année 5 ou 6 avant notre ère, est plus que le centre des religions chrétiennes. Il en est à la fois la raison d'être, le fondateur et le modèle. Mieux encore, selon les Chrétiens, il est Dieu, Dieu ayant délibérément voulu vivre sur terre tout ce que comporte la condition humaine. La mission de Jésus sur terre, expression de la volonté de Dieu, est tout sauf le fait du hasard ou des circonstances économiques et sociales de l'époque.

Ce plan a été longuement mûri au cours de l'histoire d'un peuple, le peuple juif, choisi par Dieu comme témoin et acteur de Sa manifestation parmi les hommes.

Jésus lui-même était Juif, pratiquant la religion juive, lointain descendant par sa mère de David, ancien roi d'Israël. Il est né dans des conditions de grande pauvreté, au cours d'un voyage imposé par le recrutement de la population qu'avait décrété l'occupant romain.

Sa mère, Marie, une toute jeune fille de réputation irréprochable s'était

Les grandes religions 85

trouvée enceinte sans avoir eu de rapports et l'homme que sa famille lui destinait comme époux, Joseph, au lieu de la rejeter selon la coutume de l'époque, accepta l'explication d'une naissance surnaturelle.[26]

Il faut rappeler que le peuple juif, souvent persécuté par de puissants voisins, vivait dans l'attente d'un Sauveur, d'un Libérateur, dont certains espéraient un rétablissement de l'indépendance politique d'Israël militaire. Ce personnage tant attendu devait porter le titre de Messie, c'est-à-dire « celui qui est désigné par Dieu », « l'oint du Seigneur ».[27]

La Bible, ou plus exactement ce que les Chrétiens appellent l'Ancien Testament, relate l'histoire du peuple juif et sa longue attente du Messie dont il est dit qu'il naîtra d'une vierge.

Toujours est-il que les Chrétiens considèrent que Jésus est Dieu, engendré par Dieu et porté par Marie sa mère, que sa naissance est unique et surnaturelle. Il n'y a rien d'illogique, si Jésus est le seul homme-Dieu à avoir vécu sur terre, à ce que sa naissance soit la seule à ne pas avoir nécessité un père humain.

Cette naissance surnaturelle de Jésus est aussi admise comme telle par les musulmans.

Selon les chrétiens, tout se passe donc comme si, pour rendre acceptable que Dieu se soit fait homme, Dieu avait voulu aussi cette naissance exceptionnelle. Par parenthèse, cela explique et conforte le fait que les chrétiens affirment que la vie humaine commence dès la conception. Rien n'aurait empêché Dieu de « prendre possession » d'un homme tout fait, par son père et sa mère, mais, paradoxalement, la crédibilité de l'intervention divine aurait été moins grande.

En résumé, il est hors de question pour un chrétien de limiter Jésus-Christ à un rôle de personnage historique majeur. C'est le seul être à la fois homme et Dieu que l'Histoire ait connu sur terre.[28]

Quel est donc le message si important que Dieu avait à transmettre aux hommes pour nécessiter un tel déploiement de moyens inhabituels?

Il tient en trois mots: « Dieu est Amour. »

C'est aussi simple que la formule d'Einstein: $E = mc^2$ qui a bouleversé la physique en posant l'équivalence de l'énergie et de la matière. Ce n'est d'ailleurs pas sans rapport.

Si l'affirmation que Dieu est Amour n'apparaît pas particulièrement originale, il faut dire que cela fait bientôt 2000 ans qu'on la rabâche à tous nos ancêtres. Pourtant, s'il est assez facile d'imaginer un Dieu-Créateur ayant lancé ses billes dans le cosmos pour voir ce qu'en ferait l'évolution, il n'est pas a priori évident qu'il ait envie de se préoccuper du résultat, puisque, détenteur de toute connaissance, il sait comment cela va tourner.

Sans jeu de mots, la vraie révolution, c'est donc bien l'Amour qui est, en fait, synonyme de liberté.

En même temps que ce message un peu abstrait « Dieu est Amour », Jésus-Christ s'est efforcé de donner à l'homme un mode d'emploi de son existence, c'est-à-dire de lui apprendre l'usage de la Liberté.

C'est très concrètement, dans des situations de tous les jours, par des paroles d'une extrême simplicité, que Jésus a dit à quoi menait l'Amour poussé aux extrémités de sa logique. C'est en cela qu'il n'a pas aboli la loi juive mais qu'il l'a transcendée : au lieu de la loi du talion « œil pour œil, dent pour dent », il provoque l'assistance en disant « si l'on te frappe sur la joue droite, tends la joue gauche » ou bien « si ton œil te porte à de mauvaises actions, arrache-le ».

Dans le contexte de violence de l'époque, d'une Palestine occupée par les Romains où les Juifs espéraient un Messie libérateur, Jésus ne pouvait être le chef de guerre espéré. Les Romains auraient dû être ravis de trouver chez les populations asservies un pacifiste aussi radical, mais, par démagogie, ils le sacrifièrent à la fureur des foules exacerbées.

C'est ainsi que Jésus, messager d'un Amour infini, fut supplicié comme un criminel, ce qui aurait dû mettre un point final à ses utopies[29]. Peut-on imaginer échec plus cuisant d'un homme qui, par sa seule parole, avait eu le but d'instaurer de nouvelles relations entre les hommes ?

La poignée de ses disciples, paralysés de frayeur et de déception, était hors d'état de réagir. Cependant, trois jours après l'exécution, conformément à ce que la Bible annonçait du Messie, le stupéfiant se produisit, la résurrection.

Pendant 40 jours, de Pâques à l'Ascension, Jésus s'est manifesté vivant dans des occasions diverses à un nombre important de témoins. L'un de ses disciples, Thomas, qui n'y croyait pas, dut le toucher pour se convaincre de ce miracle. Pourtant, il ne s'agissait pas là d'un retour à la vie que nous connaissons, son corps était comme libéré de toutes contraintes. Il pouvait apparaître subitement dans une pièce totalement fermée, sans être pour autant une sorte de fantôme[30]. D'un seul coup, l'échec de sa mort se transformait en certitude de la vérité de son message. Ses disciples sont désormais sûrs que la mort n'est qu'un passage vers un au-delà où le Christ nous a précédés.

C'est donc la foi en un homme, Jésus ressuscité, fils de Dieu, qui est le fondement du christianisme. Cette foi s'est répandue et continue à s'étendre car le message de Jésus a ceci d'étonnant d'être véritablement indépendant de toute culture : rien n'est relatif à un événement particulier ni à un problème politique du moment ; Jésus n'impose aucun rite, aucune forme de liturgie ; il ne construit aucun temple ; il se contente de recommander une prière où se trouve dit l'essentiel de ce que sont les rapports de l'homme à Dieu :

« *Notre Père* (nous sommes tous frères et enfants de Dieu), *qui es aux cieux* (nous n'avons pas à Le chercher dans un quelconque surhomme), *que ton nom soit sanctifié* (Dieu est d'une autre nature et nous devons le reconnaître), *que ton*

Les grandes religions

règne vienne (nous souhaitons une réussite totale de Dieu, le monde n'est pas statique), *que ta volonté soit faite sur la terre comme au ciel* (nous devons contribuer à cet avènement en suivant la volonté divine). *Donne-nous aujourd'hui notre pain de chaque jour* (quelle que soit notre science, nous dépendons de Dieu). *Pardonne-nous nos offenses comme nous pardonnons à ceux qui nous ont offensés* (notre attitude envers les autres hommes n'est pas sans effet sur celle de Dieu à notre égard). *Ne nous laisse pas succomber à la tentation et délivre-nous du mal* (notre liberté demande à être guidée par Dieu).

Et voilà tout : en une dizaine de phrases, nous devinons quels sont nos rapports avec Dieu et nous savons comment nous comporter pour être les enfants qu'Il espère. Comme l'ensemble de son enseignement, ce message d'une clarté limpide est accessible aux personnes les plus simples et c'est d'ailleurs aux plus pauvres et aux plus faibles qu'il s'adresse par priorité.

Mais cette simplicité même a quelque chose d'agaçant : à quoi cela sert-il d'être intelligent, riche et puissant pour entendre ces paroles ?

Jésus n'en reste pas là : ce qu'il dit prend toujours à contre-pied la morale « habituelle » la plus solidement établie : « *Si vous n'êtes pas semblables à de petits enfants, vous n'entrerez pas dans le Royaume de Dieu* ».

Les assoiffés de pouvoir sont avertis : la force et l'arrogance qui réussissent si bien sur terre interdisent l'accès de la vie éternelle.

Mais s'il faut trouver un sommet dans l'enseignement de Jésus-Christ, c'est sûrement dans les quelques phrases du fameux « sermon sur la montagne » prononcé, selon la tradition, au bord du lac de Tibériade :

« *Bienheureux ceux qui ont l'esprit de pauvreté, car le Royaume des Cieux leur appartient.*

Bienheureux les doux, car ils posséderont la terre.

Bienheureux les affligés, car ils seront consolés.

Bienheureux ceux qui ont faim et soif de justice, car ils seront rassasiés.

Bienheureux ceux qui pardonnent, car on leur pardonnera.

Bienheureux ceux qui ont le cœur pur, car ils verront Dieu.

Bienheureux les pacificateurs, car ils seront appelés fils de Dieu.

Bienheureux ceux qui sont persécutés pour la justice, car le Royaume des Cieux leur appartient.

Bienheureux serez-vous quand on vous outragera, qu'on vous poursuivra, qu'on dira mensongèrement toute sorte de mal contre vous à cause de moi ; réjouissez-vous car votre récompense sera grande dans le Ciel. »

Chacune de ces phrases constitue une recette de bonheur, mais il s'agit d'un bonheur qui dépasse cette terre. Pour voir Dieu, pour partager un bonheur infini à Sa mesure, il n'y a pas de péage à payer ni d'examen à passer : il faut vivre sa vie dans l'amour de la justice et la paix, dans un esprit de pureté et de pauvreté.

Cependant Jésus-Christ ne dit pas en quoi consiste ce bonheur de l'au-delà. Les sceptiques peuvent soutenir que c'est une imposture mais un imposteur ne trompe son public que pour en obtenir quelque chose et Jésus-Christ n'a jamais cherché quoi que ce soit pour lui-même. Le plus vraisemblable est que ce bonheur est inaccessible à toute description mais on peut penser surtout qu'une telle description serait, en quelque sorte, une publicité qui influencerait nos choix et ne respecterait pas notre liberté.

Autre fait notable, Jésus-Christ ne tient aucun compte des tabous sociaux : il a la même attitude d'amour à l'égard des étrangers, des collecteurs d'impôts, des prostituées ou des soldats de l'armée d'occupation romaine qu'à l'égard de ses amis les plus proches. Les seuls qu'il rejette sont les hypocrites qui s'abritent derrière le conformisme social pour fermer leur cœur.

Ajoutons que, pour convaincre les incrédules, il multiplie les miracles, non pas tant pour changer le cours des choses mais comme signe de la puissance divine qui est en lui et de son pouvoir de pardonner les fautes.

Appliquant à lui-même les principes d'effacement qu'il propose, il s'éclipse quand des admirateurs veulent le voir jouer un rôle politique.

Ainsi, en trois ans de vie publique seulement, sans les médias modernes à sa disposition, ce Juif dont le pays subit l'occupation étrangère réussit à jeter les bases d'une « révolution » qui traversera les siècles : il déclare qu'il sera à jamais au milieu de ceux qui se réunissent en son nom et qu'il enverra le Saint-Esprit[31] à ses fidèles pour les guider dans l'avenir.

Le seul geste qu'il demande c'est que les hommes partagent ensemble le pain et le vin en souvenir de sa mort, acceptée par lui comme un sacrifice pour que nous en soyons transformés.

L'histoire de Jésus-Christ est vertigineusement étonnante à de nombreux points de vue. Chacun est plus sensible à l'un ou à l'autre. Ce qui frappait plus particulièrement les Juifs de l'époque qui ont constitué les premiers bataillons de convertis, c'est la conformité de sa vie aux prédictions de la Bible concernant le fameux Messie qu'ils attendaient.

La venue de Jésus-Christ dans l'histoire n'était donc pas un fait isolé mais elle était l'aboutissement du long cheminement du peuple juif guidé par ses prophètes.

L'événement majeur reste cependant la résurrection qui confirme les disciples dans la certitude que Jésus-Christ est le vainqueur de la mort et que ses promesses de vie éternelle sont fiables. C'est pourquoi les persécutions sanglantes dont furent victimes les premiers chrétiens restèrent sans effet, les martyrs étant persuadés que leur mort leur ouvrait le paradis.

Enfin, le dernier sujet d'admiration concerne l'adaptation de l'Eglise qui a réussi à survivre dans les conditions les plus désespérées. C'est, pour beaucoup, la réalisation de la promesse de Jésus-Christ de rester présent en son sein et de la guider par le Saint-Esprit. Pendant trois siècles en effet, l'Eglise n'a pu s'appuyer sur aucun pouvoir politique, aucune force militaire[32], ni même un règlement intérieur.

C'est cette aventure de l'Eglise que nous vivons encore aujourd'hui : elle apparaît bien structurée, peut-être un peu lourde et vieillotte, mais son passé témoigne pour elle d'une capacité d'adaptation sans égale.

Le ciment de cette étrange construction, ce sont les croyances héritées de Jésus-Christ ou déduites de celles de ses premiers disciples.

Les croyances du christianisme

L'enseignement de Jésus-Christ parachève celui des différents prophètes qui se sont exprimés dans la Bible tout au long de l'histoire du peuple juif.

Les chrétiens, en approfondissant le message reçu, ont parfois diversement interprété certains points de leurs croyances. Des débats théologiques souvent acharnés s'en sont suivis qui ont été tranchés par des assemblées d'évêques au cours des conciles successifs. Il s'est ainsi construit une doctrine officielle, orthodoxe[33]. Ceux qui n'en acceptaient pas les conclusions quittaient l'Eglise avec la troupe de leurs fidèles inconditionnels et jetaient ainsi les bases d'Eglises chrétiennes dissidentes dont beaucoup disparurent peu à peu mais dont d'autres restent vigoureuses[34].

Lorsque l'Eglise d'Orient et celle de Rome se séparèrent en 1053 sur la question de l'autorité du pape, elles ne présentaient pas de différences de doctrine. Cependant, les dogmes proclamés ultérieurement par l'Eglise catholique l'ont été sans la participation de l'Eglise d'Orient, toujours dénommée orthodoxe. Il y a là une amorce de divergence doctrinale entre les deux Eglises.

Quelle que soit la réalité de ces difficultés, les Eglises chrétiennes ont presque toutes en commun des croyances fondamentales que l'on peut appeler leur credo[35]. Ces croyances sont les suivantes :
— Il existe un Dieu tout-puissant, créateur de toutes choses.
— Dieu est notre Père : le lien entre le créateur et ses créatures est ainsi un lien d'amour, le plus fort que nous puissions imaginer.
— Jésus-Christ est Fils de Dieu ; il est homme mais il est aussi Dieu lui-même, conçu par Dieu et né de Marie.
— Trois jours après sa mort sur la croix, il est ressuscité, s'est manifesté à différentes reprises, puis est monté au « ciel » pour rejoindre Dieu le Père.
— Dieu est unique mais Il est Trinité, c'est-à-dire qu'Il est trois « personnes » appelées le Père, le Fils et le Saint-Esprit, toutes un seul et même Dieu[36].

— C'est la deuxième personne de la Trinité qui s'est fait homme en Jésus-Christ. C'est ce qu'on appelle le mystère de l'Incarnation.
— Jésus-Christ est venu offrir aux hommes blessés un salut total[37]. Sa mort sur la croix a ainsi « racheté » toutes les insuffisances, les faiblesses, les erreurs et les crimes de l'humanité. C'est ce qu'on appelle le mystère de la Rédemption, c'est-à-dire du « rachat ».
— Pour participer à ce salut promis par Dieu, l'homme doit avoir un comportement satisfaisant. La morale est fondée sur l'imitation de Jésus-Christ, c'est-à-dire sur la loi d'amour.
— A la fin du monde, Dieu jugera tous les hommes et les élus participeront à la vie éternelle.
— L'Eglise est indissociablement liée à Jésus-Christ ; elle est sa manifestation sur terre, constamment guidée et éclairée par le Saint-Esprit.

L'immense majorité des chrétiens de toutes tendances s'accordent pour admettre ces croyances qu'on peut considérer comme le fondement de tout christianisme, même si les opinions peuvent diverger sur des points importants comme, par exemple, ce que recouvre la notion d'Eglise ou le caractère réel ou symbolique de certains événements.

Cependant ces croyances n'ont pas toutes le même impact sur la vie d'un chrétien : l'existence d'un Dieu unique trinitaire ou du Jugement dernier permettent une explication du destin de l'humanité tandis que la personne du Christ constitue un modèle pour le comportement de chacun. C'est pourquoi tout chrétien sincère cherche à se « convertir », c'est-à-dire à se conformer à l'exemple d'amour parfait que Jésus-Christ a donné sur cette terre. C'est donc la fidélité à cet homme-Dieu que poursuivent les chrétiens, bien plus que le respect d'une loi ou d'un texte.

Il peut sembler difficile, voire absurde, pour un homme du XXe siècle, de prendre pour modèle une personnalité indiscutablement remarquable mais qui vivait il y a si longtemps. Comment calquer notre attitude sur celle d'un homme dont l'environnement social, économique et politique était si différent du nôtre ?

En fait, ce qui rend la position des chrétiens cohérente, c'est précisément leur croyance en la résurrection du Christ et en l'aide de Saint-Esprit qu'il a envoyé dans son Eglise. Cette présence actuelle du Christ ressuscité, pour difficile à admettre qu'elle soit pour un non-chrétien, est la véritable justification de cette ambition démesurée des chrétiens : s'efforcer d'atteindre la sainteté ou, si l'on préfère, d'épanouir leur personnalité dans l'amour infini d'un Dieu fait homme.

Dans les faits, il est bien évident que peu de chrétiens en sont là : chaque homme a ses faiblesses et la bonne volonté ne suffit pas à assurer la qualité du résultat. Tous les chrétiens s'accordent d'ailleurs sur le fait qu'aucun progrès spirituel n'est possible sans ce don de Dieu qu'ils appellent la grâce. Comment l'homme pourrait-il s'approcher de Dieu par ses propres forces ?

Les grandes religions

Mais la difficulté de la tâche exige aussi une entr'aide constante des chrétiens. C'est le rôle fondamental des Eglises constituées, quelle que soit la diversité de leur approche et de leurs pratiques.

La pratique du christianisme

Comment s'y retrouver dans le foisonnement des pratiques chrétiennes : messe, sacrements, fêtes, pélerinages, processions, œuvres charitables, missions... ? Seul un fil conducteur permet de donner un sens et une cohérence à ces manifestations de foi diverses, encore multipliées par les particularismes des diverses Eglises chrétiennes.

Ce fil conducteur, c'est la personne de Jésus-Christ à laquelle se réfèrent, par définition, tous les chrétiens. La fidélité à sa personne passe par le respect de son enseignement et le souvenir de sa vie terrestre.

La pratique religieuse suit donc naturellement deux axes principaux :
— L'étude de sa parole, relatée dans les Evangiles et éclairée par l'ensemble de la Bible. La mise en œuvre de cet enseignement conduit à une pratique de caractère moral.
— La célébration tout au long de l'année des événements principaux de sa vie. La pratique consiste alors en fêtes ou cérémonies qui ne sont pas tournées préférentiellement vers le souvenir du passé mais constituent, en toute réalité, la vie du Christ ressuscité au sein de l'Eglise qu'il a fondée.

En illustration, tout culte chrétien, la messe par exemple, comprend deux parties, l'une consacrée à la parole, l'autre à l'expression de la gratitude des fidèles pour les dons et la présence de Dieu.

Mise en œuvre de sa parole et célébration des dons que Dieu nous fait sont indissociables de toute pratique chrétienne mais, pour la clarté de la présentation, nous les examinerons séparément.

Mise en œuvre de la parole de Dieu

La première étape consiste évidemment à bien connaître et comprendre l'enseignement de Dieu. A cet effet, un chrétien doit être familier avec l'histoire du peuple juif, choisi par Dieu pour assurer la maturation de l'événement annoncé par les prophètes, la venue du Messie. Le chrétien se doit davantage encore de connaître la vie de Jésus-Christ pour être en mesure d'en faire son modèle.

Ainsi toutes les formes de christianisme donnent une instruction religieuse fondée sur la connaissance de l'histoire sainte.

Cette instruction est particulièrement développée chez les protestants pour lesquels l'interprétation des enseignements de la Bible est une affaire personnelle dans laquelle aucune autorité ecclésiastique n'intervient. Il existe ainsi de nombreux cercles d'études bibliques où les croyants s'efforcent de tirer des textes sacrés toute la substance nécessaire à leur édification.

Les catholiques étudient également la Bible et ce travail, jadis réservé à des spécialistes, est désormais largement ouvert à des groupes de plus en plus nombreux de fidèles. Cette situation est relativement récente et rejoint une attitude protestante plus ancienne. Avant les efforts de rapprochement entre chrétiens, certains prêtres et religieuses catholiques considéraient en effet que la Bible — plus précisément l'Ancien Testament — n'était pas à mettre entre toutes les mains sans discernement à cause des quelques épisodes de moralité douteuse qui y sont relatés.

Pour la grande majorité des chrétiens qui se contentent d'aller aux offices du dimanche, leur formation continue est assurée par les lectures choisies et commentées que fait le prêtre ou le pasteur.

Mais, s'il est bien de connaître la parole de Dieu, plus important encore est de la mettre en pratique. Détenteur de la vérité révélée et animé par l'amour de son prochain, le chrétien a le devoir de répandre cette vérité et d'aider tout homme dans le besoin, que la misère à soulager soit matérielle ou morale. Les paroles de Jésus-Christ aux apôtres sont explicites : « allez et enseignez toutes les nations ». Il s'agit surtout d'un enseignement par l'exemple, plus convaincant que les discours. Aussi œuvres sociales et activités missionnaires se rejoignent et se complètent, les unes et les autres s'exerçant avec le soutien du Saint-Esprit envoyé par Dieu dans son Eglise.

Ainsi, le chrétien pratiquant actif consacre-t-il tout le temps possible à soulager les autres et à transmettre le message d'amour de Jésus-Christ, ce qu'il ne peut faire efficacement sans lui-même s'efforcer d'imiter son modèle Jésus-Christ, c'est à-dire de tendre à la sainteté.

A certains moments de l'histoire de l'Eglise, la recherche de la perfection dans un monde profondément violent a conduit certains chrétiens à poursuivre la sainteté en fuyant le monde, jusque par le mépris de leur propre corps[38]. Aujourd'hui, toutes les Eglises chrétiennes s'accordent sur le respect que l'homme doit à la création de Dieu, ce qui s'étend à la nature, aux animaux et, bien sûr, à l'homme, corps et âme.

Cet exemple montre à quel point est progressive la prise de conscience de tout ce qu'implique une bonne compréhension du message et de l'exemple de Jésus-Christ. La marche vers la sainteté est lente et incertaine, qu'elle concerne un individu en particulier ou la société chrétienne dans son ensemble. Il ne faut donc pas s'étonner des insuffisances ou des faiblesses qui sont indissociables de la nature humaine. Ce qui importe, c'est la persévérance de l'effort en vue de la vie en Dieu. Cette progression, de type dialectique, est favorisée par la multiplicité des points de vue exprimés par les

Les grandes religions 93

différentes Eglises chrétiennes: même une position erronée peut avoir des effets positifs grâce à la réaction qu'elle entraîne[39].

Ainsi, chaque problème nouveau entraîne inévitablement une recherche de la solution la plus conforme à l'esprit du christianisme. Le cas se présente notamment en matière morale par suite de l'évolution de la société: la contraception, les mères porteuses, l'avortement ne sont que quelques uns des sujets récents sur lesquels les chrétiens s'expriment selon leur conscience et leurs principes. L'encadrement des Eglises chrétiennes, prêtres et pasteurs, a pour mission de sensibiliser les fidèles aux conséquences de leurs actes qui peuvent leur échapper et de les amener ainsi à prendre en conscience la décision la plus conforme à leur idéal. Les prêtres et pasteurs ne sont donc en aucun cas des juges qui décident de la conformité d'un acte à une loi; ils aident les croyants à exercer leur liberté dans le sens que Dieu leur suggère, en conformité avec leur choix délibéré.

La parole de Dieu elle-même, telle qu'elle est rapportée par les évangélistes, n'a rien de commun avec un code de conduite où toutes les situations seraient envisagées: elle explique et illustre le comportement de Jésus-Christ qui doit servir d'exemple pour le croyant. Comme jamais personne ne se trouve exactement dans l'une des situations relatées dans l'Evangile, le chrétien agit en s'imprégnant d'un esprit et non en appliquant des ordres.

Cette position est si révolutionnaire par rapport aux autres religions que certains chrétiens ont du mal à la comprendre et se sentent plus à l'aise dans une attitude d'obéissance soumise. De la même façon, certains prêtres ou pasteurs réagissent parfois comme de « petits chefs » spirituels et non comme des conseillers au service des fidèles. Cependant, c'est par lui-même que le chrétien doit progresser vers Dieu. Il a heureusement conscience d'être aidé dans cette marche par le Saint-Esprit; ce soutien divin compense ses faiblesses et est, pour lui, source permanente de reconnaissance. Sa vie chrétienne s'alimente de la prière, de l'étude des Ecritures et de la pratique des sacrements.

La célébration des dons de Dieu

C'est avant tout un remerciement, ce qu'en vocabulaire d'Eglise on nomme action de grâce ou eucharistie[40]. Jésus-Christ a voulu que cette célébration consiste essentiellement en la commémoration du repas qu'il prit avec ses apôtres la veille de sa mort.

Le choix d'un simple repas, du partage d'un peu de vin et de pain, pour célébrer l'union de Dieu et des hommes souligne à quel point Dieu souhaite être accessible à tous et à tout instant. Sa présence sur terre, il y a près de 2000 ans, cette « incarnation » d'un Dieu qui a adopté l'intégralité de la condition humaine, se prolonge ainsi au delà des siècles dans ces repas quotidiens qu'Il invite les chrétiens à partager.

Mais la reconnaissance et la joie que les chrétiens manifestent à Dieu s'exprime aussi au cours des fêtes religieuses qui scandent l'année et rappellent les grands événements de la vie du Christ sur terre : sa naissance à Noël, sa première manifestation publique aux légendaires rois mages à l'Epiphanie, sa résurrection le dimanche de Pâques, sa montée aux cieux à l'Ascension...

Catholiques et orthodoxes font rejaillir une part de leur dévotion sur Marie, mère de Jésus-Christ, et sur les saints qui sont aussi des modèles de réussite à l'échelle humaine.

Toutes ces célébrations se veulent aussi belles que possible ; fidèles et célébrants s'efforcent d'honorer Dieu de tous les moyens dont ils disposent.

Ce « service » de Dieu s'appelle la liturgie. C'est, en quelque sorte, la réponse des croyants à la parole de Dieu apportée aux hommes. En reconnaissance ceux-ci élèvent leur prière vers Dieu. La liturgie est donc, dans sa forme, œuvre humaine ; au cours des siècles, des traditions liturgiques se sont forgées, variables d'une église à l'autre. Cette diversité reflète la sensibilité de chaque peuple, et enrichit le patrimoine culturel du christianisme.

Mais la diversification du christianisme ne tient pas seulement à la liturgie. D'autres différences plus profondes sont apparues dans l'Eglise unique du Christ qui touchent des points de doctrine, importants certes, mais peut-être pas essentiels. De ces divergences sont nées diverses formes de christianisme.

Les différentes formes de christianisme

C'est la personne de Jésus-Christ, vrai Dieu et vrai homme, qui unit les chrétiens : ils croient à sa mission divine et s'efforcent, dans la mesure de leur conviction et de leur courage, de suivre son enseignement.

L'assemblée des chrétiens constitue l'Eglise[41]. Tous les chrétiens s'accordent à reconnaître que cette Eglise est unique mais ils ne la voient pas tous de la même façon. Certes, ils considèrent qu'il n'y a qu'une vérité — et c'est déjà beaucoup — et que cette vérité est contenue dans l'enseignement de Jésus-Christ. Mais cet enseignement ne ressemble en rien à un recueil de lois. Jésus-Christ s'est bien gardé de rien écrire, précaution indispensable pour que son enseignement garde au cours des siècles la souplesse d'adaptation nécessaire. Le modèle qu'il a donné est celui d'un comportement totalement orienté par l'amour de chacun des hommes : c'est à chaque chrétien de faire usage de sa liberté et de sa conscience pour adapter intelligemment son propre comportement aux situations particulières de l'existence en s'inspirant du modèle de Jésus-Christ.

Les grandes religions 95

Il n'y a là rien de bien intellectuel ; chacun est capable de faire à tout moment les choix convenables dès lors qu'il se laisse guider par l'amour et, si possible, le bon sens. Jésus-Christ disait d'ailleurs : « laissez venir à moi les petits enfants ; si vous n'êtes pas semblables à de petits enfants, vous n'entrerez pas au Royaume des Cieux ». C'est une phrase que les théologiens n'ont pas toujours prise pour eux-mêmes : alors qu'on ne trouve dans les Evangiles strictement aucune indication sur l'organisation ou la liturgie de l'Eglise à venir, pas plus que sur la nature du Royaume de Dieu qui attend les élus, les théologiens ont très tôt spéculé sur ces questions certes importantes mais hors de portée de l'action.

Oubliant peut-être trop souvent que la vie chrétienne consiste d'abord à imiter le Christ, des théologiens se sont mis à déchiffrer les Ecritures comme s'il s'agissait d'une très scolaire explication de textes. Ils y ont évidemment trouvé quantité de trésors cachés qui sont bien souvent des extrapolations ou des interprétations de ce qui a été réellement dit.

On comprend qu'un tel exercice intellectuel ait conduit à des divergences d'appréciation entre théologiens et que d'interminables querelles de spécialistes aient vu le jour. Si l'on ajoute à cela les différences sociologiques, les rivalités personnelles et politiques dont les hommes d'Eglise ne sont pas exempts, il n'y a pas lieu d'être surpris de la prolifération de tendances et de mouvements qui se sont manifestés et se manifestent encore au sein de l'Eglise du Christ.

Le risque serait grand de ne plus se retrouver dans un tel fouillis si, Dieu merci, Jésus-Christ n'avait donné l'assurance de l'appui du Saint-Esprit pour guider l'Eglise sur le chemin de la vérité.

Mais le Saint-Esprit n'est pas un gendarme, il est Dieu lui-même, il a le temps pour lui et il n'interdit pas automatiquement toutes les erreurs naissantes : tout se passe comme si le Saint-Esprit laissait le temps effriter ce qui relève de l'accessoire et comptait sur plus de compréhension du message d'amour pour que les chrétiens tendent à l'unité dans la diversité.

Nous constatons en effet que certaines interprétations du christianisme, jadis menaçantes pour l'unité de l'Eglise, ont pratiquement disparu au cours des siècles et que très lentement, au rythme de Dieu, les chrétiens de bonne foi de diverses tendances apprennent à s'estimer et à relativiser certains points secondaires qui les ont divisés dans un passé déjà lointain.

Que reste-t-il en effet des grandes hérésies telles que l'arianisme, le nestorianisme ou le monophysisme qui ont déchiré l'Eglise entre le IVe et le VIIe siècle et ont séduit un nombre considérable de chrétiens ?[42]

Pourtant, dira-t-on, on a vu naître depuis moins d'un siècle bon nombre de mouvements religieux se réclamant de Jésus-Christ dont la doctrine n'est pas particulièrement orthodoxe. Le lecteur pourra se reporter aux articles consacrés plus loin aux Témoins de Jéhovah ou aux Mormons, pour ne citer que deux des plus importants. De même chaque décision doctrinale de Rome entraîne inévitablement des réactions de rejet de quelques catholiques qui se coupent parfois de leurs racines. Le jansénisme au XVIIIe siècle puis la proclamation de l'infaillibilité pontificale en 1870 ont provoqué la scission des « Vieux-Catholiques » et, de nos jours, le concile de Vatican II a suscité l'opposition de certains catholiques comme l'abbé de Nantes (Contre Réforme Catholique) et le schisme des « intégristes » de Mrg Lefèvre.

Il n'en reste pas moins que ces mouvements restent numériquement très marginaux et ne troublent pas la sérénité de l'Eglise comme ce fut le cas lors des grandes querelles doctrinales de jadis.

Sous ces réserves, le christianisme contemporain comprend trois grands courants :
— le catholicisme (850 millions de baptisés)
— l'orthodoxie (150 millions de baptisés environ)
— le protestantisme (400 millions de baptisés)

Ce dernier, comme nous le verrons plus loin, reste émietté en multiples tendances mais des signes de convergence apparaissent. Il en est de même entre le catholicisme, l'orthodoxie et le protestantisme : c'est le « mouvement œcuménique » qui sera évoqué ultérieurement.

LE CATHOLICISME

Voici bientôt 2000 ans que le christianisme est entré dans l'Histoire par la petite porte d'un fait divers : l'éxécution d'un agitateur religieux dans une lointaine province de l'Empire Romain. Ce Jésus avait dit à ses compagnons, les apôtres : « Allez et enseignez toutes les nations ». Son message se voulait donc, dès ses débuts, catholique, c'est à dire universel[43].

Universelle, l'Eglise catholique l'est incontestablement davantage que les autres mouvements religieux si l'on considère l'étendue de son domaine géographique ou le nombre de ses adeptes. Longtemps confiné au monde méditerranéen, le catholicisme est aujourd'hui présent presque partout dans le monde et il regroupe 850 millions de baptisés, soit 60 % des chrétiens. En outre, grâce à son organisation hiérarchique, il présente une grande homogénéité de doctrine. Sa structure est l'extrapolation de celle mise en place de façon rudimentaire par Jésus-Christ : 12 apôtres (messagers) dont Pierre était le chef. Aujourd'hui l'Eglise catholique est gouvernée par près de 4000 évêques sous l'autorité du pape, évêque de Rome[44].

On imagine parfois le catholicisme rigidifié dans ses dogmes et sa tradition, paralysé par un Etat-Major de vieux cardinaux, coupé des préoccupations du monde contemporain. Ceux qui se donnent la peine d'observer le catholicisme constatent au contraire, sous son unité fondamentale, une étonnante diversité et capacité d'évolution. Les changements, qui semblent s'accélérer depuis quelques années, ne portent pas sur les données immuables de la foi, ils concernent leur application au monde nouveau dans lequel nous vivons. C'est ce renouvellement de l'expression de la foi qui permet à l'Eglise de garder sa vitalité.

Corps en mouvement, l'Eglise catholique peut être perçue très différemment selon les observateurs. Société humaine, elle est sujette à toutes les erreurs et à toutes les compromissions : certains n'en retiennent que l'obscurantisme de l'Inquisition ou du procès de Galilée. Source inépuisable de saints, l'Eglise est, pour beaucoup d'autres, la seule raison d'espérer : en elle est présent le Saint-Esprit qui guide l'humanité vers son Sauveur.

Il est difficile d'être objectif. On peut cependant constater que l'Eglise catholique s'est toujours ressaisie après les crises les plus graves, ce qui permet d'interpréter son histoire comme une marche en avant où chaque événement semble être advenu pour opérer une nécessaire et permanente reconversion.

C'est pourquoi un survol de l'Histoire est un préalable nécessaire pour bien saisir l'originalité du catholicisme et apprécier les multiples formes de sa spiritualité et de son action.

L'histoire agitée du catholicisme

Au cours des siècles le catholicisme est passé par les situations les plus diverses et, de nos jours encore, sa place dans la société varie considérablement selon les pays.

Dans le temps, on peut distinguer trois grandes périodes :
— Les trois premiers siècles sont ceux d'une lutte doctrinale, en grande part clandestine. Le catholicisme s'est affirmé par la qualité et la nouveauté de son message ainsi que par le courage héroïque de ses fidèles : cette phase de lutte fervente s'est jouée, pour l'essentiel, à l'intérieur de l'empire romain.
— De la reconnaissance du catholicisme comme religion de l'Empire après Constantin[45], jusqu'à la Réforme protestante au début du XVIe siècle, le catholicisme fut constamment associé à un pouvoir politique. C'est une période de certitude religieuse mais de luttes intenses autour du pouvoir. Durant ces onze siècles, les événements dramatiques abondent. L'empire romain s'effondre sous les coups des barbares, mais l'Eglise subsiste en les convertissant. Le catholicisme subit le choc de l'Islam dès le VIIe siècle et perd la quasi-totalité de l'Afrique du Nord et du Proche Orient. Puis c'est le schisme d'Orient en 1054 et l'Eglise catholique s'identifie avec l'Europe occidentale. La foi fait surgir les cathédrales mais l'Evangile ne dompte pas encore la violence ambiante : croisades et inquisition semblent la manière normale de convaincre son prochain. Dans une Eglise qui s'identifie totalement à la société, on trouve indistinctement le meilleur et le pire. Une clarification et une reprise en mains deviennent nécessaires.

— Depuis la Réforme, l'Eglise catholique perd progressivement son pouvoir politique: en Grande-Bretagne d'abord par la sécession anglicane, puis en Europe du Nord avec les Luthériens, enfin dans le reste de l'Europe avec la révolution française de 1789 et l'apparition des nationalismes. Mais la vigueur de la foi reste intacte: les Indiens d'Amérique deviennent chrétiens à partir du XVIe siècle par le sabre des conquistadors, les Africains et les Océaniens à partir du XIXe siècle grâce au dévouement des missionnaires.
— De nos jours, le centre de gravité de l'Eglise catholique se déplace. Les pays industrialisés d'Europe occidentale sont devenus trop riches pour se sentir à l'aise dans une spiritualité où l'esprit de pauvreté est une vertu. En revanche, dans les pays du Tiers-Monde et ceux soumis à une dictature, le souffle révolutionnaire du christianisme reste intact.

La diversité des situations particulières à chaque pays rend évidemment difficile la direction de l'ensemble de l'Eglise. La tâche est d'autant moins aisée que, depuis le concile de Vatican II de 1962 à 1965, l'Eglise catholique a définitivement renoncé à imposer un point de vue exagérément romain qui la caractérisait depuis de longs siècles.

Le concile de Vatican II

S'il fallait une preuve de plus de l'adaptabilité de l'Eglise catholique à l'évolution de l'histoire, Vatican II en fournirait un exemple frappant.
Le traumatisme de la deuxième guerre mondiale, dont les principaux protagonistes étaient des peuples de culture chrétienne, avait montré à l'évidence que l'Eglise ne pouvait se contenter de recommander à ses fidèles le respect des valeurs morales individuelles: elle se devait d'élargir davantage son enseignement à une morale plus collective, impliquant une plus grande ouverture sur le monde.
A cet effet, les trois principaux axes du Concile ont été:
— une remise à jour (en italien: aggiornamento) des pratiques de l'Eglise pour lui permettre de mieux remplir ses nouveaux objectifs ;
— une plus claire définition de ses rapports avec le monde, surtout en ce qui concerne l'action de l'Eglise dans les pays étrangers à la culture occidentale ;
— l'établissement de relations plus confiantes et plus constructives entre le catholicisme et les autres Eglises chrétiennes.
Le Concile suit une logique, celle de l'universalité du message qu'elle doit transmettre. La décision d'employer les langues locales au lieu du latin pour célébrer la messe n'est qu'un moyen de mieux faire participer les fidèles à leur culte[46].
La déclaration peut-être la plus importante du Concile concerne la liberté religieuse. C'est en fait une nouvelle façon de s'exprimer: auparavant

l'Eglise, sûre de son message, s'effrayait de cette liberté car, en choisissant une autre voie que celle du catholicisme, l'homme plonge fatalement dans l'erreur. Sans renoncer à ses convictions, l'Eglise constate explicitement aujourd'hui le fait que l'homme est libre et qu'il exerce sa liberté en matière religieuse comme dans d'autres domaines. L'Eglise, dépositaire du message d'amour divin, se doit de convaincre, essentiellement par l'exemple de ses saints. Elle peut condamner les doctrines mais jamais les hommes. Reconnaître cette réalité que chacun dispose en sa conscience de la liberté religieuse est une simple constatation, mais c'est aussi un préalable pour un dialogue avec les autres religions sans lequel il y a peu d'espoir de convertir au catholicisme ceux qui en sont éloignés.

Ces subtilités sur la liberté religieuse n'ont pas été admises par certains catholiques fondamentalistes qui y voient une dangereuse et inacceptable compromission avec l'erreur. Cependant, quoiqu'en disent les quelques opposants irréductibles au Concile, celui-ci n'a rien touché de ce qui constitue la nature et le fondement de l'Eglise catholique.

La spécificité du catholicisme

Au sein du christianisme, le catholicisme et l'orthodoxie occupent une position centrale en ce sens que les autres Eglises chrétiennes, globalement qualifiées de protestantes, en sont toutes directement ou indirectement issues.

Les caractéristiques les plus remarquables de l'Eglise catholique, que n'ont pas toujours conservées les autres Eglises, concernent la conception de la nature même de l'Eglise, la place de la tradition et des dogmes, les sacrements et la structure hiérarchique. En les passant en revue, nous constaterons que l'Eglise catholique réussit assez bien à concilier une grande cohésion intellectuelle avec une relativement bonne adaptabilité aux différentes cultures.

a) LA NATURE DE L'EGLISE CATHOLIQUE

Pour les catholiques, la promesse de Jésus-Christ selon laquelle il restera présent dans son Eglise est une réalité : le Saint-Esprit descendu sur les apôtres à la Pentecôte est véritablement présent au sein de l'Eglise, autant que Jésus lui-même est présent dans l'eucharistie (voir p. 102). La nature de cette présence échappe évidemment à nos sens, elle n'en est pas moins réelle. Seules des images symboliques peuvent expliquer ce fait : on dit que l'Eglise est le Corps mystique ou l'Epouse du Christ pour montrer le caractère intime et indissoluble de cette union.

L'Eglise est donc de création divine mais elle se construit avec des hommes dont le premier a été symboliquement nommé Pierre par Jésus-Christ lui-même. Ainsi, l'Eglise est sacrée mais les hommes qui la composent ou la dirigent restent des hommes, capables de toutes les faiblesses et de tous les reniements. On peut donc distinguer l'Eglise visible, société humaine des baptisés discrètement guidée par le Saint-Esprit, et l'Eglise invisible, rassemblement de tous ceux, vivants ou morts, auxquels Dieu donne la foi, c'est à dire de ceux qui répondent de leur mieux à ce qu'il entendent de l'appel de Dieu[47]. Il est, par nature, impossible de savoir qui en fait partie. Cette définition revient à dire qu'en dehors de l'Eglise invisible il n'y a pas de salut, car le salut ne peut venir que de Dieu. Ce n'est en rien une attitude d'orgueil des catholiques puisque le fait d'être baptisé — ou même prêtre, évêque ou pape — ne garantit pas de faire partie de cette Eglise.

Cependant, l'Eglise visible étant la suite historique de l'Eglise que Jésus-Christ a instituée avec ses apôtres, elle reste inspirée spirituellement par Dieu et se trouve privilégiée pour transmettre et conserver son message.

Aujourd'hui, sans rien renier des certitudes qu'elle tire de la Révélation divine et de sa tradition, l'Eglise catholique a pris conscience que le message d'amour dont elle est dépositaire lui impose une grande modestie dans l'affirmation et la formulation de la vérité. Reconnaissant la variété des expressions culturelles de l'aspiration des hommes à Dieux, elle les considère, depuis le concile Vatican II, comme autant de tentatives de s'approcher du Créateur. L'Eglise catholique ne brandit plus ses foudres et répugne désormais à parler d'hérétiques ou de schismatiques. Elle a définitivement renoncé à condamner les hommes qui cherchent Dieu par d'autres religions, elle les considère dorénavant avec respect et amour et s'efforce d'établir avec eux un dialogue, dans l'espoir de leur faire partager la plénitude du message qui lui est confié[48].

Aujourd'hui donc, l'Eglise n'impose plus rien mais propose un modèle à tous les peuples du monde. Elle a gardé intacte la certitude de détenir la vérité du message de Jésus-Christ mais elle sait désormais que son pouvoir de conviction dépend de la fidélité avec laquelle elle-même met en pratique son propre enseignement. L'Eglise ne tente plus d'imposer des solutions aux problèmes moraux, sociaux, politiques ou économiques mais elle exprime inlassablement les principes qui doivent guider ces choix. Elle a ainsi pris plus clairement conscience que ces principes peuvent conduire à des choix différents, selon l'environnement culturel.

L'Eglise trouve son unité fondamentale, sous la diversité des apparences, dans la fermeté de ses convictions spirituelles exprimées par les dogmes et la tradition.

Les grandes religions

B) LA TRADITION ET LES DOGMES

Dès lors que l'Eglise est constituée d'hommes libres, donc capables de se tromper, il n'est pas étonnant que surgisse en son sein des interprétations diverses du message révélé. Certaines d'entre elles peuvent être des erreurs dans la mesure où une opinion et son contraire ne peuvent être vraies simultanément.

Ainsi la seule référence à la Bible n'est pas suffisante pour être sûr de la vérité, pour autant qu'on puisse l'atteindre. Pour mettre toutes les chances de son côté, l'Eglise catholique — peut-être guidée en cela par le Saint-Esprit — a mis au point un système original destiné à se protéger au mieux des erreurs. Ce système consiste à officialiser de façon solennelle les croyances acquises — c'est ce qu'on appelle les dogmes — puis à accumuler toutes ces croyances, dans ce que l'Eglise appelle la « tradition », dans un ensemble cohérent, définitivement admis, à partir duquel la recherche peut se poursuivre[49].

Un tel processus n'a pas été compris par le protestantisme pour une raison essentiellement historique : l'incapacité de l'Eglise du XVIe siècle de se réformer assez vite par elle-même a poussé les chrétiens réformés à se séparer et, simultanément, à récuser l'enseignement d'une Eglise qu'ils jugeaient défaillante. Ils en ont conclu que l'Eglise n'apportait rien et que mieux valait laisser à chacun la liberté d'interpréter à sa manière l'Ecriture sainte, seule porteuse, selon eux, de la révélation.

Naturellement, la proclamation d'un dogme exige les plus grandes précautions : une croyance bien établie ne devient un dogme qu'après une maturation qui peut durer des siècles. Par principe, ces dogmes ne concernent que des sujets importants. L'authenticité d'apparitions comme celles de Lourdes est, entre autres exemples, laissée à l'appréciation de chacun. Il en est même de questions telles que la naissance de l'humanité à partir du couple d'Adam et Eve, ce qui peut être interprété de façon symbolique.

Malgré la prudence dont témoigne l'Eglise catholique dans la définition de ses dogmes, le principe même d'en proclamer de nouveaux irrite fréquemment les non-catholiques. Protestants et orthodoxes jugent qu'il n'y a rien à ajouter au message des Ecritures saintes complétées, il est vrai, par ce qu'il faut bien appeler les dogmes des premiers conciles de l'Eglise. Les non-catholiques jugent souvent prétentieux de définir une vérité divine qui échappe évidemment à tous les hommes, évêques et pape compris.

A cela l'Eglise catholique pourrait répondre que rien ne peut valablement l'empêcher d'exprimer les convictions qui sont les siennes. Cependant elle insiste plutôt sur un point généralement mal compris. Les dogmes n'ont pas la prétention d'expliquer dans le détail une vérité qui n'appartient qu'à Dieu, mais ils se contentent d'éliminer des interprétations jugées erronées[51].

Ainsi, le dogme de l'Incarnation, sur lequel tous les chrétiens sont d'accord, exprime que Dieu s'est fait homme en la personne de Jésus-Christ.

Il est impossible de savoir en quoi consiste ce mystère et comment Dieu peut être homme mais le dogme exclut que Jésus soit un homme comme les autres ou, à l'opposé, qu'il soit une sorte d'apparence d'homme, une « apparition » de Dieu.

Assez naturellement, ce sont les dogmes les plus récemment proclamés qui ont suscité le plus de remous chez les chrétiens non-catholiques. Les trois derniers sont le dogme de l'Immaculée Conception, proclamé en 1854 par le pape Pie IX, celui de l'infaillibilité pontificale, proclamé en 1870 par le même pape au cours du premier concile du Vatican, et le dogme de l'Assomption de la Vierge Marie, en 1950 par le pape Pie XII[51].

Les protestants et les orthodoxes ont évidemment perçu comme une provocation la proclamation du dogme de l'infaillibilité pontificale. Pourtant il ne s'agit nullement de faire du pape un surhomme qui ne dirait que la vérité — il aurait immédiatement des propositions alléchantes de la part des services météorologiques — ; cela signifie seulement que le consensus de l'Eglise sur un point de doctrine ne devient définitivement acquis qu'une fois proclamé solennellement par le pape qui représente son unité. On dit alors qu'il parle « ex cathedra ». Une telle proclamation n'est donc pas le résultat d'une décision autocratique du pape, mais l'aboutissement d'un long processus de mûrissement au sein de l'Eglise, généralement ratifiée par un concile. Ainsi le dogme de l'infaillibilité pontificale lui-même a-t-il été l'objet d'un vote lors du concile de 1870[52].

On peut toutefois penser qu'après le Concile de Vatican II la procédure solennelle de proclamation d'un dogme ne sera plus qu'exceptionnellement utilisée. Les croyances de l'Eglise catholique ont subi presque tous les assauts possibles depuis près de 2000 ans. Les problèmes dogmatiques laisseront vraisemblablement la place à un effort d'approfondissement de la vie chrétienne dans les différents contextes culturels.

Cette vie spirituelle repose sur la pratique des sacrements.

c) Les sacrements

La notion de sacrement est une spécificité du christianisme, mais elle est moins étendue et moins précise chez les protestants.

Les catholiques comme les orthodoxes en comptent sept:
— le baptême
— la confirmation
— l'eucharistie
— le mariage
— l'ordre
— la pénitence
— le sacrement des malades

Tout sacrement apporte un don, une grâce de Dieu, qui se concrétise visiblement par un signe, des gestes et des paroles consacrées. Il y a un parallélisme évident et voulu entre l'incarnation de Dieu en Jésus-Christ et la manifestation de Dieu par un signe visible. Nous comprendrons mieux cette notion de sacrement en approfondissant le contenu.

— Le *baptême* est le sacrement de l'entrée dans l'Eglise. N'importe quel catholique peut le conférer en cas d'urgence, tel que le risque de décès d'un enfant. L'Eglise admet même la validité d'un « baptême de désir » pour une personne en danger de mort. Le signe visible du baptême consiste à verser un peu d'eau sur le front du baptisé en prononçant les paroles : « je te baptise au nom du Père, du Fils et du Saint-Esprit ». Quand le baptême est célébré par un prêtre à l'église, ce qui est le cas normal, le rite est plus complet : un peu de sel sur la langue symbolise que le chrétien est le « sel de la terre », capable de donner de la saveur à l'existence ; une goutte d'huile consacrée sur le front rappelle l'onction royale et celle du Christ, c'est aussi le symbole de l'huile dont s'enduisent les lutteurs avant le combat ; un cierge allumé tenu à la main symbolise la lumière que le chrétien doit apporter au monde tandis que deux témoins, le parrain et la marraine, représentent la communauté qui accueille le nouveau baptisé et veillera à son éducation. Le baptême peut être donné dès la naissance.

— La *confirmation* est le sacrement de l'entrée dans une vie de responsabilité ; le confirmé reçoit le don du Saint-Esprit. Ce sacrement est conféré par l'évêque qui prononce les paroles rituelles, marque le front du confirmé du signe de la croix avec de l'huile consacrée et applique la main sur sa joue comme pour lui souhaiter bonne chance. Les catholiques considèrent que la confirmation, par sa nature même, requiert une certaine maturité de qui la reçoit. Elle est généralement donnée au sortir de l'enfance, après la première communion, vers 10 ans.

— L'*eucharistie* est, pour les catholiques, bien plus que le rappel du dernier repas de Jésus avec ses apôtre, c'en est l'actualisation et la participation à son unique sacrifice. Seul un prêtre peut valablement prononcer les paroles de la consécration du pain et du vin telles que les a dites Jésus-Christ : « Prenez et mangez, ceci est mon corps ; prenez et buvez, ceci est mon sang, versé pour vous en signe d'alliance ». Ces paroles provoquent la « transsubstantiation », c'est à dire la présence réelle de Jésus-Christ dans le pain et le vin qui deviennent la nourriture spirituelle du fidèle[53]. Après la consécration, le prêtre fractionne le pain, généralement une hostie de farine sans levain, la consomme et boit dans un calice un peu de vin consacré[54]. Recevoir cette nourriture, c'est communier, c'est-à-dire être uni et même incorporé au Christ. Les fidèles ne prennent généralement que l'hostie, quoique la communion sous les deux « espèces », pain et vin, se pratique occasionnellement.

Depuis le début du siècle, la date de la première communion a été avancée à l'âge de 7 ans, au moins pour les enfants qui sont capables d'en saisir le sens. On a institué en revanche la profession de foi, nouvelle appellation de la communion solennelle.

— Le *mariage* est un sacrement que se donnent les époux. Le prêtre qui bénit l'union est, en quelque sorte, le témoin de leur volonté de s'unir devant Dieu. Le mariage est indissoluble sauf vice de forme tel que consentement extorqué sous la contrainte, non consommation du mariage etc.[55] Dans ces cas particuliers et exceptionnels, le mariage peut être annulé après un procès devant le tribunal de la Rote, au Vatican. Un tel procès qui peut durer parfois plusieurs années s'accompagne de frais que paient les intéressés, sauf s'ils n'en ont pas les moyens.

Le mariage catholique ne se comprend évidemment que si l'un des époux au moins est catholique. Les deux époux doivent prendre l'engagement de conscience d'élever leurs enfants dans la religion catholique. En France, le mariage religieux ne peut avoir lieu qu'après le mariage civil. Les conditions de nature religieuse que l'Eglise demande surprennent parfois des jeunes gens qui ne voient dans le mariage « à l'église » que l'occasion d'une belle cérémonie traditionnelle. Le sérieux des engagements pris est lié au caractère sacramentel du mariage, avec la grâce de Dieu que cela comporte.

— L'*ordre*, auquel seuls les hommes ont accès, comprend trois degrés : le diaconat, le presbytérat et l'épiscopat. Pour recevoir le sacrement de l'ordre, il faut ressentir l'appel surnaturel de Dieu, la vocation, avoir la formation et les qualités morales requises et être accepté par l'évêque.

Le diaconat n'exige pas d'être célibataire. Toutefois un homme marié ne peut être ordonné diacre que s'il a plus de 35 ans et si son épouse y consent. Le diacre est habilité à rendre divers services d'Eglise comme la prédication.

Le presbytérat fait du diacre un prêtre, ce qui donne le pouvoir de célébrer la messe et, par conséquent, de consacrer le pain et le vin de l'eucharistie. Le prêtre peut aussi pardonner les fautes au nom du Christ, ce qu'on appelle remettre les péchés.

L'épiscopat constitue la plénitude du sacerdoce. Seul un prêtre peut devenir évêque, ce qui n'était pas le cas dans l'Eglise primitive. L'évêque a seul la capacité de consacrer d'autres évêques, il est généralement assisté, pour cette solennité, par deux autres évêques. Les évêques sont choisis par le pape qui délivre un mandat pontifical autorisant la consécration[56].

— La *pénitence*, dite aussi *sacrement de la réconciliation*, est l'exercice du pouvoir donné par Jésus-Christ à ses apôtres de pardonner les fautes, les péchés, des fidèles. Ce pardon peut être obtenu lors de la confession pratiquée au moins une fois par an, à Pâques. Récemment on a institué une confession simplifiée et rapide, la cérémonie pénitentielle, peut-être pour lutter contre une certaine désaffection de ce sacrement. Cet usage ne permet pas de bénéficier des conseils spirituels du prêtre.

Le pardon des péchés n'est pas automatique, il ne peut être obtenu que si,

Les grandes religions

en toute conscience, le pénitent regrette ses fautes et prend l'engagement de faire son possible pour les éviter dans l'avenir. Il va de soi que la faiblesse humaine rend aléatoire le résultat de cet engagement.

Le rôle du prêtre dans la confession est triple : il juge des dispositions spirituelles du fidèle au cours d'un dialogue qui n'est en aucun cas un interrogatoire de police mais s'apparente plutôt à « l'écoute » du psychiatre ; il pardonne les péchés au nom de Jésus-Christ en accordant l'absolution ; il impose une « pénitence », le plus souvent la récitation d'une prière mais aussi, s'il y a lieu, la réparation du préjudice causé à autrui, un jeûne, des aumônes etc.

Dans la confession, le prêtre joue naturellement un rôle de conseil, de directeur de conscience. Le péché étant une désobéissance volontaire à la loi divine, le prêtre n'a pas le droit de déclarer péché ce qui n'a rien à voir avec la foi ou les mœurs, un choix politique ou syndical par exemple. Le secret de la confession est absolu.

— Le *sacrement des malades*, anciennement appelé *extrême-onction*, est destiné à soulager physiquement et spirituellement les malades. Il est recommandé d'y faire appel dès que l'on est dangereusement malade afin de le recevoir en pleine conscience. Le sacrement des malades est donné aussi souvent qu'il est nécessaire, une fois seulement pour une maladie déterminée. Il est administré par un prêtre qui prononce des prières rituelles et procède à des onctions d'huile consacrée.

L'effet du sacrement est avant tout une purification spirituelle complète, ce qui apporte au croyant une paix intérieure propre à améliorer son état psychosomatique. Les catholiques estiment qu'une guérison purement physique peut aussi intervenir dans certains cas, la grâce de Dieu ne se limitant pas à la vie spirituelle.

Ainsi, les sacrements accompagnent le chrétien tout au long de la vie, depuis l'entrée dans l'Eglise par le baptême jusqu'au passage dans la vie éternelle. Le sacrement le plus important de la vie chrétienne est l'eucharistie qui constitue une véritable nourriture spirituelle à laquelle on peut accéder quotidiennement.

Par la volonté de Jésus-Christ qui les a créés, plus ou moins explicitement, les sacrements apportent un don, une faveur de Dieu[57], dont la nature est inexplicable. Le prêtre et l'évêque, par le sacrement de l'ordre qu'ils ont reçu, ont la capacité particulière de transmettre aux fidèles la vie de la grâce. C'est la justification la plus fondamentale de leur existence et, par ce fait même, de la structure hiérarchique de l'Eglise.

d) LA STRUCTURE HIÉRARCHIQUE DE L'EGLISE

Comment définir le type de gouvernement de l'Eglise catholique ? C'est à coup sûr une théocratie en ce sens que le Saint-Esprit est supposé l'inspirer et que sa finalité est l'instauration du règne de Dieu. Il s'apparente aussi à une monarchie puisque son chef reste en fonction à vie, sans être remis en question par ses mandants, et que l'autorité procède du sommet. C'est aussi, d'un certain côté, un régime présidentiel puisque le chef est désigné par une élection et que les décisions importantes sont prises avec l'accord des assemblées conciliaires.

Ce n'est en tout cas pas une république car la base ne désigne aucun représentant.

Il n'est pas étonnant que le gouvernement de l'Eglise ne corresponde à aucun système politique connu. L'Eglise catholique constitue en effet un cas unique au monde d'une entité souveraine, le Saint-Siège, dont l'autorité toute spirituelle, s'exerce principalement sur les citoyens d'autres Etats. C'est aussi la seule religion qui dispose d'un Etat, le Vatican, et d'un gouvernement centralisé.

Ainsi, l'embryon d'organisation mise en place par Jésus-Christ est devenu en 2000 ans une structure complexe et originale dont le personnage-clé reste le pape, successeur de l'apôtre Pierre.

Les papes

On compte à ce jour 264 papes. Le premier, saint Pierre, était galiléen ; il a été désigné par Jésus-Christ comme chef des apôtres et mourut martyr à Rome vers l'an 66. Dès le second pape, Lin mort en 76, sont apparus les innombrables papes italiens. L'Eglise des premiers siècles a cependant connu trois papes africains (Victor, 189-199 ; Miltiade, 311-314 ; Gelase, 492-496) six Syriens, une bonne dizaine de Grecs et quatorze Français ainsi que des ressortissants de pays divers (Hollande, Allemagne, Espagne, Portugal, Angleterre, Albanie...).

Jean-Paul II est le premier pape polonais ; depuis 1523 jusqu'à lui tous les papes ont été italiens.

A certaines périodes troubles comme au XIIe et au XVe siècles, des rivalités ont conduit à l'élection de plusieurs papes par des factions rivales. L'Eglise ne retient que l'un d'eux comme légitime.

L'appellation de pape remonte au IXe siècle ; auparavant elle pouvait s'appliquer, de façon honorifique, à n'importe quel évêque.

Les moyens modernes de transport et de communication ont passablement modifié le rôle et l'image du pape. Il est devenu une « vedette » qui mobilise des foules gigantesques et peut prendre connaissance sur place des réalités diverses de l'Eglise. Le catholicisme bénéficie ainsi, pour de simples raisons de structure, d'une « publicité » inaccessible aux autres religions.

Le pape est à la tête d'une véritable administration, la Curie romaine,

Les grandes religions

chargée à la fois des affaires de l'Etat du Saint-Siège et de celles de l'Eglise. Les organes de la Curie sont les suivants :

— la Secrétairerie d'Etat, qui traite des affaires publiques de l'Eglise et joue un rôle comparable à ceux des Services d'un Premier Ministre ;
— dix Congrégations pontificales qui sont, en quelque sorte, les Ministères de l'Eglise ;
— trois Secrétariats ;
— trois tribunaux ;
— des Commissions pontificales, des Conseils et des Offices divers.

Les nonciatures apostoliques, ambassades du Vatican à l'étranger, relèvent de la Secrétairerie d'Etat.

Les dix Congrégations pontificales, qu'il ne faut pas confondre avec les congrégations religieuses, sont les suivantes :

— la Congrégation pour la doctrine de la foi, anciennement Saint-Office ;
— la Congrégation pour les Eglises Orientales ;
— la Congrégation pour les évêques ;
— la Congrégation pour la discipline des sacrements ;
— la Congrégation pour le culte divin ;
— la Congrégation pour la cause des saints, une sorte de ministère des Anciens Combattants ;
— la Congrégation pour le clergé ;
— la Congrégation pour les religieux et les instituts séculiers ;
— la Congrégation pour l'éducation catholique ;
— la Congrégation pour l'évangélisation des peuples, ou de la propagation de la foi.

Les trois Secrétariats traitent respectivement de l'unité des chrétiens, des non-chrétiens et des non-croyants.

Les trois tribunaux sont :

— le Tribunal suprême de la signature apostolique, qui joue le rôle d'une cour d'appel, d'une cour de cassation et d'un tribunal administratif ;
— le Tribunal de la Rote[58], où siègent 20 juges, tous des hommes, instruit presqu'exclusivement des demandes d'annulation de mariage (environ 300 cas par an, dont quelques dizaines à titre gratuit) ;
— la Pénitencerie apostolique, chargée des affaires de conscience, par exemple l'exécution ou la relève d'un vœu.

Les Commissions, Conseils et Offices sont des organismes spécialisés comme, par exemple, l'office des statistiques ou la commission « Justice et Paix ».

Parmi les services annexes, signalons que Radio-Vatican émet en 32 langues, dont le japonais, l'hindi, le tamoul, l'amharique, le chinois mandarin...

Pour diriger ou superviser cette administration, le pape dispose de conseillers personnels, les cardinaux, dont l'ensemble constitue le Sacré Collège. Ce sont les cardinaux qui, au décès du pape, élisent son successeur.

Le sacré collège

Il est constitué par l'ensemble des cardinaux. Cette institution est fort ancienne ; c'était, à l'origine, l'ensemble des évêques de Rome et son effectif était d'environ une quinzaine. Depuis 1179, seuls les cardinaux peuvent élire le pape.

Vers le XIIIe siècle, ils étaient une trentaine, puis leur nombre fut fixé à 70 au XVIe siècle en souvenir des 70 vieillards choisis par Moïse comme conseillers. Depuis 1958, ils se sont rapidement multipliés et sont 124 en 1985. Parfois, pour des raisons diverses, le nom d'un cardinal n'est pas divulgué ; il est nommé « in petto ».

Les cardinaux sont toujours évêques (depuis 1962). Les titres de cardinal-évêque, cardinal-prêtre et cardinal-diacre que portent les cardinaux sont des survivances historiques purement honorifiques.

Soixante-trois cardinaux ont des responsabilités dans leur pays de résidence et 22 sont chargés de hautes fonctions à la Curie.

Le traitement d'un cardinal est de l'ordre de 10 000 FF par mois à quoi s'ajoutent des avantages en nature, en matière de logement notamment.

Les effectifs du Sacré Collège varient constamment en fonction des décès et des désignations de nouveaux cardinaux par le pape. Seuls sont électeurs les cardinaux de moins de 80 ans.

La représentation géographique des différents pays est bien assurée : 54 pays ont un ou plusieurs cardinaux, 16 pays d'Europe, 14 d'Afrique, 11 d'Amérique, 10 d'Asie et 3 d'Océanie. Les Italiens qui ont été longtemps majoritaires ne sont plus que 34 soit 27 % des cardinaux. Il y a 7 cardinaux français et autant d'Américains des Etats-Unis, 6 Brésiliens, 4 Espagnols et autant d'Allemands et de Canadiens, 3 Polonais, 3 Hollandais, 3 Mexicains etc.

Les pays asiatiques et africains n'ont pas plus d'un cardinal par pays.

Parmi les 14 cardinaux africains, trois sont blancs : le patriarche copte d'Alexandrie, le cardinal d'Alger, d'origine française, et celui d'Afrique du Sud. Deux des cardinaux brésiliens sont d'origine germanique.

On compte un cardinal soviétique, de nationalité lettonne. A noter que le patriarche des Maronites, cardinal libanais, s'appelle Khoraïche, qui est le nom de la tribu du prophète Mahomet.

Le support territorial de l'Eglise catholique est l'Etat du Vatican, reste des

Etats Pontificaux institués dès l'an 754 pour mettre le pape à l'abri des influences politiques.

La superficie du Vatican est de 440 ha et comprend quelques immeubles de Rome et la résidence papale de Castel Gandolfo, à 25 km de la ville.

Il n'y a environ que 350 « citoyens » du Vatican qui ne le sont qu'à titre provisoire, en fonction de leur charge.

Depuis 1970, les régiments du Vatican, la garde noble, la garde palatine et la garde pontificale, ont été supprimés. Seuls subsistent une centaine de gardes suisses. En revanche, les cinq ordres de chevalerie, à vrai dire peu onéreux, sont maintenus ; l'ordre du Christ est réservé aux souverains et chefs d'Etats catholiques ; l'ordre de l'Eperon d'or (!) et celui de Pie IX sont destinés à des souverains ; l'ordre de Saint-Grégoire le Grand et celui de Saint Sylvestre honorent les laïcs.

On imagine les problèmes juridiques complexes que pose, en droit international, une entité aussi originale que l'Eglise catholique.

Sa « souveraineté spirituelle » consiste à exercer un pouvoir spirituel sur ceux qui se réclament du catholicisme, en particulier les prêtres et les évêques, et à disposer de juridictions ecclésiastiques.

Le pouvoir spirituel implique de disposer de libertés fondamentales que tous les pays ne sont pas prêts à reconnaître au Saint-Siège. Outre la liberté de conscience qui ne peut être contrôlée mais doit pouvoir s'exprimer par la liberté religieuse, l'Eglise revendique la liberté de disposer d'un patrimoine, de fonder des congrégations, de former des prêtres et de choisir les évêques.

De plus, la doctrine de l'Eglise en matière de droit matrimonial et d'éducation peut interférer, selon les pays, avec les dispositions de la loi civile. On comprend que des accords particuliers doivent être négociés au cas par cas avec les autorités des différents pays. Par exemple, un accord a été conclu avec la Hongrie en 1964 et un protocole a été signé avec la Yougoslavie en 1966.

D'une façon générale, l'Eglise qui, avant Vatican II, recherchait des privilèges et une symbiose avec les gouvernements des pays « chrétiens », a pris délibérément, depuis le concile, le parti d'une « laïcité » séparant ses compétences de celles de l'Etat. Ainsi il n'y a plus aujourd'hui que de rares pays dont la république dominicaine, qui aient maintenu dans sa constitution une référence au catholicisme[59].

Désormais l'Eglise catholique ne devrait plus s'empêtrer, comme ce fut le cas longtemps, dans des intérêts politiques mal compris où elle n'avait que faire. Elle retrouve ainsi une « virginité » qui, paradoxalement, la rend politiquement beaucoup plus influente comme en témoigne le rôle déterminant qu'elle a joué dans l'élimination de certains dictateurs (Duvalier en Haïti, Marcos aux Philippines...)

C'est donc en étant elle-même que l'Eglise peut rayonner ; son devoir est de se consacrer à son propre progrès spirituel, seul susceptible de convaincre ceux qu'elle n'a pas encore touchés. Aujourd'hui donc son effort d'organisation interne recherche cette efficacité. La structure de la « paroisse », adaptée à la société rurale, présente des faiblesses en milieu urbain où les fidèles ont des besoins plus diversifiés et disposent d'un choix d'églises entre lesquelles s'exerce une concurrence de qualité.

A côté de « l'administration territoriale » de l'Eglise que constituent les paroisses, il existe depuis les premiers siècles d'autres structures qui répondent à d'autres objectifs, comme les ordres religieux ou les congrégations. La règle qui les institue fixe à chacun des priorités telles que la prière, la prédication, l'action missionnaire ou sociale.

Les responsables de ces organismes relèvent, selon les cas, de l'évêque du lieu ou d'un commandement centralisé directement rattaché au Saint-Siège. En outre, des laïcs prennent de plus en plus de responsabilités dans l'Eglise.

Enfin, lorsque le besoin s'en fait sentir, des structures de réflexion et de décision sont réunies pour traiter des problèmes généraux de l'Eglise : ce sont les Conciles et les Synodes. Les deux mots, l'un latin et l'autre grec, sont équivalents, mais le premier s'est spécialisé dans le sens d'assemblée solennelle des évêques du monde entier tandis que le second s'applique à des réunions régionales ou locales. Dans les deux cas, des prêtres et des laïcs, spécialistes des sujets traités, y participent au moins à titre consultatif.

Les conciles

Les conciles sont vieux comme le christianisme puisque le premier, celui de Jérusalem, eut lieu en l'an 49, en présence de Saint-Pierre et de Saint-Paul.

Les conciles sont des organes de concertation qui se réunissent pour régler des points litigieux au sein de l'Eglise. Seuls les évêques y participent avec voix délibérative. Parfois les questions soulevées furent de nature purement politique, comme les rapports de l'Eglise avec le pouvoir d'un empereur. C'est dire que les conciles n'ont pas tous la même importance doctrinale. L'Eglise catholique a dressé une liste de 21 conciles œcuméniques après celui de Jérusalem. Les orthodoxes ne reconnaissent que les 7 premiers et les anglicans, comme certains protestants, que les quatre premiers[60].

Les plus célèbres et les plus importants conciles sont les suivants :

Lieu et date du concile	*Vérités affirmées et décisions prises*
Jérusalem, an 49	Le christianisme est destiné à tous les peuples et pas aux seuls Juifs. La circoncision n'est donc pas nécessaire.

Les grandes religions

Nicée I, 325 (Iᵉʳ des 21 conciles œcuméniques)	• Dieu s'est fait homme en la personne de Jésus-Christ, qui est donc « Fils de Dieu ».
Constantinople, 381 (2ᵉ concile)	• Formulation du dogme de la Trinité: le Saint-Esprit, comme le Fils, est Dieu.
Ephèse, 431 (3ᵉ concile)	• Jésus est Dieu et né de Marie ; celle-ci est donc « Mère de Dieu ». Condamnation des Nestoriens qui nient cette proposition et croient que Dieu est venu « habiter » Jésus, fils de Marie.
Chalcédoine, 451 (4ᵉ concile)	• Jésus-Christ est pleinement Dieu et pleinement homme: il y a deux natures en une seule personne, ce que nient les monophysites, condamnés par le concile.
Nicée II, 787 (7ᵉ concile)	• Il est permis de vénérer les images de Jésus, de Marie ou des saints, non pas pour elles-mêmes mais pour ce qu'elles représentent. Condamnation des iconoclastes qui voient dans les images des sortes d'idoles.
Trente, 1545-1563 (19ᵉ concile)	• Redéfinition des dogmes après la Réforme protestante: le mérite de l'homme intervient dans son salut
Vatican I, 1869-1870 (20ᵉ concile)	• La raison ne suffit pas à assurer le bonheur de l'homme, contrairement aux affirmations des idéologies de la Révolution française. Proclamation de l'infaillibilité pontificale.
Vatican II, 1962-1965 (21ᵉconcile)	• Remise à jour de l'action de l'Eglise pour faire face à ses nouvelles dimensions géographiques et au changement de la culture

Les orientations générales du Saint-Siège en matière doctrinale et morale sont largement fondées sur la réflexion de ces diverses assemblées. Elles sont ensuite l'objet d'une diffusion par des encycliques qui sont, littéralement des lettres circulaires. Le commentaire et l'explication de ces textes par les prêtres au cours des messes assure l'information des fidèles et maintient, autant que faire se peut, une certaine homogénéité de la pratique religieuse catholique.

La pratique du catholicisme

Une masse de 800 millions de catholiques appartenant aux peuples les plus divers ne pourrait constituer une Eglise sans une grande cohésion des croyances fondamentales. C'est ce qu'a permis l'important travail théologique réalisé au cours des siècles, notamment par ceux qu'on appelle les docteurs de l'Eglise[61]. Mais, comme le dit excellemment Luther : « ce que ne peut comprendre un paysan saxon n'est pas la vérité ». Aussi l'Eglise n'est-elle pas une Université où l'on dissèquerait des points de théologie, c'est un chantier où chacun s'efforce de mettre en pratique le message d'amour de Jésus-Christ. Certaines personnes y consacrent tous leurs instants, d'autres seulement des prières, de l'argent ou leurs loisirs. Il y a autant de façons de vivre sa foi ou de vivre avec sa foi qu'il y a de croyants eux-mêmes. Seules quelques touches impressionnistes peuvent permettre de décrire cet univers.

Il y a d'abord la vie publique de l'Eglise, c'est la plus visible, celle dont parlent les journaux : les voyages du pape, les grandes cérémonies, les foules des pèlerinages, mais aussi certaines prises de position en matière morale ou sociale qui ne sont pas sans incidence politique.

Il y a aussi la vie courante de l'Eglise, celle des moines et religieuses dans leurs couvents mais également la pratique habituelle des fidèles, l'assistance à la messe le dimanche et en semaine, la préparation des offices, les répétitions des chorales, la formation des catéchistes et l'instruction religieuse des enfants, la vie des « patronages », des scouts, des divers mouvements de jeunes...

Il y a enfin un nombre considérable d'organisations spécialisées qu'on pourrait appeler l'action catholique si le mot n'avait pris un sens plus spécialisé, le foisonnement de ces activités qui se comptent par milliers décourage toute énumération. Bon nombre d'entre elles n'ont pas de caractère officiel, elles résultent de la pression ou du talent d'un animateur.

Si l'on tente un classement de ces activités diverses dont l'existence est parfois éphémère, on retrouve les trois composantes de toute vie spirituelle : l'étude intellectuelle, le mysticisme et l'action sociale. Chacune d'entre elles épaule les deux autres et, selon leur tempérament ou leurs dispositions, les catholiques pratiquants privilégient l'une ou l'autre. La caractéristique commune reste toutefois la spontanéité et, en général, l'absence de clérica-

Les grandes religions 113

lisme en ce sens que l'initiative appartient à celui qui la prend, prêtre au laïc, homme ou femme.

L'étude intellectuelle prend le plus souvent la forme de conférences ou de cercles de réflexion centrés sur un thème biblique particulier. De façon plus structurée et plus continue, on trouve tous les degrés de formation religieuse, depuis le catéchisme des tout petits jusqu'aux cours universitaires de théologie, comme ceux de l'Institut catholique. Fréquemment des chrétiens que rapprochent leur activité professionnelle se réunissent pour réfléchir aux implications de leur foi dans leur vie quotidienne. Ainsi le M.C.C. est un mouvement de cadres chrétiens, en grande majorité ingénieurs, qui s'intéressent à une approche chrétienne des problèmes de la société (influence des nouvelles technologies sur le chômage, justice salariale, corruption dans le monde des affaires, racisme sur les lieux de travail...). Il existe aussi, par exemple, un groupe chrétien de l'énergie où ingénieurs et économistes français de cette discipline s'efforcent de poser et de résoudre leurs problèmes à la lumière du message de l'évangile.

Les activités de nature plus mystique sont aussi très variées : organisation de la liturgie de la messe et des principales cérémonies (baptême, mariage...), préparation des chants et cantiques sont du ressort normal de la paroisse tandis que d'autres sortent de ce cadre. Ainsi l'adoration perpétuelle du Saint-Sacrement (l'hostie consacrée de l'eucharistie) à la basilique Montmartre à Paris, où se relaient jour et nuit ceux qui ont pris l'engagement de prier sous cette forme. La participation aux Vêpres l'après-midi du dimanche, aux « Chemins de Croix », aux processions diverses comme celle de la Fête-Dieu, sont des formes de piété un peu oubliées aujourd'hui en Occident ; elles sont relayées par des formes plus intériorisées comme les retraites spirituelles dans les monastères tandis que la piété envers la Vierge Marie, Mère de Dieu, garde toute sa ferveur[62]. Cette dévotion, que partagent les orthodoxes mais pratiquent peu les protestants, repose sur l'incarnation, puisque Dieu n'est devenu homme en Jésus-Christ qu'à la suite de l'acceptation de Marie. C'est ce choix libre qui a permis la réalisation sur terre du plan de Dieu auquel croient les chrétiens. Evidemment Marie n'est pas d'essence divine et elle ne peut être l'objet d'un culte semblable à celui dû à Dieu mais elle est l'intermédiaire humain par qui tout est arrivé. Son intimité avec son fils rend ses interventions auprès de Dieu particulièrement efficaces et de nombreux fidèles se sentent plus à l'aise en demandant l'intercession de Marie qu'en s'adressant directement à Dieu. La piété envers Marie s'exprime le plus fréquemment par la récitation de la prière dite « je vous salue Marie » (Ave Maria, en latin) répétée 50 fois dans le chapelet et trois fois plus dans le rosaire. Le fidèle demande ainsi à Marie de prier Dieu pour lui, ce qui exprime sans ambiguïté son rôle d'intercesseur.

Une autre expression récente d'une piété à tendance mystique est celle des mouvements charismatiques dont l'origine est liée au pentecôtisme protestant (voir p. 133 le chapitre sur le protestantisme).

Les communautés charismatiques

Depuis les années 1970, le « Renouveau charismatique » se développe rapidement au sein de l'Eglise catholique. Portés par l'enthousiasme d'une foi intense et communicative, des chrétiens se lancent dans des expériences spirituelles qui tranchent apparemment avec la vie traditionnelle de l'Eglise : ils se rassemblent même dans les rues pour prêcher l'Evangile, prier et chanter. Convaincus de la toute-puissance de Dieu, ils se livrent sans réticence à l'action de l'Esprit-Saint et se rassemblent en communautés rayonnantes de joie spirituelle et manifestent des charismes[63] divers tels que des dons de prophétie ou de guérison.

La hiérarchie catholique, un peu bousculée par cette spontanéité, montre une certaine prudence envers ces manifestations, peut-être parce qu'elles évoquent celles des protestants pentecôtistes. Elle souhaiterait surtout que l'accent mis par les charismatiques sur l'expérience religieuse sensible n'occulte pas trop la réflexion doctrinale. Cependant l'enthousiasme que suscite le « Renouveau » est considéré avec d'autant plus de sympathie que l'Eglise occidentale avait besoin d'un souffle nouveau.

Les charismatiques proviennent des horizons les plus divers ; on y trouve des pratiquants traditionnels conquis par cette expérience vivifiante, aussi bien que des membres de mouvements non-violents, des protestants ou des adeptes convertis des philosophies orientales. Tous les milieux socio-professionnels sont représentés.

Cependant le « Renouveau charismatique » ne suit pas un modèle unique. Rien qu'en France, il existe quatre grandes communautés :

— *L'Emmanuel*, fondé par une femme médecin de Paris, est l'un des plus importants. Il a essaimé en France et à l'étranger. Sa sensibilité insiste sur la fragilité de l'homme, instrument aux mains de Dieu. Les membres vivent fréquemment en « maisonnées » regroupant 5 à 8 personnes ou 2 à 3 familles. Chacun verse 10 % de son salaire à la communauté qui tire également des ressources de la vente de cassettes et de la revue « Il est vivant ». De nombreuses vocations sacerdotales et religieuses sont nées de ce mouvement.

— *Le Chemin neuf*, fondé à Lyon en 1972 par un jésuite a pour objectif la formation théologique et spirituelle. Structuré en Fraternités de Vie ou de quartier, il est très ouvert au dialogue avec les protestants.

— *La communauté du Lion de Juda et de l'Agneau Immolé* a été fondée à Cordes, dans le Tarn, en 1972 par des protestants attirés par le catholicisme qui ont ouvert un « monastère » pour prêtres, laïcs et même familles avec enfants. Cette vie monastique suit une règle à laquelle obéissent les membres de la communauté. Une femme peut être désignée comme « bergère », c'est-à-dire supérieure du monastère. Le Lion de Juda s'intéresse au judaïsme, à la liturgie orthodoxe et aux guérisons par des voies spirituelles.

— la *Communauté chrétienne de formation* (C.C.F.) a été créée en 1974 à Poitiers pour les jeunes de 18 à 25 ans. Elle s'est ensuite diversifiée mais reste axée sur la formation, la connaissance de soi et les relations humaines, sans négliger les études bibliques et spirituelles.

Il faudrait citer l'action de bien d'autres branches du charismatisme dont certaines figures, telles que le Père canadien Tardif, ont pris un rayonnement international.
La grande variété de vocations des mouvements issus du Renouveau a toutefois un dénominateur commun, une étonnante perception du surnaturel : les guérisons miraculeuses semblent aller de soi, aussi bien que les apparitions de la Vierge Marie à Medjugorje, en Yougoslavie, auxquelles les charismatiques sont très attachés.

Mais l'élan du cœur vers Dieu et la réflexion théologique seraient bien creux s'ils ne s'accompagnaient d'actions concrètes envers les plus faibles et les plus défavorisés que Jésus-Christ a recommandé d'aimer comme Dieu lui-même.

Hélas, ce champ d'activités est inépuisable et les chrétiens les plus dévoués s'efforcent d'apporter aide et amour là où les gouvernements les plus sociaux n'apportent guère qu'un soutien financier.

Il faut parfois une dose d'abnégation qui confine à la sainteté pour consacrer toute sa vie, ou même tous ses loisirs, à s'occuper de débiles, de vieillards impotents et rabâcheurs ou de détenus inquiétants. Pourtant les volontaires ne manquent pas plus que les organisations où ils peuvent se dévouer.

Chacun connaît le Secours Catholique, branche française de Caritas International, Emmaüs, fondé par l'abbé Pierre, ou encore l'Arche, de Jean Vanier, qui se consacre aux handicapés mentaux. Il faudrait aussi citer les œuvres des visiteurs de prison qui suivent les détenus jusqu'à leur réinsertion, les Conférences de Saint-Vincent de Paul qui soutiennent les nécessiteux et leur apportent de multiples services à domicile, les Petits Frères des Pauvres qui donnent leur amitié chaleureuse aux personnes âgées, le mouvement Aide à toute détresse-Quart Monde, les Foyers de Charité fondés par Marthe Robin (voir p. 369), les activités des « Tiers-Ordres » franciscain ou carmélitain et bien d'autres encore.

Les exemples cités ci-dessus n'épuisent pas, loin de là, la diversité des activités catholiques. De nombreux mouvements s'occupent de la spiritualité des couples et de la préparation au mariage (Equipes Notre-Dame, Anneau d'Or), d'autres se consacrent à maintenir l'activité des personnes âgées (Vie montante), au développement du Tiers Monde (C.C.F.D. comité catholique contre la faim et pour le développement), à la formation professionnelle des orphelins, des aveugles ou des mal-entendants etc.

D'autres mouvements enfin ont des activités multiples, de formation, de spiritualité et d'action sociale. A titre d'exemple, les encadrés ci-après évoquent trois de ces mouvements, l'Opus Dei, les Focolari et les Knights of Columbus, qui ont une importance numérique considérable, au moins hors de France.

L'Opus Dei

Mal connu, l'Opus Dei[64] est parfois imaginé comme une émanation occulte de l'Eglise catholique à qui serait confiée une mission discrète dans les domaines politique et économique. L'origine de cette légende tient peut-être au fait que trois membres de l'Opus Dei se sont un moment trouvé appartenir à un gouvernement espagnol du temps du régime franquiste. Il s'agit là plutôt, semble-t-il, d'une conséquence malencontreuse de la liberté totale des membres de l'Opus Dei en matière d'activités non spirituelles.

En réalité, l'Opus Dei est une création originale qui contraste vivement avec les autres organisations catholiques existant auparavant. Sa jeunesse ne permet pas encore d'imaginer l'importance que l'Institution pourra prendre ni toutes les difficultés qu'elle devra affronter.

C'est un prêtre espagnol de 26 ans, José maria Escriva de Balaguer y Albas qui, après avoir longtemps cherché sa voie par la prière, eut en 1928 l'idée précise de ce que Dieu attendait de lui : la mise sur pied d'une institution permettant aux chrétiens de vivre leur vie professionnelle et familiale dans les meilleures conditions d'accession à la sainteté. Ainsi conçu, l'Opus Dei se rapproche de l'Eglise primitive dans laquelle les chrétiens vivaient leurs croyances sans chercher à s'isoler du monde.

L'organisation de l'Eglise qui prévalait depuis de nombreux siècles ne comportait pas de cadre juridique adapté aux objectifs de l'Opus Dei. C'est le concile Vatican II qui dégagea pour la première fois une conception moderne de la laïcité, parfaitement compatible avec la spiritualité de l'Opus Dei. Aussi n'est-ce qu'en 1982 que l'Opus Dei fut érigé en « prélature personnelle », forme juridique nouvelle créée par le concile en 1965, mieux conforme aux buts du fondateur que l'ancienne structure d'Institut séculier de droit pontifical adoptée dès 1947.

Aujourd'hui, les membres de l'Opus Dei sont au nombre d'environ 75 000 laïcs et de 1200 prêtres qui représentent près de 90 nationalités différentes et travaillent dans 50 pays. Les laïcs sont hommes et femmes en égale proportion, quant aux prêtres, ils sont tous d'anciens membres laïcs de l'Institution. Ainsi, l'Opus Dei secrète ses propres prêtres et ne fait pas appel au clergé séculier ou régulier. Ces prêtres sont tous membres de la « Société de la Sainte-Croix » qui est leur association au sein de l'Opus Dei ; les prêtres en service normal, dans une paroisse par exemple, peuvent également y adhérer, ce qui leur permet de bénéficier de l'expérience de l'Opus Dei dans l'apostolat des laïcs.

A la tête de l'Opus Dei est placé un prélat, élu à vie par les membres, qui doit être membre de l'Institution et prêtre depuis plus de cinq ans ; actuellement, c'est l'ancien collaborateur direct du fondateur, un ex-ingénieur des Ponts et Chaussées espagnols, Alvaro del Portillo y Diaz de Sollano.

Le travail de l'Opus Dei est avant tout de nature spirituelle : ses membres prennent l'engagement quasi-contractuel de rechercher la sainteté grâce à un effort de formation religieuse, une vie spirituelle intense, la pratique de l'ascétisme et de l'apostolat ; leur « plan de vie spirituelle » comprend quotidiennement l'assistance à la messe et la communion, une heure de prière personnelle, des lectures religieuses, la récitation du chapelet et la pratique de l'examen de conscience, à quoi s'ajoute une récollection mensuelle et une retraite annuelle de quelques jours. En outre, les membres participent, en fonction de leurs capacités et de leur disponibilité, à des œuvres collectives variées d'enseignement, d'assistance ou de promotion humaine : centres de formation professionnelle en Italie et en Amérique latine, assistance technique rurale au Pérou, centres éducatifs au Kénya et au Nigéria, résidences d'étudiants en Australie, université en Espagne, centre de promotion de la femme au Mexique, centre linguistique au Japon, école technique hôtelière dans l'Aisne en France etc. De telles activités sont propres à l'Institution elle-même, elles n'interfèrent pas avec celles que les membres pratiquent au titre de leur profession. L'éventail social et professionnel de l'Opus Dei apparaît très ouvert, il comporte aussi bien des ouvriers et des petits commerçants que des cadres supérieurs, des officiers etc. Les membres ne paient pas de cotisation mais versent ce qu'ils veulent à l'Institution selon leur générosité qui est aussi grande que leur motivation.

On peut entrer à l'Opus Dei dès 18 ans, mais il n'y a pas de limite d'âge supérieure. La rigueur des engagements pris par les postulants rend l'admission assez sélective, en revanche on peut quitter l'Institution sans formalité.

Les membres portent les noms un peu déroutants de « numéraires », prêtres et laïcs qui vivent en célibataires dans les centres de l'Œuvre, les « agrégés » qui vivent en célibataires en restant au sein de leur famille, les « surnuméraires », célibataires ou mariés qui participent à la vie de l'Institution dans la limite de leurs obligations familiales et professionnelles, et enfin les « coopérateurs », parfois non-catholiques ou non-chrétiens, qui aident occasionnellement l'Institution.

Les rapports de l'Opus Dei avec les structures traditionnelles de l'Eglise catholique sont empreintes de prudence : l'Œuvre ne s'installe dans un diocèse qu'avec l'accord explicite de l'évêque[65] et ses membres, prêtres ou laïcs, sont encouragés à ne pas faire « bande à part » mais à participer de leur mieux à la vie religieuse du dit diocèse. C'est le même souci de non-concurrence avec l'Eglise en place qui existe, comme on l'a vu, dans le recrutement des prêtres de l'Institution.

Ainsi l'Opus Dei, qui intrigue par sa discrétion, apparait assez remarquable par la motivation spirituelle et l'encadrement qu'il procure à ses membres tout en leur laissant une grande initiative d'action dans leur environnement social et professionnel. Cette responsabilisation personnelle s'accompagne naturellement d'un optimisme et d'un amour du monde communicatifs et d'un rayonnement spirituel évident. Ceci contraste avec l'extrême sérieux avec lequel chaque membre travaille, dans l'Institution et en dehors d'elle, suivant l'austère mot d'ordre de son fondateur : « sanctifier le travail, se sanctifier dans le travail, se sanctifier par le travail ».

Les focolari

Ce mouvement de laïcs chrétiens, hommes et femmes, est un exemple qui illustre la diversité des activités au sein de l'Eglise catholique.

Il a été fondé en Italie en 1943, dans les derniers mois de la Deuxième Guerre mondiale, par Chiara Lubich. Cette religieuse, née en 1920 à Trente d'un père socialiste et d'une mère pratiquante, souhaite apporter aux laïcs le goût de la contemplation de Dieu. Mais cette contemplation n'est pas inactivité, elle doit au contraire motiver davantage les membres du mouvement pour leur permettre d'aborder plus chrétiennement les problèmes de notre époque : manque de dialogue entre générations, solitude des personnes âgées etc.

C'est par l'organisation de rencontres où s'échangent dans la bonne humeur les expériences de chacun que s'exprime la spiritualité du mouvement. Des rencontres appelées Mariapolis rassemblent quelques centaines ou quelques milliers de participants pour des sessions de quatre ou cinq jours, généralement en été. Pour les jeunes, il existe des sortes de festivals chrétiens, dénommés Genfests, émanation de la section des jeunes « Gen » (générations nouvelles). D'autres activités sont plus spécifiquement organisées pour les ménages. Ce qui sous-tend ces différentes activités est la recherche de l'unité des chrétiens à travers la variété de leurs situations dans le monde.

C'est dans cet esprit que les Focolari, initialement purement catholiques, se sont rapidement ouverts aux autres chrétiens : anglicans, protestants et orthodoxes. Des rencontres spectaculaires, regroupant plus de 10 000 participants, ont également eu lieu au Japon avec les membres du mouvement néo-bouddhiste Rissho Kosei Kaï.

Les Focolari[66], dont les statuts ont été approuvés en 1964 par le pape Paul VI, sont rattachés à la congrégation pontificale de l'apostolat des laïcs. Ils comptent aujourd'hui plus d'un million de membres vivant dans plusieurs dizaines de pays. Certains de leurs membres sont prêtres ou religieux, mais ils n'ont aucune responsabilité particulière qui les distingue des autres membres.

Les « chevaliers de Christophe Colomb » (Knights of Colombus)

Cette association catholique compte près de 1 500 000 membres aux Etats-Unis, au Canada et dans les pays soumis à une forte influence américaine comme les Philippines (77 000 membres), Puerto-Rico, le Guatemala, l'île de Guam etc. Elle a été fondée en 1882 par un prêtre, Michaël Mac Givney ; le quartier général est situé à New Haven, Connecticut, sa paroisse d'origine.

Le nom de Colomb est destiné à souligner, à l'égard de la majorité protestante, que l'Amérique a été découverte par un catholique.

L'admission est réservée aux hommes, prêtres et laïcs, et comprend quatre degrés d'initiation ; les membres des deux premiers degrés se désignent sous le nom de brother (« frère »), le troisième degré donne droit au titre de knight (« chevalier ») et le quatrième à celui de sir knight.

La direction est assurée par le Supreme Knight. Le mouvement repose sur quatre principes : la charité, l'unité, la fraternité et le patriotisme. Les activités sont empreintes du touchant esprit « boy scout » d'une certaine société américaine. On y discernerait difficilement des tendances gauchistes. Chaque « concile », structure de base regroupant une centaine de membres, se fixe des objectifs adaptés au contexte local de l'Eglise ; la famille et l'animation de la paroisse y tiennent une large place, mais aussi des campagnes contre l'avortement, la drogue et la délinquance ou bien pour l'écologie, la moralité publique et l'aide aux handicapés. L'association sollicite en outre la générosité des conciles pour la construction d'églises, la distribution de chapelets ou la création de fonds pour des œuvres diverses. Ainsi 10 millions de dollars sont versés annuellement au Vatican pour les œuvres pontificales.

Plus originale est l'espèce de sécurité sociale que l'association propose à ses membres : des assurances aux tarifs avantageux sont offertes pour des risques divers ; il est même possible d'obtenir des cautions pour des achats immobiliers.

Il est difficile de déterminer ce que l'attrait de l'association doit à ses vertus spirituelles ou à la qualité des services procurés. Apparemment, le terreau de la culture américaine semble nécessaire à la réussite de cette forme d'action catholique, c'est pourquoi nous avons cru bon d'évoquer cet exemple.

Nous serions gravement incomplets si nous n'évoquions pour finir une forme d'activité où catholiques et protestants sont plus entreprenants, semble-t-il, que les orthodoxes, celle des missions.

Missions et missionnaires

Pour les chrétiens, leur croyance est un trésor inestimable qu'ils seraient coupables de garder pour eux-mêmes. Cette « bonne nouvelle » reçue de Jésus-Christ selon laquelle Dieu réserve à tous les hommes qui veulent bien l'accepter un destin à la mesure de Son amour infini, cette bonne nouvelle doit être annoncée partout dans le monde. La simplicité de ce message ne signifie pas qu'il soit facile à faire passer. Dès qu'on tente d'expliquer d'où vient cette révélation et qu'on parle de Jésus-Christ, l'histoire de cet homme-Dieu condamné à mort par la justice officielle et miraculeusement ressuscité est propre à plonger dans la perplexité les personnes animées des meilleures intentions. Qui pourrait croire spontanément en un Dieu tout-puissant qui se place délibérément en position de serviteur jusqu'à donner sa vie dans les conditions les plus révoltantes ? Un tel message n'est crédible que dans la mesure où ceux qui le transmettent témoignent par leur comportement du changement total de vie qu'il implique. Il est évident qu'un chrétien tiède ne peut faire qu'un médiocre missionnaire, il n'aurait d'ailleurs nullement envie de le devenir. On imagine mal aujourd'hui l'héroïsme des missionnaires de jadis, prêtres ou religieux, jésuites, pères blancs, pères du Saint-Esprit, des Missions Etrangères et bien d'autres encore. A peine sortis de l'adolescence, ils abandonnaient leur monde familier pour se retrouver après de longues semaines de voyage dans un environnement si hostile que nombre d'entre eux ne survivaient que quelques mois. Se faire massacrer dans des conditions atroces était bien souvent le sort de ceux dont les maladies tropicales n'avaient pu venir à bout[67].

Le courage des missionnaires ne peut s'expliquer par le fanatisme — quoique tous n'en aient pas été exempts — car celui-ci fait mauvais ménage avec la douceur, le respect et le sens du service requis par leur apostolat. C'est donc cette force intérieure puissante qu'ils appellent la foi qui a permis aux missionnaires de « convertir » à leurs croyances des populations entières au point que presque toute l'Afrique de la forêt et l'Océanie ont été touchées par le christianisme depuis un siècle et demi.

Mais si les missions sont un bon baromètre du dynamisme et de la vitalité de l'Eglise, on pourrait s'inquiéter des effets de la désaffection de la pratique religieuse en Occident. Un diagnostic implique de préciser la notion de mission. Il n'y a pas si longtemps, les choses étaient plus claires : un pays dans lequel l'Eglise n'était pas implantée était un pays de mission et le travail de défrichage évangélique était confié à une organisation missionnaire. Aujourd'hui les anciens pays de mission disposent d'une Eglise structurée avec évêques et clergé local tandis que les missions sont devenues surtout un renfort apporté par les pays les mieux dotés en prêtres ou religieuses.

On mesure mieux cette évolution récente et rapide du catholicisme grâce à quelques chiffres. Au début du XIXe siècle, on estime qu'il n'y avait qu'environ 300 missionnaires dans le monde. Aujourd'hui, sur un effectif de l'ordre de 1 600 000 personnes (prêtres, religieuses et laïcs) qui se consacrent totalement à l'Eglise, 10 % d'entre eux, soit 160 000, travaillent pour les missions. Le nombre des missionnaires, religieuses comprises, a doublé de 1932 à 1963 ; 1/3 des prêtres hollandais, 1/4 des prêtres belges, un prêtre français sur 11 et un américain sur 17 est missionnaire. Le tarissement relatif du recrutement sacerdotal en Occident est relayé par des prêtres du Tiers-Monde. L'Eglise catholique de l'Inde, qui ne compte que 13 millions de fidèles, envoie 1000 prêtres en mission dans divers pays d'Asie, d'Afrique ou à Madagascar. Les Africains eux-mêmes deviennent missionnaires ; par exemple, la congrégation des Apôtres de Jésus, récemment fondée au Kenya, compte déjà 30 prêtres, 160 étudiants et 180 novices. Cette nouvelle race de missionnaires n'aura pas à travailler en terrain vierge comme leurs aînés. Ils seront, en revanche, bien placés pour contribuer à « l'inculturation » du catholicisme, conformément aux orientations du Concile de Vatican II.

Cette question de l'adaptation du catholicisme à des cultures profondément étrangères au monde méditerranéen garde en effet une importance capitale pour l'universalité de l'Eglise[68]. Les échecs les plus douloureux du catholicisme dans le passé ont été provoqués le plus souvent par une incapacité à intégrer les particularismes culturels des peuples étrangers. Ainsi, au XVIe siècle, la remarquable équipe de jésuites du père Ricci était sur le point de convertir l'empereur de Chine quand une coterie romaine fit tout échouer par des critiques irresponsables sur les nécessaires adaptations de rite qu'une telle opération impliquait.

Dans d'autres circonstances, le courage et la bonne volonté des missionnaires se sont malheureusement accompagnés de naïveté et d'étroitesse d'esprit : quand les Portugais découvrirent en Inde au XVe siècle une communauté chrétienne plus ancienne que la leur, ils s'évertuèrent à bouleverser ses traditions pour imposer un rite latin qui n'avait aucune justification mais fut la cause de bien d'inutiles conflits.

On oublie trop souvent en effet que l'Eglise catholique, si elle est romaine de rite latin à une écrasante majorité, comporte d'autres rites, dits orientaux, tout aussi vénérables, preuve vivante qu'il est dans la tradition la plus ancienne de l'Eglise d'être pluriculturelle.

Les églises catholiques de rite oriental

Catholique ne signifie pas uniforme et l'Eglise garde trace de son origine orientale dans les rites pratiqués par certaines communautés catholiques vénérables et parfois méconnues.

Ces Eglises de rite oriental sont totalement catholiques, c'est-à-dire qu'aucune nuance doctrinale ne les sépare de l'Eglise romaine. Seules la façon de célébrer le culte, la langue utilisée et des particularités relatives au clergé les différencient du catholicisme majoritaire de rite romain et les rapprochent au contraire d'Eglises chrétiennes non-catholiques, orthodoxe ou monophysite.

Ces Eglises peuvent se classer selon les cinq rites différents qu'elles pratiquent :
— Le *rite byzantin*, commun avec l'orthodoxie, est celui des Eglises grecque-melkite, roumaine et ukraïnienne, mais il est aussi suivi par une partie des catholiques tchécoslovaques, polonais, hongrois etc. Ses plus hauts dignitaires sont le patriarche melkite d'Antioche, résidant à Damas, les patriarches melkites d'Alexandrie, en Egypte, et de Jérusalem, l'éparque melkite du Brésil et l'exarque melkite des Etats-Unis. Le rite byzantin est célébré dans diverses langues locales ; les grecs-melkites, contrairement à ce que suggère leur nom, sont de langue arabe[69].
— Le *rite arménien*, proche parent du précédent, est commun aux catholiques, très minoritaires, et aux autres Arméniens de religion orthodoxe, dits aussi grégoriens. Le patriarche des Arméniens catholiques réside à Beyrouth.
— Le *rite syrien d'Antioche*, ou *syriaque occidental*, est celui de plusieurs communautés catholiques : les maronites, dont le patriarche réside à Bkerké au Liban ; les syriens-catholiques, dont le patriarche est à Beyrouth et les syro-malankars de l'Inde. En outre, ce rite est pratiqué par l'Eglise syrienne monophysite, dite jacobite ou orthodoxe, ainsi que par l'Eglise malabar orthodoxe de l'Inde. La langue de ces Eglises est le syriaque, c'est-à-dire l'araméen, la langue de Jésus-Christ, sauf pour les Malabars et les Malankars qui ont adopté la langue de l'Etat du Kérala, le malayalam.
— Le *rite assyro-chaldéen* ou *syriaque oriental* est pratiqué par les catholiques chaldéens et les catholiques malabars de l'Inde. Les premiers sont sous l'autorité du patriarche de Babylone, résidant à Baghdad, et les seconds directement sous celle du Saint-Siège à Rome. Les premiers ont le syriaque pour langue liturgique et les seconds, le malayalam. Le rite assyro-chaldéen est également pratiqué par l'Eglise nestorienne, reste de l'hérésie de Nestorius condamnée au concile d'Ephèse en 431[70].
— Le *rite alexandrin* est pratiqué par les nombreux chrétiens des Eglises monophysites copte et éthiopienne. Les coptes et éthiopiens catholiques, peu nombreux, emploient également ce rite[71] ; leurs patriarches résident respectivement à Alexandrie et Addis Abeba.

Tous les rites orientaux se caractérisent par une messe en deux parties nettement distinctes, la messe des catéchumènes et la messe des fidèles[72]. Jadis, à la fin de la première partie, ceux qui n'étaient pas encore baptisés quittaient l'église. La messe des catéchumènes est centrée sur la lecture de l'évangile et celle des fidèles sur la consécration du pain et du vin et la communion. Cette distinction existe dans le rite latin mais elle est moins nette.

A titre d'exemple de rite oriental, voici quelques indications sur le rite chaldéen, le plus ancien de la chrétienté puisqu'il remonte au IIe siècle : il existe trois types de messes, la première, appelée « sanctification des apôtres » est célébrée du Samedi Saint jusqu'au premier dimanche de l'Avent ; la deuxième messe, dite de Théodore le Grand, est célébrée du premier dimanche de l'Avent jusqu'au dimanche des Rameaux ; la troisième, la messe de Nestorius, est célébrée cinq fois par an, notamment à l'Epiphanie et le Jeudi Saint. La mélodie de la liturgie est d'inspiration juive et fait usage d'instruments cités dans la Bible. Les gestes des fidèles sont aussi empruntés au judaïsme.

Parmi les particularités des Eglises de rite oriental, la plus connue concerne l'existence de prêtres mariés, dans des conditions semblables à celles de l'Eglise orthodoxe. C'est donc une tradition latine mais non catholique d'imposer le célibat aux prêtres[73].

Ce sont des raisons historiques qui expliquent non seulement l'existence mais aussi la faiblesse numérique des catholiques des différents rites orientaux. Dès le Ve siècle, l'hérésie monophysite éloigne de l'Eglise la majeure partie des chrétiens coptes et éthiopiens, les catholiques ayant conservé le rite alexandrin sont donc très peu nombreux ; puis, au XIe siècle, le schisme entre catholique et orthodoxes range du côté de ces derniers la plupart des chrétiens de rite byzantin et arménien. On ne peut donc avoir une vue objective de l'Eglise d'Orient qu'après avoir étudié le grand courant chrétien de l'orthodoxie.

L'ORTHODOXIE

Ce qui sépare l'orthodoxie du catholicisme est avant tout une différence de sensibilité. Autant dire que ces deux expressions du christianisme ont tellement en commun que leurs divergences semblent bien dérisoires.

Le fossé s'est creusé à la suite d'un concours de circonstances où interviennent des rivalités purement politiques, l'incompréhension de textes mal traduits et surtout l'étroitesse d'esprit de hauts dignitaires des deux bords.

Pour comprendre quels peuvent être aujourd'hui les rapports entre orthodoxie et catholicisme, il faut garder présent à l'esprit que pendant 1000 ans il n'y a eu qu'une Eglise, à la fois catholique et orthodoxe, et qu'il y aura bientôt 1000 ans que la séparation est consommée. De telles durées modifient profondément aussi bien les mentalités que le contexte historique ; les rapports entre orthodoxie et catholicisme ne sont donc évidemment plus aujourd'hui ceux qui prévalaient au moment de la rupture.

Un retour sur le passé est cependant nécessaire pour déterminer dans quelle mesure on peut espérer voir s'effacer les séquelles de ces anciennes querelles.

La séparation des églises d'orient et d'occident

Au cours des deux premiers siècles, l'expansion de l'Eglise a naturellement touché les pays les plus proches de la Palestine, son berceau originel. Les communautés chrétiennes ont été nombreuses dès les débuts dans ce que sont aujourd'hui le Liban, la Syrie, la Turquie, l'Egypte et la Grèce. La première implantation occidentale fut celle de Rome, grâce à l'importante colonie juive qui vivait dans la capitale de l'Empire. Cependant, malgré le prestige du chef des apôtres, Pierre, l'Eglise de Rome est longtemps restée numériquement moins forte que celles d'Orient. C'en est au point que les 7 premiers Conciles œcuméniques se sont tous tenus en Orient et sans la présence de l'évêque de Rome, celui que nous appelons aujourd'hui le pape.

Les chrétiens d'Orient, organisés autour de patriarches qui jouissaient d'une grande autonomie, n'avaient donc aucune raison de souffrir d'un complexe d'infériorité vis-à-vis de leurs frères occidentaux.

Les patriarches, héritiers des apôtres, acceptaient toutefois que l'évêque de Rome, successeur de Saint Pierre, soit le premier parmi eux — primus inter pares — mais sur un plan protocolaire, sans subordination hiérarchique.

Le transfert de la capitale de l'Empire de Rome à Constantinople en l'an 330, intervenant presqu'au moment où le christianisme en devenait la religion officielle, ne pouvait qu'accentuer le prestige de l'Eglise d'Orient.

Au siècle suivant, les invasions barbares précipitèrent pour longtemps l'Occident dans des situations politiques pour le moins embrouillées où l'autorité de l'évêque de Rome pouvait difficilement s'exprimer.

La conversion des barbares au christianisme, dont le baptême de Clovis en 496 à Reims par Saint Rémi constitue l'image d'Epinal, changea numériquement le rapport des forces entre l'Occident et l'Orient, mais intellectuellement le centre de l'Eglise restait en Orient.

Il est frappant de constater que la liturgie des chrétiens de l'Empire était en langue grecque jusqu'au Ve siècle, date à laquelle le latin fut introduit dans l'Eglise d'Occident[74].

Dans ces conditions, les théologiens orientaux, avec toute leur finesse, auraient eu besoin d'une bonne dose de charité évangélique pour supporter les prétentions des souverains d'Occident, barbares récemment convertis, à s'immiscer dans les questions religieuses et à tenter constamment de dicter sa conduite au pape[75]. Ajoutons à cela que les communications étaient fort

Les grandes religions

médiocres, les divergences d'opinion amplifiées par la distance et les traductions d'une précision approximative.

Quand finalement Léon IX exclut de l'Eglise en 1054 le patriarche de Constantinople Michel Cérulaire, ce ne pouvait être reçu en Orient que comme l'injure inacceptable d'un pape manipulé par des empereurs encore mal dégrossis[76].

Sur quels points portait la querelle? Depuis longtemps on en avait accumulé un bon nombre dont beaucoup semblent aujourd'hui passablement futiles. Ainsi, le port de la barbe par les prêtres est traditionnel dans l'Eglise d'Orient, mais pas en Occident; cependant les prêtres catholiques de rite oriental sont généralement barbus, ce n'est donc qu'une question de longitude et pas de religion.

Une autre divergence concerne le calendrier: les orthodoxes s'en tiennent au calendrier julien tandis que les occidentaux suivent depuis 1582 le calendrier grégorien, astronomiquement plus exact. La différence entre ces calendriers est actuellement de 13 jours et le Noël orthodoxe est fêté le 7 janvier. Toutefois, les patriarcats de Constantinople, d'Antioche et de Finlande ont récemment adopté la date du 25 décembre.

Quelques différences notables existent également en matière de sacrements:
— Le baptême orthodoxe se pratique par triple immersion et non pas par quelques gouttes d'eau versées symboliquement sur le front comme dans le baptême catholique.
— La confirmation suit immédiatement le baptême, tandis que les catholiques la pratiquent à la fin de l'éducation religieuse des enfants.
— L'eucharistie, c'est à dire la communion, se pratique sous les deux « espèces », pain et vin. Le pain est levé, comme le pain ordinaire, et non pas sans levure comme les hosties. Dès leur baptême, les jeunes enfants peuvent communier, la première communion n'a donc pas lieu vers 7 ou 10 ans comme chez les catholiques.
— La messe orthodoxe est chantée, mais jamais accompagnée d'instruments de musique.
— L'ordination peut être conférée aux hommes mariés, mais, une fois prêtre, il n'est plus possible de se marier. Les moines et les évêques sont obligatoirement célibataires. Cette règle est également celle des rites catholiques d'Orient, notamment des Maronites libanais. Il peut d'ailleurs y avoir, comme nous l'avons vu, des exceptions dans le catholicisme romain.
— Il est possible, sous certaines conditions, de mettre fin au mariage par le divorce; l'Eglise catholique n'admet que l'annulation de mariages jugés invalides.

Ce ne sont toutefois pas ces vénérables pratiques, un peu secondaires, qui ont provoqué le déchirement, mais deux questions de principe, celle du « filioque » et celle de l'autorité du pape.

— Les croyances chrétiennes mises en forme au concile de Nicée en l'an 325 sont centrées sur un Dieu unique en trois personnes, le Père, le Fils et le Saint-Esprit, toutes également Dieu, ce qui exclut l'existence d'une hiérarchie entre elles. Le chapitre XV de l'évangile de Jean mentionne que le Saint-Esprit « procède » du Père. Charlemagne, s'occupant d'affaires étrangères à sa compétence, imposa une traduction latine nouvelle où le Saint-Esprit procède du Père *et* du Fils, ce qui se dit « filioque » en latin. Pour les orthodoxes, il s'agissait là d'une véritable remise en cause de l'équilibre de la Trinité et cette modification de forme, à vrai dire arbitraire, du credo de Nicée à l'initiative de l'empereur suffît pour que les chrétiens occidentaux fussent considérés comme hérétiques par les Orientaux. La situation devint irréversible quand Rome, après de longues hésitations, entérina ce « filioque » au milieu du XIe siècle. De nos jours, une telle cause de rupture peut paraître bien « byzantine[77] » puisque personne n'a la connaissance complète des relations des Personnes de la Trinité entre elles: c'est déjà beaucoup de savoir qu'elles existent. Il n'en reste pas moins que cette dispute théologique accrût la méfiance des Orientaux à l'égard du pape et qu'elle n'encouragea pas la reconnaissance de sa primauté par les patriarches.
— L'autorité du pape se fonde sur la désignation par Jésus-Christ lui-même de Pierre comme chef des apôtres. Les pouvoirs du chef et les modalités du choix de ses successeurs ne sont inscrits dans aucune Constitution. Pour les orthodoxes, le pape devait seulement bénéficier d'une prééminence protocolaire alors que Rome voulait assurer la direction effective de toute l'Eglise. Cette divergence de vue a longtemps été le reflet de la rivalité politique entre l'Empire byzantin et ses homologues d'Occident mais elle repose aussi sur deux conceptions différentes de l'Eglise.

Plus exactement, orthodoxes et catholiques ne tirent pas les mêmes conclusions de points sur lesquels ils sont d'accord.

La conception orthodoxe de l'Église

Pour tous les chrétiens, l'Eglise est une et universelle: elle est le Corps du Christ.

Cependant, selon les orthodoxes, puisque l'Eglise n'est limitée ni dans l'espace ni dans le temps et qu'elle est la vie nouvelle offerte aux hommes avec et dans le Christ, l'institution de l'Eglise en tant qu'organisation n'a qu'un intérêt relatif. La notion de chef de l'Eglise, de vicaire du Christ selon le titre que les catholiques donnent au pape, est choquante puisque le Christ est réellement présent et vivant dans son Eglise[78].

De même l'expression formelle des dogmes n'est pas absolument nécessaire. Toute écriture en langage humain peut être interprétée de façon erronée. Seule l'action du Saint-Esprit permet de lire les Ecritures avec une

Les grandes religions

transparente clarté. D'ailleurs, aux origines de l'Eglise, aucun dogme n'était précisé. C'est la nature humaine qui pousse à un minimum de structuration intellectuelle de la foi. L'essentiel a été exprimé dans le credo du concile de Nicée en l'an 325 et dans les définitions théologiques des sept conciles œcuméniques dont le dernier s'est également tenu à Nicée en 787.

Ces conciles n'épuisent pas toute la doctrine de l'Eglise mais il n'est pas nécessaire de tout formaliser par des dogmes. Rien ne s'opposerait, en théorie, à l'édiction d'autres dogmes mais ce ne serait qu'un acte formel qui n'apporterait rien à la plénitude de la révélation dont l'Eglise est dépositaire.

Cependant certains dogmes catholiques, édictés depuis la rupture avec l'orthodoxie, irritent particulièrement la sensibilité orthodoxe. Le plus vivement critiqué est celui de l'infaillibilité pontificale puisqu'il semble conférer au pape une autorité qui n'appartient qu'à l'Eglise, c'est à dire au Christ[79].

De même les orthodoxes critiquent et rejettent le dogme de l'Immaculée Conception[80], malgré la dévotion très fervente qu'ils ont à l'égard de la mère de Dieu : selon l'orthodoxie, ce dogme place en effet celle-ci au-dessus de la condition humaine puisqu'elle est préservée du péché originel, ce qui ne réduit pas les mérites de sa sainteté, puisqu'elle a conservé sa liberté.

Par comparaison avec le catholicisme, l'orthodoxie donne l'impression de ne se préoccuper exagérément ni de sa structure interne, ni de son expansion numérique par l'action missionnaire.

L'orthodoxie ne cherche pas tant à persuader qu'à charmer et séduire. Sa hiérarchie a pour rôle premier l'accomplissement des actes religieux et la célébration des sacrements. Les prêtres se consacrent plus volontiers à la liturgie et à la prière qu'à l'action dans le monde. Le croyant orthodoxe est volontiers mystique et cherche plus à quitter le monde qu'à y militer.

La vie de l'Eglise est hors du temps ; les offices religieux, surtout ceux des grandes fêtes, sont longs et complexes, ils parlent plus au sentiment et à l'imagination qu'à l'intelligence ; le fidèle finit par ne plus percevoir s'il est au ciel ou sur la terre.

Dans leur liturgie, les orthodoxes privilégient la dévotion à la mère de Dieu, la pratique des sept sacrements et la vénération des icônes et reliques.

La spiritualité orthodoxe conçoit la « tradition » bien plus comme la fidélité à Jésus-Christ et l'amour de son Eglise que comme un exercice intellectuel de réflexion sur les textes sacrés.

Dans cette recherche sensible du divin, l'icône joue un rôle primordial. Elle n'est évidemment pas une idole mais un moyen de se fixer l'esprit sur le mystère de l'incarnation : que Dieu se soit fait homme en Jésus-Christ trouve son parallèle dans l'image que l'artiste a peinte comme expression de sa sensibilité spirituelle.

Assez naturellement, le détachement du monde, la recherche intérieure de Dieu, l'importance donnée à la liturgie et aux icônes qui sont les traits dominants de l'orthodoxie conduisent les plus ardents de ses fidèles à la vie contemplative des monastères. Le contraste est frappant entre ces deux territoires « indépendants » de l'orthodoxie et du catholicisme que sont la république du Mont Athos et le Vatican : tandis que les catholiques se sont efforcés de disposer d'une structure de commandement de l'Eglise indépendante des pouvoirs politiques pour organiser à leur convenance leur action dans le monde, les orthodoxes ont obtenu pour le Mont Athos un statut particulier afin que les moines ne soient pas perturbés dans leur vie spirituelle par les tourbillons du monde.

Certes il ne faudrait pas tirer de conclusions excessives de ce rapprochement car, par bien des côtés, l'orthodoxie est très impliquée dans les affaires du monde tandis que le catholicisme connaît, pour sa part, une importante vie monacale. Pour une appréciation plus juste de l'orthodoxie, d'autres approches sont nécessaires.

Le Mont Athos

La magnifique presqu'île de l'Athos, qui s'enfonce sur 45 km dans la mer Egée, est depuis de longs siècles le plus célèbre haut-lieu de la vie monastique orthodoxe.

Son statut est original : partie intégrante de la Grèce, le Mont Athos est une république théocratique autonome depuis 1920. Chacun des 20 monastères du territoire est souverain et élit pour un an l'un de ses membres au conseil qui administre la république. Le pouvoir exécutif, la gestion financière, la justice et la présidence sont assurés par quatre moines de ce conseil. La Grèce y désigne un gouverneur, dépendant du Ministère des Affaires Etrangères, et entretient un détachement de gendarmerie.

Les monastères sont classés selon un ordre hiérarchique et protocolaire immuable — le plus vénérable est celui de la Grande Laure — mais ils se répartissent en deux catégories selon la règle de vie des moines :

— neuf monastères sont cénobitiques, c'est-à-dire que les moines sont soumis à l'autorité absolue de l'abbé élu à vie, l'higoumène, et vivent en totale communauté ; même leurs vêtements ne sont pas leur propriété individuelle ;

— onze monastères, les plus importants, sont dits idiorythmiques ; les moines y ont plus de liberté et le genre de vie est adapté à la personnalité de chacun.

Dix-sept monastères sont grecs, un russe, un bulgare et un serbe.

Aux monastères, quel que soit leur statut, se rattachent de petites communautés de trois ou quatre moines vivant dans des groupes de chaumières, des ermites qui s'abritent dans des grottes ou des moines itinérants dits « gyrovagues ».

Avant de devenir moine, en grec « stavrophoros », porteur de croix, un noviciat probatoire d'un an est exigé. Les laïcs sont admis au Mont Athos mais, au bout d'un séjour de trois ans, ils doivent opter pour la vie monastique ou sont expulsés. Pour tout visiteur, une autorisation spéciale est requise. Cependant, depuis l'an 1046, aucune femme, enfant, eunuque ou visage lisse n'est admis sur le territoire. On dit qu'un jour une femme y fit naufrage, accoucha presqu'aussitôt puis fut reconduite en Grèce : son fils revînt plus tard à l'Athos et s'y fit moine.

Les moines, qui étaient encore 9000 en 1917 — en majorité russes — n'atteignent plus aujourd'hui qu'un effectif d'environ 800.

La vie de la république suit encore l'heure de l'époque byzantine : 12 heures correspond au coucher du soleil.

Les moines consacrent tous les instants disponibles à la liturgie et à la prière. Une charte du XIe siècle et des règles particulières ultérieures fixent les détails de la vie quotidienne : il est interdit de travailler pendant le carême, sauf le samedi ; il est également interdit de semer du blé ou de l'orge mais les pois et les haricots sont admis.

Toute la vie des moines tend à l'union à Dieu que la mort doit apporter. Le corps, avec ses désirs, est un obstacle à cette union, aussi le moine cherche-t-il perpétuellement à se dompter par la veille, le jeûne et la pénitence. A sa mort, le moine est enterré, cousu dans son manteau et sans cercueil, dans une tombe anonyme surmontée d'une simple croix de bois. Trois ans après, les ossements sont exhumés et placés sans ménagements dans le sous-sol d'une chapelle où ils attendent de tomber définitivement en poussière.

La place de l'orthodoxie dans le christianisme

Orthodoxes et catholiques ont partagé exactement les mêmes croyances pendant un millénaire et, depuis leur séparation, ni les uns ni les autres ne considèrent avoir ajouté quoi que ce soit de fondamental au message de Jésus-Christ. Les positions des deux Eglises ne devraient donc pas être inconciliables sans la question de l'autorité du pape qui choque profondément les orthodoxes.

Selon l'éminent théologien orthodoxe Boulgakov[81], l'existence de patriarcats autonomes permettrait une adaptation plus facile à la réalité que la centralisation romaine qui figerait toute possibilité d'évolution. Depuis, le concile Vatican II semble avoir montré que ce danger pouvait, grâce à Dieu, être écarté. C'est d'ailleurs juste après le concile, en décembre 1965, que le patriarche de Constantinople Athénagoras Ier prit l'initiative d'une rencontre spectaculaire avec le pape Paul VI aboutissant à la levée des très anciennes sanctions d'exclusion réciproque entre les deux Eglises.

Cependant, quelle que soit l'importance de cette réconciliation historique, elle n'a pas entièrement dissipé une certaine méfiance viscérale de l'orthodoxie envers le « papisme ». En revanche, ce sentiment rapproche les orthodoxes des protestants au point que l'Eglise orthodoxe se sent à l'aise au sein du Conseil Œcuménique des Eglises, majoritairement protestant, où les catholiques ne souhaitent pas être plus qu'observateurs. Pourtant les divergences doctrinales entre orthodoxes et protestants ne sont pas négligeables : les orthodoxes s'attristent de l'insensibilité des protestants à l'égard de Marie qui, en acceptant de porter l'enfant-Dieu en son sein, a permis le salut de l'humanité ; ils comprennent mal également le dépouillement des temples protestants car l'église est, selon eux, l'évocation de la splendeur du Royaume de Dieu.

On voit qu'il n'est pas facile de situer l'orthodoxie parmi les différents courants chrétiens, d'autant que chaque patriarcat a son autonomie et, par conséquent, sa propre sensibilité[82]. En outre dans certains cas comme en U.R.S.S. les rapports avec le pouvoir sont ambigus et peuvent interférer avec les positions doctrinales. Ainsi le gouvernement soviétique a longtemps refusé d'encourager l'amélioration des rapports de l'Eglise russe avec la papauté par crainte d'une ouverture dangereuse vers l'Occident.

Si donc l'existence de patriarcats autonomes est, par certains côtés, satisfaisante pour l'esprit, elle présente aussi des effets négatifs ; un risque de subordination de l'Eglise au pouvoir politique, la difficulté de définir une position orthodoxe commune à l'égard des problèmes du moment, une relative incapacité à développer une action missionnaire etc. Le repliement involontaire de certaines Eglises orthodoxes sur leurs préoccupations nationales ne favorise pas non plus la tolérance, notamment envers les catholiques. Aussi curieux que cela paraisse, on constate en effet des positions beaucoup plus rigides et étroites de la part de l'orthodoxie que du catholicisme sur des questions comme le mariage ou l'accès aux sacrements des fidèles des deux communautés[83].

Ces difficultés qu'éprouve l'orthodoxie à apporter des réponses aux questions nouvelles posées par notre temps s'expliquent en grande partie par le fait que plus des 3/4 des orthodoxes vivent dans des pays de régime longtemps athées[84]. Dans ces conditions la nécessaire concertation entre les Eglises orthodoxes est ardue. On parle depuis 1967 d'un concile pan-orthodoxe et le patriarche œcuménique de Constantinople multiplie démarches et contacts dans ce but. Peut-être pourrait-il en sortir un renforcement du dialogue avec les autres Eglises chrétiennes.

Les Vieux-Croyants

Comme bien des religions, l'orthodoxie a connu des conflits et des déchirements. Certains eurent des effets durables au point qu'il en subsiste

Les grandes religions

des traces aujourd'hui. Ainsi dans la deuxième moitié du XVIIe siècle, le patriarche introduisit dans l'Eglise russe une réforme des rites destinée à les rapprocher de l'usage grec. Cette mesure suscita une brutale réaction nationaliste et les partisans des rites anciens s'insurgèrent contre l'Eglise établie. Ils furent déclarés schismatiques en 1666[85]. Ces partisans de rites anciens, les Vieux-Croyants, connurent un grand succès populaire mais éclatèrent en une multitude de sectes dont beaucoup tombèrent dans les pires excès, comme la pratique de la castration volontaire. Un peu plus tard, au début du XVIIIe siècle, la volonté brutale d'occidentalisation du tsar Pierre Ier le fit considérer comme l'anté-Christ par les Vieux-Croyants et l'on vit certains d'entre eux s'immoler en protestation contre cette atteinte à la tradition russe.

Petit à petit, de nombreux Vieux-Croyants rejetèrent non seulement l'Eglise officielle mais toute forme d'organisation. Le mouvement doukhobor (voir p. 144) fut une sorte de société communiste avant la lettre[86]. D'autres, au contact de protestants allemands, constituèrent les premiers noyaux baptistes.

Au moment de la révolution bolchevique, les Vieux-Croyants, toujours aussi divisés, rassemblaient encore des effectifs estimés à plus de 20 millions d'âmes. En 1964, malgré la pression athée, l'U.R.S.S. en aurait compté 850 000 disposant de 3000 églises mais sans publications ni séminaires. Il est difficile d'obtenir des informations sur ce qui subsiste de nos jours de ce courant religieux typiquement russe. Rien ne permet de penser qu'il ait disparu ou ait même sérieusement régressé depuis vingt-cinq ans.

Les Eglises copte et éthiopienne

On rattache souvent ces Eglises à l'orthodoxie, peut-être parce qu'elles ont en commun une grande similitude de rites. Leur doctrine n'est cependant pas orthodoxe puisqu'elle se fonde sur l'hérésie monophysite condamnée en l'an 451 par le concile de Chalcédoine[87].

Rappelons que les « jacobites » soutenaient que la nature divine de Jésus avait, en quelque sorte, absorbé sa nature humaine, de telle manière qu'il n'avait plus que la seule nature divine (en grec, monophysite). En revanche, les « melkites » restaient dans la ligne de l'Eglise traditionnelle selon laquelle Jésus est à la fois Dieu et homme et a donc pleinement les deux natures, divine et humaine.

Avec le recul du temps, on peut penser toutefois que ce sont les raisons politiques plus encore que théologiques qui ont provoqué le conflit et la sécession. L'actuelle Egypte, faisant partie de l'empire de Constantinople, supportait mal cette dépendance et le patriarche d'Alexandrie, devenu jacobite, fut suivi par la plus grande partie de son peuple. Quant à l'Ethiopie, évangélisée dès le IVe siècle par l'intermédiaire de l'Egypte, elle suivit tout naturellement le même destin religieux que son tuteur spirituel.

Le traumatisme du déchirement politique et religieux entre Constantinople et Alexandrie explique que, deux siècles plus tard les Egyptiens aient opposé une faible résistance à la pénétration de l'Islam: le désir de se débarrasser de la tutelle de Constantinople était toujours aussi fort et l'Eglise était encore très affaiblie par ses querelles théologiques internes. La conversion des Egyptiens à l'Islam ne fût cependant pas totale malgré les pressions quasi-permanentes exercées contre les chrétiens: après l'interdiction de l'usage de la langue copte au profit de l'arabe dès l'an 751, le calife imposa aux chrétiens un siècle plus tard le port d'un turban noir et d'une croix autour du cou pesant plus de deux kilos. D'autres persécutions sévères eurent lieu au XVIe siècle sous le règne des Fatimides et des Turcs. Malgré ces épisodes pénibles, l'Eglise copte reste encore très vivante treize siècles après l'islamisation du pays. Elle rassemble de 10 à 15 % de la population soit environ 7 millions d'âmes réparties en 24 diocèses sous l'autorité d'un patriarche. Vers l'an 1700, on évaluait ses effectifs à seulement 100 000 âmes, soit 3 % des 3 millions d'Egyptiens de l'époque et il n'y avait que 12 diocèses.

La vigueur de l'Eglise copte s'explique par la grande solidarité dont témoignent ses membres, comme c'est souvent le cas des minorités menacées. La conscience d'être copte n'implique pas forcément une pratique religieuse fervente. L'importance de la communauté copte n'est pas très apparente aux yeux du visiteur superficiel. Les vieilles églises coptes sont des bâtiments rectangulaires très simples, pour des raisons de discrétion compréhensibles en milieu musulman. Les Coptes, comme tous les Egyptiens à l'exception des Nubiens, ne parlent qu'arabe et la messe se dit dans cette langue. Seules les prières du « credo » et le « Notre Père » se disent parfois encore en langue copte.

La liturgie copte est encore plus compliquée que la liturgie orthodoxe: on compte jusqu'à 36 onctions pour le baptême et la confirmation qui sont célébrés simultanément à la mode orientale, quant au sacrement des malades, il fait appel, dans sa forme solennelle, à sept prêtres officiants.

Une originalité de l'Eglise copte est l'élection du patriarche par le peuple des fidèles, mais il doit ensuite être confirmé dans ses fonctions par le gouvernement égyptien.

L'Eglise éthiopienne peut aussi être appelée copte puisqu'elle est sœur de l'Eglise égyptienne, elle en était même une dépendance puisque le chef de l'Eglise éthiopienne, l'Abuna[88], était jusqu'en 1929 un Copte égyptien consacré par le patriarche d'Alexandrie; ultérieurement, de 1929 à 1959, il fut choisi parmi les évêques éthiopiens, mais il devait toujours être consacré par le patriarche d'Alexandrie. Ce n'est qu'en 1959 que l'Eglise est devenue totalement indépendante.

Contrairement à la situation en Egypte, le christianisme est la religion la plus importante d'Ethiopie, elle compte 20 millions de fidèles soit 45 % de la population ; sa situation n'est pourtant pas brillante par bien des côtés. Le plus grave est l'ignorance et l'incompétence du clergé au point que parfois seul le supérieur d'un couvent sait lire. Le christianisme éthiopien est encore très marqué par des traces de religions païennes antérieures ou par des pratiques de l'Ancien Testament : la circoncision, quand ce n'est pas l'excision, la polygamie et divers rites alimentaires ou purificatoires. La vénération des anges est très répandue ainsi que des croyances bizarres comme celle selon laquelle les âmes des pêcheurs attendent le jugement dernier au fond des océans.

Pourtant l'attachement au christianisme est très profond, la vie monastique, dont l'origine remonte au VIe siècle, est fort active et les cérémonies religieuses très suivies. La langue religieuse est le gheez (guèze) ancêtre de l'amharique, la langue sémite officielle du pays.

Malgré leur foi, l'ignorance religieuse des Ethiopiens est telle que, dans leur écrasante majorité, ils n'ont aucune notion de l'hérésie qui les sépare des catholiques et des orthodoxes. Au XVIIe siècle, des jésuites furent sur le point de les ramener dans le giron de Rome mais l'union buta sur la question des rites. Tout récemment, un effort de formation théologique du clergé est réalisé grâce... à des orthodoxes.

Cette mise à jour de l'Eglise éthiopienne laisserait bien augurer de son rapprochement avec la foi chrétienne traditionnelle si, depuis quelques années, la guerre civile et l'instauration d'un régime marxiste ne ralentissait singulièrement l'évolution.

Le Protestantisme

Réformés, calvinistes, luthériens, baptistes, méthodistes, presbytériens, anglicans, le non-initié se perd quelque peu parmi ces dénominations des différents courants de ce qu'on appelle généralement le protestantisme.

Cependant, certains fils conducteurs permettent de dévider cet écheveau compliqué.

L'approche la plus naturelle suit le fil de l'histoire : les mouvements protestants ne sont pas nés au hasard, ils expriment des formes de spiritualité qui parfois se complètent mais peuvent aussi s'opposer.

Au cours du temps, différentes strates du protestantisme se sont donc superposées. Selon les pays, certaines sensibilités, mieux adaptées à l'environnement culturel, sont plus apparentes tandis que d'autres ne subsistent qu'à l'état de traces. La situation géographique du protestantisme contemporain qui en résulte fait ressortir des zones relativement homogènes qui constituent une autre approche possible de notre étude.

Enfin, on peut aborder le protestantisme sous l'angle de ses diverses formes d'organisation qui vont d'une structure hiérarchique proche de celle du catholicisme jusqu'à une quasi-anarchie.

Mais ces descriptions du protestantisme sous l'angle historique, sociologique ou organisationnel ne se comprennent que par les croyances sous-jacentes. Celles-ci donnent aux différents mouvements protestants plus d'unité qu'ils n'en paraissent avoir à première vue.

Ainsi pour bien saisir la réalité du protestantisme, plusieurs approches complémentaires sont nécessaires: les conditions de sa naissance, ses croyances, son évolution et la situation actuelle de ses différentes Eglises.

La réforme et la naissance du protestantisme

L'Eglise catholique de la Renaissance, au début du XVIe siècle, souffrait des multiples maux qu'engendre une situation de monopole. Etre prêtre était souvent plus une situation sociale que le résultat d'une vocation; le relâchement des mœurs d'une partie du clergé et la compromission de certains évêques avec le pouvoir politique devenaient insupportables à tout chrétien épris de vertus évangéliques. Le culte de soi-disant reliques de saints devenait une véritable superstition animiste; le trafic de privilèges religieux, en ce monde ou en l'autre, était la source de juteuses combinaisons financières. Une réforme pour plus de rigueur et de pureté devenait indispensable.

Cette réforme devait naturellement porter sur la pratique de la religion, déformée par les abus, mais ne semblait pas devoir toucher ses principes. Certains réformateurs cependant radicalisèrent leur position: pour couper court à tout excès d'influence de l'Eglise sur les fidèles, ils insistèrent notamment sur un retour à l'Ecriture Sainte et sur le fait que le salut de l'homme est entre les mains de Dieu seul.

Ces exigences doctrinales ne s'opposaient nullement aux dogmes de l'Eglise, mais d'autres s'y ajoutèrent qui, dans le souci de revenir aux sources, ne tenaient pas compte de la tradition de l'Eglise, élément fondamental de la foi catholique.

Ainsi, le mouvement de la Réforme s'écarta-t-il, pour une part de la ligne de l'Eglise. Dans l'esprit des réformateurs cependant, leur action, voulue et inspirée par Dieu, n'avait aucunement pour but une coupure de l'Eglise, mais l'échauffement des esprits était tel, de part et d'autre, que la crise empira rapidement. Le début de la rupture est symbolisé par un geste de Luther, moine et théologien, à vrai dire bien compréhensible: il affiche en 1517 à la porte d'une église de Wittemberg un manifeste contre le trafic des Indulgences[89].

En 1520, Rome croit pouvoir étouffer la contestation qui menace ses positions en condamnant Luther. Elle ne réussit qu'à le rejeter et à lui donner ainsi plus de liberté pour mettre en œuvre l'ensemble de ses vues.

Les grandes religions

Luther n'était pas seul, c'est l'ensemble de l'Eglise qui était en fermentation: beaucoup de ceux qui travaillaient pour une réforme en profondeur restèrent catholiques, d'autres passèrent à une réforme dissidente. Outre Luther (1483-1546), les plus connus de ces derniers sont Calvin (1509-1564) et Zwingli (1484-1531). Autour de ces maîtres se constituèrent très vite des écoles de pensée auxquelles se rallièrent notamment les princes de certains Etats germaniques. Le problème devint ainsi autant politique que religieux[90], ce qui signifie que Rome perdait tout espoir de régler en force le mouvement protestant.

Dès lors, les conditions étaient réunies pour la constitution d'Eglises autonomes, appelées à se développer séparément du catholicisme, mais mues par une certaine communauté de croyances et de principes.

Les croyances du protestantisme

Quelle que soit la diversité de leurs Eglises et de leurs tendances, les protestants sont avant tout chrétiens. Ils ont donc en commun les croyances fondamentales que nous avons vues précédemment[91].

Toutes ces croyances sont aussi celles des catholiques et des orthodoxes, mais des divergences notables existent sur d'autres points. Les litiges concernent en particulier la vierge Marie, les sacrements, la valeur doctrinale des enseignements de l'Eglise et l'autorité de la hiérarchie, spécialement du pape.

D'une façon générale, les protestants n'admettent pas ce qui leur paraît surajouté à l'Ecriture sainte. Ce point important mérite des explications: selon la conception catholique, l'Eglise prolonge véritablement la présence du Christ sur terre, elle est inspirée par le Saint-Esprit et son enseignement accumulé, appelé Tradition, est le complément irremplaçable de l'Ecriture Sainte.

Les protestants, du fait même qu'ils se sont coupés de l'Eglise catholique, sont logiques avec eux-mêmes en en récusant l'enseignement. Ils se réfèrent exclusivement à l'Ecriture sainte et chaque protestant est, en théorie, habilité à interpréter selon sa conscience le message de la Bible[92].

Ce principe conduit à des positions très diverses: à une extrémité, on trouve les « fondamentalistes » qui prennent la Bible à la lettre et à l'autre la tendance « libérale » qui l'interprète de façon symbolique. L'écart entre ces différentes croyances peut donc être considérable et, sur certains points, le catholicisme présente une position qu'on peut qualifier d'intermédiaire. Toutefois un grand nombre de protestants s'accorde sur les points mentionnés plus haut, inacceptables pour les catholiques:

— Marie, mère de Jésus, a certes une place exceptionnelle mais lui rendre un culte est excessif: seul Dieu en est digne. C'est pourquoi on ne trouve pas de statues de saints ni de Marie dans les temples protestants. Un courant rationaliste important considère le surnaturel avec beaucoup de méfiance : que Jésus soit né d'une vierge ne lui paraît pas indispensable à la foi chrétienne et le terme de vierge est pris dans le sens vague de jeune fille.

— En ce qui concerne les sacrements, seuls sont admis le baptême et l'eucharistie, c'est-à-dire la commémoration du dernier repas de Jésus-Christ. Certaines Eglises admettent aussi, mais avec plus ou moins de réserves, l'absolution des fautes, l'ordination des pasteurs et le mariage. A cet égard, les calvinistes ont une position très stricte : ils condamnent les sacrements catholiques alors que les anglicans et les luthériens se contentent de les adapter et de les interpréter différemment.

— C'est sur la valeur doctrinale des enseignements du catholicisme et l'autorité de la hiérarchie que le désaccord des protestants est le plus net. Le principe même de l'existence des dogmes est contraire à leur conception de l'interprétation personnelle de la Bible. Le dogme de l'infaillibilité pontificale, promulgué en 1870, leur semble le comble en la matière. Même dans les Eglises où existent des évêques et une hiérarchie, le fonctionnement est d'esprit assez démocratique.

Ce qui précède ne donne que les grands axes des croyances protestantes, il faudrait des volumes entiers pour préciser l'infinité de nuances qui apparaissent dans les différentes Eglises. C'est précisément au travers des principales d'entre elles que nous allons chercher à présent à voir comment se sont organisés les divers courants du protestantisme.

Evolution et variantes du protestantisme

Dès l'origine, le mouvement de la Réforme n'était pas unitaire. Quelques grandes tendances apparaissent très tôt dans l'histoire :
— le mouvement anabaptiste ;
— l'anglicanisme ;
— le luthéranisme ;
— le calvinisme.

Les développements ultérieurs du protestantisme ont tous une filiation plus ou moins marquée avec une ou plusieurs de ces tendances.

A) LES ANABAPTISTES

Ils vivent un christianisme beaucoup plus sensible qu'intellectuel. Ce type de sensibilité est bien antérieur à la réforme. On peut y rattacher les mouvements « millénaristes » : certains chrétiens s'étaient persuadés que la date fatidique de l'an mille marquerait la fin du monde et le retour du Christ sur terre pour le jugement dernier ; ils semaient la panique d'un enfer proche en se livrant eux-mêmes à des pénitences extrêmes.

Les grandes religions

En 1522, au début de la réforme, un mouvement paysan surgit qui préconisait un deuxième baptême[93] pour préparer le retour imminent du Christ. Après s'être livré à la destruction de tout ce qui était catholique, ce mouvement qui gênait tout le monde fut écrasé dans le sang. Ce qui en resta vira au pacifisme et à la non-violence tout en restant d'esprit assez anarchique aussi bien à l'égard des organisations religieuses que politiques.

Les seuls véritables anabaptistes qui subsistent de nos jours sont les Amishes, petite communauté anachronique des Etats-Unis.

On y rattache généralement aussi les Mennonites[94], dont l'Eglise, originaire d'Europe centrale, a été fortement persécutée au cours des siècles. Très industrieux, ils vivent dans des communautés très dispersées. On en compte près de 400 000 aux Etats-Unis et vraisemblablement près de 100 000 en U.R.S.S. Leur pratique religieuse est, aujourd'hui, proche de celle des Baptistes et des Quakers que nous aborderons plus loin. Contrairement à ce qu'on pourrait penser, les importantes Eglises baptistes ne proviennent pas directement de l'anabaptisme.

Elles sont issues, pour l'essentiel, du mouvement puritain, forme anglaise du calvinisme. Toutefois, baptistes et anabaptistes s'accordent pour reconnaître que le seul baptême valable est celui des adultes.

Les Amishes

De nos jours, il subsiste une vingtaine de milliers d'anabaptistes qui ont gardé très purs la religion et le mode de vie du XVIIIe siècle : il s'agit des Amishes, secte américaine établie dans quelques villages du Midle West, en Indiana, en Ohio et surtout près de Lancaster en Pennsylvanie orientale.

Descendants d'anabaptistes allemands, suisses ou alsaciens persécutés ils s'établirent en Amérique du Nord vers 1720. Ils portent le nom d'Amish en souvenir de leur évêque Jacob Amman. Leurs traditions sont restées étonnamment pures, sans aucune trace de modernité : les Amishes tissent eux-mêmes leurs vêtements qui ne comportent pas de boutons mais des agrafes et des rubans. Les hommes portent la barbe et se coiffent de chapeaux à larges bords ; les femmes ont les cheveux longs et une coiffe ; elles ne portent aucun bijoux. Les enfants arrêtent leurs études à 14 ans, par exception à la loi américaine d'une scolarité obligatoire jusqu'à 16 ans.

La morale est très puritaine et la communauté très solidaire quoique les biens ne soient pas mis en commun. Adeptes de la non-violence, les Amishes sont objecteurs de conscience. Ils refusent l'aide de l'Etat, y compris les prestations sociales. En échange, un amendement du Sénat américain de 1961 les exempt d'impôts.

Leur pittoresque d'un autre âge ferait le bonheur des touristes si les Amishes n'avaient la plus grande répugnance à se faire photographier.

B) L'ANGLICANISME

Il est né des problèmes matrimoniaux de Henri VIII d'Angleterre qui voulait obtenir l'annulation par le pape de son mariage avec Catherine d'Aragon. Après avoir essuyé un refus, son tempérament coléreux le décida à séparer l'Eglise d'Angleterre de Rome, créant ainsi en 1534 l'Eglise anglicane dont il se décréta le chef. Cette solution radicale prévoyait l'avenir puisqu'il eut par la suite cinq autres épouses[95].

Au début, cette initiative n'avait aucune prétention théologique: les dogmes et la liturgie catholiques étaient conservés et la hiérarchie gardait la même structure. Puis, sous l'influence de la Réforme, l'anglicanisme se teinta de doctrine calviniste. Edouard VI accentua l'orientation protestante du royaume. Quant à la réaction catholique sanglante de Marie Tudor[96], de 1553 à 1558, elle provoqua un dégoût tel qu'après son éviction, la coupure avec Rome devînt irrémédiable.

De ces traumatismes passés, il subsiste deux tendances au sein de l'Eglise anglicane: celle de la Haute-Eglise, plus aristocratique et proche du catholicisme, notamment par sa liturgie, et la Basse-Eglise, plus populaire et de tendance protestante calviniste. De nos jours par exemple, la Basse-Eglise est favorable à l'ordination de femmes-pasteurs, ce que refuse la Haute-Eglise[97]. C'est au sein de la Basse-Eglise qu'apparaît au XVIIIe siècle ce qui devait devenir le *mouvement méthodiste*. Un pasteur anglican, John Wesley (1703-1791) suscite dans les masses un renouvellement de la piété et un fervent désir de perfection. Fortement influencé par le mouvement piétiste, réaction contre l'intellectualisme souvent desséché des théologiens du XVIe siècle, il donna une place importante à l'expérience religieuse sensible.

Aujourd'hui, les méthodistes[98] sont nombreux dans le Sud et le Middle-West des Etats-Unis ainsi que dans les communautés noires. Ils ne sont pas exagérément soucieux de doctrine: on y trouve tous les courants jusqu'à une sorte d'athéisme chrétien où la chaleur de la fraternité joue le rôle essentiel[99]. Optimiste et individualiste, le méthodisme réussit bien dans les milieux relativement modestes. Il admet le baptême des enfants, contrairement aux baptistes, ne croit ni à la présence réelle de Jésus-Christ dans l'eucharistie, contrairement aux catholiques, ni à la prédestination, contrairement aux calvinistes. Selon le méthodisme, tous les hommes peuvent espérer être sauvés si leurs œuvres le méritent. Le méthodisme présente une grande variété de structures: les Eglises originaires de Grande-Bretagne sont, contrairement à l'Eglise anglicane, de type presbytérien, c'est-à-dire sans évêques, tandis que celles originaires des Etats-Unis ont des évêques, élus tous les quatre ans par une conférence de délégués où siègent les pasteurs et des laïcs. Les évêques ne sont donc pas nommés à vie mais ils sont cependant indéfiniment rééligibles. Malgré cette constitution démocratique, les pasteurs méthodistes ont la réputation d'être autoritaires.

Signalons que le Ku-Klux-Klan, société secrète ségrégationniste et raciste

Les grandes religions

qui compte plus de 10 000 membres, a été réactivée en 1915 par un pasteur méthodiste, fait surprenant compte tenu du grand nombre de Noirs américains de confession méthodiste. Les méthodistes ne renient pas leur filiation historique à l'Eglise anglicane qu'ils dépassent aujourd'hui en influence, mais ils en sont complètement détachés. En particulier, la reine d'Angleterre, chef de l'Eglise anglicane, n'a évidemment aucune autorité sur eux.

c) LE LUTHÉRANISME

L'intention initiale de Luther était de réformer l'Eglise de l'intérieur, non de s'en séparer. Il n'est donc pas étonnant que, même une fois la rupture consommée, on retrouve dans les Eglises luthériennes davantage de points communs avec le catholicisme qu'il n'en existe, par exemple, dans les Eglises issues du calvinisme. En particulier, Luther croit à la nécessité d'une Eglise structurée : c'est l'Eglise des « élus », du peuple que Dieu a sauvé et dont chaque membre est, à sa manière, le prêtre. Cependant, il reste attaché à la notion de tradition ; en particulier, le titre et la fonction d'évêque sont-ils conservés ainsi qu'une bonne part de la liturgie. En ce qui concerne la délicate question de la présence réelle de Jésus-Christ dans l'eucharistie, les luthériens sont plus nuancés que les calvinistes. Un autre point de divergence avec ces derniers porte sur les rapports de l'Eglise et de l'Etat : Luther, selon l'usage de son époque, est partisan d'Eglises nationales placées sous la protection des princes alors que Calvin souhaite soustraire l'Eglise à leur influence. C'est pourquoi le luthéranisme couvre des zones géographiques relativement homogènes, comme la Scandinavie, où il n'est guère concurrencé par d'autres religions.

Cependant, en pénétrant aux Etats-Unis dans le sillage des émigrés européens au XVIIIe et au XIXe siècles, le luthéranisme a bien dû s'adapter à un contexte religieux plus complexe. Il reste, de façon préférentielle, la religion des communautés d'origine scandinave ou allemande.

Les Eglises luthériennes portent fréquemment le nom d'*Eglises évangéliques*.

Les Frères Moraves[100]

Cette Eglise de sensibilité luthérienne est l'une des plus anciennes du protestantisme : ses fidèles sont les héritiers des disciples du théologien tchèque Jean Hus (1370-1415), brûlé comme hérétique un siècle avant les débuts de la Réforme.

Le mouvement hussite connût près de deux siècles de succès en Europe centrale mais la plupart de ses membres se rallièrent au luthéranisme, au calvinisme ou au catholicisme après les épreuves de la guerre de Trente Ans (1618-1648). Le noyau des irréductibles s'organisa en Eglise en 1735 et adopta les principes luthériens de la « Confession d'Augsbourg ». Ouverts à l'œcuménisme, c'est-à-dire au dialogue des Eglises chrétiennes, les Moraves pratiquent le baptême des enfants, sans immersion ; leur liturgie est d'une grande beauté mais la participation des fidèles n'est pas obligatoire. On célèbre l'eucharistie (Lord's Supper en anglais) six fois par an.

L'Eglise est gouvernée par des synodes provinciaux, les évêques n'ayant qu'un rôle spirituel et administratif.

Les Moraves montrent un grand zèle missionnaire. Ils ne sont que quelques centaines de milliers (170 000 aux Etats-Unis) mais ils se développent en Afrique et en Amérique latine. Ils ont notamment contribué à l'évangélisation des Indiens Miskitos du Nicaragua, ce qui les a fait accuser par le gouvernement sandiniste d'être des agents de la C.I.A.

D) LE CALVINISME

En 1536, Calvin (1509-1564), intellectuel picard, publie à Bâle « l'Institution chrétienne », livre de référence fondamental de la Réforme, et la même année, il est accueilli à Genève qui devient bientôt la Rome du protestantisme. Il y instaure un régime austère que l'un de ses collaborateurs John Knox, transposera dans son Ecosse natale sous le nom d'*Eglise presbytérienne*[101]. Guillaume Ier d'Orange-Nassau adoptera en 1573 le calvinisme pour religion des Provinces-Unies, aujourd'hui les Pays-Bas. Ainsi, avec ses trois places fortes, la Suisse, l'Ecosse et la Hollande, le calvinisme fut en mesure d'imprimer fortement sa coloration à l'ensemble de la réforme.

La doctrine de Calvin insiste particulièrement sur la souveraineté absolue de Dieu, à la fois Créateur et Rédempteur. L'homme, fondamentalement pécheur et dépravé, est incapable de se sauver sans Dieu. Celui-ci donne sa grâce de façon gratuite. L'homme ne mérite rien et Dieu sauve qui Il veut. Il donne à ses élus la foi, signe d'acceptation de Sa grâce. C'est cette foi qui sauve, qui justifie l'homme, mais elle est, comme la grâce, un don de Dieu.

Ainsi, Calvin pense que les hommes ont leur destin fixé par Dieu à l'avance, ils sont prédestinés au Ciel ou à l'enfer et leurs œuvres n'y changent rien. Cependant les élus, du fait qu'ils sont sauvés, témoignent de leur foi par un comportement de grande rigueur, le puritanisme.

Cette conception du christianisme n'est guère encourageante : Dieu serait Justice pour les uns (ceux qui sont mauvais sont condamnés justement) et Amour pour les autres (qui sont sauvés malgré leur indignité). En fait les chrétiens associent en Dieu justice et amour et la conception rigide de Calvin

Les grandes religions   141

a été critiquée au sein du protestantisme dès la fin du XVIe siècle. C'est l'une des raisons pour lesquelles on ne parle plus tant aujourd'hui d'Eglise calviniste mais plutôt d'*Eglise réformée*.

L'influence doctrinale de Calvin déborde cependant le cadre de cette Eglise. C'est essentiellement elle qui est à l'origine des positions protestantes sur Marie et les Saints, les sacrements et la hiérarchie que nous avons vues précédemment.

Des précurseurs des calvinistes, les Vaudois

Au XIIe siècle, le comportement du clergé était bien souvent éloigné de l'idéal évangélique et le midi de la France se laissait entraîner par l'hérésie cathare, l'une des dernières vagues de l'arianisme et du manichéisme qui avaient ébranlé l'Eglise des premiers siècles.

C'est alors qu'un marchand lyonnais, Pierre Valdès, préoccupé de la pureté de l'Eglise mais opposé aux thèses cathares, lança un mouvement de rénovation dont la doctrine sera, quatre siècles plus tard, largement reprise par Calvin. Les Vaudois, ainsi appelés d'après le nom de leur maître à penser, recherchent un idéal de pureté et tirent leur enseignement des seules Ecritures que chacun peut interpréter personnellement. Ils rejettent le sacerdoce et toute hiérarchie, prient dans leur langue et non en latin, dénient tout intérêt aux sacrements, refusent de vénérer la croix et de rendre un culte aux saints. En revanche, ils croient que le salut peut être obtenu par une vie exemplaire, ce que niera plus tard la théorie de Calvin de la prédestination.

Les Vaudois furent condamnés par l'Eglise dès 1179 mais bon nombre d'entre eux, plutôt que de renoncer à leurs convictions, s'isolèrent dans de hautes vallées des Alpes. Les thèses du Tchèque Jean Hus, au XVe siècle, s'inspirèrent largement de celles des Vaudois.

En 1532, les Vaudois se rallièrent à la réforme calviniste mais en gardant certains particularismes. Ils sont encore aujourd'hui plusieurs dizaines de milliers en Italie.

Le rayonnement du calvinisme n'implique pas l'uniformité des nombreux mouvements qui s'en réclament. C'est par leur différence de structures que se distinguent principalement les Eglises issues du calvinisme. Le refus d'une hiérarchie contraignante, justifié par la capacité de chaque chrétien d'interpréter personnellement l'Ecriture Sainte, conduit à deux formes d'organisation, presbytérienne et congrégationaliste.

Dans les deux cas, l'autorité est entre les mains des fidèles et de leurs pasteurs mais les presbytériens admettent des organes de coordination et de concertation, les conciles, tandis que les congrégationalistes gardent une totale autonomie de chaque communauté locale : les fidèles sont propriétaires de leur église et fixent le salaire de leur pasteur.

C'est peut-être sur l'anglicanisme, et plus précisément sur la « Basse-Eglise », que le calvinisme a exercé l'influence la plus profonde. C'est du puritanisme que sont issus des mouvements aussi divers que les Quakers ou les Darbystes (voir encadré), mais le plus important d'entre eux est incontestablement celui des Baptistes.

Le *mouvement baptiste* est né au XVIIe siècle et s'est beaucoup développé à l'époque de Cromwell.

Sa principale originalité, déjà exprimée par les anabaptistes, réside dans l'invalidité du baptême des enfants : on n'entre dans l'Eglise baptiste qu'après avoir décrit son expérience de Dieu devant une sorte de jury qui prononce un « jugement de charité ». On accède alors, si l'on est reconnu digne, au baptême qui s'effectue par immersion totale. Ainsi l'Eglise baptiste veut être visiblement une « Eglise de Saints » dont les membres ont été cooptés pour leur foi et leur vertu.

Chaque communauté jouit d'une grande liberté religieuse et les pasteurs ne sont que des chrétiens parmi leurs frères. Le culte est simple : chants, prières, lecture de l'Ecriture et sermon ; l'eucharistie n'est qu'une simple commémoration de la Cène. On ne célèbre ni la fête de Noël, ni celle de Pâques.

Le *pentecôtisme*, issu du baptisme, insiste sur les dons du Saint-Esprit donnés à profusion aux fidèles et à leur église.

Deux Eglises congrégationalistes : les Quakers et les Darbystes

Les uns et les autres ont en commun d'être issus du puritanisme, ce courant anglican profondément influencé par l'austérité calviniste. Par crainte de toute trace de cléricalisme, ils ont adopté le système d'organisation congrégationaliste opposé à toute hiérarchie. Les différences entre ces deux mouvements, dont l'un est né plus d'un siècle après l'autre, sont cependant fort importantes.

Les Quakers

C'est un berger et cordonnier anglais, Georges Fox (1624-1691) qui est le fondateur de ce mouvement protestant, connu également sous le nom de « Société des Amis ». A la suite d'une vision qu'il eut en 1652, il centre sa religion sur la parole de Saint Jean selon laquelle « la lumière illumine tout homme en ce monde ». Pour lui, l'Ecriture Sainte est le témoignage historique de cette lumière ; elle n'a pas d'autorité en elle-même et tout

Les grandes religions

repose sur l'interprétation que l'Esprit-Saint inspire à chacun. C'est pourquoi les Quakers n'ont ni dogme ni liturgie, ni prêtres ni pasteurs. Le culte n'est pas dirigé, il consiste surtout en adoration silencieuse.

L'action de Georges Fox apparaît comme une réaction contre la religion peut-être trop intellectuelle d'un protestantisme centré sur la parole de Dieu et l'étude minutieuse de la Bible. L'agitation causée par sa prédication le fit convoquer devant le juge auquel il conseilla de trembler par crainte du Seigneur, de là le surnom de quakers, « trembleurs » en anglais, donné à ses fidèles. Un de ses disciples, William Penn, émigra aux Etats-Unis et donna son nom à l'Etat de Pennsylvanie (la forêt de Penn). C'est dans ce pays que les quakers sont les plus nombreux, environ 200 000. On en trouve encore en Grande-Bretagne, mais aussi en Afrique Orientale, il y en a près de 500 en France.

Résolument opposés à toute violence, les Quakers sont des pacifistes convaincus qui combattent vigoureusement l'esclavage, la peine de mort et même toute forme de régime pénitentiaire.

Malgré leur répugnance pour les structures établies, les Quakers ont cependant créé en 1937 un comité mondial consultatif de l'ensemble de leur mouvement.

Curieusement, c'est un quaker, un Prussien établi en Ukraine, qui serait à l'origine d'une secte dérivée des « Vieux-Croyants, les *Doukhobors* (en russe : « lutteurs de l'Esprit »)[102].

Ce mouvement fondé vers 1740 rejette en bloc la hiérarchie religieuse, la prêtrise, les rites, les sacrements, les icônes et... le service militaire. Fréquemment, leurs protestations contre les lois civiles s'exprimait par des séances collectives de nudisme. Les Doukhobors ne croient pas à la Trinité, considèrent que Jésus-Christ n'est qu'un sage, fils de Dieu dans un sens si général que tous les hommes le sont aussi. Selon eux, l'âme du Christ réapparaît périodiquement dans des Messies, les leaders du mouvement. Pourtant ces derniers se sont souvent fait remarquer par un autoritarisme et une vie dissolue fort peu évangéliques.

Condamnés et persécutés par le régime tsariste, les Doukhobors furent exilés successivement sur la mer d'Azov et en Géorgie. De là, ils émigrèrent au début du XXe siècle au Canada. Ils sont encore aujourd'hui environ 30 000 qui vivent en Colombie britannique et dans l'île du Prince Edouard. Ils pratiquent toujours un patois slave, sont non-violents, végétariens, non-fumeurs et ne boivent pas d'alcool.

Leur organisation très « anarchiste » avait séduit Tolstoï qui avait facilité leur exil au Canada. Récemment, l'U.R.S.S. a offert des bourses d'étude à ces précurseurs d'un « communisme » russe et mystique.

Les Darbystes, qu'on appelle aussi Frères de Plymouth (Plymouth Brethren) se partagent en multiples tendances. Ils sont au total environ 700 000 dans le monde, dont une vingtaine de milliers en France.

Fondée en 1827 par le pasteur anglican irlandais John Darby (1800-1882), cette Eglise prêche une doctrine proche du calvinisme : le monde est radicalement mauvais et ne peut espérer son salut que du Christ dont le retour est proche ; le pouvoir des apôtres n'est pas transmissible, tous les chrétiens ont le devoir d'annoncer l'Evangile et peuvent administrer les sacrements, ceux-ci n'ont d'ailleurs qu'une valeur symbolique. Le culte de communion hebdomadaire regroupe des effectifs de 30 à 40 personnes, réunies au domicile de l'une d'elles ou dans une salle de location. L'interprétation des Ecritures est fondamentaliste, c'est-à-dire que les textes sont pris dans un sens très littéral.

Le mouvement fait peu d'efforts pour sa propagande, il ne dispose d'aucune organisation nationale ou internationale et n'édite aucune publication.

Malgré cette discrétion, les Darbystes pensent être l'instrument de la réunification du christianisme, tout en rejetant paradoxalement l'œcuménisme.

Autres courants du protestantisme

Au cours du XVIIIe siècle, le « siècle des lumières » et de la Révolution française, le rationalisme parut en contradiction avec le merveilleux de l'Histoire Sainte. Certains protestants, généralement issus du luthéranisme, imaginèrent de résoudre ce qu'ils ressentaient comme une incompatibilité entre la science et la religion en réduisant celle-ci à une fonction sociale et morale. C'est ce qu'on appelle le protestantisme libéral. Les croyances y deviennent relatives, les faits de la Bible sont interprétés de façon symbolique et la religion tend à n'être plus qu'un sens moral, une obligation intérieure de faire le bien. Il en résulte que le salut n'est pas lié à une formulation particulière de la foi et que la révélation historique de Jésus-Christ s'efface devant la révélation de la vérité que chacun découvre dans sa conscience. Selon ce mouvement « la doctrine divise, seule l'action unit ».

Ainsi, en dépouillant pratiquement le christianisme de sa dimension surnaturelle et mystique, le protestantisme libéral s'apparente à une philosophie, à un rationalisme religieux, où le Christ est, en quelque sorte, le grand prophète de l'entr'aide sociale. Une telle position dénie, en fait, toute transcendance au christianisme, ce qui ne pouvait que susciter des réactions.

Certains, récusant l'intrusion excessive de la science en matière religieuse, se tournèrent, comme bien d'autres avant eux, vers le fondamentalisme, c'est-à-dire une interprétation des Ecritures dans un sens très littéral. La naissance de mouvements comme les Adventistes du 7e Jour et les Témoins de Jéhovah se rattache pour une large part à ce type de réaction.

Dans une direction opposée, d'autres protestants reviennent à une conception plus traditionnelle, néo-orthodoxe, de l'Eglise où le Christ occupe la place centrale. C'est le sens de la théologie de Karl Barth (1886-1968) qui, par bien des côtés, rapproche le protestantisme des expressions modernes du catholicisme.

Cette description des principaux courants du protestantisme, quoique très incomplète, donne inévitablement une impression de grande confusion. Il ne faut pas s'en étonner quand on se souvient qu'il existe des centaines de dénominations chrétiennes distinctes au sein du protestantisme.

Certaines de ces Eglises ont une importance ou une originalité telle qu'elles méritent une description particulière. Nous en avons retenu arbitrairement deux :
— les Vieux-Catholiques ;
— les Témoins de Jéhovah
qui sont l'objet d'un développement dans un article encadré.

Il ne faudrait cependant pas placer sous l'étiquette commode de protestantisme tous les mouvements religieux qui se réfèrent d'une façon ou d'une autre à Jésus-Christ. Certains d'entre eux s'écartent trop de la Réforme, par leur doctrine ou leur origine, pour qu'on puisse valablement les insérer dans le protestantisme. Nous examinerons ultérieurement les plus importants de ces mouvements à propos des « Eglises locales ».

Pour en revenir au protestantisme pris dans son acception la plus classique, il nous reste à voir quelle est son évolution récente. D'une façon surprenante, il semble que ce soient les facteurs géographiques et culturels qui façonnent le plus vigoureusement aujourd'hui le paysage du protestantisme.

Les Vieux-Catholiques

L'origine du mouvement des Vieux-catholiques remonte au jansénisme qui troubla par sa doctrine pessimiste le catholicisme des XVIe et XVIIe siècles.

L'élection d'un évêque contre l'accord de Rome en 1723 puis le refus du dogme de l'Immaculée Conception en 1854 préparèrent une rupture qui fut définitivement consommée en 1870 par le rejet du dogme de l'infaillibilité pontificale. Il se constitua ainsi à Utrecht, aux Pays-Bas, une Eglise indépendante autour de laquelle se regroupèrent d'autres dissidents divers.

L'union de l'Eglise des « Vieux-Catholiques » fut scellée en 1899 par l'adhésion d'Eglises d'Allemagne, de Suisse, de Pologne, de Croatie et de Tchécoslovaquie ainsi que de groupes gallicans.

Les Vieux-Catholiques sont aujourd'hui présents dans une vingtaine de pays et comptent près de 500 000 fidèles répartis en 600 paroisses. Ils ont 13 évêques, un par Eglise nationale, et leur « primat d'honneur » est l'archevêque d'Utrecht. Les évêques vieux-catholiques prouvent leur légitimité par la chaîne ininterrompue de consécrations depuis leurs débuts ; pour Rome, le rejet de certains dogmes en fait des hérétiques.

Par la doctrine, les Vieux-Catholiques sont très proches des Anglicans avec lesquels ils pratiquent l'inter-communion, c'est-à-dire que les fidèles de chaque Eglise peuvent valablement communier lors des messes de l'autre. Les Vieux-Catholiques entretiennent également des relations étroites avec les orthodoxes et certains luthériens. Ils sont membres du Conseil Œcuménique des Eglises. Sur le plan religieux, ils reconnaissent les sept sacrements, tout en soulignant l'importance particulière du baptême et de l'eucharistie. La communion se pratique sous les deux espèces, pain et vin. Le mariage des prêtres et des évêques est admis; les évêques sont élus par les prêtres.

Les Vieux-Catholiques ont parfois d'autres appellations: en Suisse, ils constituent l'Eglise Chrétienne Catholique. Quelques petites Eglises très minoritaires se rattachent à leur mouvance comme l'Eglise catholique libérale de Londres (Holy Spirit Church).

Les Témoins de Jéhovah

Les témoins de Jéhovah[103] constituent un mouvement religieux en pleine expansion caractérisé par le zèle de ses membres — appelés d'ailleurs « proclamateurs » — à répandre leur doctrine.

Le fondateur du mouvement, Charles Taze Russel, est un Américain né en 1852, mort en 1916, de famille presbytérienne, c'est-à-dire protestante de tendance calviniste. Préoccupé par les questions religieuses, il s'éloigna de son église originelle lorsque, dans les années 1870, il fut influencé par les adventistes. Après quelques années d'action commune, il se sépara d'eux pour fonder un périodique, « la Tour de Garde de Sion », destiné à faciliter la lecture de la Bible selon son interprétation.

Une trentaine de groupes d'« étudiants de la Bible » se constituèrent ainsi dans l'est des Etats-Unis au cours des années 1879-1880 et c'est de cette période que date la société d'édition des publications de Russel.

Les « Etudiants de la Bible » diffusèrent ses ouvrages avec un succès tel que le livre « le divin plan des âges » fut vendu à six millions d'exemplaires en quarante ans.

La doctrine des Témoins de Jéhovah

La doctrine des Témoins de Jéhovah repose sur la Bible, Ancien et Nouveau Testaments. Toute la vérité y est contenue mais, si chaque verset est analysé littéralement et en détail, cela n'exclut pas d'en faire une interprétation particulière.

Les Témoins de Jéhovah ont une conception très tranchée du monde: l'histoire est le champ clos de la lutte entre les forces de Dieu et celles du Diable. Les gouvernements des Etats et les Eglises sont dominés par le Mal, par Satan. Il en est ainsi depuis la désobéissance d'Adam. La création d'Adam marque ainsi la fin de la création du monde terrestre par Dieu qui, selon la Bible, s'est en quelque sorte mis au repos, permettant à Satan d'étendre son influence sur la terre. Les efforts du Christ de rétablir le règne de Dieu, Jéhovah, n'ont pas encore connu le succès car Dieu laisse à Satan le temps de manifester toute sa fourberie.

Les Eglises ont failli à leur mission et Jésus a suscité les Témoins de Jéhovah pour préparer l'arrivée de son règne qui constituera la dernière période du monde.

Pour les Témoins de Jéhovah, comme pour les Adventistes, la création du monde en six jours est à prendre de façon littérale mais, comme il est dit dans la deuxième épître de Saint Pierre que, pour Dieu, un jour est équivalent à mille ans, on a déduit que la création du monde avait demandé 6000 ans. En fait, ce temps apparaît un peu court et l'interprétation la plus récente penche pour une durée de la « journée » de 7000 ans.

Cependant la fin du « jour » de repos de Dieu s'approche et Il va bientôt intervenir à nouveau: au cours d'une gigantesque bataille, appelée bataille d'Harmaguédon, Il triomphera définitivement de Satan. Il s'instaurera alors une période de 1000 ans pendant laquelle Jésus exercera du haut des cieux son règne sur la terre. Les morts ressusciteront et ils pourront profiter de ce laps de temps pour devenir parfaits. Cet afflux de ressuscités sur notre terre posera des problèmes d'intendance compliqués et l'on pense que cette résurrection sera progressive pour permettre l'aménagement du territoire[104].

C'est à la fin de ce règne de 1000 ans qu'interviendra le Jugement Dernier: ceux qui auront montré leur amour et leur fidélité au Dieu créateur, Jéhovah, se verront offrir la vie éternelle sur terre, redevenue un paradis. Satan, relâché pour peu de temps avant le Jugement, sera, ainsi que ses démons, voué à la destruction.

Selon les croyances des Témoins de Jéhovah, Jésus est bien le fils de Dieu mais il est inférieur à son père Jéhovah; ainsi il n'existe pas de Trinité car, comme le pensent certains musulmans, elle paraît contradictoire avec l'unicité de Dieu.

Une autre croyance qui se rattache également aux préceptes énoncés dans la Bible est que le sang est le siège de l'âme. Il en résulte une série d'interdictions: on ne peut répandre le sang, ni le transfuser ni même consommer du sang d'animal sous quelque forme que ce soit, comme par exemple du boudin. Il n'y a cependant aucune objection à se faire soigner, même par perfusion: c'est le sang seul qui est en cause mais ni le sérum, ni a fortiori les médicaments chimiques.

Le principe évangélique « tu ne tueras point » conduit à refuser tout engagement militaire, d'autant que les Etats sont l'œuvre de Satan. Les Témoins de Jéhovah sont donc généralement objecteurs de conscience et refusent de saluer le drapeau, perçu comme une idole.

L'organisation des Témoins de Jéhovah

L'organisation du mouvement est d'une remarquable efficacité: elle combine avec souplesse, centralisation et esprit d'initiative.

Le quartier général des Témoins de Jéhovah est une bâtisse cubique sans caractère située à Brooklyn, près de l'autoroute qui relie Manhattan à l'aéroport Kennedy de New York. Cette maison est surtout le siège d'une maison d'édition et ce sont ses publications qui assurent l'unité du mouvement. Les plus répandues sont les bi-mensuels « Réveillez-vous », traduit en 54 langues et tiré à près de 9 millions d'exemplaires et « La Tour de Garde », traduit en plus de 100 langues avec plus de 10 millions d'exemplaires.

L'organisation locale du mouvement est très souple. Les « proclamateurs » sont groupés en congrégations autonomes qui comptent chacunes quelques dizaines de membres. Dès que le nombre de membres dépasse la centaine, la congrégation se scinde et essaime. Chaque congrégation s'organise sans hiérarchie ni clergé, en fonction de la disponibilité et des capacités de ses membres.

Comme beaucoup de chrétiens, protestants et orthodoxes, les Témoins de Jéhovah pratiquent le baptême par immersion totale. Celui-ci peut être administré par n'importe quel membre masculin de la communauté.

Ce qui est frappant dans les prédications des Témoins de Jéhovah, c'est leur constante référence à la Bible pour justifier et expliquer chacune de leurs croyances. Cela représente un effort d'érudition et de mémoire colossal demandé à chaque Témoin et cela contribue à impressionner les gens démarchés par les proclamateurs. Cette profusion de références bibliques est un élément essentiel de l'arsenal déployé pour convaincre l'interlocuteur, rapidement submergé par la constatation de son ignorance. Totalement orientés vers la prédication, les Témoins de Jéhovah reçoivent une formation approfondie. Documentation et méthodes abondent pour savoir parler en public, diriger des réunions, établir le contact, répondre à des objections etc...

Les résultats de la prédication font l'objet de rapports périodiques de chaque proclamateur à sa congrégation, de chaque congrégation au siège national du mouvement et de celui-ci au quartier général de Brooklyn. Aussi, non seulement les statistiques du mouvement sont excellentes mais ne sont comptés comme Témoins de Jéhovah que des membres actifs, ce qui n'est évidemment pas le cas des chiffres très grossièrement estimés que l'on peut obtenir pour la plupart des autres religions.

L'effort de démarchage est intelligemment adapté à chaque situation. On commence par un court entretien destiné à repérer les personnes intéressées puis, au cours d'une seconde visite, la conversation se prolonge et s'appuie sur la Bible et la littérature du mouvement. La revue « Réveillez-vous » traite de divers sujets généraux qui tendent habituellement à montrer les malheurs du monde, indices de sa prochaine destruction. On publie aussi de nombreux témoignages de convertis où s'exprime la joie d'être enfin libéré de l'immoralité. La « Tour de Garde » traite surtout de sujets bibliques et de l'usage que l'on peut en faire dans la vie courante.

Les personnes intéressées par la prédication sont conviées à des réunions de la congrégation locale où l'accueil est toujours particulièrement chaleureux. Le caractère agressif envers les autres croyances qu'avait parfois jadis la prédication des Témoins de Jéhovah a disparu et cet effort de propagande soutenu et habile porte beaucoup de fruits, comme en témoigne le tableau ci-joint sur la progression du mouvement.

Cependant, on constate que les Témoins de Jéhovah réussissent de façon très variable selon l'univers culturel auquel ils s'adressent.

Très anglo-saxons par le mode de pensée et l'organisation, les Témoins de Jéhovah s'adaptent bien à un public qui a reçu une teinture d'éducation religieuse mais qui est resté sur sa faim spirituelle pour des raisons diverses : déracinement, apathie, manque de chaleur ou traditionalisme de l'église originelle d'appartenance par exemple.

En pays d'Islam au contraire, où la cohésion entre milieu social et religion est très forte, les résultats sont dérisoires.

En Afrique, on a assisté à des déviations locales de la doctrine donnant naissance à des sectes qui n'ont plus grand'chose à voir avec le mouvement[105]. L'interprétation du dirigeant d'une de ces sectes, Kamwana du Nyassaland, aujourd'hui Malawi, était que les blancs donneraient aux noirs tout l'argent dont ils auraient besoin.

L'expansion des Témoins de Jéhovah

Nombre des Témoins de Jéhovah dans le monde

1891	4 000
1928	44 000
1938	60 000
1942	115 000
1968	1 221 000
1975	2 062 000
1983	2 501 722
1984	2 842 531

Notons qu'en principe, ne sont comptés comme Témoins de Jéhovah que ceux qui remettent un rapport périodique d'activité sur leur prédication.

Répartition des Témoins de Jéhovah dans le monde par pays en 1984

Etats-Unis	648 704
Brésil	160 927
Mexique	151 807
République Fédérale d'Allemagne	109 102
Italie	116 555
Nigéria	113 537

Les autres pays où les Témoins de Jéhovah sont nombreux sont soit ceux d'Amérique Latine soit ceux de langue anglaise.

Dans les pays francophones, on en compte 82 458 en France, 20 499 en Belgique, 12 378 en Suisse et 32 208 au Zaïre.

Les pays de l'Est européen en comptent une quantité importante mais non publiée à cette date pour ne pas accentuer la répression à laquelle ils sont

soumis. On sait seulement que, globalement, il y en a 261 419 dans les 28 pays où les gouvernements ne les admettent pas.
Les pays d'Islam sont peu pénétrés ; c'est au Pakistan qu'ils sont les moins rares avec seulement 207 « proclamateurs ».

Paysage du protestantisme actuel

On aurait pu craindre que le protestantisme continue indéfiniment à se diversifier en multiples Eglises, mouvements et sectes. Certes on est déjà arrivé à un degré de complication dont les pages précédentes ne donnent qu'une pâle idée. Cependant un phénomène récent de nature culturelle tend aujourd'hui à une certaine unification géographique du protestantisme.

On constate, en gros, l'apparition de trois types de protestantisme, européen, américain et tiers-mondiste, à quoi s'ajoutent les effets d'un très sincère désir de rapprochement de toutes les Eglises chrétiennes au sein de l'œcuménisme.

Ce phénomène n'étouffe pas encore, loin de là, le particularisme des différentes Eglises, mais il en estompe les aspérités au point que le dialogue s'établit et que des fédérations d'Eglises se constituent autour de comportements sociologiques communs.

— En *Europe*, le protestantisme se partage historiquement en deux grandes forces, le luthéranisme, principalement en Scandinavie et en Allemagne, et les différentes Eglises réformées, héritières du calvinisme, dispersées de la Grande-Bretagne à la Hongrie en passant par la France et la Suisse.

Dans tous ces pays industrialisés, l'embourgeoisement de la population ne pousse pas au mysticisme : le culte des vacances au soleil ou de la télévision semble plus attractif que les services religieux du dimanche. Il subsiste bien une croyance générale en Dieu, un respect des valeurs chrétiennes et la reconnaissance d'une certaine appartenance à l'Eglise traditionnelle mais la pratique recule et l'indifférence religieuse se généralise. Dans une telle ambiance, on trouve peu de combattants pour défendre les subtilités doctrinales de chaque Eglise particulière. Si un renouveau religieux doit un jour se produire, il se construira sur un terrain déjà nivelé par ce comportement matérialiste.

Devant cette évolution préoccupante, la plupart des Eglises luthériennes et réformées d'Europe ont constitué un front commun théologique qui s'est exprimé en 1973 par la « Concorde de Leuenberg ».

— Dans l'*Amérique anglo-saxonne*, on en est arrivé à un tel émiettement des Eglises de différentes origines que l'appartenance à l'une ou l'autre est sans conséquence sociale : chacun admet aisément les particularismes des autres et les divergences doctrinales s'effacent ; à la limite, l'essentiel est de croire en Dieu et d'être chrétien.

Le Conseil Œcuménique des Eglises

Cet organisme, créé à Amsterdam en 1948, est une « association fraternelle d'Eglises ». Ce sont des missionnaires travaillant en Afrique et en Asie qui ont provoqué sa création en réaction contre les rivalités de leurs Eglises respectives.

Le Conseil Œcuménique des Eglises (C.O.E.) n'est pas une super-Eglise, il n'a pas d'autorité propre. Les Eglises membres gardent leurs particularismes et leur autonomie, seul Jésus-Christ les rassemble.

L'assemblée général du C.O.E. se réunit tous les 6 ou 7 ans en un lieu différent (à Vancouver en 1983). Elle comporte 700 délégués et 6 présidents.

Un comité central de 100 membres détient le pouvoir exécutif et se réunit chaque année. L'administration est confiée à un comité exécutif de 15 membres.

Les grands courants du protestantisme, y compris le kimbanguisme, ainsi que l'orthodoxie participent au C.O.E. L'Eglise catholique n'est pas membre mais envoie des observateurs (cinq observateurs pour la première fois à New-Delhi en 1961). Des observateurs non catholiques du C.O.E. ont été invités à Rome pour le concile de Vatican II.

Les activités du C.O.E. sont variées ; études, formation, aide aux réfugiés, publications diverses, dont une traduction œcuménique de la Bible (1975).

Paradoxalement, cet éparpillement des Eglises permet plus facilement leur regroupement. Ainsi, au Canada, s'est constituée en 1925 une Eglise Unie regroupant les méthodistes, les congrégationalistes et une partie des presbytériens. D'une façon plus générale, les Eglises originellement les moins conformistes s'unifient de façon pragmatique autour d'un « protestantisme commun » ; il existe ainsi des séminaires interconfessionnels où les professeurs comme les élèves représentent tout l'éventail protestant.

Mais cette tendance au regroupement laisse cependant intactes deux tendances bien marquées et apparemment difficiles à concilier :
— Le Nord et l'Ouest des Etats-Unis sont nettement « libéraux » : on y adopte volontiers une interprétation symbolique des Ecritures.
— Le Sud est souvent « fondamentaliste », prenant les textes à la lettre, mais il accorde, par une sorte de compensation à ce rigorisme, un grand prix à l'expérience mystique individuelle. Des exemples de cette tendance se rencontrent dans les multiples Eglises baptistes du Sud aussi bien que dans l'enseignement du pasteur évangéliste Billy Graham, « citoyen du monde », ou des nombreuses autres vedettes du culte télévisé.

Les positions de ces deux tendances à l'égard de l'œcuménisme, c'est-à-dire du rapprochement des Eglises, y compris l'Eglise catholique, sont rigoureusement opposées. Les premiers, les libéraux, en sont fermement partisans tandis que les fondamentalistes, sûrs de détenir totalement la vérité dans la lettre de l'Ecriture, y sont farouchement hostiles.

— Dans le *Tiers-Monde*, les jeunes Eglises deviennent autonomes et les missionnaires cèdent la place à des pasteurs autochtones. D'autre part, la vigueur démographique de ces pays est telle qu'il y a aujourd'hui presqu'autant de protestants en Afrique qu'en Amérique (près de 90 millions) tandis qu'on en trouve déjà 33 millions en Asie. L'environnement religieux, musulman, bouddhiste ou hindouiste, conduit ces Eglises à resserrer leurs rangs et à relativiser quelque peu leurs divisions doctrinales. En Inde en particulier, on tend à un christianisme où l'Eglise est l'union volontaire des croyants, selon la conception protestante, mais où elle est aussi le Corps mystique du Christ, selon la conception catholique et anglicane, ainsi que la communauté où parle le Saint-Esprit, selon la conception des mouvements piétistes. Pour organiser cette Eglise très dynamique, l'Inde a adopté une structure hiérarchique de type anglican avec des évêques consacrés mais, en ce qui concerne la doctrine, chacun est libre de pencher vers la confession de son choix.

Cependant, parallèlement à cet effort de compréhension mutuelle des différentes Eglises protestantes du Tiers-Monde, on constate des tendances centrifuges qui s'expriment par la multiplication de mouvements religieux originaux. Certains de ceux-ci ne sont guère que des sectes sans avenir, d'autres sont des Eglises importantes et bien structurées.

L'étude de ce que nous appellerons, faute de mieux, les Eglises locales complètera la description déjà passablement touffue des différentes formes du christianisme.

Ce mouvement a lui-même donné naissance à d'autres Eglises, la Celestial Church of Christ et la Christ Apostolic Church.

On donne parfois le nom yorouba d'aladura, c'est-à-dire « priantes », à l'ensemble de ces Eglises qui ont toutes vu le jour depuis moins de 70 ans.

Les églises « locales »

Faute d'une meilleure appellation, nous désignons ainsi les mouvements religieux qui se réfèrent à Jésus-Christ mais sont fort peu orthodoxes et ne se rattachent pas explicitement au protestantisme issu de la Réforme.

Ces Eglises prolifèrent particulièrement en Afrique, mais pas exclusivement. On en trouve en Amérique latine, aux Philippines ou aux Etats-Unis.

Leur caractéristique est la diversité. On estime leur nombre à plusieurs milliers dont beaucoup naissent ou disparaissent chaque année. On en compterait officiellement 155 en Afrique du Sud, 111 au Nigéria, 104 au Kénya, 78 au Ghana... mais ces chiffres ne concernent que les plus importantes[106]. Certaines Eglises n'ont des centaines de milliers de fidèles, d'autres, peu ou pas recensées, n'en ont que quelques dizaines.

Il est évidemment exclu de décrire chacune d'entre elles ; en revanche, il est intéressant de présenter quelques exemples et de tenter une explication de ce phénomène qui, malgré son importance, ne touche cependant, en Afrique, qu'environ 15 % des effectifs des chrétiens des Eglises plus « classiques ».

Première constatation, la vitalité de ces Eglises est le signe d'un intérêt très vif des populations pour la religion. L'exubérance de ces mouvements évoque ce que devait être le christianisme des premiers siècles. A en juger par les querelles « byzantines » qui déchiraient l'Eglise primitive et la multiplicité des hérésies inventées à l'époque, il n'est pas si étonnant que des peuples récemment christianisés fassent preuve de fantaisie théologique.

Ce qui est plutôt surprenant, c'est que ce phénomène reste relativement marginal. Pour l'Afrique en particulier, de solides raisons expliquent en effet que les nouveaux chrétiens ne restent pas tous bien sagement dans le giron du catholicisme, de l'anglicanisme ou des Eglises réformées. La première de ces raisons est précisément la concurrence à laquelle se sont livrés les missionnaires. Les débuts de l'évangélisation ne se sont pas déroulés sous le signe de l'œcuménisme, loin de là. La rivalité des puissances coloniales transparaissait bien souvent derrière l'activité des missions. Pas plus qu'ils n'étaient un modèle d'unité religieuse, les Blancs n'étaient pas tous non plus des exemples de sainteté ni de fraternité chrétienne envers les Noirs. Ajoutons à cela l'attachement des populations africaines à d'anciens rites ou à des pratiques superstitieuses et l'on comprend le succès non négligeable de « prophètes » africains prêchant des religions de leur cru, adaptées aux aspirations profondes de leur environnement.

Si l'on tente de classer ces différents mouvements, on trouve inévitablement un grand nombre de sectes pour lesquelles la religion n'est que l'habillage d'ambitions personnelles ou ethniques. Parmi les autres, dont le caractère religieux est indiscutable, on peut distinguer trois grands courants :
— les Eglises marquées par un certain nationalisme africain ;
— les Eglises liées à la personnalité de leur fondateur, considéré comme un prophète ;
— les Eglises où dominent les pratiques de guérison par la prière.

C'est en Afrique noire anglophone, principalement en Afrique du Sud, que fleurissent les Eglises du premier type. Certaines se réfèrent à l'Ethiopie, à la fois parce qu'elle est mentionnée dans la Bible et parce qu'elle est le symbole d'un pays africain de vieille culture resté rebelle à la colonisation. Ces Eglises insistent sur la lutte sociale et politique, tout en s'efforçant de revaloriser les pratiques religieuses africaines traditionnelles compatibles avec le christianisme, le culte des morts par exemple[107]. Un autre courant est celui des Eglises « sionistes ». Il procède du désir de pasteurs noirs des Etats-Unis de donner une coloration plus africaine à leur Eglise. Ce mouvement prit naissance à la fin du siècle dernier dans la ville de Sion (Zion City) dans l'Illinois, d'où son nom. Bien sûr Sion est pris également dans le sens biblique de Jérusalem, la Cité céleste. Ceci permet aux leaders de ces Eglises de comparer le peuple noir au peuple hébreu, de prédire sa libération matérielle ou son salut spirituel. La référence à la Bible est constante, elle est interprétée dans un sens très littéral qui rappelle certains courants baptistes américains mais il s'y ajoute un retour à des pratiques de l'Ancien Testament comme les interdits alimentaires ou sexuels et l'acceptation de la polygamie. Les rites sont, quant à eux, marqués par la culture africaine traditionnelle : danses et transes, divination et exorcismes, observation de tabous et culte des ancêtres sont de pratique courante.

Un autre groupe d'Eglises se caractérise par la personnalité « prophétique » de leur fondateur. Souvent ces Eglises n'ont qu'une existence précaire et ne subsistent pas longtemps après la mort de leur animateur. Cependant certaines d'entre elles constituent des exceptions spectaculaires. La plus importante est incontestablement « l'Eglise de Jésus-Christ sur la terre par le prophète Simon Kimbangu » qui fait l'objet d'une notice distincte. Le harrisme que nous évoquerons également garde une influence plus limitée mais non négligeable. Il faudrait tout un volume pour décrire les dizaines d'autres cultes, parfois très pittoresques. L'un d'eux, le mouvement Ngol, né au Congo, faisait du général de Gaulle un personnage surnaturel mythique.

Le dernier groupe d'Eglises n'est pas sans analogies avec les Eglises pentecôtistes. Elles mettent l'accent sur la prière à laquelle elles attribuent des pouvoirs de guérison. La maladie est considérée comme l'effet de forces occultes ou d'ennemis démoniaques. La prière est aussi exorcisme et elle exige généralement des rites complexes. On pratique le jeûne, l'abstinence et la danse pour atteindre plus facilement l'extase ou l'état de transe, source de visions ou d'apparitions.

C'est surtout dans les pays anglophones d'Afrique de l'Ouest que se sont multipliées ces Eglises : on en compte près de 500 au Nigéria et 200 au Ghana. Parmi les plus connues, « l'Ordre sacré et éternel des Séraphins et des Chérubins » compte près de 500 000 fidèles et dispose d'un temple à Londres.

Le kimbanguisme

(Eglise de Jésus-Christ sur la terre par le prophète Simon Kimbangu : E.J.C.S.K.)

Parmi les innombrables Eglises chrétiennes, le kimbanguisme mérite une mention particulière à plusieurs titres :
— C'est une religion d'origine africaine et plus précisément zaïroise.
— Elle a un statut officiel au Zaïre au même titre que le catholicisme et le protestantisme. Elle fait partie depuis 1969 de la très officielle organisation du Conseil Oecuménique des Eglises.
— Enfin, c'est une religion très récente, née au XXe siècle, et dont la réussite est spectaculaire puisqu'elle compte déjà au moins deux millions de fidèles et peut-être cinq.

Ce succès est d'autant plus étonnant que son fondateur, Tata Simon Kimbangu, né à N'Kamba au Bas-Congo en 1889, n'a pu prêcher que pendant six mois.

Son destin extraordinaire mérite d'être raconté.

Ses parents étaient animistes et son père guérissait les victimes des sorciers. C'était l'époque du début de la présence coloniale belge dans le bassin du Congo, dans ce pays qui deviendra indépendant en 1960 sous le nom de Congo-Kinshasa puis, plus tard, de Zaïre.

Peu après la mort de la mère de Kimbangu, vers le début du siècle, un missionnaire européen prédit à sa tante un avenir exceptionnel pour cet enfant. Le nom de Kimbangu en kikongo signifie d'ailleurs à peu près « celui qui révèle la vérité ». L'enfant fut confié par sa tante à des missionnaires baptistes de la British Missionnary Society. Il apprit à lire et à écrire le kikongo, sa langue, dans la version de la Bible qui venait d'être traduite.

Après cette formation, il retourne à son village, y épouse une veuve, Mwilu, puis, après la naissance de leur premier fils, Kisolokele, Tata Kimbangu et Mwilu se font baptiser et se marient religieusement en juillet 1915. Kimbangu porte alors le nom de Simon et travaille successivement à la mission baptiste, dans une huilerie puis dans son village natal où il vend de la pâte de manioc et du tabac.

C'est en 1921 qu'en allant au marché, une inspiration le conduit chez une malade qu'il guérit par la puissance de Dieu. La nouvelle se répand très vite et Kimbangu se met à prêcher et à multiplier les guérisons. Des milliers de fidèles le suivent et il les exhorte à une vie honnête, sans alcool, tabac, danse ni sorcellerie. Ce remue-ménage inquiète l'administration belge et les missionnaires catholiques voient en lui un hérétique. Il est arrêté en septembre 1921, condamné à mort, puis gracié et envoyé pour le reste de ses jours en prison à Elisabethville, à l'autre extrémité du pays. Il meurt en 1951.

Pendant ces 30 ans de captivité, sa femme poursuit son œuvre dans une semi-clandestinité et des quantités de fidèles s'attachent à son enseignement. L'incarcération du prophète lui donne une auréole de martyre et son église se développe rapidement.

Après sa mort, son corps est ramené en triomphe à son village, promu cité sainte de N'Kamba-Jérusalem. L'Eglise Kimbanguiste est reconnue officiellement la veille de Noël 1959.

Dans les premières années de l'Eglise, Tata Simon Kimbangu était considéré comme l'envoyé de Jésus-Christ pour les Noirs d'Afrique, il était le sauveur de tous les Noirs au même titre que Moïse, Mahomet ou Bouddha pour les autres peuples. Ses fidèles tendaient à voir en Kimbangu le Saint-Esprit car, selon l'évangile de Saint-Jean, Jésus-Christ avait promis de l'envoyer sur terre. Au cours des discussions ultérieures avec les représentants des autres Eglises protestantes, les Kimbanguistes ont accepté que leur prophète ne soit qu'un être humain, mais un prophète quand même. Quant à l'Eglise kimbanguiste, bien qu'elle soit presqu'exclusivement africaine, elle se considère dorénavant comme ouverte à tous.

De fait, le caractère africain du kimbanguisme lui a permis de convertir au christianisme une quantité considérable d'hommes et de femmes vraisemblablement très supérieure à ce qu'auraient pu faire des missionnaires européens.

Aujourd'hui que le Zaïre est presqu'entièrement christianisé, 87 % des nouveaux convertis au kimbanguisme proviennent d'autres Eglises chrétiennes, plus fréquemment protestantes que catholique.

L'Eglise kimbanguiste est placée sous l'autorité d'un « Chef Spirituel » assisté d'un cabinet[108]. Le Chef ordonne les pasteurs formés dans la faculté de théologie kimbanguiste de Kinshasa. Dans cette capitale, où l'on compte une dizaine de lieux de culte, un « pasteur principal » dispose de l'autorité administrative, mais non spirituelle, sur ces collègues.

Le baptême, rite d'entrée dans l'Eglise, n'est admis qu'à partir de l'âge de douze ans. Il est pratiqué par imposition des mains et évoque la présentation de Jésus au Temple au même âge. Les baptêmes ont lieu deux fois par an, en juin et décembre.

Le culte du dimanche dure environ une heure et demie. Des jeunes gens, en uniforme impeccable blanc et vert, couleurs de la pureté et de l'espérance, assurent un service d'ordre apparemment inutile si l'on en juge par la piété et la discipline des fidèles.

Le culte lui-même comprend une alternance de cantiques et de lectures bibliques, une prière pour les malades, la bénédiction des enfants et un sermon. Parfois les chœurs sont si nombreux que la cérémonie se prolonge. Les chants, très beaux et à plusieurs voix, sont en langue africaine, kikongo ou lingala généralement; ils ont une solennité un peu mélancolique. Des groupes de flûtistes ou un orchestre d'instruments à vent peuvent également se produire indépendamment des chœurs.

Les fidèles sont tenus de se déchausser pour pénétrer sur le lieu du culte, même s'il s'agit d'une prairie utilisée en attendant la construction du temple. Les visiteurs non kimbanguistes ne sont pas astreints à se déchausser. De même, l'interdiction de l'alcool et du tabac pour les fidèles n'empêche pas ceux-ci d'en offrir éventuellement à leurs invités.

Outre le baptême, le mariage et l'ordination, l'Eglise kimbanguiste pratique la Communion : l'eucharistie est célébrée trois fois par an, à Noël le 12 octobre pour la mort du prophète et à Pâques qui coïncide avec l'anniversaire du début de sa prédication. La Communion consiste dans le partage de gâteaux faits de farine de maïs et de bananes ; un mélange non fermenté de miel et d'eau remplace le vin. Contrairement à de nombreuses Eglises protestantes, le Kimbanguisme reconnaît la présence réelle de Jésus-Christ dans l'eucharistie. Le caractère sacré du Corps du Christ est tel que si un morceau du gâteau tombe au sol, seul un pasteur peut le ramasser en pratiquant un rite spécial.

En ce qui concerne la doctrine, le kimbanguisme insiste particulièrement sur la Communion des Saints, à vrai dire particulièrement adaptée au caractère communautaire de la société africaine.

Les progrès rapides et spectaculaires du kimbanguisme ne permettent pas de connaître avec précision le nombre de ses fidèles. Le chiffre parfois avancé de 350 000 ou 500 000 est très sous-estimé si l'on en juge par le nombre de baptêmes. Les cérémonies religieuses attirent régulièrement des foules importantes et recueillies ; il n'est pas rare qu'un office dominical attire plusieurs milliers de fidèles. Le grand temple de N'Kamba, à près de 200 km à l'ouest de Kinshasa, dispose de 37 000 places. Certaines estimations d'origine non-kimbanguistes font état de 5 millions de fidèles, dont 4 au Zaïre et un million dans les pays frontaliers (Congo, Angola, Zambie, Centre-Afrique). La réalité n'est peut-être pas loin de ces chiffres.

Rappelons que, contrairement à une opinion couramment répandue, les Kimbangistes ne sont pas tous des Noirs africains.

Comme tout mouvement qui réussit, le kimbanguisme subit des imitations et des déviations nombreuses. Certaines de ces « hérésies » ont pris naissance dans l'ethnie des Baluba, dans la province zaïroise du Kasaï, en réaction contre l'importance prépondérante dans l'Eglise kimbanguiste de l'ethnie rivale des Bakongo. Désignées sous le nom général de Nzambi wa Malemba (« Dieu de la paix »), ces déviations sont très hétérogènes.

Le harrisme

Cette religion a été fondé par William Wade Harris Wury, né en 1865 au Libéria. De famille animiste, il fréquenta l'école méthodiste et fut baptisé dans cette confession. Une existence variée au cours de laquelle il fut prêcheur méthodiste et marin de commerce l'amena à prendre des positions politiques telles qu'il fut emprisonné. C'est pendant son incarcération, en 1912, qu'il fut visité par l'archange Gabriel ; celui-ci lui ordonna d'évangéliser ses frères.

Libéré, il s'expatria en Côte d'Ivoire où sa prédication eut un très grand succès. Il réussit à ne pas inquiéter les autorités coloniales françaises, son message n'ayant rien de subversif. Expulsé cependant en 1915, il recommanda à ses fidèles de se rallier soit au catholicisme, soit au protestantisme. Certaines communautés refusèrent et le mouvement fut relancé en 1929 par John Ahui, modestement d'abord, puis plus vigoureusement en 1954, après une nouvelle autorisation de l'Administration.

Les cérémonies du culte ressemblent beaucoup à celles des Méthodistes. La doctrine insiste vigoureusement sur la suppression des idoles animistes et rejette tout syncrétisme avec les religions traditionnelles.

Les fidèles s'habillent de blanc pour aller au temple et les femmes s'y couvrent la tête d'un foulard de même couleur. Il n'y a pas de prêtres à proprement parler, mais un prédicateur, en soutane et coiffe blanches avec étole noire. Outre l'office du dimanche, les fidèles viennent au temple quatre fois dans la semaine. Il n'y a pas de communion mais des confessions. Les chants sont en langue locale. Les prédicateurs reçoivent une année de formation auprès du « Prédicateur Suprême », à Grand-Bassam.

Le Harrisme est en développement rapide. Il compte largement une centaine de milliers de fidèles, il s'implante déjà au Ghana et au Libéria et, par le biais des travailleurs voltaïques immigrés en Côte d'Ivoire, atteindra bientôt le Burkina-Faso. Le Harrisme est, avec le catholicisme, le protestantisme et l'Islam, l'une des quatre religions reconnues officiellement par le gouvernement de Côte d'Ivoire.

Si les Eglises locales africaines sont les plus nombreuses, d'autres Eglises d'origines diverses ont déjà pris une importance considérable.

Nous présenterons deux d'entre elles qui n'ont en commun qu'un remarquable sens de l'organisation et de l'efficacité :
— l'Iglesia ni Christo, originaire des Philippines,
— l'Eglise des Saints des Derniers Jours, plus connue sous le nom d'Eglise des Mormons.

Une église locale : iglesia ni kristo

C'est aux Philippines, seul pays d'Asie majoritairement catholique, qu'a été fondée en 1914 par Félix Manalo (mort en 1963) l'originale « Iglesia ni Kristo »[109]. Cette Eglise est assez puissante pour disposer aujourd'hui d'un lieu de culte dans presque toutes les villes du pays ; Manille en compte 70. Iglesia ni Kristo est également présente là où les communautés Philippines sont importantes comme aux Etats-Unis ou chez les travailleurs émigrés au Moyen-Orient. Le nombre de ses fidèles est difficile à déterminer ; ils seraient de 2 à 4 millions, soit de 3 à 7 % de la population. Le dernier chiffre est plus vraisemblable, peut-être même est-il sous-estimé si l'on n'exclut pas des doubles appartenances possibles avec l'Eglise catholique.

Les grandes religions 159

La doctrine d'Iglesia ni Kristo est pourtant fort peu catholique. Elle se rattacherait plutôt à l'hérésie arianiste qui a profondément divisé l'Eglise au IVe siècle, puisqu'elle nie la divinité du Christ et l'existence de la Trinité. En outre la condamnation des idoles dans la Bible est interprétée avec tant de rigueur que le symbole de la croix lui-même est proscrit. Cette particularité rend aisément reconnaissables les églises du mouvement qui sont d'ailleurs toutes construites sur le même modèle.

Comme dans de nombreuses Eglises protestantes, le baptême est réservé aux adultes mais se pratique en une seule immersion. En revanche, le divorce n'est pas admis.

Les services hebdomadaires ont lieu le jeudi et le dimanche soir.

Le culte alterne lectures bibliques et hymnes. Le chœur, placé derrière les officiants, est composé de plusieurs dizaines de chanteurs et chanteuses tous vêtus de blanc. Les chants, très beaux, sont d'une mélancolie solennelle inattendue sous les tropiques. L'assistance fait face au chœur, les hommes à gauche et les femmes à droite.

Les fêtes les plus solennelles sont « Holy supper », la Sainte Cène, célébrée le Jeudi Saint et le « Thanks giving », cérémonie d'actions de grâce qui a lieu à la fin de l'année.

La vitalité de l'Eglise est, pour une bonne part, dûe à la solidarité dont elle témoigne pour ses fidèles. Ceux qui sont dans le besoin reçoivent dons ou prêts, substituts des prestations sociales inexistantes. Pourtant ce service n'est pas gratuit et les contributions des fidèles, fortement sollicités, peuvent attendre 10 % de leurs revenus. Certains estiment que le régime du président Marcos avait soutenu financièrement Iglesia ni Kristo pour contre-battre l'influence gênante de l'Eglise catholique.

Le plus curieux est le contrôle véritablement disciplinaire exercé par Iglesia ni Kristo sur ses fidèles : chacun d'entre eux doit pointer quand il participe au culte et dispose à cet effet, comme un ouvrier d'usine, d'une fiche individuelle placée sur un tableau à l'entrée du temple.

Dès qu'une absence est constatée, des responsables s'enquièrent de sa raison. Les négligences sont réprimandées et punies d'amendes, quant aux fautes graves, elles entraînent l'expulsion.

Les mormons

Les Mormons constituent la plus étonnante des Eglises importantes qui se rattachent, au moins historiquement, au Christianisme.

En vérité, si l'inspiration et les références chrétiennes sont évidentes dans cette église dite « Eglise de Jésus-Christ des Saints des derniers jours », on y constate tant d'originalité dans les croyances et les pratiques que beaucoup hésitent à la rapprocher du Christianisme.

Quoique relativement peu connue, si ce n'est par sa réputation d'accepter la polygamie, l'église des Mormons est puissante, riche, très soudée, et elle déborde largement le territoire des Etats-Unis où elle est née. Les Mormons ont un vigoureux esprit missionnaire et sont fort bien organisés. On compte plus de 6 millions de Mormons dans le monde[110] ; une bonne partie vit dans l'état quasi-désertique de l'Utah qu'ils ont remarquablement développé, et seulement 1/3 hors des Etats-Unis, dont environ dix mille en France. Les instances supérieures des Mormons sont à Salt Lake City, capitale de l'Utah.

L'église des Saints des derniers jours n'a guère plus d'un siècle et demi : la première communauté de Mormons a été fondée par Joseph Smith en 1830 dans l'Etat de New-York et la naissance de cette religion mérite d'être relatée.

Quatrième des dix enfants d'une famille de paysans pauvres, Joseph Smith est né en 1805 dans le village de Sharon, Etat de Vermont, aux Etats-Unis. Il eut une première vision en 1820 qui lui révéla sa vocation de prophète. Trois ans après, le 21 septembre 1823, un ange appelé Moroni lui apparut et lui parla d'un mystérieux livre où est racontée l'histoire des premiers habitants de l'Amérique ainsi que les voies de la vie éternelle. D'après l'ange, ce livre, écrit sur des feuilles d'or en écriture égyptienne antique « réformée », était enterré près du village de Manchester, dans l'Etat de New-York, mais l'heure n'était pas encore venue de l'exhumer.

Lors d'une autre vision en 1827, l'ange lui remit enfin le livre et la façon de s'en servir, mais pour une brève période de temps ; Smith trouva des cristaux placés par Dieu à son intention qui lui servirent de lunettes à déchiffrer l'écriture égyptienne. Il put ainsi dicter en anglais à trois de ses compagnons l'ensemble du texte de ce livre extraordinaire que seuls Smith et deux groupes successifs de trois et huit compagnons ont pu voir.

Le texte du livre de Mormon rappelle l'Ancien Testament dont on trouve près de 400 citations littérales. On y trouve aussi le « sermon sur la montagne », partie centrale de l'évangile, mais dans un contexte historique différent.

La notion de péché originel est rejetée par les Mormons et les enfants de moins de huit ans sont considérés comme sans péchés.

Les Mormons n'admettent pas la prédestination ; ils ont, dans leur courte histoire, hésité entre le monothéisme et le polythéisme, car Smith, qui connaissait un peu d'hébreu, était troublé par le mot « elohim » qui signifie Dieu et est grammaticalement un pluriel.

En ce qui concerne la morale sexuelle, si le livre de Mormon considère la polygamie comme un péché grave, Smith changea d'avis et eut entre 27 et 49 épouses, selon les informations. Les éditions ultérieures du livre de Mormon admirent donc le mariage pluriel. Mais, après que le Congrès américain eut voté en 1862 une loi contre la polygamie, le président de l'église des Mormons réadopta une position officielle contre cette pratique, mais seulement en 1890.

Les grandes religions

Revenons à la merveilleuse histoire du livre des Mormons : on y conte qu'à la suite de l'échec de la construction de la Tour de Babel, le peuple des Jarédites, dont personne ne connaissait l'existence avant le livre, s'en alla occuper l'Amérique d'où ils furent progressivement repoussés par des Israélites. Ceux-ci atteignirent la côte du Pacifique vers 590 avant notre ère. Ces peuples, devenus américains, se divisèrent en « Néphites » respectueux de Dieu, et « Lamanites », sans foi ni loi. Malheureusement, ces derniers finirent par écraser les Néphites et le dernier prophète de l'Ancien Testament, un Néphite nommé précisément Mormon, écrivit avec son fils Moroni le Livre pour les générations à venir qui redécouvriraient l'Amérique.

On y apprend aussi que le Christ ressuscité est venu pour apporter également son message aux Américains d'avant Colomb. C'est pourquoi le sermon sur la montagne réapparaît dans d'autres circonstances.

Certains historiens se sont demandés si le mouvement mormon n'avait pas été partiellement inspiré par l'exemple de l'Islam où, également, un livre sacré venu du ciel donne à un prophète mission de bâtir une nouvelle société.

Toujours est-il que le livre de Mormon eut, dès sa parution, un remarquable succès, peut-être en partie causé par le désir refoulé des Américains d'avoir une Histoire Ancienne.

Le livre de Mormon engendra aussi un intérêt pour l'égyptologie — Champollion ne vint à bout de la lecture des hiéroglyphes qu'en 1824 —

Joseph Smith eut moins de succès que son livre : accusé de petits délits et incarcéré à la prison de Carthage, il en fut extrait par des opposants excités qui l'abattirent. Ce martyre contribua à persuader les Mormons que le destin de leur prophète était semblable à celui de Jésus-Christ.

Sous l'impulsion d'un chef de très forte personnalité, Brigham Young, le peuple des Mormons, composé d'environ 12 000 personnes, émigra vers l'ouest et s'enfonça dans des terres inconnues jusqu'au moment où Young l'arrêta au bord du Grand Lac Salé de l'Utah. Ils y construisirent leur temple en granite blanc. Leur esprit d'entreprise et d'abnégation ont fait de ce désert une ville moderne et verdoyante.

L'église des Mormons est dirigée par un « président prophète et voyant », assisté de deux conseillers et de douze apôtres. L'organisation est très stricte et compte des évêques, des grands prêtres, des prêtres et des missionnaires. Ceux-ci sont environ 30 000 répartis dans 150 missions du monde ; ils assurent plus de 100 000 conversions par an. L'implantation des Mormons en France date de 1866 et en Angleterre de 1837.

Les Mormons versent scrupuleusement 10 % de leurs revenus à leur église et acceptent volontiers de passer environ deux ans comme missionnaires dans le monde.

Parmi les activités pieuses remarquables de l'église des Mormons, on ne peut manquer de citer le baptême des morts : chaque fidèle peut faire baptiser rétrospectivement des ascendants, aussi lointains soient-ils, sous réserve d'en fournir l'état civil exact à l'Eglise. Les Mormons s'évertuent donc à relever dans toutes les villes et localités du Monde les noms de tous les êtres humains dont ils peuvent trouver le nom. Ceux-ci sont répertoriés dans le grand ordinateur dont s'est doté l'Eglise. Dieu se souviendra ainsi d'eux le jour de la résurrection des morts.

Les croyances des mormons et leur argumentation justifiant le caractère révélé du livre de Mormon

Articles de foi
de l'Eglise de Jésus-Christ des Saints des derniers jours

1. Nous croyons en Dieu, le Père Eternel, en Son Fils Jésus-Christ et au Saint-Esprit.
2. Nous croyons que les hommes seront punis pour leurs propres péchés et non pour la transgression d'Adam.
3. Nous croyons que, par le sacrifice expiatoire du Christ, tout le genre humain peut être sauvé, en obéissant aux lois et aux ordonnances de l'Evangile.
4. Nous croyons que les premiers principes et premières ordonnances de l'Evangile sont : (1) La foi au Seigneur Jésus-Christ ; (2) la repentance ; (3) le baptême par immersion pour la rémission des péchés ; (4) l'imposition des mains pour le don du Saint-Esprit.
5. Nous croyons qu'un homme doit être appelé de Dieu par « révélation et par l'imposition des mains », par ceux qui sont en autorité, pour prêcher l'Evangile et en administrer les ordonnances.
6. Nous croyons à la même organisation qui existait dans l'Eglise primitive, à savoir : Apôtres, prophètes, pasteurs, instructeurs, évangélistes, etc.
7. Nous croyons au don des langues, de prophétie, de révélation, de vision, de guérison, d'interprétation des langues, etc.
8. Nous croyons que la Bible est la parole de Dieu, pour autant qu'elle est traduite correctement ; nous croyons aussi que le Livre de Mormon est la parole de Dieu.
9. Nous croyons tout ce que Dieu a révélé, tout ce qu'il révèle maintenant et nous croyons qu'il révélera encore beaucoup de grandes et importantes choses concernant le royaume de Dieu.
10. Nous croyons au rassemblement littéral d'Israël et à la Restauration des dix tribus. Nous croyons que Sion sera bâtie sur ce continent [l'Amérique] ; que Jésus-Christ règnera en personne sur la terre ; que la terre sera renouvelée et recevra sa gloire paradisiaque.

11. Nous réclamons le privilège d'adorer le Dieu Tout-Puissant selon les inspirations de notre conscience et nous concédons à tous les hommes le même privilège, qu'ils adorent comme ils veulent, où ils veulent ou ce qu'ils veulent.
12. Nous croyons que nous devons nous soumettre aux rois, aux présidents, aux gouverneurs et aux magistrats ; obéir aux lois, les honorer et les soutenir.
13. Nous croyons que nous devons être honnêtes, fidèles, chastes, bienveillants et vertueux et faire du bien à tous les hommes ; en effet, nous pouvons dire que nous suivons l'exhortation de Paul « Nous croyons tout, nous espérons tout », nous avons enduré beaucoup de choses et nous espérons être capables d'endurer toutes choses. Nous aspirons à tout ce qui est vertueux, aimable, de bonne réputation ou digne de louanges. — Joseph Smith.

Le défi lancé au monde par le Livre de Mormon

Trente-deux conditions auxquelles vous, ou n'importe qui d'autre, devez vous conformer pour produire un récit semblable, dans des conditions comparables, avec les mêmes résultats.

1. Vous devez avoir 23 ans.
2. Vous ne devez pas avoir reçu plus de 3 ans d'enseignement officiel à l'école.
3. Vous devez écrire l'histoire d'une ancienne civilisation, comme celle du Tibet, s'étendant sur une période allant de 2200 avant Jésus-Christ à 400 après.
4. Vous devez y insérer l'histoire de deux nations séparées et distinctes, ainsi que l'histoire de différents groupes ou nations, contemporains des deux premiers.
5. Vous devez décrire leurs cultures et leurs institutions religieuses, économiques, sociales et politiques.
6. Vous devez introduire dans cette histoire la religion de Jésus-Christ et le modèle de la vie chrétienne.
7. Vous devez écrire, non pas un court, mais un long récit, même de 477 pages avec plus de 500 mots par page.
8. Vous devez écrire un livre de 239 chapitres, dont 54 traitant de guerres, 21 d'histoire, 55 de prophéties, 71 de doctrine, 17 de missionnaires, et 21 de la mission du Christ.
9. Vous devez enrichir la langue française de 180 noms propres. Pour gouverne, Shakespeare n'en a ajouté qu'une trentaine à la langue anglaise.
10. Vous devez être au courant de ce que vos descriptions des cultures de ces civilisations sont inconnues au moment où vous produisez ce récit.
11. Vous devez commencer maintenant, et achever en 60 jours, ce récit comprenant 2600 ans d'histoire.
12. Vous devez écrire cette histoire sur la base de vos connaissances actuelles.
13. Vous ne devez faire aucune déclaration absurde, impossible ou contradictoire.

14. Vous devez éviter tout défaut dans le livre entier.
15. Il faut qu'une grande partie des faits, des idées et des déclarations que l'on trouve dans votre récit soient absolument incompatibles et même en opposition directe avec les opinions communément répandues dans le monde. On devra même prétendre ne connaître que très peu de choses de cette civilisation et de ses 2600 ans d'histoire.
16. Vous devez déclarer vigoureusement et sans équivoque que votre récit n'appartient pas à la fiction mais que c'est une histoire vraie et même sacrée.
17. Vous devez faire en sorte que votre récit accomplisse des prophéties de la Bible, même en ce qui concerne la manière exacte de sa propre parution, ses buts et ses réalisations, ainsi que la personne qui le publiera.
18. Vous devez avoir trois témoins honnêtes et dignes de foi qui attestent au monde entier qu'un ange des cieux leur est apparu et leur a montré les anciennes annales d'après lesquelles vous déclarez avoir traduit votre récit.
19. Vous devez appeler des cieux la voix du Rédempteur pour qu'elle déclare à ces trois hommes que le récit est vrai et que la responsabilité leur incombe d'en rendre témoignage, puis faire en sorte qu'ils le fassent.
20. Vous devez avoir huit autres hommes qui témoignent au monde qu'ils ont vu et manipulé les plaques anciennes, dont ils ont tâté les caractères gravés, en plein jour.
21. Vous devez faire témoigner les trois et les huit témoins sans aucun bénéfice pour eux mais au prix de grands sacrifices personnels et malgré de grandes persécutions, même jusqu'à leur lit de mort.
22. Vous devez inclure dans le récit lui-même cette promesse merveilleuse, unique, « dangereuse » : « Et quand vous recevrez ces choses, je vous exhorte à demander à Dieu, le Père Eternel, au nom du Christ, si ces choses ne sont pas vraies : et si vous le demandez avec un cœur sincère, et avec une intention réelle, ayant foi en Christ, il vous en manifestera la vérité par le pouvoir du Saint-Esprit. »
23. Vous devez trouver quelqu'un pour financer votre livre, sachant que ni lui ni vous n'en recevrez jamais aucune rémunération.
24. Vous devez le publier parmi toute nation, toute tribu, toute langue et tout peuple, déclarant que c'est la parole de Dieu.
25. Vous devez inviter les savants et les spécialistes les plus compétents à examiner le texte avec soin, et veiller diligemment à ce que votre livre soit remis entre les mains de tous ceux qui seront le plus impatients de prouver qu'il est faux, et également le plus compétents pour en dévoiler tout défaut.
26. Vous devez, après avoir subi les persécutions et les insultes pendant les vingt années suivantes, donner volontairement votre vie à cause du témoignage que le récit vient de Dieu.
27. Vous devez ensuite faire en sorte que toutes les évidences et toutes les prophéties internes et externes soient confirmées et accomplies dans les 123 années qui suivront.

28. Vous devez faire vérifier ses prétentions et prouver la véracité parfaite de ses détails les plus minutieux par des examens complets, des évidences scientifiques et des découvertes archéologiques faites durant les 135 années suivantes.
29. Vous devez arriver après plus de 135 ans d'analyses considérables, à ce qu'aucune prétention ou fait cités dans le livre n'aient été réfutés, mais qu'ils soient au contraire entièrement établis : que toute théorie ou idée concernant son origine n'ait surgi que pour s'écrouler, laissant votre déclaration comme la seule plausible.
30. Vous devez rendre votre livre si convaincant qu'après sa publication, plus de 3000 personnes par an, pour la plupart des jeunes gens et des jeunes filles, soient disposés à donner en moyenne deux ans de leur vie, à leurs propres frais ou aux frais de leurs familles, pour aller dans le monde afin de rendre témoignage que le récit est vrai.
31. Vous devez avoir l'approbation de bon nombre de grands hommes, de savants et d'intellectuels, qui se rallient à ce récit et à ses idées, même au point de lui sacrifier leur vie.
32. Il faut que des dizaines, et même des centaines de milliers de gens témoignent au monde pendant les 135 années suivantes, qu'ils savent que le récit est authentique, parce qu'ils ont mis la promesse à l'épreuve, et qu'elle s'est avérée ; et que la véracité leur en a été manifestée par le pouvoir du Saint-Esprit.

Le Livre de Mormon remplit parfaitement toutes ces conditions. Publié en 1830, traduction de plaques d'or, il est l'histoire d'une ancienne civilisation de l'Amérique.

---

[26] Nous verrons plus loin que certains protestants récusent une telle intervention surnaturelle et, partant, la virginité de Marie.

[27] Messie, « oint », se dit Christ en grec, d'où l'on a tiré chrétien et christianisme. Jésus-Christ associe donc le nom de Jésus à sa fonction voulue par Dieu.

[28] Ceci n'exclut pas que le plan de Dieu s'étende à d'autres mondes habités, mais ceci est hors de notre portée.

[29] Les musulmans n'acceptent pas qu'un prophète tel que Jésus ait pu ainsi périr, Dieu n'ayant pu permettre la mort ignominieuse de Celui que Sa volonté avait fait naître d'une vierge.

[30] Le caractère unique de ce corps ressuscité, annonciateur de la résurrection qui nous est promise, enlève toute extravagance à l'Ascension du Christ au ciel sous les yeux des apôtres, 40 jours après Pâques.

[31] Le mot grec employé est paracletos, qui signifie avocat. L'Eglise a toujours interprété ce terme comme étant le Saint-Esprit, qui nous soutient comme le ferait un avocat dans une cause difficile. Les musulmans se fondent sur cette parole pour déclarer qu'il s'agit de Mahomet, ainsi annoncé par le prophète Jésus.

³² Cette différence avec l'Islam est frappante. C'est l'organisation politique et militaire de Mahomet et des premiers califes qui a permis en un siècle d'aller jusqu'à Poitiers. Depuis le XIIIᵉ siècle, l'Islam n'a pratiquement pas gagné de positions géographiques ; dès cette époque, l'Indonésie et les Empires occidentaux de l'Afrique noire étaient déjà largement islamisés.

³³ Orthodoxe, « pensée droite » en grec, désigne ce qui est conforme à la vérité d'une doctrine : un communiste orthodoxe ne discute pas les décisions du Comité central.

³⁴ On trouvera ci-après un tableau des conciles, des dogmes promulgués et des hérésies qui en ont résulté.

³⁵ Ce terme latin, qui signifie « je crois », est le premier mot d'une prière catholique où sont énoncées les principales vérités à croire.

³⁶ Personne, mot d'origine étrusque, désigne originellement un masque de théatre. Ainsi, le même « acteur », Dieu, apparaît-il, selon les circonstances, sous trois aspects distincts, trois « personnages ». On mesure évidemment l'imperfection de notre vocabulaire pour décrire ce qui relève de la nature même de Dieu. Rien ne nous aurait permis d'imaginer cette « structure interne » de Dieu sans la révélation. Le Coran ne mentionne pas la notion de Trinité ; les musulmans la récusent donc et certains la jugent même suspecte de porter atteinte à l'unicité de Dieu.

³⁷ Quelles que soient les circonstances et l'époque, l'homme, par sa liberté, a cédé à la tentation de refuser Dieu, provoquant ainsi une blessure en lui.

³⁸ On a vu des moines vivre dans un dénuement total dans les lieux les plus inhospitaliers ou, plus curieusement encore, au sommet de colonnes. Ils y restaient, hiver comme été, à plusieurs mètres au dessus du sol, et vivaient des aumônes de quelques fidèles.

³⁹ Saint Paul disait « oportet haereses esse » : il faut qu'il y ait des hérésies, c'est-à-dire des erreurs doctrinales.

⁴⁰ Merci se dit gratias en latin et eucharistos en grec. Pour plus d'explications sur l'eucharistie, voir le paragraphe la concernant dans « les sacrements », au chapitre sur le catholicisme p. 95.

⁴¹ Eglise vient du grec ekklesia, « assemblée ».

⁴² L'arianisme, doctrine d'Arius, partant du caractère transcendant de Dieu, n'admettait pas que Jésus soit plus qu'une créature adoptée par Dieu comme fils. L'arianisme eut un éclatant succès chez les Goths mais il n'en reste rien de nos jours. Le nestorianisme, doctrine de Nestorius, tire du dogme que Jésus-Christ est vrai Dieu et vrai homme la conclusion qu'il y a deux personnes en lui, l'homme et le Dieu. Marie est la mère de l'homme mais pas la mère de Dieu. De la même façon, c'est l'homme seul qui est mort sur la croix. Les chrétiens d'Arabie avec lesquels Mahomet était en contact étaient nestoriens, ce qui explique, selon les chrétiens, la position de l'Islam (voir le chapitre sur l'Islam). Les nestoriens sont encore près de 500 000 aujourd'hui. Le monophysisme, littéralement « doctrine de la nature unique », fait, en réaction contre le nestorianisme, disparaître la nature humaine du Christ derrière sa nature divine. Les chrétiens coptes et éthiopiens sont de tradition monophysite mais ils se rapprochent fortement aujourd'hui de l'orthodoxie.

⁴³ Catholique signifie universel ; œcuménique, de sens très voisin, désigne ce qui concerne l'ensemble du monde habité.

⁴⁴ L'Eglise catholique se dit aussi apostolique par référence aux apôtres et romaine parce qu'elle reconnaît l'autorité de l'évêque de Rome.

⁴⁵ Le concile de Nicée, convoqué par Constantin en 325, fixe le contenu du « credo ».

⁴⁶ Cette décision trouble certains catholiques attachés à leurs habitudes, d'autant plus qu'elle s'assortit de changements liturgiques mineurs. Pourtant ce n'est qu'au XVIᵉ siècle, au Concile de Trente, que l'Eglise imposa la messe en latin. Aujourd'hui, celle-ci n'est pas interdite mais elle n'est pas recommandée. Les rites catholiques non latins, que nous verrons plus loin, emploient d'ailleurs diverses autres langues liturgiques comme le grec ou l'arabe.

Les grandes religions

⁴⁷ Pendant des siècles, le catholicisme a formulé cet enseignement en appelant « Corps de l'Eglise » l'Eglise visible, dont les fidèles reconnaissent l'autorité du pape et des évêques, et âme de l'Eglise, l'ensemble des hommes qui ne sont pas en état de péché mortel. C'est plus précisément cette Eglise qui constitue le Corps mystique du Christ. Selon le vocabulaire traditionnel, ceux qui n'appartiennent pas à l'Eglise visible se répartissent entre :
— les non-baptisés, appelés jadis « infidèles » (ceux qui n'ont pas la foi, « fides », sans nuance péjorative) ; ils peuvent être membres de l'Eglise invisible s'ils vivent dans l'amour de Dieu avec assez de plénitude.
— les apostats qui sont des chrétiens baptisés ayant explicitement et totalement rejeté Jésus-Christ.
— les excommuniés, chrétiens exclus de l'Eglise à la suite d'une faute grave.
— les hérétiques, chrétiens qui refusent de croire à une ou plusieurs vérité enseignées par l'Eglise comme article de foi. Les protestants sont hérétiques.
— les schismatiques, chrétiens qui croient à l'enseignement de l'Eglise mais refusent de reconnaître l'autorité des pasteurs légitimes, en particulier du pape. Depuis la séparation de l'Eglise d'Orient en 1054, les orthodoxes sont schismatiques. Cependant une partie de l'Eglise d'Orient est restée fidèle à Rome ; il existe donc des catholiques non latins, de différents rites orientaux dirigés par des patriarches qui reconnaissent, par définition, l'autorité du pape.

⁴⁸ On peut se demander pourquoi l'Eglise n'a pas affirmé depuis longtemps cette position qui semble la seule cohérente avec ses principes. C'est sans doute le poids de la nature humaine qui déforme les meilleures intentions. Après tout, l'Islam a bien du mal à pratiquer la tolérance qui est inscrite dans les principes du Coran et le communisme soviétique s'accommode aisément des privilèges de la nomenklatura. Ce qui compte c'est le résultat final ; comme le disait Jésus-Christ, on juge un arbre à ses fruits.

⁴⁹ Le mot de « tradition », comme beaucoup d'autres du vocabulaire religieux, peut être mal compris car il est pris dans un sens différent de celui, un peu passéiste, de « traditionnel ». La tradition, « tirée » du passé de l'Eglise, ne la tourne pas vers ce passé mais lui permet au contraire d'aller vers l'avenir en édifiant progressivement sa doctrine sur une base de plus en plus solide et cohérente.

⁵⁰ Prenons une comparaison très imparfaite : un témoin convoqué par la police peut être incapable de préciser l'identité d'un coupable tout en étant cependant certain de quelques caractéristiques de l'individu : il ne portait pas de blouson, il n'avait pas de bottes etc. Un tel témoignage ne définit pas le coupable mais il élimine des hypothèses. De la même façon, les dogmes éliminent des hypothèses religieuses stériles.

⁵¹ L'assomption, du latin « ad sumere », « prendre avec soi », est l'élévation au ciel de la Mère de Dieu à la fin de sa vie terrestre. Ce mot s'oppose à l'Ascension de Jésus-Christ qui s'est élevé par lui-même au ciel, tandis que sa mère, simple être humain, y a été appelée.

⁵² 535 évêques ont voté pour, 2 contre et 55 autres avaient quitté le concile pour éviter de voter contre. Après le vote, les 57 opposants se sont ralliés au nouveau dogme.

⁵³ Il n'y a évidemment pas de changement de la substance chimique du pain et du vin : dans le vocabulaire théologique, la substance est, comme l'étymologie le suggère, ce qui se tient dessous, c'est à dire sous les apparences.

⁵⁴ On peut employer du vin blanc ou rouge, la couleur n'est pas en cause. En pays d'Islam rigoriste, les prêtres peuvent célébrer l'eucharistie avec de l'eau où trempent des raisins secs. En mer, on pratiquait jadis une « messe sèche », sans vin, de peur que le roulis ou le tangage ne renverse quelques gouttes du liquide consacré.

⁵⁵ Le droit Canon, code juridique de l'Eglise, énumère les cas d'empêchement du mariage comme par exemple une trop grande jeunesse (moins de 16 ans pour les garçons, 14 ans pour les filles), l'impuissance permanente, l'existence d'un mariage antérieur encore valide, les vœux de chasteté et l'ordre, la consanguinité jusqu'au 4ᵉ degré inclus et la disparité de culte dont l'Eglise peut accorder la dispense. On appelle mariage mixte une union entre un catholique et un chrétien baptisé non catholique. Un tel mariage est possible sous réserve de s'engager à élever les enfants dans le catholicisme.

⁵⁶ Ces dispositions rendent canoniquement impossible, par exemple, l'extension d'un mouvement comme celui de Mgr Lefèvre : pour assurer sa succession, il ne peut consacrer d'évêque sans le mandat pontifical qui ne semble pas devoir être accordé.

⁵⁷ C'est l'idée que porte le mot grâce, qui vient du latin, et charisme, qui vient du grec.

⁵⁸ Le latin, l'italien et le français sont les langues officielles de ce tribunal.

⁵⁹ On y lit cette phrase assez anodine : « le catholicisme continue à être la religion de la nation ». La tendance, toute nouvelle, du catholicisme de renoncer à l'obtention de positions privilégiées marque un contraste frappant avec l'effort de plus en plus vigoureux des fondamentalistes musulmans d'imposer la loi du Coran à leurs gouvernements.

⁶⁰ Le seul fait de reconnaître la validité de certains conciles revient à admettre que l'Eglise a besoin de préciser certains points de doctrine au cours de l'histoire. Il n'y a pas de raison théorique à ce qu'il n'y en ait pas d'autres dans l'avenir. Les orthodoxes admettent cette possibilité mais ne voient pas l'intérêt d'en faire usage.

⁶¹ L'Eglise reconnait 31 docteurs de l'Eglise. Parmi les plus connus et les plus importants, on peut citer St Augustin, berbère algérien (354-430), auteur de « la Cité de Dieu », St Thomas d'Aquin, italien (1225-1274), qui a écrit la fameuse « Somme théologique », St Bernard de Clairvaux (1090-1153), Ste Catherine de Sienne (1347-1380), Ste Thérèse d'Avila (1515-1582), St François de Sales (1565-1622)...

⁶² Les chapitres consacrés au surnaturel et aux pèlerinages montreront le rôle joué par les apparitions de la Vierge en divers points du monde.

⁶³ Un charisme est un don surnaturel de Dieu. Le mot grec charisma (prononcer « karisma ») signifie « faveur », « bienfait », « grâce ». Eucharistie lui est apparenté et a le sens d'action de grâces, remerciement.

⁶⁴ Littéralement, en latin « œuvre de Dieu ».

⁶⁵ En France, les 1300 membres, hommes et femmes, de l'Opus Dei ont fondé une quinzaine de centres dont 10 à Paris. Des activités sont également organisées dans une dizaine d'autres grandes villes.

⁶⁶ Ce mot italien signifie « foyers ».

⁶⁷ L'abnégation poussée jusqu'au sacrifice de la vie n'est pas une exclusivité des missionnaires mais on la rencontre plus généralement en temps de guerre, à des périodes où la vie est, de toute façon, menacée.

⁶⁸ On ne peut manquer d'être frappé, sur ce plan, par le contraste entre le christianisme qui cherche à s'assimiler aux différentes cultures et l'Islam qui apporte à tous les pays musulmans la même culture marquée par l'arabisme.

⁶⁹ melkite vient du mot syriaque malka, « roi » ; pour les monophysites, il caractérisait les chrétiens restés fidèles à l'empereur de Byzance. C'est cette référence qui explique aussi le qualificatif de « grec ».

⁷⁰ Nestorius considérait que Dieu « habitait » la personne de Jésus, niant que Jésus soit à la fois Dieu et homme ; Marie était donc mère du Christ mais pas mère de Dieu. Les Nestoriens sont encore environ 300 000 dans le monde.

⁷¹ Pour les effectifs des catholiques des différents rites voir p. 46.

⁷² L'orthodoxie emploie le terme « Liturgie encharistique » et non celui de messe.

⁷³ Pour les règles concernant le mariage des prêtres dans l'orthodoxie, voir plus loin p. 125. Il est à noter que, même dans le rite latin on admet quelquefois des exceptions : un diacre vénézuélien marié a été ordonné prêtre à l'âge de 60 ans en 1975 ; plus récemment, en 1987, un pasteur anglican marié, converti au catholicisme, a été admis comme prêtre tout en restant marié.

⁷⁴ Il en reste l'invocation « Kyrie eleison », Seigneur, aie pitié », dans la messe de rite romain. « Monsieur » se dit encore « Kyrios » en grec moderne.

⁷⁵ Jusqu'au IXe siècle, le titre de pape était donné à tous les évêques. C'est depuis Jean VIII (872-882) qu'il est réservé à l'évêque de Rome.

⁷⁶ Une première rupture avait déjà eu lieu de 863 à 886 : le patriarche Photios de Constantinople, déposé par le pape Nicolas Ier, le déposa à son tour.

Les grandes religions

⁷⁷ Les théologiens byzantins avaient la réputation de se poser des questions difficiles sur le sexe des anges. Il y a lieu de croire que des esprits tournés vers l'essentiel existaient aussi dans l'Eglise de Rome.

⁷⁸ En réalité, les catholiques sont bien d'accord sur le fait que le pape ne fait que représenter le Christ — et non le remplacer — un peu comme un ambassadeur représente son pays.

⁷⁹ Le catholicisme reconnaît cette vérité, c'est pourquoi l'infaillibilité n'existe que si le pape parle « ex cathedra », c'est-à-dire au nom de l'Eglise. La difficulté se déplace ainsi sur la définition de cet « ex cathedra ». Pour les catholiques comme pour les orthodoxes, c'est l'Eglise qui est infaillible, mais le dogme définit comment s'exprime cette infaillibilité. Il n'en reste pas moins que la proclamation de ce dogme en 1870 fut perçu par les orthodoxes comme une agression à leur endroit. Peut-être n'aurait-il pas été proclamé dans le contexte contemporain, tant il est vrai que les vérités ne sont pas toujours bonnes à dire.

⁸⁰ Rappelons que, selon ce dogme, la Vierge Marie a été conçue sans le péché originel, expression catholique employée pour décrire la condition humaine marquée par la faute.

⁸¹ Serge Boulgakov (1871-1944) était russe ; il débuta sa carrière en enseignant l'économie politique marxiste en U.R.S.S. et la termina comme professeur de dogmatique orthodoxe à l'Institut Saint Serge de Paris.

⁸² Aux quatre patriarcats les plus anciens et les plus vénérables (Constantinople, Alexandrie, Antioche dont le patriarche siège à Damas, et Jérusalem) se sont ajoutés au cours des siècles ceux de Russie (Moscou, 1589) de Serbie (Belgrade, 1922), de Roumanie (Bucarest, 1924) et de Bulgarie (Sofia, 1953). Il existe en outre sept Eglises « autocéphales » (Géorgie, Chypre, Grèce, Pologne...) ainsi que des Eglises « autonomes » (Finlande, Hongrie, Estonie, Lettonie...)

⁸³ Officiellement, le dialogue théologique entre catholiques et orthodoxes se poursuit au sein d'une Commission mixte qui n'avance que lentement malgré des rencontres renouvelées entre le patriarche œcuménique de Constantinople et le pape. Sur le terrain, la situation est encore souvent tendue. En Grèce par exemple, des enseignants ont été récemment empêchés d'exercer leurs fonctions parce qu'ils étaient catholiques et non orthodoxes. Cette mesure anticonstitutionnelle témoigne de l'hostilité encore vive à l'égard des catholiques dans ce pays.

⁸⁴ Rappelons que d'après les données présentées page 46, sur un nombre d'orthodoxes à peine supérieur à 100 millions d'âmes, Coptes et Ethiopiens mis à part, environ 60 millions sont en U.R.S.S., 14 en Roumanie et 6 en Bulgarie.

⁸⁵ Le nom russe de ce schisme est raskol, d'une racine signifiant « fendre ». On retrouve ce mot dans le nom du personnage de Dostoïevsky, Raskolnikov, qui est, à vrai dire, un peu « fissuré ».

⁸⁶ Les doukhobors se sont ensuite divisés en deux courants : les uns ont des prêtres, ce sont les « popovtsy » ; les autres n'en ont pas, ce sont les « bezpopovtsy ».

⁸⁷ Voir page 110. Le mot « copte » vient du grec Aegyptos, prononcé Egouptos et abrégé en gouptos.

⁸⁸ Abu-na signifie littéralement « notre père ».

⁸⁹ Il s'agissait d'éviter les peines de l'au-delà en payant à l'Eglise des sommes déterminées par le clergé en fonction de la gravité des péchés commis.

⁹⁰ C'est de cette période qu'est né le terme de « protestant ». On pense souvent qu'il s'agit d'une protestation contre le catholicisme. Ce n'est pas exactement le cas : ce sont les délégués d'Etats du Saint Empire germanique à la Diète de Spire qui « protestèrent » en 1529 contre l'oppression des minorités religieuses. Le fait que ces « protestants » étaient des réformés conduisit à l'assimilation des deux termes, mais, si l'on s'en tient au sens strict, « protestant » et « réformé » ne sont pas interchangeables et le second est plus conforme à la réalité religieuse.

⁹¹ Certaines de ces croyances cependant ne sont pas admis par tous les protestants ; l'existence de la Trinité est parfois récusée, notamment par les Témoins de Jéhovah.

⁹² Au XVIᵉ siècle, cette position avait l'avantage de secouer le carcan d'habitudes figées. A cet égard nul ne conteste aujourd'hui l'effet positif de l'ensemble de la réforme pour le

christianisme. Le catholicisme lui-même a davantage pris conscience de ses blocages internes et a entrepris dès lors sa propre réforme, dite contre-réforme catholique. A terme cependant, on peut se demander si le protestantisme ne souffre pas de l'absence d'une structure incontestée qui accumule l'expérience de la confrontation de la foi avec le monde. A force de tout pouvoir remettre en question à tout moment, le bouillonnement protestant ne permet pas, sur une longue période, des avancées continues et spectaculaires. C'est pourquoi, un peu contre ses propres principes le protestantisme s'est érigé le plus souvent en Eglises qui ont elles-mêmes une certaine tradition, mais sans unité d'ensemble entre elles. Les protestants sont donc amenés à considérer que l'Eglise unique fondée par le Christ est un rassemblement invisible de tous ceux que touche la grâce de Dieu, sans que ce rassemblement coïncide avec une Eglise particulière.

[93] C'est le sens d'anabaptisme qui signifie « baptême à nouveau ».

[94] Ils tirent leur nom de Menno Simons (1496-1561) qui, après avoir été prêtre catholique, se rallia au mouvement anabaptiste.

[95] Il en fit exécuter deux sur l'échafaud, Anne Boleyn et Catherine Howard, ce qui est une autre façon de pouvoir se remarier.

[96] Marie Tudor, fille d'Henri VIII et de Catherine d'Aragon, était bien placée pour rejeter un anglicanisme qui avait dépossédé sa mère du trône.

[97] Cette querelle conduit certains prêtres anglicans de la Haute Eglise à se convertir au catholicisme. Ceux d'entre eux qui sont mariés sont parmi les rares prêtres catholiques de rite latin mariés.

[98] Selon Wesley, celui qui vit selon la méthode que préconise la Bible est un méthodiste.

[99] Issue du méthodisme, l'Armée du Salut compte 350 000 actifs et plus de deux millions de sympathisants. Elle se consacre à l'évangélisation et à l'aide sociale. A sa tête est placé un « général » élu pour cinq ans. Depuis 1958, c'est une Australienne qui occupe cette fonction.

[100] On les appelle aussi les « Frères de Bohème » ou Herrnhuter (« gardiens du Seigneur » en allemand). Leur nom officiel est « Union des Frères » ou « Eglise des Frères ».

[101] Presbutês signifie vieillard en grec. L'Eglise presbytérienne est, étymologiquement, dirigée par les anciens. C'est du même mot grec que dérivent aussi prêtre et presbytie.

[102] Voir page 131.

[103] Jéhovah est une prononciation apparue au Moyen-Age du fameux tétragramme, c'est à dire des quatre lettres de l'alphabet hébreu équivalentes à YHWH. Yahweh est une autre prononciation des mêmes lettres qui désignent Dieu. Ces quatre lettres portent l'idée d'existence et peuvent s'interpréter comme signifiant « Il est » ou « Celui qui est ». Le o et le a de Jéhovah ont été introduit dans YHWH sous l'influence du mot hébreu Adonaï qui signifie « Seigneur ».

[104] Le caractère mythique ou symbolique des périodes de 1000 ans rappelle les grandes frayeurs du Moyen-Age à l'approche de l'an 1000. Des mouvements qu'on appelle pour cette raison « millénaristes » ont fleuri à tous les âges de l'humanité. Les Adventistes avec lesquels Russel était en rapport avaient prédit le retour du Christ en 1873 ou 1874 et, rien d'évident n'apparaissant, on avait déduit qu'il était de retour invisiblement. Après la séparation de Russel et la fondation des Témoins de Jéhovah, le jour fatidique a été reporté dans le courant de l'année 1914. Cette date n'a pas répondu à l'idée qu'on pouvait se faire de l'instauration du règne de Dieu. Selon les interprétations aujourd'hui en vigueur, il n'est pas étonnant que l'homme, dans son imperfection, puisse se tromper et les corrections successives que l'on est conduit à apporter sont une preuve de plus du cheminement lent sur la voie de la vérité que Jéhovah propose aux hommes. A la limite, dans cette perspective, chaque démenti des prédictions par les faits est une raison supplémentaire de croire.

[105] Ces sectes portent le nom de « kitawala », tawala étant une déformation bantou de « tower », de « watch tower », la tour de garde.

[106] Une estimation plus exhaustive des différentes dénominations chrétiennes d'Afrique du Sud seulement dépasse largement le millier, même en tenant compte des parentés qui lient bon nombre d'entre elles.

[107] On retrouve curieusement cette fascination de l'Ethiopie dans le mouvement jamaïcain « rasta » qui tire son nom de celui du Négus, Ras Tafari.
[108] Un membre influent de ce cabinet est un jeune Zaïrois, ingénieur de physique nucléaire et fils de pasteur baptiste.
[109] Iglesia ni Kristo signifie « église du Christ » en tagalog, langue nationale du pays.
[110] Les Mormons n'étaient qu'à peine 3 millions en 1970.

L'ISLAM

Rares sont les religions qui modèlent autant une société que l'Islam. Il suffit bien souvent de quelques images d'un film pour reconnaître que le pays où il est tourné est musulman : l'habillement des hommes et des femmes, le minaret d'une mosquée, l'écriture arabe, de multiples indices laissent peu de place au doute. Pourtant l'erreur est possible tant on associe naturellement l'Islam au monde arabe et au Moyen-Orient. Si l'on tournait le même film à Java ou chez les Chinois Hui, sans parler des Black Moslems américains, l'ambiance islamique serait beaucoup moins nette.

L'empreinte de l'Islam sur la société s'explique parce que c'est une religion totale qui touche tous les moments de la vie personnelle ou sociale. De ce point de vue, on peut le comparer à ce qu'était le christianisme au temps de la chrétienté, quand les lois et les mœurs avaient pour référence exclusive la doctrine de l'Eglise. Aujourd'hui, tous les pays musulmans se réfèrent à l'Islam, même si des différences importantes existent entre eux dans l'interprétation qu'ils donnent de cette référence. Par contraste, les pays de culture chrétienne ont tous renoncé à une référence à l'Eglise, catholique ou protestante, même si leur culture est profondément marquée par cette Eglise.

Pour cette raison, on conçoit que l'Islam ne soit à l'aise que s'il est dominant dans le pays où il est implanté. On constate d'ailleurs que près de 75 % des musulmans, soit 660 millions sur 900 millions, vivent dans les 36 pays où l'Islam est majoritaire. Autrement dit, l'Islam est très minoritaire ou quasiment absent dans 130 pays qui, pour une population totale de 2 600 millions d'âmes comptent 55 millions de musulmans, soit à peine plus de 2 %. En outre, et c'est partiellement une conséquence de ce qui précède, l'Islam s'étend sur un domaine continu et homogène : à des exceptions minimes près, il ne touche ni l'Amérique ni l'Europe et en Afrique il n'est présent en force qu'au Nord de l'équateur. Quant à l'Asie, il y compte ses plus gros bataillons puisque la moitié des musulmans du monde vit dans quatre pays : l'Indonésie, le Pakistan, le Bangladesh et l'Inde.

L'Islam donne à ces peuples divers le sentiment d'appartenir à une communauté, l'Umma[115], qui unit les croyants au-delà des évidentes différences culturelles.

Pour entrer dans l'Islam, les formalités sont simples : le nouvel adepte se purifie par des ablutions, une douche par exemple, et il prononce en toute sincérité la formule de la profession de foi, la shahada[116].

En revanche, il est beaucoup plus difficile d'en sortir. Selon le Coran, celui qui abjure l'Islam mérite la mort. Il semblerait donc que le célèbre verset du Coran « pas de contrainte en matière de religion »[117] signifie seulement qu'il n'est pas permis de convertir de force les infidèles. L'Islam prévoit d'ailleurs à l'intention de certains d'entre eux un statut de protégé, appelé dhimma[118], qui favorise les fidèles des religions du « livre », essentiellement juifs et chrétiens, par rapport aux idolâtres que sont, par exemple, les animistes. Toutefois, l'ordre de la communauté musulmane ne doit pas être troublé.

Il n'en reste pas moins que le non-musulman en pays d'Islam n'est pas tout à fait un citoyen comme les autres et on lui fait parfois sentir, plus ou moins discrètement, le caractère anormal et affligeant de sa condition.

Les situations varient considérablement d'un pays à l'autre. En Afrique du Nord et surtout au Maroc et en Tunisie, les principes de non-contrainte sont parfaitement respectés. A l'opposé, dans les pays wahabites comme l'Arabie Séoudite et le Qatar, il n'est pas question d'admettre la présence d'une église ou d'une synagogue et il est interdit de célébrer une messe ou tout autre culte dans un local privé. L'intolérance va jusqu'à prohiber des repas de Noël dans les restaurants. Bien entendu la consommation, même très modérée, d'alcool est exclue pour tous, y compris les non-musulmans. Ces différences de traitement s'expliquent par la structure de l'Islam sunnite, majoritaire à 90 %, qui ne comporte pas de clergé ni, par conséquent, d'autorité religieuse centralisée. C'est dire qu'une place importante est laissée à l'initiative des spécialistes du Coran, les ulema[119], et des responsables des mosquées, les imams, pour interpréter les principes de l'Islam.

Les principes de l'Islam

L'Islam est d'une grande simplicité de principes : Dieu, unique et tout-puissant, a révélé aux hommes un texte, le Coran, qu'il a transmis par l'intermédiaire d'un homme Mahomet.

Le Coran est la parole de Dieu. Mahomet n'en est pas l'auteur, il en a reçu le texte d'un ange de Dieu, Gabriel.

Ce texte, parfait et complet, suffit à tous les besoins de l'homme et de la société. Le Coran est la référence suprême en toute matière : spiritualité, droit, politique, économie, sciences, morale individuelle ou collective.

Les grandes religions

Reconnaître la toute-puissance de Dieu, c'est se soumettre à sa volonté. Le sens du mot Islam est précisément « soumission ». La soumission à Dieu consiste à obéir à sa parole, c'est-à-dire à observer scrupuleusement les prescriptions du Coran.

Les plus fondamentales de ces prescriptions sont les « *cinq piliers de l'Islam* » : la profession de foi (shahada), la prière cinq fois par jour, le jeûne, l'aumône (zakkat), et le pèlerinage (hadj)[120]. Mais un bon musulman doit bien connaître l'ensemble du Coran puisque toute sa vie publique et privée doit s'y conformer. Le Coran recommande d'ailleurs aux croyants de le réciter chaque fois que cela est possible. Des milliers de fidèles le connaissent par cœur d'un bout à l'autre.

Parfois, le message du Coran peut laisser la place à interprétations, ne serait-ce que parce que l'intelligence humaine est limitée. L'Islam admet pour vraie l'interprétation que le prophète Mahomet en a donné par sa façon de vivre aussi bien que par son enseignement. Des textes complémentaires, appelés hadith, relatent cette interprétation. Leur authenticité est assurée par la précaution extrême qu'ont pris les spécialistes musulmans de noter scrupuleusement les sources en donnant la suite chronologique des noms de ceux qui ont recueilli cet enseignement. Pour faire une comparaison juridique, le Coran est la Loi, relevant d'un pouvoir supérieur, et les hadith sont la jurisprudence, c'est-à-dire la façon dont la loi a été interprétée.

La croyance des musulmans concerne tout ce que contient le Coran. Un hadith résume cette croyance ainsi : « croire au Dieu Unique, à ses messagers les anges, à ses livres révélés, à ses messagers humains, à la résurrection du dernier jour, à la détermination du bien et du mal par Dieu ».

Cela mérite quelques commentaires :

— La croyance en un Dieu unique n'est pas propre à l'Islam, c'est celle de l'écrasante majorité de ceux qui croient en un Univers créé. Cependant, la rigueur avec laquelle l'unicité de Dieu est affirmée par les musulmans conduit certains d'entre eux à reprocher aux chrétiens d'adorer un Dieu en trois personnes.

— Les anges sont très présents dans le Coran qui a, rappelons-le, été transmis par Gabriel au prophète Mahomet. Le Coran cite aussi l'archange Michel, sans indiquer ses fonctions, Malik, gardien de l'enfer, et évoque l'existence d'autres anges sans spécifier leurs noms et attributs. Les anges ont différentes fonctions : soutenir le trône de Dieu, glorifier Dieu, Lui servir de messagers.

— La révélation de Dieu ne se limite pas au seul Coran, qui est la parole de Dieu à l'état pur. Elle s'étend aussi au message d'autres livres. Le Coran mentionne explicitement : les « feuilles d'Abraham » dont il ne reste pas trace, c'est-à-dire les cinq premiers livres de la Bible, la Thora dite « feuilles de Moïse », les psaumes de David, qui font partie de la Bible, et l'Evangile. L'Islam fait une place à part à ceux qui se réfèrent à l'un ou l'autre de ces

livres. Ils sont considérés comme « les peuples du Livre » (en arabe, ahl el kitab). L'une des conséquences est qu'il est permis à un musulman de se marier à une juive ou à une chrétienne en la laissant pratiquer sa religion[122].
— Les messagers humains sont les prophètes (« nabi » ou « rassoul » en arabe). Ce sont des hommes de grande vertu et des modèles de comportement choisis par Dieu pour transmettre des révélations dont le contenu fondamental est constant — unicité de Dieu, interdiction du mal... — mais dont la forme peut varier en fonction du milieu social auquel ces révélations s'adressent. Ceci explique l'envoi de prophètes successifs parmi lesquels le Coran mentionne : Adam, Henoch, père de Mathusalem, Abraham, Jacob, David, Moïse, Jésus, Jean-Baptiste et Mahomet. Cette liste n'est pas limitative. Le Coran enseigne même que toute nation a un prophète mais il n'y aura pas d'autre prophète après Mahomet.
— Quand Dieu décidera que le temps est venu, l'univers sera détruit puis, après quelque temps, chacun sera ramené à la vie. Alors, viendra le Jugement dernier qui décidera de notre sort en fonction des actes de notre vie. Ce que sont l'enfer et le paradis est au-delà de toute imagination ; il est seulement demandé au croyant d'y croire.
— Dieu seul connaît le bien et le mal. La morale à respecter pour être sauvé est contenue dans le Coran, tout au moins dans les principes. Cette morale est codifiée par la loi musulmane, la chari'a qui comprend aussi des éléments purement législatifs : statut personnel, réglementation du commerce, droit pénal, etc.

Pour un musulman, l'Islam est la religion parfaite : il est le couronnement et l'accomplissement de la révélation divine. La Torah et l'Evangile sont des livres sacrés révélés par Dieu, comme le Coran. C'est ainsi que les musulmans reprennent à leur compte les événements de l'Histoire Sainte et se considèrent comme les fils spirituels d'Abraham. De même, l'Islam reconnaît la naissance miraculeuse de Jésus, né de la vierge Marie[123]. Pourquoi Dieu n'aurait-Il pas fait naître un homme sans père, alors qu'Il a créé Adam sans père ni mère ?[124] Jésus est le plus grand prophète ayant vécu avant Mahomet ; il sera d'ailleurs appelé à présider le Jugement dernier. Ce rôle exceptionnel de Jésus rend inadmissible pour un musulman qu'il soit mort supplicié ; il y aurait donc eu substitution et c'est un inconnu qui serait mort sur la croix. Cependant, si les Juifs ont tort de ne pas reconnaître Jésus comme prophète, les chrétiens divaguent en qualifiant Jésus de fils de Dieu. C'est faire injure à la grandeur de Dieu d'imaginer qu'Il puisse avoir pris la condition humaine et il est contraire à Son Unicité qu'il ait existé un homme-Dieu sur terre : Dieu ne peut avoir d'« associé ».

De même, le Saint-Esprit annoncé par Jésus sous le nom grec de « paraclet », avocat, n'est pas une personne divine, mais Mahomet, le dernier des prophètes, auquel Dieu a confié le dernier des Livres révélés, le Coran, définitif et intangible.

Les grandes religions

LE CORAN

C'est l'archange Gabriel — Djibril en arabe —, messager d'Allah, qui a transmis à Mahomet le texte divin du Coran. Cette révélation a été progressive et elle s'est faite par fragments sur une période de 23 ans, 13 ans à la Mecque et 10 ans à Médine. Il est même arrivé que certains versets soient annulés et remplacés par une version ultérieure.

C'est oralement que ce message de Dieu a été transmis et le prophète le dictait alors à un secrétaire. Chaque année au mois de ramadan, le prophète récitait à l'archange Gabriel ce qui lui avait été révélé jusque-là.

On ne sait pas exactement dans quel ordre les différents chapitres du texte ont été révélés. Le troisième calife, Othman, par crainte de divergences entre copistes, décida la rédaction d'un texte de référence unique sur la base des documents que détenaient ses prédécesseurs. C'est ce Coran qui fait aujourd'hui autorité. Ainsi, le prophète n'a jamais effectué de son vivant une vérification et une compilation des textes écrits de la révélation.

La forme officielle du Coran, admise par tous les musulmans, comprend 114 chapitres, les « sourates », composés d'un nombre variable de versets, dits « ayat »[125]. Dans le Coran, les sourates sont classées en commençant par les plus longues et en finissant par les plus courtes. Seule fait exception la première sourate, la fatiha, le « prologue », dont le texte est le suivant:

> « Au nom de Dieu, clément et miséricordieux, louange à Dieu, maître des deux mondes, clément et miséricordieux, souverain du jour du Jugement dernier, c'est Toi que nous adorons, Toi dont nous implorons l'aide; guide nous dans la voie droite, la voie de ceux que Tu as comblés de Tes bienfaits et non de ceux qui ont encouru Ta colère ni de ceux qui se sont égarés. »

La seconde sourate est la plus longue avec 286 versets; elle s'intitule « la vache » car on y mentionne l'ordre donné par Dieu à Moïse d'immoler une vache; la plupart des prescriptions concernant la pratique du culte s'y trouvent rassemblées.

La troisième sourate, « la famille d'Imran », comprend 200 versets; la quatrième, « les femmes », 175 versets et ainsi de suite jusqu'à la 114e, « les hommes », qui n'a que 6 versets.

Le lecteur occidental qui lit le Coran dans une traduction ne peut manquer d'être surpris par l'impression chaotique du texte qui mélange sans aucun lien logique, comme l'Ancien Testament de la Bible, des exhortations morales, des dispositions juridiques, des récits édifiants etc. Cependant, une bonne part de l'attrait du Coran provient de la beauté poétique de la langue. Le Coran est donc inimitable et constitue un véritable miracle.

Certaines dispositions du Coran, qui constituaient sûrement un progrès pour la société arabe du VIIe siècle, paraissent aujourd'hui anachroniques, au moins pour un esprit occidentalisé. Par exemple, le Coran codifie certains rapports entre maître et esclave et admet l'application de la loi du talion (œil pour œil, dent pour dent). Quant aux règles relatives à la femme, elles sont conçues pour la protéger au sein d'une société dominée par l'homme : elles paraissent évidemment rétrogrades si l'on se place dans une optique d'égalité de l'homme et de la femme.

L'application stricte du Coran à l'époque actuelle se heurte donc fatalement à l'évolution moderne des mœurs. C'est pourquoi les fondamentalistes musulmans rejettent la société occidentale qui pervertit l'humanité, du fait même qu'elle l'éloigne de la pratique coranique.

Pourtant l'Islam reconnaît que le Coran n'a pas tout réglé des détails de la vie en société : ce qui n'est ni interdit ni recommandé est laissé à la libre appréciation de chacun. C'est donc par analogie avec les dangers de l'alcool que, par exemple, on condamnera l'usage de la drogue. Cette inévitable part d'interprétation pourrait conduire à une lecture « moderniste » de l'ensemble du Coran, ce à quoi le monde musulman ne semble pas encore préparé.

Sans un tel effort, on imagine mal comment l'Islam pourrait s'étendre à l'ensemble de l'humanité, comme c'est sa vocation déclarée.

Les différentes formes de l'Islam

Quoique la référence au Coran donne à tout l'Islam son unité, à laquelle les musulmans sont très attachés, il y existe, comme dans les autres grands courants spirituels, des variantes, divergences et divisions internes dont l'origine est souvent bien plus la rivalité d'intérêts politiques ou d'ambitions personnelles que proprement religieuse.

L'Islam a, plus que beaucoup d'autres religions, l'ambition de régir l'ensemble du comportement de la société et il se trouve naturellement davantage impliqué dans la vie politique.

Enfin, l'égalité des musulmans devant la loi du Coran permet, peut-être davantage que dans des religions plus hiérarchisées, des interprétations multiples concernant les points non explicitement traités dans le Coran ou la tradition.

On constate en tout cas, au cours de l'histoire, une prolifération de conflits où se mêlent inextricablement le politique et le religieux sans qu'on puisse toujours déterminer le facteur prépondérant. Une rivalité politique est ainsi le plus souvent justifiée et expliquée par des raisons religieuses qui persistent après la disparition du problème politique et laissent des traces souvent profondes dans l'Islam lui-même.

Il est cependant possible de clarifier la description de ces différents courants et tendances en les regroupant en trois grands groupes d'importance très inégale ;
— le sunnisme ;
— le chiisme ;
— le kharidjisme.

Le premier, le sunnisme, comprend l'écrasante majorité, près de 90 %, des musulmans.

Le chiisme en compte environ 10 % et le kharidjisme pourrait être passé sous silence s'il n'illustrait assez bien comment a pu naître, dès les débuts de l'Islam, ce que certains appellent une secte.

Ce qui différencie fondamentalement ces trois grands groupes, c'est, à l'origine, la question de la légitimité du calife, celui qui est appelé à diriger la communauté musulmane en remplacement du prophète Mahomet.

Pour les sunnites, la légitimité est celle des compagnons du prophète. Leurs successeurs ont été désignés selon divers modes, allant jusqu'à un califat héréditaire de fait.

Pour les chiites, elle s'attache aux descendants au prophète par le sang, par son gendre Ali.

Pour les kharidjites, n'importe quel croyant de vertu irréprochable peut diriger la communauté si celle-ci tout entière le désigne.

Cette querelle de la légitimité date des premières années de l'Islam, au moment de la bataille de Saffin en 657, quand s'opposèrent les partisans d'Ali, gendre du prophète Mahomet et quatrième calife, à Muawiyya, gouverneur de Syrie designé par le troisième calife Othman, et qu'Ali voulait destituer. Au cours de la bataille qui tournait à l'avantage d'Ali, les partisans de Muawiyya sollicitèrent une trêve en attachant à leurs lances des versets du Coran. Un arbitrage eut lieu qui fut défavorable à Ali. Certains partisans d'Ali reprochèrent à celui-ci d'avoir accepté cet arbitrage, tout en continuant de récuser Muawiyya qui avait osé combattre Ali : ils devinrent les kharidjites. D'autres restèrent partisans d'Ali, ce sont les chiites (chi'a signifie « parti »). Les autres sont les sunnites (de sunna, « tradition »).

Le califat

L'institution du califat remonte aux débuts de l'Islam mais elle a connu bien des interprétations diverses. Le mot « calife », khalifa en arabe, désigne littéralement un remplaçant, un lieu-tenant ; il s'est d'abord appliqué aux trois premiers successeurs du prophète. Certains musulmans jugeaient que le choix du calife devait se faire selon des critères de compétences et de qualités morales tandis que d'autres privilégiaient la lignée du prophète. La procédure d'investiture du calife n'a jamais été fixée et des formules très différentes ont été employées au cours de l'histoire.

Dès le VIIe siècle, les Omeyyades ont introduit le principe dynastique et, pour donner encore plus de poids à leur pouvoir, ils ont décrété que le calife était le représentant de Dieu sur terre et non plus celui du prophète. Ils précisèrent que le calife ne pouvait être le fils d'une concubine non arabe.

A la chute des Omeyyades, les Abbassides établirent à Baghdad un califat dont l'accès était réservé aux descendants de la famille du prophète. Le califat fut transféré en Egypte jusqu'en 1517, date à laquelle il passa aux mains de Selim le Cruel, sultan turc d'Istanbul. Le califat fut supprimé par Atatürk en 1929, après que celui-ci l'eut réduit en 1924 au rôle de symbole de la solidarité islamique.

Les grands courants de l'islam

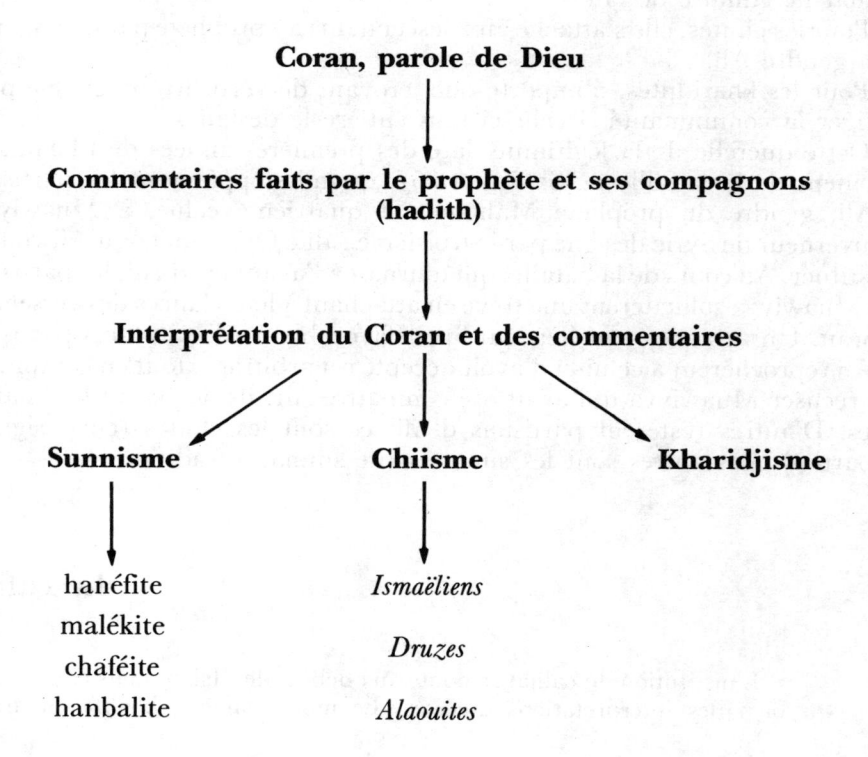

Coran, parole de Dieu
↓
Commentaires faits par le prophète et ses compagnons (hadith)
↓
Interprétation du Coran et des commentaires
↙ ↓ ↘
Sunnisme   **Chiisme**   **Kharidjisme**
↓   ↓

hanéfite   *Ismaëliens*
malékite
chaféite   *Druzes*
hanbalite
                 Alaouites

Les grandes religions 179

Cependant, la souveraineté turque des Ottomans ne s'était jamais imposée au Maroc, dont le sultan est l'héritier du calife Omeyyade de Cordoue, établi en Andalousie en 758 à l'avènement des Abbassides. On peut donc soutenir que le sultan du Maroc est le dernier calife existant, il est le Commandeur des Croyants mais son autorité ne dépasse pas les limites du royaume chérifien.

On constate qu'au cours de douze siècles d'histoire, les fonctions de calife ont été avant tout celles de chef religieux de la communauté des croyants, mais elles se sont souvent confondues avec celles du sultan, le chef politique. C'est notamment le cas dans l'Islam chiite dont l'imam a des fonctions politico-religieuses qui englobent celles du calife.

On imagine les inextricables difficultés politiques que soulèverait de nos jours toute tentative d'instaurer un califat pour l'ensemble du monde musulman. C'est pourtant cet espoir que nourrissent les musulmans fondamentalistes qui souhaitent l'unité de l'Islam dans la soumission à la loi religieuse.

LE SUNNISME

Une masse de près de 800 millions d'hommes, même unis par la même croyance, comprend fatalement différentes sensibilités.

Dans le sunnisme, celles-ci s'expriment en quatre écoles qui ne se distinguent que par des points relativement mineurs portant sur la philosophie, le droit ou la façon de faire la prière.

Ces écoles ou rites, dont le nom dérive de celui de leur fondateur, sont, par ordre chronologique, les suivantes :
— les hanéfites ;
— les malékites ;
— les chaféites ;
— les hanbalites.

Toutes ces écoles règlent les points de droit musulman en se basant sur quatre principes d'importance décroissante :
— le Coran ;
— la tradition ou sunna, qui a donné son nom au sunnisme ;
— l'analogie avec des cas juridiquement semblables ;
— le consensus de la communauté.

Ce sont de légères différences d'interprétation sur les deux derniers points qui différencient ces écoles. Ainsi, par exemple, les malékites estiment que le consensus de la communauté est exprimé par celui des savants en théologie, les ulema, alors que les hanéfites admettent une interprétation personnelle si elle est orientée vers le bien de la communauté. Les hanéfites font fréquemment référence à des analogies dûment motivées. Les chaféites (on peut aussi écrire shafii) mettent l'accent sur la sunna et considèrent qu'il y a consensus s'il y a accord de tous les rites; le jugement personnel est récusé. Les hanbalites, très minoritaires, attachent, comme les malékites, une grande importance au consensus des ulema.

Un petit détail permet de reconnaître les malékites lors de la prière: seuls avec les chiites, ils laissent leurs bras le long du corps alors que les autres rites les placent sur la poitrine, la main gauche soutenant la droite.

Les différences de rite ne posent aucun problème aux musulmans: chacun peut suivre sans aucun scrupule les offices religieux des autres rites.

Géographiquement, les quatre rites intéressent les pays suivants:

— *Hanéfites*: Iraq, Syrie, Afghanistan, Pakistan, Inde, Turquie, Chine et, pour une faible minorité, l'Egypte.
— *Malékites*: Egypte (surtout la Haute-Egypte), Afrique du Nord et Afrique Noire (à l'exception de l'Afrique Orientale).
— *Chaféites*: Basse-Egypte, Afrique orientale, Jordanie, Sud de l'Arabie, Indonésie et Asie du Sud-Est.
— *Hanbalites*: Arabie Saoudite (le wahabisme en est une branche).

Ces différences de rites à l'intérieur du sunnisme n'ont pratiquement aucune influence sur la vie religieuse quotidienne des musulmans.

La diversité de l'Islam s'exprime plutôt dans la distinction entre sunnisme et chiisme d'une part et surtout, comme nous le verrons plus loin à propos de la pratique religieuse, entre des conceptions plus ou moins mystiques de la religion.

C'est pourquoi, après avoir présenté les caractéristiques principales du chiisme et du kharidjisme, nous reviendrons sur les différentes formes de la pratique religieuse de l'Islam telle qu'elle s'exprime notamment dans les confréries.

Le chiisme

Comme on l'a vu, c'est la lutte pour le pouvoir qui paraît être la raison historique la plus évidente de la rupture entre sunnisme et chiisme.

Toutefois cette question de la légitimité du pouvoir est aujourd'hui bien lointaine et les divergences entre ces deux formes de l'Islam sont désormais de nature essentiellement doctrinale: elles rappellent, toutes proportions gardées, celles qui existent entre catholiques et protestants.

Apparemment en effet, la référence au Coran donne à l'Islam son unité comme celle à Jésus-Christ est partagée par tous les chrétiens. L'observation du Coran qui caractérise visiblement un bon musulman conduit chiites et sunnistes à une pratique très semblable. Les différences entre les deux courants portent sur les points principaux suivants:

— Les chiites placent à la tête de la communauté des croyants un Imam (littéralement : « celui qui est devant »). Sa fonction est à la fois religieuse et politique, contrairement au calife sunnite qui n'a qu'un pouvoir temporel, celui de faire respecter la loi islamique. L'Imam reçoit de Dieu une lumière pour l'interpréter et l'adapter.
— L'Imam chiite est un descendant du prophète et de son gendre Ali. C'est un être doué de qualités surnaturelles dues à cette filiation : son autorité et ses décisions sont infaillibles[126].
— La lignée historique des Imams chiites s'est arrêtée au 12e d'entre eux. Celui-ci, Mohammed el Gawan, a disparu au IXe siècle. Il n'est pas mort mais a été « occulté » ; il est caché aux yeux des hommes et reviendra à la fin des temps. Les chiites attendent le retour de ce dernier Imam, le Mahdi, comme les Juifs attendent le Messie. Cette théologie originale n'a pas d'équivalent dans le sunnisme.
— L'interprétation du Coran par les chiites est beaucoup plus allégorique que littérale. L'Imam, successeur du prophète, est dépositaire d'une connaissance secrète qui lui permet d'interpréter la religion.

Sur 93 millions de chiites, 39 vivent en Iran. Ce pays est le seul à être presqu'entièrement chiite (93 % de la population). Aussi n'est-il pas étonnant que la mentalité iranienne, très différente de l'arabe, ait imprimé le chiisme de sa marque. Dans une large mesure, le chiisme a été mis à profit par la personnalité iranienne pour se protéger contre les dangers d'une trop grande arabisation. Il ne faut pas oublier que les rivalités et parfois l'inimitié ont toujours été très vives entre Arabes et Persans. Les deux peuples, à part l'Islam, ont peu en commun : ils appartiennent à des groupes linguistiques différents, sémite et indo-européen, et leurs cultures sont nettement distinctes. Malgré une forte arabisation de son vocabulaire et l'islamisation de son mode de vie, l'Iran garde sa personnalité originale, même dans les pratiques régies par la religion.

Ainsi, pour ne citer que quelques exemples, les fameuses miniatures persanes ne tiennent aucun compte de l'interdiction coranique de représenter hommes ou animaux ; le calendrier encore en vigueur en Iran est zoroastrien, celui de l'Islam n'étant employé que pour la religion. Quant aux célèbres poètes persans, ils n'ont jamais hésité à faire l'éloge du vin et de ses ivresses, même si l'on a pu trouver à ces propos un symbolisme mystique...

Une autre particularité du chiisme est l'existence d'un clergé professionnel formé de mollas, d'hodjatoleslams et d'ayatollahs[127]. Plus curieuse est la pratique du mariage temporaire qui se réfère à la notion coranique de muta'a, terme juridique appliqué à la jouissance... d'un bien. Fort de cette base religieuse, le chiisme, surtout iranien, pratique un « mariage » parfois très provisoire, enregistré par le molla moyennant honnête rétribution. C'est évidemment la source d'abus et de plaisanteries. Il y a quelques années, faire le pélerinage de la ville sainte iranienne de Qom était, pour une veuve ou une divorcée, synonyme d'aller faire la fête avec un étudiant en théologie dont le dévouement était payé par le financement de ses études[128]

Une disposition islamique dont le chiisme fait un large usage est celle du « kitman » qui autorise la dissimulation de ses croyances en cas de risque personnel grave. Comme on ne sait jamais à quoi on s'expose, cette licence est adoptée avec enthousiasme en Iran, même et surtout en dehors du domaine religieux.

Malgré leur importance, les particularismes du chiisme ne sont pas apparents dans la pratique quotidienne du fidèle. L'Islam, contrairement au christianisme, insiste sur ce qui l'unifie et non pas sur ce qui le divise. Est musulman celui qui croit à l'unicité de Dieu, en la mission du prophète et au caractère révélé de la parole de Dieu dans le Coran. Les obligations qui en découlent — prière, jeûne, aumône et pélerinage — sont les mêmes pour tous les croyants. Par conséquent un chiite se comporte extérieurement comme un musulman sunnite et aucune ségrégation n'existe, par exemple, dans les mosquées ou lors du pélerinage de la Mecque. Tout au plus peut-on repérer un chiite au fait que, lors de la prière, il se prosterne en posant le front, non pas directement sur le tapis de prière, mais sur une pierre de Kerbela, sorte de petite brique de la taille d'un domino où est moulée la silhouette de la mosquée de cette ville, située un peu au Sud de Baghdad. C'est là qu'a été tué Hussein (écrit plus précisément Husayn), fils d'Ali et troisième Imam chiite.

Dans la religion populaire, la croyance au caractère quasi-divin de l'Imam laisse cependant des traces : certains chiites ne s'interdisent pas de penser que le dernier Imam intervient de temps en temps sur terre ; il leur paraît assez puissant et omniprésent pour lui adresser des prières ou des messages n'importe où, par exemple dans une bouteille jetée à la mer ou au fond d'un puits, persuadés qu'ils sont que l'Imam sera capable d'en prendre connaissance. Encore une fois, il ne s'agit là que de croyances populaires, proches de la superstition, qui n'ont pas la caution du chiisme officiel.

Comme l'Islam sunnite, le chiisme n'évite pas non plus la vénération de saints personnages par la piété populaire. L'équivalent persan du « marabout » est « l'imamzadeh », littéralement le « fils d'Imam ». Mais ce qui différencie le plus visiblement le chiisme du sunnisme est l'impression de tristesse poignante qui se dégage des « fêtes » religieuses chiites. En particulier, le martyre de Hussein, commémoré le 10 du mois lunaire de moharram, s'accompagne de sinistres processions avec plaintes, gémissements et auto-flagellations. C'est une marque de piété que de témoigner ainsi de l'adversité du destin.

Pour en finir avec cette brève description des caractéristiques du chiisme, il ne faut pas oublier que cette forme d'Islam a donné lieu à d'abondantes spéculations théologiques, bien dans la ligne du goût iranien pour l'intellec-

Les grandes religions

tualisme. La doctrine chiite s'oppose en effet radicalement au sunnisme par sa croyance en un sens caché de la religion auquel seuls des esprits supérieurs ont accès. La plénitude de cette connaissance est réservée à l'Imam mais le chiisme constitue un terrain favorable à l'éclosion de mouvements élitistes fascinés par le symbolisme et l'ésotérisme.

Parmi ceux-ci, les uns restent dans l'orthodoxie chiite mais recherchent une approche mystique de Dieu tandis que d'autres ont constitué de véritables religions distinctes, nominalement rattachées à l'Islam mais profondément originales[129]. Trois de ces religions sont aujourd'hui encore très vivantes, elles concernent :
— les Ismaëliens ;
— les Alaouites ;
— les Druzes.

L'ismaëlisme

On associe généralement l'ismaëlisme à la personne de l'Agha Khan, bien que celui-ci ne soit pas reconnu comme chef spirituel par l'ensemble du mouvement.

L'ismaëlisme est né d'une réforme du chiisme promue par Ismaël, fils aîné du sixième imam chiite Djafar. Cependant Ismaël mourut en 751, quatorze ans avant son père, et ne put jamais exercer les fonctions d'imam qui devaient lui revenir. Les partisans d'Ismaël récusèrent le septième imam et les suivants et restèrent attachés à leur maître, considéré comme un « 7e imam caché »[131].

Comme tout courant islamique, l'ismaëlisme ne touche pas qu'au domaine spirituel ; il a été au pouvoir sous la brillante dynastie égyptienne des Fatimides de 973 à 1171. Aujourd'hui le rayonnement des Ismaëliens n'est plus guère politique mais leur communauté, très soudée, dispose d'une grande influence économique. Bon nombre d'Ismaëliens occupent des situations enviables dans des entreprises de pays aussi variés que la Grande Bretagne, le Portugal, la Belgique, l'Afrique Orientale, le Canada et même la France. L'Agha Khan lui-même contrôle de nombreuses sociétés et sa fortune est célèbre.

Le rayonnement spirituel des Ismaëliens dépasse largement le cadre de leur mouvement. C'est peut-être pourquoi on dit parfois qu'il existe une dizaine de millions d'Ismaëliens. En fait, on peut évaluer leur nombre à un peu plus d'un million, bien qu'il n'existe aucune statistique ou recensement officiel.

Les Ismaëliens se partagent en deux branches :
— Les Mustalis, originaires du Yémen, qui émigrèrent dans l'Etat de Gujerat en Inde au XIe siècle. On les appelle aussi Bohoras. Ils sont

environ 300 000 répartis en trois courants aux doctrines distinctes, dont l'un s'est maintenu au Yemen. Les Mustalis indiens ont une université près de Bombay.
— Les Nizaris, qui reconnaissent pour imam l'Agha Khan. Nombre d'entre eux vivent dans les zones montagneuses d'Asie centrale : il y en avait 250 000 en Afghanistan dans la région de Bamyan ; on en compte aussi 120 000 au Tadjikistan soviétique, 80 000 dans le Xin Jiang (Sinkiang) chinois, 120 000 en Syrie, 80 000 en Iran, 250 000 dans diverses régions d'Inde et du Pakistan, sans compter une centaine de milliers dispersés, comme nous l'avons vu, dans des contrées variées du monde.

Comme tous les mouvements d'inspiration chiite, l'ismaëlisme reconnaît l'autorité d'un Imam, chef spirituel et « émanation de Dieu ». Mais tandis que la grande majorité des chiites, tels les Iraniens, considèrent que la lignée des Imams s'est arrêtée au 12e « occulté » sans descendance, les Ismaëliens ont maintenu une lignée ininterrompue d'Imams depuis Ismaël, le 7e Imam. Selon les Ismaëliens, chaque Imam est designé par son prédécesseur qui lui transmet une investiture divine. Cette désignation suit le plus souvent le lien du sang. Ainsi l'Agha Khan est le 49e Imam des Ismaëliens nizaris, c'est le petit-fils de l'Imam précédent dont le mausolée est à Assouan, en Haute-Egypte.

Le rôle spirituel de l'Imam est considérable, puisqu'il est la manifestation de Dieu sur terre sous forme humaine. C'est un être de nature supérieure qui sert d'intermédiaire aux âmes pour qu'elles accèdent à Dieu. Par ses discours et ses écrits, l'Imam, en l'occurrence l'Agha Khan, donne ses instructions spirituelles à ses fidèles et les guide. En grossissant les traits, on peut dire que les Ismaëliens considèrent l'Islam habituel comme la forme élémentaire de la vie spirituelle et c'est pourquoi ils n'ont aucune réticence à se déclarer musulmans. Cependant il existe aussi une doctrine secrète, ésotérique, appelée « batin », analogue à celle de certains mouvements soufis[132]. L'accès à cette connaissance ésotérique que revendiquent les Ismaëliens leur permet d'intérioriser et d'intellectualiser leur religion. C'est ce qui explique que les prescriptions du Coran n'aient pas, pour eux, un caractère strictement obligatoire et puissent être vécus de façon symbolique. Les Ismaëliens nizaris se contentent généralement de deux prières par jour, ne s'astreignent pas au jeûne du Ramadan, acceptent de boire du vin et prescrivent la monogamie. Ils peuvent accepter de façon symbolique d'Ali, le gendre du prophète, à laquelle croient ces autres dissidents du chiisme que sont les Alaouites. C'est dire que les Ismaëliens ne sont nullement portés au fanatisme et acceptent facilement le dialogue avec les autres religions. Jamais cependant ils ne font de prosélytisme, ce qui explique en partie la faiblesse relative de leurs effectifs.

Ajoutons que les Ismaëliens d'Inde, les Khodjas ont adopté dans leurs croyances des éléments tirés de l'hindouisme. Parfois au cours de l'histoire, la largeur d'esprit des Ismaëliens leur a valu des persécutions de la part de musulmans de stricte observance.

Les dissidents du chiisme : Alaouites et Druzes

Les *Alaouites* sont une secte chiite qui pousse le culte de la personnalité d'Ali jusqu'à voir en lui l'incarnation de la divinité. On trouve des Alaouites en Syrie et en Turquie. Dans le premier pays, ils sont près d'un million ; le plus célèbre d'entre eux est le Président Hafez el Assad (Assad signifie « lion »). En Turquie, où leur nom est « alevi », ils sont quelques centaines de milliers, presque tous Kurdes.

Ces Alaouites n'ont rien à voir avec la dynastie marocaine qui porte le même nom, dérivé aussi cependant du nom d'Ali : le Maroc est sunnite de rite malékite.

Les *Druzes* apparaissent tardivement au XIe siècle, quand le sixième calife, al Hakim, déclare être la demeure de la Divinité. Parmi ses partisans se trouvait un Turc nommé el Darazi, d'où vient le nom de druze. Mais el Darazi n'eut pas un sort enviable et fut tué ; aussi les Druzes préfèrent s'appeler « muwahiddun » (singulier : muwahid), c'est-à-dire les « unitaires » en arabe (de wahid : unique).

Les Druzes constituent un groupe fermé et secret où existent plusieurs degrés d'instruction et d'initiation, dont certains sont héréditaires. Les initiés sont « ukkal » et les autres « jahhel ».

Il n'existe ni cérémonies ni lieux de culte. Les Druzes se doivent, entre eux, un respect absolu de la vérité. L'originalité la plus frappante des croyances druzes est qu'il n'existe, selon eux, qu'un nombre limité d'âmes. Ainsi, les âmes passent d'un corps à l'autre au moment de la mort : c'est la métempsychose, caractéristique des religions de l'Inde. Les Druzes croient au jugement dernier qui sera rendu sur la base de l'ensemble des actions réalisées par une même âme au cours de ses réincarnations successives.

Les différences entre la religion druze et l'Islam sont considérables : la monogamie est obligatoire, la prière ne l'est pas et peut être remplacée par une méditation sans horaires fixes, il n'y a pas de pèlerinage, des périodes de silence se substituent au jeûne, quant à l'aumône légale, la zakkat, elle n'est pas réglementée.

Les Druzes sont environ 600 000. Au Liban, le djebel druze, ou Chouf, au Sud-Est de Beyrouth, en abrite 200 000. 300 000 habitent la Syrie et une petite communauté de 50 000 membres vit en Israël.

Une secte chiite : les Ahl e Haqq

Officiellement, rien ne permet de déceler l'existence de quelque 500 000 adeptes de ce mouvement puisqu'ils sont tous recensés comme musulmans chiites. Presque tous sont des Kurdes iraniens, bien qu'on en trouve en Turquie, en Iraq et jusqu'en Inde et dans le Caucase.

Les croyances des Ahl e Haqq[130] n'ont pourtant que de lointains rapports avec celles de l'Islam, même si rien ne leur interdit de fréquenter les mosquées.

Ce qu'on appelle aussi l'ésotérisme kurde a pour fondateur un certain Sultan Sehak qui vécut au XIVe siècle. Selon son livre sacré, le Daftar (le « cahier » en persan), Dieu était avant la création comme une perle dans une huître. Quand l'huître s'ouvre, la création se manifeste en premier lieu sous la forme de quatre anges, favoris de Dieu. Le premier est Gabriel (Djibril en arabe, appelé aussi Benyamin ou Ruh el Amin, le « souffle loyal »), les autres sont Raphaël (Esrafil ou Pir Musi), Michaël (Dawud) et Azraël (Mustafa, l'ange de la mort), auxquels s'ajoute un ange-femme Ramzbar.

L'esprit d'ouverture des Ahl e Haqq leur fait voir dans les cinq principaux personnages de l'Islam chiite — le prophète Mahomet, son gendre Ali, ses petits fils Hassan et Hussein ainsi que sa fille Fatima — les manifestations de ces cinq anges. Pas de problème non plus avec les chrétiens, à vrai dire peu nombreux dans les parages, puisque Jésus, Pierre, Simon, saint Jean et Marie sont aussi leurs manifestations. Il est normal que St Jean, auteur de l'Apocalypse, soit une manifestation de l'ange de la mort. Les choses se compliquent quand St Mathieu est assimilé à Mahomet et quand on apprend que c'est Judas qui a été crucifié à la place de Jésus et sous ses traits.

Quant au commun des mortels, il dispose de trois âmes : l'une est l'intelligence, la deuxième est de nature animale, c'est le sang, et la troisième, qui seule survit à la mort, elle est soit lumineuse soit ténébreuse.

Les âmes lumineuses vont au paradis et les âmes ténébreuses en enfer, l'une et l'autre de ces destinations étant de nature purement spirituelle. Avant d'atteindre cet objectif final, chaque âme doit s'incarner dans 1001 corps successifs, pas un de moins. En cas de mauvaises actions, une âme peut rester sans corps un certain temps ou s'incarner dans un animal.

En ce qui concerne la pratique religieuse, elle comporte des aspects secrets comme dans tout ésotérisme, ainsi que des rites d'initiation.

Chaque fidèle doit adhérer à l'une des onze familles spirituelles du mouvement, dirigées par un guide (« dalil »). Pour symboliser sa soumission, le fidèle « livre sa tête » sous forme d'une noix de muscade que le guide casse.

La vie religieuse est collective et comporte peu de prières individuelles. On pratique divers sacrifices, sanglants ou non. Sont considérés comme sanglants non seulement les sacrifices de petits animaux, mais aussi l'offrande de grenades ou de pastèques dont la chair est rouge-sang.

A l'occasion de la fête de la communauté, on s'impose un jeûne de trois jours et trois nuits, sans interruption. Les fidèles n'ont pas l'autorisation de se couper la moustache.

LE KHARIDJISME

Le kharidjisme constitue le troisième grand courant de l'Islam, après le sunnisme et le chiisme. Numériquement cependant il est très minoritaire puisqu'il représente moins de 1 % des musulmans contre près de 88 % pour le sunnisme et 11 % pour le chiisme.

Le rôle historique du kharidjisme est toutefois moins négligeable que ses effectifs.

Le mot « kharidj » signifie littéralement « celui qui sort ». On pourrait penser qu'il s'agit de sortir du Sunnisme, groupe majoritaire de l'Islam. Il semble plutôt que le mot se rattache à un verset du Coran où le bon musulman sort de son champ pour aller défendre la religion.

Nous avons vu que le mouvement kharidjite est né au moment de la bataille de Saffin, quand certains musulmans refusèrent l'arbitrage accepté par Ali. Ali lui-même fut assassiné un peu plus tard, en 661, par un kharidjite, à la mosquée de Kufa en Iraq. Les kharidjites ont ainsi acquis une réputation de grande intransigeance. Dans les débuts de l'Islam, certains d'entre eux, les azrakites, se sont révélés de dangereux extrémistes. Ils pratiquaient notamment l'assassinat, y compris femmes et enfants, des musulmans qui ne partageaient pas leurs théories.

Aujourd'hui, il ne reste rien des azrakites et tous les kharidjites appartiennent à la branche ibadite — on écrit aussi abadite — qui est beaucoup plus tolérante.

Les kharidjites subsistent en quelques points isolés du monde musulman: dans le sud-algérien (au M'zab, autour de Ghardaïa et à Ouargla), en Tunisie (dans l'île de Djerba), en Libye (djebel Nefusa), dans l'île de Zanzibar en Tanzanie ainsi que dans le sultanat d'Oman et Mascate. Les trois premiers sites ont des populations berbères; elles ont été probablement tentées par une doctrine qui convenait à leur particularisme.

En ce qui concerne la doctrine, le rigorisme des kharidjites se manifeste par quelques convictions que ne partagent pas tous les musulmans:

— Ce sont les actes qui prouvent la sincérité et la réalité de la croyance. Une faute grave fait donc perdre la qualité de croyant.

— La condamnation à l'enfer a un caractère définitif: Dieu ne peut manquer ni à ses promesses, ni à ses menaces. Par opposition, certains musulmans non kharidjites pensent que, rien n'étant impossible à la bonté de Dieu, l'enfer sera peut-être provisoire.

Cependant l'intolérance vis-à-vis des autres musulmans s'accompagne parfois curieusement d'une attitude inverse à l'égard des autres « gens du livre », juifs et chrétiens. Certains kharidjites sont allés jusqu'à penser que le prophète avait été envoyé spécialement pour les Arabes, ce qui permet de laisser une place enviable aux autres religions révélées.

En matière politique, le caractère très minoritaire des kharidjites les conduit à pratiquer le kitman, c'est-à-dire la dissimulation des convictions en cas de danger grave.

La désignation d'un Imam à la tête de la communauté se conçoit de façon très démocratique chez les kharidjites : même un esclave de race différente peut être choisi s'il a les qualités requises. Il est alors tout puissant, aussi bien comme chef de guerre que juge ou théologien. Il est immédiatement révocable s'il n'observe pas les dogmes. Le kharidjisme admet cependant que la communauté vive sans Imam.

A noter enfin que les kharidjites ont connu leur plus grande puissance avant le XIIe siècle, quand Kairouan, en Tunisie, était leur capitale. Une bonne part de l'islamisation de l'Afrique noire leur est due, surtout celle des peuples du Niger et du Nigeria, haoussa, peul et kanouri.

Le calendrier islamique

L'ère islamique commence l'année de l'hégire[133], la fuite du prophète de la Mecque à Médine, en 622 de l'ère chrétienne.

Le Coran dit expressément que le temps se mesure d'après la lune. L'année compte 354 jours répartis en 12 mois lunaires de 29 ou 30 jours.

Nom des mois lunaires :
— muharram
— safar
— rabi el awal (rabi le premier)
— rabi el thani (rabi le second)
— jumadi el awal
— jumadi el thani
— rajab
— shaaban
— ramadan[134]
— shawal
— dhu el qada
— dhu el hijja

En outre, il existe onze années bissextiles pour chaque période de trente ans. C'est le dernier mois, dhu el hijja, qui prend un jour de plus.

Dans la plupart des pays musulmans, on peut employer deux séries de mois, lunaires ou solaires. Les mois lunaires sont ceux qui règlent la vie religieuse... Pour les mois solaires, les musulmans utilisent soit notre dénomination (janvier, février...) souvent prononcée à l'anglaise, soit les noms arabes de ces mois.

Selon les musulmans, l'avantage du calendrier lunaire réside dans le fait que le jeûne du Ramadan s'effectue chaque année à une période différente, ce qui égalise la dureté de cette épreuve pour toutes les régions du monde.

Nom des mois solaires
- tashrin el awal (octobre)
- tashrin el thani (novembre)
- kanoun el awal (décembre)
- kanoun el thani (janvier)
- shoubat (février)
- azar (mars)
- nisan (avril)
- ayar (mai)
- haziran (juin)
- temmouz (juillet)
- ab (août)
- eyloul (septembre)

L'année lunaire reste malgré tout plus courte d'une dizaine de jours que l'année solaire, ce qui décale progressivement les mois des deux calendriers. Le ramadan, par exemple, peut, selon les époques, tomber à n'importe quelle période de l'année civile chrétienne.

La pratique de l'Islam

L'Islam doit incontestablement une part de son succès à sa simplicité : pour y entrer, il suffit de prononcer la profession de foi, la shahada, et, pour être un bon musulman, d'observer les prescriptions du Coran dont la prière, le jeûne, l'aumône et le pèlerinage sont les autres piliers. Il n'y a pas de clergé, sauf dans le chiisme, et un tapis de prière peut tenir lieu de mosquée.

Dans sa pratique religieuse quotidienne, le musulman se préoccupe peu des différences doctrinales entre les divers courants, sunnite, chiite ou kharidjite, au point d'en ignorer souvent l'existence. Ainsi rencontre-t-on couramment, par exemple, des Mozabites qui ignorent qu'ils sont kharidjites et ne se posent pas la question de savoir pourquoi leur communauté est allée chercher au fond du Sahara un refuge contre les persécutions d'autres musulmans. De même, de nombreux musulmans sunnites, par ailleurs fort instruits, ignorent tout des croyances du chiisme, ce qui explique en partie l'influence de la révolution islamique iranienne dans certains milieux arabes sunnites.

Les divisions dogmatiques entre les trois grands courants de l'Islam n'ont donc pas, dans la vie courante, l'importance que notre analyse paraît peut-être leur donner.

En revanche, la pratique de l'Islam peut varier de façon très appréciable en fonction d'un autre facteur indépendant des cloisonnements doctrinaux : certains fidèles particulièrement pieux ne se contentent pas de respecter les obligations du Coran, ils cherchent auprès de maîtres spirituels à se donner davantage au service de Dieu, en particulier par la voie du mysticisme.

Ainsi l'Islam, qui aurait pû être une religion abstraite et inorganisée, devient une mosaïque d'écoles dont chacune a sa personnalité et son organisation, parfois très stricte.

Certes la référence au Coran et le respect porté au prophète maintiennent à cet ensemble une assez grande cohésion de principe, mais on ne peut nier que s'expriment à l'intérieur de l'Islam des sensibilités si différentes qu'elles provoquent assez fréquemment des conflits ou même des guerres.

Si l'on veut tenter d'apporter un peu d'ordre dans ce bouillonnement, une première distinction peut être faite entre les musulmans plus préoccupés par l'établissement d'une société vraiment islamique et ceux plus portés sur le mysticisme.

Les premiers sont évidemment très impliqués dans les questions politiques, ce qui n'est pas étonnant puisque l'Islam est une religion globale. L'exemple le plus typique de cette tendance est le mouvement des Frères Musulmans.

Quant aux mystiques musulmans, ils se rattachent tous à ce qu'on appelle le soufisme. Ce courant englobe les « confréries musulmanes », bien que les préoccupations mystiques varient beaucoup d'une confrérie à l'autre.

Il ne faut pas oublier non plus la masse importante, mais vraisemblablement pas majoritaire, des musulmans sincères qui ne partagent pas les options de ces deux courants. C'est le cas, notamment, des musulmans « laïcs », qui vivent scrupuleusement les préceptes de leur religion mais s'accommodent fort bien de la société à laquelle ils appartiennent, même si celle-ci n'est pas régie par la loi islamique de la chari'a. De nombreux musulmans de formation partiellement occidentale appartiennent à cette catégorie.

Pour compléter ce tableau de la pratique musulmane, il faut aussi citer les pratiques « populaires » de l'Islam qui sont, le plus souvent, les vestiges de religions antérieures ; on les rencontre encore dans les sociétés rurales traditionnelles imprégnées d'animisme, mais leur disparition semble inéluctable à terme.

Faute de pouvoir entrer dans le détail de toutes les expressions de la vie musulmane, nous en présenterons seulement quelques exemples, parmi les plus typiques ou les plus importants :
— les Frères Musulmans ;

Les grandes religions

— le soufisme en général ;
— deux exemples de confréries, la naqshbandiya en U.R.S.S. et les Mourides du Sénégal ;
— les Black Muslims américains.

Nous conclurons ce chapitre sur l'Islam par quelques lignes sur les Ahmadis, qui constituent une hérésie caractérisée.

LES FRÈRES MUSULMANS

L'actualité place souvent les Frères Musulmans au devant de la scène mais leurs thèses religieuses sont mal connues en Occident.

Le mouvement a pris naissance en Egypte en 1927 quand un groupe de croyants proposa au prédicateur Hassan el Banna de mettre en pratique ses idées de restauration de l'Islam. A cette époque de la présence coloniale britannique, les musulmans ressentaient un sentiment d'impuissance et d'humiliation ; ils attendaient un guide capable d'inspirer une politique véritablement islamique.

Le mouvement des Frères Musulmans[135] prit un essor spectaculaire : il comptait 60 000 membres en 1941, 500 000 en 1945 et plus de 1 500 000 en 1948. Le régime corrompu du roi Farouk s'en inquiéta et fit assassiner Hassan el Banna en février 1949 ; il n'avait que 43 ans à peine.

Le mouvement prit l'habitude de la clandestinité, eut un moment d'espoir quand le général Néguib renversa la monarchie mais fut à nouveau persécuté sous Gamal abd el Nasser. Les Frères Musulmans essaimèrent cependant hors d'Egypte et inspirèrent les mouvements palestiniens du Fath et des Fedayins. En Syrie, le gouvernement dirigé par Hafez el Assad et ses coreligionnaires alaouites ne pouvait que provoquer la rancœur des musulmans sunnites, majoritaires à 70 % dans le pays. Insurrections et répressions s'enchaînèrent dont le plus sanglant épisode se solda en 1982 par environ 20 000 morts à Hama. Cette ville de 250 000 habitants, la quatrième de Syrie, ne fut mise à genoux qu'après un mois de combats acharnés.

Quelle est donc la doctrine qui sous-tend ce mouvement dont le rôle politique déborde l'Egypte et la Syrie pour s'étendre à l'ensemble des pays musulmans ? C'est tout simplement la doctrine de l'Islam dans toute sa pureté et sa rigueur. Le Frère Musulman ne cherche pas à y ajouter quoi que ce soit.

La loi fondamentale du mouvement établie en 1945 demande seulement au croyant d'être totalement conséquent avec sa foi : c'est en cela qu'on parle d'Islam intégriste, mais c'est plutôt un Islam intégral. Cependant une allégeance personnelle au « guide général » est exigée, ce qui évoque les pratiques des confréries musulmanes dont nous parlerons bientôt.

Les Frères Musulmans observent scrupuleusement le Coran, s'imposent les règles morales de leur religion mais s'efforcent aussi d'instaurer un pouvoir politique musulman, au moins dans les pays à majorité musulmane. C'est dire que la suppression du califat par Atatürk en 1924 est, pour eux, un acte impie, comme sont impies les régimes communistes athées, les régimes laïcs de l'Occident et toute les formes de liberté qui admettent des pratiques contraires à la loi islamique de la chari'a. Cette logique conduit aussi à rejeter le nationalisme arabe car seule est coranique l'umma, la communauté des croyants, laquelle ne peut s'arrêter à des frontières artificielles.

En réalité, la force des Frères Musulmans est précisément qu'ils sont inattaquables du point de vue de l'orthodoxie islamique. L'inquiétude qu'ils suscitent parmi les dirigeants de tous les pays musulmans montre à quel point cette société islamique idéale semble difficilement compatible avec les structures politiques contemporaines, largement héritées de l'Occident. Ces structures répondent cependant à d'autres besoins, notamment de respect des particularismes, auxquels les Frères Musulmans n'ont pas encore apporté de réponse satisfaisante.

LE SOUFISME

Le soufisme est le mysticisme de l'Islam. Comme tel, il a la particularité d'exister aussi bien dans l'Islam sunnite que dans l'Islam chiite.

Décrire le soufisme est une tâche redoutable. Comme tout mysticisme, il est avant tout une recherche de Dieu et son expression peut prendre des formes très différentes. D'autre part, par ses aspects ésotériques[136], il présente des pratiques secrètes, des rites d'initiation, eux aussi variables selon les maîtres qui l'enseignent.

Bien que le soufisme se veuille rigoureusement musulman, l'Islam traditionnel, sunnite et chiite, considère le soufisme avec la plus grande méfiance.

En Iran, la grande majorité des mollas y est vivement opposée et dans l'Islam sunnite, la plupart des Ulema sont beaucoup plus intéressés par la lettre du Coran et ses interprétations juridiques que par les spéculations des soufis auxquelles ils trouvent une odeur de soufre. Cette opposition généralisée contribue à la discrétion du soufisme.

En outre le soufisme n'a aucune unité. Chaque maître[137] se constitue une cohorte de disciples attirés par la réputation de son enseignement. Tout au plus, ces maîtres déclarent se rattacher à une « confrérie », elle même fondée par un célèbre soufi des siècles passés ; personne ne vérifie une quelconque orthodoxie de l'enseignement donné, du moment qu'il se réfère à l'Islam.

L'importance de cet Islam secret n'en est pas moins remarquable. Historiquement, il a joué un rôle de premier plan dans la naissance des déviations du chiisme que sont l'Ismaëlisme et la religion druze. En littérature, il a profondément inspiré certaines des œuvres arabo-persanes les plus remarquables comme les Contes des Mille et Une Nuits ou le poème d'amour de Leyla et Majnoun.

C'est cependant par sa spiritualité que le soufisme est le plus original. Dans la conception soufie, l'approche de Dieu s'effectue par degrés. Il faut d'abord respecter la loi du Coran, mais ce n'est qu'un préalable qui ne permet pas de comprendre la nature du monde. Les rites sont inefficaces si l'on ignore leur sens caché. Seule une initiation permet de pénétrer derrière l'apparence des choses. L'homme, par exemple, est un microcosme, c'est-à-dire un monde en réduction, où l'on trouve l'image de l'univers, le macrocosme. Il est donc naturel qu'en approfondissant la connaissance de l'homme, on arrive à une perception du monde qui est déjà une approche de Dieu.

Selon les soufis, toute existence procède de Dieu et Dieu seul est réel. Le monde créé n'est que le reflet du divin, « l'univers est l'Ombre de l'Absolu ». Percevoir Dieu derrière l'écran des choses implique la pureté de l'âme. Seul un effort de renoncement au monde permet de s'élancer vers Dieu : « l'homme est un miroir qui, une fois poli, réfléchit Dieu ».

Le Dieu que découvrent les soufis est un Dieu d'amour et on accède à Lui par l'Amour : « qui connaît Dieu, L'aime ; qui connaît le monde y renonce ». « Si tu veux être libre, sois captif de l'Amour. »

Ce sont des accents que ne désavoueraient pas les mystiques chrétiens. Il est curieux de noter à cet égard les convergences du soufisme avec d'autres courants philosophiques ou religieux : à son origine, le soufisme a été influencé par la pensée pythagoricienne et par la religion zoroastrienne de la Perse ; l'initiation soufie, qui permet une re-naissance spirituelle, n'est pas sans rappeler le baptême chrétien et l'on pourrait même trouver quelques réminiscences bouddhistes dans la formule soufie « l'homme est non-existant devant Dieu ».

Même diversité et même imagination dans les techniques spirituelles du soufisme : la recherche de Dieu par le symbolisme passe, chez certains soufis, par la musique ou la danse qui, disent-ils transcende la pensée ; c'est ce que pratiquait Djalal ed din Roumi, dit Mevlana, le fondateur des derviches tourneurs ; chez d'autres soufis, le symbolisme est un exercice intellectuel où l'on spécule, comme le font les Juifs de la Kabbale, sur la valeur chiffrée des lettres ; parfois aussi, c'est par la répétition indéfinie de l'invocation des noms de Dieu que le soufi recherche son union avec Lui.[138]

Le soufisme apporte ainsi à l'Islam une dimension poétique et mystique qu'on chercherait en vain chez les exégètes pointilleux du texte coranique. C'est pourquoi ces derniers, irrités par ce débordement de ferveur, cherchent à marginaliser le soufisme. C'est pourquoi aussi les soufis tiennent tant à justifier leurs pratiques en les faisant remonter au prophète lui-même : Mahomet aurait reçu, en même temps que le Coran, des révélations ésotériques qu'il n'aurait communiquées qu'à certains de ses compagnons. Ainsi les maîtres soufis rattachent-ils tous leur enseignement à une longue chaîne de prédécesseurs qui les authentifie.

Cette légitimité par la référence au prophète n'entraîne cependant pas d'uniformisation du mouvement soufi: les écoles foisonnent et chacune a son style et ses pratiques.

Ces écoles sont généralement désignées en français sous le nom de confréries. Avant de procéder à l'étude de quelques unes d'entre elles, il faut toutefois garder à l'esprit que les confréries sont devenues, non pas une institution, mais au moins une manière de vivre l'Islam si généralement admise que toutes sortes de mouvements, mystiques ou non, se parent du titre de confrérie pour exercer leurs activités. Qu'on ne s'étonne donc pas de rencontrer parfois des confréries fort peu mystiques à la spiritualité rudimentaire, bien éloignée des spéculations élevées qui ont fait du soufisme l'une des composantes majeures de la spiritualité universelle.

LES CONFRÉRIES MUSULMANES

Les confréries regroupent les disciples d'un maître soufi. L'enseignement est, avant tout, une initiation, une transmission d'expérience du maître au disciple. C'est l'attachement à la personne de ce maître qui soude le groupe comme c'était le cas dans les écoles de la Grèce antique ou du Moyen-Age occidental.

Le terme arabe que nous traduisons par confrérie est tariqa qui signifie « voie »[139]; il exprime l'idée d'une marche spirituelle vers Dieu. L'Islam a connu des dizaines de confréries dont beaucoup sont encore très vivantes. Certaines comptent plusieurs centaines de milliers de membres, si ce n'est plusieurs millions. Il est toutefois difficile d'avancer des chiffres plus précis car le lien personnel du maître et du disciple est secret et ne se traduit pas en statistiques.

Les confréries portent généralement un nom dérivé de celui de leur fondateur. Parmi les plus importantes et les plus connues, nous citerons:
— La *naqshbandiya*, fondée au XIVe siècle, très active en U.R.S.S. sur laquelle nous reviendrons ultérieurement.
— La *qadiriya*, fondée à Baghdad en 1166, répandue du Moyen-Orient à l'Inde.
— La *tidjaniya*, fondée au maghreb à la fin du XVIIIe siècle, active également en Afrique noire.
— La *sanussiya*, fondée au début du XIXe siècle, active en Libye et dans les régions sahariennes.
— Le *mouridisme*[140], fondé au Sénégal à la fin du XIXe siècle, qui sera également l'objet d'une note plus détaillée.

Quoique les confréries se rattachent toutes, en théorie, au mouvement soufi, la part de mysticisme dans leurs pratiques varie considérablement d'une confrérie à l'autre, certaines d'entre elles jouant parfois un rôle plus politique que religieux.

D'une façon générale, les confréries qadiriya et tidjaniya ont la réputation d'être assez tolérantes. La seconde en particulier n'a jamais connu de difficultés avec le pouvoir colonial français, ce qui contraste avec la sanoussiya jugée, à l'époque, fortement turbulente.

Les rapports des confréries avec les autres expressions de l'Islam sont complexes. L'Islam le plus traditionnel, qualifié parfois d'intégriste, voit dans le soufisme et les confréries des innovations blâmables. Les confréries protestent de leur parfaite orthodoxie, car elles respectent à la lettre les prescriptions du Coran. Certaines d'entre elles se défendent même en faisant remonter leurs pratiques supplémentaires aux premiers califes, si ce n'est au prophète lui-même. Quant à l'Islam moderniste, il voit dans la mystique musulmane une fuite du monde et le risque de tomber dans la superstition.

C'est dire que les confréries, attaquées à droite comme à gauche, ne bénéficient jamais d'une situation très favorable dans les pays musulmans. En Iran, où le soufisme est davantage morcelé et marqué d'ésotérisme, le régime de l'ayatollah Khomeini lui est nettement hostile et a converti des centres soufis en mosquées traditionnelles. En Turquie, où le régime théoriquement laïc d'Atatürk fait face à une remontée de l'Islam, les confréries sont tolérées pourvu qu'elles soient discrètes et les derviches tourneurs de Konya sont présentés comme une attraction touristique et folklorique. Les exemples sont nombreux de gouvernements musulmans qui jettent ainsi un voile pudique sur les activités des confréries.

L'influence de celles-ci ne diminue pas pour autant. Au Sénégal, en particulier, les mourides pèsent d'un poids considérable sur la vie politique et religieuse. Mais c'est en U.R.S.S. que l'action des confréries mérite surtout de retenir notre intérêt.

Dans ce pays, le régime athée officiel a longtemps considéré les religions comme la survivance d'un obscurantisme dépassé et, s'il ne peut empêcher les croyances personnelles de ses citoyens, il faisait tout pour les combattre par une active et coûteuse propagande anti-religieuse, accompagné de la fermeture de nombreuses mosquées[141].

D'un autre côté, l'image que l'U.R.S.S. tient à donner à l'étranger lui interdit de persécuter ouvertement les religions et, en particulier, l'Islam.

De ce compromis résulte une situation dans laquelle il existe un Islam « officiel », dont les dignitaires ont la bénédiction du régime et jouent un rôle surtout représentatif, et un Islam plus populaire dans lequel les confréries pèsent d'un poids considérable.

En U.R.S.S., ces deux faces de la réalité musulmane ne sont pas antagonistes mais complémentaires : l'Islam « contrôlé » rassure le pouvoir qui est ainsi maître des apparences, quant à l'Islam parallèle des confréries, son caractère semi-clandestin lui permet de préserver un minimum de formation et de pratique religieuse dans la population. Cette action contribue à maintenir vivante la culture musulmane au point qu'on peut parler d'un véritable nationalisme bien éloigné de l'idéal soviétique ; un indice révélateur de cette situation est la quasi-inexistence de mariages de soviétiques musulmans avec des non-musulmans.

C'est pourquoi, pour illustrer ce qu'est une confrérie musulmane sunnite, il nous a paru intéressant de choisir d'abord la plus importante des quatre confréries existant en U.R.S.S., la naqshbandiya.

Un exemple de confrérie musulmane : la naqshbandiya

Présente dans toute la société musulmane soviétique, la confrérie fondée par Muhammad Baha ud Din Naqshband[142] est particulièrement active en République autonome du Daghestan et en Turkménie. Elle touche, pour autant qu'on puisse l'estimer, au moins 10 % des musulmans pratiquants. Un chiffre global de 300 000 membres en Union soviétique est vraisemblable. La confrérie s'étend dans d'autres pays de la région tels que la Chine et l'Afghanistan.

Comme dans toutes les autres confréries, les adeptes de la naqshbandiya sont de pieux musulmans qui ajoutent aux pratiques habituelles de l'Islam celles enseignées par des maîtres spirituels. Lors d'une initiation personnelle, appelée talqin, le disciple s'engage par serment à suivre la voie (tariqa) qui le mènera à Dieu. Un diplôme, l'idjaza, lui est remis. Les pratiques requises consistent en la récitation quotidienne de prières supplémentaires qui sont parfois la répétition à l'infini de la même formule. Chaque semaine et à l'occasion des grandes fêtes ou des funérailles, a lieu une cérémonie rituelle, le zikr ; c'est littéralement le « souvenir » de Dieu. Le zikr comporte des chants et des litanies, accompagnées ou non de mouvements rythmiques. Rappelons que les derviches tourneurs, membres d'une confrérie établie en Turquie, exécutent une danse symbolique au cours de leur zikr.

Les disciples s'astreignent également à des veilles, des jeûnes et des pèlerinages ; ils versent jusqu'à 30 % de leur salaire à la communauté ; ils participent à des retraites annuelles, jadis tenues dans des sortes de monastères. Leur rôle dans le maintien des traditions musulmanes est prépondérant, ils assurent semi-clandestinement ou grâce à des cassettes la formation religieuse des fidèles, interdite par la constitution.

On peut trouver une certaine analogie entre les confréries et les ordres religieux catholiques non cloîtrés : autorité d'un supérieur, exercices spirituels, ascétisme et dépouillement etc. La similitude se limite évidemment à la forme, mais elle révèle une certaine constance des besoins spirituels au sein des diverses religions.

Les mourides

Le très dynamique mouvement mouride, originaire du Sénégal, est l'un des phénomènes les plus intéressants de l'Islam contemporain.

Il a été fondé à la fin du siècle dernier par un pieux musulman, le cheikh Ahmadou Bamba. Le succès de son enseignement a vite suscité la méfiance des autorités coloniales françaises qui y virent l'amorce d'une agitation politique. Le cheikh fut déporté au Gabon en 1895 où il resta 8 ans. Assigné ensuite à résidence au Sénégal, il mourut à Diourbel en 1927.

Comme il arrive fréquemment, l'exil n'a eu pour effet que de renforcer le prestige du cheikh et de lui permettre de produire une abondante littérature religieuse ; les mourides se sont multipliés au point de devenir, surtout après l'indépendance du Sénégal en 1960, l'une des composantes majeures de la vie du pays.

En quoi consiste l'originalité du mouvement mouride ?

Sa spiritualité se veut d'une rigoureuse orthodoxie islamique et sunnite. Le plus frappant est l'accent mis sur la formation et le travail : les adeptes, dits talibés, travaillent opiniâtrement et avec un grand désintéressement pour la communauté selon les directives de leur maître spirituel. Celui-ci, appelé cheikh, dépend lui-même directement du calife général des mourides, le « grand marabout », résidant dans la ville de Touba, son quartier général situé à 150 km de Dakar[143]. Cette organisation et la discipline remarquable des mourides donne au mouvement sa cohésion et sa force ; la générosité des talibés procure aux cheikhs et au grand marabout les moyens financiers nécessaires à leur cause et même, pour les moins scrupuleux, leur assure une confortable aisance personnelle.

L'autorité personnelle du calife général explique que le mouridisme soit souvent assimilé à l'une des nombreuses confréries musulmanes, « tariqa » en arabe, qui se caractérisent précisément par la fidélité de leurs membres à l'enseignement d'un maître. Cependant les mourides refusent d'être considérés comme une confrérie et déclarent se rattacher au soufisme, le mysticisme de l'Islam. Les écrits du fondateur, Ahmadou Bamba, tiennent une place importante dans la méditation des fidèles.

Autres caractéristiques remarquables du mouridisme, la terre est propriété de la communauté, il n'existe pas de mendicité puisque chaque mouride travaille, et la non-violence est un principe sacré : le cheikh Bamba disait « si l'homme n'a pas le droit de supprimer sa propre vie, qu'adviendra-t-il s'il a l'audace de supprimer celle d'un autre ? »

Le lien très personnel qui lie le talibé à son cheikh, la vie austère de la communauté, donnent du mouridisme l'impression d'un ordre religieux laïc très soudé, au point que ses adeptes font usage d'un vocabulaire particulier[144].

La manifestation de puissance la plus spectaculaire du mouridisme est le pèlerinage annuel à Touba, désigné sous le nom wolof de magal, « commémoration ». Il a lieu le 18 du mois du mois lunaire de safar et rassemble des foules de plusieurs centaines de milliers de fidèles. La mosquée de Touba, avec 5000 places et un minaret de 87 m de hauteur, est la plus grande du Sénégal et l'une des plus vastes du monde.

L'affluence à ce pèlerinage s'explique par un point de la doctrine mouride qui l'a parfois fait taxer d'hérésie sous prétexte que Touba remplaçait la Mecque. S'il est exact que les mourides confèrent le titre de hadji au pèlerin de Touba, ils ne nient pas pour autant le cinquième « pilier de l'Islam » que constitue le pèlerinage à la Mecque. Ils considèrent seulement — ce qui est rigoureusement coranique — que le pèlerinage à la Mecque est facultatif et ne concerne que ceux qui en ont les moyens, le premier devoir du musulman étant de subvenir aux besoins de sa famille. Il faut dire également que les mourides n'ont que peu de sympathie pour le wahabisme d'Arabie séoudite, comme pour toute forme d'Islam exagérément marquée par l'arabisme.

Le nombre des mourides est difficile à apprécier. Selon des chiffres datant d'une vingtaine d'années, ils étaient environ 400 000 au Sénégal et le mouvement n'avait que très peu d'adeptes hors des frontières de ce pays.

Depuis, il semble que la progression du mouvement ait été rapide. En France, on compte même des mourides dans la communauté maghrébine ainsi que quelques convertis parmi les Français originaires des Antilles. Cependant les chiffres cités par les responsables mourides de 10 millions de membres dont 4 au Sénégal — 60 % de la population — paraissent largement optimistes.

Cette incertitude statistique arrange tout le monde : les mourides peuvent annoncer des effectifs impressionnants et la confrérie sénégalaise concurrente des Tidjanes n'a pas à avouer son recul vraisemblable. Ainsi, les marabouts des deux mouvements gardent intacte leur influence politique qui est considérable. On peut cependant penser qu'un chiffre d'un million de mourides est vraisemblable.

Les « Black Muslims »

A ses débuts, l'objectif politique du mouvement des Black Muslims[145] n'est nullement caché, son slogan est : « l'Amérique aux Africains », et ses membres se considèrent comme la nation perdue et retrouvée de l'Islam en Amérique du Nord.

La référence à l'Islam se justifie par la pratique des cinq prières quotidiennes en direction de la Mecque et l'interdiction de consommer du porc ou de l'alcool.

Toutefois, le fondateur du mouvement, Eliyah Muhammad, Poole de son

« nom d'esclave », a cru bon d'ajouter à l'Islam des croyances peu orthodoxes : il fonde sa religion en 1931 après, déclare-t-il, qu'Allah lui soit apparu sous les traits d'un certain Fard Muhammad et l'ait désigné, lui Poole, comme son ambassadeur.

D'autre part, les Black Muslims soutiennent que Dieu n'avait créé que des Noirs au commencement du monde ; les Blancs sont le résultat d'une expérience des « Savants de l'Enfer » et ils se sont appropriés indûment la domination du monde. Cette situation doit cesser bientôt et les Noirs régenteront la terre en paix.

Le plus célèbre des Black Muslims est l'ancien champion du monde de boxe, Cassius Clay, devenu Mohammed Ali après sa conversion.

Depuis la mort du fondateur auquel son fils Wallace Muhammad a succédé en 1975, le mouvement s'est rapproché de l'Islam traditionnel. Les restrictions raciales ont été abolies, les ministres du culte portent le nom d'imam et les fidèles, appelés Bilallians du nom du premier muezzin africain, ont renoncé à la lutte politique et à l'objection de conscience.

La désignation officielle est devenue « Islamic Community in the West », la communauté islamique de l'Ouest. Le mouvement touche 100 à 150 000 fidèles et s'étend lentement vers la zone des Caraïbes et l'Afrique où il a ouvert récemment des mosquées.

LES AHMADIS

Ce mouvement religieux se situe à la marge de l'Islam, en ce sens qu'il se considère comme musulman mais que les autorités du Pakistan, où se trouve son centre, lui dénient cette qualité.

En fait, les Ahmadis se disent être la seule vraie forme de l'Islam et l'unique véritable religion révélée.

C'est un certain Mirza Ghulam Ahmad, né à Qadiyan au Pandjab, qui est le fondateur de cette religion. Comme l'indique le titre mogol de Mirza, il était de bonne famille musulmane, ce qui ne l'empêcha pas d'avoir une illumination en 1891 et de se déclarer le Mahdi, c'est-à-dire, littéralement, celui qui est présenté par Dieu, l'envoyé de Dieu pour établir Son règne.

Dès lors l'existence d'Ahmad est celle d'un prophète dont les actes sont entourés d'un halo de légendes. On dit de lui qu'il avait de don de prescience, qu'il multipliait les miracles et provoquait la mort ou la résurrection par ses prières.

Sa doctrine donne une impression fluctuante et étrange. Il se disait successivement ou simultanément avatar de Krishna, Jésus revenu sur terre ou réapparition de Mahomet. Il affirmait que Jésus était mort et enterré à Srinagar, au Cachemire.

La forte personnalité de Ghulam Ahmad aurait pu traverser l'histoire sans qu'il en reste de traces, comme c'est souvent le cas de mystiques plus ou moins inspirés, mais son don de persuasion lui associa des disciples au sens aigu de l'organisation. A sa mort, il fonda un califat, structure du pouvoir de l'Islam, et ses successeurs en firent un instrument puissant et centralisé.

Les Ahmadis sont aujourd'hui environ 500 000 dont la moitié au Pakistan et le reste dispersé dans de nombreux pays où existe au moins une petite communauté pakistanaise. On en trouve en Inde, au Nigéria, au Suriname, aux Etats-Unis etc.

Tous les Ahmadis paient un impôt de 6 1/4 % de leurs revenus, ce qui assure au mouvement de solides moyens financiers. La justice est rendue selon le modèle islamique traditionnel. A la tête du mouvement, tout pouvoir revient au chef, assisté toutefois d'un conseil purement consultatif. Les quatre piliers du mouvement sont le culte du fondateur, le respect du chef, la vie collective et la croyance en la doctrine. Cette doctrine exprime que Dieu, unique, est seul digne d'adoration et que l'homme doit agir en conformité avec les lois de l'Islam. Mahomet est reconnu comme prophète, mais le fondateur Ghulam Ahmad également. C'est évidemment sur ce point que divergent les musulmans et les ahmadis.

---

[115] Umma est le mot abstrait dérivé de umm, « mère », de la façon que le mot patrie vient de « père ».

[116] « La ilah ila'llah wa Muhammed rasul Allah », littéralement « pas de divinité sauf Dieu et Mahomet est le prophète de Dieu », Shahada signifie « témoignage », un shahid est celui qui témoigne, souvent un martyr. La ville iranienne de Mashhad est « le lieu du martyre ».

[117] Sourate 2 du Coran, « la vache », verset 257 ; « la ikrah fid-din »

[118] La dhimma date de la fin des Ommeyades, vers le VIIIe siècle. Elle n'a jamais existé dans l'Islam chiite et n'est plus explicitement en usage aujourd'hui dans l'Islam sunnite.

[119] âlim, pluriel ulema, signifie « savant », dans le sens de docteur ès-Coran.

[120] La prière, le jeûne et le pélerinage sont l'objet de développements détaillés dans la partie du livre intitulée « l'homme et la religion ».

[121] Un homme qui possède tout le Coran par cœur est dit « hafiz », c'est-à-dire littéralement, « celui qui conserve ». C'est aussi le nom d'un célèbre poète persan.

[122] Il est interdit à un musulman d'épouser une non croyante ou à une musulmane d'épouser un non musulman. Le Coran confirme les Livres révélés avant lui, mais selon l'Islam, la Torah des Juifs et l'Évangile des chrétiens ont été altérés.

[123] Jésus se dit Issa en arabe et Marie, Mariam.

[124] Ce raisonnement rend difficile l'interprétation évolutionniste de la création de l'humanité.

[125] Sourate serait lié à la racine « sour » qui signifie « muraille », « rempart » ; on pense qu'il s'agit d'une analogie avec un rempart protégeant un bien précieux ou, ce qui revient au même, de la séparation entre les différents chapitres de la révélation. Le mot aya (pluriel ayat) a le sens de « signe », signe de Dieu. Les 114 sourates totalisent 6236 versets.

[126] En revanche, comme nous le verrons dans le chapitre sur le clergé, les sunnites appellent imam celui qui préside la prière à la mosquée, il y a souvent plusieurs imams par mosquée.

Les grandes religions

L'imam sunnite est un simple croyant choisi parmi les fidèles pour son instruction et sa réputation morale mais son rôle n'est ni surnaturel ni sacré.

[127] Pour plus de détails, voir le chapitre sur le clergé dans la partie « l'homme et la religion ».

[128] Ce mariage provisoire s'appelle « siré » en persan.

[129] Parmi les rejetons aberrants disparus du chiisme ismaélien, il faut citer la célèbre secte des Hashashins, littéralement « fumeurs de hachisch », d'où vient le mot d'assassin. Leur Grand Maître, le Vieux de la Montagne, fanatisait ses séides sous l'empire de la drogue et les envoyait semer la terreur. Le quartier général de l'organisation, la forteresse d'Alamout, à une centaine de kilomètres à l'ouest de Téhéran, a été détruite en 1256.

[130] Cette expression arabo-persane peut se traduire par « les Gens du Vrai », c'est-à-dire les hommes du Dieu-Vérité. De nombreuses autres appellations leur sont parfois données comme Yarestan (l'ensemble des bien-aimés), Kakaï, Tayfa... Les chiites les désignent improprement sous le nom d'Ali Allahi (« ceux qui prennent Ali pour Dieu »).

[131] C'est pourquoi on appelle parfois les Ismaéliens chiites septimaniens, par opposition aux duodécimains qui reconnaissent 12 imams.

[132] Voir plus loin les pages consacrées au soufisme et aux confréries musulmanes.

[133] Hégire, en arabe « hidjrat », signifie précisément « fuite ».

[134] Le *d* de rama*d*an, est une lettre purement arabe, dite *dad*, qui se prononce *z* en persan. Elle est souvent transcrite *dh*. L'expression française : « faire du ramdam » provient du bruit que font les musulmans pendant les nuits de ramadan.

Rappelons que le « mouloud », la naissance du prophète, se situe vers le 10 ou 12 de rabi el awal et la « nuit du Destin » le 27 de ramadan.

[135] en arabe : ikhwan el muslimun.

[136] Du grec esoterikos, « réservé aux adeptes », « intérieur », par opposition à exotérique, « qui se fait en public », « extérieur ».

[137] Ce maître s'appelle cheikh en arabe et pir en persan ; les deux mots ont le sens de « vieillard », « ancien ». Le terme de soufi viendrait du mot arabe *souf*, « laine », à cause du manteau de laine grossière porté par les soufis.

[138] L'Islam a établi la liste des 99 plus beaux noms de Dieu (al asma' al husna) ; ce sont des attributs de la puissance divine tels que : ghaffar, l'indulgent ; rafi, celui qui élève ; wasi, l'omniprésent ; sabar, le très patient... Le chapelet musulman comprend 99 grains qui permettent de réciter par cœur ces noms.

[139] En arabe, route se dit tariq (pluriel toroq) ; tariqa est le mot abstrait correspondant (pluriel : tara'iq). Le « q » rend une lettre arabe différente mais voisine du « k ».

[140] Dans toutes les confréries, un mouride est un adepte de base qui a reçu le premier degré d'initiation. Le mot s'applique plus particulièrement aux membres de la confrérie mouride.

[141] On évalue à 400 ou 500 les mosquées en activité officielle en U.R.S.S. contre 25 000 avant la révolution. La population de culture musulmane dépasse 45 millions de personnes. Moins de cent pèlerins sont autorisés à se rendre à la Mecque chaque année.

[142] Naqshband signifie « peintre » en persan et dérive de naqsh, peinture ; le nom propre arabe Naccache s'y rattache. La confrérie fait remonter sa fondation au prophète par l'intermédiaire du premier calife Abou Bakr.

[143] Talibé, du radical arabe T.L.B. signifiant « demander », peut se traduire par « postulant ». Cheikh est un mot arabe signifiant « vieillard », « ancien » ; il s'applique couramment à des sages, mêmes jeunes, surtout chez les soufis. Marabout, du radical arabe R.B.T. qui signifie « attacher », est originellement le membre d'un ribat, une sorte de monastère auquel on est attaché. La capitale du Maroc, Rabat, tire son nom d'un ancien ribat ; les Almoravides — en arabe « morabitoun » — sont les membres d'une dynastie marocaine de Rabat ; un marabout peut désigner soit un saint personnage, soit son tombeau ; le nom est passé, par dérision, à un grand oiseau déplumé. Mouride, d'un radical signifiant « vouloir », peut se traduire par « aspirant ».

[144] La majorité des mourides est de langue wolof, la langue principale du Sénégal ; l'arabe ne joue qu'un rôle de langue auxiliaire, sauf pour la récitation du Coran.

Les religions de « transition »

Après les religions révélées qui rassemblent au total près de 2200 millions d'hommes, le groupe le plus important est celui des religions polythéistes c'est-à-dire de celles qui honorent apparemment une multitude de divinités.

Les religions révélées reconnaissent toutes le même Dieu créateur et le caractère inspiré de la Bible ; elles se rattachent à Abraham, « l'ancêtre des croyants ».

En revanche, les religions polythéistes n'ont pas la même unité et ne procèdent pas d'une filiation commune. On peut distinguer parmi elles d'une part l'hindouisme dont les bataillons sont les plus importants — 700 millions d'adeptes — et, d'autre part, les diverses religions animistes qui, pour celles qui subsistent de nos jours, sont le plus souvent d'origine africaine. Les adeptes de ces religions sont fréquemment influencés depuis quelques décennies par l'une ou l'autre des religions révélées, mais on peut évaluer à environ 100 millions le nombre de ceux qui ne pratiquent qu'une religion animiste.

Cependant, entre ces deux blocs des religions révélées et des religions polythéistes, nous placerons, un peu arbitrairement, deux religions qualifiées de « transition ».

La première est celle des anciens Perses ; elle a connu son apogée spirituelle avec Zoroastre, s'est maintenue pendant près d'un millénaire et s'est effondrée au contact de l'Islam dès le VIIe siècle.

L'autre est la religion des Sikhs, née du contact de l'Islam et de l'hindouisme au cours du XVIe siècle.

Pourquoi rapprocher de façon apparemment artificielle deux religions si différentes et si éloignées dans le temps ? Certes, par leur situation géographique, elles sont toutes deux les religions de populations indo-européennes placées à la charnière de l'hindouisme et du monde des religions révélées. Plus profondément cependant, ces deux religions ont la particularité d'être monothéistes (quoique l'expression du monothéisme ne soit pas toujours très nette chez les zoroastriens), de s'appuyer sur un livre de référence (le Granth chez les sikhs, l'Avesta chez les zoroastriens) et de ne pas se réclamer explicitement d'une révélation.

LES ZOROASTRIENS OU ADORATEURS DU FEU

Parmi ceux qui, férus d'antiquité, se souviennent de l'existence de Zoroastre, bien peu sont capables de parler savamment de la religion qu'il a répandue. On serait même tenté de penser que toute trace de cette foi orientale venue du fonds des âges a disparu depuis longtemps[146].

Nietzsche n'a pas facilité les choses, car son livre « Ainsi parlait Zarathoustra » ne concerne en rien ce personnage que l'on appelle, depuis les Grecs, plus communément Zoroastre.

Pourtant la religion zoroastrienne a, sans conteste possible, laissé une empreinte profonde dans notre univers philosophique et religieux, même si les contours précis de cette empreinte ne peuvent être exactement fixés. Mais surtout les zoroastriens sont encore bien vivants aujourd'hui. On en compte deux communautés : l'une, très active dans les affaires, d'environ 200 000 personnes en Inde, principalement à Bombay, est celle des Parsis, l'autre d'environ 50 000 âmes, subsiste dans le pays-berceau de cette religion, en Iran, surtout dans la ville de Yazd.

Les zoroastriens appellent leur Dieu : Ahura Mazda ; « ahura » signifie « dieu » par opposition à démon et Mazda est son nom, dont l'étymologie se rattacherait à l'idée de sagesse.

Le feu, par analogie avec le soleil, symbolise Dieu, source de toute lumière. Rien d'étonnant à ce que Mazda soit devenu une marque de lampes électriques.

La religion mazdéenne remonte à une très haute antiquité et Zoroastre, dont on ne sait pas exactement quand il vécut, n'en a pas été le fondateur mais le réformateur, peut-être vers le VIIe ou VIIIe siècle avant notre ère. Sous son influence, le mazdéisme est passé du stade d'une religion de mythes où s'affrontent de multiples dieux plus ou moins puissants à une religion intellectuellement plus dépouillée où s'oppose le principe du Bien à celui du Mal.

Ainsi Zoroastre a considérablement clarifié la religion indo-iranienne primitive. Son message est celui d'un prophète, envoyé par le Dieu du Bien, Ahura Mazda, plus fort que celui du Mal. Il annonce la régénération du monde et préconise une morale où l'homme contribue activement à la justice. Le triomphe de celle-ci sera l'œuvre de Dieu, d'un Dieu transcendant, normalement hors d'atteinte de l'expérience et de la pensée de l'homme.

On mesure le pas considérable franchi par Zoroastre depuis les religions plus primitives, de type animiste ou mythologique, où une foule de divinités et de demi-dieux, à la vie publique et privée fort agitée, mêlent constamment leur activité à celle des hommes.

Aujourd'hui, les Parsis de l'Inde comme les autres zoroastriens d'Iran pratiquent une religion qui n'a que très peu varié depuis 2500 ans.

La religion zoroastrienne s'appuie sur le texte sacré de l'Avesta, dont il ne subsiste que quelques débris des 21 livres qui le composaient.

La langue originelle de ce livre sacré, proche du sanscrit, a été abandonnée au profit de traductions successives en pehlevi, c'est-à-dire en vieux perse, puis, de nos jours, en gujrati, langue de la région de Bombay, ou en persan moderne.

Le sacerdoce est le privilège d'une caste et les trois différents degrés de la prêtrise s'acquièrent par des cérémonies d'initiation.

Le culte se déroule dans les « temples du feu ». Il existe des grands temples — à Bombay par exemple on en trouve trois — et des petits qui sont une centaine dans cette ville[147]. Outre leur taille, ces temples diffèrent par la qualité du feu qui y est entretenu, c'est-à-dire surtout par le choix des matériaux de combustion.

On pratique des offrandes diverses, plantes soigneusement choisies, petits pains, beurre ou viande. Les cérémonies s'accompagnent de longues récitations tirées de l'Avesta.

A la fin de l'enfance, à 7 ans en Inde et à 10 ans en Iran, une cérémonie particulière consiste en la remise solennelle d'une chemise blanche et d'une ceinture, symboles de l'appartenance à la religion zoroastrienne. Les autres fêtes célèbrent la création et la nature ; ainsi la fête de Nowruz, en persan « les nouveaux jours », est celle du printemps et le premier jour de l'année iranienne. Même pour les musulmans, c'est encore aujourd'hui la fête la plus populaire d'Iran[148] : à cette occasion, la coutume est de partir pique-niquer en famille au bord de l'eau.

Contrairement à ce que suggère le mot « mage », il n'existe aucune trace de pratiques magiques dans la religion zoroastrienne actuelle.

En ce qui concerne les rites mortuaires, les Zoroastriens s'abstiennent de souiller les éléments sacrés que sont la terre et le feu par le contact des cadavres. Ceux-ci ne sont donc ni enterrés ni incinérés mais placés sur des « tours du silence » où les vautours viennent les dévorer.

Quoique longtemps considérée comme une religion dualiste où s'opposent le dieu du Bien et le dieu du Mal, le mazdéisme zoroastrien se considère dorénavant comme monothéiste : le dieu du Mal Ahriman n'est qu'une créature et un adversaire très inférieur d'Ahura Mazda[149].

Evidemment les quelques communautés zoroastriennes de l'Inde et de l'Iran ne sont plus guère qu'une survivance curieuse de l'ancienne religion de l'Empire perse[150].

Lors de l'effondrement de la dynastie sassanide sous les coups de l'Islam dès le VIIe siècle, les Iraniens se rallièrent en bloc à l'idéologie nouvelle, ce qui

Les religions de « transition »

n'est pas un exemple unique dans l'histoire. Les rapports des partisans inconditionnels du mazdéisme avec l'Islam ont connu des périodes difficiles, inéluctables après une guerre. Bien que l'Islam considère généralement le mazdéisme comme une « religion du Livre », puisqu'il dispose de textes sacrés, la tolérance que cette reconnaissance implique n'a pas évité des brimades et des conversions par la force, ce qui a poussé à l'exil la plupart des Zoroastriens convaincus. C'est l'origine de la communauté parsie établie dans le Nord-Ouest de l'Inde dès 717.

Les contacts de cette colonie, qui s'est remarquablement maintenue et développée, ont été pratiquement coupés jusqu'au XVe siècle avec les Zoroastriens d'Iran, dont la position sociale est assez médiocre, au contraire de celle des émigrés. Aujourd'hui, les parsis apportent une aide et un réconfort à leurs frères iraniens, d'autant plus volontiers que leur religion les oriente vers les œuvres de santé et d'éducation.

Malgré la quasi-disparition du mazdéisme en Iran, on peut penser qu'on en retrouve des traits importants dans l'Islam chiite. En particulier, la croyance en un mahdi, réapparition du dernier Imam à la fin des temps, est assez semblable à la croyance zoroastrienne en un sauveur qui établira un ordre nouveau, en principe 3000 ans après Zoroastre. C'est aussi la notion du messianisme juif.

Notons que le détroit d'Ormuz qui garde la sortie du golfe arabo-persique a pour nom une déformation d'Ahura Mazda (Horamazd puis Ormuz).

En ce qui concerne les rapports du mazdéisme et du christianisme, ils sont difficiles à cerner car ils ont été souvent indirects. Les deux religions ont en commun la croyance en un salut, individuel et communautaire, ainsi qu'en la résurrection des morts, ou tout au moins des justes.

Rappelons enfin que le vieux dualisme perse entre le Bien et le Mal a ressurgi au IIIe siècle de notre ère dans le mouvement manichéen qui menaça gravement l'Eglise. Cette véritable nouvelle religion fût présentée par son fondateur un Perse nommé Mani ou Manès, comme l'accomplissement et la synthèse du bouddhisme, du christianisme et du zoroastrianisme, Son succès s'est poursuivi jusqu'au Moyen-Age puisqu'il n'est pas étranger au mouvement cathare[151], éliminé en 1244 par la croisade des Albigeois et la destruction de Montségur.

Le calendrier iranien

De nos jours encore, les Iraniens emploient un calendrier et des noms de mois zoroastriens, conjointement avec les mois que nous connaissons et, à un moindre degré, avec les mois lunaires islamiques. Les Iraniens sont très attachés à ces mois zoroastriens qui datent vraisemblablement du ve siècle avant notre ère mais dont ils ne connaissent plus, à de très rares exceptions près, la signification.

L'année commence avec le printemps, le 22 mars : c'est Nowruz, le Nouveau Jour, principale fête et période de congé iranienne.

Les douze mois sont solaires et ont donc 30 ou 31 jours. Les noms sont soit ceux d'êtres divins désignés par une qualité abstraite, soit ceux de symboles cosmiques. Ce sont :

— *Farvardine* (22 mars — 21 avril), de fravarti, nom des âmes dans l'Avesta.

— *Ordibehesht* (22 avril — 22 mai), « Justice excellente ».

— *Khordad* (23 mai — 22 juin), « Intégrité ».

— *Tir* (23 Juin — 23 juillet), nom de l'étoile Sirius, qui, dans la mythologie perse, provoquait la pluie.

— *Mordad* (24 juillet — 23 août), « Immortalité ».

— *Sharivar* (24 août — 23 sept.), « Empire désirable ».

— *Mehr* (24 sept. — 23 octobre), nom déformé du dieu Mithra.

— *Aban* (24 octobre — 22 nov.), « les eaux », abréviation de « Fils des eaux ».

— *Azar* (23 novembre — 22 déc.), « le feu ».

— *Dey* (23 déc. — 21 janvier), « le Créateur ».

— *Bahman* (22 janvier — 20 février), « la Bonne Pensée ».

— *Esfand* (21 février — 21 mars), « saint », abréviation de « sainte dévotion ».

---

[145] « Musulmans noirs » en anglais.

[146] Tous les enfants connaissent les prêtres zoroastriens : ce sont les mages dont nous avons tiré le mot magicien. Dans la « Flûte enchantée » de Mozart, le magicien s'appelle Sorastro, déformation de Zoroastre. En fait, les mages étaient les prêtres de la religion de la dynastie perse achéménide (550-330 av. J.-C.). On ne connaît pas avec précision quelle influence Zoroastre a pu exercer ou non sur cette religion.

[147] Les trois degrés de prêtrise se nomment, en partant du plus bas, behdin, herbed et mobed ; les grands temples sont des Atash Bahram et les petits s'appellent adaran en Iran et ayyari en Inde.

[148] Voir l'encadré sur le calendrier iranien.

[149] L'envoi par le gouvernement américain d'un ministre nommé Harriman auprès de la Cour d'Iran dans les années 1960 avait évidemment suscité des sourires.

[150] Le nom iranien des Zoroastriens est « zartocht ». On les connaît aussi sous le nom de « guèbres », dérivé de l'arabe kafir, « infidèle ».

[151] Cathare, comme Catherine, vient du mot grec qui signifie « pur ».

LES SIKHS

Les Sikhs sont revenus tragiquement sur la scène de l'actualité au printemps de 1984 quand les prétentions d'une partie d'entre eux de créer un état sikh ont été écrasées dans le sang par le gouvernement de l'Union Indienne de Mme Indira Gandhi. Mais la conquête de haute lutte du magnifique temple d'or d'Amritsar n'est, malgré son caractère dramatique, qu'un épisode historique et politique de la vie d'une communauté qui se distingue d'abord par sa religion.

Chacun a déjà rencontré des Sikhs : avec leur turban soigneusement noué, la résille dans laquelle ils enveloppent leur barbe et leurs cheveux, leur pantalon serré aux mollets, les Sikhs ne passent pas inaperçus. Remarquables soldats, ils étaient les piliers de l'armée des Indes. Aujourd'hui encore, ils représentent 10 % des officiers indiens alors qu'ils ne sont qu'environ 2 % de la population, c'est-à-dire près de 17 millions d'hommes.

Numériquement, leur religion est donc importante, ses pratiquants sont plus nombreux que les Juifs. C'est aussi une religion relativement récente, sensiblement contemporaine de l'apparition du protestantisme.

Originellement, c'est un pont jeté entre l'hindouisme et l'Islam. Le fondateur de la religion sikh, le gourou Nanak, est né en 1469 dans la région de Lahore, dans l'actuel Pakistan. C'était l'époque de la dynastie des Moghols qui a laissé à l'Inde, entre autres, le merveilleux mausolée du Taj Mahal. Cette dynastie musulmane s'est imposée en 1526 sur une population profondément hindouïste et le choc des cultures portait naturellement à la réflexion. Nanak, renonçant au mariage préparé par ses parents, partit voyager et se rendit jusqu'à la Mecque. En fait, sa vie est auréolée de légende et son histoire n'est pas très certaine, mais, à l'âge de cinquante ans, il eut une vision qui le convainquit de son rôle missionnaire. Peut-être, au cours de ses pérégrinations, rencontra-t-il l'empereur Kabir qui luttait contre les divinités multiples du panthéon indien et prônait le culte d'un dieu unique sans images, comme il sied à un bon musulman.

Ce qui est certain, c'est qu'à cette époque, l'Islam, après avoir été ressenti comme une culture étrangère à l'Inde et imposée par la force, commençait à séduire les Hindous de basses castes par son caractère égalitaire qui permettait à chacun d'entrer dans les lieux de culte et de participer aux fêtes.

Nanak fut convaincu du caractère invisible de Dieu et de l'inanité des idoles. Il disait : « Ekam onkar nironkar », « Dieu est incorporel ». Ailleurs, il décrivait Dieu ainsi :

« Il n'a pas de nom, pas de résidence, pas de caste.
Il n'a pas de forme, de couleur, de limites.
Toujours parfait, Il est présent de toute éternité et le restera.
Il n'est d'aucun pays et ne porte pas d'habits particuliers.
Il n'a pas d'apparence. Il est libre du désir.
A l'est et à l'ouest, regarde où tu peux.
Il s'infiltre et prédomine.
Comme l'Amour et l'Afrique. »

Nanak fut ainsi conduit à allier une conception de Dieu proche de celle de l'Islam avec des pratiques hindouistes de dévotion. Il se mit à prêcher une religion libérée des castes et de la pratique hindouiste médiévale du « sutee » selon laquelle les veuves étaient brûlées sur le bûcher de leur mari défunt. Mais il rejetait aussi la pratique musulmane du port du voile pour les femmes et de leur exclusion de la vie publique. En outre, en refusant l'Islam, Nanak allait dans le sens du nationalisme indien qui reprochait aux Musulmans les pillages et les conversions forcées de l'époque de la conquête.

Ainsi, la nouvelle religion fondée par Nanak est clairement monothéiste et rejette toute représentation de Dieu mais elle ne se coupe pas complètement des pratiques humanistes de l'hindouisme.
En fait, elle renvoie dos à dos hindouistes et musulmans qu'elle souhaite tous convertir à l'enseignement sikh.
Curieusement, le mouvement sikh ne provoque pas d'excessives réactions doctrinales de la part des musulmans ou des hindouistes. Ceux-ci tiennent les Sikhs pour une de leurs nombreuses sectes tandis que les musulmans ne les renient généralement pas et les considèrent comme un ordre d'inspiration soufi.

C'est le quatrième successeur de Nanak, Ramdas, qui, protégé par l'empereur moghol Akbar, fit construire au milieu d'un étang le fameux temple d'or. Ainsi la ville d'Amritsar, dont le nom signifie « la ville de l'immortalité »[152], devint la Rome de la religion sikh.
Ce n'est que le fils et successeur de Ramdas, Arjun, qui publia le livre saint des Sikhs, le Granth, dont le nom signifie simplement « livre », où sont rassemblés tous les écrits sur la religion sikh depuis Nanak. On y trouve 3384 hymnes composés en langues hindi et pandjabi. Celui-ci, par exemple, sert d'introduction à la mission de Nanak :

« J'ai interrogé les quatre Vedas,
mais ces écrits ne montrent pas les limites de Dieu.
J'ai interrogé les quatre livres des musulmans,
mais la parole de Dieu n'y est pas écrite.
Je me suis baigné dans des ruisseaux et des fleuves,

ainsi que dans soixante lieux de pèlerinage.
    J'ai vécu dans les forêts et les clairières des trois Mondes,
et j'ai mangé amer et sucré.
    J'ai vu les sept régions d'ici-bas,
ainsi que le Ciel au dessus du ciel.
    Et moi, Nanak, je vous dis:
l'homme sera fidèle à sa foi s'il croit en Dieu et fait le bien. »

Un exemplaire enluminé du Granth est exposé au Temple d'or. Chaque soir, une procession aux flambeaux franchit le pont de marbre qui conduit à la rive de l'étang et le dépose dans un autre temple de marbre. Au petit matin, la procession remporte le livre sacré dans le temple. Les croyants répandent des fleurs devant l'autel où il est placé.

Du temps de l'empire britannique, l'adoration du livre sacré faisait partie des cérémonies militaires des régiments sikhs; pendant la lecture, on éventait le Livre avec des plumes de paon.

La célébration du livre divin comporte des chants dits « jap » et des rites de dévotion dits « bhakti ».

L'initiation à la religion sikh comporte un baptême par immersion, accompagné d'aspersion d'une boisson sucrée. On prend ensuite un repas sacré consistant en gâteaux de farine, beurre et sucre.

Les repas communautaires sont d'ailleurs une coutume fort importante chez les Sikhs, puisqu'ils symbolisent le rejet du système des castes. Suivant l'exemple du premier village communautaire créé par Nanak, Kartarpour, chaque temple sikh — dit « gurudwara » c'est-à-dire « la porte du gourou » — dispose d'un restaurant communautaire dit « langer » où sont servis deux repas par jour.

Les membres de la communauté sikh, ou « khalsa », doivent porter comme symboles de la pureté de leur religion ce qu'on appelle les 5 K c'est-à-dire:

Kes, la barbe et les cheveux longs.

Kanga, le peigne.

Kacha, le pantalon court.

Kara, le bracelet d'acier.

Kirpan, l'épée.

Le bracelet est le symbole de l'unité de la fraternité sikh et l'épée celui de l'autorité et de la justice.

Les Sikhs s'efforcent d'étendre leur religion à l'ensemble du monde; ils ont des centres en Amérique du Nord, en Afrique orientale, en Australie, à Londres et à Essen en Allemagne. Depuis 1960, le mouvement édite à Londres « The Sikhs Courrier ».

Si vous rencontrez un Sikh, ne vous étonnez pas qu'il s'appelle Singh, c'est-à-dire « lion »: tous les Sikhs portent ce nom en l'honneur de Govind

Singh (1675-1708), dixième et dernier gourou de la communauté militaire sikh. Le mot de sikh lui-même, donné à ses compagnons par Nanak, signifie simplement « élève », « disciple ».

85 % des 17 millions de Sikhs vivent dans l'état du Pandjab, en Inde. L'écrasante majorité des Sikhs est de langue pandjabi, mais les Sikhs ne constituent qu'environ le tiers de la population du Pandjab indien, dont la majorité est hindouiste et parle hindi.

---

[152] On retrouve dans le nom d'Amritsar le *a* privatif, les trois lettres *mrt* du radical sanscrit signifiant *mort* et le mot *sar* qui signifie *ville* comme son homologue persan *shahr*.

Les religions « polythéistes »

Ce chapitre regroupe d'une part l'hindouisme et son proche parent le jaïnisme et, d'autre part, les religions d'inspiration animiste, qu'elles soient d'origine africaine, amérindienne ou asiatique (comme le shintoïsme japonais ou le taoïsme chinois).

Le seul point commun à ces religions est précisément d'être polythéistes, c'est-à-dire d'admettre plusieurs dieux, souvent en nombre considérable.

Cependant cette pluralité de dieux n'exclut pas obligatoirement l'existence d'un Dieu suprême, créateur ou non, dont l'autorité sur les autres divinités est plus ou moins explicite.

Ainsi la distinction entre les religions monothéistes, comme le sont les religions révélées, et les religions polythéistes n'est pas toujours aussi nette qu'il pourrait sembler : imaginons que l'on affuble du titre de divinité les anges ou les saints auxquels les croyants préfèrent parfois s'adresser en lieu et place d'un Dieu jugé inaccessible...

L'HINDOUISME

L'approche de l'hindouisme est profondément déroutante. On ne perçoit dès l'abord qu'un foisonnement de dieux aux formes étranges, au rôle mal défini, qui s'entremêlent dans une mythologie sans fin.

Les religions « polythéistes »

Pour faire bonne mesure, rien, semble-t-il, ne peut s'expliquer en français. Il paraît exclu que notre vocabulaire possède des équivalents, même approximatifs, pour rendre les notions mystérieuses de karma, dharma, yoga, mantra etc. Certains occidentaux se passionnent pour cet exotisme où ils voient la révélation d'une spiritualité inconnue. Notre propos est, au contraire, d'apporter le plus de clarté possible à la description de cette religion.

Après un rappel historique et l'examen des principes fondamentaux de l'hindouisme, nous verrons comment cette religion est vécue en pratique.

L'hindouisme dans l'histoire

Contrairement à la plupart des grandes religions, l'hindouisme remonte à la nuit des temps et n'a pas de fondateur historique identifié.

Le mot d'hindouisme est plus récent que la religion elle-même : ce sont les musulmans qui, rencontrant pour la première fois des hindouistes dans la province du Sindh où coule l'Indus, leur ont donné un nom dérivé de celui de cette province et de ce fleuve.

On pourrait aussi parler de brahmanisme, c'est-à-dire la religion des prêtres, les brahmanes, ou employer le terme indien de sanatanadharma, la « loi éternelle ».

Cette religion, qui a subi d'importantes évolutions au cours des siècles, est issue de celle des Indo-Européens primitifs dont nous sommes les lointains parents. On retrouve d'ailleurs le nom de brahmane dans celui des prêtres de la Rome antique, les flamines (*br* est phonétiquement l'équivalent de *fl*).

Des études fouillées, dont l'initiateur fut Georges Dumézil, ont montré la parenté des religions et des mythes des divers peuples indo-européens[153]. Leur point commun le plus frappant est une sorte de séparation des pouvoirs militaire et religieux tandis que l'activité économique était l'apanage du reste de la population. Ce sont ces principes qui ont été le fondement du système hindouiste des castes.

Lorsque les Indo-Européens, dont le berceau paraît être situé dans les steppes de l'Asie centrale, envahirent l'Inde vers l'an 1000 avant notre ère, ils apportèrent avec eux leur religion. Celle-ci a pour textes sacrés les Vedas (littéralement : « connaissance »), eux-mêmes complétés par les Upanishads. Les Indo-Européens, appelés aussi Aryens, c'est-à-dire les « fidèles » ou les « nobles » rencontrèrent en Inde d'autres religions préexistantes dont ils assimilèrent les divinités[154].

Ceci explique en partie à la fois la complexité inextricable du panthéon hindou et le fait qu'un même dieu porte fréquemment plusieurs noms.

Constatant que l'hindouisme n'est guère répandu parmi les populations non-indiennes, on pourrait en déduire que son contenu culturel le rend difficilement exportable. Pourtant, l'hindouisme est jadis sorti du sous-continent dans le sillage des marins et des commerçants indiens. Il s'implanta dès le début de notre ère dans les pays de l'Asie du Sud-Est mais il résista mal à des religions moins marquées par la culture de l'Inde. Selon les pays, le bouddhisme dès le VIe siècle et l'Islam, à partir du XIIe siècle, se substituèrent progressivement à l'hindouisme.

Finalement la civilisation indienne, que rappellent les noms d'*Indochine* et d'*Indonésie*, a laissé des traces profondes dans tout le Sud-Est asiatique, mais seule une part de cette influence est imputable à la religion hindouiste. La marque la plus évidente que l'Inde a laissée est constituée par les différentes écritures de la région — birmane, thaïe, laotienne, khmère, javanaise etc. — qui sont toutes dérivées d'alphabets indiens. En outre, de nombreux noms de lieux d'origine indienne ont subsisté[155].

En ce qui concerne la religion, il est curieux de noter que quelques rites hindouistes ont été conservés dans les cérémonies royales de la très bouddhiste Thaïlande. Cependant, d'une façon générale, l'hindouisme n'existe en dehors de l'Inde que chez des populations indiennes émigrées. Les plus importants contingents vivent en Malaisie, à Singapour, à Fidji, à l'île Maurice, en Afrique du Sud, à Trinidad, au Surinam ou aux Etats-Unis. La seule exception d'hindouistes non-indiens est constituée par les habitants de l'île de Bali en Indonésie et quelques groupes numériquement peu importants de Javanais.

Rappelons que nous avons estimé le nombre d'hindouistes dans le monde à 750 millions, dont 675 millions (91 %) en Inde même.

Principes de l'hindouisme

Comme dans la plupart des religions, l'univers dans l'hindouisme est imaginé de façon très variable selon le niveau d'éducation des individus. Pour les personnes très évoluées, la conception traditionnelle est purement symbolique. Pour d'autres, elle est prise, plus ou moins, à la lettre.

L'essentiel de l'hindouisme ne se situe donc pas là. Rappelons seulement que, selon les textes anciens, le centre de l'univers est une montagne, le mont Meru, et il existe trois mondes, la terre, le ciel et un espace intermédiaire entre ciel et terre.

Ce qui est plus important, c'est que l'hindouisme ne ressent pas l'univers comme créé, au sens du christianisme ou de l'Islam.

Il existe un Etre Suprême, sorte de Dieu absolu et impersonnel, au-delà de toute atteinte sensible. On l'appelle Brahma.

L'univers procède de lui, un peu comme l'air est exhalé par la respiration ; il peut aussi bien disparaître comme s'il était à nouveau aspiré. Ce souffle est l'essence de la vie, il est souvent identifié au « moi » de chaque être dont la destinée est de retourner à l'absolu de Brahma. Ainsi le divin existe dans toute créature et son âme, l'atman, est indestructible[156].

Cependant Brahma, inaccessible, se personnifie en quelque sorte sous forme de deux dieux complémentaires qui sont plus à la portée des humains. Ce sont Shiva et Vishnou. Le premier, Shiva, est un dieu dynamique qui, semblable à la vie, crée et détruit successivement. Vishnou est, au contraire, un dieu statique chargé de maintenir l'ordre du monde.

Pour simplifier, et en négligeant de nombreux points de vue qui peuvent être notablement divergents, on peut parler d'une Trinité hindoue comportant Brahma, le « créateur », Vishnou, le protecteur, et Shiva, le destructeur.

Ce schéma grossier ne doit pas faire oublier que Brahma a un rôle plus abstrait, qu'il est à l'origine de tout mais reste à l'arrière-plan, comme occulté par Vishnou et Shiva.

C'est pourquoi Brahma n'est que rarement honoré. Ses temples les plus célèbres sont ceux de Khajuraho et de Pushkar. En revanche, de nombreux hindouistes mettent Vishnou ou Shiva au premier plan, constituant les sectes vishnouites ou shivaïtes. Pour elles, Brahma n'est qu'un dieu secondaire.

Rien n'interdit d'ailleurs de limiter le nombre des dieux aux trois principaux. Une quantité d'autres, plus ou moins importants, vivent au ciel et sont aussi l'émanation de Brahma. Comme tels, ils sont également des êtres transitoires mais leur « durée de vie » est incomparablement plus longue que la nôtre. Dès l'époque védique, c'est-à-dire avant le premier millénaire précédant notre ère, on comptait 33 dieux dont le chef était Indra, source de la force cosmique et maître de la pluie, habitant du Mont Meru. Il s'y est ajouté ultérieurement de très nombreuses divinités mineures, souvent récupérées de cultes locaux que l'hindouisme a absorbés. Leur importance dans la piété populaire est très inégale.

Ainsi, la forme extérieure de la piété peut varier considérablement selon les hindouistes. Ce qui les unit, c'est un état d'esprit religieux, la recherche d'un dépassement en vue de connaître la divinité et de s'identifier à elle. Chacun des dieux de l'Inde exprime un des aspects de cette divinité, abstraite et absolue, et chaque hindouiste consacrera sa dévotion selon sa sensibilité au dieu qui lui convient le mieux.

Aucune voie n'est à rejeter et, en principe, l'hindouisme tolère toutes les formes de recherche spirituelle et ne jette l'anathème sur aucune hérésie. Il paraît donc vain de savoir si l'hindouisme est monothéiste ou polythéiste puisque les dieux multiples peuvent être aussi bien considérés comme l'expression de l'Absolu unique.

Un autre point sur lequel s'accordent les hindouistes, c'est le caractère cyclique de l'univers, symbolisé par la respiration de Brahma. Le monde est périodiquement détruit pour renaître à nouveau. Selon la tradition hindouiste, nous serions dans le quatrième de ces cycles appelés « yuga » et dont la durée se compte en milliers d'années[157].

De la même façon, mais avec une période bien plus brève, les hommes disparaissent pour réapparaître dans une autre vie.

La destinée humaine selon l'hindouisme

Les hommes partagent le destin de toute la nature : naître, vivre, mourir mais aussi renaître sur cette terre pour un cycle indéfini de vies successives. C'est la croyance en la réincarnation, la « samsara ».

Cette renaissance n'est pas seulement un phénomène physique, les hindouistes y ajoutent une composante morale : le poids de nos actes conditionne étroitement la qualité de ce que sera notre prochaine vie sur cette terre. Selon la façon dont nous nous serons acquittés de notre tâche dans la société, nous revivrons dans une condition sociale brillante ou misérable. Les moins méritants peuvent aussi bien revivre une vie d'animal plus ou moins impur.

C'est ici qu'intervient le système des castes si particulier de la société hindouiste.

Les castes

En 1955, une loi contre la discrimination raciale et religieuse, constamment renforcée depuis, abolit les barrières sociales et administratives résultant du système des castes en Inde.

Contrairement à ce qu'on pense généralement, ce système n'est pas indissociable de l'hindouisme et de nombreux mouvements religieux qui en sont issus rejettent la notion de caste.

Dans la religion védique des anciens Aryens, les sacrifices d'animaux comportaient trois fonctions : fournir la bête, la tuer et célébrer la cérémonie. Il s'agissait de fonctions sociales entre lesquelles n'existaient pas de cloisons étanches. Ces fonctions se retrouvent dans les trois premières castes :

— les brahmanes-prêtres ;
— les kshatriyas-guerriers ;
— les vaishyas, agriculteurs ou artisans.

Plus tard, à l'époque des grandes épopées, le système se rigidifia tandis que les peuples envahis constituaient tout naturellement une nouvelle caste de serviteurs, les shudras. Encore faut-il ajouter que ceux dont la profession est rituellement impure sont exclus de toute caste, ce sont les « intouchables ».

On appartient à une caste par la naissance et on y reste jusqu'à la mort. Ce système est extrêmement rigide. Seule la réincarnation permet de monter ou de descendre cette échelle sociale.

Au cours des siècles, la situation s'est compliquée à l'extrême, chaque caste ayant donné naissance à des sous-castes, au nombre de plusieurs milliers, qui correspondent généralement à l'exercice d'un métier. Paradoxalement, même les sans-castes se sont ainsi subdivisés en simili-castes.

On dispose difficilement de données sur les effectifs des différentes castes. Les sources les plus sérieuses donnent la répartition suivante des hindouistes ou assimilés :
— brahmanes 6 % ;
— kshatriyas 6 % ;
— vaishyas 6 % ;
— shudras 60 % ;
— hors-castes 15 % (intouchables) ;
— membres de tribus 7 % (non-classés).

Le système des castes reste encore très vivant, par habitude mais aussi pour des raisons religieuses : seuls les brahmanes peuvent devenir prêtres et les offrandes des fidèles au temple dépendent de la caste à laquelle ils appartiennent. La caste est généralement identifiée par le nom du fidèle que le prêtre demande avant de choisir l'offrande.

Jadis l'appartenance à une caste fixait très précisément ce que chacun devait et pouvait faire. Par exemple, un brahmane ne pouvait absorber une nourriture préparée par quelqu'un de caste inférieure, a fortiori par un sans-caste. Il y avait donc des restaurants pour brahmanes, à cuisiniers brahmanes et ainsi de suite. Cet exemple montre au passage que les brahmanes n'étaient pas tous prêtres ni d'ailleurs les kshatriyas guerriers. Ainsi Bouddha était de caste kshatriya. C'est la pureté rituelle du métier pratiqué qui caractérise une caste.

Cette rigueur s'est un peu assouplie mais il est toujours choquant de faire ce qui est du ressort d'une autre caste ; il vaut mieux faire médiocrement son propre devoir que parfaitement le devoir d'un autre. On s'explique ainsi la multiplicité du personnel traditionnellement affecté à une entreprise, quelle qu'elle soit. A la limite, ce ne peut être la même personne qui enlève les cendriers et qui les nettoie.

Toutefois le système des castes s'est figé dans un état ancien de la société et il n'y a pas de règle applicable pour les métiers modernes. L'Inde vit aujourd'hui un système composite où les castes jouent un rôle déterminant dans certains cas et n'ont plus grande importance dans d'autres situations. Le changement apporté par la loi de 1955 a surtout été appréciable pour les intouchables qui étaient, jusque-là, véritablement exclus de toute promotion sociale. Gandhi, qui les appelait « harijan » (« enfants de Dieu »), milita vigoureusement en leur faveur et des quotas furent institués pour leur ouvrir l'accès à des professions du service public. On en arrive aujourd'hui à des cas extrêmes et paradoxaux, inimaginables il y a quelques années, où des hindous de haute caste s'efforcent de dissimuler leur origine pour obtenir ces emplois réservés aux défavorisés.

Ces indications ne donnent évidemment qu'une idée très sommaire de la complexité du système des castes. D'ailleurs les langues de l'Inde emploient deux mots distincts selon que la caste est considérée sous son aspect religieux ou en fonction du lignage familial. Dans le premier cas, on parle de « varna », littéralement « couleur », et dans l'autre de « jati », « naissance ». C'est cette distinction qui explique le paradoxe que les sans-castes soient divisés en castes : la notion de jati est plus vaste et plus complexe que celle de varna.

Soulignons le caractère symbolique, et en aucun cas raciste, de la notion de couleur : Vishnou, par exemple, est généralement représenté avec un visage bleu, tandis que le rouge représente le soleil. Précisons enfin que les trois premières castes étaient jadis considérées comme « deux fois nées », c'est-à-dire que leurs membres étaient nés à la vie spirituelle, ce qui leur donnait le droit de se ceindre les reins d'un cordon symbole de pureté. De nos jours, seuls les brahmanes ont ce privilège.

L'appartenance à une caste, ou au groupe des sans-castes dont les non-hindouistes font partie, est le résultat irrémédiable des actions de notre vie antérieure. Aucune révolution ne permet donc d'échapper à cette condition, quelle qu'elle soit. Chacun accepte donc son statut et sa situation sociale, en se consolant par l'espoir d'un changement de caste dans la prochaine vie. On comprend que les rapports entre castes n'impliquent, en principe, aucun sentiment de mépris des plus élevées à l'égard de leurs inférieures, personne n'étant à l'abri d'une déchéance dans l'existence à venir.

On imagine l'extraordinaire stabilité d'une société où chacun sait qu'il lui faudra attendre la mort pour améliorer sa situation. La mort est donc vécue le plus souvent dans l'indifférence, ou même dans la joie si l'on a la satisfaction du devoir accompli.

Le vrai problème que se pose un croyant hindouiste est d'échapper au cycle de réincarnations. En théorie, seul un brahmane mâle peut, si ses actes ont été parfaits, mériter la libération, dite moksha.

L'hindouisme n'est pas très explicite sur ce qu'est cette *libération*, dont on pense seulement qu'elle est une sorte d'union au divin, dilution dans l'absolu ou accès à la connaissance suprême. On ne sait pas très bien non plus comment se jugent nos actes et qui décide de notre future renaissance.

En fait il existe une grande diversité d'opinions sur ces questions mais les

Les religions « polythéistes »

hindous se préoccupent surtout de progresser spirituellement pour accéder un jour à la libération. A cet effet, trois méthodes sont pratiquées :
— l'action ou karma ;
— la connaissance ou jnana ;
— la dévotion ou bhakti.

L'action consiste essentiellement à respecter les rites de sa caste ou, pour les sans-castes, à assumer les contraintes de leur condition.

La connaissance n'est pas seulement celle des livres sacrés, mais celle d'une sagesse où la méditation tient une grande place.

La dévotion est un culte rendu à l'Absolu, personnifié dans l'un des nombreux dieux du panthéon hindou. (Voir encadré sur le panthéon hindouiste)

Ainsi la pratique de l'hindouisme peut revêtir les formes les plus variées, non seulement selon le niveau d'éducation mais aussi selon le courant spirituel auquel chacun se rattache.

LE PANTHÉON HINDOUISTE

Les dieux de l'hindouisme sont si nombreux — on parle de plusieurs millions — et leurs aventures si étonnantes que toute tentative de description claire et synthétique est vite découragée. En outre, le fait que chaque dieu porte fréquemment des noms différents selon les lieux et les circonstances ne facilite pas la compréhension de ceux qui sont étrangers à la culture indienne et ignorent le sanscrit. Ainsi, le pouvoir particulier d'un dieu conduit à lui donner un titre tel que « Seigneur des animaux » (Pashupati) ou « Celui qui existe par lui-même » (Swayambu), qui se substitue à son appellation normale et se suffit à lui-même. A cette difficulté d'identification s'ajoute que l'un des dieux majeurs, Vishnou, chargé de maintenir la stabilité de l'univers, s'est incarné une dizaine de fois dans l'histoire en portant chaque fois un nom différent.

Pour aider le lecteur non-spécialiste, nous présenterons les divinités les plus importantes en indiquant leurs noms les plus courants et la façon de les reconnaître.

La « Trinité » hindoue (en sanscrit : trimurti) se compose de Brahma, Shiva et Vishnou.

— *Brahma* est le créateur de l'univers, mais il ne s'est pas incarné. C'est un dieu lointain auquel les Hindous s'intéressent peu. Il a un cygne pour véhicule. Son épouse, Saraswati, est la déesse de la science, de la parole et de la musique.

— *Shiva* est le dieu de la vie et de la mort, tantôt symbolisé par un phallus (lingam en sanscrit), tantôt représenté de façon effrayante avec un collier de têtes de morts et un trident à la main. Il est le dieu du mouvement qui crée et

détruit successivement. Son véhicule est un taureau, Nandi. Le nom le plus fréquent de son épouse est Parvati.
— *Vishnou* est le dieu bienfaiteur et conservateur. Il descend sur terre quand les circonstances l'exigent. Cette descente se dit « avatar » en sanscrit. Parmi ces avatars, les noms de Rama et de Krishna sont les plus connus. Certains hindouistes considèrent que Bouddha est aussi un avatar de Vishnou et qu'il en viendra un dixième, Kalkin, pour jouer un rôle de Messie. L'épouse de Vishnou est Lakshmi, déesse de la richesse. Vishnou repose sur un serpent, Ananta, et a pour véhicule un oiseau extraordinaire, mi-homme, mi-vautour, Garuda[158].

L'idée que se font les hindouistes de leurs dieux varie selon leur niveau culturel : une personne simple imagine le dieu avec des passions humaines et trouve naturel qu'il ait une épouse et des enfants, tous doués, bien entendu, de pouvoirs surnaturels. En revanche, un hindou d'éducation supérieure et habitué à l'abstraction n'attache aux représentations des dieux qu'une signification symbolique : si un dieu a plusieurs bras, c'est pour figurer sa capacité d'action supérieure à celle de l'homme, tout simplement.

De même, l'épouse doit être interprétée comme une autre facette du dieu qui présente des qualités complémentaires de son aspect mâle. Ceci est très voisin des conceptions taoïstes du yin et du yang : on ne peut concevoir un principe supérieur tel qu'un dieu sans qu'il ait une forme de vie parfaite, associant les complémentarités que présentent, en ce monde, l'homme et la femme. Pour la même raison, le caractère « complet » d'un dieu rend naturel qu'il ait des enfants, c'est-à-dire qu'il se prolonge sous des formes apparemment distinctes mais qui sont encore le dieu lui-même.

Il est exclu de bien comprendre le panthéon[159] hindouiste si l'on n'entre pas dans ce jeu des symboles où l'apparence physique du dieu, sa couleur, ses gestes, ont une signification précise, liée à la culture et à la mythologie hindoues. Nous nous comportons en barbares incultes quand nous n'y voyons que de l'art kitsch ou du délire de primitifs tourmentés.

De la même façon, les trois dieux de la trimurti sont, pour beaucoup d'hindous, trois faces distinctes du même Dieu, ce qui est assez près de la notion chrétienne de la Trinité. Les mêmes hindouistes imaginent aisément aussi que la religion a trois faces, l'hindouisme, l'Islam et le christianisme, le bouddhisme étant, pour eux, une branche de l'hindouisme. Ils jugent donc indifférent d'avoir accès au Dieu unique par l'une ou l'autre de ces religions, de la même façon qu'en adorant Shiva ou Vishnou ils adorent le même principe divin unique sous la forme qui convient le mieux à leur sensibilité spirituelle.

Les dieux grecs et latins

Le monde gréco-latin est l'un des rameaux de la civilisation indo-européenne. Aussi n'est-il pas étonnant que les religions antiques de la Grèce et de Rome soient parentes des religions de l'Inde, de la même façon que la plupart des langues pratiquées aujourd'hui en Europe sont de lointaines parentes des langues indiennes du Nord.

Notre culture n'a gardé qu'un souvenir confus de ces religions. Une pléthore de dieux et de demi-dieux se partageait l'Olympe, mais leurs pouvoirs surnaturels ne les empêchaient pas de rester proche des humains par leur comportement.

Ils nous sont d'ailleurs restés familiers puisque leurs noms désignent les planètes de notre système solaire (Mars, Vénus, Saturne, Neptune, Pluton) ou entrent dans la composition des jours de la semaine (mardi, jour de Mars ; mercredi, jour de Mercure ; jeudi, jour de Jupiter ; vendredi, jour de Vénus ; samedi, jour de Saturne)

Si l'on s'en tient aux grandes lignes, la religion grecque et celle de Rome paraissent très voisines. Leur polythéisme les rapproche de la religion védique, ancêtre de l'hindouisme. Toutefois celui-ci s'est débarrassé au cours des siècles d'une conception exagérément anthropomorphique de ses dieux : seules les croyances les plus populaires en ont conservé des traces. En revanche, la répartition des responsabilités entre les différents dieux évoque davantage l'animisme africain, soulignant ainsi un certain parallèlisme entre les religions primitives.

Le tableau ci-après présente les principaux dieux grecs et romains et leurs liens de parenté, quand ils existent. (tableau des dieux grecs et latins)

Les dieux, parmi lesquels on trouve aussi des femmes, se partagent les responsabilités comme le feraient les ministres d'un gouvernement au sein duquel la cohabitation n'est pas facile. Douze dieux constituent le cabinet restreint de l'Olympe. Le plus respecté et redouté est Zeus-Jupiter[160] ; il a pour arme la foudre. C'est en son souvenir que subsiste l'expression « menacer quelqu'un de ses foudres ». Son épouse, Héra-Junon, est la déesse de la condition féminine ; un de ses frères, Poséidon-Neptune, est le dieu de la mer et l'autre, Hadès-Pluton, dieu des enfers. Le ménage de Zeus et d'Héra a mis au monde deux dieux et deux déesses : Artémis-Diane, déesse de la nature et de la chasse, est, en quelque sorte, ministre de l'environnement ; Hermès-Mercure, ministre du commerce et du tourisme, protège les voyageurs ; Athéna-Minerve, qui a donné son nom à la ville d'Athènes, préside à la pensée, aux sciences et à l'industrie ; son frère jumeau Apollon se consacre aux affaires culturelles.

Cinq dieux importants n'appartiennent pas à la famille. Ce sont Arès-Mars, dieu de la guerre, Héphaîstos-Vulcain, dieu du feu et des forgerons, Hestia-Vesta, déesse du foyer et de la famille, et Déméter-Cérès, déesse de la fertilité, ministre de l'agriculture. Quant à Aphrodite-Vénus, déesse de la beauté et de l'amour, elle n'a plus sa place dans les gouvernements de notre époque et son fils, Eros-Cupidon, ne

portefeuille. Tous veillent au bonheur du peuple qui, en échange des temples qu'il leur construit et des impôts-offrandes auxquels il est soumis, sollicite des privilèges et le maintien de ses avantages acquis.

LES DIEUX GRECS ET LATINS

Filiation et équivalences[1]

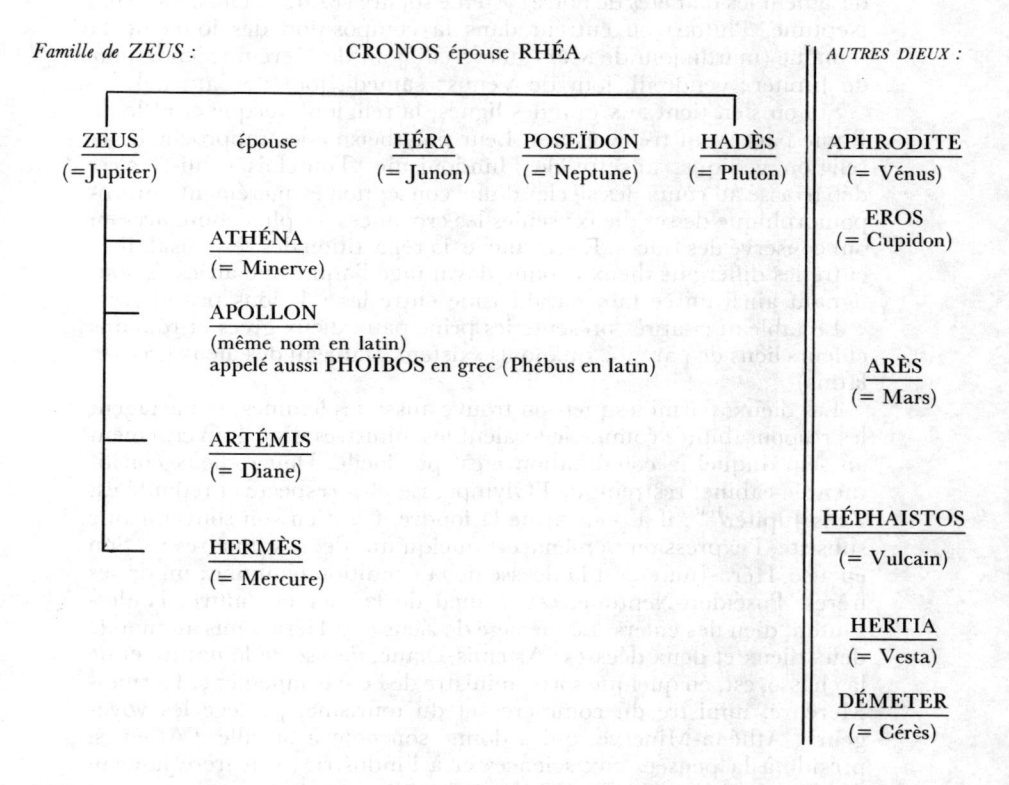

Famille de ZEUS :	CRONOS épouse RHÉA			*AUTRES DIEUX :*
ZEUS (=Jupiter)	épouse **HÉRA** (= Junon)	**POSEÏDON** (= Neptune)	**HADÈS** (= Pluton)	**APHRODITE** (= Vénus)
				EROS (= Cupidon)
	ATHÉNA (= Minerve)			
	APOLLON (même nom en latin) appelé aussi PHOÏBOS en grec (Phébus en latin)			
				ARÈS (= Mars)
	ARTÉMIS (= Diane)			
				HÉPHAISTOS (= Vulcain)
	HERMÈS (= Mercure)			
				HERTIA (= Vesta)
				DÉMETER (= Cérès)

(1) - Les dieux grecs sont en majuscules, leurs équivalents latins sont en minuscules et entre parenthèses. Les douze dieux principaux sont soulignés.

La pratique de l'hindouisme

Pour illustrer quelques unes des innombrables façons dont l'hindouisme est vécu, nous retiendrons, d'une façon un peu arbitraire, les pratiques apparemment les plus contrastées :
— Le culte quotidien, appelé « puja », tel qu'il est célébré dans un temple hindouiste.
— L'ascétisme absolu des sadhus, les sages hindous.
— Les conceptions « modernistes » dont certaines connaissent du succès en Occident. S'y rattachent, entre autres, divers ashrams comme celui de Sri Aurobindo, près de Pondichéry.

Le culte quotidien, la « *puja* »

La pratique du culte varie selon la caste du fidèle et la divinité qui a sa préférence. Les brahmanes sont théoriquement astreints à cinq prières par jour qui peuvent s'effectuer à la maison, devant les autels familiaux.

Généralement les hindouistes les plus pieux se rendent au temple deux fois par jour, en début de matinée et en fin de soirée. A titre d'exemple, nous décrirons le culte ordinaire célébré dans un temple shivaïte tamoul.

Avant d'entrer, les fidèles se déchaussent, prennent de l'eau dans un récipient, s'en versent sur les pieds et les mains ainsi que quelques gouttes sur la tête. Ainsi purifiés, ils peuvent alors pénétrer dans le sanctuaire et se placent en deux rangées parallèles, les femmes à gauche et les hommes à droite, face à trois petites loges dans chacune desquelles se trouve la statue d'un dieu.

Le prêtre, toujours un brahmane, repousse la tenture qui cache habituellement la statue aux yeux du public, puis entre dans le local avec son assistant, offre quelques pétales de fleur au dieu et l'honore en passant à plusieurs reprises une flamme devant sa face.

Pendant ce temps, les fidèles adorent le dieu debout, les mains jointes au-dessus du front. Parfois, ils se tiennent chaque oreille par la main opposée et plient légèrement le genou. Parfois aussi, les femmes se prosternent à genoux sur le sol.

Chacun des trois dieux est successivement honoré, d'abord Ganesh, le dieu à face d'éléphant, puis Murugan et enfin leur père à tous deux, Shiva lui-même. L'ensemble est accompagné d'une musique très forte et, pour l'oreille occidentale, assez criarde, que produisent une longue trompe en bois, un tambour et une cloche. La musique s'interrompt pendant que le prêtre psalmodie d'une voix douce qui fait contraste avec le son des instruments. A la fin des prières, le prêtre distribue aux assistants un petit paquet de riz enveloppé de papier journal ainsi qu'un fruit.

A n'importe quel moment de la journée, un fidèle peut solliciter du prêtre une prière individualisée. En échange d'un ticket acheté à l'entrée, le prêtre demande pour qui son intercession est requise, puis il chante ses prières en projetant sur la statue des cendres et des fleurs. Il apporte ensuite une demie noix de coco contenant deux feuilles, deux bananes, de petites fleurs et une poudre rouge enveloppée dans un papier. La pulpe de la noix de coco est marquée d'une tache ronde de cette poudre. Après s'être mis un point de cendre sur le front et avoir placé un instant ses mains au-dessus de la lampe à huile du prêtre, le fidèle termine ses dévotions en consommant un peu de riz au curry et de riz gluant sucré qu'il prend dans sa main droite.

Selon les croyances hindouistes habituelles, une parcelle de la divinité habite la statuette qui la représente. On s'explique mieux ainsi les rites du culte rendu à la statuette, considérée comme un être vivant qu'on doit lever le matin, nourrir dans la journée et coucher le soir.

Les « sadhus »

Sur toutes les routes de l'Inde, et particulièrement dans les lieux sacrés des pèlerinages, on rencontre de curieux personnages, quasi-nus, au regard de feu, que les musulmans ont appelé fakirs (« pauvre » en arabe) et dont la réputation est de faire leur couche d'une planche à clous. Ces êtres détachés du monde porte le nom de sadhu, « pur », qui exprime à la fois la vertu et la sainteté.

L'Inde compte, selon des estimations hasardeuses, près de 5 millions de sadhus ; ils ont tous renoncé volontairement aux illusions de l'existence pour assurer leur libération personnelle, dite « moksha ».

Quoique les techniques pratiquées varient d'un sadhu à l'autre, il s'agit toujours d'une ascèse du corps et de l'esprit destinée à unir l'âme avec l'Absolu, Brahma. Ces techniques portent le nom général de yoga.

Le yoga

Le yoga est souvent perçu en Occident comme une technique à la mode de relaxation mentale et corporelle. Pour un Hindou cependant, le yoga est une pratique éminemment religieuse qui mérite, à ce titre, que nous nous y intéressions.

Yoga signifie sensiblement « union » en sanscrit[161].

Les religions « polythéistes »

Il existe donc une parenté de concept entre le yoga et la religion qui ambitionne de « relier » l'homme à Dieu. Dans le yoga, il ne s'agit pas toutefois de s'unir à un Dieu personnel, selon la conception des mystiques occidentaux, mais plutôt de se rattacher au principe de l'Univers.

Pour ce faire, le yogi s'efforce de se situer dans l'ensemble de la création en cherchant d'abord à se connaître lui-même. On comprend pourquoi le yoga hindou n'est pas une simple gymnastique, mais un exercice où sont impliqués le corps, l'intellect et la sensibilité.

Ainsi, il existe plusieurs variétés de yoga, axées sur une approche particulière, par exemple le hatha yoga qui insiste sur les exercices corporels. Mais la performance physique ne constitue pas la finalité du yoga. Le corps n'est qu'un champ d'observation et d'expérimentation pour le yogi qui souhaite explorer ce qui est au-delà de la perception des sens. Grâce à la maîtrise des fonctions vitales liées aux cinq sens, certains yogis espèrent acquérir des pouvoirs inaccessibles au commun de l'humanité. Ces pouvoirs, désignés par le mot sanscrit de « siddhi », recouvrent tous les phantasmes de l'humanité: perception de l'infiniment petit et de l'infiniment grand, capacité d'obtenir un objet à distance, de se déplacer instantanément à volonté, de peser soudainement un poids considérable ou, au contraire, de s'alléger au point de s'élever dans les airs, pouvoir de commander aux éléments naturels, de dominer la conscience des autres etc.

Le yoga, comme la croyance en l'efficacité de ses techniques, remonte à une lointaine antiquité, hors des limites de l'histoire, puisqu'il est antérieur à la religion védique apportée en Inde par les Aryens vers l'an mille avant J.-C.

Dans son ensemble, le yoga recherche la maîtrise du comportement, du corps et de la respiration, ainsi que le développement de l'attention et de la concentration intellectuelle. Le pratiquant yogi acquiert alors une capacité de « contemplation » qu'il peut à volonté appliquer à un objet, une idée ou même à rien du tout. On constatera plus loin que la méditation bouddhiste du zen tire son origine du yoga hindou.

La recherche de la perfection spirituelle dans l'ascèse est normalement le dernier stade de la vie d'un brahmane: ce n'est qu'après avoir fondé une famille et s'être assuré que sa présence n'est plus indispensable que le brahmane se retire ainsi du monde pour devenir « samnyasin », c'est-à-dire, en quelque sorte, un sadhu brahmane. Toutefois tous les sadhus ne sont pas brahmanes, loin de là. Des hindous de toutes castes choisissent la voie du renoncement. Ils espèrent trouver ainsi un raccourci au long cheminement traditionnel vers la libération qui oblige normalement à attendre une réincarnation dans un brahmane avant de prétendre à la libération de la « moksha ».

Le prestige spirituel des sadhus est grand et certains d'entre eux se font une réputation de faiseurs de miracles. Il s'agit généralement de charlatans qui abusent de la crédulité des villageois, les authentiques sadhus étant plutôt sollicités pour des conseils spirituels, ce qui fait d'eux des gourous, des maîtres à penser.

Il faut noter que les sadhus non-samnyasins sont rejetés par les brahmanes traditionnalistes. Ces derniers n'apprécient guère le court-circuit spirituel que recherchent ces sadhus : en abandonnant leur famille, en acceptant de la nourriture de n'importe qui, en ne célébrant pas la « puja », ils pèchent contre la loi religieuse, la « dharma », et risquent bien plus une réincarnation déplorable que la libération recherchée.

Les courants « *modernistes* »

L'Inde a vu naître, tout au long de son histoire religieuse, les mouvements les plus divers. Curieusement, l'hindouisme présente cette particularité de ne rejeter comme hérétique aucune de ces conceptions souvent contradictoires ; au contraire, il témoigne d'une grande facilité à intégrer dans son panthéon non seulement les petites divinités locales mais aussi les personnages les plus remarquables des autres religions : Bouddha est généralement reconnu comme la 9e incarnation de Vishnou et certains hindouistes sont prêts à considérer que Jésus et Mahomet sont dans la même situation.

En fait, ce qui peut apparaître comme une très grande tolérance et largeur d'esprit revient à intégrer toute religion dans l'hindouisme en en relativisant les particularités. Ainsi le vieux fonds polythéiste de l'hindouisme absorbe-t-il les innovations religieuses de la même façon que jadis les différents dieux des populations dravidiennes[162] sont entrés en douceur dans le panthéon aryen. Nous avons vu que le sikhisme, tentative de conciliation de la spiritualité hindoue et du monothéisme musulman, est devenu une religion nouvelle sans avoir jamais été expressément rejeté par l'hindouisme.

Les contacts des élites indiennes avec le christianisme, qui se sont multipliés dès l'achèvement de la colonisation britannique au début du XIXe siècle, n'ont pas conduit à la création de véritables religions nouvelles mais à celle de mouvements spirituels originaux. C'est ainsi que Ramakrishna (1836-1886), maître spirituel du Bengale, déclarait que toutes les religions sont une, d'un point de vue transcendental. Gandhi (1869-1948) était sûrement sensible à l'influence de tels enseignements quand il affirmait que l'Evangile, le Bhagavad-Gita et le Coran recommandent la même morale.

Ces courants modernistes restent toutefois marginaux en Inde. Ils suscitent en revanche l'intérêt des Occidentaux qui y trouvent un humanisme authentique et une ouverture sur la spiritualité hindoue.

Dans cette mouvance, le philosophe Aurobindo Ghose (1872-1950) s'est

Les religions « polythéistes » 225

efforcé de créer une « religion synthétique » universelle. Sa compagne, une Française Mira Alfassa, appelée « la mère », fonda en 1956 près de Pondichéry une cité prévue pour 50 000 disciples venus de tous les horizons. Depuis 1980 le gouvernement indien, convaincu du rayonnement du mouvement, a pris en charge l'achèvement de cette « Auroville ».

Cependant, le contact de l'hindouisme et de l'Occident ne produit pas toujours des fruits de cette qualité spirituelle ; nous verrons plus loin que diverses sectes s'inspirent de l'hindouisme pour recruter des adeptes à des fins plus douteuses.

---

[153] Voir plus loin les indications données sur les religions antiques, grecque et romaine.

[154] Aryen proviendrait d'une racine *ar* signifiant « diviser », « ouvrir la terre ». Le mot s'appliquait primitivement aux populations agricoles par opposition aux nomades touraniens (de « tura », courir).

[155] Parmi les noms de ville, citons ceux formés à partir des mots indiens « nagar » ou « pour » (qui signifient précisément « ville ») comme : Angkor (Cambodge), Nakhorn (Thaïlande), Singapour (la « ville du lion »), Ratburi (de Ratnapour, la « ville de la pierre précieuse ») et les autres villes en — buri de Thaïlande etc. Notons aussi Ayutthaya (Thaïlande) et Madurai (Indonésie) qui portent des noms de sites religieux célèbres de l'Inde.

[156] « respirer » se dit atmen en allemand et Gandhi est appelé Mahatma, c'est-à-dire maha atma, la grande âme, le grand souffle.

[157] Les spécialistes ne s'accordent pas sur la durée de ces « yuga ». Selon l'interprétation d'Alain Daniélou (« La fantaisie des dieux et l'aventure humaine » 1985, édition du Rocher) la durée de l'univers serait de 34 milliards d'années et un ensemble de quatre « yuga » durerait 66,487 ans. Le quatrième yuga où nous vivons, « l'âge des conflits », aurait commencé au cours du quatrième millénaire avant notre ère, ce qui converge avec les dates des Hébreux et des Mayas pour le début de l'humanité (respectivement 3760 et 3313 av. J.-C.).

Ainsi, l'univers, dont les savants pensent qu'il est vieux de 15 milliards d'années, serait à la moitié environ de sa durée de vie, tandis que l'humanité devrait s'attendre à disparaître vers l'an 2400. Ce n'est, encore une fois, que le point de vue de cet auteur. D'autres, tel Louis Frédéric (dictionnaire de la civilisation indienne, 1987, Robert Laffont), considèrent que le quatrième « yuga » à lui seul devrait durer 432 000 ans. De toute façon, tout ce qui disparaît renaitra à nouveau.

[158] D'où le nom de la compagnie aérienne nationale d'Indonésie. Iranair a également pour symbole un oiseau mythique, Homa, les lettres de ce mot étant les initiales en persan de « aviation nationale iranienne ».

[159] Rappelons que le mot panthéon est grec : c'est le lieu où se rassemblent tous (pan) les dieux (théos).

[160] Le nom grec est le premier et le nom latin de la même divinité est le second. Piter est une déformation de pater, « père » en latin, qui disparaît dans la déclinaison du nom : « de Jupiter » se dit Jovis. Le père des dieux est le dieu par excellence : les mots « deus », « theos », Zeus et Jovis sont parents.

[161] Le joug, qui unit les bœufs d'un attelage, et le mot anglais équivalent yoke proviennent de la même racine que yoga. Le mot russe soyouz pour « union » comprend aussi cette racine sous la forme « youz ». Le mot persan qui signifie « un », « yek », est aussi de la même famille. Un adepte du yoga est un yogi.

[162] C'est-à-dire les populations du Dekkan, le sud de l'Inde, dont les langues ne sont pas indo-européennes.

LE JAÏNISME

Dans le sillage de l'hindouisme se sont développées des religions originales dont certaines sont encore très vigoureuses. Nous avons déjà évoqué les Sikhs qui font transition entre le monde de l'Islam et celui de l'hindouisme ; nous parlerons plus loin du bouddhisme à propos des religions « philosophiques » ; il nous reste à traiter ici du jaînisme, proche de l'hindouisme par bien des aspects, qui compte environ 4 millions de fidèles.

Cette religion est surtout répandue dans les Etats de l'ouest de l'Inde, au Gujerat et au Rajasthan, mais son rayonnement dépasse largement le cercle de ses pratiquants.

Selon les Jaïns, leur religion est éternelle, elle a toujours existé et existera toujours quels que soient les aléas de l'histoire. Cette position est cohérente avec l'idée qu'ils se font du monde : lui non plus n'a pas été créé, il a toujours existé. Il n'y a donc pas de Dieu créateur.

Si le Jaïnisme existe, en théorie, de toute éternité, les observateurs extérieurs considèrent que le fondateur en est un prince de l'Etat de Bihar, dans la basse vallée du Gange, près du Bengale, lequel vivait vers le VIe siècle av. J.-C.. Vardhamana Jnata, c'est son nom, était surnommé Mahavira[163] « grand héros », ou Jina, « victorieux ». C'est ce mot qui est à l'origine de Jaïn : un Jaïn veut vaincre les passions du monde.

Ce prince était donc sensiblement contemporain, quoiqu'un peu plus ancien, de Gautama qui est devenu le Bouddha. Tous deux renoncèrent au monde et vécurent de façon ascétique pour se délivrer du cycle des réincarnations. C'est ainsi que Jina prêcha pendant 30 ans, entièrement nu, dans la région de Patna, au Bengale.

Historiquement, le jaînisme est antérieur au bouddhisme mais il procède d'une évolution comparable à partir des idées ambiantes de réaction contre les brahmanes.

Bouddhisme et jaînisme représentent tous deux des courants matérialistes qui sont apparus dans le monde hindouiste 500 ou 600 ans avant notre ère. Il

Les religions « polythéistes »

s'agissait de faire échapper l'âme à la souffrance des vies successives. Seuls le renoncement et la sagesse permettent d'atteindre la paix d'un anéantissement mal défini, le nirvana.

Cependant, si le bouddhisme est une doctrine du juste milieu, le jaïnisme est parfois beaucoup plus extrême.

Le jaïnisme repose sur trois principes :
— il n'y a pas d'absolu ;
— l'action a une efficacité spirituelle ;
— toute vie est sacrée, ce qui implique la non-violence.

Le jaïnisme rejette complètement le système des castes ainsi que les cérémonies excessives dédiées aux multiples divinités accessoires du panthéon hindou. En fait, le jaïnisme est agnostique, c'est-à-dire qu'il ne se préoccupe pas d'un au-delà qu'il ne peut pas connaître mais qu'il ne nie pas explicitement. Il peut arriver qu'on y parle de dieux mais il s'agit, selon les Jaïns, de mortels qui ont particulièrement réussi leur existence, des prophètes en quelque sorte, mais qui n'ont ni rôle ni pouvoir. Les Jaïns les appellent « *tirthakara* » (littéralement « faiseurs de gués ») et en honorent 24. Seuls les deux derniers, un ascète du VIIIe siècle avant notre ère et Mahavira, sont attestés historiquement. Leur statue dans les temples jaïns les représentent impassibles, debouts ou assis, généralement nus. Ils sont parfois peints d'une couleur symbolique et accompagnés d'un animal qui les caractérise (jaune d'or et lion pour Mahavira).

Après un succès initial presqu'aussi brillant que celui de son contemporain le bouddhisme, le jaïnisme a commencé à stagner vers le IXe siècle, peut-être parce que certaines de ses théories avaient été partiellement assimilées par l'hindouisme. Il reste cependant très vivace et a même fondé en 1946 une organisation missionnaire pour sa propagande mondiale dont le siège est à Aliganj, dans l'Etat indien d'Uttar Pradesh.

Le mouvement jaïn est en effet relativement riche et puissant. La plupart de ses adeptes vivent en milieu urbain, ils exercent fréquemment des professions commerciales et leur influence politique est importante.

En ce qui concerne la pratique du jaïnisme, il existe deux courants distincts qui proviennent d'un schisme datant de l'an 79 de notre ère.

L'un, dit digambara, est d'un extrême ascétisme. Le mot signifie « vêtu d'espace », ce qui veut dire que les adeptes sont généralement nus. L'autre, dit shwetambara, c'est-à-dire « vêtu de blanc » est beaucoup plus accommodant avec les principes. Les Jaïns comportent en outre de nombreuses sous-sectes, près de 80 dit-on.

Pour s'en tenir à ce qu'il y a de plus frappant dans la morale jaïn la plus stricte, les deux caractéristiques sont un respect poussé à l'extrême de toute forme de vie et la recherche d'un dépouillement personnel total.

En ce qui concerne le respect de la vie, la crainte de tuer par inadvertance un insecte, interdit, par exemple, de pratiquer l'agriculture car bêcher la terre est dangereux pour les habitants de l'humus. Par extension, il est tout à fait déconseillé de manger des légumes qui nécessitent d'ouvrir le sol, comme les oignons ou les pommes de terre. Il est aussi recommandé de ne se nourrir que durant le jour, pour éviter d'avaler un insecte que l'on n'aurait pas vu. Inutile de dire que le régime est totalement végétarien. Toujours dans le souci d'éviter d'absorber par hasard un quelconque moucheron, il est prudent de porter un morceau de tissu sur la bouche.

De la même façon, il est souhaitable de ne marcher qu'en manipulant une balayette devant soi pour éviter d'écraser quelque bestiole.

En ce qui concerne la morale personnelle, la tendance est à la rigueur. Vivre de mendicité est un idéal auquel se consacrent moines et nonnes. Ceux-ci prononcent cinq grands vœux perpétuels :
— épargner toute vie ;
— être chaste ;
— ne rien posséder ;
— ne rien acquérir ;
— ne jamais mentir.

On peut aussi prononcer des « petits vœux », moins exigeants en matière de chasteté et de propriété.

Les Jaïns s'infligent parfois volontairement de très dures pénitences qui peuvent aller jusqu'au suicide rituel, en jeûnant jusqu'à la mort.

Les moines ont un rôle de prédicateur mais les Jaïns n'ont, à proprement parler, ni prêtres ni clergé. Il n'existe pas non plus de véritable culte mais des rites semblables à ceux de l'hindouisme. Curieusement, les offrandes, crémations et mariages sont célébrés par des brahmanes hindouistes. Ces derniers, qui appartiennent à la sous-caste bodjak, ne sont pas jaïns et ignorent les traditions et textes sacrés d'une religion à laquelle ils n'apportent qu'un savoir-faire purement formel. On dit que cet usage est une concession faite aux brahmanes pour éviter qu'ils ne persécutent les Jaïns. Quoiqu'il en soit, le jaïnisme est le seul exemple d'une religion dont les rites sont exécutés par des prêtres qui lui sont étrangers.

LES ANIMISMES

Les religions animistes, prises au sens large, tiennent une place considérable dans l'histoire comme dans l'actualité de la spiritualité humaine. Aujourd'hui, on estime à 100 millions le nombre d'hommes qui pratiquent un animisme à l'exclusion de toute autre religion, mais, le plus souvent, les croyances animistes subsistent à des degrés divers dans des régions apparemment christianisées ou islamisées.

Certaines formes de superstition encore vivantes dans les sociétés occidentales pourraient être incluses dans les formes diffuses d'animisme.

Il est évidemment difficile d'estimer quantitativement les populations ainsi touchées par une forme ou une autre d'animisme. Si l'on s'en tient à une estimation raisonnable, on peut penser que ce sont quelque 300 millions d'âmes qui sont marquées par l'animisme d'une façon appréciable, soit dans la vie sociale, soit dans le comportement individuel.

L'animisme dans son ensemble se placerait donc ainsi au quatrième rang des religions du monde, après le christianisme, l'Islam et l'hindouisme, légèrement devant le bouddhisme.

A la réflexion, il n'est pas si étonnant que les religions animistes gardent cette importance. L'animisme a été, sans doute assez naturellement, la première forme d'expression religieuse de l'homme. Quand l'homme primitif luttait pour sa survie, il ressentait les forces de la nature comme des puissances imprévisibles et menaçantes auxquelles il attribuait une bonne part de son propre comportement: astuce, colère ou bonté, par exemple. De là à donner à ces puissances la forme d'hommes ou d'animaux et d'en faire des dieux, le pas a été vite franchi.

Toutes les religions primitives comportent ainsi une mythologie foisonnante d'êtres étranges ou merveilleux qui détiennent chacun une part du pouvoir surnaturel et se livrent, comme l'homme lui-même, à des rivalités sans fin.

Bien sûr, les fonctions et surtout les noms de ces innombrables dieux ou demi-dieux, génies et démons, varient d'une culture à l'autre.

Il existe cependant des caractéristiques que l'on retrouve dans presque toutes les formes d'animisme. D'une façon générale, les animismes ne sont pas des religions révélées; il n'y a pas de livres saints; ce ne sont pas des religions « intellectuelles » avec une doctrine précise. Leur organisation hiérarchique est rudimentaire. Le but de ces religions est essentiellement d'atteindre une certaine intimité avec les dieux, ce qui donne des pouvoirs magiques et produit différentes sortes de possession ou d'extase.

Pour participer à cette connaissance expérimentale du divin, il faut une initiation aux rites souvent mystérieux. La musique, le rythme et la danse jouent un rôle irremplaçable dans les cérémonies. Fréquemment, des participants tombent dans des transes dont la nature n'a pas reçu, semble-t-il, d'explication médicale satisfaisante.

Ces points communs restent, à vrai dire, assez généraux. Si l'on entre dans plus de détails, on constate l'existence de deux grands groupes d'animismes selon la façon dont le prêtre se met en rapport avec les esprits ou les dieux.

Une première catégorie est celle des animismes de type chamaniste. Le chaman[164] est capable d'aller chercher les dieux là où ils sont. Il « voyage ». Parfois, il tombe en catalepsie : son corps reste sur place et son esprit rejoint les régions inaccessibles aux mortels. Il peut ainsi, par exemple, découvrir les causes d'une maladie ou d'un envoûtement et, à son retour, guérir celui qui en était victime. Les animismes de type chamaniste se rencontrent dans les peuplades primitives de Sibérie orientale mais aussi en Corée, au Chili, à Java... Au Chili il concerne l'importante ethnie des Indiens Mapuche, longtemps imperméable à toute influence chrétienne.

Dans le deuxième groupe de religions animistes, au lieu que ce soit le chaman qui aille visiter les dieux, ce sont les dieux qui viennent visiter les humains et parfois les « habiter » par des phénomènes de possession. Le sorcier est capable d'appeler tel ou tel dieu et celui-ci se manifeste dans une personne de l'assistance qui est subitement prise de transes. Ce type d'animisme est, le plus souvent, d'origine africaine. Il a traversé l'Atlantique au moment de la traite des esclaves et s'est retrouvé presque intact dans les communautés négro-américaines du Brésil ou des Antilles. On l'y connaît sous le nom de vaudou à Haïti et de candomblé à Salvador de Bahia.

Ces deux grands groupes n'englobent pas toutes les expressions de l'animisme : on ne peut y classer notamment ni le shintoïsme japonais, ni le taoïsme chinois, ni le culte des Toradjas en Indonésie, ni les cargo-cults d'Océanie.

Dans ces religions, hommes et dieux restent dans leurs mondes respectifs. Cependant, la communication avec l'au-delà reste généralement possible grâce aux esprits des ancêtres morts.

En fait, le monde de l'animisme échappe à une classification rigoureuse et la meilleure façon de le comprendre consiste à présenter quelques exemples d'animismes parmi les plus représentatifs ou les plus célèbres.

Comme une description détaillée serait exagérément technique et qu'il existe, en outre, d'excellents ouvrages spécialisés sur ces religions, nous nous contenterons de souligner les traits qui font apparaître leur variété et leur originalité.

Selon ces critères, notre choix s'est porté sur :
— la religion des Yorubas (Nigéria et Bénin) et les religions afro-américaines, Vaudou, Macumba et Candomblé, qui en sont dérivées ;
— la religion des Mapuche (Chili) ;
— les cargo-cults océaniens ;

A quoi s'ajoutent les deux grands animismes asiatiques :
— le taoïsme (Chine) ;
— le shintoïsme (Japon)
qui font l'objet de chapitres distincts auxquels nous renvoyons le lecteur.

Après ces présentations monographiques, nous découvrirons jusqu'à quel point l'animisme reste présent sous les grandes religions qui l'ont apparem-

Les religions « polythéistes » 231

ment submergé. Quelques exemples rapidement esquissés suffiront pour prendre conscience de cet important phénomène religieux[165].

La religion des yoroubas

Avec plus de 12 millions de membres, l'ethnie des Yoroubas est l'une des plus importantes d'Afrique noire. Son domaine se situe au Sud-Ouest du Nigéria et déborde largement sur le Bénin. Comme presque tous les peuples africains, les Yoroubas ont été soumis à une forte pression de l'Islam et du christianisme au point que les animistes sont parmi eux apparemment très minoritaires. Cependant, la culture yoruba est très vivace et les religions récemment adoptées ne font généralement que se superposer au fond animiste dont beaucoup de croyances et de pratiques persistent encore.

Comme nous l'avons vu, c'est cet animisme et son voisin, celui de l'ethnie Fon du Bénin, qui sont à l'origine des cultes négro-américains du Brésil et de Haïti. Voici les grands traits de cette religion.

Les Yoroubas croient en un Dieu suprême unique, créateur de l'univers, immortel, tout-puissant, omniscient, transcendant, roi et juge de toute la création. Ce Dieu qui porte plusieurs noms dont celui d'Olorun, « maître du ciel », est trop puissant et trop abstrait pour qu'on puisse lui vouer un culte. On peut cependant le prier et on ne s'en prive pas.

Mais, de même que la société Yorouba traditionnelle est très hiérarchisée, il existe entre Dieu et les hommes des divinités intermédiaires au nombre de quelques centaines, d'influence locale ou de réputation universelle. Ces divinités portent également plusieurs noms chacunes, elles se distinguent difficilement des esprits et des ancêtres déifiés.

Présentons trois de ces divinités :
— Obatala est venu sur terre pour l'équiper. On le prie pour que les femmes stériles aient des enfants. C'est aussi le dieu de la pureté. Sa couleur est le blanc. Ses adorateurs, qui doivent être propres et sincères, lui offrent des escargots, des noix de cola ou de coco, du maïs bouilli. Il doit toujours y avoir de l'eau dans son sanctuaire. Le vin et l'huile de palme ne lui conviennent absolument pas : ils sont tabous.
— Orunmila est le conseiller du précédent, il pratique de nombreux allers-retours entre le ciel et la terre. C'est l'oracle des Yoroubas. Il guide les hommes pour qu'ils accomplissent leur destin.
— Ogun est le chef des dieux. On lui offrait jadis des sacrifices humains. Son culte se pratique au pied d'arbres sacrés. Il apprécie les offrandes de vin et d'huile de palme, contrairement à Obatala, mais aussi les sacrifices de chiens, de tortues et d'escargots.

Selon la religion yorouba, des esprits peuplent les rivières, le vent, les montagnes et certains arbres : il est prudent de les honorer. Peut-être plus importants que les esprits, les ancêtres sont les gardiens des traditions et des activités familiales. Si les affaires d'un Yorouba vont mal, une prière lui vient spontanément aux lèvres : « mon père, ne dors pas ! ».

Il n'y a cependant pas de culte des ancêtres mais plutôt la certitude de leur présence parmi les vivants. La mort n'est pas une fin : selon leurs actes, les défunts vont au ciel ou en enfer après avoir traversé une rivière et payé un passeur. En vue de ce voyage, le corps du mort est lavé et revêtu de beaux habits ; ses proches organisent une fête avec musique, danse et banquet.

Cependant, la terre est considérée comme un lieu agréable où l'ancêtre peut venir se réincarner. C'est une sorte de réincarnation partielle car il reste également dans le royaume des morts. Conséquence de cette croyance, il arrive que l'on appelle de jeunes enfants du nom de leur ancêtre récemment disparu ou même qu'on le baptise « Grand père est revenu ».

La vie religieuse est très diversifiée. Pour s'attirer la bienveillance des forces mystérieuses, on invoque les esprits par des prières incantatoires, on offre des sacrifices pour éviter les calamités et on organise des fêtes en remerciement. Comme on l'a vu, les offrandes sont des aliments de consommation courante et l'on respecte les goûts particuliers de chaque dieu.

Les lieux sacrés sont très nombreux et d'une grande simplicité : ce peut être un arbre ou la pièce d'une maison.

Le « clergé » a un rôle de médiateur auprès des dieux. Le prêtre peut être un chef de famille ou de village, un médium ou un sorcier. Les prêtres-médiums ont chacun leur dieu par lequel ils peuvent être possédés. Les réunions de sorcellerie sont secrètes et se déroulent la nuit entre minuit et deux heures. On dit que les corps des sorciers ou sorcières restent à leur domicile pendant que leur esprit se rend à la cérémonie.

On pratique de nombreux rites magiques et l'on se protège des mauvais sorts grâce à des amulettes. Les sorciers recourent à la divination pour connaître l'avenir de leurs clients, ils utilisent à cet effet des noix de cola et les petits coquillages appelés cauris. Tous ces rites ont pour objet de respecter l'ordre du monde que l'homme peut troubler en négligeant de prier l'Etre suprême, les dieux ou les ancêtres. Toutefois, des dieux ou des sorciers malfaisants peuvent créer des désordres que le culte est chargé de réparer.

Les religions afro-américaines

Les Africains déportés comme esclaves en Amérique tropicale n'avaient pour tout bagage que leurs croyances et leur religion. Les dieux et les ancêtres pouvaient seuls leur éviter de tomber dans le désespoir de la servitude, loin de la terre natale[166].

Les religions « polythéistes »

Cependant le brassage des ethnies et le contact avec le christianisme devaient inévitablement altérer les cultes africains pour en faire des religions nouvelles.

C'est ainsi qu'en Haïti se forma le vaudou et au Brésil la macumba, dont l'expression la plus pure est le candomblé de la région de Bahia.

Le vaudou

L'indépendance d'Haïti conquise de haute lutte dès 1804 a eu pour effet de couper le pays de l'Europe et, indirectement, de tout contact avec l'Afrique. En revanche, la christianisation, déjà bien avancée du temps du colonisateur, s'est poursuivie, faisant dériver le culte d'origine africaine vers un syncrétisme dans lequel les anciennes divinités se mélangent fréquemment avec les saints chrétiens. Le vaudou ainsi constitué reste cependant, pour l'essentiel, un culte africain malgré un certain habillage chrétien qui touche le vocabulaire religieux ainsi que quelques rites.

La religion vaudou comporte une mythologie avec des divinités bénéfiques ou maléfiques et des rites célébrés par un clergé.

Le vaudou est une religion initiatique : il existe plusieurs degrés d'initiation dont les plus élevés sont secrets. Les initiés de base s'appellent hounsis, les prêtres sont des houngans si ce sont des hommes et des mambos si ce sont des femmes. Le temple, souvent très simple, est un hounfor ; il doit comporter un poteau central, le poteau-mitan.

La tradition veut que les « houn » soient des divinités, peut-être des ancêtres déifiés, originaires des Monts de la Lune aux confins du Rwanda et de l'Ouganda. Ceci semble surprenant si l'on considère l'évidente provenance du vaudou des rives du golfe du Bénin.

L'objectif affirmé du vaudou est de donner à l'individu une harmonie intérieure. Le contact avec les divinités lui permet de percevoir sa place dans le monde, il lui donne force et savoir.

Le rôle du clergé est considérable. Femmes et hommes y ont une place égale, les mambos semblent plus nombreuses que les houngans. L'initiation du clergé est l'affaire des initiés supérieurs, appelés bizarrement Papa ou Maman-feuilles. Il n'y a aucune autorité hiérarchique, seule une relation très respectueuse de l'initié avec son initiateur. Le clergé est l'intermédiaire entre les fidèles et les divinités. Il a des dons de voyance, il est tantôt guérisseur, devin ou magicien. Si l'on préfère, on peut dire qu'il joue auprès des couches sociales les plus pauvres de la population le triple rôle de juge, de médecin et de psychiatre. C'est dire que son influence est profonde et déborde du domaine religieux. Il y aurait beaucoup à dire sur les relations du vaudou et de la politique. Retenons seulement que les gouvernements dirigés par des mulâtres s'opposent généralement à la pratique du vaudou tandis que ceux dirigés par des noirs y sont plus favorables. Le vaudou a d'ailleurs été, à certaines périodes, religion officielle ou quasi-officielle de Haïti.

En ce qui concerne la pratique du culte, elle n'est pas secrète mais rien n'est fait pour sa publicité : les cérémonies ont lieu de nuit dans des endroits discrets. Les touristes friands d'exotisme n'ont accès qu'à des simulacres de vaudou conçu à leur intention.

Les cérémonies consistent à appeler les divinités, dites « loas », à descendre sur terre pour « chevaucher » une personne de l'assistance, le plus souvent un initié du loa. Le panthéon vaudou compte près de 400 divinités, plus d'une par jour de l'année, et chacune est honorée selon un rituel particulier. On prépare le culte en traçant sur le sol, généralement en terre battue, des dessins appelés vévés. Ces figures, réalisées avec de la farine de maïs, sont immuables et caractéristiques d'un loa déterminé. On rencontre fréquemment des triangles ou des étoiles à huit branches. Battements de tambour et sacrifices d'animaux sont une constante de tous les rites dont les principaux se nomment rada, petro et congo.

Quand un loa a pris possession d'un de ses fidèles, celui-ci tombe en transes, danse frénétiquement avec les yeux révulsés. On lui présente l'offrande destinée au loa, par exemple un poulet, et, si le loa accepte ce sacrifice, le possédé tranche la tête du poulet d'un coup de dent et boit le sang de la victime pour en absorber la force vitale. Il n'est pas exclu qu'aient parfois lieu des sacrifices humains, sacrifices les plus élevés réservés aux cas de gravité exceptionnelle.

Une croyance étrange du vaudou concerne les zombis[167]. Chaque homme possède deux âmes de natures distinctes : le « gros bon ange », support de la vie affective et intellectuelle, et le « petit bon ange », support du loa. Or les sorciers ont le pouvoir de capter le gros bon ange d'un individu, le transformant ainsi en mort-vivant, être sans vie intérieure, véritable esclave inconscient du sorcier.

Le vaudou présente la curieuse particularité, liée vraisemblablement aux conditions du temps de l'esclavage, d'avoir besoin pour ses rites de ceux d'une autre religion, en l'occurrence du catholicisme. Ainsi il est nécessaire d'être baptisé catholique pour être pleinement vaudouisant, la communion est considérée comme une source magique de puissance spirituelle et les fêtes vaudous coïncident avec les fêtes catholiques : Noël est le « temps des chances », on y prépare les poudres magiques ; la Toussaint est la fête du loa Gede, génie de la mort.

Plutôt qu'un syncrétisme, on peut dire que le vaudou est une religion animiste originale, où la magie joue un grand rôle, qui se greffe sur le tronc de l'Eglise catholique un peu à la façon d'une plante parasite.

Le vaudou est pratiqué régulièrement par une importante minorité de la population de Haïti ; 10 à 20 % des vaudouisants sont initiés, soit quelques centaines de milliers de personnes[168].

Macumba et candomble

Le macumba est la religion négro-africaine du Brésil dont la forme la plus pure est pratiquée à Bahia sous le nom de candomblé.

La majorité des Brésiliens n'en sont pas pratiquants mais rares sont ceux qui n'ont pas quelques traces de superstition liée à ce culte. C'est pourquoi on voit tant de bougies allumées dans tous les coins du Brésil, depuis les campagnes perdues du sertao jusqu'aux trottoirs de la capitale. L'importance de ce phénomène religieux est tel qu'on compte jusqu'à un million de personnes, dont beaucoup de curieux il est vrai, pour fêter le jour de la Saint-Sylvestre la déesse de l'amour et de la mer, Iemanja. Il existe des milliers de centres de culte de macumba dans tout le Brésil.

Contrairement au cas du vaudou qui s'est développé en Haïti sans contact avec l'Afrique, le macumba a toujours maintenu des relations, parfois épisodiques et précaires, avec les cultes africains qui l'ont engendré.

On retrouve donc au Brésil la plupart des divinités des Yoroubas qui conservent généralement leur nom[169], leur caractère et leurs fonctions.

Le culte consiste à entrer en communication avec ces divinités ou, plus précisément, à les faire descendre sur terre pour bénéficier de leur puissance. Le dieu a besoin d'un support pour se manifester. Il choisit donc un homme ou une femme dont il prend possession. Cette personne entre alors en transes et prend totalement la personnalité du dieu ; elle ne gardera aucun souvenir de cette expérience.

Selon les croyances du macumba, chacun d'entre nous est le fils d'un dieu et celui-ci ne peut prendre possession que de ses enfants, le plus souvent un initié.

L'initiation est une valorisation sociale de l'individu, mais elle nécessite plusieurs épreuves de la part de l'aspirant-initié. Il faut d'abord repérer le dieu dont le postulant est l'enfant : c'est l'affaire du prêtre ou de la prêtresse, dénommés Père ou Mère des Saints. Les rites d'admission comportent l'observation des tabous alimentaires du dieu, l'abstinence sexuelle, des rites de purification et des sacrifices d'animaux dont le sang est répandu sur le futur initié. Ainsi, celui-ci perd sa vie antérieure et renaît symboliquement à une nouvelle vie. La réintégration au monde extérieur s'effectue progressivement et se termine par une bénédiction... à l'église catholique. L'initiation coûte cher, de l'ordre de plusieurs mois de salaire d'un ouvrier ; c'est le prix du « rachat » de l'initié par sa famille.

Les cérémonies du culte se pratiquent dans un temple, le terreiro, salle simple partagée en deux par une barrière basse ouverte en son milieu.

D'un côté se groupent les fidèles dont l'entrée est libre et de l'autre les initiés, fils et filles des dieux, vêtus de blanc. Chacun se salue et salue les dieux. Dans de petites pièces attenantes fermées à clé, chaque dieu dispose d'attributs divers dont s'équipent les initiés, par exemple un sabre, une hache, un miroir...

Les dieux sont appelés par des tambours. Chaque tambour porte un nom et est, en quelque sorte, consacré par le sacrifice d'un poulet et une aspersion d'eau bénite. L'ordre dans lequel les dieux sont appelés est immuable, le premier est Eshu, « gardien de la porte ». L'officiant récite d'innombrables prières comportant certains mots en langue yorouba.

A un moment imprévisible, le dieu appelé prend possession d'un de ses enfants, parfois un non-initié de l'assistance. Il peut y avoir une quinzaine de transes au cours d'une seule cérémonie. Chaque « possédé » prend la personnalité, la voix et les gestes de sa divinité.

L'ensemble de la cérémonie peut durer plusieurs heures. Les rites, qui incorporent des éléments chrétiens et du spiritisme, varient légèrement selon les régions du Brésil.

Les pratiques du macumba et du candomblé sont à distinguer nettement de celles du quimbanda, qui est le nom brésilien de la magie noire.

La religion mapuche

Plus connus sous le nom d'Araucans, les Mapuches[170] sont encore environ 400 000. Du temps des Incas, leurs voisins et ennemis du Nord, la confédération des tribus mapuches occupait une bande de mille kilomètres de profondeur au sud de la ligne Santiago-Buenos-Aires. Leur territoire actuel s'est considérablement restreint et se limite à quelques milliers de km^2 de sol chilien entre Temuco et Chiloë. La résistance des Mapuches à la pénétration européenne a été extrêmement vigoureuse, à tel point qu'ils s'abritaient encore au milieu du siècle dernier derrière une frontière fortifiée à 50 km au sud de Santiago.

Sur le plan religieux, les Mapuches ont été longtemps inaccessibles au christianisme et aujourd'hui encore ils n'ont aucune tendance au syncrétisme : ils conservent leur religion ou sont chrétiens mais ne mélangent pas les deux.

La religion mapuche est un animisme de type chamaniste resté très pur. C'est à ce titre que nous l'avons choisi comme exemple de ce courant très important de l'animisme.

Pour les Mapuches, nous vivons dans un monde intermédiaire situé entre quatre mondes supérieurs, domaine du bien, et deux mondes inférieurs où règne le mal. Ces mondes sont peuplés d'esprits bénéfiques ou maléfiques selon leur localisation. Les dieux sont nombreux. Les plus importants sont les anciens chefs, la lune et les étoiles, mais il existe un Etre suprême, créateur de toutes choses, Pillan, parfois assimilé au volcan.

Pour obtenir des faveurs des divinités, les chamans, en général des femmes appelées « machis », montent au ciel ou descendent aux enfers grâce à des techniques d'extase. Il existe ainsi deux catégories de chamans, blancs ou noirs, selon les esprits qu'ils fréquentent. Les chamans peuvent être consultés pour guérir une maladie ou conjurer un mauvais sort. C'est seulement dans les cas graves qu'ils entrent en transes ou en extase, abandonnant leur corps sur terre pour voyager chez les esprits. Les chamans sont soumis à une longue initiation secrète qui comporte l'apprentissage d'une langue spéciale. Il existe aussi des officiants laïcs, les guenpins ou « maîtres de la parole ».

Le culte est très rudimentaire et se déroule le plus souvent en pleine nature. Il comporte un rite de salutation au soleil et un dialogue de l'officiant avec les dieux. Au mois de février, la grande fête annuelle, le nguillatun, réunit pendant quatre jours les fidèles autour d'un feu sacré. Le chant sacré des anciens, accompagné de tambour et de danses, prépare le sacrifice de poulets destiné à obtenir des dieux une année favorable. Ces cérémonies, qui rassemblent quelques dizaines de gauchos venus à cheval, ressemblent davantage à un feu de camp primitif qu'à un culte religieux élaboré.

Toutefois, malgré l'absence d'écriture, les traditions mapuches se transmettent fidèlement. Musique, chants et prières commencent à être transcrits par les ethnologues.

Les cargo-cults

Depuis la fin du siècle dernier, l'Océanie a vu naître au sein des populations primitives de diverses îles de Mélanésie[171], souvent fort éloignées les unes des autres, une étrange religion dont il faut bien constater qu'elle est en voie de disparition. Désignée du nom anglais de cargo-cult, le culte du cargo, elle a pris des expressions variables selon les lieux et les époques.

L'apparition des premiers explorateurs blancs dans ces îles perdues fut d'abord interprétée comme le retour des ancêtres, devenus fantômes à la peau blanche. Leurs incroyables navires chargés d'objets merveilleux ne pouvaient provenir que de l'au-delà.

C'est cette conviction que les ancêtres vont revenir apporter la prospérité qui est au cœur de tous les cargo-cults. L'un des plus récents a été observé vers 1970 dans les hautes terres inaccessibles de Papouasie-Nouvelle-Guinée où les habitants construisirent des sortes d'avions en toile et branchages au bord de clairières pour attirer les vaisseaux ailés des anciens avec leur chargement (cargo) de bienfaits pour la tribu. A force de voir passer des avions dans le ciel, ces montagnards de l'âge de pierre souhaitaient piéger l'un de ces énormes oiseaux avec le simulacre d'un de leurs petits.

Les cargo-cults n'ont pas toujours eu ce côté de naïveté attendrissante. En 1893, à Milne Bay, en Nouvelle-Guinée, un certain Tokerau prophétisa un cataclysme qui détruirait les blancs et permettrait aux ancêtres de revenir sur de grands bateaux. Ils restaureraient les vieilles coutumes et apporteraient tant de cadeaux que tout travail serait inutile. De nombreux Mélanésiens, anticipant l'événement, détruirent leurs cultures et se trouvèrent au bord de la famine quand on finit par arrêter le faux prophète.

---

[163] On reconnaît maha qui signifie grand comme dans « maharadja » et vira, de la même racine que « viril ».

[164] Ce mot d'origine sibérienne désigne le prêtre-sorcier doté de pouvoirs magiques.

[165] Ce chapitre se réfère partiellement à la documentation intitulée « una anima » rassemblée par Alexandre Stakhovitch, prématurément disparu.

[166] On évalue à 20 millions de personnes le nombre total des Africains déportés vers les Amériques au cours des trois siècles qu'a duré la traite des esclaves. Le nombre des tués au cours des rafles d'esclaves est peut-être 4 ou 5 fois supérieur.

[167] Le mot dérive du bantou n'zambi, qui signifie « dieu », « esprit ».

[168] Le vaudou d'Haïti s'est ainsi nettement différencié du vaudou original qui reste pratiqué au Bénin et dont les caractéristiques se rapprochent plutôt de la religion des Yoroubas, étudiée par ailleurs. Le vaudou du Bénin ne présente pas d'interférences avec le catholicisme.

[169] Ainsi : orisha, esprit, divinité en général ; Ogun, dieu de la guerre ; Shango, dieu du tonnerre...

[170] Le nom, prononcé mapoutché, est celui que se donne la tribu centrale de ce peuple. Il signifie « les hommes de la terre ». Leur langue, le mapudungu, est encore parlée par la moitié d'entre eux. Le nom d'araucan est une création espagnole du XVIe siècle tiré de la localité d'Arauco.

LE SHINTO

Un phénomène purement japonais

Si l'adhésion à une religion consiste à se reconnaître comme créature de Dieu, on peut dire qu'être shintoïste, c'est se sentir membre de la communauté japonaise.

Les religions « polythéistes »

Rares sont les mouvements d'inspiration philosophique ou religieuse qui soient aussi nettement et exclusivement rattachés à un peuple que le shinto. Le shinto est avant tout l'expression profonde de la culture ancienne des Japonais. Il peut à cet égard se comparer à beaucoup de religions animistes d'Afrique Noire dont les pratiques sont limitées à une ethnie déterminée.

Bien sûr, la force du shinto est d'être celle d'un peuple particulièrement développé de plus de 100 millions d'âmes, mais, considéré sous l'angle philosophique ou religieux, le shinto laisse perplexe.

Son origine remonte aux fonds des âges et il s'apparente plutôt aux religions animistes des anciens populations sibériennes.

Le shinto considère comme divins aussi bien des forces de la nature que des animaux ou des hommes célèbres. Ces divinités s'appellent *kami*[172] en japonais et leur équivalent chinois est *shin*. *To* ou *do* signifie « voie »[173] ou « méthode » en sino-japonais. Ainsi *shinto* est littéralement la « voie des divinités » La plus importante divinité est le soleil qui, entre autres vertus, protège contre les invasions. On peut donc dire que le drapeau du Japon est un symbole shinto. Le nom du pays lui-même, Nippon, s'écrit avec deux caractères chinois : *ni*, « soleil » et *pon*, « racine » d'où la traduction d'Empire du Soleil Levant. Japon est tiré de la prononciation chinoise des mêmes caractères, Je-ben. Cependant le soleil n'a pas un rôle hiérarchique parmi les divinités shinto : chacune a sa place.

Les kami inspirent le plus souvent une crainte respectueuse. On trouve parmi eux des montagnes, des animaux comme le tigre, le serpent ou le loup ; et l'empereur lui-même. Un ministre impérial du IXe siècle est le kami de la calligraphie. Il y aurait huit cent millions de kami et le Japon a pour surnom Shinkoku, « le pays des divinités ».

Le shinto ne connaît pas de Dieu suprême et le ciel, contrairement aux croyances chinoises, n'est pas une divinité mais le séjour des kami.

Les kami sont supposés intrinsèquement bons mais on trouve de nombreuses exceptions. On prie les kami à diverses occasions : pour obtenir la pluie ou de bonnes récoltes, pour le couronnement de l'empereur etc...

En fait, le shinto ne comporte pas de doctrine établie mais il constitue un ensemble de pratiques qui, à l'origine, variaient sensiblement d'un village à l'autre.

L'évolution historique du shinto

Jusqu'aux premiers contacts du Japon avec la civilisation chinoise, vers le Ve siècle de notre ère, le shinto n'était que cet ensemble de croyances, de mythes et de pratiques. C'était une sorte d'animisme polythéiste qui rappelle, par le fouillis de ses divinités, aussi bien certaines religions antiques que l'animisme d'Afrique Noire.

A cette époque, le Japon ne connaissait pratiquement ni l'écriture, ni la peinture ou la sculpture, ce qui explique peut-être l'absence d'idoles.

La Chine, en introduisant le bouddhisme au Japon en 552, provoqua un double effet : d'une part un certain amalgame des pratiques shintoïstes et bouddhistes et d'autre part une réaction de défense, de nature quelque peu nationaliste, en faveur du shinto. Celui-ci en vînt donc à s'organiser vers le VIIIe siècle, les mythes s'unifièrent et les kami tutélaires des différents clans ou villages furent promus à une dignité nationale.

Ce mouvement destiné à renforcer le gouvernement impérial s'accompagna d'un effort pour écrire ces antiques traditions et constituer une mythologie, un sacerdoce et des rites « officiels ». Il s'en suivit également une prolifération de temples.

Toute l'histoire religieuse du Japon fut dès lors une succession de mouvements contradictoires tantôt en faveur du bouddhisme, tantôt du shintoïsme. Ainsi, malgré une tendance très constante à mélanger ces deux religions dans un syncrétisme mal défini, on peut noter des réactions de défense du shinto vers le XIIIe et le XVIIIe siècle. A cette dernière période, le bouddhisme était religion d'Etat et le shinto apparaissait, en quelque sorte, comme une fronde contre le pouvoir central.

A l'époque Meiji, en 1868, quand le Japon s'ouvrit à la civilisation occidentale, le gouvernement imposa la séparation entre shinto et bouddhisme. Les bonzes ne purent plus célébrer dans les temples shinto et la lecture des textes bouddhistes y fut interdite.

Le shinto prend alors quatre formes distinctes :

— Le shinto de la Maison Impériale, comprenant un rite d'adoration de la déesse du soleil, Amaterasu o Mikami. Ce culte jadis public est, de nos jours strictement privé.

— Le shinto des temples. Ce sont les rites pratiqués dans les milliers de temples japonais, réunis dans une association, Jinja honcho[174].

L'ensemble de ces deux shinto constitue ce qu'on appelle le shinto de l'Etat, créé au début de l'ère Meiji et qui a duré jusqu'à la fin de la deuxième guerre mondiale. C'était une institution destinée, en fait, à renforcer l'identité japonaise et la dévotion à l'empereur.

— Le shinto des sectes est une somme de mouvements divers, nés au XIXe siècle. Le plus connu d'entre eux, le Tenrikyo, a été fondé par une femme en 1838 et compte plus de trois millions d'adeptes. Nous en dirons quelques mots ultérieurement.

— Le shinto populaire enfin, qui est une religiosité diffuse mais comporte parfois des pratiques magiques.

Les quatre formes de shinto se mélangent selon l'univers culturel de chaque Japonais et constituent la base du système de valeurs du pays. C'est pourquoi le shinto est devenu le lieu privilégié du particularisme et donc du nationalisme japonais. Seul le shinto pouvait conférer à l'empereur le caractère divin qui favorisait les visées de l'impérialisme japonais.

La défaite de 1945 impliquait de réduire l'influence de cet appareil shinto développé depuis Meiji. L'empereur Hiro-Hito accepta de limiter le shinto au rôle d'une organisation religieuse comme les autres. Il expliqua lui-même que l'attachement à son peuple ne dépendait pas de la croyance de ses sujets en sa divinité et il supprima les subventions du gouvernement aux temples shinto. La ferveur des shintoïstes à l'égard de l'empereur n'en a pas été affectée et les temples sont toujours aussi prospères aujourd'hui.

La pratique du shinto

C'est beaucoup plus la vie sociale que la vie personnelle des Japonais qui est imprégnée de shinto. Cette religion de la communion avec la nature, où tout est sacré, les astres, les rivières, les ancêtres, les hommes célèbres est présente dans toutes les traditions japonaises. Dans le sumo, lutte où s'affrontent deux colosses quasi-nus qui cherchent à se pousser hors d'un cercle, le sport est presque secondaire par rapport aux rites : les lutteurs jettent une poignée de sel pour purifier l'arène, ils se balancent d'un pied sur l'autre pour écraser les forces du mal, quant à l'arbitre, issu d'une famille spécialisée dans cette fonction, il est vêtu comme un prêtre shinto.

Le théâtre Nô, codifié au XVe siècle, n'est que la récitation de légendes épiques d'inspiration shinto. L'ikebana lui-même, l'arrangement floral, est interprété en termes de shinto : les fleurs doivent marquer par leur disposition les trois plans du ciel, de l'homme et de la terre. L'ikebana peut aussi s'interpréter en termes de méditation bouddhiste. Le bain en commun, o-furo, qui était mixte jusqu'à ce que l'occupant américain s'en offusque en 1945, est aussi perçu comme un rite de communion avec la nature.

De nos jours, la pratique du shinto n'implique aucune croyance particulière. Les Japonais ne gardent que bien peu de superstition pour les kami et ils ne recherchent aucune justification rationnelle du shinto. Cependant, c'est pour eux l'expression de leur adhésion à la communauté nationale et la participation aux cérémonies shinto du sanctuaire de leur village ou de leur quartier marque leur volonté de maintenir l'harmonie de la vie de la nation. Les Japonais célèbrent en rite shinto les événements marquants de la vie des individus, de la communauté ou de la nation. Il s'agit de fêtes, dites matsuri, où l'on se réjouit simplement de l'existence. On cherche à avoir le cœur pur, on exhale sa gratitude pour ce que le monde a d'agréable et l'on souhaite que le bonheur soit préservé.

Rien n'est attendu d'une vie future. La mort est vécue comme une tragédie et c'est un rite bouddhiste, plus consolant, qui s'en occupe.

En revanche, l'ambiance de réjouissance qui est celle des cérémonies shinto est bien adaptée aux naissances et aux mariages. 90 % des mariages japonais sont célébrés selon le rite shinto ; le symbole principal de l'union des époux consiste à boire trois fois dans la même coupe de saké. Cependant le banquet traditionnel où l'on invite famille et collègues de bureau coûte une fortune, aussi de nombreux jeunes ménages préfèrent-ils la mode des mariages à l'étranger, selon n'importe quel rite. C'est moins cher et le voyage de noces est compris.

Les familles retrouvent volontiers le temple shinto le dimanche ; c'est un plaisir que de se promener dans ses jardins en accomplissant les rites de purification : on y boit l'eau de fontaines sacrées dans des gobelets en bois fixés à l'extrémité de longues tiges.

Une autre expression du shintoïsme est ce que les occidentaux appellent faute de mieux les festivals, les « matsuri ». Ils sont une occasion d'inviter les ancêtres défunts aux joies de la terre et de les y faire participer par l'esprit. Cependant il n'y a pas de véritable culte des ancêtres shinto ; ce qui existe dans ce domaine relève du confucianisme, c'est-à-dire de la culture chinoise.

Le shinto connaît de nombreux pèlerinages, souvent en montagne, siège des kami. La morale, très simple, consiste à éviter les gros péchés : mensonge, meurtre, adultère etc...

Par sa nature même, le shinto n'est nullement incompatible avec d'autres religions, puisqu'il n'est lui-même pas religieux. Durant toute son histoire, il s'est accommodé du bouddhisme et du confucianisme et ne se pose pas davantage de problèmes aujourd'hui face au christianisme. La vie moderne l'a encore plus dépouillé de son contenu surnaturel, mais le shinto reste un extraordinaire ciment de l'unité de la nation japonaise.

On peut trouver surprenant qu'une « religion » très primitive comme le shinto ait cependant survécu dans une civilisation aussi techniquement avancée que celle du Japon. Le shinto, par l'univers qu'il imagine, était déjà très en arrière de l'évolution technique du Japon d'avant le bouddhisme. A cette époque, l'agriculture et la structure sociale du Japon étaient arrivées à un niveau qu'on peut juger, de l'extérieur, très supérieur à l'état de spiritualité qu'exprime le shinto.

Un parallèle intéressant peut être fait avec l'écriture japonaise qui est à la fois primitive et compliquée. Elle pourrait être sans difficulté remplacée par l'alphabet latin, infiniment plus performant et bien adapté à la phonétique japonaise. Les Japonais préfèrent toutefois garder un système archaïque qui est le leur pour défendre leur personnalité. Le shinto procède de cet esprit.

Toutefois la mentalité shintoïste s'adapte bien à la société moderne qu'elle contribue à modeler et développer : le goût de la nature favorise les mouvements écologiques, le besoin de renouveau perpétuel encourage la société de consommation et le souci de la beauté n'est pas sans effet sur le « design » et la beauté des produits japonais.

Entre la philosophie et la religion : Taoisme, Bouddhisme, Confucianisme

C'est peut-être parce que les Occidentaux n'imaginent pas aisément une spiritualité sans religion que les grands courants de pensée de l'Extrême-Orient et de la Chine sont habituellement classés parmi les religions.

Aucun d'entre eux cependant ne s'appuie explicitement sur l'existence d'un Dieu, mais aucun ne la nie non plus.

D'une façon très révélatrice, Confucius conseille de respecter les dieux mais de s'en tenir éloigné. Ainsi, il n'y a aucune raison de se battre pour des querelles de théologie.

En fait, le bouddhisme insiste plutôt sur une morale individuelle, le confucianisme sur les régles de la vie en société et le taoïsme sur une conception générale du monde. Il n'y a donc aucune incompatibilité entre ces trois systèmes et tout l'Extrême-Orient, Chine, Corée et Japon, s'accommode fort bien d'un judicieux dosage de plusieurs courants de pensée.

Il peut aussi s'y superposer des survivances de rites animistes. Au Japon par exemple, on pratique un rite shintoïste, c'est-à-dire animiste, à la naissance ; on célèbre une cérémonie bouddhiste pour la mort et l'on suit, la vie durant, une morale confucianiste.

Il n'y a pas d'incompatibilité non plus entre ces mouvements et des options politiques, même très extrêmes. Le respect du pouvoir confucéen comme la résignation bouddhiste, poussée jusqu'à la recherche de l'anéantissement, sont capables d'accepter sans se révolter des régimes aussi durs que celui des exterminateurs khmers rouges.

Rien n'interdit que s'ajoute à tout cela une religion révélée. C'est bien ce qu'avait compris la remarquable équipe du Père Ricci, qui aurait vraisemblablement converti l'empereur de Chine au XVIe siècle si les instances de Rome n'avaient vu là un affreux amalgame dénaturant le christianisme. Les rivalités entre les dominicains et les jésuites ne sont pas étrangères à l'échec historique de cette exceptionnelle tentative d'intercompréhension entre l'Occident et l'Orient.

Aujourd'hui, où nous sommes appelés à fréquenter les peuples les plus divers, il faut bien constater que l'Extrême-Orient est particulièrement dépaysant car il ne s'accommode pas de nos habitudes cartésiennes de tout ordonner en catégories. Au contraire, nous verrons plus loin que le Taoïsme va jusqu'à récuser explicitement l'idée même de classifier et considère que chaque chose comprend en elle-même son contraire.

Pour nous retrouver dans ce que l'on appelle généralement, à défaut de meilleure expression, les « religions » d'Asie orientale, nous serons amenés à décrire chacune d'elles comme si elle était indépendante des autres. Souvenons-nous cependant que la réalité est très différente et que les relations d'interdépendance sont aussi importantes que le contenu des doctrines.

---

[171] Du grec melanos, noir, la Mélanésie est l'ensemble des îles de l'Océanie peuplées de noirs. Elle s'oppose à la Polynésie.
[172] Ainsi kamikaze, prononcé kamikazé, signifie « vent divin ». Les volontaires de la mort de la deuxième guerre mondiale étaient comparés à un ouragan divin s'abattant sur l'ennemi. *Kami* est apparenté au mot aïnou *kamui*, « dieu ».
[173] On retrouve ce mot dans *judo*, « méthode souple », *kendo*, « méthode du sabre » *bushido*, « voie guerrière » etc...
[174] Jinja est le nom japonais des temples shinto. Jin est une autre prononciation de shin, c'est-à-dire de kami.

LE TAOÏSME

Dans le monde spirituel qu'explore ce livre, le taoïsme est vraisemblablement ce qu'on peut trouver de plus éloigné des conceptions occidentales. C'est dire que le terme de religion s'y applique fort mal car il ne s'agit nullement des rapports de l'homme avec un Dieu. Ce n'est pas non plus une philosophie car il comporte une quantité de cultes et de pratiques très déroutantes pour notre raison. On peut même dire que le taoïsme n'existe pas à l'état pur: il imprègne la vie sociale de la Chine et la forme de Bouddhisme qu'on y pratique, sans pour autant s'opposer au confucianisme.

Comment essayer de décrire ce taoïsme qui n'a jamais débordé le monde

Entre la philosophie et la religion

de la civilisation chinoise ? Si nous tentons d'apporter la clarté que recherche l'esprit occidental, nous dénaturerons fatalement le taoïsme qui est par nature ambigu.

La tentative de comprendre ce monde si étranger est pourtant de celles qui provoquent le plus la réflexion et la remise en question de nos façons de penser.

Tao est un mot chinois couramment employé de nos jours encore pour désigner tout ce qui correspond à l'idée de route, de voie, de méthode. La transcription moderne de ce mot selon l'écriture pin-yin[175] est *dao*, que les Japonais prononcent *do* ou *to* et que l'on a rencontré dans le shinto.

La notion de Tao est pourtant bien autre chose qu'une méthode et n'a rien à voir, par exemple, avec des exercices spirituels.

Une traduction meilleure de Tao serait plutôt « cours des choses », car le mot chinois comporte une notion de mouvement que ne rendent pas les mots « voie » ou « méthode ».

Le texte suivant, assez tardif puisqu'il est du XVIᵉ siècle, définit ainsi le Tao :

> « Oui, vaste est le suprême Tao
> Auteur de lui-même, agissant par le non-agir
> Fin et commencement de tous les âges
> Né avant le Ciel et avant la Terre
> Embrassant en silence la totalité du Temps
> Traversant sans arrêt la continuité des siècles
> A l'Ouest, il a instruit le grand Confucius
> Et à l'Est il a converti l'Homme d'or[176] ;
> Pris pour modèle par cent rois,
> Transmis par des générations de sages,
> Il est l'ancêtre de toutes les doctrines
> Et le mystère dépassant tous les mystères.

A cette lecture, on pourrait presque penser se trouver devant un texte de l'une des grandes religions monothéistes décrivant Dieu avec lyrisme. Mais, si cette interprétation, pas plus qu'aucune autre, n'est à rejeter, elle n'est que très partielle.

Le Tao reconnaît une multitude de dieux dont « l'Empereur d'En-Haut », Shang-di, parfois assimilé à l'étoile polaire ; le soleil, la lune, des fleuves, des montagnes, des empereurs, des génies divers protecteurs des champs ou des récoltes sont également divinisés. Mais il s'agit là d'une mythologie d'origine animiste qui a été absorbée et assimilée par le grand courant du Tao.

Pour l'esprit taoïste, l'univers est un tout dont l'individu ne peut être isolé. Chaque être ou chaque chose est une partie de ce courant infini qui s'écoule inexorablement et où s'équilibrent des forces contraires.

L'univers est ainsi un ensemble continu d'évolutions et de changements dont nous faisons partie.

Rien n'est donc stable et rien n'est indépendant. Il est illusoire et impossible de schématiser un monde où tout s'interpénètre dans la continuité. Les constructions mentales, cartésiennes ou non, n'ont aucune valeur et la réalité témoigne d'un inextricable mélange de chaque chose et de son contraire. C'est pourquoi on ne peut s'exprimer que par symboles où la réalité n'est décrite que par référence à une autre réalité, tout aussi complexe.

Le Ying et le Yang

Ce qui caractérise le mieux le Tao, c'est l'équilibre et l'intrication des deux fameux principes du Yin et du Yang.

Ils symbolisent les deux principes contraires qui existent en chaque chose, se contredisant et se complétant à la fois. Rien n'est purement yin ni purement yang, mais l'un des deux principes peut cependant prédominer sans jamais éliminer l'autre.

On ignore généralement que les deux caractères chinois yin et yang comportent la même clé[177], celle de la colline. Etymologiquement, yin est le versant sud d'une vallée, c'est à dire tourné vers le Nord et à l'ombre. Yang est le versant opposé de cette vallée, exposé au soleil.

Dans une lointaine antiquité, au cours de fêtes célébrant le printemps et l'automne, les garçons dansaient sur la rive Nord, côté yang, et les filles sur la rive Sud ; des fiançailles s'en suivaient et les mariages se concluaient à la fête suivante. C'est ainsi que le yin est devenu le symbole de la femme et de l'obscurité et le yang, celui du mâle et la lumière.

Mais le symbolisme du Yin et du Yang ne s'arrête pas là. Beaucoup d'autres notions, plus ou moins rattachées à ce que nous venons de voir, sont marquées par l'un ou l'autre de ces deux principes.

Ainsi, on considère comme « yin » : le Nord, l'hiver, les vallées, les nuages, les vases, les pêches, les pivoines, les chrysanthèmes, les champignons etc... alors que sont « yang » : le Sud, l'été, les montagnes, les béliers, les étalons, les coqs, les dragons, le jade et tout ce qui est rouge, chaud, brillant, haut, céleste, pénétrant, etc...

Puisque le Taoïsme est centré sur cette complémentarité fondamentale du Ying et du Yang, on en trouve les conséquences dans les domaines les plus divers.

Dans l'art, on s'attache à représenter des paysages, eux-mêmes expression du Tao, où se marient harmonieusement des éléments yin et yang. D'où ces compositions souvent compliquées mais toujours charmantes où l'on retrouve dragons et montagnes, nuages et grottes, dans la recherche d'un judicieux équilibre des deux principes fondamentaux. Il est certain que la peinture ou la sculpture chinoise apparaissent sous un tout autre jour quand on se livre à ce jeu des interprétations.

Mais le plus étrange concerne la sexualité. C'est évidemment le lieu privilégié d'une rencontre entre le Yin féminin et le Yang masculin. L'union sexuelle devient un acte quasi-religieux où se reconstitue l'harmonie du monde.

Ici aussi, le symbolisme est très important : l'organe féminin est représenté par une pivoine, une pêche, un lotus d'or et celui de l'homme par une tête de tortue, une branche de corail, un oiseau rouge. La fleur de prunier qui décore les lits chinois est le symbole du plaisir sexuel.

Dans l'ancienne Chine, le taoïsme, contrairement au bouddhisme, considérait la polygamie comme la norme. Chacun cherchait dans l'union sexuelle à capter les énergies du principe opposé de son partenaire et la technique des positions était imprégnée de taoïsme. On comptait 30 positions « célestes » et « terrestres » aux noms fort poétiques comme : papillon en vol plané, vol de mouette sur la falaise, bambous près de l'autel, saut du tigre blanc ou jours d'automne.

Nous ne disposons pas d'informations sur ce que la Chine communiste a conservé du taoïsme dans ce domaine.

Le Tao dans l'histoire

Il est difficile de dater la naissance du taoïsme. Les grands principes du Tao, le Yin et le Yang, remontent à la plus haute antiquité et sont vraisemblablement hérités de religions de type chamaniste, c'est-à-dire animistes. Le culte de la nature qui sous-tend le taoïsme est une confirmation indirecte de cette origine supposée.

Cependant les pères du taoïsme généralement reconnus comme tels sont Lao Zi et Zhuang Zi. Le premier, qui s'appelait peut-être Li Er, est très mal connu. Son surnom de Lao Zi signifie « le vieux ». Il aurait vécu entre le IVe et le IIIe siècle avant notre ère, c'est-à-dire un siècle après Confucius bien que la tradition en fasse son aîné. Le livre qui lui est attribué, le Tao Te King — Dao de jing selon l'orthographe pin-yin — est un recueil d'histoires allégoriques difficiles à interpréter.

L'autre grand livre classique du taoïsme, le Yi jing, livre des « mutations », explique les mystères et l'unité de l'univers.

Ces livres ne posent aucunement les principes d'une religion comme le font le Talmud, l'Evangile ou le Coran.

La première formulation des principes taoïstes, en tant qu'école de pensée, est à rechercher dans l'enseignement de Zhuang Zi. Le Taoïsme n'est apparu comme religion constituée que plus tard, en réaction contre certains excès du Confucianisme. Le respect de l'ordre établi, inhérent au Confucianisme, en faisant naturellement la religion du pouvoir, à quoi le Taoïsme apportait un contre-poids, autre exemple de l'opposition du Yin et du Yang.

Ultérieurement, vers le VIIIe et le IXe siècle, après la lente infiltration du Bouddhisme en Chine qui se termina par son succès, le Taoïsme se dota d'un univers de dieux analogue à celui du panthéon bouddhiste chinois.

En fait, depuis cette époque, l'intrication du taoïsme et du bouddhisme en Chine est tel qu'il est tout à fait arbitraire de tenter de les séparer. Seuls les lettrés scrupuleux pouvaient distinguer la part de chaque religion, pendant que le bon peuple pratiquait un agréable mélange des deux, un parfait syncrétisme.

En résumé, on peut constater avec un certain humour que l'origine du Tao comme religion est en conformité avec le Tao lui-même, c'est-à-dire que rien n'est précis, que c'est un mouvement continu et une présence permanente et évolutive dans l'histoire de la Chine. Même à l'époque contemporaine, depuis la révolution communiste de 1949, on a pu voir des défilés où le portrait du président Mao était porté entre les symboles Tao du bonheur, le double caractère chinois « xi ».

La pratique du taoïsme

Il est bien difficile de préciser ce qu'il reste aujourd'hui du taoïsme comme religion ou comme philosophie.

On trouve encore quelques monastères taoïstes en activité à Hong-Kong, dans l'île de Lan-Tau, et à Taïwan. Le terme de monastère ne correspond d'ailleurs pas exactement à la notion occidentale: il n'y a pas de règle à suivre et on peut y entrer ou en sortir à sa guise. C'est, en quelque sorte, un lieu de retraite spirituelle et de méditation.

Dans la vie moderne, on ne voit plus dans les rues de moines taoïstes reconnaissables à leur curieux bonnet parfumé et l'on peut penser que les pratiques sexuelles ont, elles aussi, perdu leur caractère religieux.

Cependant, les Chinois qui sont, comme les autres peuples, passés par le stade des religions animistes, se sentent toujours entourés de puissances maléfiques qu'il faut écarter en faisant appel à des génies bienfaisants. On pratique donc des offrandes de porc, volailles, poisson, fruits ou légumes qu'on place pour ces génies sur des tables à encens.

Tout ceci relève de la magie en ce sens que ce sont les gestes que l'on fait et les paroles qu'on prononce qui portent effet de façon automatique. Ces rites se pratiquent dans les temples chinois où l'on vénère aussi bien le Bouddha. En fait, les génies bienfaisants sont assimilés aux boddhisatvas, ces sortes de saints bouddhistes qui refusent de se fondre dans le nirvana pour aider les hommes à mieux y accéder.

Dans la pratique, les fidèles qui cherchent une faveur n'ont que l'embarras du choix des dieux intermédiaires pour leurs prières puisque nombre d'entre ont leur statuette dans un même temple. Il y a toujours un préposé aux ventes des baguettes d'encens qu'on allumera en paquets. On les presse ensuite entre les mains jointes en les agitant d'un léger mouvement vertical. Pour savoir si les événements seront favorables, on prie en tenant entre les mains jointes deux sortes de coques en bois que l'on jette ensuite à terre : selon que les coques tombent sur le coté bombé ou creux, la chance sourira ou non. Un autre exercice consiste à secouer vigoureusement quelques bâtonnets placés dans un bambou jusqu'à ce que l'un d'entre eux tombe à terre. Ce bâtonnet désigné par le sort porte des inscriptions qui permettent de retirer l'horoscope correspondant auprès du préposé à la vente des baguettes d'encens, à l'entrée du temple.

Si les prêtres taoïstes peuvent encore s'habiller somptueusement pour certaines cérémonies, en revanche, pour les prières courantes, on trouve des jeunes Chinois très « mai 68 », en jeans et à cheveux longs, qui, pour le prix d'une consommation, accomplissent en deux minutes le rituel standardisé : l'employé de bureau qui a des problèmes de cœur, la mère de famille qui veut faire bénir le T-shirt nouvellement acheté pour son fils, n'importe qui peut avoir recours à ces formules de conjuration du mauvais sort. L'obole versée donne droit à des baguettes d'encens, à un petit auto-collant rouge que l'officiant place devant les statues, et à deux ou trois papiers mystérieux. L'un de ces derniers, de couleur jaune représente le mal : l'officiant le place par terre et le fidèle l'écrase de trois coups rageurs du pied droit puis le déchire. Un autre papier comporte une série de dessins que l'officiant transperce avec un poinçon d'une multitude de trous en récitant des formules rituelles. Un troisième papier maléfique est destiné à recevoir les postillons de mépris du fidèle qui jette ensuite quelques grains de sable vers la statue. Enfin, après que l'officiant ait passé d'un mouvement vif une flamme autour de la tête du fidèle, celui-ci s'en va prier devant un autre autel avec ses baguettes d'encens.

Ces pratiques et d'autres encore restent vivaces dans les communautés chinoises d'outre-mer : à Hong-Kong comme à Singapour, en Malaisie comme à Taïwan.

Le peu de capacité qu'ont les fidèles chinois à expliquer le pourquoi et le comment de leurs pratiques religieuses laisse à penser qu'elles sont plus l'expression d'une tradition populaire teintée de superstition que celle d'une spiritualité intériorisée.

A coté de ce culte quotidien, il existe chaque année des fêtes taoïstes comme celle du feu, en l'honneur du dieu Huo Kun. A cette occasion, on prépare un grand chaudron plein d'huile qu'on fait chauffer à l'ébullition. Les fidèles s'y trempent les mains et les avant-bras — à vrai dire avant que l'huile bouillonne — ils s'essuient ensuite dans des papiers portant des formules pieuses qui sont alors jetés dans un brasier. Un officiant, torse nu, se concentre pour atteindre un état de transe, puis il se plonge les mains dans la bassine et se passe de l'huile en abondance sur le visage et la poitrine à l'admiration de la foule. Ultérieurement, on jettera des feuilles de gingembre dans l'huile pour constituer un médicament. Il arrive aussi que l'officiant choisisse une fidèle dans l'assistance, la fasse s'agenouiller, se place dans son dos et lui passe également de l'huile dans le cou et sur le front.

L'officiant taoïste a un rôle de médium. Son intimité avec les dieux est démontrée par des dons particuliers d'indifférence à la souffrance qu'il montre lors d'exercices divers. Par exemple, après que des acolytes lui ont attaché un ruban rouge dans les cheveux, il se passe rapidement des baguettes d'encens enflammées sur la poitrine, ou bien il serre frénétiquement dans sa main nue la lame d'un sabre. Nanti de tels pouvoirs, il peut jouer un rôle de conseiller — de confesseur — auprès de ses ouailles : il touche de ses baguettes d'encens enflammées un bouquet de fleurs, écoute les confidences du fidèle, puis lui dispense ses lumières. S'il discerne dans l'assistance un jeune enfant dont le destin paraît particulièrement bénéfique, il le prend dans ses bras et lui fait faire le tour du temple en l'éventant d'une palme.

La foule qui participe de façon très fervente à ces fêtes est fort enjouée et toute prête à bavarder avec l'étranger. La plupart des Chinois de l'assistance se disent bouddhistes mais certains sont chrétiens et il est difficile de discerner la part de la croyance et celle du folklore. Ainsi le taoïsme reste sans aucun doute très vivant dans l'âme chinoise. La croyance aux forces occultes et magiques est encore très vive. L'astrologie chinoise est tout aussi vivace que son homologue européenne. Les tortues ou les chaudrons de bronze sont toujours perçus comme des symboles de longévité et la calligraphie reste un moyen d'exprimer sa personnalité. Les caractères quasi-magiques — joie, bonheur et longue vie — restent l'élément décoratif le plus fréquent des porcelaines et des bijoux. L'acupuncture et la gymnastique chinoise — la « boxe contre l'ombre » — relèvent pour une bonne part de l'idée taoïste de stimuler les courants et les énergies intérieurs.

La sagesse taoïste faite d'équilibre, de placidité, de contrôle de soi, imprègne encore incontestablement l'esprit chinois : l'action ne se justifie que si l'on y est obligé, on ne cherche pas à comprendre le monde mais à l'organiser.

Comment juger de l'influence réelle que conserve de nos jours le Taoïsme ? Aucun Chinois n'échappe à son emprise mais bien peu s'y réfèrent de façon exclusive. Ce serait d'ailleurs contraire au Tao, qui englobe tout.

Entre la philosophie et la religion 251

Evaluer quantitativement le nombre de Taoïstes n'a, en fait, aucun sens. S'il faut se fixer un ordre de grandeur, on peut dire qu'environ 50 millions de personnes participent à la mouvance taoïste de façon préférentielle sans que cela exclue pour autant une appartenance bouddhiste ou confucianiste.

Les symboles du Taoïsme

Les notions de Yin et de Yang sont souvent représentées par le symbole ci-dessous :

Le cercle est l'image de la sphère de l'univers, la partie supérieure est le Yang, de couleur rouge, la partie inférieure, le Yin, de couleur bleue. Le dessin fait apparaître une interpénétration du Yin et du Yang et donne une impression de mouvement continu sur soi-même.

Un autre symbole taoïste est constitué de la superposition de barres continues ou partagées en deux. Les barres continues sont yang, c'est-à-dire masculines, et les barres coupées, yin et féminines.

On peut ainsi former par combinaisons 8 « trigrammes », composés de trois lignes, et 64 « hexagrammes » composés de six lignes.

— Les 8 trigrammes avec leur signification symbolique sont les suivants :

☰   *ciel*, énergie créatrice, conflit, force, jade, père, cheval...

☴   *vent*, bois, douceur, cuisse, jeune coq...

☵   *eau*, abîme, travail, lune, oreille, porc...

☶   *montagne*, sérénité, plantes, main, chien, naissance et mort...

☷   *terre*, réceptacle, récolte et nourriture, ventre, mère, vache....

☳   *tonnerre*, éveil des forces de la terre, pied, dragon...

☲   *feu*, lumière, œil, soleil...

☱   *lac*, joie, concubin, bouche...

Les 64 hexagrammes, comme par exemple ䷀ ䷁ ䷂ ䷃ etc... ont aussi leur signification symbolique, dérivée des précédentes.

Le drapeau de la république de Corée, appelé Tae Guk, rassemble les symboles du Yin et du Yang et les quatre trigrammes à centre de symétrie, symboles de la terre, du ciel, de l'eau et du feu, conformément aux principes du Taoïsme d'opposition et d'équilibre.

Les symboles ne se limitent pas à ces dessins. Le style et le mouvement de l'écriture sont aussi chargés de sens et il existe même des écritures ésotériques, typiquement taoïstes, aujourd'hui pratiquement oubliées.

Dans les représentations humaines, peinture ou sculpture, on trouve aussi de nombreux symboles. Par exemple, le ventre est le siège de l'énergie. C'est pourquoi les personnages de l'art taoïste ont des ventres si rebondis.

---

[175] le pin-yin est la transcription officielle des caractères chinois en lettres latines. C'est cette transcription qui nous fait écrire dorénavant Mao Zedong au lieu de Mao Tse Toung ou Beijing au lieu de Pékin.
[176] Il s'agit de Bouddha.
[177] Un caractère chinois comporte une clé, porteuse du sens général alors que le reste a plutôt une valeur phonétique. Il existe 214 clés telles que l'homme, la terre, les poissons etc...

LE BOUDDHISME

Avec environ 250 millions d'adeptes, le bouddhisme est le quatrième courant spirituel du monde par ordre d'importance numérique, après le christianisme, l'Islam et l'hindouisme.

Entre la philosophie et la religion

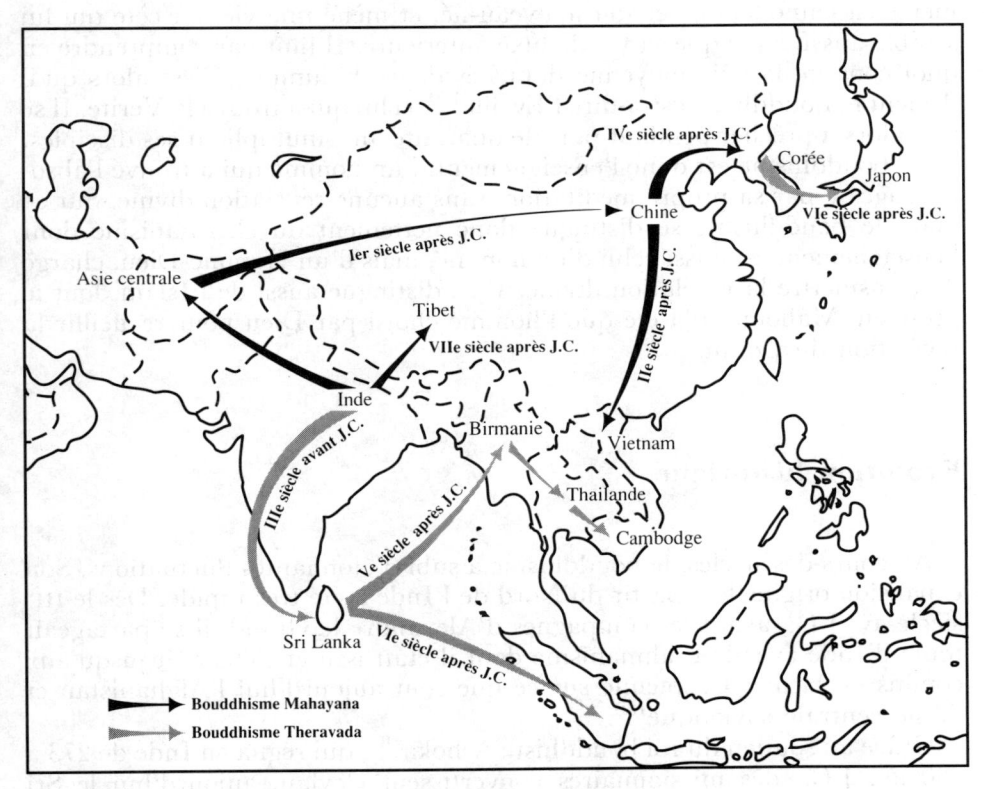

La propagation du Bouddhisme

Courant spirituel plutôt que religion car la notion de Dieu n'y est ni apparente ni nécessaire. Le bouddhisme est essentiellement une attitude en face de la vie, ce qu'on peut appeler, faute de mieux, une philosophie, mais une philosophie qui tend à l'absolu. C'est une sorte de cadre de pensée qui s'accommode aussi bien des pratiques magiques exubérantes du lamaïsme tibétain que de la contemplation très dépouillée et intériorisée du Zen japonais. Mais avant tout le bouddhisme est l'enseignement d'un homme, un personnage nimbé de légende dont l'existence historique, de 560 à 480 avant notre ère, n'est pas sérieusement contestée. Siddharta[178] Gautama, tels étaient respectivement son prénom et son nom, fils d'un roitelet des confins du Népal et de l'Inde, eut une enfance protégée. L'expérience du spectacle de la misère et de la souffrance humaines à laquelle il ne put échapper n'en fut que plus brutale. Pour comprendre le sens du monde, il abandonne tout, même sa jeune femme et son nouveau-né, et mène une vie d'ascète qui lui semble aussi vaine que sa vie de luxe antérieure. Il finit par comprendre en quoi consiste la voie moyenne dont l'évidence l'illumine. C'est alors qu'il devient le Bouddha, c'est-à-dire l'Eveillé[179], celui qui a trouvé la Vérité. Il se met alors à prêcher pendant plus de quarante ans, multipliant ses disciples.

Le bouddhisme est donc l'enseignement d'un homme qui a trouvé l'absolue sagesse par sa propre méditation, sans aucune révélation divine. Sur ce plan, le bouddhisme se distingue donc nettement du christianisme dont l'enseignement est aussi celui d'un homme, mais d'un Homme-Dieu, chargé de transmettre la révélation divine. Il se distingue aussi de l'Islam dont le prophète Mahomet n'a été que l'homme choisi par Dieu pour recueillir la révélation du Coran.

Evolution historique

Au cours des siècles, le bouddhisme a subi d'étonnantes fluctuations. Son expansion originelle à partir du Nord de l'Inde a été très rapide. Dès le IIIe siècle av. J-C., avant les compagnes d'Alexandre le Grand, il se partageait toute d'Inde avec le brahmanisme dont il était issu et s'étendait jusqu'aux confins de la mer Caspienne sur ce que sont aujourd'hui l'Afghanistan et l'Asie centrale soviétique[180].

Grâce au soutien du roi bouddhiste Ashoka[181], qui régna en Inde de 273 à 230 av. J-C., des missionnaires convertissent Ceylan, aujourd'hui le Sri Lanka. Puis, comme le montre la carte de la page précédente, il a touché plus tard et très progressivement les autres pays d'Asie.

C'est par la route de la soie que le contact a été établi avec la Chine. La première communauté bouddhiste identifiée dans ce pays date de la dynastie des Han, en 67 de notre ère, mais le bouddhisme ne s'est solidement établi dans le Nord du pays qu'un siècle plus tard et vers l'an 300 dans le Sud, sous l'égide de l'aristocratie. En l'an 470, le bouddhisme était décrété religion officielle en Chine du Nord, d'où il gagne le Japon par l'intermédiaire de la Corée.

Vers la même époque, des moines bouddhistes de Ceylan convertissent la Birmanie puis, un peu plus tard, l'Indonésie.

En même temps qu'il s'étend vers l'Est, le bouddhisme perd du terrain à l'Ouest: quand il touche le Japon, il s'effrite en Inde où l'arrivée de l'Islam lui porte un coup fatal.

Dans les pays où le bouddhisme subsiste aujourd'hui, il a connu des fortunes diverses. En Thaïlande et au Laos, il a balayé l'hindouisme. Au Sri Lanka comme au Népal, le bouddhisme coexiste avec l'hindouisme. En

Chine, il se marie avec le taoïsme et le confucianisme et au Japon, avec le shintoïsme. En Inde, son pays d'origine, les bouddhistes ne représentent plus qu'à peine 1 % de la population, deux fois moins que les chrétiens ou les Sikhs.

En Corée du Sud, le bouddhisme recule légèrement devant les religions chrétiennes, mais il conserve encore la première place. Au Japon, il prend parfois des formes particulières que nous étudierons plus loin. Le Zen est l'une d'entre elles.

La situation du bouddhisme est beaucoup plus préoccupante dans les pays qui connaissent un régime d'inspiration communiste. En Chine, il y avait 500 000 moines bouddhistes vers 1930 et il n'en restait plus que 2500 en 1954. Au Cambodge, les Khmers rouges ont massacré systématiquement les bonzes et au Viêt-nam leur influence a considérablement régressé. Il est évidemment très difficile d'évaluer ce qui reste de la pratique et de la spiritualité bouddhiste dans tous ces pays. On sait seulement que le choc a été tel que le bouddhisme a nettement reculé depuis 50 ans. Les seuls cas où il connaît encore une certaine expansion sont le résultat de l'accroissement démographique dans les pays qui lui sont encore profondément attachés comme le Sri Lanka, la Birmanie et la Thaïlande. Cependant, la qualité intrinsèque de la spiritualité bouddhiste lui confère une influence diffuse considérable et beaucoup d'Occidentaux lui portent depuis peu un intérêt mérité.

L'enseignement de Bouddha

L'analyse que Bouddha porte sur le monde s'exprime par ce qu'il appelle les quatre vérités :
— Tout est souffrance en ce monde : la naissance, la vieillesse, la maladie, la mort, l'union avec ce qu'on n'aime pas, la séparation de ce qu'on aime, toute forme d'attachement.
— La cause de la souffrance réside dans le désir sous toutes ses formes, y compris celui d'exister. C'est le désir qui nous enchaîne au cycle infini des réincarnations.
— La suppression de la souffrance s'obtient par le renoncement et le détachement.
— Pour atteindre cet objectif, il faut pratiquer une morale de droiture.
  Cette morale s'appelle la « voie sacrée à huit embranchements » :
— nos croyances ;
— notre volonté ;
— nos paroles ;

— nos actes ;
— notre façon de vivre ;
— nos efforts ;
— notre pensée ;
— notre méditation

doivent témoigner d'une totale pureté et rectitude.

Le respect de ces principes conduit l'homme à se libérer de toute attache ce qui lui permet d'atteindre le « nirvana ».

Le bouddhisme n'a jamais défini en quoi consiste ce nirvana. Le mot, d'origine sanscrite, a le sens approximatif d'extinction mais la notion qu'il recouvre n'est pas précisée: on ne sait qu'il s'agit d'un anéantissement ou d'un parfait bonheur. La seule ambition du bouddhisme est d'y donner accès en observant une morale.

L'enseignement de Bouddha ne cherche pas à résoudre la question de la destinée de l'homme ou de l'origine du monde. Il se veut purement « utilitaire » et ce qui est inutile pour notre salut ne l'intéresse pas.

Le bouddhisme est donc avant tout une technique destinée à maîtriser les sens et l'imagination, le corps et l'esprit: l'objectif est de prendre conscience du caractère illusoire du monde pour s'en détacher plus facilement. Dans ce but, les huit préceptes de la « voie sacrée » sont eux-mêmes une technique :

— Il faut croire aux quatre vérités pour ne pas s'égarer en dehors du chemin montré par Bouddha.
— Il faut maîtriser notre volonté pour éloigner tout désir des sens ou de l'esprit.
— Il faut que nos paroles participent à l'effort de détachement. On doit dire la vérité, être conciliant et éviter les bavardages inutiles.
— Il faut un comportement moral cohérent avec le détachement recherché. Le meurtre, le vol et l'adultère sont les actes prohibés le plus vigoureusement.
— Notre façon de vivre doit témoigner du même désintéressement. Le moine ne quémande pas sa nourriture, il la reçoit de ceux qui la lui offrent pour s'acquérir des mérites.
— Nos efforts doivent tendre au bien et nous détourner du mal.
— Notre pensée ne doit pas se laisser entraîner par nos impulsions ou nos désirs.
— Notre méditation est l'aboutissement et le couronnement du comportement précédent.

Le méditation elle-même est une technique, connue sous le nom de yoga[182] il s'agit de maîtriser son corps et sa respiration pour favoriser la concentration spirituelle, le corps étant indissociable de l'esprit. Les positions du yoga cherchent à éviter toute contraction musculaire pour mieux libérer l'esprit. Il faut toutefois souligner que la méditation bouddhiste ne consiste pas à réfléchir intensément à un quelconque problème mais à sa vider l'esprit de l'inutile qui l'encombre, c'est-à-dire de toute pensée. C'est pourquoi le cadre dans lequel est pratiquée cette méditation est toujours extrêmement dépouillé: certains se placent face à un mur nu, d'autres fixent le ciel à travers un trou du plafond ou encore se concentrent sur un peu d'eau au fond d'un bol. L'efficacité de ces techniques ne prend toute sa valeur qu'au sein d'une communauté de moines qui assure un cadre à l'effort individuel. C'est pourquoi Bouddha ne s'est jamais adressé à de larges couches de population mais toujours à un nombre réduit de disciples. C'est aux moines que l'accès du nirvana est possible. A cet égard, on peut soutenir que le bouddhisme est un cléricalisme élitiste.

En matière sociale, Bouddha, contrairement à une réputation généralement établie, n'a jamais rejeté le système des castes, qui était celui de la société où il vivait. Il a seulement, et c'est déjà beaucoup, admis parmi les moines tous ceux qui veulent le suivre, quelle que soit leur caste.

Vis-à-vis des femmes, le bouddhisme n'est pas très tendre, car elles sont une raison d'attachement à ce monde et, pire que tout, elles sont l'instrument du renouvellement de l'existence. Ce n'est qu'à regret que Bouddha accepta qu'elles puissent devenir nonnes, mais seulement avec un statut de deuxième zone.

Quant aux laïcs, Bouddha leur assigne le rôle de subvenir aux besoins des communautés de moines. Si les laïcs sont généreux, leur prochaine vie sera celle d'un moine: ils ne peuvent espérer meilleure récompense.

On voit que le bouddhisme garde du brahmanisme et de l'hindouisme la croyance en la réincarnation: après leur mort, les êtres retrouvent vie dans un autre corps, selon les mérites de leurs actes. Cependant, le bouddhisme diffère profondément de ces religions indiennes par l'absence totale de référence à un dieu quelconque: il n'y a ni culte ni dogme et Bouddha lui-même n'est ni un prophète ni un sauveur. C'est un homme qui a su trouver par lui-même l'explication de la vie et la façon d'en sortir. Le bouddhisme peut ainsi apparaître comme une émanation hérétique des religions indiennes ou comme une philosophie athée. Sa doctrine pessimiste a finalement été rejetée par les Indiens, peut-être parce qu'elle ne satisfaisait pas leur vif besoin de religiosité.

En outre, il est difficile de ne pas relever quelques contradictions dans la doctrine des bouddhistes. Pour eux, le monde n'est qu'illusion et la personne n'est qu'une association passagère d'éléments destinés à se séparer. On voit mal, dans ces conditions, pourquoi nos actes ont de l'importance et en quoi ils ont une influence sur notre prochaine vie. On peut en outre se demander comment il est possible d'atteindre de son vivant le nirvana si celui-ci est un anéantissement et comment nos actions déterminent notre vie ultérieure si l'âme n'est qu'illusion.

Malgré l'absence de réponses données à ces questions peut-être trop logiques, nul ne peut contester le pouvoir de séduction de ce courant spirituel qui a su s'adapter à tant de cultures et les imprègne d'une prenante atmosphère de douceur et de respect d'autrui.

Les différentes formes du bouddhisme

Il est inévitable que la doctrine de Bouddha ait pris différentes colorations en imprégnant des peuples aussi divers que ceux de l'Inde, de la Chine, du Japon, du Tibet ou de l'Asie du Sud-Est.

Par son origine géographique aussi bien que par la théorie des réincarnations, le bouddhisme se rattache à la culture brahmanique de l'Inde. Cependant les Indiens, profondément religieux et habitués à vivre dans une véritable jungle de divinités, n'ont pas supporté plus de quelques siècles la doctrine bouddhiste qui se passe fort bien de dieux et se complaît trop souvent dans un renoncement à l'existence peu compatible avec leur exubérante vitalité.

La forme initiale du bouddhisme, sévère et élitiste, est encore celle pratiquée au Sri Lanka, en Thaïlande, au Laos, au Cambodge et en Birmanie. C'est ce qu'on appelle le Théravada, ce qui signifie « doctrine des anciens ». Il est aussi connu sous le nom de « Petit Véhicule ».[183]

Dès le début de l'ère chrétienne, une interprétation plus large et plus humaine du bouddhisme se fait jour qui complète la tradition écrite par des enseignements transmis oralement par Bouddha à ses plus fidèles disciples : c'est le « Grand Véhicule » ou Mahayana.

Enfin, vers le VIIe siècle, le courant Mahayana donne naissance à la troisième forme du bouddhisme. C'est le tantrisme qui intègre dans le bouddhisme des pratiques magiques et mystiques. On appelle aussi ce courant Vajrayana, « Véhicule de l'Eclair », tant il est supposé raccourcir le pénible trajet vers le nirvana. Une expression importante du bouddhisme tantrique est le lamaïsme tibétain.

Pour faire image et tenter une comparaison bien imparfaite avec le christianisme, le tantrisme évoque l'orthodoxie par son mysticisme, le Grand Véhicule le catholicisme par le culte des Saints et le Petit Véhicule le protestantisme par son côté plus puritain.

Toutes ces formes du bouddhisme respectent l'enseignement du Bouddha mais, comme nous allons le voir, leurs conceptions des moyens d'accès au nirvana sont profondément différentes.

Le bouddhisme Théravada

C'est le bouddhisme originel dans toute sa rigueur et sa pureté. Selon ses préceptes, seuls les moines, et par protection les nonnes, peuvent espérer atteindre le nirvana grâce à leur vie de renoncement. C'est pourquoi les

Entre la philosophie et la religion

moines sont si nombreux dans les pays où règne le Théravada[184]. Pour les autres, l'accès au nirvana devra attendre une prochaine réincarnation, en admettant que leurs mérites leur permettent de revivre dans la peau d'un moine.

Cette doctrine austère du Théravada satisfait mal, à vrai dire, deux aspirations profondes de l'homme : le goût de la vie et la religiosité.

En ce qui concerne la joie de vivre dont les Asiatiques ne manquent pas, on trouve toujours des accommodements associant l'idéal de renoncement et des pratiques plus terre à terre. Quant à la religiosité, un pays comme la Birmanie la satisfait grâce au culte des Nats, sorte de génies bienfaisants ou pittoresques, parfois des mortels divinisés, auxquels on rend publiquement hommage dans les pagodes. Mais cette religion populaire est, en bonne logique, en contradiction avec la pureté du bouddhisme. Aussi, dès le règne de l'empereur d'une interprétation différente du bouddhisme. Il en résulta une véritable scission, d'ailleurs toute pacifique, d'où est né le bouddhisme Mahayana.

Le bouddhisme du « Grand Véhicule » (Mahayana)

L'innovation majeure apportée par le « Grand Véhicule » est la possibilité, pour qui atteint l'illumination, de ne pas accéder aussitôt au nirvana pour se consacrer, par pure grandeur d'âme, à l'éducation et au salut des autres hommes. Ceux qui renoncent ainsi provisoirement à leur libération sont de véritables saints auxquels le peuple est en droit de vouer un culte. Le salut devient ainsi une affaire collective, ce qui constitue une explication de l'appellation « grand Véhicule », par opposition à celle de « petit Véhicule » donnée par dérision au bouddhisme Théravada qui, lui, ne peut conduire les hommes au salut qu'individuellement.

Bien que toutes les formes de bouddhisme reposent sur la même doctrine, la pratique du Mahayana se différencie par ses préoccupations métaphysiques et la véritable religiosité vouée par les fidèles à Bouddha et aux bodisattvas[185]. Ces derniers sont fort mal identifiés, ils sont d'ailleurs représentés de façon quasiment identique à Bouddha lui-même ; c'est pourquoi on trouve souvent des temples aux « mille bouddhas » dont les innombrables statues, apparemment semblables, ne se distinguent que par leur nom.

Rien n'interdit d'inclure parmi les bodhisattvas des « divinités » diverses dont les rapports avec le Bouddha seraient servaient bien difficiles à établir. Ainsi en est-il d'Amitabha, célèbre au Japon sous le nom d'Amida, bodhisattva mythique qui règne sur le très taoïste « paradis de l'Ouest ». Selon la secte bouddhiste chinoise de la « Terre pure » (jing tu), on peut s'assurer d'une vie éternelle en croyant à ce personnage. Cette position contredit l'enseignement bouddhiste originel niant une quelconque survie après la mort.

C'est vraisemblablement aussi sous l'influence du taoïsme que le bouddhisme chinois modela ce qui est devenu le Zen[186] : le rejet de tout raisonnement ou de toute doctrine fait partie de ses principes, puisque seule compte la prise de conscience de l'inanité des choses.

On mesure la distance qui sépare les différentes expressions du bouddhisme, mais la plus originale est, à coup sûr, celle du bouddhisme tantrique.

LE BOUDDHISME TANTRIQUE

Appelé également Vajrayana ou « Véhicule du Diamant », le bouddhisme tantrique se relie à une variante de l'hindouisme adorant la forme féminine des divinités, « shakti », qui symbolise l'énergie cosmique[187].

C'est peut-être l'une des raisons de son implantation au Tibet dont le système social est matriarcal, admettant même la polyandrie.

Le tantrisme est parfois aussi rattaché au bouddhisme Mahayana parce qu'il admet comme lui l'existence des bodhisattvas. Toutefois le tantrisme présente des caractères originaux qui justifient d'en faire la troisième branche du bouddhisme.

C'est avant tout un système ésotérique, c'est-à-dire un enseignement secret auquel initient des maîtres spirituels. Il repose sur l'observation de rites, divers et compliqués, qui peuvent permettre un accès instantané, rapide comme la foudre « vajra »[188], à la libération du nirvana.

Parmi ces rites, le plus connu est la récitation à satiété de formules sacrées, appelées mantras ; ce sont ces textes que contiennent les fameux moulins à prière (voir le chapitre sur la prière p. 344). L'usage du yoga, de différentes techniques de magie font également partie des pratiques tantriques dans lesquelles le symbolisme des formes et des couleurs tient une grande place.

Au contact des religions animistes du Tibet, le culte « bon-po », le bouddhisme a pris une forme particulière, le *lamaïsme*. Il s'agit d'une organisation théocratique, ou plutôt cléricale de la société où les moines, les lamas, détiennent le pouvoir temporel et spirituel.

Historiquement, on distingue deux grands mouvements, les « Bonnets rouges » qui tolèrent le mariage des lamas et, en réaction contre un certain laxisme, les « Bonnets jaunes » (Gelug-pa, « ceux de la méthode de vertu », en tibétain). Ce dernier mouvement est dirigé par le Dalaï-lama (le « lama-Océan »), exilé en 1959 à la suite de l'occupation chinoise, tandis que le Panchen-lama (le « lama-joyau ») préside aux destinées des « bonnets rouges », minoritaires.

Ces chefs spirituels sont des réincarnations de bodhisattvas : Avalokiteshvara pour le premier, Amitabha pour le second[189].

Entre la philosophie et la religion

A leur mort, ils revivent dans un jeune enfant que les lamas repèrent par sa capacité à identifier les objets familiers du défunt. Selon les croyances tibétaines, la réincarnation dans cet enfant se produit 49 jours après la mort du lama ; c'est le délai nécessaire pour que la conscience du défunt perde toute possibilité de communication avec le monde.

De nombreux autres lamas se réincarnent de la sorte. Un jeune enfant espagnol de parents convertis au bouddhisme a ainsi été choisi en 1987.

Le lamaïsme s'est jadis répandu profondément en Chine et en Mongolie. Il reste aujourd'hui la religion par excellence des Tibétains et c'est au Bhutan, où il est reconnu officiellement, qu'il est le plus pur et le moins menacé.

Les manifestations les plus spectaculaires et les plus originales du lamaïsme sont les cérémonies relatives à la mort[190] et de nombreuses fêtes évoquant des événements historiques ou mythiques. Au cours de ces fêtes hautes en couleurs, les lamas exécutent des danses riches de symboles : ils tournent lentement sur eux-mêmes pour écraser le mal, brandissent une épée pour trancher les chaînes de l'ignorance et portent des masques de mort pour rappeler que la vie n'est qu'illusion.

Le lamaïsme est implanté depuis peu en France. Un temple a été ouvert en 1987 près d'Autun, en Bourgogne.

Il existe bien d'autres formes de bouddhisme ; nous présenterons ultérieurement les « nouvelles religions » japonaises dont l'importance est considérable et sont, pour l'essentiel, inspirées par le bouddhisme.

L'encadré ci-contre présente le mouvement vietnamien Hoa-Hao à titre d'illustration de ce que peuvent être les « sectes » bouddhistes.

Les Hoa-Hao

Cette forme du bouddhisme tire son nom du village de son fondateur, Huynh Phu So, Vietnamien né en 1919 d'un paysan catholique. En 1939, il eut une crise d'extrême surexcitation à la suite de laquelle sa santé maladive s'améliora ; il décida alors de prêcher une nouvelle religion.

Les principes en sont la piété filiale, l'amour de la patrie, l'amour du prochain, le respect du bouddhisme Hoa-hao. Quant au fondateur, il se dit l'incarnation de plusieurs héros historiques vietnamiens, ce qui lui confère également la vocation à un rôle politique national.

Son nationalisme intransigeant lui valut des ennuis avec la puissance coloniale française, mais ce sont des communistes vietnamiens qui l'exécutèrent en 1947. Le mouvement ne s'est pas éteint pour autant, il reste vivant dans les populations rurales du delta du Mékong, quoique nullement favorisé par le pouvoir politique.

La pratique du bouddhisme

En toute rigueur, la voie tracée par Bouddha pour atteindre la libération du nirvana implique un détachement absolu que permet seulement la vie monastique. Il s'agit là d'une situation comparable à celle de l'hindouisme, dont le bouddhisme est issu, où seul un brahmane dont les actions ont été parfaites peut se libérer du cycle indéfini des réincarnations. La différence réside dans ce que le bouddhisme rejette le système des castes et que chacun peut se faire moine. Le bouddhisme est donc un « élitisme clérical » dans lequel seuls les moines vivent complètement leur « religion ».[191]

Le bouddhisme, qui connaît la nature humaine, n'a jamais eu l'optimisme de penser que tous ses fidèles pourraient souhaiter devenir simultanément moines : une telle éventualité poserait un problème de survie à la société, ce qui, en bonne logique bouddhiste, est d'ailleurs sans importance.

C'est dire que la pratique du bouddhisme reste limitée et médiocre tant que le disciple n'a pas choisi de devenir moine ; pour l'écrasante majorité de la population bouddhiste qui n'entre pas au couvent, la pratique consiste à respecter de son mieux la morale, à participer aux fêtes et à contribuer à la vie des moines par des offrandes. Une vie ainsi réglée permet d'espérer, pour la réincarnation suivante, de devenir moine et d'espérer enfin la libération.

Décrire la pratique du bouddhisme revient donc à décrire la vie des moines. Nous donnerons plus loin, dans le chapitre sur le clergé (voir p. 401) quelques indications générales sur les moines du « Petit Véhicule » et les lamas tibétains. Nous présenterons ici un exemple de vie monacale selon le Zen japonais qui se rattache, en principe, au « Grand Véhicule ». Si l'on peut remarquer des analogies avec la vie monacale des couvents chrétiens, il ne s'agit que d'une coïncidence de forme (respect du supérieur, humilité, austérité...), car les moines bouddhistes ne s'adressent à aucun Dieu et ne se préoccupent donc pas d'aider autrui par leurs prières.

La pratique du zen

C'est dans les monastères que le bouddhisme zen revêt sa forme la plus pure. Il en existe près de 60 au Japon. Ils sont généralement situés dans de paisibles sites de montagne ou au milieu d'espaces verts.

Entre la philosophie et la religion

Ils se rattachent à deux écoles différentes : la plus importante est celle de Rinzaï, plus dynamique ; l'autre, celle de Soto, est plus statique. Dans chaque école, le but du zen est de parvenir à l'illumination qu'a connue Bouddha lui-même. Cet objectif s'obtient précisément par le zen, ce qu'on traduit assez mal par méditation puisqu'il ne s'agit pas de penser mais de se vider l'esprit.

Contrairement à ce qu'on pourrait croire, le sommeil n'est pas la meilleure façon d'y parvenir, aussi les moines sont-ils réveillés très tôt, entre 3 et 4 heures du matin, par une cloche ou un claquoir en bois.

L'exercice spirituel principal est la méditation assise, dite za-zen en japonais. La journée commence donc par une telle séance qui dure le temps de combustion d'un bâton d'encens, c'est-à-dire de 30 à 40 minutes.

Les moines s'asseyent sur un coussinet, jambes repliées en position de lotus, le dos bien droit. Ils alternent récitation à voix basse de prières — les sutras — et période de silence. Dans l'école Rinzaï, les moines se font face mais baissent les yeux vers le sol alors que, dans l'école Soto, ils font face au mur. Ceci constitue la différence la plus remarquable entre les deux rites.

Pendant la méditation, un des moines marche lentement en tenant un bâton verticalement devant lui. Ceux qui souhaitent être stimulés demandent de temps en temps à en recevoir un coup, ce qui est fait après un salut de part et d'autre. Ceux qui ont tendance à s'endormir reçoivent également du bâton.

Après le premier za-zen, vers 4 h 30 ou 5 h, on prend dans le plus grand silence le petit déjeuner. Trois bols de bois laqués noirs sont disposés devant chaque moine, l'un pour le « thé de prunes », sorte de décoction considérée comme une gâterie, l'autre pour une bouillie de riz si claire qu'on peut y voir s'y refléter le plafond. Le troisième bol, le plus grand, reçoit l'eau tiède qui sert au lavage des deux premiers mais, par humilité, les moines sont tenus de boire la moitié de l'eau de rinçage.

Dans la matinée, les moines se consacrent à la lecture des livres sacrés et aux tâches ménagères. Douze jours par mois, ceux qui ont obtenu l'autorisation personnelle du maître sortent en groupes pour aller mendier la nourriture de la communauté. Ils se coiffent d'un large chapeau de paille et portent un sac de toile sur l'abdomen pour recueillir les offrandes, généralement du riz ou de l'argent. Ils ne doivent rein solliciter et n'ont pas à remercier les donateurs : ceux-ci sont récompensés par les mérites acquis en pourvoyant aux besoins des moines.

Douze jours par mois également, le supérieur du couvent fait un sermon à ses disciples.

La vie monastique ne suit pas un rythme hebdomadaire : six jours du mois — les 4, 9, 14, 19, 24 et 29 — jouent le rôle du dimanche ; ces jours-là les moines prennent un bain et se rasent complètement la tête. Le 14 et le dernier jour du mois sont consacrés au repos, on peut faire la grasse matinée et on procède au nettoyage à fond du monastère.

Tous les jours, le déjeuner est pris à 11 heures ; il comprend 30 % de riz et 70 % de blé avec du potage de haricots et des légumes en saumure (tsukemono en japonais).

L'après-midi est consacré aux travaux manuels jusqu'à 17 ou 18 heures. Au lieu de dîner, la règle stricte voulait que l'on se chauffe le ventre avec une brique tiédie au feu (yaku-seki, la pierre-remède) ; la rigueur du climat japonais a remplacé cette pratique par un repas léger après lequel il est permis de sortir jusqu'à 18 heures.

De 18 à 21 heures a lieu une seconde séance de za-zen assortie, comme le matin également, d'un salut au maître (san-zen).

Après cette séance de méditation, les moines se prosternent trois fois devant la statue de Manjusri[192], le bodhisattva instructeur de tous les bouddhas puis vont se coucher.

Ajoutons qu'à certaines occasions et selon les couvents, se pratique d'autres rites qui ont pour but de marquer l'union du corps et de l'esprit, par exemple le tir à l'arc, qui est un exercice de yoga et non pas un sport : chaque geste, toujours le même, est longuement étudié et l'objectif n'est pas tant d'atteindre la cible que de respecter parfaitement le cérémonial. De même la cérémonie du thé, venue de Chine avec le zen, est également une occasion de concentration intérieure qui doit tendre à la perfection.

Ce survol des différentes formes que prend le bouddhisme et des façons dont ses fidèles le pratique montre à quel point il est susceptible de s'adapter à des contextes culturels et à des religiosité variées.

C'est parce que le bouddhisme est moins une religion qu'une philosophie qu'il peut s'accommoder de cadres religieux aussi divers que celui du Tibet, imprégné de superstition et de magie, ou, à l'autre extrême, celui du Japon moderne. Nous verrons bientôt, à propos des nouvelles religions japonaises, comment le bouddhisme s'exprime dans ce contexte.

Cependant, si le bouddhisme réussit assez bien à répondre aux besoins spirituels de ses disciples, il n'a jamais été capable d'apporter de réponses intellectuellement satisfaisantes au sujet de la nature humaine ou des raisons de notre existence sur terre. Le bouddhisme reste une philosophie, c'est à dire une doctrine préconisant une morale, mais il n'est pas pour autant dépourvu de dogmes puisque la croyance aux réincarnations successives ne relève pas du rationnel.

LE CONFUCIANISME

Le confucianisme est indissociable de 25 siècles de culture chinoise. Ses traces sont encore aujourd'hui perceptibles dans le mode de vie des pays que la Chine a imprégnés de sa civilisation comme la Corée, le Japon et le

Entre la philosophie et la religion

Viêt-Nam. Il ne faut pas pour autant se l'imaginer comme l'une de ces doctrines en -isme dont l'Occident est friand. Confucius lui-même n'a jamais bâti de théorie révolutionnaire, il s'est surtout efforcé, dans une période troublée de l'histoire de la Chine, de trouver un protecteur qui appréciât ses principes sociaux et politiques.

Pourtant son système a de quoi séduire le pouvoir : il repose sur le respect des gens en place et des traditions ancestrales.

Rien de tout cela ne ressemble à une religion si ce n'est qu'à sa mort le seigneur du lieu fit un temple de son domicile pour honorer sa mémoire.

Cependant, il ne faudrait minimiser ni la personnalité de Confucius ni son rayonnement personnel. Il suscita déjà de son vivant des disciples fidèles dont son petit-fils, auteur de deux des ouvrages classiques du « confucianisme ».

Plus tard, son œuvre fut continuée et amplifiée par un autre grand philosophe, Meng zi, connu en occident sous le nom de Mencius[193]. Confucius n'a laissé aucun livre et ses entretiens avec ses disciples n'ont été rédigés qu'un siècle après sa mort.

Ce qui, en fait, a donné à l'enseignement de Confucius son prodigieux succès, c'est bien ce qu'il cherchait lui-même, l'appui du pouvoir. Ainsi sa personne s'efface derrière l'image légendaire que ce pouvoir a voulu en donner.

Sa vie est cependant assez bien connue. Confucius a vécu de 551 à 479 avant notre ère, à l'époque ou la Chine se déchirait en féodalités rivales et que l'on appelle poétiquement Printemps et Automnes du nom d'une chronique historique. Confucius est donc contemporain de Bouddha et de Pythagore. Sa famille était pauvre mais de petite noblesse, ce qui lui permit, malgré la mort prématurée de son père, de recevoir une bonne éducation. Il apprit donc selon l'usage de l'époque, la danse, la musique, le tir à l'arc, la conduite des chars, l'écriture et le calcul. Après ses études, il fut un moment intendant des greniers publics de sa principauté, se maria à 19 ans et ouvrit à 22 ans sa propre école. Sa réputation s'accrut après un voyage qu'il fit à la capitale de l'empire Zhou, Loyi, pour y étudier les rites religieux. Il y aurait rencontré Lao-zi, le maître du Taoïsme, ce qui est peu vraisemblable car une ou deux générations les séparent. Cette rencontre doit plutôt être comprise symboliquement, elle signifie que Confucius s'est parfaitement accommodé du polythéisme taoïste de son époque. Confucius était trop respectueux de l'ordre établi pour partir en lutte contre des dieux auxquels il ne croyait vraisemblablement qu'à moitié. Esprit assez peu religieux, comme le sont beaucoup de Chinois, il ne nie pas les dieux mais conseille « de les respecter et de s'en tenir éloigné ». Il ne nie pas non plus l'existence d'un Dieu suprême caché qui serait l'empereur de toutes les divinités mais son enseignement se veut avant tout pratique. Il se comporte en philosophe laïc et agnostique.

Les principes du confucianisme

Confucius recherche avant tout une société sans conflits. Il privilégie donc nécessairement les règles de gouvernement qui tendent à l'équilibre social et à un juste milieu.

Il part de l'analyse que la société repose sur cinq relations de dépendance qui créent chacunes des obligations de natures différentes. Ces relations sont celles :
— de roi à sujet ;
— de père à fils ;
— de mari à femme ;
— d'aîné à cadet ;
— entre amis.

Ces relations impliquent une morale où la notion de respect est essentielle :
— Le respect du Créateur, ou des dieux, nous apprend la tolérance. Puisque les dieux ont bâti un monde si diversifié, nous devons l'accepter comme tel et ne pas chercher à le bouleverser.
— Le respect de la nature nous impose la bienveillance. Nous ne devons pas profiter d'une quelconque position de force pour exiger plus que notre dû.
— Le respect de l'histoire implique le culte des ancêtres et la pratique des rites. Si les hommes font leur devoir et rendent un culte aux dieux, ceux-ci feront leur travail en apportant leur bénédiction et la paix au monde. Le respect s'étend à l'avenir que l'homme ne doit pas chercher à modeler exagérément selon ses désirs.

Pour pratiquer cette morale, trois qualités et cinq vertus sont nécessaires. Les qualités sont la prudence, la pitié et le courage. Les cinq vertus sont le respect de soi, la largeur de vues, la loyauté, le zèle et la bienfaisance[194].

Rien de tout cela n'est véritablement révolutionnaire mais, à une époque d'anarchie et de guerres entre principautés rivales, on conçoit que ce prêche pour l'ordre et l'apaisement social ait été apprécié. Pourtant le succès du confucianisme n'a été que progressif, précisément peut-être parce qu'il n'existait pas de son vivant de pouvoir assez fort pour récupérer cette doctrine à son profit exclusif.

L'évolution historique du confucianisme

La période troublée qu'a vécue Confucius dure encore plus de 150 ans après sa mort, quoiqu'apparaissent de plus en plus nettement les changements économiques et techniques qui conduisent au premier grand empire, celui des Qin[195], en 221 avant notre ère, à l'époque où est entreprise la construction de la Grande Muraille. Pendant cette période, l'enseignement de Confucius n'est pas oublié mais il ne prend pas son essor.

Avec les premiers empereurs de la dynastie Han, les lettrés confucéens assoient leur influence : « l'empereur peut gagner son empire en combattant à cheval, il ne peut le garder sans doctrine ». C'est de cette époque, au deuxième siècle de notre ère, que date l'institution des examens de recrutement des mandarins. Les principes de Confucius sont officialisés, adoptés et adaptés par le pouvoir au point que, même après l'éclatement de l'empire Han, vers 186 ap. J.-C, le confucianisme ne sera jamais plus abandonné complètement.

Ainsi, quand le bouddhisme pénètre en Chine, à partir du IVe siècle de notre ère, il trouve deux conceptions de la vie qui s'équilibrent assez bien : le confucianisme qui stabilise l'autorité et privilégie les lettrés aux dépens des marchands et le taoïsme qui propose au peuple des recettes magiques d'immortalité. Le bouddhisme a pour effet curieux de structurer par contagion ce taoïsme, assez éloigné de ses principes, pour en faire une religion avec prêtres, cérémonies et livres saints. Bouddhisme et taoïsme prennent l'habitude de coexister au point de partager les mêmes temples mais au prix d'une dénaturation importante de leur contenu initial.

Par la suite, au cours de la longue histoire de la Chine, on assiste à un continuel balancement entre les périodes de pouvoir fort, qui favorise le confucianisme, et celles de désagrégation où le peuple vit d'espoir dans sa religion, mélange de bouddhisme et de taoïsme. C'est ainsi que le confucianisme retrouve sa vigueur sous l'empire Song, vers le XIIe siècle, puis sous les Ming, à partir du XVe siècle.

En 1910, juste avant l'instauration de la République, on assiste à une étrange tentative d'établissement d'une Eglise confucianiste sur le modèle de l'Eglise catholique : on y vénère Confucius comme un Dieu, symbole de l'hommage à rendre aux ancêtres, mais sans rien attendre de lui.

Ce qu'il subsiste aujourd'hui du confucianisme

Par sa nature même, le confucianisme est toujours davantage du côté des lettrés que du côté du peuple. Celui-ci, souvent superstitieux, se sent plus à l'aise dans l'exubérance du taoïsme et du bouddhisme « à la chinoise » que dans le carcan de la morale de Confucius. C'est pourquoi le confucianisme n'a laissé aucune trace dans le domaine religieux qui n'est vraiment pas sa spécialité tandis qu'il imprègne encore profondément la vie culturelle et sociale.

Cette influence marque non seulement la Chine mais aussi les pays qui portent l'empreinte de sa civilisation comme la Corée, le Japon ou le Viêt-nam.

Les exemples abondent dans les domaines les plus divers :
— La langue coréenne comporte cinq styles de discours qui correspondent précisément aux cinq relations de la société confucéenne. On emploie un style plus ou moins respectueux selon les rangs respectifs des interlocuteurs. Ces règles sont si strictes qu'il est pratiquement impossible qu'un neveu puisse converser avec un oncle plus jeune que lui (le cas peut se produire) en effet, un neveu doit s'adresser respectueusement à son oncle mais le cadet doit, au contraire, marquer la supériorité de son âge : le système confucéen est pris en défaut et il n'existe pas de solution satisfaisante.
— En Corée également survit encore, à vrai dire un peu artificiellement, une musique de cour parfaitement confucéenne.
— Dans le domaine politique, le respect du pouvoir en place qu'exige le confucianisme ne favorise pas l'alternance ni, par conséquent la démocratie. Or, à l'exception du Japon où la démocratie a été imposée par les Américains après la défaite de 1945, les pays que nous avons cités ont tous des régimes forts, peu enclins à se faire contester par la base. Même au Japon, l'habitude d'un pouvoir fort où les anciens ont le rôle prépondérant s'est conservé dans l'entreprise. On pourrait évidemment objecter que, sous cet angle, l'Union soviétique est confucianiste : elle semble, en tout cas, se méfier autant des dieux que Confucius lui-même.

Quelques pensées de Confucius :

— Vous ne savez pas ce qu'est la vie, comment pourriez-vous savoir ce qu'est la mort ?

— Vous ne savez pas comment servir les hommes, comment sauriez-vous servir les dieux ?

— Pourquoi rendre le bien pour le mal ? Que rendrez-vous alors pour le bien ?

---

[178] Siddharta signifie « celui dont les vœux ont été exaucés ».
[179] La racine « boud » porte, dans les langues modernes de l'Inde, l'idée de sagesse et d'intelligence ; elle a gardé le sens originel de réveil en russe : « boudit » signifie « réveiller » et « boudilnik », « réveille-matin ».

Entre la philosophie et la religion

[180] Parmi les traces du bouddhisme dans ces régions, citons les gigantesques statues de Bouddha de Bamyan, dans les montagnes à l'Ouest de Kaboul, et, dans les noms de lieux, la ville de Boukhara, en U.R.S.S., et la province du Bihar, en Inde, provenant tous deux de « vihara », sanctuaire bouddhiste.

[181] On écrit aussi Asoka ou Açoka.

[182] *Yoga* est un mot sanscrit, dérivé d'une racine qui signifie *un*. c'est à proprement parler une *union*. Yoga est apparenté à *joug*, pièce qui unit les bœufs de l'attelage. Le yoga, d'origine indienne bien antérieure au bouddhisme est d'abord une technique d'union de l'âme individuelle à l'âme universelle quoique le bouddhisme récuse l'existence de l'âme.

[183] C'est la traduction habituelle du terme sanscrit Hinayana qui a un sens nettement péjoratif, en effet « hina » signifie plutôt « inférieur », « déficient » ; « yana » est littéralement « véhicule ».

[184] Nous décrirons la vie de ces moines dans le chapitre sur le clergé dans les différentes religions.

[185] *Bod*hi*sa*ttva se dit *Pu — sa* en chinois, passé en français avec l'orthographe poussah.

[186] Le terme sanscrit « dhyana » signifiant « méditation », « concentration mentale », est devenu « chan » en chinois et « zen » en japonais. Le Zen, fondé au VIe siècle en Chine par le moine indien bouddhidharma, sera décrit plus loin.

[187] Tantra désigne en sanscrit la trame d'un tissu ; le mot s'est ensuite appliqué à des recueils de textes traitant des cérémonies du culte, de pratiques magiques etc. Il en est résulté des doctrines dites tantriques, rejetant les castes et insistant sur le culte de la shakti. Ces conceptions sont communes à l'hindouisme et à la forme de bouddhisme étudiée ici.

[188] Vajra est originellement une arme de jet à mille pointes du dieu Indra. Elle ne rate jamais sa cible et frappe comme la foudre avec laquelle elle est confondue. Pour des raisons mal définies, vajra symbolise aussi le diamant, indestructible comme la vacuité à la quelle aspirent les bouddhistes.

[189] Avalokiteshvara, comme Amitabha, est un être mythique ; il est considéré par les Tibétains comme l'ancêtre de leur peuple. Sa résidence est le Potala, le grand monastère de Lhasa, la capitale du Tibet. Avalokiteshvara est peut-être une ancienne divinité locale de l'Inde du Sud adoptée par le bouddhisme mahayana. Il symbolise la compassion et serait né de l'œil d'Amitabha. On le représente d'ailleurs fréquemment avec une petite effigie de ce dernier dans sa coiffure. Amitabha pour sa part est le symbole de l'éveil spirituel et représente la vie après la mort ; c'est ce qui le rend si populaire en Chine, en Corée et au Japon. Curieusement, Avalokiteshvara, qui est de sexe masculin, est adoré en Chine et au Japon sous une forme féminine, une sorte de déesse de la pitié (Guan Yin en chinois, Kannon en japonais).

[190] Le « livre des morts » tibétain (bardo thödöl), est lu par un lama pour guider la conscience du défunt durant son passage dans les états intermédiaires entre la vie et la mort.

[191] Rappelons que rien de commun n'existe dans les religions révélées. Ainsi l'Islam n'a pas de véritable clergé tandis que le clergé chrétien ne dispose d'aucun « privilège » pour une éventuelle accession au paradis : il n'est nullement nécessaire d'être prêtre ou religieux pour devenir saint, bien que consacrer toute sa vie à Dieu doive normalement faciliter cette ambition.

[192] Manjusri est considéré comme le fondateur du Népal et le saint patron des Mandchous, d'où son nom.

[193] Ces noms en -ius sont des formes latines des noms chinois introduites par les missionnaires jésuites. Confucius vient de Kong fu-zi, où Kong est le nom de famille rendu par un caractère chinois signifiant trou ou grotte, d'où la légende de sa naissance dans une grotte. Fu-zi est un titre qu'on peut traduire par maître et s'abrège familièrement en zi (prononcer : tseu). Il serait plus exact de dire : maître Kong et maître Meng.

[194] Les termes chinois (ren, yi, li, zhi, shi) peuvent également se traduire par : humanisme, équité, respect des rites, intelligence et loyauté.

[195] Prononcer Tsinn. C'est du nom de cette dynastie qu'est tiré celui de la Chine.

LES « NOUVELLES RELIGIONS » JAPONAISES

Pour un Occidental, l'univers religieux japonais est paradoxal : la population pratique selon les circonstances des religions différentes et celles-ci, bouddhisme et shintoïsme, avec leurs rites d'un autre âge, semblent bien inadaptées au monde moderne.

En réalité, l'attitude religieuse des Japonais procède d'une autre logique : puisque les dieux sont inaccessibles, ils le sont aussi par l'intelligence ; il n'y a donc aucune raison d'être rationnel en religion. L'essentiel est de témoigner d'une attitude de respect envers les dieux cachés qui vivent dans la nature. D'où une religiosité vague, sans contours précis, qui s'accommode fort bien des diverses religions établies.

Cela n'empêche pas que fleurissent depuis déjà plus d'un siècle de nombreuses « nouvelles religions » qu'il est intéressant d'analyser.

Selon le processus de raisonnement occidental, le plus logique consisterait à classer ces religions en fonction de leur origine : les unes sont issues du bouddhisme et d'autres du shintoïsme. On serait ainsi amené à compléter le chapitre sur les différentes formes de bouddhisme par l'étude de mouvements tels que le Rissho-koseikai ou le Sokagakkai et le chapitre sur le shintoïsme par une analyse du Tenrikyo. Cette approche donnerait malheureusement le sentiment que les Japonais sont séparés en blocs religieux nettement tranchés, voire antagonistes.

Certes ces mouvements ont des caractéristiques bien distinctes qui les identifient clairement mais ils ont aussi et surtout en commun des méthodes et des objectifs non-religieux qui sont le reflet de l'âme japonaise.

C'est pourquoi nous avons renoncé à désarticuler les nouvelles religions japonaises et préférons les rassembler au sein du présent chapitre.

Parmi les caractères communs à toutes les nouvelles religions japonaises, deux sont particulièrement frappants, qui sont d'ailleurs liés, ce sont leur puissance économique et leur ambition politique.

Puisque ces religions sont des phénomènes purement japonais, il est naturel qu'elles soient marquées par le nationalisme. Leurs options politiques sont très apparentes : elles vont de la droite raisonnable jusqu'à l'extrême droite fascisante. Le culte de la personnalité du chef n'est jamais absent et la direction de l'Eglise se transmet souvent héréditairement. Les fidèles sont très attachés à leur religion, parfois de façon fanatique, pour des raisons généralement intuitives et passionnelles, mais fort peu intellectuelles.

D'autre part, les nouvelles religions qui ont réussi disposent toutes de moyens financiers considérables et d'installations spectaculaires. Les dons généreux des fidèles contribuent à cette aisance mais les Eglises n'hésitent pas non plus à se lancer dans des activités fort peu religieuses et parfois très lucratives.

Enfin, et ceci est un phénomène récent, ces nouvelles religions ont acquis le réflexe de l'exportation. Malgré leur nature typiquement japonaise, elles n'hésitent pas à investir à l'étranger. Rien qu'à Paris, ce sont au moins quatre ou cinq religions japonaises qui sont établies (Tenrikyo, Sokagakkaï, P.L. Kyodan, centres de bouddhisme Zen...)

Les « sectes » shinto

Comme nous l'avons vu, la pratique du shinto est un phénomène national japonais qui se manifeste généralement par la participation à de grandes fêtes et une religiosité diffuse.

Toutefois, des religions plus structurées et plus contraignantes ont été constituées à partir du shinto. C'est ce qu'on appelle les « sectes » shinto.

Les trois plus importantes sont :
— Le Tenrikyo, avec 15 000 temples et 2 500 000 fidèles dont 100 000 sont formés pour pouvoir célébrer le culte.
— Le Konkokyo, avec 1350 temples et environ 600 000 membres dont 3600 prêtres.
— Le Kurozumikyo, avec 300 temples, 700 000 membres et 3400 prêtres.

Nous ne décrirons, à titre d'exemple que le Tenrikyo.

Le *Tenrikyo*, littéralement « enseignement (kyo) de la loi (ri) du ciel (ten) », a été, comme d'autres religions japonaises, fondé par une femme, Miki Nakayama née en 1798, de parents bouddhistes.

Elle se maria à treize ans, mit au monde quatre enfants et mena une vie simple pendant de longues années. Mais en 1838 une maladie frappa sa famille et elle eut recours à ses dons de médium pour essayer d'obtenir une guérison par le spiritisme. Elle tomba en transes et eut une apparition. C'était le « Général du Ciel » (Tenno Shogun en japonais), qui lui déclara vouloir sauver l'humanité en la prenant pour temple vivant et pour intercesseur. Cette prétention du dieu ne fut pas du goût du mari qui préférait voir sa femme vaquer aux soins du ménage mais on ne résiste pas à un appel de cette nature et le conseil de famille accepta que Miki Nakayama suive son destin. Elle eut encore de nombreuses apparitions et vécut désormais comme une déesse vivante. Elle acquit le pouvoir de rendre la vue aux aveugles et la raison aux fous, ainsi que de chasser les mauvais esprits qui provoquent les maladies.

Le livre saint, Ofudesaki, littéralement « la pointe du pinceau », qu'elle écrivit en caractères katakana[196], est d'une interprétation difficile, précisément à cause de l'imprécision de cette écriture. On y lit que le monde entier est le corps de Dieu[197]. Celui-ci peut donc être reconnu soit dans les « kami », soit dans la lune et le soleil (Tsuki-Hi, en japonais) soit dans les ancêtres. La lune et le soleil étant des kamis, c'est-à-dire des divinités du panthéon shintoïste, il est difficile de nier l'importante influence du shinto sur le tenrikyo. Toutefois cette religion ne se considère plus comme une secte shintoïste mais comme une religion universelle. Elle s'est donc lancée dans une grande activité missionnaire, notamment en Amérique du Nord et au Brésil, où la colonie japonaise est considérable. Il y a quelques années, le tenrikyo a ouvert à Paris un centre culturel où l'on enseigne le japonais.

Une des affirmations de la fondatrice du mouvement était que la durée de la vie humaine est normalement de 115 ans, mais elle réduisit volontairement cette durée en mourant de mort naturelle à 90 ans en 1887.

Son successeur, Zenye Nakayama, un de ses parents, porte le titre de Shimbashira, « les Colonnes de la Maison ». Il règne sur la communauté.

Une ville de 60 000 habitants permanents, Tenri-shi, la « ville de Tenri », près de Nara est le quartier général de cette religion, et même le centre sacré de la terre. Elle reçoit de nombreux pèlerinages et dispose d'hôpitaux et d'une université propres au mouvement.

Un phénomène bien japonais: le soka gakkai

Parti vers 1871 d'un mouvement de réforme pédagogique lancé par des professeurs de l'île d'Hokkaïdo, le mouvement Soka Gakkaï, c'est-à-dire la « Société pour la création de Valeurs », est un phénomène typiquement japonais qui s'est épanoui brutalement après la deuxième guerre mondiale.

Son objectif est de créer une société heureuse sur terre, grâce à un gouvernement mondial, ce qui implique une religion mondiale.

C'est ainsi que ce mouvement se trouve impliqué dans le domaine religieux, qu'il n'a abordé que tardivement, vers 1960.

En fait, les idées religieuses du Soka Gakkai sont rudimentaires. Elles se fondent sur le bouddhisme réformé du moine Nichiren et comportent l'idée-force d'une réforme de l'homme pour le préparer à la domination politique du mouvement. Le Soka Gakkai s'est doté d'un parti, le Komeito, littéralement « parti d'un gouvernement propre », pour appuyer son action. Celui-ci eut son heure de gloire vers 1960 quand, avec 47 députés, il fut le troisième par importance de la Diète japonaise. Dès 1972, il n'en comptait plus que 24.

Malgré son déclin, le Soka Gakkai reste un mouvement puissant qui a encore peut-être plusieurs millions d'adhérents.

L'encadrement strict, la conviction que le bien et le mal sont liés à la position sociale, le souci de mener des actions concrètes pour atteindre le bonheur sont autant de caractéristiques de la société japonaise sur lesquelles le mouvement a bâti son succès.

Le P.L. kyodan

Cette religion japonaise est des plus récentes puisqu'elle a été fondée en 1926 par Tokuharu Miki. Celui-ci est né en 1871 de parents ruinés ; il entre dès l'âge de 9 ans dans un monastère bouddhiste de la secte Shingon ; on lui prédit qu'il sera un jour célèbre à condition de ne pas rester bonze.

En 1912, Miki qui souffre d'un asthme persistant rencontre à Osaka un maître bouddhiste, Tokumitsu Kaneda, qui le guérit surnaturellement en attrapant l'asthme à sa place. Les deux hommes découvrent qu'ils ont les mêmes idées religieuses. A la mort de Kaneda en 1919, Miki a des apparitions qui lui révèlent le rôle divin du Bouddha et de la déesse shinto du soleil, Amaterasu. Ce mélange de religions n'est pas de nature à troubler un Japonais, d'autant qu'une ambassade céleste confirme à Miki que la source de toute chose est dans le soleil. C'est en faisant confiance au soleil qu'on apprend la réalité du monde et, fort de cette certitude, Miki lance sa nouvelle religion par un spectaculaire pèlerinage au sanctuaire shinto de la déesse à Ise, près de Nagoya. Le succès est instantané et le nombre des fidèles croît rapidement jusqu'au milieu des années 1930. Mais cela porte ombrage au culte shinto officiel et Miki, pressentant une fin de martyre, démissionne au profit de son fils, Tokuchika Miki. Malgré cette précaution, le fondateur est emprisonné jusqu'en 1938 et meurt peu après sa libération en 1940.

La religion du P.L. Kyodan reste interdite jusqu'à la fin de la deuxième guerre mondiale, elle conserve toujours un certain succès et compte aujourd'hui encore près d'un million de fidèles. Mais en quoi consiste son enseignement ?

C'est essentiellement une philosophie, comme le suggère vaguement son nom qui mélange bizarrement les initiales anglaises de « Perfect Liberty » et le mot japonais Kyodan, « communauté religieuse ». Selon le catéchisme du mouvement paru en 1957, le P.L. Kyodan a pour mission d'enseigner que « la vie est un art » et de donner la recette d'une vie épanouie. Il s'ensuit une nouvelle conception de la vie où chacun doit se féliciter de la grâce qu'il a de faire ce qu'il fait. C'est une sorte de « méthode Coué » religieuse. Le fidèle du P.L. Kyodan doit rayonner son art de vivre comme le soleil luit pour tout le monde. Pour lui, la paix ne consiste pas seulement à ne pas faire la guerre mais à créer un monde où chacun s'estime et réalise ses aspirations.

Cette somme de bons sentiments ne devient une religion que grâce à l'étonnante faculté des Japonais de se regrouper et de s'organiser, même pour pratiquer une philosophie. Le P.L. Kyodan, comme la plupart des autres religions japonaises, ne répugne pas aux activités lucratives: il a ouvert vers 1970 dans le quartier des Champs Elysées à Paris un restaurant de luxe qui porte le nom de famille du fondateur.

Le rissho kosei-kai

Cette société de laïcs bouddhistes fait partie des « nouvelles religions » qui foisonnent au Japon.

Son nom est l'abréviation d'une déclaration de principe qui signifie: « société de fidèles s'efforçant de parfaire la personnalité de l'homme et de réaliser la paix du monde selon la Loi bouddhique ».

Fondé en 1938 par un fils de paysan, Nikkyo Niwano né en 1906, le mouvement revendique 4 700 000 membres, y compris ceux de ses branches à l'étranger. Son Quartier Général est à Tokyo où il dispose d'un énorme complexe moderne de plusieurs bâtiments dont le Grand Hall Sacré, des salles de congrès, un centre administratif, une maison d'édition et même un lycée.

Si le mouvement s'inscrit dans la ligne du bouddhisme mahayana, il suit la pensée du moine réformateur du XIIIe siècle Nichiren, dont la rigueur s'apparente au bouddhisme theravada. C'est donc, en quelque sorte, une tentative moderne de faire converger les deux courants traditionnels du bouddhisme.

Mais le Rissho Kosei-kai présente d'autres particularités importantes. Il affirme l'existence d'un Bouddha Eternel, source de toute existence, ce qui revient à énoncer l'existence de Dieu plus clairement que ne le fait généralement le bouddhisme. Le Bouddha, personnage historique, est considéré comme le symbole de ce Bouddha Eternel.

En outre, le mouvement insiste sur les « Trois Trésors »: le Bouddha, la Loi et la Communauté des croyants. Ceci n'est pas sans rappeler le christianisme: affirmation du monothéisme, analogie du Bouddha avec le Christ, rôle de l'enseignement du Bouddha comparable à celui des Evangiles et place centrale accordée à l'assemblée des fidèles. D'autres analogies font penser à une influence chrétienne, telles le zèle missionnaire ou la pratique, au sein de groupes de réflexion appelés hoza, d'une sorte de confession publique qui tient aussi de la dynamique de groupe.

Le Rissho Kosei-kai s'efforce de donner du bouddhisme une image d'ouverture sur le monde moderne. Il a organisé en 1977 une « convention nationale pour une société plus heureuse », il multiplie les œuvres de bienfaisance ou d'aide au Tiers-Monde et s'emploie à développer une coopération entre les différentes religions du monde. Le président-fondateur parcourt la planète pour prêcher la paix et prend la parole aussi bien aux Nations Unies que dans des milieux chrétiens. Il a été reçu par le pape Paul VI en 1965. Le succès du mouvement est dû, semble-t-il, à une approche moderne et sans sectarisme des problèmes religieux et sociaux, mais aussi à une très solide organisation typiquement japonaise.

Les syncrétismes

Un syncrétisme est une religion dont la doctrine ou les pratiques sont un mélange d'éléments pris dans différentes croyances[198].

L'idée de syncrétisme est séduisante : on choisit dans plusieurs religions ce qui paraît le plus satisfaisant et on laisse de côté ce qu'on juge dépassé.

Beaucoup de croyants qui admettent par indifférence ou délibérément des comportements contraires à leur foi, pratiquent sans le savoir une sorte de syncrétisme entre leur religion et une philosophie de nature distincte, si ce n'est opposée.

C'est bien le propre de l'homme que de mélanger le bien et le mal, le vrai et le faux, l'absolu et le relatif. Rien dans l'homme n'est jamais pur, ni la race à laquelle il appartient, ni la langue qu'il parle, ni la religion qu'il pratique.

Cependant, construire un syncrétisme religieux risque de n'être qu'une tentative intellectuelle, aussi sympathique qu'elle soit.

On ne peut dénier au syncrétisme le nom de religion, puisque son but est de rapprocher l'homme de Dieu, mais, dans la mesure où précisément c'est une construction de l'homme, il se place sur un plan très différent de celui des religions révélées qui sont, pour les croyants, l'expression de la volonté de Dieu.

Peut-être pourtant une inspiration divine conduit-elle les fondateurs de syncrétisme à jeter ainsi des ponts entre des religions apparemment inconciliables. Le syncrétisme est, en tout cas, un témoignage émouvant de la recherche de Dieu par l'homme. Cela mérite que nous en examinions quelques exemples. Mais si certains mouvements religieux comme le bahaïsme ou le caodaïsme répondent évidemment à la définition d'un syncrétisme à l'état pur, il ne faut pas perdre de vue cette tendance si naturelle à l'homme de mélanger en toute bonne foi et inconsciemment d'anciennes et de nouvelles croyances. Nous en trouvons des exemples plus ou moins évidents ou déguisés sur tous les continents.

---

[196] Cette écriture syllabique est la plus simple des 3 écritures japonaises. Elle est normalement réservée à la transcription des mots étrangers. C'est la marque d'une éducation primaire que d'employer cette écriture. Habituellement, un texte japonais s'écrit en caractère chinois, dits kanji, complétés par l'écriture syllabique hiragana qui transcrit les désinences grammaticales intraduisibles en caractères chinois.

[197] C'est ce qu'on appelle un panthéisme : Dieu se trouve en toute chose et tout est sacré. C'est, dans un certain sens, une forme extrême de l'animisme.

[198] Syncrétisme est un mot grec qui signifie « union des Crétois ». Initialement appliqué à une coalition guerrière, il s'est étendu à toutes formes de rassemblement de doctrines disparates.

LE BAHAÏSME

Le bahaïsme compte environ trois millions de fidèles dont un million en Inde et plus d'un millier en France. Il se développe rapidement notamment en Afrique noire et en Amérique latine.

Le centre mondial de la foi baha'ie est en Terre Sainte à Haïfa, sur les flancs du mont Carmel, dans l'Etat d'Israël. On l'appelle la Maison Universelle de Justice. Il existe six autres grands temples baha'is de par le monde : à Wilmette près de Chicago, à Kampala en Ouganda, à Sydney, Francfort, Panama et enfin Delhi où vient de s'ouvrir un magnifique temple en forme de fleur de lotus.

En 1844, un Persan, musulman chiite, Mirza Ali Mohammed (1820-1850) pénétré, comme tous les chiites, de l'espoir du retour de l'Imam, messager de Dieu, se déclara lui-même être le « Bab », c'est-à-dire la « porte » ou la voie d'accès à Dieu. Poursuivi par le gouvernement du Shah et les autorités religieuses, il fut banni et exécuté peu après à Tabriz.

Les syncrétismes   277

Son successeur à la tête de la communauté Mirza Hussein Ali (1817-1892)[199] rompit définitivement avec l'Islam et prit le titre de Baha'ullah « splendeur de Dieu », d'où le mouvement tire son nom.

Malgré la prison, la persécution et l'exil qu'il connût aussi, il fut d'une inlassable activité. Il fixa à ses fidèles pour objectif de « constituer la couronne de toutes les autres religions ».

Dans ses débuts, Baha'ullah adressa de façon spectaculaire des exhortations aux grands de ce monde — la reine Victoria d'Angleterre, Napoléon III, le pape Pie IX — pour les convaincre de s'unir sous sa bannière.

De nos jours, le bahaïsme est une religion beaucoup plus discrète, très respectueuse des autres croyances et empreinte d'une grande douceur. Les Baha'is sont souvent des personnes d'instruction supérieure ; ils s'interdisent toute action politique et se soumettent aux autorités et coutumes des pays où ils vivent. Fondamentalement non-violents ils s'efforcent de faire jouer l'objection de conscience pour échapper au service militaire. Ils n'admettent pas la vengeance mais considèrent de leur devoir de se défendre.

On s'expliquerait mal les persécutions sanglantes dont ils sont l'objet de la part de la révolution islamique iranienne si l'on ne gardait en mémoire l'origine chiite du bahaïsme et la localisation de son siège en Israël.

Les Baha'is croient en un Dieu unique, ils cherchent à abolir la diversité des religions et les barrières raciales.

Les douze principes baha'is sont les suivants:
— l'ensemble de l'humanité constitue une unité ;
— tous les hommes doivent rechercher la vérité ;
— toutes les religions ont un fondement commun ;
— la religion doit être la source de l'unité entre les hommes ;
— la religion doit s'accorder avec la science et la raison ;
— l'homme et la femme ont les mêmes droits ;
— il faut s'abstenir de porter des jugements ;
— la paix mondiale doit se réaliser ;
— les deux sexes doivent recevoir la meilleure formation et éducation, spirituelle et intellectuelle ;
— les problèmes sociaux doivent être expliqués ;
— on doit répandre une langue universelle d'appoint et une écriture commune[200] ;
— on doit établir un tribunal universel.

Les Baha'is n'ont ni cérémonies d'initiation ni clergé. Leur but est de promouvoir un nouvel ordre mondial, ce qui implique un enseignement et une organisation administrative.

La structure de base est l'Assemblée spirituelle locale qui se constitue dès qu'il existe plus de neuf fidèles. Dans chaque pays on trouve une Assemblée spirituelle nationale.

Les deux piliers de la foi sont le jeûne et la prière.
Le jeûne se pratique le dernier mois de l'année baha'ie qui compte 19 mois de 19 jours et quatre jours supplémentaires. Chaque jour commence au coucher du soleil. Le jeûne de 19 jours se pratique comme le Ramadan, en s'abstenant de boire et de manger tant qu'il fait jour.
Les enfants de moins de 15 ans, les malades et les femmes enceintes en sont dispensés.
La prière se pratique normalement trois fois par jour, matin midi et soir. La prière du midi peut se limiter à la récitation d'un seul verset. Il n'y a aucune obligation de prière en commun, sauf pour les enterrements.

C'est au cours de la fête des 19 jours, qui tient lieu de dimanche, que s'exprime la vie religieuse de la communauté. L'assemblée spirituelle comprend trois parties : une partie spirituelle où l'on récite des prières du Bab, de Baha'ullah et du Maître des Baha'is, une partie consacrée aux affaires de la collectivité et la fête matérielle qui comprend un repas pris en commun.

L'assemblée est dirigée par un comité de neuf membres élus par tous les fidèles. Il n'est recommandé ni de faire acte de candidature ni de refuser le mandat que l'on vous propose. L'assemblée est consultée par tous les membres qui éprouvent des difficultés personnelles.

En ce qui concerne la morale, les Baha'is se réfèrent à la loi édictée dans leur livre sacré, le kitab al aqdas[201], également appelé « l'Infaillible Balance ».
Les Baha'is, fervents partisans de l'émancipation de la femme, sont monogames et recherchent la fidélité dans le mariage. L'union des époux doit être approuvée par les parents. L'usage de l'alcool et du tabac est prohibé mais la règle du Bab, qui semblait à vrai dire refléter un goût personnel, de ne pas manger d'oignon, semble tombée en désuétude.

Si l'on range fréquemment le bahaïsme parmi les syncrétismes, c'est à cause de son ambition de rassembler toutes les religions du monde. On y trouve d'ailleurs des réminiscences iraniennes ou islamiques nombreuses (fête de Now-Rouz, jeûne d'un mois...). Cependant il s'agit plutôt d'une religion nouvelle qui considère que Dieu s'est révélé progressivement au cours des siècles au travers des différentes religions dont le bahaïsme est le couronnement. Le caractère original de la foi baha'ie est, en tout cas, indiscutable, comme sa vitalité ou sa rapidité d'expansion.

Les syncrétismes

Le calendrier baha'i

Ce calendrier, créé par le Bab lui-même, comprend 19 mois de 19 jours, soit 361 jours auxquels s'ajoutent quatre jours fériés intercalaires. Ces mois sont les suivants :

— baha (splendeur), début le 21 mars
— jalal (gloire), » 9 avril
— jamal (beauté) » 28 avril
— azamat (grandeur) » 17 mai
— nour (lumière) » 5 juin
— rahmat (miséricorde) » 24 juin
— kalimat (paroles) » 13 juillet
— kamal (perfection) » 1er août
— asma (noms) » 20 août
— izzat (puissance), 8 septembre
— mashiyat (volonté), 27 septembre
— ilm (connaissance), 16 octobre
— qudrat (pouvoir), 4 novembre
— qawl (discours), 23 novembre
— masa'il (questions), 12 décembre
— sharaf (honneur), 31 décembre
— sultan (souveraineté), 19 janvier
— mulk (royaume), 7 février
— ala (élévation), 2 mars

La fête de Naw Ruz, littéralement « le nouveau jour » en persan, se célèbre le 21 ou le 22 mars. Il existe en outre huit autres fêtes chômées qui célèbrent les anniversaires des principaux événements de la vie du Bab et de Baha'ullah.

---

[199] Mirza est un titre des Moghols équivalent à prince. Le Bab était supposé descendre du prophète Mahomet.
[200] Le bahaïsme soutient la diffusion de l'espéranto mais n'en fait pas une question de principe : l'important est d'aboutir à une langue mondiale quelle qu'elle soit.
[201] Littéralement : le « livre le plus sacré » en arabe.

LES YAZIDIS, DITS « ADORATEURS DU DIABLE »

Une cinquantaine de milliers de Kurdes des environs de Mossoul en Iraq et d'Alep en Syrie pratiquent encore une religion secrète qui les a fait appeler, à tort, « adorateurs du diable » par les musulmans.

Ils adorent en fait Malek Taous, littéralement « l'ange-paon », créature bienfaisante à qui Dieu aurait confié la direction du monde après avoir achevé la création[202].

Les Yazidis honorent aussi leur fondateur supposé, le Cheikh Adi, mort en 1160, et se rendent chaque année en pèlerinage sur sa tombe à Lalesh.

L'enseignement et le culte, pour autant qu'on puisse le savoir précisément, reposent sur un livre sacré. Les Yazidis, comme les Druzes, croient à la métempsychose. Ils semblent avoir pris des éléments de leur culte à différentes religions environnantes : le dualisme entre le bien et le mal aux Zoroastriens, le baptême et la cène aux chrétiens et les règles alimentaires aux Juifs.

Leur organisation est théocratique ; le prince des Yazidis porte le titre de Mirza Beg.

---

[202] Ce culte rend vraisemblable que le nom de Yazidi ne provient pas de celui du calife Ommeyade, Yazid ibn Muawiya, mais du mot perse *ized* qui signifie *ange*.

LE CAODAÏSME

Le caodaïsme est un exemple original de religion syncrétiste. Son fondateur est un mandarin vietnamien, Le Van Trung, qui, comme beaucoup de ses compatriotes, s'adonnait à l'opium et pratiquait le spiritisme. A Noël 1925, lors d'une séance où l'on invoquait le dieu Cao-Daï — ce qui signifie « le Grand Palais » en vietnamien — Le Van Trung se sentit désigné comme chef d'une nouvelle religion. Il en organisa la première manifestation dans la ville de Tay-Ninh, à une centaine de kilomètres au nord-ouest de Saïgon, et y fut nommé, en novembre 1926, pape de l'église caodaïste.

La croyance fondamentale est que le Dieu suprême Cao-Daï, représenté dans les temples par un œil surmontant le globe terrestre, s'est manifesté au cours de l'histoire en la personne de différents hommes : Bouddha et Lao-Tseu en Orient, Moïse et Jésus-Christ en Occident. Ainsi l'enseignement de Moïse est-il comparé au bourgeon, celui du Christ à la fleur, et le caodaïsme

Les syncrétismes

au fruit d'une plante qui accomplit son évolution. Le caodaïsme n'éprouve aucune difficulté à superposer des croyances du bouddhisme, du confucianisme, du taoïsme, du christianisme et du culte des esprits traditionnel au Viêt-Nam.

Les caodaïstes croient à la métempsychose et, au moment de la mort, les âmes vont habiter un autre corps, d'homme ou d'animal.

La morale est celle d'une grande fraternité et d'un respect profond de tous les êtres vivants.

Le spiritisme garde sa place dans cette religion et l'on y invoque les esprits des hommes les plus remarquables des différentes cultures, plus précisément, et assez bizarrement, le poète chinois Li-Taï-Po, le révolutionnaire Sun-Yat-Sen, Jeanne d'Arc et Victor Hugo.

L'église caodaïste est structurée comme l'église catholique avec les mêmes titres : un pape, des cardinaux, des évêques et archevêques, et des prêtres. Les femmes, cependant, peuvent accéder à toutes ces fonctions sacerdotales.

A la mort de Le Van Trung, un concile s'est réuni pour élire un nouveau pape et cette tradition se maintient régulièrement. La Rome du caodaïsme est évidemment la ville de Tay-Ninh qui a vu sa Naissance.

Les Caodaïstes n'ont guère essaimé en dehors du Viêt-Nam mais on y compte près d'un million de fidèles qui ont souvent joué un rôle politique important.

LE CHONDOGYO

Le chondogyo a été fondé en 1860 par le fils d'un lettré coréen de province, Choe-Che-U (prononcé Tchè-tché-ou), en réaction contre les religions existant à cette époque dans son pays : le bouddhisme était très corrompu, le confucianisme aboutissait à un système insupportable de différentiation des classes sociales et le christianisme était perçu comme une religion étrangère trop individualiste.

Le chondogyo s'est efforcé de réunir dans un syncrétisme les valeurs des trois religions orientales, bouddhisme, taoïsme et confucianisme, en éliminant les défauts de chacune d'elles. Selon la doctrine du chondogyo, chaque homme est né de Dieu et est lui-même dieu. Une vie morale pure permet d'espérer le retour à la félicité divine. Cette morale prône la dignité, la liberté, l'égalité et la justice. Précisément cet idéal de justice rejetant la hiérarchie confucianiste fut ressenti par le pouvoir comme dangereusement révolutionnaire. Le fondateur du mouvement, son fils et successeur et de nombreux dirigeants furent persécutés et exécutés. En 1894, la révolte Tong-hak[203] provoqua l'intervention des troupes chinoises et japonaises et fut réprimée dans le sang, et la dynastie coréenne y perdit encore plus son crédit.

Entre 1945 et 1950, le chondogyo comptait encore environ 3 millions de membres ; 70 % d'entre eux sont restés en Corée du Nord où leur croyance subsiste peut-être de façon clandestine ; en Corée du Sud, le chondogyo disposait de 87 temples pour plus d'un million de fidèles et 250 prêtres ; il semble toutefois que son influence ait considérablement chuté au profit de religions plus spiritualistes et moins politiques. Ses effectifs ne dépassent guère 100 000 fidèles, le temple principal du mouvement se trouve à Séoul, la capitale.

---

[203] Le chondogyo s'est appelé à ses débuts Tong-hak, « science de l'Est », par opposition à So-hak, « science de l'Ouest », qui désignait le christianisme. Il ne prit le nom de chondogyo qu'au XXᵉ siècle, quand son caractère religieux s'accentua aux dépens de son rôle politique. Le nom de chondogyo signifie littéralement « ciel-voie-enseignement ». Do, la « voie » est la prononciation coréenne du mot chinois Tao ; il y a donc une référence explicite au Taoïsme.

Les quasi-religions

Les plus vigoureux détracteurs des religions n'en sont pas moins souvent fascinés par le pouvoir qu'elles exercent sur les esprits. Un agnostique ou un athée qui cherche à répandre ses idées se trouve ainsi paradoxalement conduit à employer certaines techniques de communication qui ont fait leur preuve dans l'expansion des religions. Les nazis et les soviétiques, par exemple, ont adopté d'enthousiasme le mot et la notion de propagande dont l'origine est la très catholique congrégation « de propaganda fide », c'est-à-dire de la propagation de la foi.

L'ambition des religions de faire partager une croyance, une morale et une conception du monde trouve son reflet chez tous ceux qui s'efforcent d'imposer au plus grand nombre leur dessein ou leur idéal. Dans la mesure

Les quasi-religions 283

où de tels objectifs ont assez d'ampleur, il se constitue alors des quasi-religions, c'est-à-dire des courants de pensée qui n'ont pas Dieu pour propos mais empruntent aux religions certaines de leurs méthodes ou de leurs rites et modèlent ainsi profondément l'esprit humain. Ce n'est pas pour rien qu'on parle d'idoles des foules à propos de joueurs de foot-ball ou d'artistes. C'est aussi pourquoi on parle de culte de la personnalité.

A priori cette analogie de formulation ne suffirait pas à justifier d'en parler dans un livre sur les religions. Cependant la place que prennent ces préoccupations dans l'esprit de beaucoup en font des concurrents objectifs des religions dont il faut bien tenir compte. Ces centres d'intérêt, envahissants au point qu'ils repoussent fréquemment Dieu au rayon des accessoires, sont les compagnons de notre vie quotidienne : la politique, le sport, le culte du corps, les différentes formes de mode, intellectuelles ou artistiques, l'argent et le travail lui-même peuvent ainsi nous accaparer aux dépens de notre vie spirituelle.

En outre, certains mouvements philosophiques, qu'ils admettent Dieu ou non, se veulent être de véritables substituts de la religion, tout en refusant pour eux-mêmes d'être considérés comme religions. Ce sont quelques exemples de ces mouvements, appelés faute de mieux quasi-religions, que nous présentons maintenant.

LE MOUVEMENT SUBUD

Fondé en 1933 par un Indonésien de culture musulmane, Muhammad Subuh Sumohadiwidjojo, ce mouvement se définit comme « une fraternité spirituelle ouverte à toutes les religions ». Il a pour ambition de donner à ses membres l'habitude de la soumission complète à la volonté de Dieu.

A cet effet, les adeptes pratiquent des exercices, une demi-heure deux fois par semaine, qui ont pour but de les mettre en contact avec la force de Dieu qu'ils ont en eux. Subud[204] ne se considère pas comme une religion mais comme une méthode de purification mise à la disposition des hommes de bonne volonté. Subud est, dans l'esprit de son fondateur, compatible avec n'importe laquelle des religions existantes, ce qui signifie qu'un adepte de Subud n'a rien à changer aux pratiques de sa religion.

Pendant les exercices, la volonté de Dieu doit être seule à s'exprimer, ce qui exclut toute interférence du cœur ou de l'esprit. Pour atteindre cet état idéal, un aide, directement nommé par le fondateur, transmet un « contact » au candidat, simplement en pratiquant en sa présence ses propres exercices. Les exercices aboutissent à une sorte de possession par la volonté de Dieu qui peut se traduire par des cris ou des mouvements désordonnés dont il ne faut pas s'effrayer. Cependant, pour des raisons qui pourraient conduire à des situations inconvenantes, les exercices des hommes et ceux des femmes ne se déroulent jamais en commun. Chacun réagit aux exercices de façon purement personnelle et Subud ne dispense aucun enseignement et, a fortiori, n'a aucune doctrine. Son seul objet est que ses adeptes perçoivent et transmettent la volonté de Dieu à leur égard. Il n'y a donc pas non plus de clergé et les « aides » ont pour consigne de ne pas influencer les autres membres, car chacun doit trouver sa propre voie : en s'occupant des autres, ils seraient incapables de percevoir ce que Dieu veut pour eux-mêmes.

On peut entrer et sortir de Subud librement. La fraternité s'interdit toute propagande active, elle se développe par relations personnelles et par l'exemple. Depuis 1956, Subud a essaimé hors d'Indonésie et compte des adeptes dans de nombreux pays, notamment en Occident. Ils sont, au total, plusieurs milliers.

---

[204] Subud est un acronyme de trois mots sanscrits : *Su*silu, *Bu*dhi, et *D*harma qui évoquent respectivement : la moralité et l'amabilité, l'esprit et l'intelligence, et enfin le devoir, la justice et la religion. Subud n'a rien à voir avec Subuh, prénom du fondateur, qui est le nom de la prière du matin en Islam.

LA FRANC-MAÇONNERIE

Ce n'est pas tant le nombre de ses membres (plus de 6 millions dans le monde entier) que leur qualité et leur influence qui donnent à la franc-maçonnerie son importance exceptionnelle. Le recrutement est en effet volontairement très sélectif et suit une procédure longue et solennelle d'initiation rituelle.

Les préoccupations du mouvement sont d'ordre moral au sens large, c'est-à-dire qu'elles portent sur la vie de la société. Cette ambition, à quoi s'ajoute le niveau non négligeable des cotisations exigées, limite en fait l'accès de la franc-maçonnerie aux classes instruites d'une certaine aisance matérielle.

En revanche, tous les courants de pensée philosophique ou religieuse peuvent se côtoyer au sein du mouvement. C'est même son intérêt majeur que d'être un lieu de rencontre d'hommes que rien ne rapprocherait spontanément dans la vie courante. A cet égard, des clubs comme le Rotary ou le Lions International[205] pourraient être considérés comme d'inspiration maçonnique.

Pourquoi donc évoquer ici la franc-maçonnerie, de façon un peu provocatrice, comme une quasi-religion ?

Incontestablement, la franc-maçonnerie partage avec les religions l'ambition d'élever l'homme en prenant en compte sa dimension spirituelle. On pourrait donc être tenté de considérer la franc-maçonnerie comme une religion sans dogmes, un peu comme le confucianisme. Cependant, contrairement aux religions qui s'efforcent d'apporter leur enseignement à tout le peuple, la franc-maçonnerie n'agit qu'à travers ses membres ; son système est donc délibérément élitiste mais il n'impose ni dogme ni théorie philosophique, ce qui le différencie nettement des religions. En outre les rapports de la franc-maçonnerie et de la religion sont obscurcis par une longue histoire qui présente bien des facettes contradictoires.

L'origine de la franc-maçonnerie remonte aux corporations de maçons, bâtisseurs des cathédrales. Ceux-ci auraient plus anciennement tiré leur compétence des Grecs et des Egyptiens qui leur auraient transmis également des connaissances ésotériques mystérieuses. De cette période date le riche symbolisme maçonnique : l'équerre du maçon réunit les deux notions contraires de verticale et d'horizontale et symbolise la tolérance ; le compas embrasse tout le cercle des connaissances, il exprime l'universel et suggère la précision et la mesure etc.

Cependant, dès le XVIe siècle, les maçons acceptèrent dans leurs loges[206] des non-professionnels qui donnèrent peu à peu à l'organisation un caractère spéculatif et intellectuel ; il s'est agi dès lors de construire l'homme intérieur par la recherche de la vérité, ce que les maçons appellent la « construction du Temple » ; c'est leur objectif depuis le XVIIIe siècle.

C'est en Angleterre et en France que s'est d'abord développé le mouvement maçon mais sa structuration est surtout le fait des loges du premier pays, grâce à la constitution en 1717 de la Grande Loge de Londres. A cette époque, la franc-maçonnerie, exclusivement réservée aux hommes, est explicitement théiste : la croyance en Dieu, le Grand Architecte de l'Univers, fait partie de ses principes de base, comme d'ailleurs l'interdiction de discuter de politique ou de religion. Ces principes sont admis sans contestation par tous les rites maçonniques.

Cependant, au XIXe siècle, on voit apparaître une nouvelle tendance, dite « voie substituée », qui ne s'interdit plus l'action politique. Peut-être la participation de maçons à la conquête de l'indépendance américaine n'est-elle pas étrangère à cette prise de tournant. C'est en France que cette innovation connaît le plus de succès. Le Grand Orient de France prend des positions de plus en plus radicales et rejette en 1877 la référence au Grand Architecte de l'Univers, se coupant ainsi de la franc-maçonnerie majoritaire, dite « régulière ». Cette obédience devient alors une sorte d'« Eglise de la République », violemment anti-cléricale et hostile au catholicisme.

Il faut rappeler que les rapports de Rome et de la franc-maçonnerie n'avaient jamais été sereins jusque-là. De nombreux textes pontificaux avaient condamné la franc-maçonnerie depuis le début du XVIIIe siècle, mais pour des raisons parfois plus politiques que doctrinales.

Ce n'est qu'en 1974 que Rome marqua nettement la différence entre la franc-maçonnerie traditionnelle, régulière, et les autres expressions du mouvement. Cette attitude, qui répond à l'objectivité, laisse la porte ouverte à la présence de catholiques au sein des loges régulières[207]. Il convient d'ajouter que les positions prises lors du concile de Vatican II en faveur de la liberté religieuse ôtent leur intérêt aux arguments de la franc-maçonnerie contre le catholicisme. Il en est de même en ce qui concerne l'accusation d'immobilisme social portée par le Grand-Orient contre ses adversaires: on trouve aujourd'hui des conservateurs et des hommes de progrès aussi bien chez les chrétiens que chez les francs-maçons.

Si l'on essaie de résumer d'un mot l'impression que donne de nos jours la franc-maçonnerie à un observateur extérieur, c'est celui de vieillissement qui vient spontanément à l'esprit: les loges « régulières », fortement influencées par le monde anglo-saxon, restent une des faces de l'establishment et ne soufflent guère d'idées nouvelles; quant à la « voie substituée » dont le Grand-Orient est l'exemple le plus marquant, elle a semble-t-il, jeté tous ses feux idéologiques, bon nombre de ses thèses s'étant progressivement concrétisées dans la société moderne. L'assoupissement constaté est peut-être la rançon de cette réussite dont chacun reste juge.

Ajoutons que malgré l'existence récente de loges féminines et de loges mixtes, la franc-maçonnerie compte la « masculinité » dans ses principes fondamentaux et que, dans son ensemble, elle ne paraît pas particulièrement désireuse de se « féminiser ».

Il reste, bien sûr, que la franc-maçonnerie a l'efficacité de toute confrérie dont les membres se veulent étroitement solidaires, et l'on peut craindre que ce soit l'ambition de réussir une carrière plus que l'enrichissement spirituel ou philosophique qui conduise dorénavant nos jeunes contemporains vers les loges.

[205] Lions signifie « Liberty intelligence, our nation safety » (liberté et compréhension sont la sauvegarde de nos nations). Les 2 clubs, assez élitistes, ont pour objet la rencontre de responsables de diverses professions et la réalisation en commun de projets d'intérêt humanitaire.
[206] Loge, appelée également atelier, vient du latin « locus », lieu. Les loges d'un même rite constituent une « obédience », dite aussi Grande Loge. La loge est dirigée par un Vénérable Maître, assisté d'officiers ; la Grande Loge, par un Grand Maître. Les maçons à part entière, appelés maîtres, doivent passer par deux degrés d'initiation, apprenti et compagnon. Au mieux on peut devenir maître en trois ans.
[207] Si le Grand Orient reste l'obédience française la plus nombreuse avec 30 000 membres et 620 loges, il existe plusieurs autres courants. Ainsi la Grande Loge de France, qui compte 16 000 membre et 400 loges, autonome depuis 1894, travaille « à la gloire du Grand Architecte de l'Univers ». Le serment des cérémonies d'initiation se prête sur la Bible ouverte à l'Evangile de St Jean.

LA ROSE-CROIX

L'ancien et mystique Ordre Rose-Croix (A.M.O.R.C.) se défend vigoureusement d'être une religion : c'est une « organisation fraternelle à l'échelle mondiale qui enseigne une philosophie métaphysique et physique ». Il s'agit d'éveiller les facultés de l'homme pour qu'il mène une vie plus heureuse et plus utile. L'ordre, association à but non lucratif, se préoccupe des mystères du temps et de l'espace, de la conscience humaine, de la nature de la matière et de ses effets sur l'esprit et le corps, des émotions et de l'instinct etc.

Tout en reconnaissant les succès de la science, L'AMORC considère que les questions essentielles sont hors de sa portée et propose sa conception du monde : il donne une place importante et mystérieuse à d'anciennes philosophies. En particulier, le symbolisme de la rose et de la croix se rattache, selon l'ordre, au plus profond de l'antiquité égyptienne. La croix n'a donc rien à voir avec celle du christianisme.

L'ordre se déclare ouvert à toute personne qui s'intéresse à son enseignement et à son mysticisme, indépendamment de toute croyance et de toute religion.

L'ordre publie et distribue gratuitement une brochure intitulée « la maîtrise de la vie » destinée à ceux qui n'en sont pas membres. Les membres reçoivent une instruction orale au sein des groupes dont ils font partie. Ils étudient en outre des manuscrits qui les initient à des exercices.

L'AMORC n'est pas sans analogie avec certaines formes de franc-maçonnerie. Il est présent dans de nombreux pays. Le centre en est à San José, en Californie, où existe une université rose-croix.

Dans la pratique, toute personne qui s'intéresse à l'AMORC est reçue avec la plus grande amabilité, elle est invitée sans engagement à participer à des réunions où l'on fait valoir le développement de la personnalité qu'une présence plus continue pourra procurer. Le versement d'une participation financière donne accès à des réunions et à des publications qui permettent de s'assurer de la persévérance du postulant. Au bout d'un an, les sujets susceptibles de recevoir une « initiation » plus approfondie sont sélectionnés. Ceux-ci sont invités à recruter d'autres adeptes et encouragés, contrairement aux principes déclarés, à renoncer aux croyances autres que celles du mouvement.

Les membres des échelons supérieurs de l'Ordre font preuve d'une grande solidarité entre eux. Ce réseau efficace de relations, bien plus que le mysticisme, explique la réussite matérielle de nombre de rosicruciens, parmi lesquels certains dirigeants d'Afrique Noire.

En fait, la mystique paraît bien éloignée des préoccupations de ces personnages, à moins qu'il ne s'agisse d'une entreprise de déification de l'homme. Comment expliquer autrement l'autel que le disciple est prié d'installer chez lui et dont la pièce essentielle est un miroir entouré de baguettes d'encens ? Chacun se voit ainsi dans le miroir comme la divinité de son propre culte. Un cahier personnel où chacun relate les progrès de sa méditation complète la panoplie narcissique du disciple.

Chaque jeudi, une soirée d'étude tient lieu de grand'messe. On y emploie des formules rituelles qui sont comme le négatif de celles de l'Eglise catholique (par exemple : « qu'il en soit ainsi », au lieu de « ainsi soit-il »).

Curieusement, chaque disciple peut faire appel, chaque jour entre 12 h et 12 h 20, à un « comité d'entr'aide spirituelle » sur lequel il se branche par la pensée et dont il attend lumières et soutien.

L'exaltation de la puissance de l'homme situe les rosicruciens à l'opposé des croyants qui voient au contraire leur réussite et leur épanouissement à travers la reconnaissance de la toute-puissance de Dieu. D'un point de vue théologique, on pourrait soutenir que l'Ordre de la Rose-Croix se comporte comme une anti-religion que certains n'hésitent pas à considérer comme d'essence satanique.

L'ordre compte environ 6 millions de membres dans le monde, dont 160 000 en France.

Une anti-religion : le communisme

Au moment où la plupart des régimes communistes se sont effondrés et où, par contre-coup, la religion paraît avoir remporté une victoire, il est instructif d'analyser les rapports entre l'idéologie marxiste-léniniste et son adversaire, jadis aimablement qualifié d'opium du peuple.

L'expérience nous montre aujourd'hui que l'opposition n'est pas tant entre communisme et religion qu'entre toutes les formes d'idéologie totalitaire, éventuellement drapée dans un déguisement religieux, et une conception humaniste de la société, qu'elle soit directement d'inspiration religieuse ou non.

En réalité, c'est toujours le même homme, en quête de vérité, de justice et de spiritualité, qui peut, selon les circonstances et l'environnement, glisser vers l'une ou l'autre de ces deux positions inconciliables.

Deux idéologies totalitaires ont ensanglanté tragiquement notre siècle, le nazisme et le communisme. Le fait qu'elles se soient combattu n'empêche pas qu'elles aient la même nature profonde. Dans les deux cas, c'est une vision théorique du monde qu'on a voulu imposer à l'humanité, soi-disant pour son bien, en écrasant sous les sarcasmes ou les bombes ceux qui s'opposent au système. Que le communisme parte d'une idée généreuse, et non raciste comme le nazisme, lui a longtemps donné du prestige auprès d'intellectuels à la vue trop courte. C'est pourquoi les rapports du communisme et de la religion sont beaucoup plus intéressants à étudier que ceux du nazisme.

L'analyse que Marx a faite de la société de son temps est incontestablement séduisante, comme toute explication schématisée d'un phénomène qui en permet une meilleure compréhension. Grâce à cette analyse, les facteurs économiques, sociaux et historiques de l'évolution de la société ont été éclairés d'un jour nouveau intéressant.

Les premiers dangers sont apparus avec l'utilisation ambiguë du mot « scientifique ». Les « sciences » humaines ne peuvent avoir la même rigueur que les sciences physiques, faute de pouvoir effectuer des expériences répétitives sur la matière étudiée. L'analyse marxiste peut conduire à des propositions d'action, à la création de partis politiques, elle ne peut en aucun cas être considérée comme La vérité enfin dévoilée.

C'est là qu'une deuxième et mortelle déviation apparaît : au lieu de rester une théorie « scientifique », c'est-à-dire une hypothèse qui doit être continûment et humblement confrontée à la réalité, la pensée de Marx est devenue, sous Lénine et ses émules, un dogme hors duquel il n'y a pas de salut. C'est-à-dire que le marxisme-léninisme a adopté ce qu'il critique précisément dans les religions : l'absence de rationalité. La vérité cède le pas à l'idée qu'on s'en fait, ce qui implique le rejet de tout ce qui n'est pas conforme à la théorie générale, en particulier l'originalité unique de chaque individu : un marxiste est aussi mal à l'aise devant un individu qu'un savant devant une exception à la théorie qu'il a conçue. Comme beaucoup de scientifiques, les communistes cherchent alors obstinément à faire entrer le particulier dans le général.

Devant ces exceptions gênantes, le léninisme et le stalinisme n'ont pas proposé d'autre solution que de les éliminer : ils imposent leur forme de société avec une ferveur de fanatiques religieux, persuadés que les persécutions de leurs adversaires sont justifiées par la grandeur du projet poursuivi.

La religion, dans la mesure où elle respecte l'individu comme créature irremplaçable de Dieu, est un obstacle à l'idéologie totalitaire. Elle est aussi anti-scientifique, comme si la science et la religion se plaçaient sur le même terrain et comme si la croyance en la doctrine marxiste était, elle, scientifique. Le dogme marxiste-léniniste affirme donc que la religion est synonyme de superstition, qu'elle est appelée à disparaître grâce à une éducation athée et que ce qui en reste n'est qu'exploitation et aliénation.

Ces affirmations étaient tellement éloignées de la réalité religieuse authentique, notamment dans les pays communistes où la religion est souvent un refuge contre le système, que le changement de cap d'un Gorbatchev en matière religieuse n'a guère soulevé de vagues parmi les théoriciens soviétiques.

Il est d'ailleurs amusant de constater à quel point les formes extérieures de l'idéologie communiste ont été, jusqu'à une date récente, la caricature d'une religion. On y trouve tout... sauf Dieu, bien entendu :

— Le dogme, la vérité à laquelle il faut croire, est celle annoncée par les prophète Marx, Engels, Lénine, auxquels on ajoute selon les tendances, Staline, Mao ou le chef au pouvoir pour atteindre le nombre parfait des quatre évangélistes.
— L'interprétation du dogme est soigneusement contrôlée par les théologiens-uléma, membres du comité directeur du parti.
— Les fidèles, membres du parti, seront heureux. La vie surnaturelle n'existe pas mais il y a les avantages de la nomenklatura.
— Les prêtres, cadres du parti, soigneusement sélectionnés, donnent des avis dans tous les domaines de la vie sociale, même dans ceux, comme la religion, où ils n'ont pas de compétence. Leur âge est d'une importance décisive : prêtre vient du grec presbytes qui signifie vieillard. Les dirigeants n'ont de sagesse qu'à l'ancienneté.
— Ces prêtres ont une vocation missionnaire. Il est curieux de constater que c'est un mot latin, propagande (« de propaganda fide »), qui est employé pour l'équivalent du catéchisme, l'agit-prop (« agitation-propagande »), le rituel communiste d'éducation des masses.

— A l'étranger, les missionnaires doivent étudier les mœurs des peuplades locales, s'imprégner de leurs coutumes, pour leur délivrer le message du dogme sous une forme convaincante mais rigoureusement orthodoxe. Le maintien de l'unité de l'église exige d'extirper la tentation de titisme. Les convertis, le parti communiste local, sera béni s'il reçoit la palme du martyre, il sera toujours abandonné au profit des intérêts supérieurs de la cause. La prestation du serment d'allégeance se pratique dans la Rome moscovite et si tous les communistes sont égaux, les Soviétiques sont plus égaux que les autres.
— La liturgie se traduit par un étonnant respect de la forme, même si celle-ci est figée et désuète. Il n'y a pas de grand'messes mais des cérémonies comme les élections ou la commémoration d'Octobre où tout est réglé d'avance avec des discours de louange et d'auto-satisfaction pour le peuple élu. Il n'y a jamais d'inattendu ni d'éclats de voix et la longueur des discours marque l'importance hiérarchique de l'orateur. On trouve juste un zeste d'autocritique pour maintenir, par le sens du péché, celui de la pénitence, c'est-à-dire l'effort en vue de dépasser les objectifs du plan.
— L'art, de type sulpicien, est standardisé aussi bien dans sa forme que dans son inspiration. Une pensée personnelle est suspecte mais l'inquisition veille.
— Les hérétiques, ceux qui ne pensent pas comme il faut, doivent être guéris de leur mal. Si l'exorcisme — les discours moralisateurs — ne réussit pas, le procès d'inquisition conduit soit en prison soit en hôpital psychiatrique. Le travail expiatoire ou les bienfaits de la science feront un homme nouveau et les irrécupérables périront.
— Staline a été, à ses débuts, séminariste de la Sainte Russie.

Si cette comparaison grinçante a les limites de toute comparaison, elle permet cependant quelques réflexions utiles sur les religions :
— Certaines similitudes superficielles des religions et du communisme ne doivent pas cacher que, malgré un objectif théorique commun, le bien de l'humanité, il y a des différences fondamentales dans la conception de l'homme, créature dans un cas, organisation inexpliquée d'atomes dans l'autre cas. Autrement dit, ce n'est pas la forme qui compte, elle n'est qu'un habillage et, paradoxalement, le communisme nous confirme qu'il ne faut pas juger les religions uniquement sur leurs rites ou leurs pratiques apparentes.
— Qu'il croit en Dieu ou qu'il n'y croit pas, l'homme a en lui des tendances profondes qui le poussent au totalitarisme : si quelqu'un se convainc de détenir la vérité, les autres ont fatalement tort et c'est inadmissible. Il faut vraiment qu'une religion soit toute entière basée sur l'amour entre les hommes pour espérer équilibrer un peu ces penchants de notre nature.

— Paradoxalement encore, l'esprit scientifique enseigne que la vérité est toujours au-delà de l'accessible mais le communisme semble avoir, plus que les religions, d'extrêmes difficultés à penser scientifiquement le renouveau de sa doctrine.

Les sectes

La religion s'efforce, d'après son étymologie même, de relier l'homme à Dieu. Ce lien peut être purement personnel et l'on peut penser qu'il en est souvent ainsi. Cependant, ce qu'on appelle habituellement une religion présente un caractère d'institution organisée où l'intervention d'un homme, le fondateur de la religion, est prédominante.

Le lien de cet homme avec Dieu est privilégié :
— dans le Judaïsme, Moïse a reçu directement les Tables de la Loi sur le Mont Sinaï ;
— dans le Christianisme, Jésus est à la fois Dieu et homme ;
— dans l'Islam, Mahomet a reçu, comme Moïse, la parole de Dieu, mais par l'intermédiaire d'un ange.

Souvent le fondateur d'une religion ne se présente que comme réformateur d'une religion précédente. C'est le cas de Luther ou de Calvin.

Ce qui est souvent oublié, c'est l'incroyable quantité d'hommes — beaucoup moins de femmes — qui se sont crus ou se sont déclarés visités par Dieu ou chargés par Lui d'une mission spéciale pour éclairer les autres hommes.

Il n'y a véritablement aucun moyen de vérifier quoi que ce soit dans ce domaine, ni la véracité de telles affirmations, ni la simple bonne foi du prophète en question.

Rien n'est plus agaçant pour les croyants d'une religion que de voir fleurir ainsi une multitude de concurrents qui sont qualifiés de « faux prophètes ». Il est normal qu'un croyant croie à sa vérité et cela entraîne malheureusement souvent qu'il rejette furieusement la vérité des autres, même s'il prône par ailleurs l'amour de son prochain.

Toujours est-il qu'il y a en fait une certaine complicité des grandes religions et des pouvoirs pour marginaliser ce qu'on appelle les sectes. Seul le succès légitimise une nouvelle croyance en vertu du principe évangélique selon lequel on reconnaît un bon arbre à ses fruits.

Il est cependant sain de se rappeler qu'à ses débuts le christianisme était une secte pour les Juifs et l'Islam une secte pour les Arabes de la Mecque.

Le mot « secte » lui-même est ambigu car il évoque irrésistiblement une coupure, comme au sécateur, alors que sa signification originelle procède du latin « sequi », qui signifie « suivre ».

Il n'empêche que l'homme est capable de suivre n'importe qui et l'histoire regorge de gens que le sens commun juge être des fous ou des charlatans mais qui ont eu cependant leurs sectateurs.

Naturellement, toujours parce que cela fait partie de la nature humaine, le mépris dont les bien-pensants de tous bords accablent ceux qui pensent autrement conduit à des durcissements de positions, à des fanatismes, à des sectarismes aussi bien chez les persécuteurs que chez les persécutés. « Persécuter » provient d'ailleurs, étymologiquement, de la même racine « sequi » qui a donné aussi bien « suivre » que « secte ». Peut-on en déduire que celui qui suit une secte est persécuté? On constate en tout cas qu'il est fort difficile d'aborder la question des différences entre sectes et religions en s'efforçant de rester objectif.

On ne peut pas refuser sérieusement la qualité de religion à une spiritualité qui cherche à relier l'homme à Dieu, même si elle paraît fondée sur une doctrine humainement incompréhensible. De tels critères reviendraient à refuser le surnaturel et à rejeter le Christianisme ou l'Islam par exemple. En fait, cela reviendrait à ne pas admettre qu'il puisse exister des religions sérieuses. Cette position, qui est celle de beaucoup d'athées, élimine la spiritualité de la vie de l'homme: c'est une amputation insupportable pour les croyants qui constituent la majorité de la population de la terre.

Mais si l'on admet les religions en tant que groupements d'hommes ayant un lien spirituel avec Dieu, au nom de quoi est-il possible de porter un jugement sur ce lien puisque Dieu seul, comme le dit la Bible, peut sonder les reins et les cœurs?

Pourtant, admettre sans réticences toutes les sectes par respect pour leur éventuel contenu spirituel, conduit à faire la place belle à des manipulateurs de conscience sans scrupules qui décervellent des naïfs à leur profit ou à des fous qui propagent leurs phantasmes.

On ne peut pas plus mettre en doute la bonne foi de membres de sectes qui se dévouent à leur cause qu'on ne peut nier qu'il y a dans les religions les plus sérieuses, comme ailleurs, de dangereux agités ou des habitués de la divagation.

Comment y voir clair?
Il n'est pas facile d'effectuer un tri sans reproche mais, comme toujours, davantage d'éducation arrangerait bien les choses.

Prenons une comparaison: l'Instruction Publique explique qu'avant Copernic, l'Occident croyait en l'astronomie de Ptolémée, où la terre était fixe et le soleil était son satellite. Personne aujourd'hui ne conteste l'acquis de la science bien que le spectateur moyen de la télévision n'ait pas la moindre idée des arguments de Copernic ou de Ptolémée. Si, dans le domaine religieux, l'Instruction Publique était capable de donner se serait-ce qu'une information sur les différentes religions, leurs limites et les risques de déviations possibles, le même spectateur moyen ne mettrait peut-être pas sur le même pied superstition et vie spirituelle, astronomie et astrologie... Il s'agit simplement d'éviter l'infantilisme en matière religieuse en donnant à l'homme dès l'enfance des éléments de jugement. Faute de quoi nous continuerons d'être, dans ce domaine, un peuple d'autodidactes ou d'ignorants.

En attendant cet effort d'éducation, il ne faut pas s'étonner qu'une certaine fringale de vie spirituelle — ou, au pire, un déséquilibre psychique — conduise des gens désorientés auprès de sectes plus ou moins recommandables.

Sans nier ce que ces vocations peuvent avoir d'ambigu, il faut cependant reconnaître que l'incroyable floraison de sectes à toutes les périodes de l'histoire de l'humanité est une démonstration, elle aussi ambiguë, des besoins spirituels de nombreux humains.

Alors, où placer la limite entre secte et religion?
Le critère du nombre d'adeptes aurait l'avantage d'être objectif mais on voit bien à quel point il est artificiel: en mettant la barre plus ou moins haut on peut éliminer en fait du nombre des religions de nombreux courants spirituels qui appartiennent manifestement à l'héritage commun de l'humanité.

A contrario, certaines sectes que l'opinion publique reconnaît comme telles peuvent compter plusieurs centaines de milliers de membres — comme dans le cas des adeptes de Moon — et devraient être retenues comme religions.

On pourrait plus valablement choisir un autre critère qui est le suivant: une secte est un mouvement dont les pratiques sortent de l'ordinaire au point d'être objet de scandale ou de ridicule pour l'écrasante majorité des gens, croyants ou incroyants. Ainsi, détacher les enfants de l'influence de leurs parents ou refuser certains soins médicaux seraient des manifestations de sectes. Ces critères, fondés sur ce qui paraît être une certaine bizarrerie plus ou moins dangereuse de comportement, sont également discutables et imprécis. A la limite, le jeûne du Ramadan ou le refus de la pilule contraceptive paraissent-ils aujourd'hui bien raisonnables selon de tels critères?

D'autre part, toute doctrine de caractère religieux ou philosophique n'exerce-t-elle pas une forme de pression sur l'esprit de celui qui l'étudie? N'est-ce pas un scandale pour une famille incroyante ou athée que d'avoir un enfant qui veut devenir prêtre ou religieux?

Sans vouloir céder à l'habitude bien française de tout classer systématiquement, le critère qui semble le mieux caractériser l'idée que l'on se fait d'une secte est le détournement de la croyance des fidèles au profit d'objectifs qui n'ont rien de spirituel, par exemple: l'argent, l'ambition personnelle, la politique...

Certains objecteront que beaucoup de religions vénérables, si ce n'est toutes, ont été un jour ou l'autre sensibles à de tels attraits mais il s'agit là plus de récupération par des ambitions extérieures que d'un objectif délibéré de la religion. C'est d'ailleurs pourquoi tous les mouvements qui ont, en fait, ces buts inavouables se gardent bien d'en faire état et se drapent dans la pureté de leurs intentions religieuses.

Il semble bien cependant qu'avec un peu de lucidité le lecteur pourra exercer sa liberté de jugement et penser ce qu'il voudra des mouvements et organisations que nous allons passer maintenant en revue.

MOON

L'Association pour l'Unification du Christianisme Mondial, A.U.C.M., fondée en 1965 par le Coréen Mun Yun Myong[208], a connu un succès spectaculaire. Même s'il est difficile d'apprécier précisément le nombre de ses membres — deux millions officiellement, 400 000 d'après des estimations plus prudentes — elle joue un rôle important qui a déjà suscité une littérature abondante[209]. Mais son influence semble s'exercer davantage dans le domaine financier et politique que dans celui de la spiritualité.

La doctrine de Moon est simple : le monde est entre les mains des forces du mal et l'Empire communiste est l'incarnation de Satan. Jésus-Christ a échoué dans sa lutte contre le mal parce qu'il ne s'est pas donné les moyens matériels de sa victoire et qu'il est mort sans avoir fondé une famille. Moon est le vrai Messie, son épouse et lui sont les « parents de l'humanité », ils seront vainqueurs de Satan mais il leur faut des moyens financiers et politiques que les fidèles s'emploient à rassembler. Les adeptes constituent l'armée des élus qui seuls seront sauvés.

Dans la pratique, ceci implique une rigoureuse dépendance des disciples vis-à-vis de leur hiérarchie : aucun pouvoir n'est électif et les décisions proviennent toujours du sommet. Même les mariages sont strictement réglementés. L'organisation choisit les conjoints qui ne peuvent convoler qu'après une certaine ancienneté de service et après avoir fait preuve de leur dévouement à la cause. L'organisation dispose d'internats pour élever les enfants car les parents sont souvent séparés pour les besoins de leur activité mooniste. Celle-ci consiste pour l'essentiel à faire du prosélytisme et à rapporter de l'argent au mouvement.

La vie quotidienne du fidèle débute par un salut matinal aux photos de Moon et de sa femme. Les occupations sont ensuite incessantes : outre les activités de démarchage, les moonistes assistent à des conférences périodiques d'endoctrinement ou à des prières collectives, ils confessent leurs fautes, pratiquent des jeûnes de trois ou sept jours durant lesquels ils n'absorbent que de l'eau ou du café sans sucre... D'une façon générale, le sommeil et la nourriture sont réduits au minimum. Malgré cette vie spartiate, les moonistes se doivent de garder le sourire en toute occasion. L'absence de sourire annonce la présence de Satan, ce qui mobilise tous les frères autour du malheureux ainsi habité par l'Esprit du Mal.

La communauté témoigne ainsi d'une extrême cohésion ; chacun est dans une situation de dépendance vis-à-vis de son chef et la solitude est complètement proscrite. Bien sûr, comme adhérent volontaire à un mouvement dit religieux, le mooniste n'est pas salarié et il n'est protégé par aucune loi sociale.

Le sort est manifestement meilleur au sommet de la hiérarchie. Les moonistes convaincus et désintéressés qui accèdent à des responsabilités découvrent l'exploitation qui est la nature même de l'organisation et ont souvent une crise de conscience qui leur fait abandonner le mouvement.

Vu par un esprit occidental, le moonisme est aisément perçu comme un attrape-nigauds qui ne peut séduire que des naïfs. On ne peut qu'être choqué par le constraste entre la vie de sous-prolétaires des basses couches de l'organisation et le faste des dirigeants. Le personnage de Moon lui-même est fort peu sympathique : plusieurs fois traîné en justice pour délits sexuels ou fraude fiscale, il apparaît comme un homme sans scrupules qui a trouvé une activité lucrative et conforme à ses ambitions. Le phénomène Moon est manifestement à contre-courant du christianisme dont il prétend se draper. Il ne peut trouver d'indulgence qu'auprès de ceux pour qui tout ce qui est anti-communiste est bon à prendre.

Si l'on se place d'un point de vue plus asiatique, il est intéressant de noter que Moon est bien dans la ligne des « nouvelles religions » d'inspiration bouddhiste dont le Japon connaît plusieurs exemples depuis le début du siècle. En particulier, il n'est pas sans rappeler le Soka Gakkaï, mouvement également très politique qui s'appuie sur le Nichiren Shoshu, sorte de bouddhisme réformé présenté sous un jour moderne.

Pour conclure, il semble bien que la religion ne soit chez Moon qu'un support idéologique à la constitution d'un empire économique et d'une machine politique anti-communiste. Le poids de Moon se situe à ce niveau, comme en témoigne son action : à partir de la Corée, du Japon et des Etats-Unis où se concentrent ses plus gros moyens, le mouvement mène des opérations financières considérables dans les pays d'Amérique latine tels que l'Uruguay, la Bolivie ou le Chili. En Uruguay par exemple, Moon dispose d'un journal, de deux imprimeries, d'un hôtel, d'un centre de congrès et d'une grande banque.

Les sectes 297

On évalue à 700 millions de dollars les bénéfices annuels du mouvement dans son ensemble, ce qui place le groupe à la hauteur de Toyota et devant Unilever ou I.T.T. Nous sommes bien loin de nos conceptions occidentales de la vie spirituelle.

---

[208] Moon est l'orthographe américaine du nom, qui n'a rien à voir avec le mot « lune » en anglais. Le caractère chinois qui transcrit ce nom coréen signifie « littérature ».
[209] Le « Monde diplomatique » de février 1985 y a consacré plusieurs pages.

LA SCIENTOLOGIE

Cette organisation se donne le nom d'église en précisant qu'elle est une « philosophie religieuse appliquée ».

Le fondateur de la scientologie est un Américain du nom d'Hubbard; il a écrit son ouvrage de base intitulé « la dianétique, science de la santé mentale » après avoir publié précédemment, semble-t-il, plusieurs livres de science-fiction. En 1954, il fonde en Californie la première église de scientologie puis, après des succès divers, il disparaît de la scène publique en 1977 sans qu'on sache qu'il est mort ou vivant.

Malgré des difficultés nombreuses, cette organisation est présente dans plus de 30 pays et elle compterait plus de 2 millions d'adeptes. On évalue ses revenus, rien qu'aux Etats-Unis, à 150 millions de dollars par an.

C'est donc un réel succès qui semble incroyable quand on se penche sur ce que cette « église » propose. A l'encontre des religions qui se préoccupent d'abord du destin spirituel de l'homme et en déduisent ensuite des règles de vie et de comportement, la scientologie déclare vouloir avant tout améliorer le comportement et seuls les individus dûment sélectionnés entrent plus avant dans le système.

Cette trouvaille ne manque pas de finesse: il est facile de racoler des passants, de préférence désœuvrés, pour leur faire remplir un questionnaire analysant leur comportement. Fatalement, il apparaît quelque chose qui ne va pas: chacun est toujours un peu dépressif, instable ou malheureux.

La scientologie déclare alors détenir la solution scientifique infaillible à ce cas préoccupant. Le sujet qui se laisse tenter devient intéressant : on peut lui vendre des séances d'audition ou de purification et surtout une abondante littérature scientologique. Si l'intéressé est désespérément à la recherche d'une solution à ses problèmes, il se sent compris par ces gens sûrs d'eux-mêmes qui emploient un vocabulaire d'autant plus savant qu'il est incompréhensible.

Il n'y a dans tout cela aucun contenu spirituel et si l'on recherche quelle vision du monde sous-tend cette psychothérapie, on tombe alors en pleine science-fiction : nous sommes habités par des êtres venus d'une autre planète à la suite d'une guerre des étoiles et ces êtres sont prêts à nous apporter la paix, la santé, la puissance et le bonheur si nous abandonnons notre « mental réactif », c'est-à-dire, en interprétant, notre capacité de réfléchir.

Tout se passe comme si l'astuce de l'organisation consistait à sélectionner, grâce au questionnaire, des gens psychiquement faibles ou vulnérables pour ensuite les exploiter jusqu'aux limites de leur crédulité. C'est le côté « scientifique » de la méthode qui repose sur une analyse de marché apparemment bien faite, d'après les résultats constatés.

Est-ce que la lecture des écrits de Hubbard dans une ambiance recueillie mérite que la scientologie se désigne sous le nom de religion ?

Selon les critères habituels, sûrement pas, mais le nom de religion ne bénéficie d'aucune protection juridique, comme c'est le cas des produits du commerce. C'est pourquoi un arrêt de la Cour d'appel de Paris de 1980 n'a pu que reconnaître la qualité de religion à « l'Eglise de la Nouvelle Compréhension », autre nom de la Scientologie.

LA SCIENCE CHRÉTIENNE

Une Américaine de fort tempérament, Mary Baker Eddy, née en 1821, est la fondatrice de ce curieux mouvement chrétien connu principalement par son journal, le « Christian Science Monitor ».

Les idées religieuses de la fondatrice ne manquent pas d'originalité, au point qu'on peut se poser des questions sur la légitimité de l'emploi des deux mots qui désignent le mouvement.

Partant du principe que la matière ne peut contenir la vie, Mary Baker Eddy déduit que notre corps matériel ne peut connaître le mal ni la douleur et qu'il s'agit donc là de l'effet de notre imagination. Il suffit d'être convaincu de ce raisonnement et de se le dire pour être guéri. Curieusement, il n'est cependant pas interdit aux disciples d'aller, par sécurité, consulter un médecin...

De la même façon, pour supprimer radicalement l'infidélité dans le mariage, la solution est de s'abstenir de toute activité sexuelle.

En matière religieuse, la « Science Chrétienne » se considère comme le Saint-Esprit lui-même. Quant à Jésus, il n'est pas Dieu mais un homme qui, plus que tout autre, représente le Christ, c'est-à-dire « l'idée divine » de Dieu.

L'avènement du Christ à la fin des temps est interprété comme le développement progressif de son influence spirituelle dans le monde.

Sous la férule dynamique de Mary Baker Eddy, le mouvement connût un certain succès qui lui permit d'ouvrir une cathédrale de 5000 places à Boston et des églises dans de nombreuses villes des Etats-Unis. Mais c'est surtout par sa littérature que le mouvement s'est fait connaître : outre des brochures purement religieuses, il eut l'idée intéressante de publier un quotidien d'information générale de bonne qualité avec un seul article d'inspiration religieuse par jour.

La propagande du mouvement est très centralisée et les messages lus chaque dimanche dans les différentes églises des Etats-Unis et du monde sont envoyés toutes les semaines de Boston.

Les membres de la « Science Chrétienne » étaient 300 000 en 1930, ils ne dépassent pas 200 000 aujourd'hui ; le recul du mouvement semble s'accélérer : 257 églises et 97 salles de lecture ont été fermées depuis dix ans. En France, la Science chrétienne ne compte que quelques rares centaines de disciples.

LA « MÉDITATION TRANSCENDENTALE »

Fondée en 1958 à Madras par Maharishi Mahesh Yogi, la Méditation Transcendentale n'a pas la prétention de constituer une religion. Elle se veut une technique de méditation qui consiste en pratiques de relaxation mentale par le yoga et récitation de formules inspirées de l'hindouisme. Ces activités sont dirigées par des professeurs qui ont promis fidélité au fondateur.

Il n'y a pas d'enseignement moral ou théologique et les techniques proposées sont applicables dans le cadre de toute religion. Toutefois la philosophie sous-jacente à la Méditation Transcendentale se rattache implicitement à l'hindouisme ; elle développe en outre un certain élitisme : il y a d'une part les simples adeptes qui cherchent une paix spirituelle en évacuant leurs préoccupations par le yoga ou en suivant docilement les consignes et d'autre part les maîtres à penser qui exercent leur pouvoir mental.

La question peut se poser de la finalité cachée de cette organisation qui fonde sa puissance sur les contributions financières demandées aux adeptes. Certains stages coûteux ont même l'ambition de permettre l'accès aux délices de la lévitation. De plus, l'organisation dispose d'une structure qui semble considérable pour les seuls objectifs de santé mentale qu'elle dit poursuivre. « Sa Sainteté Maharishi » dirige le « Gouvernement mondial de l'Age de l'Illumination » qui dispose d'une Constitution, d'Assemblées et de dix ministres. La capitale mondiale est à Seelisberg en Suisse, il existe 1500 autres centres dans près d'une centaine de pays, tous dirigés par un gouverneur nommé par le fondateur. La hiérarchie est double, enseignante et administrative ; de la seconde dépendent des activités diverses très peu spirituelles telles que des hôtels, des entreprises, une chaîne de télévision à Los Angeles etc.

En comparaison de ces affaires profanes, le centre spirituel en Inde, situé à Rishikesh, près du lieu de pèlerinage hindouiste de Hardwar sur le haut Gange, paraît bien modeste.

Les risques semblent donc grands que la Méditation Transcendentale ne soit que la façade spiritualiste d'un mouvement dont l'ambition est ailleurs. A cet égard, il est étonnant de constater la diversité des noms d'organisations filiales de la Méditation Transcendentale, par exemple :
— l'association pour la Science de l'Intelligence créatrice ;
— l'association nationale de méditation ;
— l'Institut M.E.R.U. (Maharishi european research university) ;
— l'association pour la promotion d'une santé parfaite ;
— l'association Education-Conscience ;
— Acys Metiers Conscience ;
— l'association pour l'âge de l'illumination ;
— l'alliance pour une civilisation basée sur le Champ Unifié...

Cependant la Méditation Transcendentale connaît un certain succès dans les milieux intellectuels occidentaux ; en particulier depuis l'intérêt qu'y ont porté les Beatles en 1967.

Les effectifs de « méditants » dépassent 2 millions dans le monde entier, dont 1/3 aux Etats-Unis. Les professeurs sont environ 15 000. La France compte 20 000 méditants et 150 professeurs.

HARE KRISHNA

L'Association Internationale pour la Conscience de Krishna, selon le nom officiel du mouvement, ne donne pas dans la discrétion : ce sont ses zélateurs qu'on voit dans les grandes villes, en robe saumon et le crâne rasé, répétant inlassablement au son d'une musique lancinante une pieuse formule en l'honneur du dieu Krishna. Interrogés sur leur religion, ces pittoresques personnages vous assènent des vérités péremptoires apprises par cœur qui laissent peu de place à la discussion. Il arrive aussi qu'on rencontre dans des lieux publics — un aéroport par exemple — un jeune très « bon genre », normalement vêtu et garni de cheveux, qui essaie de vous placer de luxueux livres de spiritualité hindoue pour une somme symbolique laissée à la générosité du client. Ce sont là deux manifestations différentes d'un mouvement qui présente d'étranges particularités.

Il est curieux de constater en effet que la « Conscience de Krishna »[210] qui entend présenter la spiritualité hindoue la plus pure, est pratiquement inconnue en Inde, sauf pour le succès relatif obtenu en Occident, plus particulièrement aux Etats-Unis. Si l'on interroge plus avant les hindouistes, ils se montrent, selon leur tempérament, ironiques ou agacés par ce succédané de leur religion transformée en produit d'exportation.

En effet, quoique l'Inde soit une terre d'exubérance religieuse et qu'on y trouve des doctrines très variées, celle d'Hare Krishna n'est pas d'une orthodoxie hindouiste parfaite. Comme on l'a vu, Krishna est l'un des 10 avatars ou incarnations de Vishnou, qui est lui-même le dieu gardien de l'ordre du monde. C'est donc par un raccourci osé que Krishna devient le Dieu suprême, plus conforme à la culture chrétienne des pays visés par Hare Krishna.

Le fondateur du mouvement, Sa Divine Grâce A.C. Bhakti Vedanta Swami Prabhupada, ne cache d'ailleurs pas qu'il recherche plus particulièrement ses disciples en Occident. Ce personnage, dont le nom réel est Abday Charan De, né à Calcutta en 1896 et mort à Londres en 1977, déclare être le 32e gourou auquel a été transmis de génération en génération l'initiation spirituelle de Krishna (cela donne une durée de vie moyenne de chaque gourou de plus de 150 ans, puisque Krishna, selon le mouvement, était sur terre il y a 5000 ans). Le prédécesseur d'Abday Charan De, Srila Bhaktisiddhanta Sarasvati Thakura, forme son élève de 1922 à 1933, date à laquelle il est initié dans les sciences védiques. Il continue de gravir les degrés spirituels du vishnouisme, fonde en 1944 la revue « Back to Godhead », s'embarque pour les Etats-Unis sur un cargo en 1965, convainc à sa cause l'un des Beatles et multiplie les implantations de son mouvement dans différents pays: en 1970 en France et seulement en 1974 en Inde. Aujourd'hui, le mouvement compte près de 120 centres, souvent un simple restaurant végétarien, dans 38 pays du monde. Les Etats-Unis seuls disposent de 32 centres et le Brésil de 6.

Cette œuvre d'organisation s'accompagne de la production d'une soixantaine de livres de traduction des textes védiques et de leurs commentaires ; 80 millions d'ouvrages, édités dans plus de dix langues auraient été vendus. Ces livres donnent une impression de sérieux, avec références au sanscrit et une présentation soignée. Pour être objectif, il faut reconnaître qu'un tel travail d'édition serait excessif s'il ne s'agissait que d'exploiter la crédulité de naïfs occidentaux. Il y a donc apparemment une certaine bonne foi dans cette croisade de Krishna en Occident. Comme dans tout mouvement de cette nature, on y trouve des individualités originales : un médecin indien émigré aux Etats-Unis qui reprend ainsi racine dans l'hindouisme ou un Noir américain converti qui s'habille en gourou pour aller prêcher Krishna en Afrique.

Cependant, les raisons ne manquent pas de s'inquiéter de la pureté des intentions d'Hare Krishna : des affaires de trafic de drogue ou d'armes ont été instruites aux Etats-Unis et en Allemagne fédérale, motivant l'interdiction du mouvement dans ce dernier pays. Mais c'est surtout le style de vie proposé aux fidèles qui parait peu compatible avec un développement harmonieux de la personnalité : les fidèles vivent en communauté et aucun moment n'est laissé à leur réflexion personnelle. Quel que soit le caractère sacré de la prière à Krishna, répéter pendant des heures par jour le mahamantra :

« Hare Krishna, Hare Krishna, Krishna Krishna, Hare Hare, Hare Rama, Hare Rama, Rama Rama, Hare Hare »[211]

n'est pas fait pour aiguiser le sens critique. On apprend aussi sans sourciller que la bataille légendaire de Kuruksetra entre des roitelets de l'antiquité indienne fit 640 millions de morts en 18 jours car les combattants disposaient d'armes atomiques et d'autres plus redoutables encore (le texte lui, parle d'archers et d'éléphants).

Le gourou, représentant de Krishna sur terre, inculque donc ce qu'il veut à ses disciples, les fait travailler gratuitement pour la cause et règle même leur vie intime, décidant des mariages et ne permettant de relations sexuelles qu'une fois par mois pour la procréation. L'école primaire du mouvement est obligatoire ; elle prend les jeunes enfants en mains et limite au minimum les contacts extérieurs. La télévision est prohibée, ce qui n'est peut-être que moindre mal. L'objectif semble être d'obtenir une obéissance aveugle à mettre au service du mouvement.

Les moyens financiers d'Hare Krishna semblent considérables bien que le nombre d'adeptes ne dépasse pas 15 000 dans le monde, dont 10 000 aux Etats-Unis. On ignore tout bien entendu des objectifs autres que « spirituels » que peuvent poursuivre les douze successeurs du gourou-fondateur.[212]

---

[210] En anglais « International Society for Krishna Consciousness », I.S.K.Con.
[211] Maha signifie « grand » et mantra, « libération mentale ». C'est une « vibration sonore spirituelle ». Hare est une invocation à Dieu, Krishna et Rama sont deux incarnations de

Vishnou. La récitation de cette formule « libère l'être de ses tendances matérielles, éveille l'amour de Dieu et l'extase de la vie spirituelle ». On peut aussi penser que cela abrutit complètement.

[212] Celui chargé de l'Europe méridionale et de la France est un ancien étudiant psychiatre américain, William Ehrlichmann, appelé dorénavant Srila Bhagavan Goswami Mahataja.

LA FIN D'UNE SECTE : BHAGWAN

Des sectes nouvelles apparaissent chaque année. Souvent elles s'étiolent dans l'indifférence, par lassitude des quelques adeptes d'origine ou par disparition du fondateur.

Exceptionnellement, la disparition est brutale et dramatique. Chacun se souvient de la secte du Temple du Peuple qui avait établi son centre dans un village perdu de la forêt de Guyana. Son fondateur, Jim Jones, gravement malade, persuada ses fidèles, en majorité Nord-Américains, de se suicider collectivement. Le résultat fut un massacre de 912 pauvres gens, hommes, femmes et enfants.

La fin de la « Fondation Internationale Bhagwan » relève davantage du burlesque. Mais commençons par le commencement.

Un Indien, Rajneesh Chandra Mohan, né en 1931, enseigne la philosophie à l'université de Jabalpour. Ce travail routinier l'ennuie. En 1966, il se met à prêcher à Bombay, se fondant sur des illuminations qu'il aurait eues à l'âge de 21 ans. Il devient le gourou d'une doctrine composite dans laquelle il occupe la place enviable de réincarnation de Bouddha. Sa personne doit être objet d'adoration ; sa philosophie épicurienne prône la vie, l'amour et le rire (les trois « L » : life, love et laughter). En particulier, il recommande une grande liberté sexuelle, excluant toute fidélité ou pudeur. Ses pratiques personnelles dans ce domaine lui valent quelques ennuis. Il déménage de Bombay à Poona en 1974 et y prospère au point d'essaimer en Occident. On compte chaque année près de 20 000 convertis, dits « sannyas », qui portent des tuniques grenat ou orange, couleurs du soleil levant.

Les autorités de Poona le trouvent encombrant, privent son organisation du statut d'association et lui réclament un arriéré considérable d'impôts. Il quitte l'Inde en 1981 avec une quinzaine de proches et six millions de dollars, laissant les autres disciples sur place sans guide spirituel.

Il s'installe aux Etats-Unis où une milliardaire un peu dérangée lui fait cadeau d'une propriété de 25 000 ha dans l'Orégon, sur le territoire du village d'Antelope.

Ses fidèles se multiplient à nouveau : ils créent des routes, plantent des arbres, installent une piscine chauffée pour que le gourou apprenne à nager. La secrétaire privée et compagne du maître, Ma Ananda Sheela, de 18 ans plus jeune que lui, dirige admirablement l'ensemble d'entreprises qui se constitue à force de travail bénévole : hôtel, chaîne de restaurants végétariens et de discothèques, maison d'édition, jusqu'à des usines de produits chimiques et une compagnie aérienne, avec des filiales en Allemagne fédérale et aux Pays-Bas. On atteint 6000 disciples permanent et un poids économique de plus de 100 millions de dollars. Le gourou dispose personnellement de 92 Rolls-Royces.

Entre temps, Antelope est absorbé par l'organisation. Ses 40 habitants ne peuvent plus être représentés au conseil municipal, le village est rebaptisé Rajneeshpuram et on y légalise le nudisme dans les jardins publics. On dit que le mouvement compte plusieurs centaines de milliers de sympathisants dans le monde.

Et puis soudainement, la collaboratrice bien-aimée du Bouddha réincarné, lassée des caprices enfantins du gourou, s'enfuit avec une vingtaine de disciples après avoir assuré ses moyens de subsistance.

Le maître, effondré, liquide son empire et son mouvement. Les disciples sont renvoyés et laissés à la contemplation de leur naïveté. Pourtant 90 % d'entre eux ont fait des études secondaires et 37 % ont un diplôme universitaire !

3ème PARTIE

L'homme et la religion

L'effarante multiplicité des grands courants religieux ou philosophiques dont nous venons de donner seulement un aperçu fait penser, à juste titre, que l'homme est bien incapable de voir clair dans ses rapports avec Dieu.

Cet extraordinaire fouillis pourrait paraître comme un décourageant tableau des phantasmes religieux de l'humanité. On serait ainsi conduit à l'indifférence ou, pire, au sarcasme.

Certes, on ne peut voir clairement la nature des relations entre Dieu et les hommes si l'on s'en tient à l'observation des différences entre les religions. Il nous semble, cependant, qu'à travers ce qui est, en fait, tâtonnement et incertitude, il se dégage un tableau aux contours assez nets de la personnalité spirituelle de l'homme.

Sans chercher à tout prix des convergences là où elles n'existent peut-être pas, il est intéressant de montrer comment les grandes religions répondent aux questions fondamentales et comment elles conçoivent leur propre action. Cette approche par thèmes permettra au lecteur de mieux apprécier le rôle des différentes religions dans l'accomplissement de la destinée humaine, ce qui est, en définitive, l'objet de ce livre.

Les croyants de toutes les religions, peut-être à quelques minimes exceptions près, s'accordent au moins sur de grandes généralités:
— il existe une puissance suprême ;
— l'homme en est plus ou moins directement dépendant ;
— cette situation implique un comportement de l'homme dont l'objectif final est une certaine forme de bonheur.

Le contenu de ces affirmations varie de façon quasi continue d'une religion à une autre mais l'essentiel subsiste.

Cependant, les conclusions que tirent les croyants de leurs convictions varient considérablement selon la religion elle-même, mais surtout selon les caractéristiques psychologiques de chaque individu et son niveau d'éducation.

Il ne faut donc pas s'étonner de l'extrême diversité des comportements spirituels comparée à une certaine unanimité sur le plan des généralités.

Il existe une puissance suprême

Cette affirmation va de soi pour les religions qui reconnaissent un Dieu unique, par nature tout-puissant.

Ce n'est pas aussi clair dans les religions comme les animismes ou l'hindouisme où coexistent de nombreuses divinités. Souvent cependant, celles-ci sont considérées comme des dieux « intermédiaires » entre les hommes et une puissance suprême, trop lointaine pour être accessible. C'est la situation que l'on rencontre dans la plupart des animismes africains — celui des Yoroubas par exemple — et c'est aussi le cas de l'hindouisme où les dieux sont, directement ou indirectement, des émanations d'un Absolu inaccessible. Tout se passe comme si ces religions limitaient leur ambition — peut-être par modestie, peut-être faute de révélation — à adorer ce qui leur semble le plus proche dans les manifestations divines.

A l'opposé, d'autres courants, spirituels, notamment parmi les bouddhistes et les confucianistes, ne voient pas la nécessité de formaliser l'existence d'un Etre suprême. Leur position est dite agnostique. Dans ce cas aussi on peut penser qu'une certaine pudeur retient d'appeler Dieu cet absolu sous-jacent dans l'idéal qu'enseignent ces mouvements. Le sens commun désigne d'ailleurs par le nom de religion ces spiritualités qui n'ont pourtant pas la prétention de relier l'homme à Dieu, mais seulement de l'élever vers un idéal.

Qu'un Dieu soit nommé ou non, toutes les « religions » dont nous avons parlé tendent vers un Absolu suprême. Cependant, si chacun s'accorde à donner à ce « Dieu » des attributs très généraux de puissance créatrice et d'éternité, on peut s'en faire, sur des points moins fondamentaux, des idées divergentes. Certains lui prêtent des sentiments humains, d'autres le jugent inaccessible. Il peut avoir fixé notre destin ou nous laisser une part de liberté. Il peut, ou non, être touché par nos prières.

Ce que nous pouvons en penser ne change pas sa nature, mais nos hypothèses doivent rester cohérentes avec ce que nous observons et nous devons nous conformer aux relations de dépendance que nous imaginons entre Lui et nous.

L'homme dépend de Dieu

Il est facile d'oublier que nous dépendons de Celui qui a créé l'Univers mais inéluctablement la mort viendra un jour nous rappeler que nous ne disposons pas totalement de notre vie.

Plutôt que d'adopter la politique de l'autruche — s'enfoncer la tête dans le sable pour ne pas voir la réalité — les religions proposent que nous vivions en regardant en face la perspective de la mort.

Quelle que soit l'hypothèse proposée — cycle indéfini de réincarnations, anéantissement dans le Nirvana, Jugement dernier et vie éternelle — les religions ne se contentent pas de la vie terrestre et ne cantonnent pas Dieu dans le rôle d'un spectateur indifférent à nos actions.

La dépendance de l'homme vis-à-vis de Dieu, dans la perspective des religions, ne tient pas au simple fait de notre création : nos actions et nos pensées ne sont pas neutres pour Dieu ; notre attitude doit se conformer à des règles établies par Lui et dont la religion se considère comme dépositaire. Comme on ne peut imaginer Dieu qu'infiniment puissant et intelligent, il est plus satisfaisant pour l'esprit, semble-t-il, de Lui attribuer la capacité et le souci de s'intéresser à nous que de le croire limité au point de ne pas le faire.

Cependant le lien de dépendance de l'homme à Dieu n'est pas perçu de façon identique par toutes les croyances.

Les animismes imaginent que des puissances surnaturelles, émanation de Dieu, interviennent fréquemment dans les affaires terrestres. Ainsi, le divin est présent dans tous les phénomènes naturels et l'incapacité de l'homme à les maîtriser doit être compensée par des prières et des offrandes à tous ces dieux intermédiaires. Dans cette perspective, les rapports avec les dieux sont le plus souvent empreints de crainte et de méfiance.

Dans l'hindouisme, la conscience du croyant de dépendre des dieux est toujours très vive mais la règle du jeu qu'il faut jouer laisse une grande part de responsabilité. Si les actes sont en conformité avec la situation sociale, la vie ultérieure se déroulera dans de meilleures conditions. Ainsi, après des réincarnations successives de plus en plus favorables, l'esprit pourra espérer s'unir à l'Esprit universel.

Dans l'Islam et le judaïsme, la relation de l'homme à Dieu est très personnalisée : chaque homme a le devoir d'obéir à son Dieu car, après la mort, il sera jugé sur ses actes.

Dans le christianisme, la relation de l'homme à Dieu n'est pas dominée par l'obéissance. C'est un lien d'amour : amour total de la part de Dieu, amour à sa mesure de la part de l'homme. L'obéissance aux lois de Dieu n'est plus imposée autoritairement mais elle est davantage une adhésion volontaire fondée sur cette relation d'amour et de confiance.

Ces différences de conceptions de la dépendance de l'homme à l'égard de Dieu sont évidemment schématiques mais on comprend mieux, en forçant les traits, comment se diversifient plus encore, à partir de ces conceptions, les comportements de l'homme en face de Dieu.

Le comportement de l'homme en face de Dieu

Les religions se placent dans l'hypothèse où Dieu attend de l'homme un comportement conforme à Ses plans. Mais il est clair que Dieu n'emploie pas la manière forte : nous avons manifestement la liberté d'ignorer les lois divines ou de ne pas les suivre. Nous ne sommes d'ailleurs pas bien sûrs de les connaître.

Les religions, elles, sont en général très convaincues qu'elles connaissent ces lois mais elles ne peuvent nier notre part de liberté et elles nous mettent vigoureusement en garde contre les conséquences d'actes qui enfreindraient ces lois.

Dans le souci louable de nous éviter des expériences douloureuses, les religions proposent leurs recettes qui tournent autour de quelques thèmes :
— le respect d'une morale ;
— la prière ;
— l'accomplissement de rites qui constituent la partie la plus visible des religions.

Ces recommandation rencontrent chez les différents individus un terrain plus ou moins favorable et une compréhension plus ou moins grande.

Certes, les religions ont le souci de bien faire et la plupart des hommes ont sans doute besoin d'être guidés, mais la question se pose naturellement de savoir si la religion est un intermédiaire entre Dieu et les hommes.

Par leur comportement, on peut distinguer :
— Ceux qui récusent toute relation avec Dieu, qu'ils en nient l'existence ou qu'ils Le combattent. Bien souvent ces personnes pratiquent une morale qui n'est pas très éloignée de celle proposée par les religions.
— Ceux qui adhèrent à l'idée intellectuelle de l'existence d'un Dieu mais n'en tirent pas de conséquences particulières. Non seulement ces personnes pratiquent une morale mais aussi il leur arrive de prier, même si c'est à de rares occasions et dans l'intimité de leur cœur.
— Ceux qui associent leur croyance en Dieu à leur appartenance à une religion. Ceux-ci s'efforcent, en principe, de respecter une morale, de prier et d'accomplir les rites de leur religion.

Ainsi, si l'on tente d'analyser le comportement de l'homme dans ses rapports avec Dieu, on est amené à distinguer différents niveaux :
— celui de la vie spirituelle personnelle, intime et discrète ;
— celui de l'expression sociale de la vie spirituelle, c'est-à-dire les manifestations de pratique religieuses proprement dites (culte, pélerinages, fêtes religieuses...) mais aussi l'organisation des religions (clergé, formation religieuse...) ;
— celui du comportement social tel qu'il est conditionné par les croyances religieuses. Ceci concerne la morale, les grands moments de la vie (mariage, mort...), l'art, les rapports avec l'argent etc.

Cette réflexion conduira naturellement à examiner ultérieurement les rapports de la religion et de la politique, la politique religieuse des Etats, et, pour finir, l'évolution prévisible des religions.

La vie spirituelle personnelle

La vie spirituelle, expression des relations de l'homme avec Dieu

Vivre une vie spirituelle est une extraordinaire aventure, d'autant plus exaltante qu'elle a un caractère éminemment personnel. De même qu'aucun homme n'est semblable à un autre, l'expression de la vie spirituelle est très différente d'un croyant à l'autre, même pour les fidèles des religions les plus structurées et les plus hiérarchisées.

Les religions ne sont que le cadre, le support, parfois le moteur, d'une vie spirituelle qui ne prend tout son sens que si elle est vécue comme unique et individualisée. C'est pourquoi les religions apparaissent parfois comme un carcan, un inutile habillage, que la société imposerait à la diversité des comportements spirituels.

Il est en tout cas certain que l'étude des religions ne peut pas plus satisfaire l'appétit de vie spirituelle que la contemplation d'un réfrigérateur ne remplace un bon dîner.

La vie spirituelle est une vie intérieure et personnelle dont chacun est libre et responsable. Le lien de chaque homme avec Dieu est unique, ce qui revient à dire que chacun a sa religion.

Une religion constituée qui aurait la prétention de s'ériger en intermédiaire obligé entre l'homme et Dieu serait, de fait, semblable à l'une de ces idoles que les animistes adorent faute de reconnaître Dieu au-delà de cette forme.

Cependant, la recherche personnelle de Dieu par l'homme resterait au niveau de celle de l'homme primitif sans l'aide des religions constituées. Toute élévation de l'homme implique une éducation. Ce qui est vrai pour le corps et l'intelligence n'a aucune raison de ne pas être vrai pour la vie spirituelle. Il y a un acquis de l'humanité dans la recherche de Dieu comme il y en a dans la recherche intellectuelle. La solidarité de l'humanité y est toute aussi vraie, quoiqu'elle se manifeste différemment.

La vie spirituelle est donc une affaire individuelle certes mais ne peut se réussir pleinement en se coupant des autres hommes[1].

C'est là que la religion, en tant que système constitué, joue son rôle, mais il est clair qu'elle n'est qu'un moyen et pas une fin en elle-même.

Dans la quête de son développement spirituel, l'homme ne doit pas davantage négliger l'aide de la religion qu'il ne se passe de l'école pour sa formation intellectuelle. Dans cette optique, le choix de la religion devrait être une préoccupation essentielle, au moins aussi importante que celle des parents de choisir une bonne école pour leurs enfants.

En fait, dans l'écrasante majorité des cas, la religion est déterminée par le contexte sociologique : un Séoudien est musulman et un Suédois luthérien quasiment de naissance. Cette situation n'a pas trop d'importance tant qu'on en reste au niveau primaire de la vie spirituelle : un enfant arrivera bien à lire quelle que soit l'école et il n'a pas besoin, à ce niveau, de professeur agrégé.

Une plus grande ouverture sur les autres religions est cependant souhaitable quand la vie spirituelle s'approfondit. Elle n'est toutefois pas aussi nécessaire que l'est un bon enseignement pour des études supérieures car la comparaison entre vie spirituelle et formation intellectuelle trouve très vite ses limites : il ne s'agit pas de domaines semblables. On trouve dans des religions fort diverses des hommes de très haute spiritualité, ce qui signifie qu'ils ont réussi, grâce à Dieu, à dépasser ce que certaines religions peuvent avoir de limité.

Il ne faut donc pas faire une fixation obsessionnelle sur la religion qui, encore une fois, n'est qu'un moyen. L'essentiel est d'aboutir à un épanouissement spirituel.

Ainsi, même en considérant que toutes les religions n'ont pas les mêmes capacités à assurer cet épanouissement, la nécessité de solidarité avec les autres hommes relativise, en quelque sorte, l'intérêt qu'il y a à rechercher d'abord la religion la plus performante.

L'attitude la plus sage, semble-t-il, est de commencer par rechercher l'approfondissement spirituel au sein de la religion dans laquelle on a été élevé, plutôt que de se laisser attirer par une sorte d'exotisme religieux qui n'a rien à voir avec la spiritualité.

Cependant, si la fidélité à la religion dans laquelle on est né permet d'aborder la vie spirituelle et dans certains cas d'en atteindre les sommets, rien ne devrait faire obstacle à la recherche d'un progrès spirituel grâce à ce qu'enseignent d'autres religions.

En fait, dans ses rapports avec Dieu et la religion, chaque homme mélange en proportions diverses et selon les moments, des comportements d'indifférence, de crainte, de révolte et d'amour. Il n'est donc pas étonnant que les grands courants spirituels et philosophiques de l'humanité reflètent cette diversité.

Si le bouddhisme est indifférent à la notion de Dieu, l'Islam et le judaïsme

La vie spirituelle personnelle 313

mettent davantage l'accent sur l'obéissance ou la crainte et le christianisme sur l'amour. Bien sûr, ceci n'est qu'une caricature et la notion d'amour de Dieu est très présente dans l'Islam et le judaïsme : la phrase la plus fréquente des publications musulmanes est « au nom de Dieu clément et miséricordieux ». Cependant, le mot même d'Islam signifie soumission et les musulmans sont ceux qui sont soumis à Dieu. Le rapport d'obéissance est primordial comme en témoignent les prénoms musulmans en Abd^2 mot qui comporte à la fois les notions d'esclave et d'adorateur. De même, le christianisme ne néglige pas l'obéissance à Dieu et la crainte de son jugement mais le dosage et la coloration de ces rapports à Dieu ne sont pas identiques dans les différentes religions.

Ainsi, un chrétien très respectueux de l'aspect formel de l'obéissance à Dieu sera peut-être plus à l'aise pour comprendre l'Islam qu'un autre chrétien à la spiritualité plus personnelle. A l'inverse, pourquoi certains musulmans de tempérament individualiste n'auraient-ils pas d'affinités spirituelles avec, par exemple, le protestantisme ? S'il existe de tels cas, ils sont extrêmement rares ce qui montre à quel point l'homme est dépendant de la société pour ses rapports avec Dieu.

Rien n'interdit de penser que cette situation évoluera. Le développement contemporain qui est le produit du mode de pensée occidental, tend à accroître l'individualisme de la même façon que l'enseignement tend, globalement, à développer une pensée personnelle. C'en est au point que de nombreux croyants, généralement de niveau intellectuel élevé, renoncent à toute pratique religieuse, considérant que leur relation avec Dieu ne regarde pas la société. Au fond d'eux-mêmes, ils pensent que la participation active à une religion constituée n'apporte pas de valeur ajoutée appréciable. Est-ce à dire que, si ce mouvement se poursuit, nous assisterons à un affaiblissement des religions au profit d'une spiritualité plus individuelle ? Rien n'est moins sûr : la vie personnelle n'est jamais indépendante de la vie sociale, en matière religieuse comme ailleurs.

On peut penser cependant que l'adhésion à une religion sera de plus en plus un choix personnel et de moins en moins la conséquence d'une tradition sociologique. De la même façon, l'approfondissement de la vie spirituelle est le résultat des efforts personnels du croyant et non pas une sorte de promotion à l'ancienneté des bien-pensants convenablement notés.

La démarche de cet approfondissement comporte généralement trois phases :
— trouver Dieu ;
— vivre avec Dieu ;
— vivre de Dieu.

Ces phases recouvrent des réalités extrêmement diverses : chaque croyant a une sensibilité, des dons, une éducation, une expérience qui lui sont propres et rien ne permet, bien entendu, de porter un jugement sur la voie spirituelle que chacun suit.

TROUVER DIEU

Généralement, on parle plutôt de chercher Dieu, comme s'Il prenait un malin plaisir à se cacher. Certes nous n'avons ni la capacité ni la sensibilité suffisantes pour le connaître dans Sa plénitude et Son infini; disons plutôt que nos moyens limités ne nous permettent pas de Le saisir totalement et chacun en a donc une expérience différente.

Le fait même de pouvoir percevoir imparfaitement Dieu est déjà un don de Sa part qui s'ajoute au don qu'il nous a fait de la vie. Mais, alors que nous n'avons pas demandé nous-mêmes à vivre, nous pouvons demander à Dieu de Le rencontrer. Il ne s'agit pas d'une rencontre que l'on provoquerait par curiosité et Dieu n'est pas une destination touristique. Aller vers Dieu suppose que nous fassions le choix, même implicite, d'adhérer à Sa volonté, à Ses projets, même si nous n'avons qu'une conscience limitée et déformée de ce que cela recouvre. C'est pourquoi il arrive même de trouver Dieu sans l'avoir apparemment cherché.

Trouver Dieu est d'ailleurs une expression bien imparfaite. Selon les cas, Dieu est évident, présent, personnel, ou bien Il est diffus, inatteignable, mais cependant bien réel. La perception plus ou moins nette de Dieu peut être continue, imprévue ou occasionnelle. Dieu peut faire sentir clairement une volonté ou, au contraire, s'avérer extraordinairement discret. On peut passer toute sa vie à chercher Dieu sans jamais en avoir la perception claire ou en avoir une vision instantanée, éblouissante et définitive au moment le plus inattendu.

La moindre des prudences est de reconnaître qu'il n'y a rien à y comprendre: c'est d'une nature aussi peu intellectuelle que possible, bien que, pour une faible part, un effort de l'intelligence puisse contribuer à créer les conditions d'une telle rencontre. Rien de comparable toutefois à un jeu de hasard. Les croyants ont la certitude d'un échange avec Dieu: l'homme apporte sa disponibilité, sa prière, sa croyance, ses actes, et il reçoit de Dieu une paix, un besoin d'action, la capacité de supporter la souffrance, la joie d'aimer les autres, en fait n'importe quoi mais ce don est reconnu comme venant de Dieu et il produit toujours un bouleversement intérieur. Celui qui a eu cette expérience de Dieu en est marqué de façon indélébile: il ne sera pas davantage prêt à renoncer à sa vie spirituelle qu'un intellectuel n'est prêt à renoncer à penser. Il est très difficile toutefois de communiquer cette expérience à autrui et, plus encore, de la faire partager, tant elle est manifestement un don de Dieu et non le résultat d'une recette.

C'est pourquoi il semble bien qu'on ne puisse comparer l'expérience mystique de Dieu qu'ont eue des fidèles de diverses religions, surtout dans le

La vie spirituelle personnelle 315

christianisme et le soufisme musulman, avec les phénomènes de possession par un Dieu que l'on rencontre en particulier dans les animismes comme le vaudou. La différence tient au fait qu'une initiation, obtenue par un rite dont un homme est prêtre, n'a rien de commun avec un don libre de Dieu. D'ailleurs le baptême, la circoncision ou la première récitation de la chahada qui marquent respectivement l'entrée dans le christianisme, le judaïsme ou l'Islam ne provoquent généralement pas l'éblouissement d'une rencontre avec Dieu.

Une autre différence importante avec les possessions animistes est que ces dernières sont constatées par des tiers — changement temporaire de comportement — alors que les intéressés ne se souviennent de rien une fois le dieu reparti.

Enfin la possession est toujours de même nature et ne se produit jamais à moitié alors qu'une rencontre mystique avec Dieu peut revêtir les formes les plus diverses, être unique ou répétitive, avoir une plus ou moins grande intensité.

C'est pourquoi il est impossible de faire un partage net entre un croyant convaincu de l'existence de Dieu mais qui n'a pas conscience d'avoir été marqué par un événement spirituel spécial et un autre croyant à qui une expérience mystique est arrivée : les uns et les autres ont à vivre avec Dieu.

VIVRE AVEC DIEU

L'homme, même croyant, a incontestablement des difficultés à vivre une vie spirituelle. Nous sommes tous assez occupés à gagner notre vie, à bâtir une œuvre ou une famille, à rechercher notre propre jouissance pour que la place laissée au spirituel soit vraiment importante. Il en est de même d'ailleurs pour la vie intellectuelle et l'on ne peut pas dire que la recherche d'une pensée personnelle soit l'obsession constante de l'être humain. Cependant, on peut vivre d'une activité intellectuelle, même si elle n'est ni créative ni originale, et l'exercice cérébral a sans doute des avantages si l'on en juge au peu d'empressement des intellectuels à prendre une retraite végétative ou à se reconvertir à des carrières manuelles.

La vie spirituelle, elle, n'apporte aucun confort matériel ; elle nourrit mal son homme, à l'exception de certains gourous qui exploitent la crédulité de leurs adeptes. Il est dans la nature des religions de recommander un certain dépouillement propice à rapprocher de Dieu. Cette austérité est propre à rebuter ceux qui voudraient l'intimité de Dieu sans s'éloigner de leurs plaisirs et de leur confort.

Tout naturellement, ceci conduit à un compromis entre l'idéal proposé par Dieu, tel qu'il est interprété par les religions, et ce que chacun a envie de faire, selon son tempérament et son éducation, l'ensemble étant conditionné par la pression sociale. En Islam, cette dernière est assez forte pour que la société paraisse extérieurement très religieuse. Ceux qui n'ont pas d'appétit pour la vie spirituelle doivent s'en accommoder, ils vivent en « hypocrites ». Une situation semblable se rencontre dans certaines zones rurales de pays anglo-saxons, en Australie par exemple, où la communauté est structurée selon l'appartenance à telle ou telle Eglise et où les non-cotisants sont considérés comme des parias.

Dans les pays où se pratique la tolérance, comme le sont généralement ceux de culture bouddhiste ou d'Europe occidentale, de nombreux croyants se comportent apparemment comme si Dieu ne les préoccupait pas. Ils font appel à Lui quand le besoin de son aide se fait sentir, sans bien réaliser le manque de dignité d'une attitude qui prend Dieu pour une bouée de sauvetage et suscite l'ironie des incroyants.

Ces diverses attitudes manquent évidemment de logique : il faut bien constater que l'extrême discrétion de Dieu ne laisse place, malgré tout, qu'à l'acceptation ou au refus de ce qu'il propose, c'est-à-dire de Lui faire confiance et de Le suivre. Le suivre à moitié, si l'on croit en Lui, ou faire semblant de Le suivre sous la pression de la société, si l'on n'y croit pas, sont des positions incohérentes.

Une réflexion analogue peut se faire à propos des religions : concevoir la religion comme une fin en elle-même est une forme d'idolatrie ; prendre la religion pour un club ou un « parti de Dieu »[3] où se retrouvent des initiés privilégiés fait injure à l'universalité du Créateur ; considérer la religion comme une explication philosophique possible de l'univers limite la grandeur de Dieu.

Finalement, il semble bien que la seule position cohérente avec la foi en Dieu n'est pas de vivre avec Lui comme avec un voisin de palier indifférent mais de vivre de Lui. C'est ce que recherchent les mystiques de toutes les religions.

VIVRE DE DIEU, LE MYSTICISME

Puisque Dieu est le créateur par excellence, nous vivons de Lui, physiquement, dès la naissance. Nos parents et la longue chaîne de l'évolution ne sont que des intermédiaires. Nous n'avons d'existence indépendante que grâce à

La vie spirituelle personnelle 317

la liberté que Dieu nous donne. Le seul vrai problème de l'existence est de savoir quel usage nous devons faire de cette liberté.

Pour celui qui croit que le don de la liberté est une des preuves que Dieu est Amour, le choix consiste à répondre le mieux possible à cet amour. Les trois grandes religions monothéistes — judaïsme, christianisme et Islam — s'accordent sur cette position, aux différences de sensibilité près.

Pratiquement, pour vivre de Dieu, le croyant doit maintenir un contact constant avec Lui par la prière. Nous verrons bientôt comment s'exprime cette prière dans diverses religions. Quelle que soit sa forme, la prière est sous-tendue par une attitude de confiance : le croyant sait que Dieu ne l'abandonnera pas et que les différentes péripéties de la vie ne sont que des occasions de rendre à Dieu une part de l'amour reçu de Lui.

L'homme ne pourra jamais, bien sûr, donner à Dieu un amour à Sa mesure mais Dieu le sait et n'attend de l'homme que l'amour dont il est capable.

La première preuve d'amour à donner, semble-t-il, est la reconnaissance. On imagine mal comment l'amour pourrait s'accommoder de limitations du style : « mon Dieu, je vous aime bien, mais vous pourriez en faire un peu plus, cela me permettrait de vous aimer davantage ». On sent bien à quel point un tel langage est un marchandage, à l'opposé de la spontanéité d'un amour vrai. Quand on reçoit un cadeau, les remerciements concernent le geste dont on bénéficie et non la valeur de ce qu'on reçoit, sinon ce ne sont plus des remerciements, c'est du troc.

Aimer, c'est aussi rechercher la présence de l'être aimé. Trop de gens se comportent avec Dieu en fonction du principe : « je t'aime encore mieux quand tu n'es pas là ». Dieu n'est jamais lointain, mais Il est discret. Sa présence n'est pas encombrante : si vous ne voulez pas Le voir, vous ne le verrez pas mais si vous Le cherchez, Il est là, même si vous n'en avez pas la claire perception.

Les mystiques, eux, vivent de Dieu en plénitude. De ce fait, leur approche du divin est plus sensible que rationnelle, car la raison ne leur donnerait pas assez d'élan. Les mystiques vivent pour leur Dieu un amour passion alors que, par comparaison, les autres formes de vie spirituelle évoquent un amour raisonnable, si ce n'est un amour platonique.

Le mystique a des certitudes là où d'autres ont des croyances, il est enthousiaste, il vibre, il rayonne, il étonne mais il entraîne. Sa prière n'est pas formelle, c'est un cri, un chant, un poème, parfois une danse. Son inspiration est sans limite, sans contrainte, à la dimension de Dieu. Il ignore les arguties et les ergotages des théologiens froids, il saute l'obstacle et embrasse tout dans une vision fulgurante du divin.

Chaque époque de l'histoire et chaque religion a ses mystiques. Même volontairement enfermés dans un couvent, ils ne passent pas inaperçus. Des foules viennent les consulter et chacun ressent leur rayonnement, le court-circuit qu'ils établissent avec Dieu.

Quoique le mysticisme soit, par nature, éminemment personnel, il marque profondément chaque religion car il en est le sommet et le paroxysme. Il dépasse d'une telle hauteur la pratique étriquée de la plupart des fidèles que les conventions et les structures lui importent peu. C'est pourquoi le contraste est souvent si frappant entre la vie spirituelle personnelle des grands mystiques et la vie religieuse affadie de ceux pour qui Dieu n'est qu'une hypothèse ou une assurance pour l'au-delà.

Pourtant, les mystiques ne sont pas coupés de la religion qui les a engendrés, bien au contraire, ils en sont le moteur spirituel.

Il ne faut jamais perdre de vue, quand on observe les religions de l'extérieur, ce qui sous-tend leurs manifestations publiques ou ce qui motive leurs positions dans la vie sociale. On ne peut juger une religion que sur ses saints.

---

[1] Les ermites, qui vivent dans l'isolement le plus total, se considèrent comme très étroitement liés aux autres hommes par la prière.
[2] Adballah, serviteur de Dieu ; Abd er Ralman, serviteur du Miséricordieux...
[3] En arabo-persan : hezbo'llah.

Les religions dans la vie sociale

Les religions mènent à Dieu, mais elles sont faites par des hommes. Rien d'étonnant qu'elles aient les limites, les insuffisances ou les faiblesses de toute œuvre humaine et qu'on y trouve une bonne dose de passion et d'imagination.

Les religions sont aussi un phénomène de société. La vie spirituelle interfère avec la vie quotidienne dans une mesure éminemment variable selon les différentes religions mais elle est toujours une composante importante de la culture des peuples.

Précédemment, nous avons décrit en quoi consistent les principales croyances religieuses. Elles ont toutes l'ambition de modeler l'homme selon leur idéal, ce qui se traduit par la recommandation de pratiques et l'édiction de règles dont certaines sont de nature purement religieuse et d'autres touchent différents aspects de la vie en société.

C'est à une description comparative de ces pratiques et de ces règles que nous convions maintenant le lecteur. Selon nos dispositions d'esprit, ce sont les analogies ou, au contraire, les différences qui ressortiront le plus nettement. Il a paru en tout cas plus intéressant de rassembler ces faits religieux par thèmes, ce qui suggère des rapprochements instructifs, plutôt que de les avoir joints aux descriptions monographiques précédentes qui s'en seraient trouvées exagérément alourdies.

Notre présentation suivra le plan suivant:

la vie publique des religions
— le sacré, le culte et les rites, la prière...
— Le surnaturel, apparitions et miracles
— Les pélerinages
— L'encadrement des fidèles, prophètes et clergé...

les interférences de la religion et de la vie sociale
— les religions et la morale, le bien et le mal...
— la religion et les coutumes, les cérémonies, la mort
— la religion et l'art
— la religion et l'argent
— la religion et l'enseignement

La vie publique des religions

Le sacré

L'association du religieux et du sacré semble aller de soi. Le grand spécialiste des religions, Mircea Eliade, met le sacré au centre de toute religion. Cependant notre époque perd, paraît-il, le sens du sacré : en est-elle moins religieuse pour autant ? La réponse dépend en partie de ce que recouvrent les mots. Au sens strict, est sacré ce qui se rattache au divin[1]. La conception du sacré varie donc selon les religions, c'est-à-dire selon l'idée qu'elles se font de Dieu.

On peut voir Dieu partout, ce qui conduit à prendre d'infinies précautions pour la moindre action : ainsi, un animiste fera une prière à l'arbre qu'il va couper pour s'excuser de son geste sacrilège mais nécessaire.

On peut, comme les musulmans, considérer que seul Dieu est véritablement sacré et rejeter énergiquement tout ce qui, de près ou de loin, ressemble à un culte pour autre que Lui.

Ce que personne ne conteste, c'est que Dieu est à part : Il est d'une autre nature et hors de notre portée. Nos rapports avec Dieu relèvent donc de techniques de communication particulières. Nous ne pouvons en effet Le laisser là où Il est, nous avons trop à Lui demander, insatisfaits que nous sommes de notre condition et ignorants de ce qu'Il nous réserve.

Les difficultés de communiquer avec Dieu ont toujours suscité des vocations de médiateurs : des hommes initiés ou inspirés se sont toujours trouvés à point nommé pour aider leurs semblables à s'approcher du mystère de Dieu ou des dieux. Prêtres, pasteurs, guides spirituels, gourous, chamans, se rencontrent dans toutes les religions, et ces religions sont elles-mêmes des intermédiaires entre l'homme et le divin.

Tout ce qui touche à Dieu étant sacré, les religions et ses ministres se considèrent facilement comme imprégnés par le sacré de leur fonction. La dignité de Dieu rejaillit sur tous ceux qui croient en Lui et Le servent. Les chrétiens, dans leurs moments de lyrisme, se déclarent un peuple de prêtres, de prophètes et de rois...

On ne sait plus jusqu'où s'étend le sacré, mais il se manifeste : reflet d'une puissance surnaturelle, le sacré se voit, se rencontre, se touche. Il y a des espaces sacrés — temples et villes saintes — des textes sacrés, des objets sacrés, comme les reliques.

Le sacré est parmi nous, le monde entier est la résidence secondaire de Dieu : Il en est le maître et Il s'y manifeste quand et comme Il veut. Il y a toujours une place possible et imprévisible pour le surnaturel et les miracles. Soutien des croyants et défi à la logique, ces phénomènes confèrent un caractère sacré aux lieux où ils se déroulent. Des pèlerins s'y rendent en quête des traces de ce sacré auquel ils aspirent.

Pourtant le sacré est insaisissable il est le plus souvent caché ou, tout au moins, discret. Rencontrer le sacré est affaire de croyance : ce qu'on voit à l'apparence du normal, le sacré sous-jacent est invisible, on ne peut en parler que par analogies, par symboles.

On ne peut agir sur le sacré que selon des rites, eux aussi symboliques. Ainsi le monde du sacré pousse-t-il ses ramifications dans les domaines les plus inattendus.

Il est sûrement impie de se demander si tout cela est bien raisonnable. N'est-ce pas surtout l'enthousiasme des croyants qui crée le sacré ? Dieu se préoccupe-t-Il vraiment autant de la forme ? Lui qui nous a créés avec une intelligence et un esprit critique, n'a-t-Il pas quelques raisons de s'agacer de l'usage limité que nous en faisons parfois ?

Ceci est un autre sujet. A présent, notre propos se veut descriptif. Cependant nous ne pouvons être exhaustifs. Nous avons retenu ce qui nous semble susceptible de caractériser le plus fidèlement le fait religieux au travers des différentes croyances. Nous commencerons par les symboles car ils sont omniprésents, précisément parce qu'il est impossible de parler de ce qui est caché autrement qu'avec les mots de tous les jours.

Les symboles

Parler par symboles ou par images n'est pas un genre contemporain. Au siècle de la télévision, il ne paraît pas nécessaire de procéder par comparaisons : l'image directe est partout accessible, même sur la lune.

Pourtant, Dieu merci, l'imagination garde une place primordiale : ce sont les associations d'idées qui permettent le progrès de la science et donnent tout son charme à la poésie. Quant au surnaturel, par définition, on ne peut que l'imaginer et toute description passe par des comparaisons symboliques. Pour évoquer l'enfer ou le paradis, en admettant qu'ils existent, référence sera faite à ce que nous connaissons de pire ou de meilleur. Le paradis est imaginé comme la surabondance des biens que nous recherchons : les mélomanes le croient rempli de chants mélodieux, les machos de houris ravissantes et les hommes du désert le voient comme un jardin soigneusement cultivé — le jardin d'Eden — où murmurent des sources abondantes.

Cependant l'usage des symboles pose un redoutable problème de communication : chacun est naturellement porté à les interpréter en fonction de son caractère et de son expérience mais aussi du contexte. Ainsi un même message pourra être compris de façon fort différente selon l'interlocuteur. Plus précisément, des difficultés peuvent provenir d'une interprétation soit trop littérale, soit trop symbolique d'un même texte. Des esprits étroits peuvent se scandaliser d'interprétation qu'ils jugent trop éloignées du texte et, à l'inverse, des esprits trop intellectuels peuvent aboutir à des interprétations tendancieuses qui trahissent le sens des mots. Aucune religion fondée sur un texte sacré n'échappe à cette difficulté qui est la source de bon nombre de querelles ou de conflits. Il est compréhensible qu'un croyant, persuadé qu'un texte est d'origine divine — la parole même de Dieu comme le Coran ou inspiré par Dieu comme la Bible — ait les plus grandes difficultés à s'écarter d'une lecture littérale. Les Témoins de Jéhovah et les musulmans, par exemple, sont toujours très soucieux de se rattacher à la lettre des textes sacrés. Pourtant, ni les uns ni les autres ne peuvent éviter une certaine par d'interprétation de ces textes. Ainsi les « hadiths » commentaires du Coran faits par le prophète Mahomet ou ses compagnons viennent préciser le texte sacré et en constituent la jurisprudence.

Dans les évangiles, la règle du jeu est claire : Jésus-Christ annonce qu'il parle par paraboles — c'est-à-dire par images, par comparaisons — pour que son discours soit compris par le cœur plus que par l'esprit[2]. Cette méthode d'expression est courante en Orient. Le bouddhisme en particulier y recourt fréquemment. Ce qu'on gagne en facilité de compréhension par des gens de formations différentes risque d'être perdu par manque de précision du message. Le langage symbolique est, de ce fait, mieux adapté à des religions qui laissent une certaine place à la liberté individuelle d'interprétation.

Naturellement, on choisit pour symboles ce qui est suffisamment familier pour être évocateur : l'eau, la lumière, l'œil, le bras..., comme nous le verrons plus loin.

Mais l'emploi des symboles devient parfois une sorte de jeu intellectuel. Au lieu que les symboles évoquent l'inconnaissable, comme c'est leur fonction première, certains leur confèrent une valeur cachée de telle qu'ils interprètent à peu près n'importe quoi de façon symbolique.

L'exemple le plus étonnant de cette déviation porte sur les chiffres et les lettres : pendant longtemps, les langues telles que l'arabe ou l'hébreu ont donné à leurs lettres une valeur numérique, de la façon dont nous identifions des paragraphes en les désignant aussi bien par A/, B/, C/, D/, que par 1/, 2/, 3/, 4/. A partir de cette équivalence lettre/ chiffre, chaque mot peut prendre une valeur chiffrée, somme des valeurs des lettres qui le composent. On en déduit des conclusions extravagantes : si un personnage porte un nom qui par exemple, conduit au même nombre que celui du démon, on déduira qu'il est diabolique. Ce rôle étrange des chiffres se retrouve, à différents degrés, dans toutes les formes ésotériques des religions[3] mais il atteint son point culminant dans la Kabbale juive.

De nos jours, cette tendance à la lecture symbolique paraît bien passée de mode, mais elle reste, malgré tout, enracinée sous d'autres formes au plus profond de nous-mêmes. Pour bon nombre d'entre nous, les mots ont une valeur en eux-mêmes et nous y attachons souvent plus d'importance qu'à la réalité qu'ils recouvrent. Les mots deviennent ainsi une sorte d'incantation magique qui tend à forcer la réalité. Ce phénomène est encore très fréquent dans le vocabulaire politique. Les politiciens de tous bords sont passés maîtres dans l'usage de mots ronflants déconnectés de leur sens d'origine : ainsi on appelle parfois « république démocratique populaire », ce qui est une façon de dire trois fois la même chose[4], un système politique où, précisément, on ne laisse aucun choix au peuple.

En matière religieuse, on n'échappe pas à ce vertige des mots. Malgré les efforts de théologiens de préciser autant que faire se peut leur vocabulaire, on a vu au cours des siècles des croyants s'entredéchirer au nom de notions abstraites qu'ils étaient loin de bien comprendre. Est-on bien sûr que les anciennes divergences entre catholiques et protestants sur la grâce, le libre-arbitre ou la transsubstantiation[5] n'étaient pas de cette nature ?

En somme, et pour nous résumer, l'inconnaissable de nature spirituelle ne peut se décrire que par des mots sortis de leur sens propre, des symboles, bien incapables de rendre précisément une réalité inaccessible. Mais l'homme ne peut renoncer à exprimer comme il peut ce qu'il ressent ou ce qu'il recherche, ce qui est sa raison d'être sur cette terre, son appartenance au mystère de la création et son lien avec le Créateur. Son obstination le conduit parfois à des divagations. Cependant le rapprochement entre le concret de la nature et l'inconnaissable du monde spirituel est aussi source de poésie et d'excitation intellectuelle.

Quelques exemples permettront d'apprécier la place des symboles dans l'expression des mystères des religions.

LE FEU ET LA LUMIÈRE

Le mot arabe pour *feu* est *nar*, de la même racine que *nour* qui désigne la lumière. C'est cette racine qu'on retrouve dans *manar*, le lieu où l'on place le feu, le phare, d'où l'on a tiré *minaret*. En hébreu, la même formation a produit *menorah*, nom du chandelier à sept branches.

Ainsi la lumière et le feu sont-ils liés étroitement à ce qui symbolise peut-être le mieux l'Islam et le judaïsme: le minaret et le chandelier à sept branches. Le cierge, à la fois feu et lumière, tient une place importante dans les cérémonies chrétiennes, notamment pour le baptême et à Pâques. Il est souvent placé par les dévots au pied des statues des saints en témoignage de respect et de reconnaissance.

Chez les zoroastriens, le culte principal est rendu au feu, élément sacré par excellence au point qu'il serait impensable de le souiller en y brûlant un cadavre.

Le culte rendu au feu remonte, à coup sûr, aux premiers âges de l'humanité. La peur qu'il inspire par sa puissance destructrice en faisait tout naturellement un dieu qu'il fallait se concilier. L'imagerie populaire chrétienne voit encore l'enfer comme un feu éternel. La religion védique, l'une des plus anciennes que nous connaissons, adorait Agni, dieu du feu[6]. Chez les Grecs, le dieu suprême Jupiter était le maître de la foudre, le feu le plus dévastateur. L'association du feu et de la lumière est éclatante dans les étoiles et en particulier le soleil, d'où nous vient lumière et chaleur. L'adoration du dieu-soleil, chez les Egyptiens et les Aztèques en particulier, était le culte central. On pense généralement qu'il existe une parenté entre le mot *dieu* lui-même et différents mots des langues indo-européennes portant le sens de *jour*: *dies* en latin, *diurne* et *jour* en français, *din* en hindi etc.

Mais le feu n'est pas que destructeur, il purifie également, il cautérise, il cuit les aliments. La purification par le feu est absolue, elle ne laisse rien de la nature périssable. Les Hindous brûlent solennellement leurs morts sur un bûcher, les veuves y rejoignaient même jadis leur mari défunt. Ainsi l'âme est définitivement détachée de son enveloppe terrestre à jamais disparue et peut se réincarner.

L'EAU

Il n'y a pas de vie sur terre sans eau; elle est omniprésente: on la boit, on s'en lave, on y navigue, on peut s'y noyer. Redoutable ou bénéfique, l'homme y est attaché comme s'il se souvenait de la lointaine origine aquatique des animaux ou de sa vie de fœtus baignant dans le liquide amniotique.

Aussi l'eau apparaît-elle dans tous les mythes et toutes les religions. Le déluge, par exemple, qui a peut-être une réalité historique, est le symbole de l'épreuve au travers de laquelle passent ceux que Dieu veut sauver. D'une façon analogue, c'est l'eau de la Mer Rouge que Dieu a écartée pour que les Juifs fuient l'Egypte et c'est sous cette eau qu'il a englouti les soldats du pharaon lancés à leur poursuite.

Le plus souvent, l'eau est symbole de purification: se laver est l'image de la pureté spirituelle que l'on souhaite retrouver. On se lave de ses fautes, on est lavé de tout soupçon. C'est de là que procède le rite du baptême que certaines

Les religions dans la vie sociale 325

Eglises protestantes pratiquent par immersion totale : changer de vie pour devenir chrétien implique de passer par l'eau purificatrice. L'usage de l'eau du bénitier pour se signer à l'entrée de l'église relève du même symbolisme, ainsi que l'aspersion d'eau bénite des fidèles au cours des cérémonies chrétiennes. La fête du nouvel an birman, thingyan, efface tout ce que l'année passée a pu avoir de mauvais grâce à l'arrosage copieux de tous les amis du voisinage.

L'Islam requiert des rites de purification par l'eau avant la prière : les ablutions rituelles sont exigées pour chaque prière si, depuis la précédente, on a subi une impureté telle qu'émission de gaz ou d'urine, sommeil ou vomissement. Rappelons qu'en cas de manque d'eau, le musulman est autorisé à employer du sable.

Les hindouistes pratiquent également des ablutions avant d'entrer au temple. Le Gange et quelques autres rivières sont sacrés. On s'y plonge pour se purifier et l'on y disperse les cendres des morts.

Des rites similaires se retrouvent dans le bouddhisme japonais : lors de la fête d'obon, les esprits des ancêtres, représentés par de petites bougies, sont placés dans des boîtes en carton qu'on fait dériver au fil de l'eau.

Un autre symbole de l'eau est celui de l'immensité de la mer : on le trouve dans le titre de Dalaï Lama, c'est-à-dire le lama-océan, un océan de sagesse[7].

Les végétaux

Les religions ne sont pas les seules à prendre fréquemment pour symboles des végétaux, arbres ou fleurs. D'une façon générale, ils évoquent la vie, l'épanouissement, la beauté.

La *rose*, qui accompagne les apparitions de la Sainte Vierge, a été adoptée par les Rosi-cruciens et le parti socialiste : sa beauté est indissociable de ses épines qui expriment qu'aucune réussite ne s'obtient sans souffrance.

Le *lotus* est constamment présent dans le bouddhisme : cette fleur des marécages symbolise la beauté qui sort de la boue.

Le *lys*, fleur des rois de France qu'on trouve encore sur le drapeau du Québec est cité dans l'Evangile pour sa blancheur, symbole de pureté et de perfection de l'œuvre de Dieu.

Le *cèdre* est symbole de puissance et d'enracinement dans la terre. Il est celui des chrétiens du Liban, bien qu'il reste peu d'arbres des grandes forêts de jadis.

Le *sénevé*[8] est pris dans l'Evangile comme exemple d'une graine minuscule qui produit cependant une grande plante, symbole des conséquences importantes d'une action mineure.

Le *sapin*, vert en hiver, est le symbole de la continuation de la vie et de Noël.

La *vigne* est fréquemment citée dans l'Evangile pour les fruits abondants qu'elle donne après avoir été bien taillée : symbole des sacrifices que nous devons faire pour être productifs.

La végétation est inséparable de l'image que les religions se font du paradis, le jardin de l'Eden. C'est par la consommation du fruit défendu de l'arbre de la science du bien et du mal que commence symboliquement, selon la Bible, l'histoire de l'humanité souffrante.

Les parties du corps

Rares sont les parties du corps qui n'ont pas un sens symbolique dans une religion ou une autre. On peut ainsi passer en revue quelques pièces de notre anatomie :

— Le *cœur*, avant d'être relégué par la science au rang d'une vulgaire pompe interchangeable, était considéré comme l'organe le plus noble, le siège de la vie. C'est en fait le seul de nos organes dont la vie est perceptible par ses battements. De là, on en a fait tout naturellement le siège des passions, de l'amour, de l'intuition... Il a même été récupéré par la politique puisque le cœur est à gauche. La religion aztèque qui s'était mis l'étrange idée en tête que le soleil avait besoin de sang pour tourner (peut-être parce qu'il est rouge au début de sa course) lui sacrifiait quotidiennement des êtres humains à qui l'on arrachait le cœur de la poitrine.
La religion catholique n'a perdu que récemment l'habitude de conserver dans des urnes le cœur de ses papes. Un culte particulier est rendu au Sacré Cœur de Jésus, représenté au verso de la médaille miraculeuse couronné d'épines et percé d'un glaive.
— L'*œil* symbolise tout naturellement la perception intellectuelle et spirituelle. C'est aussi l'organe du contrôle et, comme tel, le symbole du pouvoir à qui rien n'échappe. Dans la Bible, l'œil symbolise la conscience : l'homme est constamment sous l'œil de Dieu. Dans l'hindouisme et le bouddhisme, le « troisième œil » est celui qui voit les réalités cachées du monde spirituel. Shiva est parfois représenté avec le soleil pour œil droit et la lune pour œil gauche.
— Le *phallus* est symbole de fécondité. Sous le nom sanscrit de lingam, il est l'ornement de nombreux temples hindouistes et représente Shiva, le dieu créateur. Chez les Grecs, la cuisse désigne, par euphémisme, les testicules. Se croire sorti de la cuisse de Jupiter, c'est se prendre pour l'enfant du dieu.
— Le *pied*, au contact du sol, est la partie la plus basse de l'individu ; il reçoit toutes les souillures. Se mettre aux pieds de quelqu'un est symbole d'humilité. Le Christ a lavé les pieds de ses apôtres et le pape renouvelle ce geste tous les ans à Pâques. Se déchausser dans les mosquées ou les pagodes est symbole de respect.

LES ATTITUDES DU CORPS

Certaines attitudes du corps portent en elles-mêmes une signification dont il faut rechercher le sens au fond de notre nature. Se prosterner, se plier devant quelqu'un est partout une marque apparente de respect. Il n'existe pas de peuple où la marque de respect consiste à se mettre sur la pointe des pieds ou à faire saillir l'abdomen. S'abaisser devant l'autre, c'est reconnaître sa grandeur, sa supériorité.

Par transposition, s'abaisser devant Dieu va de soi : plier le genou ou se mettre à genoux se retrouve dans la prière chrétienne ou musulmane. Celle-ci répétée cinq fois par jour, est une succession d'attitudes symboliques, debout, assis, prosterné. Dans l'ordination des prêtres catholiques, les nouveaux clercs s'allongent complètement sur le sol, face contre terre en signe d'humilité et de soumission.

Le symbolisme des gestes est aussi très explicite dans le bouddhisme où les différentes positions du Bouddha, dites mudra, expriment plus sûrement qu'un discours les attitudes fondamentales : la position assise est le symbole de la méditation et de la prédication ; la position couchée, celle du calme spirituel ou de la mort ; la position debout est le symbole de la bénédiction et de la protection. A cela s'ajoute le symbolisme des gestes de la main : par exemple, si le Bouddha tourne les doigts vers le sol, c'est qu'il prend la terre à témoin.

Souvent la signification des gestes est purement conventionnelle et n'a rien à voir avec la religion. Ainsi, dans les pays bouddhistes, il est indécent de toucher de la main la tête de quelqu'un, même un enfant, ou bien, quand on est assis par terre, d'orienter ses orteils vers autrui ; la jambe doit rester repliée. Dans les églises orthodoxes, se tenir avec les mains croisées derrière le dos est d'une horrible impiété. Aux Antilles, certaines vieilles dames recevant la communion catholique s'efforcent de toucher de la langue les doigts du prêtre pour s'attirer toutes sortes de bienfaits célestes...

Souvent également, la posture n'est pas tant un symbole qu'un moyen de préparer l'esprit à la méditation. C'est le cas du yoga qui joue un rôle important de relaxation dans le bouddhisme Zen. Chez les derviches tourneurs, mystiques musulmans dont on trouve quelques confréries au Moyen-Orient, notamment à Konya en Turquie, c'est une danse sur soi-même, lente puis accélérée, qui vide l'esprit de toute réalité pour préparer l'accès au divin.

Il serait facile de multiplier les exemples de symboles employés par les différentes religions : tout être ou tout phénomène de la nature, à peu près, a été un jour ou l'autre pris comme symbole.

Si cet état de chose témoigne de la richesse de l'imagination humaine, il ne faut pas tomber dans le travers qui consisterait à voir dans les symboles une réalité cachée. Le symbole reste et doit rester une façon d'exprimer ce qui est difficile à décrire, rien de plus. Parfois d'ailleurs un même symbole est interprété différemment selon les cultures : par exemple le blanc, symbole de pureté en Occident, est celui de la mort en Chine.

Les livres sacrés

A l'exception des animismes, toutes les religions se réfèrent à des textes fondamentaux auxquelles elles confèrent un caractère « sacré ». Les Juifs et les chrétiens ont la Bible, les musulmans ont le Coran, les zoroastriens l'Avesta, les hindouistes les Vedas, les Upanishads et les épopées du Mahabharata et du Ramayana, les bouddhistes le Tripitaka, les Sikhs le Granth, les Saints du Dernier Jour le Livre de Mormon etc.

La nature sacrée de ces livres varie largement selon les religions : nous avons vu que le Coran et le Livre de Mormon sont considérés par les croyants comme la parole même de Dieu, tandis que les autres sont reconnus comme écrits de la main de l'homme mais inspirés, à des degrés divers, par Dieu ou des divinités.

Nous ne reviendrons pas ici sur les deux premiers qui ont été présentés respectivement dans les chapitres sur l'Islam et sur les Mormons. Pour ne pas multiplier de trop longues descriptions, nous nous limiterons à quelques réflexions sur les livres sacrés de l'Inde et sur les Evangiles.

La littérature sacrée indienne est l'une des plus anciennes qui aient été conservées. C'est cette tradition écrite qui a constitué le support de la civilisation indienne jusqu'à l'époque contemporaine.

Les premiers livres connus sont les *Vedas*, au nombre de quatre. Ils auraient été inspirés aux sages (les « rishis ») par les divinités. Ces textes, peut-être tirés d'une tradition orale plus ancienne, ont été transcrits vers le VIIIe siècle av. J-C dans une langue proche de celle de l'Avesta de la religion zoroastrienne. Le texte définitif remonte au IVe siècle avant notre ère.

Veda signifie « connaissance » en sanscrit. Le premier Veda, le Rig-veda (« la connaissance des chants ») est un long ouvrage comportant 1017 chants, soit 10 402 stances de 8 à 58 vers. Les autres Vedas traitent des formules sacrificielles (Yajur Veda), des mélodies (Sama Veda) et des formules magiques et des prières (Athava Veda).

Les Vedas sont complétés par les *Upanishads*, au nombre de 108. Ces textes relativement courts écrits en sanscrit par divers auteurs, ont été composés sur une longue période, entre la fin des temps védiques et le IXe siècle. Ils donnent des explications sur la nature de l'univers et ont été eux-mêmes l'objet de nombreux commentaires. Un des plus connus de ceux-ci est le *Vedanta*, « la fin des Vedas », qui constitue, avec le Yoga, un courant majeur de la philosophie de l'Inde.

En outre, une série de textes anciens, les *Puranas*, traditionnellement au nombre de 18, traite dans un assez grand désordre de sujets mythiques, religieux ou profanes. Ces textes, qui comportent couramment plus de 10 000 stances chacuns servent de référence aux différentes sectes de l'hindouisme qui y trouvent la justification de leurs particularismes.

Enfin, deux épopées majeures, le *Mahabharata* et le *Ramayana*, complètent la longue liste des textes fondamentaux de l'hindouisme. Ils ont pris leur forme définitive avant le VIe siècle de notre ère. Ces énormes ouvrages (200 000 vers pour le premier, 48 000 pour le second) peuvent être considérés comme l'équivalent indien de l'Iliade et de l'Odyssée, à ceci près que leur influence reste intacte et que leur caractère religieux est plus marqué.

Le Mahabharata traite d'une façon mythique d'une bataille entre deux clans indo-européens. Le volume le plus célèbre de cet ouvrage est le *Bhagavad-Gita*. Il est considéré par les hindouismes comme un livre révélé au point qu'une fondation pieuse finance sa mise à disposition dans les chambres des grands hôtels indiens, comme l'Association protestante des Gédéons le fait pour la Bible. Le héros du Mahabharata est Krishna, incarnation de Vishnou, qui trouve dans les épisodes de la bataille l'occasion d'exposer la philosophie du Vedanta.

Le Ramayana évoque pour sa part un autre épisode dont le fonds est historique, la conquête du Sud de l'Inde et de Sri Lanka par les Aryens. La forme est cependant très romanesque et tourne autour d'une histoire d'amour de Rama, autre incarnation de Vishnou.

Comme on le voit, les livres sacrés de l'hindouisme sont de genre très variés et ne se limitent pas aux sujets religieux. Cette imposante littérature constitue plutôt un environnement culturel, fonds commun de tous les peuples hindouistes, depuis le Népal jusqu'à Bali. En réalité, le terme de sacré employé pour désigner ces livres est peut-être à prendre paradoxalement dans un sens profane, comme on parle de l'héritage sacré de nos traditions ancestrales.

Par contraste la Bible, dont les genres littéraires sont également variés, paraît très monolithique, centrée qu'elle est sur l'histoire du peuple élu et de ses rapports avec son Dieu. C'est cette omni-présence de Dieu qui, peut-on dire, lui donne son caractère sacré.

En comparaison avec l'imagination débordante des textes mythiques de l'Inde, les Evangiles ont la sobriété d'un moderne reportage journalistique. Pourtant leur témoignage de la vie de Jésus peut difficilement se comparer à un article de fait divers relaté par différents chroniqueurs.

A l'époque l'écriture était peu répandue alors que la tradition orale constituait la méthode normale et sûre de transmission de la pensée. Les premières relations écrites des événements de la vie de Jésus sont donc apparues au bout de quelques années, quand la multiplication et la dispersion des communautés chrétiennes les rendirent vraiment nécessaires[9].

Le plus ancien Evangile semble être celui de Marc. Il est aussi le plus court et aurait été rédigé vers l'an 70. Les Evangiles de Luc et Mathieu dateraient des années 80 et celui de Jean, plus élaboré, de l'an 90 environ.[10].

Seuls deux évangélistes, Jean et Mathieu, faisaient partie des 12 apôtres. Marc et Luc sont des personnages relativement secondaires, compagnons de St Pierre et de St Paul. Luc est également l'auteur des Actes des Apôtres, relation historiquement très précise des premières années de l'Eglise.

Aucun original des Evangiles n'a subsisté. Les plus anciennes copies datent du IVe siècle, ce qui est déjà remarquable. Par comparaison, les écrits de César ne sont connus que par des copies postérieures de 9 siècles à son œuvre.

Trois Evangiles ont été écrits en grec. Seul celui de Mathieu l'a été dans une langue sémite, hébreu ou araméen.

Aucun Evangile n'a l'ambition d'être exhaustif, chacun constitue toutefois un ensemble qui se suffit à lui-même. Trois Evangiles sont d'une présentation assez semblable : on peut comparer leurs descriptions des mêmes événements, c'est pourquoi on les appelle synoptiques (en grec : « à voir ensemble »). Celui de Jean est assez différent.

Il est certain que de nombreux autres textes relatant la vie de Jésus-Christ ont été composés et ont circulé. Certains nous sont parvenus, ils sont appelés apocryphes (en grec : « caché »). Très tôt en effet, la tradition a rejeté ces textes, souvent parce qu'ils embellissaient l'histoire de faits merveilleux, mais aussi parce qu'ils ont été rédigés plus tardivement, à partir du IIe siècle semble-t-il. Les noms des rois mages et des parents de la Vierge, la présence du bœuf et de l'âne dans la crèche, sont issus des apocryphes.

Ainsi les responsables de l'Eglise primitive, encore imprégnés de la tradition orale, n'ont conservé que les textes qui leur paraissaient rigoureusement conformes à ce qu'ils avaient entendu.

Dès l'origine, les Evangiles avaient pour souci d'être pédagogiques, seules les paroles et les actes importants du Christ ont été transcrits, sans souci véritable de les placer précisément dans le temps. Seuls les derniers jours de sa vie, son procès et sa mort sont, pour ainsi dire, minutés.

A la lecture des Evangiles, on ne peut manquer d'être frappé par le caractère précis des descriptions et la simplicité des paroles de Jésus, ce qui contraste vivement avec les miracles qu'il accomplit. On ne sent à aucun moment une quelconque emphase de conteur mais au contraire la conviction de témoins pour qui le doute n'est pas possible.

Les deux exemples des livres sacrés de l'Inde et des Evangiles illustrent bien à quel point les textes sont révélateurs du contenu profond des religions.

L'hindouisme est avant tout une culture avec ce que cela implique de traditions, de mythes, de rites et de règles auxquelles la société s'astreint.

En revanche, le christianisme a vocation d'être assimilable par n'importe quelle culture. Seul un événement historique, la vie de Jésus-Christ, est le commun dénominateur des croyances de tous les chrétiens du monde. Chacun d'eux doit s'en faire un modèle qu'il applique à sa propre situation.

LE CULTE ET LES RITES

Toute religion instituée a ses cérémonies, ses cultes et ses rites : prières, chants, sacrifices et offrandes sont l'expression de la dévotion courante. Dans les occasions les plus solennelles, les fêtes religieuses deviennent des manifestations de masse ; processions et pèlerinages rassemblent parfois des centaines de milliers de fidèles.

Le culte englobe les différentes formes de dévotion, personnelle, ou collective, tandis que les rites sont les règles, plus ou moins précises et contraignantes, qu'exige la célébration du culte.

Force est donc de constater que les religions ont besoin de s'extérioriser et que les hommes ressentent, du moins jusqu'à présent, la nécessité de suivre certains rites qui sont la marque de leur culture. Les rites en effet ne sont pas l'apanage des religions : il y a un rituel des séances de l'Assemblée Nationale comme il en a pour les Jeux Olympiques, les Chevaliers du Tastevin ou la Franc-Maçonnerie. Toutefois les rites pratiqués par les religions, quelles qu'elles soient, ont un côté paradoxal : ils prétendent satisfaire une divinité qui est d'une autre nature que la nôtre mais la méthode employée est toujours marquée par les habitudes humaines les plus terre-à-terre. On offre aux dieux un spectacle, des parfums, de la nourriture, des animaux sans se demander ce que lesdits dieux peuvent bien en penser.

L'explication de ces pratiques est évidemment à rechercher dans leur caractère symbolique : les rites de purification, tels que les ablutions des musulmans avant leur prière par exemple, sont le symbole de la pureté morale que requiert l'approche de Dieu.

On pourrait pourtant imaginer une vie spirituelle plus intériorisée d'où les rites extérieurs seraient absents. Ainsi le protestantisme, agacé par les excès du catholicisme trop démonstratif de la Renaissance, a-t-il rendu ses cérémonies très austères, sans toutefois les supprimer. L'Islam aussi, très attaché à la pratique sociale de la religion, a voulu la débarrasser de tout ce qui pouvait être interprété comme une idolâtre : toute représentation de Dieu est interdite sauf celle, purement symbolique de l'écriture de Son nom. On peut se demander quelle différence il y a au fond entre une représentation artistique de la majesté de Dieu, par exemple par une peinture abstraite, et son expression par une écriture calligraphiée, mais ce sont les règles de l'Islam.

On voit que les différents rites religieux sont profondément marqués par les traditions. La plupart des religions sont attachées à leurs rites d'une façon qui peut, de l'extérieur, paraître bien excessive et qui contribue, en tout cas, à donner une image traditionaliste, sinon passéiste, aux différents cultes religieux. L'attachement de certains fidèles à leur rites fait craindre qu'ils prennent parfois l'accessoire pour l'essentiel et oublient que ce sont des hommes, et non Dieu Lui-même, qui ont créé ces rites.

Cependant, si les fidèles en arrivent à interpréter occasionnellement les rites de leur religion de façon magique ou superstitieuse, il ne faudrait pas tomber dans le travers intellectuel de tourner en dérision cette manière d'honorer Dieu. Les rites sont en effet la manifestation sensible, peut-être un peu naïve, d'une recherche de Dieu par le sentiment qui vaut bien celle par l'intelligence. Les efforts des croyants pour s'élever vers Dieu en lui consacrant des chants et des monuments complètent ceux des théologiens. On se souvient d'ailleurs que le tsar Vladimir le Grand choisît en l'an 988 le christianisme comme religion de son empire, séduit par la beauté de la liturgie byzantine, plus céleste, selon lui, que celles de l'Islam ou du judaïsme.

Ainsi symbolisme et beauté sont les deux sources où les religions puisent leurs rites.

Les rites les plus anciens sont vraisemblablement les sacrifices offerts par les croyants à leurs divinités. Il s'agissait de s'attirer les bonnes grâces d'Etres menaçants et tout-puissants en leur faisant hommage des biens les plus précieux.

La croyance en une vie après la mort conduisit aussi certains peuples de l'antiquité à sacrifier les serviteurs de leur roi pour qu'ils l'accompagnent et le servent dans l'au-delà. Jusqu'au début de notre siècle s'est perpétuée la coutume hindoue du « sati » où la veuve se sacrifiait sur le bûcher funéraire de son mari défunt.

La Bible garde la trace des sacrifices humains dans celui qu'Abraham était prêt à accomplir pour Dieu en la personne de son fils Isaac. On trouve encore aujourd'hui des cas de sacrifices humains dans certains pays d'animisme primitif.

Peu à peu la sagesse prévalût et on se contenta de sacrifier des animaux: l'agneau, les buffles des funérailles Toradja en Indonésie, le mouton de l'aïd el kébir musulmane et les poulets offerts encore de nos jours aux crocodiles sacrés africains en sont les victimes.

Les offrandes du culte quotidien sont encore moins sanglantes. Dans le christianisme, le pain et le vin font mémoire du sacrifice et de la mort de

Jésus-Christ. Dans les temples hindouistes, on offre gâteaux, fruits ou noix de coco.

Mais les cultes et les rites ne se limitent pas à des offrandes aux dieux. Parfois le rite concerne celui qui le pratique, comme les ablutions purificatrices. Parfois aussi, comme dans le cas de la magie, il s'agit d'exercer une influence, bénéfique ou maléfique, sur un tiers. Il existe des rites pour toutes les grandes circonstances de la vie, la naissance, l'entrée dans l'âge adulte, le mariage, la mort. Tout passage à un autre état suscite chez l'homme, religieux ou non, la création d'un rite : le bizutage est un rite d'entrée dans les grandes écoles et la soutenance de thèse est une sorte de rite de la Sorbonne. Les rites interviennent aussi dans la sexualité : on édicte des règles et des tabous qui sont la marque d'une culture autant que d'une religion.

La caractéristique commune aux différents rites est qu'ils prétendent donner à des gestes une efficacité transcendantale ou surnaturelle. Dans les religions primitives, cette efficacité est attribuée au geste lui-même, pour peu qu'il soit exécuté selon les règles et par une personne compétente ou initiée : le prêtre, sorcier ou magicien, a le pouvoir de contraindre les esprits à se plier à sa volonté... Dans le catholicisme ou l'orthodoxie, c'est Dieu qui donne aux gestes du prêtre l'efficacité surnaturelle des sacrements. Dans de nombreuses autres religions, les gestes rituels ont surtout une valeur symbolique, même s'ils sont explicitement exigés par la loi divine comme marque d'obéissance[11].

Il arrive aussi que les rites perdent progressivement leur caractère sacré ; le culte devient une occasion de rencontre, parfois même une habitude sociologique ; il n'exprime plus que l'appartenance à une communauté, à une culture. Cependant, l'enseignement des mythes, les rites d'initiation, de mariage ou de funérailles subsistent longtemps après la disparition de leur contenu sacré. Combien de chrétiens d'Europe exigent le baptême, le mariage à l'église et l'enterrement religieux alors que leur vie s'est vidée de toute préoccupation métaphysique ? Combien de musulmans pratiquent le ramadan pour faire comme les autres, par pression sociale ?

Le respect des coutumes et des tabous religieux est d'autant plus facile que la société est repliée sur elle-même. En revanche, le contact avec une culture étrangère peut lézarder cet édifice traditionnel et parfois le faire écrouler : par exemple, les scarifications faciales pratiquées par de nombreuses ethnies africaines animistes ont pratiquement disparu depuis les années 1950 ; il en est de même du tatouage du visage des femmes dans la société berbère du Maghreb. D'autres pratiques, comme l'excision des jeunes filles et, surtout, la circoncision ont la vie plus dure.

D'une façon générale, les rites apparaissent comme le carrefour privilégié où se rencontrent la culture et la religion : ils sont la marque d'une société et contiennent une bonne dose de folklore. Rien d'étonnant donc à ce que les rites religieux soient « récupérés » par la culture, ce qui a pour effet de confiner chaque religion à l'intérieur d'une culture[12].

Toutes les religions sont confrontées à ce problème. Ce n'est que dans la mesure où une religion a la force d'âme de relativiser la valeur de ses rites qu'elle a des chances d'avoir un destin universel. D'ailleurs quelle importance y a-t-il à prier Dieu assis en tailleur ou agenouillé sur une chaise basse ? Pourquoi Dieu, qui a créé les hommes si différents, privilégierait-Il une culture ou une langue ? La religion qui aurai l'humilité de relativiser l'accessoire au profit du spirituel fera progresser l'humanité d'un grand pas vers Dieu. C'est la grande question de « l'inculturation » que l'Eglise catholique se pose depuis le concile de Vatican II mais qui ne semble pas autant préoccuper les religions non chrétiennes.

Puisque les rites ont un contenu culturel important, procéder à leur examen détaillé relèverait autant de l'ethnologie que de l'étude des religions. Nous ne nous attarderons donc pas davantage sur leur description que nous n'avons pris en compte les avatars politiques des diverses religions. Cependant, pour donner au lecteur une idée de la complexité étonnante de certains rites, nous présenterons l'exemple des rites alimentaires et du jeûne qui tiennent une grande place dans la plupart des religions.

Les rites alimentaires

Il serait assez raisonnable de ne considérer la nourriture que comme un carburant nécessaire à notre vie. La plupart des religions ne l'entendent pas ainsi et y mettent leur grain de sel :
— Certaines d'entre elles, comme le judaïsme et l'Islam, interdisent expressément des aliments qui seraient, par nature, impurs et dont la consommation serait contraire à la loi morale.
— L'hindouisme pousse le respect de la vie jusqu'à prescrire une nourriture purement végétarienne. Cette exigence est liée à la croyance que l'âme humaine peut, après la mort, se réincarner dans un animal si les actes du défunt ne lui ont pas mérité un meilleur sort. Le bouddhisme, pourtant dérivé de l'hindouisme, n'a pas la même rigueur, bien que les moines suivent le plus souvent un régime végétarien.
— Presque toutes les religions considèrent le jeûne volontaire comme une technique pour fortifier la volonté et une marque de solidarité avec les plus pauvres. L'excès de nourriture, en qualité ou en quantité, est considéré comme une offense à l'égard des affamés.
— Les religions primitives considéraient fréquemment que la consommation de la chair d'un animal permettait d'en acquérir la force ou les qualités. Nous disons encore : « Il a mangé du lion ». Dans cette ligne de pensée le cannibalisme rituel est encore parfois pratiqué aujourd'hui : il est supposé

permettre d'acquérir les vertus du mort, qu'il s'agisse d'un ennemi ou d'un parent très cher.
— La nourriture prend aussi parfois un caractère sacré, soit qu'on l'offre aux dieux pour qu'ils s'en repaissent et accordent leur bonnes grâces, soit qu'elle leur soit simplement présentée pour être bénie. Dans l'hindouisme de Bali, les processions de femmes portant au temple sur leur tête des monceaux de fruits et de gâteaux sont un spectacle quotidien.
— Dans la plupart des religions chrétiennes, la commémoration du dernier repas que le Christ prît avec ses apôtres, plus précisément la consécration du pain et du vin par le prêtre, constitue le point culminant du culte.

Quelques exemples plus détaillés illustreront cet intérêt étonnant des religions pour notre nourriture.

Le judaïsme

Les règles alimentaires du judaïsme sont nombreuses et complexes. Elles n'ont pas nécessairement d'explication logique et doivent être acceptées par le Juif pratiquant comme un ordre divin.

La consommation de viande est autorisée à condition que ce soit celle de quadrupèdes, ruminants aux sabots fendus. Ceci exclut le lapin, le porc, le cheval, etc.

Parmi les volatiles, les oiseaux de proie sont interdits. Les quadrupèdes et volatiles doivent être égorgés et vidés de leur sang, car le sang est porteur du principe vital et chez l'homme, le siège de l'âme. Toute consommation de sang ou produit du sang comme le boudin est donc interdite.

En ce qui concerne les poissons et animaux aquatiques, seuls sont autorisés ceux qui possèdent des nageoires et des écailles : les reptiles, les grenouilles, les mollusques, les crustacés, les fruits de mer, les anguilles, les raies sont illicites.

En outre, il est interdit de manger de la viande avec des produits laitiers. C'est une interprétation extensive du commandement biblique : « tu ne feras pas cuire l'agneau dans le lait de sa mère ». Les rabbins orthodoxes ont fixé à six heures le délai qui doit s'écouler entre la consommation de viande et celle d'un produit lacté. On doit même pousser le scrupule jusqu'à disposer de deux vaisselles différentes pour l'un et pour l'autre.

Une nourriture licite est dite « cacher ». Il existe des boucheries cacher dans toutes les villes où sont établies des communautés juives. Beaucoup de compagnies aériennes servent en vol des repas cacher sur demande préalable du passager.

L'ISLAM

Les interdits alimentaires portent sur :
— les boissons fermentées alcoolisées, quelque soit le produit de base, raisin, orge, dattes...
— le porc sous toutes ses formes, viande, graisse ou charcuterie contenant du porc ;
— la viande de bêtes non égorgées. Un animal mort assommé, étouffé ou tué dans une chute est donc impropre à la consommation ;
— les bêtes amphibies telles que grenouilles ou crocodiles.

Certaines de ces interdictions sont manifestement héritées de la tradition juive mais on constate quelques différences. Ainsi, l'égorgement[13] doit s'accompagner de la formule rituelle « bismilllah », « au nom de Dieu », ce qui signifie qu'il est habituellement pratiqué par un musulman. Toutefois, il est licite de consommer une viande égorgée par un non-musulman si celui-ci appartient à une religion du « livre » — Juif ou chrétien — et s'il a observé les règles de sa religion concernant l'égorgement.

En ce qui concerne l'alcool, la rigueur de l'interdiction est variable selon les pays. Elle est appliquée strictement à tous les résidents, même aux étrangers, en Libye, en Arabie Séoudite et dans les Emirats. A l'opposé, un très grand libéralisme prévaut en Turquie ou en Indonésie par exemple, pays très majoritairement musulmans mais à constitution non islamique. Même dans les pays les plus sévères, l'alcool a l'attrait du fruit défendu et les comportements de certains citoyens ne sont pas sans rappeler parfois ceux constatés aux Etats-Unis à l'époque de la prohibition.

Une nourriture en conformité avec les règles coraniques est dite « halal » et une nourriture illicite est « haram ». Ce dernier mot est à rapprocher de « harem », partie de l'habitation interdite aux étrangers. Les lignes aériennes qui desservent les pays musulmans s'efforcent de servir des repas « halal ».

L'HINDOUISME, LE JAÏNISME ET LE BOUDDHISME

La croyance en la réincarnation a pour conséquence le respect qu'on doit porter à tout être vivant. En effet, chacun d'entre nous est susceptible de se réincarner, après sa mort, dans un animal, pour peu que les actes accomplis durant la vie ne méritent pas un meilleur sort. Les personnes pieuses, les brahmanes et les moines bouddhistes particulièrement, s'efforcent donc de ne pas manger de viande. Nous avons vu que certains Jaïns poussent le scrupule jusqu'à ne pas consommer de racines car on risque de tuer des insectes en bêchant la terre.

Les religions dans la vie sociale 337

L'ANIMISME

Les rites alimentaires des différents animismes comportent quelques interdits. En particulier, en Afrique noire, il est interdit aux membres d'un clan de manger la chair de l'animal totem de ce clan[14]. Si, comme c'est souvent le cas, le totem est un chacal, un crocodile ou un lion, cela ne porte pas trop à conséquences.

En revanche de nombreux rites animistes exigent la consommation, à l'occasion de cérémonies, d'une nourriture particulière : il peut s'agir, selon les religions, de champignons hallucinogènes, d'alcool, de chair de victimes sacrifiées ou même, très exceptionnellement de nos jours, de chair humaine. Dans ce dernier cas, il s'agit d'acquérir magiquement les vertus du défunt[15].

LE CHRISTIANISME

Le rite majeur du christianisme, messe ou culte protestant, commémore le dernier repas du Christ avec ses apôtres. On peut donc dire qu'il s'agit d'un rite alimentaire. Cependant le christianisme, contrairement à la plupart des religions, ne comporte aucun interdit alimentaire. L'hostie de la communion elle-même s'accommode de pratiques diverses liées aux habitudes culturelles ; elle est généralement en pain azyme, c'est-à-dire sans levain, chez les catholiques mais on emploie de la farine de riz dans les pays asiatiques.

L'abstinence de viande pratiquée dans certains ordres religieux ou à certaines occasions ne relève pas d'un interdit alimentaire mais d'une privation qui s'apparente au jeûne.

Le jeûne

Ne pas manger quand on a faim est malheureusement le lot de nombreuses populations déshéritées. Se priver volontairement de nourriture est un geste symbolique : c'est parfois une protestation quand il s'agit d'une grève de la faim, c'est aussi, le plus souvent, un effort sur soi-même, un exercice de la volonté dont la signification est de nature spirituelle. Celui qui jeûne manifeste sa solidarité avec les affamés tout en reconnaissant que la nourriture est un don de Dieu. Le jeûne prolongé provoque chez celui qui le pratique un état second dans lequel l'esprit se libère, en quelque sorte, des contraintes du corps.

Le jeûne, sous diverses formes, est pratiqué ou recommandé par la plupart des religions. Fréquemment, il est signe de tristesse et marque le deuil, par antithèse avec les banquets qui accompagnent les fêtes. Souvent aussi, le jeûne est exigé dans les cérémonies d'initiation animistes.

C'est cependant dans l'Islam que le jeûne tient la place religieuse la plus importante.

Le ramadan

Le jeûne du mois de ramadan est l'une des cinq obligations de l'Islam[16]. Pendant cette période, il est interdit de manger, boire ou fumer quoi que ce soit du lever au coucher du soleil. On ne peut également, sauf danger grave, recevoir des piqûres ou des injections.

Sont exemptés de jeûne, les enfants qui n'ont pas atteint l'âge de la puberté, les malades et les femmes pendant leurs périodes menstruelles. Cependant, les enfants s'entraînent dès l'âge de 12 ans à pratiquer progressivement le jeûne, quelques jours par mois. Quant aux femmes, elles « récupèrent » ultérieurement leur temps de jeûne.

L'abstinence du lever au coucher du soleil pose évidemment des problèmes sous les latitudes élevées : pendant l'été polaire où le jour dure 6 mois, il serait impossible de prendre aucune nourriture. Aussi, pour les régions éloignées de l'équateur, la règle est de se baser sur l'heure du lever et du coucher du soleil au 45e parallèle, sensiblement la latitude de Bordeaux. De même, au cours de voyages aériens, c'est l'heure du point de départ qui sert de référence.

L'Islam insiste sur les avantages physiologiques du jeûne tels que le développement de l'endurance ou l'élimination des toxines. Il admire la sagesse du calendrier lunaire qui fait varier la période du jeûne selon les années [17] et permet aussi une parfaite justice entre les peuples qui ne jouissent pas du même climat. Mais c'est évidemment l'intérêt spirituel du jeûne qui est souligné : il nous rapproche des anges qui ne mangent et ne boivent pas. On fait aussi un parallèle avec la dîme, l'offrande de 10 % des récoltes. Mahomet dit que celui qui jeûne six jours de plus que le mois de ramadan jeûne toute l'année. En effet, ces six jours ajoutés aux 29 ou 30 jours du mois lunaire font une moyenne de 35,5 jours, exactement 10 % de la durée de l'année lunaire de 355 jours.

Le jeûne dans le christianisme

Jésus-Christ, après avoir reçu le baptême de Jean-Baptiste, prépara sa prédication en jeûnant quarante jours dans le désert[18]. En souvenir, les chrétiens ont institué le carême, période de 40 jours de jeûne qui s'étend du mercredi des Cendres au samedi, veille de Pâques, à midi.

Dans le catholicisme, la pratique du jeûne est l'objet des cinquième et sixième commandements de l'Eglise :
— Quatre-Temps, Vigiles jeûneras et le Carême entièrement.

Les religions dans la vie sociale 339

— Vendredi, chair ne mangeras, ni jours défendus mêmement[19].

Ces dispositions, qui évoquent peut-être des souvenirs aux lecteurs les plus âgés, ont été progressivement allégées. Aujourd'hui, les catholiques pratiquants jeûnent le Vendredi saint, anniversaire de la mort du Christ, et le Mercredi des Cendres. Le jeûne consiste à ne prendre qu'un repas principal dans la journée, un petit déjeuner et une collation légère le soir étant tolérés. De plus, les autres vendredis de Carême et ceux des quatre semaines de l'Avent, juste avant Noël, sont sujets à abstinence, c'est-à-dire que la consommation de viande et de nourritures grasses est interdite. Les dispenses de jeûne sont admises pour travail pénible ou mauvaise santé ainsi que pour les moins de 21 ans et les plus de 60 ans.

En pratique, le jeûne chrétien, ou tout au moins catholique, semble être de plus en plus du domaine de la vie personnelle. Il ne présente ni la rigueur ni l'automatisme des pratiques musulmanes du ramadan.

Que peut-on penser des rites religieux ?

Puisqu'aucune activité de la société n'échappa à la pratique de rites, il serait vain de reprocher aux religions d'avoir les siens. On peut cependant se poser la question de l'intérêt et de la finalité des rites religieux. De nombreux philosophes, ethnologues et psychanalystes se sont efforcés d'y apporter une réponse satisfaisante. Nous nous limiterons ici à quelques réflexions sur l'évolution des rites.

Aux débuts de l'humanité, les rites étaient de nature magique, ils avaient en eux-mêmes leur efficacité. Ils étaient une technique à laquelle on faisait appel pour agir sur la nature ou le surnaturel. Le mot rite lui-même provient, par le latin ritus, du sanscrit rta qui désigne une force inconnue, cosmique ou mentale[20].

L'esprit scientifique, qui est né indirectement du monothéisme, exclut dorénavant que l'homme puisse avoir un pouvoir technique sur le surnaturel. L'efficacité des rites n'est plus entre les mains de l'homme mais entre celles de Dieu. C'est ainsi que les sacrements chrétiens ont, pour les catholiques et pour les orthodoxes, une efficacité par la volonté de Dieu. Ce « surnaturalisme » est cependant difficile à admettre pour bon nombre de chrétiens. Les protestants, ou tout au moins certains d'entre eux, prennent alors les rites dans un sens purement symbolique. C'est-à-dire que l'efficacité des sacrements est de nature psychologique : c'est parce qu'on croit au geste que l'on fait que ce geste prend une valeur. On peut expliquer ainsi que le baptême ne soit conféré qu'à des adultes, conscients de leur engagement.

La question est de savoir si Dieu n'est pas ainsi un peu rapidement évacué.

A force de rendre la religion totalement compatible avec la raison, on finit par ne plus avoir besoin de Dieu ni, a fortiori, de la religion.

Un équilibre semble donc devoir être recherché entre une vision exagérément « magique » des rites et du culte et leur interprétation très intellectuelle. Après tout, croire en Dieu n'a d'intérêt que si l'on croit qu'Il se mêle de temps en temps de nos affaires. Cette question va ressurgir à propos de la prière et du surnaturel dans les religions.

LA PRIÈRE

L'homme s'exprime normalement par la parole. Il est naturel que celui qui croit en Dieu s'efforce de Lui parler. Il arrive même que des incroyants ressentent, à quelque tournant de leur existence, le besoin d'une certaine forme de prière, d'un dialogue avec l'Inconnu.

L'origine de la prière remonte à la nuit des temps, quand l'homme essayait d'apaiser par des incantations magiques l'hostilité des divinités innombrables dont il se sentait entouré.

Certaines religions attachent encore à la répétition de formules stéréotypées un pouvoir quasi magique. Le comble à cet égard est l'invention du moulin à prière, en usage dans le bouddhisme tibétain[21]. Un parchemin où est inscrit une prière est enfermé dans une boîte métallique cylindrique traversée par un axe autour duquel elle peut tourner librement. Par un léger mouvement de la main, on peut provoquer la rotation du cylindre qui est supposée équivaloir à la récitation de la prière qui y est contenue. Il existe aussi des moulins à prière à poste fixe, placés autour d'un sanctuaire : le fidèle peut les mettre en branle en les effleurant d'un geste de la main. Le sens de la circulation autour du temple doit être celui des aiguilles d'une montre.

L'usage du moulin à prière s'explique par la part considérable que tient la magie dans cette forme de bouddhisme : l'acte de réciter une prière porte en lui-même son effet de façon automatique, les dispositions de l'esprit importent peu, au contraire il est recommandé d'y faire le vide. Ainsi, plus on répète la formule de la prière, plus son effet se multiplie. L'idée vient donc naturellement d'augmenter le rendement de ces prières par un automatisme plus performant...

Quelle que soit la forme que prend la prière, celle-ci tient une place considérable dans la vie spirituelle.

Parfois la prière constate simplement que Dieu est le plus grand, c'est l'expression de la soumission à la volonté de Dieu, de l'acceptation de la condition humaine. Certains parlent dans ce cas de prière d'adoration.

Les religions dans la vie sociale 341

A d'autres moments, c'est un sentiment de reconnaissance qui domine : la chance de vivre, d'exercer sa liberté, de se sentir guidé par la croyance en Dieu, s'exprime par une prière de remerciement. Les chrétiens parlent alors d'action de grâce, ce qui se dit en grec eucharistie, c'est un autre nom de la messe.

Enfin, de façon plus courante, la prière est une demande. (C'est le sens habituel de l'expression « je vous prie... »). Très fréquemment, devant un événement important, le croyant, même non pratiquant, demande à Dieu la réalisation de ses souhaits.

Cependant de nombreux croyants n'ont pas le talent ou l'inspiration nécessaires pour s'adresser à Dieu de façon personnelle ; ils se contentent des prières standarisées de leur religion, composées pour différentes occasions. Certaines de ces prières, fixées de longue date par la tradition, sont psalmodiées ou chantées pour ajouter à l'hommage des mots celui de la beauté. Dans l'Islam, il en est ainsi de l'appel du muezzin à la prière comme de la récitation des versets du Coran.

Il arrive que certaines religions recommandent de réciter des prières dans la langue de leur texte d'origine, quoique celle-ci soit souvent inconnue ou mal comprise des fidèles. C'est le cas des textes en pali du bouddhisme, de ceux du Coran dans l'Islam non arabe et jusqu'à une date récente, des prières en latin dans le monde catholique.

Les gestes qui accompagnent la prière sont, eux aussi, fréquemment fixés par l'usage ; par exemple les prières juives s'assortissent de balancements du corps et les prières chrétiennes débutent par le « signe de croix »[22].

Toute vie spirituelle consacre une place considérable à la prière. Nombreux sont les croyants qui prient plusieurs heures par jour. La forme et le contenu de ces prières diffèrent selon les religions mais peut-être plus encore selon les fidèles. Faute de pouvoir être exhaustif, nous décrirons quelques aspects de la prière dans les trois grandes religions monothéistes.

La prière chrétienne

C'est, semble-t-il, dans le christianisme, surtout l'orthodoxie et le catholicisme, que la vie de prière revêt les formes les plus diversifiées. Selon son plus ou moins grand degré d'intériorité, la prière va de la recherche d'une présence de Dieu par le rejet de toute pensée active à la lecture ou la récitation de prières toutes faites en passant par la méditation silencieuse sans formulation précise ou des prières personnalisées et structurées dites pour soi-même ou au sein de groupes de prières.

Aussi étrange que cela paraisse, la prière ne s'oppose pas à l'action, elle la précède, l'accompagne et la motive. Par la prière, le chrétien se confie à Dieu ; c'est sa façon d'affirmer et d'exercer sa liberté qui est de choisir Dieu. La prière est l'attitude naturelle du croyant, c'est, en quelque sorte, la respiration de son âme.

Pour qui ignore ce qu'est la prière chrétienne, le mieux est de l'observer chez ceux qui s'y consacrent totalement. Dans les ordres dits contemplatifs, les religieux et religieuses prient de longues heures du jour et de la nuit, tantôt dans la solitude, tantôt en communauté. Le temps consacré à la prière est pris sur celui que d'autres passent à leurs loisirs ou aux déplacements domicile-travail. La vie en commun allège également la part des tâches ménagères. La prière n'exclut jamais le travail, physique ou intellectuel, qui assure la subsistance de la communauté et permet de rester solidaire du monde.

On pourrait penser qu'il est fastidieux de réciter des prières à longueur de vie, d'autant plus que les contemplatifs se recrutent parmi les gens les plus divers, généralement pleins de vie et de sens de l'initiative et souvent d'un niveau intellectuel élevé.

En fait, dans ces couvents, la prière n'est pas ressentie comme monotone pour de multiples raisons. D'une part les prières formelles qui sont récitées varient selon les jours de l'année et ne sont que le support de la méditation. D'autre part et surtout, la prière n'est pas à usage exclusivement personnel, au contraire : le moine ou la religieuse prie d'abord pour les autres, c'est dire que son champ d'action est illimité. Auxiliaires et serviteurs de Dieu, les religieux prennent à leur compte les besoins spirituels de ceux que la vie profane éloigne trop souvent de l'essentiel.

L'expression de cette solidarité se retrouve dans la prière communautaire par excellence qu'est la messe. La présence réelle de Jésus-Christ, à laquelle croient catholiques, orthodoxes et bon nombre de protestants est le signe de l'unité des chrétiens. Sans la référence à sa personne, à sa vie et à sa résurrection, le christianisme n'aurait plus aucun squelette. La messe est le lieu privilégié de rencontre avec Jésus-Christ et la prière est le dialogue que permet cette rencontre. Au sens étymologique, la prière est l'essence même de la religion, car elle relie l'homme à Dieu.

Le chrétien, surtout catholique ou orthodoxe, n'oublie pas que l'incarnation de Dieu en Jésus-Christ n'a été possible que grâce à l'acceptation de sa mère Marie[23], aussi s'appuie-t-il naturellement sur celle qui a permis cette intercession spirituelle décisive. La prière à Marie, comme celle aux différents saints, n'est pas de même nature que la prière à Dieu : elle s'adresse à des « avocats » pour lesquels le croyant ressent une affinité ou une admiration particulière ; l'efficacité de toute prière ne tient qu'à Dieu Lui-même.

La piété des fidèles multiplie à l'infini la forme extérieure de la prière. Chacun est libre de prier comme il lui convient ou de s'aligner sur des pratiques recommandées par son Eglise, comme la récitation du chapelet ou la participation au « chemin de croix » chez les catholiques[24].

Les religions dans la vie sociale 343

L'Eglise n'impose aucune de ces formes de piété, pas plus qu'elle ne fixe d'horaire ou de rite particulier à leur accomplissement. C'est l'affaire de la sensibilité spirituelle de chacun.

L'absence de formalisme de la prière chrétienne va de pair avec la recherche personnelle d'un comportement conforme à ce que Dieu attend de chacun. Ce serait pure hypocrisie que de prier Dieu et d'agir comme s'Il n'existait pas. A la limite, le comportement à lui seul pourrait être la meilleure des prières mais l'expérience montre que la meilleure initiation à un tel comportement passe par la prière elle-même.

La prière dans l'Islam

La prière est l'un des cinq piliers de l'Islam. Elle est mentionnée une centaine de fois dans le Coran sous des noms divers. C'est la seule obligation qui ait un caractère quotidien.

La règle est de prier cinq fois par jour. Elle a été édictée par le prophète à la suite de son ascension au ciel, que les Arabes appellent le « miraj ». Les cinq prières ont lieu à l'aube (sobh en arabe), à midi (zohr), tard dans l'après-midi (asr), au coucher du soleil (maghreb), et avant de se coucher, dans la soirée ou la nuit (icha). Elles correspondent au rythme de vie de l'Arabie: le matin avant le travail qui commence très tôt pour éviter les grosses chaleurs, à midi après le travail effectué en journée continue, tard dans l'après-midi après la sieste quand les magasins ouvrent, au coucher du soleil à la fin de toute activité et, enfin, avant de s'endormir.

Dans les pays d'Islam, l'appel du muezzin indique le moment de la prière célébrée à la mosquée. Les horaires sont fixés de façon très précise en se basant sur l'heure exacte du lever du soleil. On vend souvent dans les mosquées des calendriers qui indiquent pour plusieurs lieux géographiques l'heure de chacune des prières. Toutefois, pour les croyants qui ne peuvent se rendre à la mosquée, on admet une certaine souplesse pour le moment de la prière:

La prière de l'aube peut se situer n'importe quand dans l'heure et demie qui précède le lever du soleil.

La prière de midi se place entre le moment où le soleil franchit le méridien et trois heures après.

La troisième prière peut se dire dès la fin de la période prévue pour la prière de midi jusqu'au coucher du soleil.

La prière du soir se récite depuis le coucher du soleil jusqu'à la fin du crépuscule, environ une heure et demie plus tard.

Enfin la prière nocturne peut se pratiquer depuis la fin du crépuscule jusqu'à l'aube, heure à partir de laquelle on peut dire la première prière.

Il est même admis, en cas d'impossibilité de pratiquer autrement, de réciter deux prières successives juste à la suite l'une de l'autre, ce qui revient à regrouper les prières de la journée en quatre ou éventuellement trois prières.

Pour développer le sens de la communauté, la meilleure façon de prier est de se rendre à la mosquée. Si c'est impossible, on s'efforce de prier en groupe, mais la prière individuelle est aussi parfaitement admise. D'ailleurs le tapis de prière dont dispose chaque musulman mais qui n'est pas obligatoire, sert, en quelque sorte, d'espace sacré individuel et isole spirituellement le croyant du reste du monde : il n'est pas rare, par exemple, que le réceptionniste d'un hôtel prie derrière son comptoir, laissant le client attendre la fin de ses dévotions.

Pour faire sa prière, le musulman s'oriente vers la Mecque. Les mosquées disposent toutes d'une sorte de niche, la qibla, qui indique cette direction. Le prince séoudien qui a effectué une mission de la N.A.S.A. dans l'espace en 1985 a reçu une dispense particulière pour pouvoir prier en apesanteur car, dans ce cas, la boussole que l'on peut généralement se procurer auprès des gardiens de mosquées ne peut être d'aucun secours.

Outre l'orientation vers la Mecque, la prière exige d'être déchaussé et décemment habillé mais surtout d'être en état de pureté rituelle. « La pureté est la moitié de la foi » a dit le prophète. Cette pureté s'obtient par des ablutions qui s'effectuent dans un ordre précis.

Le croyant manifeste d'abord son intention de se purifier en disant « bismillah », « au nom de Dieu ». La purification n'est en effet que le signe visible d'une purification spirituelle. On se lave alors les parties intimes, puis les mains, la bouche, les narines en s'y passant un doigt mouillé, le visage, l'avant-bras droit, l'avant-bras gauche, le pied droit et enfin le pied gauche. Chaque lavage est répété trois fois avant de passer au suivant.

Si l'on manque d'eau, on peut se contenter d'un seul lavage ou même d'une ablution à la poussière ou au sable.

Il n'est pas obligatoire de se purifier à chaque prière si l'on n'a pas subi une impureté depuis la prière précédente. Toute émission naturelle rend impur — urine, gaz, etc. — ainsi que le sommeil. Ainsi, il est interdit à une femme de prier pendant la période de ses règles.

Dûment purifié, le croyant peut commencer ses prières. Chacune d'entre elles se compose d'un certain nombre de « modules » juxtaposables appelés « rekaa », d'un mot arabe signifiant « s'agenouiller ». Un rekaa se déroule toujours de façon immuable : le musulman se place d'abord debout, les mains ouvertes, paumes en avant à la hauteur du visage. Il dit alors « Allah akbar », « Dieu est le plus grand », puis récite les premiers versets du Coran, la sourate al fatiha[25], c'est-à-dire l'ouverture, dont la traduction est :

« Au nom de Dieu, Clément et Miséricordieux, louange à Dieu, Maître des Mondes, Clément Miséricordieux, Souverain du jour du Jugement dernier,

Les religions dans la vie sociale 345

c'est Toi que nous adorons et c'est Toi que nous appelons à notre aide ; guide nous dans la Voie droite, la Voie de ceux que Tu as comblés de Tes bienfaits et non de ceux contre qui Tu es courroucé ni de ceux qui sont égarés ».

Il récite alors une deuxième sourate de son choix ou, s'il est à la mosquée, choisie par l'Imam. Il s'incline alors en plaçant les mains sur les genoux, se relève puis se prosterne à genoux, face contre terre, se redresse en s'asseyant sur les talons, se prosterne à nouveau et se remet debout. Chacun de ces mouvements s'accompagne de phrases consacrées, identiques tout au long de l'année. C'est l'ensemble de cet exercice qui constitue une rekaa.

Selon l'heure du jour, la prière comporte de deux à quatre rekaa. Lors de la deuxième rekaa, le croyant peut, après la fatiha, réciter une autre sourate, également de son choix et ainsi de suite jusqu'à la fin de la prière.

Une prière dure environ cinq minutes, ce qui totalise 24 minutes de prières obligatoire pour 24 heures.

Le vendredi, jour de repos hebdomadaire en Islam, la prière revêt une solennité particulière. Il est recommandé de se doucher avant de s'y rendre pour rendre plus parfaite la purification. Lors de la prière du vendredi[26] midi, les deux premières rekaa, sur les quatre qu'elle comporte, sont remplacées par un prêche de l'imam. Ce prêche est en deux parties pour bien souligner cette substitution et l'imam s'assoit en silence une ou deux minutes dans l'intervalle. Généralement la première partie porte sur un thème plus spirituel et la seconde touche la vie courante, sociale ou politique.

Chaque mosquée dispose d'au moins un imam qui dirige les prières quotidiennes et assure en outre le prêche du vendredi. Dans l'Islam sunnite, n'importe quel musulman instruit et qualifié peut servir d'imam. En fait, dans les villes d'une certaine importance, ce sont de véritables spécialistes qui reçoivent une rétribution de la communauté pour les services qu'ils rendent.

Le plus souvent, une mosquée a deux imams, dont un est suppléant, et un muezzin[27], choisi pour la qualité et la puissance de sa voix, bien que les hauts-parleurs soient d'usage courant aujourd'hui.

La grande mosquée de Paris a cinq imams, désignés par différents pays musulmans (Algérie, Maroc, Tunisie, Egypte...). Le rôle politique que peut jouer un imam dans son prêche du vendredi est loin d'être négligeable, aussi un certain tour de rôle est-il nécessaire pour équilibrer les influences.

Rappelons enfin que la mosquée est faite pour l'ensemble de la communauté musulmane et tous les croyants, sunnites, chiites ou kharedjites, de quelque rite qu'ils soient, y prient en parfaite égalité et légalité. Les différences dans la façon de prier sont insignifiantes et tiennent dans la position des mains ou l'usage d'une pierre de Kerbela pour poser le front au moment de la prosternation.

Ce que nous venons de voir concerne la prière rituelle, moment privilégié de la journée qui rapproche l'homme de Dieu et lui redonne sa force spirituelle. Cependant, les musulmans pieux peuvent prier à d'autres occasions d'une façon plus personnelle. Le plus souvent, cette prière consiste en la répétition de formule comme « Allah akbar » qu'on murmure, par exemple, pendant un travail manuel. Parfois aussi on égrène un chapelet de 99 grains dont chacun représente l'un des plus beaux noms de Dieu. Il faut dire que le chapelet perd souvent sa signification religieuse et ne sert qu'à occuper la main...

La prière dans le judaïsme

Un juif pieux prie trois fois par jour, le matin, l'après-midi et le soir. Ces prières sont des moments privilégiés où l'homme s'approche de son Dieu mais le judaïsme insiste sur le fait que tout acte de l'existence est un acte religieux, c'est-à-dire aussi une prière.

Le contenu des différentes prières était jadis laissé à la discrétion de chacun mais, depuis la destruction du temple, il a été codifié et est devenu obligatoire. On y trouve des supplications, des enseignements du Talmud, des évocations historiques et des louanges à Dieu. Les prières concernent les différents besoins de la société et de l'individu.

Autant que faire se peut, la prière doit être dite publiquement à la synagogue. Elle peut être pratiquée ainsi dès que sont présents dix hommes adultes.

Dans chaque prière, on retrouve une partie centrale commune, l'amidah, composée de 18 bénédictions[28]. Le matin et le soir, on y ajoute l'invocation appelée « shema »[29] tirée du deutéronome: « Ecoute Israël, l'Eternel est notre Dieu, l'Eternel est Un ». Les différentes prières de la journée se distinguent par des hymnes, bénédictions ou invocations supplémentaires.

Dans le judaïsme orthodoxe, la prière est présidée par un Cohen, descendant d'Aaron, s'il y en a un dans l'assistance, sinon par un Lévy ou par tout autre membre de la communauté.

Lors de la prière du matin, le Juif se couvre les épaules et la tête d'un châle de prière, le talith, dont les quatre coins comportent 39 torsades, valeur numérique de « Dieu est Un »[30]. En outre, le Juif porte sur le bras gauche et le front de petites boîtes en cuir, les phylactères[31], fixées par une lanière. Ces boites renferment un petit rouleau de parchemin où est écrit le « shema ». On fixe d'abord les lanières au bras pour symboliser la primauté de l'action puis, sans interruption, celle de la tête, signifiant ainsi qu'il n'y a pas de hiatus entre l'action et la pensée.

Les prières se récitent debout, en regardant dans la direction du Temple de Jérusalem. Pour associer le corps à l'esprit, la prière, comme d'ailleurs la lecture de la Torah, s'accompagne d'un balancement du corps d'avant en arrière.

On ne peut entrer dans une synagogue la tête nue. Il est même recommandé de garder toute la journée une petite calotte appelée « kipah », en signe de crainte du ciel.

L'efficacité de la prière

A côté de la prière d'adoration, qui est une forme de culte, la prière de demande est vraisemblablement la plus pratiquée[32]. Il arrive qu'elle prenne parfois une allure de défi : « Puisque vous êtes Dieu et que vous pouvez tout, faites donc que je réussisse à mon examen ». Accéder à des demandes de cette nature ne devrait poser aucun problème de capacité à Dieu et un petit geste de Sa part pourrait renforcer Sa crédibilité. Cependant l'expérience montre que le Dieu en question semble ne pas apprécier cette attitude puisqu'Il ne satisfait que rarement de telles prières. Peut-être précisément parce que ces demandes sont dérisoirement enfantines, qu'elles ne sont pas responsabilisantes et ne vont pas dans le sens de notre liberté. Ceci ne signifie pas que les prières de demande soient systématiquement vouées à l'échec; au contraire, les croyants, qui ne sont pas tous des mystiques d'exception, ressentent avec une grande certitude l'efficacité de leurs prières. Cependant, dans la logique de la loi d'amour du christianisme, c'est la prière formulée avec désintéressement au profit des plus malheureux ou des plus faibles qui retient surtout la tendresse de Dieu. En outre Dieu garde Sa liberté et Son plan est à plus long terme que nos préoccupations, aussi la prière n'a-t-elle pas bien souvent les effets attendus, elle apporte des bienfaits imprévus et dont l'effet est plus profond. On peut comparer les effets spirituels de la prière avec les miracles qui ont émaillé la vie de Jésus-Christ : ils sont également surnaturels et sont d'abord des signes destinés à maintenir les croyants sur le chemin de leur recherche ; ils ne sont pas un moyen accessoire commode de régler les problèmes quotidiens. Dans le partenariat que, selon les religions révélées, Dieu propose aux hommes, c'est à eux de construire leur avenir ; Dieu reste en position de disponibilité[33].

LE SURNATUREL DANS LES RELIGIONS

Aucune religion ne rejette le surnaturel puisque, par définition, l'objet de la religion, Dieu, est au-delà de la nature.

En fait, toutes les religions ont ce qu'on peut appeler une légende dorée où des événements, historiques ou non, sont idéalisés et habillés de merveilleux pour l'édification des fidèles. Il n'y a là rien de surnaturel, tout au plus un naïf enthousiasme, et ce type de récits mythiques fait aujourd'hui plus de tort aux religions qu'il ne leur attire d'adeptes.

Les mythologies grecque ou égyptienne sont de véritables contes pour enfants qui tiennent lieu de religion.

Le Moyen Age chrétien imaginait d'innombrables prodiges réalisés par les Saints, vivants ou morts, et certaines de nos coutumes sont encore imprégnées de telles légendes.

L'hindouisme populaire est, pour sa part, entièrement fondé sur des aventures mythiques, toutes plus extraordinaires les unes que les autres, rassemblées dans les livres sacrés, le Mahabharata et le Ramayana.

L'Islam, qui se veut très dépouillé, n'empêche pas la dévotion populaire de croire aussi à des contes fantastiques.

Quant au bouddhisme tibétain ou chinois, il est souvent vertigineusement fantaisiste.

Ce n'est évidemment pas ce surnaturel de pacotille qui nous préoccupe ici. Il s'agit de savoir s'il existe dans notre monde des manifestations divines — ou diaboliques (?) — qui constitueraient une ouverture sur un monde différent du notre.

La réponse des religions à cette question est unanimement positive mais la place que tient le surnaturel dans leurs croyances est éminemment variable.

— Dans le judaïsme, le surnaturel est omniprésent à l'époque des grands prophètes. Leurs conversations avec Dieu sont fréquentes et l'on ne compte plus les interventions divines qui bouleversent les lois de la nature : la Mer Rouge qui se retire devant les Juifs et engloutit les poursuivants égyptiens, la manne qui tombe du ciel pour nourrir le peuple élu dans le désert, le buisson ardent, le soleil qui s'arrête dans sa course pour laisser à Josué le temps de vaincre ses ennemis... En revanche, les manifestations spectaculaires semblent inexistantes depuis quelques siècles. Tout se passe comme si le contact de Dieu avec son peuple se plaçait dorénavant sur un plan purement spirituel et personnel.

— Dans l'Islam, le Coran donne une grande place au surnaturel et il reprend explicitement bon nombre de faits merveilleux de la Bible, jusqu'à la conception de Jésus par la Vierge Marie. Le prophète Mahomet lui-même eut une vision de l'archange Gabriel qui lui annonça la mission dont il fût chargé. Ultérieurement, il fut enlevé au ciel pour une vision extraordinaire du Royaume de Dieu. A notre époque, des interventions miraculeuses, comme des guérisons obtenues par l'intercession de saints marabouts, sont admises par de nombreux musulmans, mais il s'agit de croyances populaires que les autorités religieuses considèrent, par principe, avec une certaine méfiance. Les savants musulmans sunnites limitent

généralement le merveilleux à la vie du prophète, tandis que les chiites et les Druzes y croient plus volontiers.
— Le christianisme reprend à son compte les faits surnaturels de la Bible. Le Nouveau Testament lui-même comporte beaucoup d'épisodes miraculeux. Ceux dont Jésus est l'auteur sont nombreux : changement de l'eau en vin aux noces de Cana, multiplication des pains, marche sur les eaux, pêche miraculeuse, arrêt subit d'une tempête, guérisons multiples de malades, d'aveugles et de paralytiques, résurrection de Lazare et du fils d'une veuve... Cette série de miracles a pour sommet la résurrection même de Jésus-Christ, suivie de 40 jours de vie d'extraterrestre et enfin de son ascension au Ciel. Les apôtres et les saints ont eux-mêmes bénéficié de dons miraculeux que la piété populaire a sûrement amplifiés, sinon inventés. Des manifestations surnaturelles continuent d'avoir lieu périodiquement dans l'Eglise dont les plus récentes et les plus spectaculaires sont les apparitions de Lourdes et de Fatima. Nous présenterons plus loin certaines d'entre elles.
— Dans l'hindouisme, dont la mythologie est un tissu d'histoires merveilleuses, les seules traces de phénomènes surnaturels concernent les pouvoirs magiques supposés de certains ascètes tels que la transmission de pensée, la lévitation ou l'ubiquité[34]. De tels pouvoirs sont aussi revendiqués par les lamas tibétains du bouddhisme tantrique. En particulier, la recherche de l'enfant dans lequel se réincarne un Dalaï Lama défunt se fonde sur des critères merveilleux. Rien de tout cela ne semble être, de l'avis même des hindouistes ou des bouddhistes de formation scientifique, autre chose que l'effet de l'imagination ou, au pire, du charlatanisme.
— Les différentes formes d'animisme engendrent des phénomènes de possessions, fréquemment constatés et difficilement explicables. Le « possédé » perd sa personnalité et prend celle d'une divinité dans le vaudou, d'un animal dans l'animisme indonésien, et ne garde pas conscience de son expérience. Dans ces religions, les pratiques magiques sont nombreuses et variées ; elles consistent le plus souvent à jeter des sorts ou à s'en prémunir, ce qui permet aussi des guérisons.

Si l'on essaie de classer les phénomènes surnaturels dits religieux qui ne sont pas d'évidentes supercheries ou l'effet d'une crédulité imbécile, on peut dire que, de nos jours, l'essentiel se ramène à quatre catégories :
— ce qui relève de la magie ;
— les phénomènes de possession ;
— les apparitions et les visions ;
— les miracles.

La magie

La magie est vieille comme l'humanité. Son nom est lié aux mages de l'ancienne Perse. Elle a pour objet de mobiliser des forces occultes, démons ou esprits, pour changer le cours naturel des choses : obtenir l'amour ou la mort de quelqu'un, acquérir richesse ou puissance, faire tomber la pluie etc.

Les techniques employées sont souvent sinistres et effrayantes ; elles suivent des rites rigoureux comportant la récitation de formules étranges ou des invocations sataniques ; elles font appel à des supports matériels divers et inattendus, tels que mèches de cheveux ou rognures d'ongles, crapauds desséchés, corne de cerf ou de rhinocéros, venin de serpent, poupées et aiguilles... Les cimetières et la nuit constituent l'environnement privilégié de ces pratiques inquiétantes.

Pourquoi évoquer ici ce qui paraît bien être un mélange de charlatanisme et de superstition? Simplement parce que la magie est encore associée à nombre de religions encore bien vivantes de la famille animiste. La persistance de telles pratiques se comprendrait mal si personne ne croyait à leur efficacité.

Comment se faire une opinion objective sur des activités qui veulent demeurer secrètes et sont réservées à des initiés? Cette dissimulation est a priori suspecte, mais suspecte de quoi? Que reprochent à la magie la science et les religions qui la condamnent?

La magie s'oppose fondamentalement à la science : le savant agit en s'appuyant sur les lois de la nature, le sorcier prétend les contourner. A l'analyse, il semble que la magie ne soit le plus souvent qu'un habillage volontairement mystérieux de techniques relevant de l'intimidation et de la prestidigitation, avec ou sans l'aide de plantes médicinales.

La magie s'oppose également à la religion dans la mesure où c'est le sorcier qui détient le pouvoir, même s'il déclare que ce pouvoir est surnaturel : c'est sa technique qui lui permet d'obtenir ce qu'il veut. Dans les religions, le pouvoir est entre les mains de Dieu et c'est par la prière qu'on peut obtenir une faveur, jamais automatiquement.

La persistance de pratiques magiques dans certains animismes, comme l'existence de croyants dans toutes les religions qui sont prêts à s'y livrer, repose sur la conviction qu'on peut agir sur le monde de l'inconnu. Il y a beaucoup de naïveté à penser que des gestes rituels, des sacrifices d'animaux, le port de talismans ou de gris-gris peut avoir une efficacité. Pourtant, si la magie ne produit pas l'effet escompté, le sorcier ne se laissera pas décontenancer, il dira qu'une autre influence magique plus forte s'est exercée en sens inverse de son action. Les dieux seraient ainsi ballottés entre les pouvoirs des sorciers, ce qui revient à dire que les dieux n'ont ni pouvoir ni liberté. Une telle contradiction conduit à conclure à la supercherie.

L'efficacité de la magie, si elle existe, est fonction de la crédulité et de l'auto-suggestion de celui qui la subit[35].

Les croyances non religieuses

La superstition

Elle consiste à imputer à des faits inattendus des phénomènes qui en sont, en toute logique, totalement indépendants. Il parait absurde, par exemple, de penser qu'être passé sous une échelle est la cause d'un accident de voiture survenu quelques jours plus tard. Voir un chat noir, casser une glace, être 13 à table, n'ont évidemment pas le moindre effet sur quoi que ce soit. Les croyances superstitieuses restent vivaces : certaines compagnies aériennes occidentales suppriment la rangée de sièges numérotés 13 et les Japonais en font autant pour le chiffre 4 qui, par homophonie, symbolise la mort.

L'astrologie

Certaines personnes croient aux horoscopes de façon superstitieuse. Soyons clairs : rien n'interdit de penser que différents phénomènes qui n'ont rien à voir avec le patrimoine génétique contribuent à certains aspects de la personnalité. Peut-être que de naître dans une atmosphère humide ou chargée d'électricité favorise ou handicape tel mécanisme extrêmement sensible et encore mal connu de notre cerveau. Peut-être les périodes d'éruptions solaires ou des phénomènes magnétiques ont-ils des effets ignorés. Peut-être aussi l'hiver modifie-t-il de façon imperceptible certains facteurs chimiques du sperme ou de l'ovule. On peut tout imaginer tant qu'on n'a rien constaté. Les partisans de l'astrologie croient constater des dispositions de caractère liées à la conjonction des astres et des planètes au moment de la naissance. Peut-être et pourquoi pas. Il n'en reste pas moins que, si cet effet existe, il n'est qu'un élément — et apparemment très mineur — parmi tous ceux qui forment la personnalité comme l'hérédité, l'éducation, les épreuves subies au cours de la vie etc. Autant il peut être amusant de retrouver chez des personnes de même signe quelques traits de caractère communs, autant il est parfaitement ridicule d'ajouter foi à des horoscopes de journaux qui ont l'audace de prédire à tous les lecteurs de même signe astrologique des dispositions également favorables ou défavorables pour l'argent et l'amour... Même s'il faut bien donner du travail aux jeunes journalistes stagiaires chargés de ces rubriques, il faut reconnaître que ce type de bourrage de crâne n'est pas meilleur que la publicité mensongère et qu'il contribue à faire confondre chez les gens les plus naïfs ce qui est mystérieux et mérite réflexion avec ce qui est supercherie.

Il serait pourtant simple, avec les moyens dont dispose la science aujourd'hui, de comparer le déroulement de la vie de personnes ayant exactement le même thème astral. On peut penser que si cela ne s'est pas fait, c'est qu'il n'y a apparemment rien à trouver.

Les lignes de la main (ou chiromancie)

Une autre croyance populaire très vivace concerne la lecture du destin dans les lignes de la main. Là aussi, il est facile de distinguer ce qui est peut-être sérieux de ce qui ne l'est sûrement pas. Ce qui n'est pas impossible, c'est qu'il existe chez certains sujets des capacités exceptionnelles et non systématiques de voyance. Ces personnes disent toutes qu'elles ont besoin, pour exercer leur don, de se concentrer grâce à un support qui peut être un jeu de cartes, une boule de cristal, du marc de café ou les lignes de la main. Si l'on se place dans l'hypothèse où de tels dons ne sont pas une simple supercherie, les lignes de la main ne sont qu'un support de la voyance. Il est en revanche absurde de déduire d'une façon automatique et, pourrait-on dire, scientifique, une relation entre la forme de ces lignes et le destin de l'intéressé. Rien ne serait plus facile en effet que de photographier les lignes de la main d'un nombre important de sujets, si ce n'est une population toute entière, et de comparer au moment du décès ce que disent les « experts » en lignes de la main avec ce qu'a réellement vécu le défunt. Si, par exemple, toutes les personnes mortes jeunes d'un accident de la route avaient une ligne de vie particulièrement courte, cela se saurait et serait facile à vérifier. Si cette étude n'a pas été faite, c'est que l'on risque fort de constater que le destin n'est pas écrit dans les lignes de la main. Encore une fois, cette déduction n'exclut pas absolument la capacité de voyance grâce au support des lignes de la main mais cela doit, au moins, inciter à la prudence.

La voyance

Voir l'avenir est totalement incompatible avec notre conception habituelle du temps. Notre cerveau est capable de mémoire et peut se souvenir du passé. On peut à la rigueur imaginer qu'entre deux personnes liées par une sensibilité commune extrême, des perceptions très intenses comme la douleur ou la mort puissent s'affranchir des distances. On n'arrive pas à imaginer comment on pourrait voir ce qui n'existe pas encore et qui, par conséquent, pourrait ne pas avoir lieu si l'on prenait le soin de modifier les causes de cet événement futur.

Peut-être les choses ne sont-elles pas aussi simples. Dans l'hypothèse d'un Dieu créateur de l'Univers, ce Dieu ne peut être prisonnier de sa réaction, Il est hors du temps et ne participe pas à l'évolution des êtres. S'Il leur laisse des degrés de liberté, Il est aussi capable de savoir dans quel sens vont s'exercer leurs choix.

Il n'y a donc pas incompatibilité entre notre liberté et le fait que Dieu connaisse l'avenir. A cet égard, on peut dire que notre avenir est fixé : nous en sommes libres mais notre choix, pour libre qu'il soit, est déjà connu. Si Dieu connaît l'avenir, il n'est plus absolument aberrant qu'Il ne soit pas le seul à le connaître : il suffit que Dieu ait la volonté qu'il en soit ainsi.

Ce sont évidemment de pures spéculations mais c'est apparemment la seule façon d'interpréter des phénomènes de voyance, s'ils existent.

La voyance reste, en tout cas, un phénomène très limité. Il ne touche que de rares personnes dont les capacités extra-lucides ne sont que partielles.

Leurs dons, s'ils existent, sont donc plutôt une curiosité de la nature qu'un moyen d'action.

A quoi peuvent donc bien servir ces dons ? Le plus souvent à faire vivre les voyantes elles-mêmes ou les escrocs qui les imitent. Cela ne justifierait apparemment pas que Dieu ait permis ce don de voyance. Le plus vraisemblable, s'il existe une part de réalité dans ces phénomènes, est que Dieu nous laisse ainsi une petite ouverture sur le surnaturel pour que nous ne limitions pas notre univers au visible et au palpable... Ce n'est qu'une interprétation mais elle en vaut une autre.

En fait, il est troublant de constater à quel point sont convaincues et convaincantes les personnes qui ont ce don de voyance et qui ne sont pas des « professionnels », toujours quelque peu suspects. Les femmes sont apparemment plus douées que les hommes pour ce genre de don.

La prémonition
C'est un phénomène apparemment beaucoup plus fréquent que la voyance : il s'agit de l'intuition, plus ou moins floue, d'un événement qui ne s'éclaire ou ne s'interprète qu'après la réalisation des faits. C'est, en quelque sorte, une voyance imparfaite :

Par exemple une personne refuse au dernier moment de prendre un avion qui s'écrasera quelques heures plus tard ; une autre ressent une douleur précise qui correspond à la maladie d'un tiers et la douleur disparaît dès que cette maladie est diagnostiquée ; parfois une épouse a la certitude de la mort prochaine de son mari dans un accident et le drame se produit effectivement... On peut tout aussi valablement récuser l'ensemble de ces phénomènes qu'en admettre la réalité. Dans le premier cas, cela évite de chercher une explication : il n'y a pas de surnaturel, il n'y a que des singlés à l'imagination dérangée. Dans le second cas, on peut dire que rien n'est sûr, que c'est peut-être imagination ou supercherie, mais on reste ouvert à des explications naturelles ou surnaturelles sans rien perdre de son sérieux.

Le spiritisme et l'occultisme
Les religions affirment qu'il y a une vie après la mort mais ont la prudence de considérer que l'au-delà nous est inaccessible.

Le spiritisme, quant à lui, a l'ambition de communiquer avec les esprits des morts. Le domaine de l'occultisme, qui englobe le spiritisme, est encore plus vaste : il concerne toutes les connaissances « cachées » qu'une initiation ou des pratiques particulières permettent d'acquérir. Il s'apparente à tous les courants « gnostiques »[36], qu'on trouve à toutes les époques et en marge de toutes les religions. Dans les chapitres précédents, nous en avons décelé des traces à propos de la religion druze, du caodaïsme ou des rosicruciens.

Il existe une abondante littérature sur ces sujets qui excitent l'imagination : les tables tournantes, les pouvoirs des médiums qui interprètent les transes de leurs sujets, l'existence d'une « aura » qui rayonne de notre corps comme un halo, les phénomènes d'écriture automatique, sans compter les messages des extraterrestres sont parmi les thèmes favoris des spécialistes du surnaturel non religieux.

Plus les phénomènes sont mystérieux, plus le vocabulaire est hermétique[37], plus nombreux sont ceux qui se laissent prendre par l'attrait d'une « recherche » et d'une initiation. Comme ces domaines se prêtent mal, par définition, à la rigueur d'une expérimentation scientifique, il ne peut s'agir que de croyances subjectives où l'on cotoie à chaque instant le risque de la manipulation mentale. Certaines sectes ou organisations aux finalités mal définies se complaisent dans l'exploitation de ces croyances. Le dosage entre l'imaginaire sans fondement et d'éventuels phénomènes paranormaux paraît difficile à déterminer.

L'intérêt porté au surnaturel par le spiritisme et l'occultisme ne doit pas masquer ce qui les distingue profondément des religions : les premiers prétendent disposer de techniques pour accéder à des connaissances cachées et s'apparentent en cela à la magie, tandis que les religions — tout au moins les plus importantes d'entre elles — visent avant tout l'élévation des hommes vers Dieu par une transformation de leur comportent qui repose d'abord sur l'effort et la volonté.

La possession

Les phénomènes de possession se rencontrent sous diverses formes dans d'innombrables religions, généralement mais pas nécessairement rattachées à l'animisme. Nous en avons vu un exemple à propos du vaudou mais on pourrait en citer bien d'autres parmi lesquels les cultes du zâr en Ethiopie dans la région de Gondar, de la tromba chez les Sakalaves de Madagascar, de hamadcha au Maroc, de bori au Niger, de Dourga-Kali en Inde, de Hâu-Bang au Viêt-Nam, aussi bien que les possessions provoquées par les chamans d'Indonésie ou de Sibérie. L'Europe a connu aussi, bien entendu, de nombreux cas de possession, dans l'antiquité comme au Moyen Age[38], mais ils se font très rares depuis l'avènement de la société industrielle.

Comment se produisent ces phénomènes et en quoi consistent-ils ? La possession n'est pas un accident, elle n'est pas spontanée mais provoquée par un rite précis où le rythme et la danse jouent un grand rôle. D'autres rites comme des offrandes de nourriture, des sacrifices d'animaux, une décoration particulière, sont parfois requis. L'exaltation de l'assistance qui vit une sorte de fête est fréquemment soutenue par l'alcool ou, plus rarement, par l'usage de plantes hallucinogènes.

Le but de ces rites divers est d'appeler des esprits, des dieux ou des démons à prendre « possession » d'un participant à la cérémonie. Selon les religions, il peut s'agir du prêtre lui-même, d'un initié du dieu ou d'un quelconque membre de l'assistance. Les Européens, étrangers au culte considéré, peuvent même être parfois choisis par le dieu.

La personne ainsi « possédée » peut l'être brutalement ou montrer des signes avant-coureurs : air absent, tremblements, sueur, respiration haletante. L'état de possession peut durer, selon les cas et les religions, de quelques minutes à quelques jours. Pendant ce temps, le possédé perd totalement sa personnalité et prend celle du dieu que reconnaissent les officiants et les initiés. Cela se traduit par un changement d'expression du visage, une voix transformée et un comportement qui est supposé être celui du dieu. Si celui-ci est un vieillard, la voix sera à peine audible, le visage grimaçant et le corps voûté ; si c'est un guerrier, le possédé sera redoutable et tonitruant. Parfois c'est un dieu-animal qui se manifeste et le possédé mime, mieux qu'un artiste professionnel, l'animal en question : un individu, transformé en loutre par un chaman indonésien, plonge dans une mare boueuse où il pêche avec les dents un poisson vivant ; un autre, devenu singe monte dans les branches d'un arbre avec une agilité dont il serait normalement incapable ; un autre encore rampera comme un serpent, en gardant les yeux fixes sans ciller et jetant des coups de langue rapides.

De tels exemples laissent interloqués les rationalistes que nous sommes. La multiplicité des cas et les témoignages concordants excluent la supercherie systématique et forcent à reconnaître la réalité du phénomène, mais toutes les hypothèses restent ouvertes sur son interprétation.

Dans l'hypnose, qui est scientifiquement admise, le médium se rend maître de la volonté du sujet. La possession pourrait être un phénomène de même nature. La question est de savoir si le « médium » est, dans le cas de la possession, un être surnaturel ou non.

Il paraît en tout cas peu probable que ce soit une personne de l'assistance, surtout quand l'officiant lui-même est possédé.

La position de l'Eglise catholique est catégorique : elle juge que ces phénomènes sont l'action des démons. Il existe d'ailleurs, en théorie, un prêtre exorciste dans chaque diocèse dont le rôle est précisément de les chasser. C'est évidemment un point de divergence avec les animismes où l'on s'efforce au contraire de les attirer...

Les visions et les apparitions

Il s'agit du même phénomène : la vision est la perception d'une apparition. Toutefois, une « vision » peut être purement intérieure, on devrait alors plutôt parler de sensation de présence car la vue ne joue aucun rôle.

Ce type de manifestation surnaturelle est peu fréquent ou, du moins, on en parle peu car il reste du domaine de la vie personnelle la plus intime. Ceux qui en bénéficient en sont profondément marqués mais il leur est difficile de communiquer leur expérience ou même de faire croire à sa réalité car ils en sont découragés par l'incrédulité de leur entourage : « il a des visions » ou « il entend des voix » sont passés dans le langage courant avec une forte connotation de dérision.

Pourtant, la voix que Jeanne d'Arc a entendue a été assez convaincante pour bouleverser son destin et faire de cette paysanne une héroïne nationale.

Dans certains cas plus exceptionnels encore, le surnaturel est moins discret, soit qu'il se manifeste simultanément à plusieurs personnes, soit qu'il prenne la forme d'une présence à la fois visible, audible et parfois même perceptible au toucher. Il est alors difficile de passer sous silence de tels phénomènes et c'est peut-être pour cela qu'ils existent.

Il est curieux de constater la situation particulière de l'Eglise catholique où ce type de phénomènes paraît si fréquent qu'un dispositif est prévu et mis en place pour en contrôler, autant que faire se peut, l'authenticité...

Rien ne permet cependant d'attribuer toutes ces manifestations à Dieu, pas plus d'ailleurs qu'on ne peut les mettre systématiquement sur le compte de troubles psychiques, d'hallucinations ou, pourquoi pas, de mauvaises plaisanteries du diable. Il n'est pas facile d'exercer un nécessaire discernement en cette matière ; il serait beaucoup plus simple de tout rejeter en bloc. Hélas, les faits sont têtus et quand 70 000 personnes sont simultanément témoins d'un phénomène tel que la « danse » du soleil à Fatima, il devient intellectuellement malhonnête de nier que quelque chose d'extraordinaire s'est passé : bien sûr, ce n'est pas le soleil qui a changé ses habitudes — on s'en serait aperçu ailleurs — mais la perception identique du phénomène par une foule qui comptait beaucoup d'incroyants ne relève pas non plus de l'hallucination telle qu'elle est médicalement connue.

Le caractère irrationnel et surprenant des apparitions nous porte à en présenter plusieurs exemples. Nous avons retenu celles de Fatima au Portugal en 1917, celles de Medjugorje en Yougoslavie, et de Kibeho au Rwanda, qui se poursuivent toutes deux encore aujourd'hui, ainsi que les apparitions de Paray-le-Monial et de la chapelle de la rue du Bac à Paris, à l'origine de dévotions particulières. Nous y avons ajouté les apparitions contemporaines de Dozulé, en Normandie, comme exemple d'apparition récusée par l'Eglise catholique. Rappelons en effet qu'entre 1928 et 1975, on a signalé 232 cas d'apparitions dont aucune n'a été reconnue par l'Eglise. Les catholiques ne sont d'ailleurs pas tenus de croire à la réalité des apparitions, même celles officiellement authentifiées, comme celles de Lourdes ou de Fatima.

De façon un peu arbitraire, nous présenterons les manifestations de Lourdes dans les pages suivantes, sous la rubrique concernant les miracles.

Fatima

Le dimanche 13 mai 1917, trois jeunes enfants de paysans portugais, Lucie, 10 ans, et ses deux cousins François, 9 ans et Jacinthe, 7 ans, font paître leur troupeau de brebis après avoir assisté à la messe. Vers midi, ils

Les religions dans la vie sociale 357

jouent à construire un mur autour d'un buisson quand un éclair les pousse à redescendre vers leur ferme. Après un deuxième éclair, ils voient tout près d'eux, suspendue au dessus d'un petit chêne vert, une Dame, vêtue de blanc et rayonnant d'une lumière intense, qui les rassure et leur demande de venir tous les 13 de chaque mois pendant 6 mois au même lieu et à la même heure.

L'apparition est exacte à ses rendez-vous, au cours desquels les enfants s'entretiennent à haute voix avec la Vierge Marie.

Le 13 juillet et le 13 août se produisent les premiers phénomènes perceptibles par l'assistance: les branches du chêne ploient sous le poids de l'apparition, la lumière du soleil prend une teinte inhabituelle... Les foules commencent à accourir et le 13 septembre, devant près de 30 000 personnes, un globe lumineux venu de l'Est s'arrête au-dessus de l'emplacement où les enfants voient l'apparition puis disparaît à la fin de celle-ci. De nombreux spectateurs voient tomber du ciel une pluie de flocons blancs qui s'évanouissent avant de toucher le sol.

Enfin le 13 octobre 1917, 70 000 pèlerins et curieux, parmi lesquels des incroyants, voient le soleil « danser »: après avoir tremblé en jetant successivement des lueurs de toutes les couleurs de l'arc-en-ciel, le soleil rouge-sang semble se jeter sur la terre au grand effroi de l'assistance, puis il reprend sa place et sa luminosité habituelles.

Ces manifestations, annoncées à l'avance aux enfants par la Vierge Marie sont interprétées comme le signe d'authentification des apparitions et des messages. En effet, la Vierge ne se contente pas de manifester sa présence, elle demande avec insistance de prier pour obtenir la fin de la guerre et confie aux enfants des « secrets » qu'ils ne doivent pas révéler.

Les apparitions ont eu d'importants résultats spirituels malgré les efforts des autorités pour les minimiser ou les déconsidérer. Les conversions et le retour à la pratique religieuse ont pris une dimension telle que le régime portugais de l'époque, très anti-religieux, évolua rapidement et rétablit ses relations diplomatiques avec le Saint-Siège en 1918.

Quant aux mystérieux messages, leur teneur n'est pas explicitement connue. Deux des voyants moururent prématurément, impressionnants de sainteté, François en 1919 de la grippe espagnole et Jacinthe en 1920 de pleurésie. Lucie, toujours vivante, est religieuse et observe une totale discrétion. De cette incertitude est née une abondante littérature: les milieux traditionalistes du catholicisme voient dans le message de Fatima l'annonce d'une conversion de la Russie conforme à leurs aspirations politiques.

Cependant c'est le réconfort spirituel que viennent surtout rechercher aujourd'hui les pèlerins de Fatima. Une basilique entourée de colonnades a été construite sur les lieux des apparitions. Le domaine du sanctuaire couvre 120 hectares dont 28 pour l'esplanade où se rassemblent les pèlerins. On y trouve aussi deux hôpitaux et des maisons d'accueil.

Aux anniversaires des apparitions, la foule est particulièrement nombreuse et atteint souvent un million de personnes.

Les apparitions de Medjugorje

La Bosnie Herzégovine, l'une des six républiques formant la Yougoslavie, est depuis 1981 le théâtre d'apparitions de la Vierge Marie. Plus précisément, elles se situent au village de Medjugorje[39], dans une région profondément catholique, tout près d'une grande croix érigée en 1933 pour le dix-neuvième centenaire de la mort du Christ.

De tels événements dans un pays à régime marxiste passent difficilement inaperçus et mettent autant dans l'embarras les autorités civiles que la hiérarchie ecclésiastique. On peut donc penser que l'enquête d'authenticité sera particulièrement rigoureuse ; elle est actuellement en cours. La police yougoslave a procédé de son coté à des interrogatoires et à des examens psychiatriques des voyants. La Sainte Vierge s'est même permis d'apparaître une fois dans le fourgon de la police. Depuis, les apparitions se produisent surtout dans les locaux de la paroisse et non plus en plein air.

Les premières voyantes ont été deux jeunes filles nées en 1965 et 1966, puis deux autres jeunes filles et deux garçons. Les apparitions sont quotidiennes et à heure fixe — 18 h 40 —. Depuis Noël 1982, seuls cinq des jeunes gens les perçoivent. A l'heure du rendez-vous, ils tombent simultanément à genoux et, dans leurs entretiens avec la Vierge, seules leurs lèvres bougent sans qu'aucun son soit perceptible par l'assistance.

Le message surnaturel ainsi transmis est dans la ligne catholique : incitation à la prière et à la conversion des cœurs. D'après la description des voyants, la Vierge porte une robe d'un gris lumineux et un voile blanc. Elle a les joues roses et les yeux bleus ; elle paraît avoir une vingtaine d'années et parle un parfait croate d'une voix douce. Un signe visible doit se manifester sur le site à la fin des apparitions. Déjà certains témoins ont perçu des phénomènes lumineux tels que l'illumination sans cause apparente du crucifix du pèlerinage et du chemin conduisant au lieu des premières apparitions.

Plus de deux millions de personnes, Yougoslaves et étrangers, se sont déjà rendues en pèlerinage à Medjugorje.

Les apparitions de Kibeho

Pour la première fois en Afrique, il est fait état d'une série d'apparitions qui a commencé le 28 novembre 1981. Le Christ ou la Sainte Vierge apparaissent à intervalles irréguliers à plusieurs enfants du village de

Les religions dans la vie sociale 359

Kibeho, dans la partie méridionale du Rwanda. Trois de ces enfants sont des jeunes filles élèves d'un collège rural. Trois autres filles et un garçon, sans aucun lien avec les précédents, reçoivent aussi ces apparitions.

Le garçon, Segatashya, né en 1967, appartient à une famille d'agriculteurs non christianisés. Il n'avait lui-même aucune idée du catholicisme quand Jésus lui apparût le 2 juillet 1982.

Une des jeunes filles, Vestine Salima, a pour père un musulman qui s'est converti depuis au catholicisme.

Les apparitions ne concernent jamais qu'un enfant à la fois. Elles se produisent souvent dans la cour du collège et, durent assez longtemps, parfois plusieurs heures. Des dizaines de milliers de personnes sont déjà venues observer ces étranges manifestations.

Contrairement à ce qu'on constate à Medjugorje, en Yougoslavie, où les voyants gardent une attitude parfaitement naturelle avant, pendant et après les apparitions, à Kibeho les jeunes gens tombent parfois soudainement à terre après leurs visions et restent quelques instants inconscients.

Les propos qu'ils tiennent pendant l'apparition sont parfaitement intelligibles de l'assistance tandis qu'à Medjugorje les lèvres des voyants se meuvent sans qu'aucun son soit perceptible.

Les messages que les voyants sont chargés de transmettre à la foule de la part des apparitions le sont dans la langue du pays, le kinyarwanda ; ils sont parfaitement conformes à la doctrine catholique, tout en étant exprimés dans un style imagé très adapté au public rwandais.

Des guérisons et de nombreuses conversions ont été constatées à la suite de ces événements.

Le fait le plus étonnant est qu'à certaines occasions des phénomènes lumineux ont été observés par des foules importantes ; cela rappelle la danse du soleil de Fatima en 1917. En outre, le soleil s'est dédoublé quelques instants, l'un des disques passant devant l'autre. Des témoins de ces phénomènes se trouvaient à plusieurs dizaines de kilomètres des lieux de l'apparition et en ignoraient l'existence.

Une enquête est actuellement en cours sous l'autorité de l'évêque du lieu.

Paray-le-Monial

Le nom de ce chef-lieu de canton de Saône-et-Loire est connu comme celui d'un haut-lieu du catholicisme mais bien rares sont ceux qui se souviennent des raisons de cette relative notoriété.

Dès l'an 973, un couvent y fut construit et rattaché à l'abbaye de Cluny, puis au XIIe siècle une basilique fut édifiée. Mais c'est au XVIIe siècle que Paray-le-Monial accède à la célébrité: une religieuse visitandine, fille d'un notaire de la région, Marguerite Marie Alacoque, y bénéficia à partir de 1673 d'une trentaine d'apparitions de Jésus-Christ. Parmi celles-ci, la plus importante lui recommanda en juin 1675 d'instaurer une fête du Sacré-Cœur. La dévotion au cœur du Christ existait déjà au Moyen-Age, mais cette intervention surnaturelle survenait au moment où le jansénisme, forme austère et desséchée du catholicisme, était à la mode. Le message de la religieuse, soutenu par un jésuite convaincu de l'authenticité des apparitions, finit par être admis par l'Eglise et le culte du Sacré-Cœur de Jésus-Christ se répandit rapidement.

Le côté un peu mièvre des statues de plâtre du Christ avec le cœur rouge saignant surmonté d'une croix ne découragea pas la piété des fidèles qui ressentaient au contraire le besoin d'une expression sensible de leur ferveur. La dévotion au Sacré-Cœur s'est souvent trouvée associée par la suite aux formes les plus traditionalistes du catholicisme: le Sacré-Cœur était l'emblème des Chouans, la basilique du Sacré-Cœur à Montmartre a été construite en commémoration des massacres perpétrés par la Commune de Paris contre les chrétiens en 1870 et de nos jours le mouvement de la Contre-Réforme catholique de l'abbé de Nantes, vigoureusement opposé aux décisions du Concile Vatican II, a pour symbole le Cœur surmonté de la Croix.

Il n'en est que plus étonnant de constater que Paray-le-Monial est l'un des centres de prédilection des mouvements charismatiques, expression très récente et vivante du catholicisme mystique. On y trouve aujourd'hui aussi bien des pèlerins attachés aux anciens rites de l'Eglise qui prient dans la basilique que des foules de jeunes rassemblés pour de grandes kermesses et chantant la gloire de Dieu sous des chapiteaux de fortune. Le contraste entre ces deux formes apparemment si différentes du catholicisme exprime peut-être à quel point Jésus-Christ aime tous ses enfants d'un même cœur.

Sœur Marguerite Marie Alacoque a été béatifiée par l'Eglise en 1864 et canonisée en 1920.

La chapelle de la « médaille miraculeuse »

En 1830 à Paris, près du quartier latin, le couvent des Filles de la Charité de la rue du Bac est le théâtre d'apparitions de la Vierge Marie. Une novice de famille paysanne pieuse, Catherine Labouré (1806-1876), après avoir souhaité dans ses prières voir la Mère de Dieu, est réveillée une nuit par un jeune enfant qu'elle croit être son ange gardien. Celui-ci la fait descendre à la chapelle où, dit-il, la Sainte Vierge va venir exaucer son vœu. Effectivement, la Vierge, rayonnante de lumière, apparaît dans un bruissement d'étoffe et s'assied dans un fauteuil. Elle est si réelle que Catherine pose ses mains sur sa robe. La Vierge converse longuement avec la religieuse et lui indique qu'elle bénéficiera de dons de voyance spéciaux. Seul son confesseur doit être tenu

Les religions dans la vie sociale

au courant de cette vision. Après cette contemplation, l'enfant la reconduit à sa chambre où elle passe le reste de la nuit émerveillée de cette rencontre.

Quatre mois plus tard, en novembre 1830, au cours d'une prière du soir avec toute la communauté, la Vierge lui apparaît à nouveau mais cette fois debout, comme suspendue au-dessus du sol. Catherine, seule à percevoir cette vision, se voit ordonner de faire graver une médaille dont le modèle, recto et verso, lui apparaît avec une grande précision. Cette médaille acquiert rapidement une popularité surprenante, elle est diffusée à plusieurs millions d'exemplaires et provoque une série de miracles. L'un des plus spectaculaires est la conversion brutale d'un riche banquier juif, Ratisbonne, qui n'avait accepté cette médaille qu'à contre-cœur pour ne pas vexer un ami : il a, lui aussi, une vision de la Vierge et se fait prêtre.

Quant à Catherine Labouré, elle fait preuve d'une discrétion totale sur les privilèges reçus au point que seuls quelques prêtres et religieuses sont au courant de son expérience mystique. Elle continue de mener l'existence d'une religieuse anonyme, se dévouant au service des vieillards jusqu'à sa mort.

Au moment de son procès de béatification en 1933, sa tombe est ouverte et son corps est trouvé parfaitement intact, comme si elle venait de mourir. Elle est canonisée en 1947.

Dozulé

Dozulé, petit village de Normandie situé entre Caen et Pont l'Evêque, a été le théâtre d'apparitions parmi les plus récentes intervenues en France. A trente six reprises différentes, entre mars 1972 et août 1982, le Christ s'est manifesté à une mère de famille de cinq enfants, épouse d'ouvrier, Madeleine Aumont, née le 27 octobre 1924.

Le plus souvent, ces événements se sont produits en présence de religieuses, du curé de la paroisse ou de fidèles.

Les messages délivrés par le Christ, exprimés dans un latin recherché, sont, en quelque sorte, un prolongement de l'Apocalypse : ils annoncent l'imminence de grandes tribulations, avant la fin du siècle, l'apparition du signe de la croix dans le ciel, ce qui arrêtera miraculeusement la troisième guerre mondiale, le déroulement d'une nouvelle évangélisation et le retour glorieux du Christ à Dozulé après ces événements.

Le Christ apparaît généralement à la place du tabernacle sur l'autel, ce qui est interprété comme une confirmation de la présence réelle du Christ dans l'hostie consacrée.

Le Christ aurait demandé d'ériger à Dozulé une croix de 738 mètres de hauteur, ce qui correspond à l'altitude du calvaire à Jérusalem.

Madeleine Aumont, femme simple et posée, n'a étudié que jusqu'à son certificat d'études et elle devait demander à son curé la traduction des paroles latines qu'elle entendait.

De nombreux autres témoins de toutes origines ont constaté à plusieurs reprises le rassemblement subit de nuages en forme de croix sur les lieux des apparitions.

Le procès canonique, c'est-à-dire l'enquête officielle de l'Eglise catholique sur ces apparitions, a commencé en 1984. Le 24 juin 1985, l'évêque de Bayeux a rendu une ordonnance négative assortie d'une mise en garde des prêtres et des fidèles, mesure approuvée par la Congrégation romaine pour la doctrine de la foi le 24 octobre 1985.

QUE PEUT-ON PENSER DES APPARITIONS?

Bien sûr, n'importe quel farceur, fou ou charlatan peut déclarer qu'il a vu, comme je vous vois, des éléphants roses dont le message changera la vie de l'humanité. Pour peu qu'il ait des dons de comédien, il trouvera des gens pour le croire et des désœuvrés pour devenir ses disciples.

Tout ce qui vient de l'homme peut être mis en doute. L'Eglise elle-même, en la personne des prêtres et des évêques, témoigne systématiquement d'une grande méfiance à l'égard des voyants. Même si elle reconnaît l'authenticité de certaines apparitions — en nombre très réduit sur l'ensemble de celles qu'on lui signale — elle n'exerce aucune pression pour que les catholiques y croient.

Ceci étant, plusieurs remarques viennent à l'esprit:
— Comme on l'a vu, aucune religion ne rejette absolument le merveilleux. Le christianisme en particulier s'effondrerait si le Christ n'était pas ressuscité.
— Dans le merveilleux, il est relativement facile de trier ce qui relève de la légende dorée de ce qui est affirmé avec conviction par des témoins sains d'esprit et dignes de confiance. Ce tri conduit à constater que, dans les derniers siècles, les phénomènes troublants ayant une certaine crédibilité et un certain retentissement se sont produits dans la mouvance de l'Eglise catholique.
— Si l'on admet l'existence d'un Dieu capable de créer l'Univers et de le faire évoluer selon ses lois, il semble qu'il lui soit facile de suggérer à qui il veut des sensations qui peuvent être interprétées comme une présence. Nos rêves nous prouvent que notre cerveau ne travaille pas que sur de la réalité observable et concrète. Rien n'interdit de penser qu'un voyant a véritablement toutes les sensations objectives de ce qu'il déclare voir et entendre: ses déclarations sont de bonne foi et il peut être le seul à être conscient de ce phénomène. Rien n'interdit non plus à Dieu que cette perception soit ressentie par un nombre quelconque de témoins. C'est une réalité intérieure perçue comme un phénomène extérieur, mais une réalité quand même.

— En ce qui concerne les messages reçus par les voyants, on peut tenter une interprétation du même ordre. Du fait même que ces messages transitent par le cerveau du voyant, ils peuvent ne pas être totalement indépendants de la personnalité de celui-ci. De la même façon que les quatre Évangiles ne sont pas identiques et reflètent la personnalité de leur auteur, de même il est possible qu'il existe une certaine marge d'interprétation des messages liée à la personnalité du voyant. Ainsi, un message de Dieu peut être parfaitement authentique dans son esprit sans qu'il soit interdit d'en faire une certaine « critique », au sens de la critique historique, et d'en admettre une interprétation mieux adaptée à d'autres personnalités.

Ces considérations répondent à des questions que se posent parfois des chrétiens quelque peu surpris par l'institution d'un « gri-gri » comme la médaille miraculeuse, de la formulation « couleur locale » de certains messages de la Vierge ou de secrets si redoutables que le pape refuse d'en parler. Les recommandations et les messages sont, avant tout, destinés aux voyants, même s'il ont souvent une retentissement plus large et parfois mondial. Mais ceci n'implique pas que chacun soit concerné par les aspects circonstanciels du message : c'est le contenu spirituel qui importe et chaque croyant est libre de l'adapter à sa propre situation. Il peut même ne pas y croire du tout.

Autrement dit, on peut avancer l'hypothèse que les apparitions ne sont que la partie émergée d'un iceberg constitué de l'ensemble des manifestations divines surnaturelles, destinées généralement à des individus particuliers. Parmi les formes variées de ces manifestations, habituellement personnalisées, certaines toucheraient simultanément plusieurs individus ou comporteraient des phénomènes visibles par des tiers.

Le plus ou moins grand rayonnement d'une apparition dépendrait, en fin de compte, de la qualité spirituelle du « visionnaire » dont le rôle s'apparente à celui d'une caisse de résonance.

Les miracles

Bien des phénomènes naturels sont encore inexpliqués et la science apporte chaque année des réponses à des milliers d'énigmes. Il faudrait toutefois se garder de la vision simpliste d'un monde considéré comme un ensemble de phénomènes qui passeraient de la boîte étiquetée « inexpliqué » à la boîte « expliqué » au fur et à mesure des découvertes scientifiques. Rien n'est jamais définitivement élucidé et les théories des savants ne font qu'améliorer l'éclairage sur des phénomènes qui gardent toujours un certain mystère.

Quand Newton, voyant une pomme tomber d'un arbre, eut l'intuition de la loi de la gravitation, il permit des progrès décisifs à la physique mais nous ne savons pas clairement aujourd'hui encore pourquoi une masse est associée à un champ de gravitation.

En outre quantité de phénomènes naturels échappent à notre observation pour la simple raison que notre vision est imparfaite : Newton a bien vu la pomme tomber sur la terre mais il n'a pas vu la terre attirée par la pomme, ce qui est pourtant aussi la conséquence de la loi qu'il a énoncée.

C'est dire que la science n'est pas au bout de ses peines, même si certains résultats sont aujourd'hui acquis et si certaines explications fantaisistes sont définitivement exclues.

Ce préalable étant posé, les diverses religions attribuent au surnaturel bon nombre de faits mystérieux groupés sous le nom de miracles[40]. En quoi consistent ces phénomènes et défient-ils réellement toute explication scientifique ?

La liste des miracles, réels ou supposés, est impressionnante. Nous avons mentionné plus haut les visions et apparitions ; il faut y ajouter :
— la capacité de s'exprimer dans des langues inconnues ;
— la lévitation (faculté de s'élever dans les airs au mépris de la pesanteur) ;
— la capacité de vivre sans prendre de nourriture ;
— l'incorruptibilité de certains cadavres ;
— l'émission d'odeurs suaves ;
— l'apparition d'une auréole lumineuse au-dessus de la tête ;
— la sécrétion de larmes ou de sueur de sang ;
— les stigmates (marques sanglantes de la crucifixion de Jésus-Christ qui apparaissent sur les mains et les pieds de certains saints) ;
— la « lecture des cœurs », grâce à laquelle on accède directement à la pensée d'autrui ;
— le don de prophétisme ;
— la bilocation (capacité d'apparaître en deux lieux simultanément) ;
— les guérisons miraculeuses.
etc.

Chacun est libre, évidemment, de croire ou non à la réalité de telles étrangetés ou de certaines d'entre elles. On peut, tout aussi valablement, croire qu'il s'agit d'habiles manipulations ou de légendes sans fondement réel.

Les uns disent que rien n'est impossible à Dieu ; les autres que Dieu, s'Il existe, a créé les lois de la physique pour qu'elles soient respectées.

Dans le doute, la seule attitude raisonnable consiste à procéder à des vérifications, quand elles sont possibles. De nos jours, les savants sont mieux armés qu'au Moyen-Age et ils ne manquent pas d'exercer leur talent pour tester les miracles qui leur sont signalés ou pour déjouer d'éventuelles impostures.

Nous avons donc pris le parti de passer sous silence les miracles d'un passé lointain ainsi que ceux qui échappent à tout témoignage scientifique. Parmi ceux qui ont fait l'objet d'études sérieuses, nous en avons retenu trois de nature très différente :
— le cas de Marthe Robin ;
— celui de Padre Pio ;
— les guérisons de Lourdes.

Dans chacun de ces cas, la science contemporaine n'a pu, malgré les moyens mis en œuvre, fournir d'explications rationnelles au caractère aberrant des phénomènes constatés.

Marthe Robin

La télévision, pourtant avide de sensationnel, n'a parlé que rarement de cette femme dont la vie a défié les lois de la nature. Née en 1902 à Chateauneuf de Galaure dans la Drôme, cette paysanne sans instruction, de santé fragile, tomba paralysée en 1918 puis, après un léger rétablissement, devint tout à fait impotente en 1926. Bientôt elle devint incapable d'absorber aucune nourriture et aucune boisson, à l'exception de l'hostie de la communion qu'elle ne peut même pas déglutir et qui, dit-elle, pénètre spontanément en elle sans effort. Egalement incapable de bouger et de dormir, elle ne garde que l'usage de la parole et passe sa vie en prière.

Sa spiritualité rayonnante attire la visite de nombreux pèlerins et curieux qu'elle bouleverse par des conseils précisément adaptés au cas de chacun. Elle provoque des dizaines de conversions au catholicisme.

A partir de 1930, elle souffre chaque vendredi, jour supposé de la mort de Jésus-Christ, les douleurs de sa crucifixion et présente des stigmates sanglants aux mains, aux pieds et au flanc. Elle perd la vue en 1939.

Examinée par différents médecins, dont un psychiatre, professeur à la faculté de médecine de Lyon, son cas de survie sans nourriture demeure inexplicable.

Elle restera, jusqu'à sa mort en 1981, attentive à répondre avec une incroyable lucidité aux besoins spirituels de tous ceux qui se pressent auprès d'elle. Elle trouve en outre le moyen de lancer une organisation religieuse internationale de laïcs pour l'évangélisation, l'œuvre des « Foyers de Charité », qui a été agréé par le Vatican en 1986.

Padre Pio

Ce moine capucin, de son vrai nom Francisco Forgione, présente la particularité d'avoir « expérimenté » quasiment tous les phénomènes miraculeux relatés dans les plus merveilleuses histoires de saints. Or les faits en cause sont contemporains, certains ont été constatés par des centaines de personnes et de nombreux athées, a priori dubitatifs ou sarcastiques, se sont convertis brutalement devant l'évidence de ce qu'ils constataient.

Quelles étaient donc les performances de ce prêtre hors du commun?

Né en 1887 à Pietrelcina, non loin de Naples, il demanda à 15 ans à entrer au couvent des capucins. Dès le noviciat, il eut d'extraordinaires expériences du démon qui le torturait physiquement et l'empêchait de dormir. Ce n'était qu'un début et toute sa vie, comme le curé d'Ars, il dut affronter le diable. En 1915, il reçoit les stigmates de la passion du Christ, ce qui lui vaut des douleurs permanentes et des difficultés à marcher; la plaie du côté saigne au point de remplir une tasse de sang par jour. La plaie ne présente jamais d'inflammation, elle est nettement ouverte. Les stigmates des mains et des pieds sont recouverts d'une mince peau qui obture le vide de l'emplacement des clous de la crucifixion; ce vide est nettement perceptible à la palpation. De nombreux médecins, croyants ou non, ont examiné ce phénomène et n'y ont trouvé aucune explication ni analogie avec quelque autre fait médical.

La spiritualité du père Pio fait aussi des miracles, ou plutôt c'est Dieu qui en fait par son intermédiaire. Des foules viennent à son monastère de San Giovanni Rotondo pour se confesser et les pénitents constatent avec stupéfaction que le père lit dans leur cœur à livre ouvert: il leur rappelle tel événement caché de leur vie ou bien refuse la communion à quelqu'un qui, parmi la foule, n'est pas en règle avec sa conscience. Pendant la célébration de la messe, qui dure parfois trois heures, son visage exprime une émotion d'un autre monde. Il verse souvent des flots de larmes ou transpire à grosses gouttes malgré le froid. Les bouleversements spirituels qu'il provoque journellement chez ses visiteurs s'accompagnant parfois de guérisons miraculeuses. Ce fut le cas d'un médecin athée qui niait vigoureusement les pouvoirs du père: atteint d'un cancer au dernier stade, il finit par accepter la visite du père Pio qui provoqua sa guérison et le transforma en excellent chrétien.

Parmi les phénomènes les plus étranges cités à propos du père Pio, les moindres ne sont pas les cas de bilocation[41]. Ainsi un général sur le point de se suicider vit apparaître un moine qu'il n'avait jamais vu et arrêta son geste. Plus tard, ayant appris l'existence du père Pio, il se rendit au monastère et reconnut en lui ce moine qui l'avait sorti du désespoir: le père lui sourit et lui dit: « vous l'avez échappé belle »! En fait, il arrivait que, pendant ses confessions, il s'arrêtât subitement comme « absent » pour reprendre le cours de son entretien de longues minutes plus tard. Pour autant que l'extrême discrétion du père Pio permettre de le savoir, il était très conscient de ses « déplacements » et savait parfaitement où il allait.

Le père Pio est parti pour un voyage définitif auprès de Dieu en 1968. Son couvent a tenu un registre de tous les faits miraculeux dont ont témoigné des dizaines de pélerins.

Lourdes

Le destin religieux et touristique de Lourdes a commencé en 1858 par une série de 18 apparitions de la Vierge Marie à une jeune fille de 13 ans, Bernadette Soubirous. Le message délivré au cours des 6 mois sur lesquels se sont étendus ces phénomènes recommande de prier pour les pécheurs, de faire pénitence, de construire une chapelle aux lieux de l'apparition et d'y venir en pèlerinage. La Vierge s'exprime en patois gascon et se présente comme « l'Immaculée Conception », conformément au dogme proclamé par le pape en 1854, ce dont Bernadette, illettrée, n'avait jamais entendu parler.

Mais ce qui nous intéresse ici, ce ne sont pas les apparitions elles-mêmes, dont nous avons donné précédemment d'autres exemples, ce sont les miracles qui ont suivi et continuent de se produire depuis plus d'un siècle à Lourdes.

D'un point de vue religieux, ils sont considérés comme le signe visible de la réalité des apparitions et de l'authenticité du message de la Vierge. Les miracles les plus communs sont d'ordre spirituel, mais les transformations de l'âme échappent à toute analyse. Assez souvent, on constate aussi des guérisons inexplicables, « miraculeuses ». Il est normal que de tels faits soient l'objet d'observations scientifiques sérieuses. C'est pourquoi les autorités religieuses ont demandé la constitution d'une commission médicale où siègent des médecins croyants et incroyants. Ceux-ci ne se prononcent que sur des dossiers précis de patients suivis avant et après leur guérison. Jamais aucun cas pour lequel les informations sont insuffisantes n'est retenu et la commission ne se prononce que sur l'inexplicabilité de la guérison constatée. Une telle commission n'emploie jamais le mot de miracle : elle constate seulement des guérisons instantanées inhabituelles. Les quelques dizaines de cas retenus, de par la rigueur des critères appliqués, correspond à un nombre très supérieur de cas où les intéressés se considèrent miraculeusement guéris.

Les guérisons, qui ne sont encore une fois que la partie émergée de l'iceberg des faits étonnants de Lourdes, jouent incontestablement un rôle dans la fréquentation de ce lieu de pèlerinage. On y compte près de quatre millions de visiteurs par an : les 3/4 sont des pèlerins et 1/4 des touristes ; les Français ne sont pas plus de 37 %. A certaines périodes, comme lors du pèlerinage national français le 15 août, des trains entiers de malades sont acheminés dont beaucoup normalement intransportables. De nombreux fidèles effectuent leur pèlerinage comme infirmiers ou brancardiers bénévoles. Environ 80 000 malades visitent Lourdes chaque année.

Le surnaturel a-t-il de l'avenir?

Une analyse sereine de ce qu'on rassemble sous la rubrique de « surnaturel » est rendue difficile par les préjugés personnels de chacun. En nous efforçant de rester objectifs, nous pouvons constater au moins que le surnaturel a la vie dure: d'un point de vue sociologique, la croyance au surnaturel existe dans toutes les cultures, à des degrés divers et sous des formes différentes. Les régimes les plus athées n'arrivent pas, malgré leurs efforts, à extirper complètement ce qu'ils appellent la superstition.

A cet égard, les grandes religions présentent l'avantage de canaliser la croyance spontanée au surnaturel, elles donnent même parfois l'impression d'en être gênées par peur de paraître naïves ou anti-scientifiques.

En fait, la sensibilité au surnaturel comporte à coup sûr des éléments subjectifs et personne ne peut prouver s'il existe ou non une part d'objectivité en cette matière qui, par définition, nous dépasse.

A ce point de notre réflexion, il est possible d'avancer, avec les plus grandes réserves, quelques remarques.

— Les transes, fréquentes dans de nombreuses religions, sont souvent considérées comme le résultat d'une « possession » par un être surnaturel. En fait, médicalement, les transes peuvent être provoquées par des causes très diverses, ce qui, d'un point de vue rationaliste, laisse à penser que la possession par un quelconque esprit n'est que l'effet de l'imagination. Cependant, ce qui reste inexpliqué, c'est le contenu du « délire » de la personne en transes.
— L'expérience individuelle du surnaturel, sous une forme ou une autre comme, par exemple, la certitude d'une réponse à une prière est vraisemblablement un phénomène courant mais qu'il est impossible d'analyser.
— Enfin les miracles et les apparitions spectaculaires semblent être, depuis déjà longtemps, le privilège de l'Eglise catholique.

Quoiqu'il en soit, l'impact du surnaturel sur les foules est tel que, manifestations ou pas, les lieux sacrés de chaque religion attirent chaque année de plus en plus de fidèles.

LES PÈLERINAGES

Pour qui cherche Dieu, l'idée de se rendre là où il s'est manifesté, d'une façon ou d'une autre, paraît assez naturelle. Ceci d'autant plus que l'homme a au plus profond de lui-même un instinct de bougeotte qui le conduit à chercher ailleurs ce qu'il imagine ne pas pouvoir trouver plus près.

Les religions dans la vie sociale 369

Les pèlerinages sont aussi des occasions exceptionnelles de conforter ses croyances en rencontrant des coreligionnaires dans une ambiance de fête et d'exaltation qui laisse d'impérissables souvenirs.

Aussi, les pèlerinages sont-ils aussi vieux que le monde et toutes les religions en ont suscité. Dresser la liste de ces hauts-lieux des religions ne serait qu'une inutile énumération. Nous nous efforcerons plutôt de dégager ce qui sous-tend ces spectaculaires manifestations en prenant quelques exemples parmi les plus significatifs.

Les pèlerinages de l'Islam

Le pèlerinage à la Mecque et Médine

Parmi les cinq « piliers » de l'Islam, le pèlerinage est la seule pratique qui ne soit pas strictement obligatoire. Cependant tout musulman adulte, homme ou femme, qui n'est pas atteint d'une maladie mentale ou contagieuse est tenu de le faire au moins une fois dans sa vie, s'il en a les moyens.

Le nom arabe du pèlerinage est *hadj*, celui qui l'a effectué peut porter le titre envié d'hadji.

Le pèlerinage comprend la visite des lieux saints de la Mecque et de Médine. Ces deux villes sont rigoureusement interdites aux non-musulmans. Ce sont les seules villes du monde d'accès réservé aux fidèles d'une religion.

A Médine, le pèlerin visite les tombeaux du prophète Mahomet et de ses trois compagnons Abou Bakr, Omar et Othman. Médine, dont le nom arabe, Médina,[42] signifie simplement ville, a été le refuge du prophète après sa fuite de la Mecque en l'an 622. Cette fuite, qui se dit hijra en arabe et hégire en français, marque le début du calendrier musulman. La visite à Médine peut se dérouler avant ou après le pèlerinage principal à la Mecque.

La Mecque, lieu de naissance du prophète, est la ville la plus sainte de l'Islam.

C'est la capitale du royaume de Dieu et la mère des villes. On y trouve la Maison de Dieu, la Kaaba, cet édifice cubique[43] couvert de tentures noires placé au centre de la cour de la mosquée principale. Selon la tradition, Adam aurait érigé un temple à cet emplacement et Abraham l'aurait restauré. Nous serions donc en présence du lieu de culte indubitablement le plus ancien du monde !

Ce qui est sûr, c'est que la Kaaba était l'objet d'un culte païen avant l'Islam et qu'on s'y rendait pour de grandes kermesses où s'affrontaient aussi bien des lutteurs que des poètes ou des orateurs. Mahomet a même participé à des travaux de reconstruction de la Kaaba avant de devenir prophète.

On trouve dans la Kaaba la fameuse pierre noire qui symbolise la main de Dieu et que les pèlerins touchent de la main en signe d'allégeance. Toutefois la pierre n'est l'objet d'aucune adoration : ce serait contraire à l'Islam qui est particulièrement sévère à l'égard des idoles. D'ailleurs la pierre fut enlevée au Xe siècle par les Arabes d'Oman et pendant les 21 ans de son absence rien ne changea dans les habitudes des pèlerins. En pratique, la pierre sert surtout à marquer le point de départ des processions circulaires que font les fidèles autour de la Kaaba.

Pour en revenir au pèlerinage lui-même, il se déroule selon les dispositions prévues par le prophète. C'est dire que les rites et l'ordre dans lequel ils sont pratiqués sont immuables.

En premier lieu, le pèlerin doit se mettre en condition et se sanctifier. Il existe cinq lieux réservés à cet effet, ils sont situés loin de l'enceinte sacrée. Le plus proche, Yalamlam, est à une cinquantaine de kilomètres au sud de la Mecque ; il est destiné aux pèlerins en provenance du Yémen et des pays méridionaux. Le plus éloigné, Zu el Hilayfa, est proche de Médine, à 450 km au nord de la Mecque. Ainsi, selon leur provenance géographique, les pèlerins commencent le Hadj en un lieu précis puis se lavent de toutes leurs impuretés. Les hommes, tête nue, se chaussent de sandales et se vêtent de deux pièces de tissu blanc sans couture. Cette tenue uniforme qui efface les classes sociales symbolise l'égalité des hommes devant Dieu ; elle rappelle aussi par sa blancheur les langes du nouveau-né et le linceul de la mort. Les femmes ne sont pas tenues de changer de vêtements, elles gardent leurs vêtements habituels.

Ainsi préparé, le pèlerin peut entreprendre les visites rituelles dans une atmosphère exaltante de communauté de foi. Il se dirige vers la mosquée sainte, masdjed el haram[44], en répétant inlassablement la formule, dite « labbayka » du nom des premiers mots de cette prière qui dit :
« Me voici, Seigneur, me voici. Tu n'as pas d'associé. Me voici.
La louange et le bienfait t'appartiennent ainsi que la royauté.
Tu n'as pas d'associé ».
Une fois à l'intérieur du sanctuaire, il s'efforce de toucher la pierre noire, puis il tourne sept fois autour de la Kaaba. Après avoir bu à la fontaine Zamzam, il parcourt ensuite sept fois l'espace compris entre deux petits monticules, Safa et Marwah, reliés par une immense galerie couverte. Une section de ce trajet s'effectue en courant. A chaque passage à Marwah, il se tourne vers la Kaaba en disant trois fois « Allah akbar »[45] et en récitant d'autres prières rituelles. Ces allers-retours symbolisent l'errance d'Adam et Eve chassés du paradis ainsi que la course d'Agar l'Egyptienne, femme d'Abraham, à la recherche d'eau pour son enfant Ismaël.

Le pèlerinage comporte en outre obligatoirement une soirée de méditation sur le mont Arafat, dans la banlieue de la Mecque, où le prophète prononça le fameux sermon du testament, trois mois avant sa mort. Après le coucher

Les religions dans la vie sociale 371

du soleil, le pèlerin se rend à un autre lieu saint, Muzdalifa ; il ramasse en route sept petits cailloux dont il se servira pour lapider une stèle symbolisant le diable.

Après quelques jours passés à Mina, toujours dans les environs immédiats de la Mecque, la fin du pèlerinage approche et le pèlerin procède à sa « désacralisation » : il offre un sacrifice, généralement un mouton, se rase la tête ou se coupe les cheveux, prend une douche et remet ses vêtements de tous les jours. Il retourne alors à la Mecque et effectue à nouveau sept tours de la Kaaba à un rythme de marche normal.

Le pèlerinage est complété par la visite de la mosquée du prophète à Médine, à 450 km au nord de la Mecque, où se trouvent les tombeaux de Mahomet et de ses compagnons les califes[46] Abou Bakr et Omar. Cette visite peut aussi s'effectuer avant le pèlerinage proprement dit.

Il existe une forme plus courte de pèlerinage, dite 'umra, qui ne comporte pas la visite des lieux extérieurs à la Mecque. Il faut cependant se « sacraliser » en dehors de la ville.

Le caractère obligatoire du hadj pour tout musulman qui en a les moyens fait de ce pèlerinage l'une des manifestations religieuses de masse les plus impressionnantes de l'humanité, d'autant que la foule se concentre préférentiellement sur le dernier mois de l'année lunaire, le mois du hadj.

Chaque année, on compte plus de deux millions de pèlerins, dont environ 200.000 Séoudiens et près de 800.000 Yéménites, résidents ou non en Arabie Séoudite.

Le pèlerinage est aussi une remarquable affaire commerciale qui draine au profit des Mecquois des sommes considérables. Pour les pays pauvres d'Afrique Noire largement islamisés comme le Burkina Faso, malgré les facilités qu'ils obtiennent en matière de transport aérien, la ponction financière est telle que le développement économique en est considérablement ralenti. Un seul détail : il est très chic de se faire des couronnes dentaires en or à l'occasion du hadj ce qui constitue un souvenir prestigieux.

LES AUTRES PÈLERINAGES DE L'ISLAM

Quoique le pèlerinage de la Mecque soit le seul imposé par le Coran, la piété musulmane confère à d'autres lieux saints un prestige qui attire les foules.

En particulier, *Jérusalem* (*el Qods*, « la Sainte », en arabe) est la troisième ville sainte de l'Islam après la Mecque et Médine. On y trouve la mosquée d'el Aqsa[47] et, à proximité, la roche d'où Mahomet monta au ciel lors de sa vision de la « nuit du destin ».

Dans l'Islam sunnite, de loin le plus répandu, les autres sites de pèlerinage sont, en comparaison, très secondaires. Certes, à l'occasion d'une visite, un pieux musulman ne manque pas de prier dans les mosquées prestigieuses telle que celle des Omeyyades à Damas, celle de Kairouan en Tunisie ou la mosquée bleue d'Istamboul, mais la piété populaire se manifeste plutôt par le culte des marabouts, tombeaux de saints hommes auxquels on attribue souvent des pouvoirs miraculeux. En Afrique du Nord en particulier, presque chaque village a son marabout que la superstition imagine capable de guérir les anxiétés sexuelles, de favoriser les mariages ou la fécondité. Parfois, comme à Moulay Idriss au Maroc, le marabout a eu aussi un rôle politique : Idriss est le fondateur de la première dynastie arabe du pays et sa fête, le moussem, revêt un éclat officiel.

Certaines confréries sunnites vénèrent spécialement leur fondateur. Le cas le plus remarquable est celui des Mourides au Sénégal qui célèbrent chaque année l'anniversaire de la déportation de leur maître, le cheikh Ahmadou Bamba.

Dans l'Islam chiite, les pèlerinages officiels sont nombreux. Outre celui de la Mecque, pilier de l'Islam, commun à tous les musulmans, les chiites marquent leur piété par la visite des tombeaux des grands personnages de leur religion.

En théorie, les sites les plus saints sont Nadjaf, en Iraq où est enterré Ali, gendre du prophète, 4e calife et 1er imam chiite, assassiné en 661 dans la mosquée de Koufa, puis Kerbela, encore en Iraq, où se trouve le tombeau de Hussein, fils d'Ali et deuxième imam, et enfin Samarra, toujours en Iraq, d'où le 12e imam disparut du monde en attendant de reparaître à la fin des temps.

Cependant la rivalité séculaire entre Arabes et Persans a toujours conduit ces derniers à favoriser les pèlerinages situés sur le sol iranien. C'est ce qui vaut l'importance donnée au tombeau du 8e imam, Ali Reza, mort en 817 et enterré à Mashhad dans l'est du pays. Cette dernière ville rivalise avec une autre ville sainte, Qom, à 150 km au sud de Téhéran, où se trouve le mausolée de Fatima, sœur du 8e imam, la promotion de Qom est largement due au souci de l'Iran d'attirer au pays les étudiants chiites établis à Nadjaf, lesquels, pour des rivalités d'école, ne souhaitaient pas s'établir à Mashhad. On estime à plus d'un million le nombre de pèlerins qui se rendent à Qom chaque année ; en outre quelques milliers de personnes s'y font enterrer. La période la plus fréquentée est celle du mois de moharram.

Ajoutons que la piété populaire ne néglige pas ses marabouts, appelés en Iran « imamzadeh », littéralement « fils d'imam ».

Les pèlerinages chrétiens

C'est par centaines, peut-être par milliers que se comptent les pèlerinages chrétiens. Bon nombre d'entre eux sont des lieux d'apparitions et nous en avons présenté quelques-uns dans les pages précédentes à propos des

Les religions dans la vie sociale 373

phénomènes surnaturels dans les religions: *Lourdes* et *Fatima* sont les plus célèbres.

D'autres ont vu naître leur popularité à la suite de miracles divers, réels ou supposés. D'autres enfin ne revendiquent pas d'événements surnaturels précis mais sont des centres de rayonnement spirituel, souvent depuis des siècles. Parfois la beauté des lieux de pèlerinage attire les touristes au point que le caractère religieux du site s'estompe et passe au second plan: c'est apparemment le cas de l'abbaye du Mont Saint Michel.

Pour illustrer ce que sont les pèlerinages chrétiens et leur diversité, un choix est nécessaire mais il est fatalement arbitraire. Rien que pour la France, il faudrait citer:
— *Le Puy* en Velay, qui eut au Moyen-Age l'importance de Lourdes aujourd'hui, attire encore plusieurs centaines de milliers de pèlerins ou visiteurs chaque année.
— *Rocamadour*, étape de la route de Compostelle, dont la beauté du site approche celle du Mont Saint Michel, est visité par près d'un million de personnes tous les ans.
— *Sainte Anne d'Auray* pèlerinage typiquement breton, bat des records d'affluence le 25 juillet, jour du « pardon ».
— Les *Saintes Maries de la Mer*, avec ses pèlerinages gitans le 25 mai et le 22 octobre[48].
— *Notre Dame de Chartres*, destination du pèlerinage des étudiants, qui rassemble 40 000 d'entre eux chaque année à la fin de l'année scolaire.

Comment ne pas mentionner également quelques-uns des pèlerinages célèbres d'autres pays:
— *Czestochowa*, où convergent chaque 15 août des centaines de milliers de Polonais; ils viennent à pied de tous les coins du pays pour vénérer la Vierge Noire de Jasna Gora (la « montagne claire » qu'on dit avoir été peinte par St Luc. La ferveur nationale de ce pèlerinage est telle que les participants sont hébergés et nourris gratuitement par les paysans tout au long de leur chemin[49].
— *Levoca*, en Tchécoslovaquie, antique pèlerinage en l'honneur de la Vierge Marie; malgré l'hostilité du gouvernement communiste qui multipliait les obstacles et les mesures d'intimidation, plus de 100 000 personnes s'y rassemblaient chaque année au mois de juillet.
— *Zagorsk*, centre de la piété orthodoxe russe, maintenu en activité par le régime comme alibi de la liberté de croyance religieuse[50].
— Les pèlerinages de Terre Sainte (*Jérusalem, Bethléem, Nazareth...*) où les différentes Eglises chrétiennes se sont péniblement réparti les lieux de culte.
— Les innombrables pèlerinages d'Espagne (500 000 personnes au pèlerinage andalou d'*El Rocio*, autant pour le monastère bénédictin de *Mont-*

serrat en Catalogne...), ceux d'Italie (*San Damiano* près d'Assise, le monastère bénédictin de *Monte Cassino* etc, à quoi s'ajoute évidemment *Rome*, fréquentée par des foules atteignant huit millions de pèlerins pendant les années saintes et les jubilés[51].

Plutôt que de prolonger sans fin cette énumération, nous avons choisi de présenter avec plus de détails deux pèlerinages d'Amérique Latine, *Notre-Dame de Guadalupe* au Mexique et *Copacabana* en Bolivie ainsi que deux pèlerinages européens : *Saint Jacques de Compostelle*, à cause de son passé prestigieux, et *Notre-Dame de Fourvière* à Lyon, qui nous a semblé représentatif d'un pèlerinage « moyen » comme il en existe tant.

LES PÈLERINAGES D'AMÉRIQUE LATINE

Comme dans tous les pays catholiques, chaque village honore particulièrement un saint dont la fête est l'occasion de processions et de réjouissances. Le religieux et le profane forment un inextricable mélange pittoresque qui attire parfois autant de touristes que de pèlerins.

Comme ce fut le cas à l'époque de la christianisation de l'Europe, les sanctuaires sont souvent situés à l'emplacement d'anciens lieux de culte non-chrétiens. Il est difficile de savoir ce qui subsiste des anciennes croyances au plus profond de ces manifestations de foi.

Deux de ces pèlerinages ont acquis une célébrité internationale : Notre-Dame de Guadalupe et Copacabana.

Pèlerinage de Notre-Dame de Guadalupe

La Vierge Marie apparût en 1531 à un paysan mexicain, Juan Diego, et lui exprima le désir de voir construire un sanctuaire sur les lieux de cette apparition. Des roses que Juan Diego ramassa à cet endroit imprimèrent le visage de la Vierge sur la cape où il les avait déposées. Cette image de la Vierge Noire est l'objet d'une vénération qui culmine chaque 12 décembre, anniversaire des apparitions.

Aujourd'hui, une immense basilique moderne s'est ajoutée à l'édifice colonial du XVIIIe siècle. Un tapis roulant est installé au pied de l'image pour éviter l'accumulation des fidèles. Les pèlerinages se déroulent dans une ambiance de kermesse avec danses et pétards.

La christianisation des populations indiennes de la vallée de Mexico doit beaucoup à ces apparitions qui eurent lieu précisément sur une colline où se trouvait, avant la conquête, un temple dédié à la mère des dieux, Tonantzin.

Notre-Dame de Guadalupe est la patronne du Mexique.

Pèlerinage de Copacabana

Ce célèbre centre de pèlerinage bolivien, sur les bords du lac Titicaca, abrite une statue exécutée en 1583 par un neveu d'un empereur Inca. L'église est construite sur l'emplacement d'un ancien temple inca. Le lac Titicaca lui-même tire son nom d'une pierre sacrée couverte de plaques d'or et d'argent adorée jadis par les Indiens Aymaras. Elle se trouvait dans l'une des îles du lac, l'île du Soleil.

Les pèlerinages les plus importants se déroulent à la Chandeleur, le 2 février, et le 5 août, fête de la vierge de Copacabana.

La célèbre plage de Rio de Janeiro tire son nom de celui du sanctuaire.

Saint Jacques de Compostelle

Aujourd'hui largement tombé en désuétude, le pèlerinage de Saint Jacques de Compostelle a été pendant près d'un millénaire l'un des plus importants de la chrétienté, rivalisant avec Rome et Jérusalem.

Des foules qui, certaines années, atteignaient 500 000 personnes, venaient de toute l'Europe pour honorer le tombeau supposé d'un des apôtres du Christ, Jacques le Majeur, fils de Zébédée et de Salomé, frère de saint Jean l'Evangéliste, décapité en l'an 43 ou 44 à Jérusalem par Hérode Agrippa Ier.

Par quel curieux cheminement cet apôtre se serait-il trouvé enterré en Galice, dans un coin perdu du Nord-Ouest de l'Espagne? Ce n'est très vraisemblablement qu'une légende, mais elle a fait courir les foules: à l'époque où l'Espagne était encore en grande partie sous l'empire de l'Islam, au début du IXe siècle, un ermite eut, dit-il, la révélation que l'apôtre était enterré à Compostelle. Cette histoire peu crédible se vit cependant confortée par une « apparition » de Saint Jacques qui vint combattre aux cotés des chrétiens contre les musulmans à la bataille de Clavijo en 844. Saint Jacques y gagna le surnom de Matamoros, le tueur de Maures, d'où vient indirectement notre « matamore ».

Le pèlerinage prît progressivement un essor extraordinaire. L'emblème des pèlerins était une coquille de Saint Jacques, à leur arrivée, ils prenaient un bain complet pour se purifier, abandonnaient leurs vêtements usagés et se faisaient généralement établir un certificat de présence prouvant leur piété.

Depuis le XVIIIe siècle, l'importance du pèlerinage a considérablement décru, quoique l'on s'efforce d'en raviver aujourd'hui le souvenir par des initiatives plus touristiques que religieuses.

Notre-Dame de Fourvière à Lyon

Le site de Fourvière, au confluent du Rhône et de la Saône, fut jadis un sanctuaire du dieu gaulois Lug d'où Lyon tire son nom (Lug-dunum). La basilique actuelle a été consacrée en 1896; dédiée à Notre-Dame, elle commémore une série d'interventions de la Vierge jugées miraculeuses : une épidémie de scorbut jugulée en 1636, une épidémie de peste stoppée en 1643, une autre de choléra en 1832 et enfin l'arrêt avant Lyon de l'invasion prussienne en 1870. C'est alors que fut décidée la construction de la basilique.

Près d'un million de pèlerins se rendent à Fourvière[52] chaque année pour demander des faveurs à la Vierge. Les intentions de prière portent surtout sur la famille, la maladie et le chômage. Onze prêtres desservent la basilique[53]. Le 8 décembre, anniversaire de l'intervention de 1643, est la fête la plus importante : Lyon s'illumine de bougies et l'archevêque bénit la ville.

Il est intéressant de noter la composition sociologique des pèlerins[54] en 1985, 50,9 % d'entre eux sont des hommes, les moins de 50 ans sont 69,4 % et 72 % ont des diplômes de l'enseignement secondaire ou supérieur. 29 % sont des étrangers (Italiens, Allemands..., 26 nationalités ont été recensées en un mois), 27 % des pèlerins sont engagés dans une pratique religieuse très militante. On note même la présence de femmes musulmanes, venues honorer la vierge Mariam, mère du prophète Issa.

Les pèlerinages hindouistes

Les lieux de pèlerinage sont si nombreux en Inde qu'on peut en faire une approche statistique. Certains s'y sont essayés et ont établi que 42 % d'entre eux sont situés au bord de rivières, 15 % au sommet de collines, 8 % au bord de la mer, 5 % à un confluent, 4 % auprès d'une source etc... En ce qui concerne les divinités vénérées, 36 % des pèlerinages sont dédiés à Shiva, 30 % à Vishnou, 18 % à la déesse-mère Shakti, à peine plus de 1 % à Brahma et 14 % à d'autres dieux.

Le sentiment religieux est tel qu'un dicton tamoul déconseille formellement d'habiter loin d'un temple... et chaque temple peut attirer des pèlerins.

Certains sites sont cependant particulièrement sacrés :
— *Bénarès*, la ville religieuse la plus célèbre de l'Inde, où l'on dit que Shiva a créé l'univers, attire chaque année plus d'un million de pèlerins. Ceux-ci longent du Sud au Nord la rive gauche escarpée du Gange[55], sur laquelle est bâtie la ville. Des escaliers monumentaux, les ghats, permettent d'accéder au fleuve quel que soit le niveau de la crue. A chacun des cinq ghats, le pèlerin prie et prend un bain rituel. Une autre forme de pèlerinage pratiqué à Bénarès consiste à contourner la ville à pied en visitant 106 sanctuaires ; ce périple s'effectue en six jours.

Selon la croyance populaire, mourir à Bénarès évite toute réincarnation ultérieure. C'est pourquoi de nombreux Hindous viennent y attendre la mort. Il n'est pas rare d'assister, dans les gares de l'Inde, aux adieux de familles à leur aïeul qui prend le train pour un voyage sans retour.

Les cadavres sont conduits au bord du fleuve sur des civières en bambous, les hommes enveloppés dans un linceul blanc, les femmes dans un linceul rouge ou doré. Les porteurs répètent la phrase rituelle « Ram nam satchhe » (« le nom de Rama est vérité »). La crémation a lieu sur un palier de l'un des deux ghats les plus sacrés. Curieusement, ceux qui sont morts de maladies contagieuses comme la peste ou la variole ne sont pas incinérés mais confiés directement à l'eau sacrée du fleuve.

La rive droite, plate et sujette à des inondations, a la réputation d'être impure: celui qui y meurt renaît sous forme d'un âne.

Dans la banlieue de Bénarès se trouve Sarnath, paisible lieu de pèlerinage bouddhiste qui contraste vivement avec sa tumultueuse voisine. Sarnath est considéré comme le berceau du bouddhisme car Bouddha y prononça son premier sermon.

D'autres sites de pèlerinages importants sont cependant moins connus en Occident:
— *Ayudhya*, près de Faizabad, à une centaine de kilomètres au Nord-ouest de Bénarès, a été la résidence mythique de Rama, le héros du Mahabharata. Dans le monde hindouiste et bouddhiste, sa renommée a franchi les frontières et l'une des anciennes capitales de Thaïlande, haut-lieu du tourisme, porte son nom (Ayutthaya, capitale de 1350 à 1767).
— *Mathura*, entre Delhi et Agra, au bord de la rivière Yamuna, est l'une des villes les plus anciennes de l'Inde. Elle fut fondée bien avant notre ère mais il n'y reste aucun monument antique. On y célèbre le culte de Krishna dont c'est le lieu de naissance. Il y passa son enfance mais il fut attaqué par deux démons et s'exila à Dwarka.
— *Dwarka*, au bord de la mer dans la province du Gujerat, non loin du Pakistan passe pour avoir été fondée par Krishna après son départ de Mathura. Il y organisa la lutte contre les démons puis retourna à Mathura. Le temple de Dwarka, lieu de pèlerinage fort important est supposé avoir été construit en une nuit par le petit-fils de Krishna, Vajranabh.
— *Kanchipuram*, à 76 km au sud-ouest de Madras, est consacré à la fois à Shiva et à Vishnou. Depuis le VIe siècle, de nombreuses dynasties y construisirent des centaines de temples. Avant le IVe siècle, Kanchipuram[56] était un centre bouddhiste important. C'est aujourd'hui le centre de pèlerinage le plus connu de l'Inde du Sud.

A ces villes-phares de l'hindouisme s'ajoutent:
— *Pushkar*, près d'Ajmer au Rajahstan, célèbre par sa pittoresque foire annuelle vers octobre-novembre, qui est aussi l'un des rares lieux de pèlerinage à Brahma et à son épouse[57].

- *Madurai*, centre de la culture tamoule, surnommée la cité des fêtes religieuses, car celles-ci sont quasi quotidiennes.
- *Chidambarom*, sur la côte au sud de Madras, ville de la danse cosmique de Shiva, mais où l'on célèbre aussi le culte de Vishnou. Le nom de la ville est parfois devenu nom de famille : on trouve des Sidambarom jusque parmi les Guadeloupéens d'origine indienne.
- *Rameswaram*, situé sur une île du fameux « pont d'Adam », entre l'Inde et Sri Lanka, garde le souvenir d'un épisode de l'épopée du Ramayana : Rama y honora Shiva après avoir tué le roi des démons Ravana. Le pèlerinage s'accompagne d'un bain de mer purificateur au confluent de l'océan indien et du golfe du Bengale.
- *Tirupathi*, appelé aussi Tirumalai, est situé à la limite des provinces de Tamil Nadu et d'Andhra Pradesh. On y trouve l'un des temples de Vishnou les plus sacrés de l'Inde du Sud. Les pèlerins y sont si nombreux que les commerçants sont ouverts toute la nuit[58].
- enfin les quatre villes *(Allahabad, Hardwar, Nasik, Ujjain)* où se célèbre le Kumbh Mela, ainsi que Puri où a lieu un spectaculaire pèlerinage de Vishnou.

Nous allons évoquer ces derniers avec un peu plus de détails[59].

Le Kumbh Mela

Tous les records mondiaux d'affluence sont battus par le pèlerinage du Kumbh Mela. Il faut dire qu'il n'a lieu que tous les douze ans et qu'il s'accompagne de festivités qui en font une sorte de grande kermesse.

Comme souvent en Inde, l'origine en est une histoire mythologique compliquée : les dieux et les démons voulaient s'approprier une cruche pleine d'un élixir d'immortalité cachée au fond de la mer. Après s'être mis d'accord pour la sortir, ils se querellèrent pour sa possession. La guerre dura douze jours, ce qui correspond à douze ans pour les humains. Ce furent bien sûr les dieux qui triomphèrent, puisque chacun sait qu'ils sont immortels. Durant la lutte, à quatre reprises, une goutte d'élixir tomba au sol en un lieu qui est dorénavant sacré. C'est en chacun de ces points que se déroule le Khumb Mela, le « festival de la cruche », tous les douze ans évidemment.

Pour des raisons d'étalement dans le temps, chacun des quatre sites privilégiés le célèbre à tour de rôle. Il y en a donc un tous les trois ans successivement dans les quatre villes suivantes : Allahabad, Hardwar, Nasik et Ujjain[60]. le plus fréquenté est celui d'Allahabad, l'antique Prayaga, au confluent du Gange boueux et de la claire Yamuna. Le dernier pèlerinage a rassemblé plus de 10 millions de personnes en provenance de tout le pays. Ce grand festival dure 43 jours mais chaque année on en organise un autre plus court, vers les mois de janvier ou février. Ces petits pèlerinages, appelés

Les religions dans la vie sociale 379

Magh Mela, rassemblent chacun quelques centaines de milliers de dévots qui visitent les temples et se purifient dans la rivière.

LA FÊTE DU CHAR DE JAGANNATH

Chaque année, vers juin ou juillet, se déroule à Puri[61], dans l'Etat d'Orissa, au sud de Calcutta, une fête spectaculaire dont la renommée a franchi les frontières de l'Inde.

Aujourd'hui ville balnéaire populaire, Puri fut jadis un centre de pèlerinage bouddhiste où l'on vénérait une dent de Bouddha. La vieille ville est dominée par le temple de Jagannath[62]; il contient trois sanctuaires où se trouvent les statues du dieu, de son frère et de sa sœur. A l'époque de la fête, ces statues sont montées sur d'énormes chars que l'on tire à bras d'homme pour commémorer un voyage de Krishna, avatar de Vishnou[63].

La distance à parcourir dépasse à peine 1,5 km mais le déplacement demande plus de 24 heures tant les pèlerins apportent de confusion à s'efforcer de toucher la statue du dieu. Ce geste est supposé libérer du cycle des réincarnations, aussi certains pèlerins se jettent-ils sous les roues du char pour profiter immédiatement de cette grâce. Ce sont ces suicides spectaculaires, aujourd'hui inexistants, qui ont fait la célébrité de cette manifestation.

Les pèlerinages bouddhistes

Les quatre lieux les plus sacrés du bouddhisme sont ceux où se déroulèrent les principaux épisodes de la vie de Bouddha : Lumbini, au Népal, son lieu de naissance ; Bodhgaya, dans l'Etat indien de Bihar, où il accéda à l'illumination ; Sarnath, à 8 km au nord de Bénarès, où il fit son premier sermon et enfin Kusinara, dans l'Etat indien d'Uttar Pradesh, où il mourût. Ces lieux vénérables se trouvent tous dans le nord du sous-continent indien où ne subsistent plus guère de bouddhistes aujourd'hui.

C'est l'une des raisons pour lesquelles ils n'attirent pas les foules colossales des pèlerinages hindous mais sont plutôt empreints d'une sérénité mélancolique. En outre, par sa doctrine même le bouddhisme n'est pas porté à se manifester par des pèlerinages : le monde n'est qu'illusion et l'illumination s'obtient plus par la méditation et une vie spirituelle intériorisée que par des signes extérieurs de piété.

Cependant le bouddhisme du Grand Véhicule (Mahayana) a repris à son compte le besoin de ferveur populaire négligé par le bouddhisme originel.

Des divinités accessoires sont apparues auxquelles les fidèles aiment à rendre un culte. Aussi les grands sanctuaires du bouddhisme mahayana sont-ils l'objet de fêtes ou de pèlerinages dans lesquels la part du bouddhisme n'est pas toujours claire : en Birmanie par exemple, le culte de ces personnages mythiques que sont les Nats attire au moins autant les visiteurs dans les grandes pagodes comme Schwedagon que le Bouddha lui-même.

D'une façon générale, la ferveur populaire des bouddhistes s'exprime davantage dans les fêtes célébrées à une occasion déterminée que dans de véritables pèlerinages. Nous évoquerons certaines de ces fêtes ultérieurement.

LES HOMMES DE DIEU

Les religions ne pourraient ni naître ni survivre sans l'activité de personnes convaincues qui consacrent leur temps à l'enseignement religieux, à la célébration du culte, à la réflexion théologique, aux œuvres sociales ou d'entr'aide, sans compter évidemment les tâches administratives et d'organisation interne.

Ces diverses activités ne pèsent pas du même poids dans toutes les religions et chacune d'entre elles a secrété la structure qui lui convient, plus ou moins hiérarchisée ou spontanée. Le système incontestablement le plus complet et le plus complexe est celui du catholicisme qui reflète peut-être l'esprit juridique et centralisateur de l'Empire romain, mais peut-être aussi une plus grande diversité d'objectifs. A l'inverse, l'Islam sunnite se contente d'une organisation extrêmement légère sans véritable clergé. Aussi n'est-il pas possible de faire un parallèle entre ces différentes structures, tout au plus peut-on décrire la situation des principales religions dans ce domaine.

Mais une religion n'est ni une entreprise ni une administration : elle ne produit aucun bien matériel et n'assure pas de service public tarifé. Son but est de nature spirituelle : il lui faut convaincre les cœurs plus encore que les esprits pour orienter l'homme vers la recherche de Dieu.

Cet objectif serait difficilement crédible si les religions ne pouvaient présenter aux fidèles des hommes et des femmes assez remarquables pour leur servir de modèles. Ces personnages d'exception ne sont pas tous du même moule, Dieu merci. Ils se donnent à Dieu totalement mais avec leur tempérament, leur culture, leur capacité créatrice. Si l'on doit juger une religion à ses fruits, la vie de ceux que la culture judéo-chrétienne appelle des prophètes ou des saints est, à coup sûr, le meilleur facteur d'appréciation.

Cependant, l'enthousiasme soulevé par un personnage hors du commun rend parfois aveugle ; les qualités exceptionnelles de meneur d'hommes produisent parfois aussi des dictateurs ou des despotes. Pour équilibrer les penchants passionnels, le contrôle du bon sens et de la réflexion est nécessaire. Avec le développement généralisé de l'instruction, la cohérence intellectuelle entre ce qu'on croit et ce qu'on sait est de plus en plus exigée. Cette réflexion est le travail de ceux qu'on peut appeler, de façon générale, les théologiens.

Nous allons faire plus ample connaissance avec ces différents types d'hommes : prophètes, saints et théologiens seront l'objet d'une présentation générale tandis que les clergés des cultes les plus importants seront l'objet d'articles particuliers.

Les prophètes

Espèce apparemment disparue, le prophète devait être barbu et crasseux, parcourant les routes et haranguant des foules tantôt terrorisées, tantôt railleuses. Outre cette image d'Epinal, il nous reste aujourd'hui l'adjectif « prophétique » : un écrivain a des visions prophétiques, les paroles d'un politicien peuvent être prophétiques... et le grand public redécouvre les prophéties de Nostradamus.

Le mot « prophète » est grec, il désigne « celui qui parle avant », qui annonce quelque chose. Les mots arabes équivalents, « nabi » et « rassoul », sont construits sur des racines portant respectivement les idées d'information et d'envoyé. Dans la Bible, la dernière partie de l'Ancien Testament se compose de dix-huit livres prophétiques qui nous transmettent les messages de prophètes grands ou petits dont certains, tels Habacuc, Michée ou Sophonie, sont oubliés des non-spécialistes. La plupart d'entre eux vécurent entre le VIIIe et le Ve siècle avant notre ère, mais leur précurseur à tous fut Abraham, le « père des croyants », il y a près de 4000 ans.

Plus récemment, Jean-Baptiste et Jésus ont été également reconnus comme prophètes, notamment par les musulmans, mais ceux-ci vénèrent particulièrement Mohammed — Mahomet — le prophète du Coran qui a vécu au VIIe siècle de notre ère.

Depuis deux siècles à peine, de nouveaux mouvements religieux ont eu leur prophète : Joseph Smith pour les Mormons, Mirza Ali Mohammed pour les baha'is et Simon Kimbangu pour l'Eglise qui porte son nom.

Tous les prophètes prétendent être inspirés par Dieu et parler en Son nom. C'est pourquoi il n'en existe pas au sens propre dans les religions qui ne comportent pas de révélation, comme l'hindouisme ou le bouddhisme. Mais si Dieu parle aux hommes par des hommes, ceux-ci sont, par définition des prophètes.

Comment reconnaître leur authenticité ? Comment discerner d'éventuels « faux prophètes » ? S'il existait un critère infaillible, la vie des faux prophètes deviendrait impossible et ils disparaitraient.

Tout au moins, peut-on se méfier à bon droit de ceux qui poursuivent des intérêts personnels ou retirent des avantages de leur situation : un arbre qui porte de mauvais fruits doit être arraché.

D'ailleurs, rien ne permet de penser que toute forme de prophétisme soit définitivement tarie. Les musulmans disent bien que Mahomet est le « Sceau » des prophètes, c'est à dire le dernier ; il n'en reste pas moins que les croyants prient Dieu pour en attendre une réponse et cette réponse, si elle est communiquée à des tiers, même déformée et maladroite, est une sorte de prophétie.

On peut donc dire, en un certain sens, que le prophétisme est une fonction spirituelle naturelle de l'homme. Le tout est de faire preuve de discernement... Cette qualité est plus facile à exercer à l'égard de la sainteté.

Les saints

Seul Dieu connaît ses saints, la réputation publique de sainteté n'est guère qu'une présomption et de nombreux saints ont assez de discrétion pour que personne ne les remarque.

Le terme de saint lui-même est chrétien : est saint ce qui est totalement consacré à Dieu. C'est en ce sens que l'Eglise catholique se déclare sainte et non pas pour la perfection de ses actes. Par analogie, le concept de saint est employé pour d'autres religions, mais avec une signification qui peut varier selon les cas et selon les époques.

Dans le judaïsme et dans l'Islam, Dieu seul est saint, c'est à dire que Lui seul est digne de vénération. Appliquer le qualificatif de saint à un mortel est un outrage à Dieu, d'autant que personne ne peut connaître son jugement sur une quelconque créature. Cependant la piété populaire se passe difficilement de saints, même si ce mot est impropre. Chez les musulmans, la perfection consiste à respecter scrupuleusement les prescriptions du Coran : ceux qui ont effectué le pèlerinage à la Mecque, le hadj, portent le titre envié d'hadji, mais seuls ceux dont le rayonnement spirituel a marqué leur environnement peuvent être l'objet d'une sorte de culte spontané, à vrai dire peu orthodoxe. Les tombes de ces saints hommes, les marabouts, sont des lieux de pèlerinage locaux et des légendes merveilleuses courent parfois sur les effets de leur intercession.

En Inde également, aucune notion ne recouvre exactement la sainteté chrétienne : on trouve les gourous, maîtres dont l'enseignement se fait plus par la parole que par l'exemple, et les saddhous, qui vivent dans un total dépouillement mais dans le souci de leur propre salut. Cette dernière attitude se retrouve dans le bouddhisme du petit véhicule où la perfection consiste à se détacher de tout dans ce monde d'illusions. C'est l'affaire de chaque individu d'atteindre cet objectif : un bouddhiste très avancé dans la voie de « l'illumination » donnera volontiers des conseils sur son expérience, compatira aux malheurs des autres, mais ne cherchera pas à résoudre leurs problèmes puisque, par définition, ils résultent d'un attachement excessif à des futilités.

Le bouddhisme du grand véhicule, le mahayana, quant à lui, honore des personnages qui sont, d'un certain point de vue, proches des saints ; ce sont les bodhisattvas qui renoncent au nirvana pour mieux aider les autres hommes à y accéder. Dans les temples, leurs innombrables statues sont, symboliquement, identiques à celle de Bouddha puisqu'ils ont atteint la même perfection.

En ce qui concerne les protestants, ils recherchent la sainteté mais ils sont très critiques envers les abus du culte catholique des saints qui, au temps de la Réforme, leur semblait proche de la superstition. En outre, selon la doctrine calviniste originelle de la prédestination, le salut de l'homme est un don de Dieu indépendant du mérite de ses actions. Pour contourner le découragement auquel cette théorie pouvait conduire, certains calvinistes émirent l'interprétation selon laquelle l'élu prédestiné se distinguait par sa réussite matérielle, signe visible de la bénédiction de Dieu. Ainsi l'effort individuel était indirectement réhabilité, car le succès devenait une sorte de preuve du salut que Dieu réserve à ses élus.

Aujourd'hui, il semble que cette position extrême des calvinistes ait été discrètement abandonnée, en même temps que les catholiques se débarrassaient des excès qui leur étaient reprochés.

La notion chrétienne de sainteté s'identifie avec celle de la perfection d'une vie entièrement consacrée à Dieu. Lui seul, évidemment, est capable de juger de cette perfection mais on peut penser que les âmes qui ont choisi de servir Dieu sans défaillance sont innombrables. L'Eglise ne les connaît pas toutes mais elle propose à l'admiration de ses fidèles certaines de celles dont la conduite est particulièrement remarquable ou héroïque. L'Eglise compte sur l'éclairage du Saint-Esprit dont elle bénéficie pour choisir ces saints « officiels » destinés à servir d'exemples aux chrétiens. Par précaution, elle mène une enquête longue et minutieuse qui aboutit à la béatification puis, après un délai supplémentaire, à la canonisation, reconnaissance définitive de sainteté ouvrant droit à la vénération des fidèles. Ces saints ont leur fête au calendrier, tandis que la foule des saints anonymes est célébrée le jour de la Toussaint (« Tous les saints »), symboliquement placée la veille du jour réservé au souvenir des morts.

Selon la conception chrétienne de la Communion des Saints, tous ceux qui seront appelés à la vie éternelle seront unis d'une façon mystique à Jésus-Christ qui est le Saint par excellence.

Peut-être dans le souci de montrer à quel point tous les tempéraments peuvent conduire à la sainteté, l'Eglise[64] a proclamé saints des personnalités extrêmement diverses de telle sorte que chacun puisse trouver parmi elles un modèle qui lui convienne particulièrement.

Ces saints ajoutent parfois à leurs qualités spirituelles des dons intellectuels ou des capacités exceptionnelles d'homme d'action : ainsi St Ignace de Loyola (1491-1556), fondateur des Jésuites ou St Augustin (354-430), évêque d'Hippone dans une période particulièrement troublée ; tous deux avaient connu une existence profane agitée avant de se donner complètement à Dieu.

A l'opposé, on trouve des saints d'une extrême simplicité, morts jeunes sans que rien de particulier n'ait marqué leurs vies en dehors des expériences spirituelles : Ste Thérèse de Lisieux (1873-1897) ou St François d'Assise (1182-1226) n'ont rien cherché d'autre que le dépouillement et l'amour de Jésus-Christ. Parfois encore, certains sont devenus saints par le martyre, préférant la mort au renoncement à leur foi, comme les jeunes Ougandais ou les Coréens massacrés au siècle dernier et récemment béatifiés par le pape. D'autres saints se sont voués à soulager les plus misérables comme St Vincent de Paul (1581-1660), aumônier des galériens. Mère Thérésa, l'Albanaise, dont la vocation est d'apporter une ultime consolation aux mourants des bidonvilles de Calcutta, pourrait bien être un jour l'une des saintes de notre siècle.

La sainteté se partage équitablement entre toutes les époques, entre hommes et femmes, jeunes et vieux, laïcs et religieux, reines, telle Elisabeth de Hongrie, ou paysanne comme Jeanne d'Arc. La vie des saints présente souvent des phénomènes merveilleux, accentués peut-être parfois par la légende, comme si la transparence de leur personnalité laissait paraître le visage surnaturel de leur Dieu.

La sainteté est contagieuse. Les saints rayonnent à tel point qu'ils entraînent dans leur sillage nombre de ceux qui les approchent. Cette influence semble se poursuivre au-delà de leur existence terrestre. Si l'on peut employer les termes irrespectueux du marketing, la sainteté est, à coup sûr, bien meilleure « vendeuse » de la religion que tous les discours des théologiens. On juge instinctivement et à juste titre chaque religion sur la valeur de ses hommes les plus remarquables et non pas sur ses effectifs ou la plus ou moins grande qualité de l'ensemble de ses fidèles.

En outre le culte des saints n'a pas le côté pervers du culte de la personnalité en politique, puisque les saints ne sont reconnus tels que longtemps après leur mort.

On peut se demander pourquoi le catholicisme et l'orthodoxie insistent plus que d'autres religions sur l'exemple spirituel des saints.

Les personnages que le judaïsme met en valeur sont surtout des rabbins, remarqués pour la qualité de leur théologie. Quant à l'Islam sunnite, le seul modèle de perfection humaine qu'il propose est celui du prophète Mahomet et il accuse d'idolâtrie ceux qui donnent des « associés » à Dieu. L'application rigoureuse et formaliste de ce principe prive la spiritualité des musulmans d'un stimulant efficace. Il en résulte peut-être une sorte de frustration qui conduit au culte populaire des « marabouts » ou bien, pire encore au culte de leaders dont les ambitions ne sont pas toujours purement spirituelles. Peut-être aussi certaines formes de fanatisme de l'Islam contemporain sont-elles l'effet de ce refus des musulmans de placer trop haut les plus remarquables de ses mystiques disparus.

Les théologiens

La parole de Dieu, que les religions révélées disent avoir reçue, n'apporte pas toutes les réponses aux questions de la vie quotidienne et ne peut encore moins résoudre les problèmes à notre place. La révélation laisse donc une part considérable à l'initiative humaine.

Le travail intellectuel des théologiens consiste à tirer de la révélation reçue par leur religion des réponses aux interrogations les plus diverses. On mesure la difficulté de l'entreprise : si Dieu n'a pas voulu tout dire, il avait sûrement de bonnes raisons pour cela et il y a peu de chances pour qu'on puisse le forcer à s'exprimer. Les théologiens s'exposent donc au risque majeur de solliciter les textes jusqu'à en tirer parfois des conclusions contradictoires.

Le mot grec « théologie » peut d'ailleurs prêter à confusion : littéralement c'est l'étude de Dieu, un vaste sujet qui se réduit bien souvent à étudier ce que les hommes pensent de Dieu, ce qui n'est pas précisément la même chose.

A vrai dire, seul le christianisme peut revendiquer la possibilité d'une théologie dans la mesure où, selon cette religion, Dieu s'est fait homme, facilitant ainsi incontestablement son étude. Certes la révélation du « mystère » de la Trinité permet d'aller plus loin dans les spéculations sur la nature de Dieu mais toute théologie reste inéluctablement limitée aux rapports de Dieu et de l'homme. C'est en ce sens que la théologie chrétienne parle de christologie et même de mariologie, de théologie de la grâce ou de théologie de la libération.

Dans l'Islam, on ne pratique guère l'étude intellectuelle de Dieu puisqu'Il est l'Inconnaissable ; les personnages qui s'approchent le plus des théologiens sont les ulema sunnites ou les ayatollahs chiites ; leur rôle est plutôt de nature juridique, ils tirent du Coran les règles de droit et de jurisprudence dont la société musulmane a besoin.

Plus généralement, dans toutes les religions qui disposent de textes sacrés, il existe des savants (c'est le sens du mot ulema) qui non seulement maîtrisent ces textes mais ont aussi l'autorité morale pour les interpréter : c'est, par exemple, le rôle des rabbins dans le judaïsme. On voit que la fonction intellectuelle de ces érudits est nettement distincte de la fonction « sacrée » du prêtre, chargé du culte rendu à Dieu, ce qu'on appelle en grec la liturgie.

Le christianisme est ainsi l'une des seules religions où les deux fonctions coexistent et où les prêtres reçoivent une formation de théologiens. Ni dans l'Islam, ni dans dans le judaïsme il n'existe de prêtres à proprement parler, tandis que dans l'hindouisme les fonctions de prêtre n'impliquent pas de faire des études théologiques au sens strict, les textes sacrés étant surtout une mythologie. Quant au bouddhisme où la notion de Dieu est secondaire, il n'a, à proprement parler, ni prêtres ni théologiens, mais plutôt des sages qui donnent un exemple de vie en conformité avec l'enseignement de Bouddha.

Le terme chrétien de clergé s'applique donc fort mal à l'ensemble de ceux qui, dans les diverses religions, se consacrent à répandre leurs croyances ou à servir Dieu. Seule la description des situations particulières nous permettra de nous faire une idée de ces « professions religieuses ».

Prêtres et rabbins dans le judaïsme

La fonction principale des prêtres du judaïsme antique consistait à célébrer des sacrifices d'animaux au Temple de Jérusalem, véritable demeure de Dieu sur la terre.

Depuis la destruction du temple par les Romains en l'an 70 de notre ère, plus aucun sacrifice ne pouvait être effectué et les prêtres n'avaient plus de raison d'être. La tradition confère encore cependant aux descendants d'Aaron, les Cohen, des prérogatives et devoirs des anciens prêtres : ce sont eux qui disent la prière sacerdotale à la synagogue et il leur est interdit d'avoir contact avec les cadavres. C'en est au point que la nouvelle route de Jérusalem à Jéricho, qui passe au milieu d'un ancien cimetière, est interdite aux prêtres et la vieille route a été maintenue comme déviation à leur usage.

Cependant ces pratiques des Juifs orthodoxes sont rejetées par les Juifs réformés dont la religion est plus intellectualisée[65].

Le judaïsme repose sur la Loi divine, la Torah. Les docteurs de la loi que sont les rabbins[66] se consacrent à son étude et à son enseignement ; ils assurent les services religieux du sabbat, des mariages et des enterrements. Les rabbins se doivent d'avoir une vie exemplaire, ils sont encouragés à se marier et à avoir de nombreux enfants. Ils reçoivent leur diplôme du grand rabbin, lui-même élu parmi les rabbins par un consistoire comprenant aussi des « laïcs ». Pour la première fois en 1987, une femme a été admise comme rabbin du courant libéral du judaïsme.

Le clergé catholique

Les différentes Eglises chrétiennes connaissent toutes l'institution du clergé. Pour ne pas multiplier d'inutiles descriptions, nous avons pris l'exemple du clergé catholique, particulièrement complet, et nous nous sommes contentés de relever quelques-une des différences qui existent dans le protestantisme ou l'orthodoxie.

Le clergé est constitué de personnes « consacrées » : elles ont reçu un appel de Dieu — la vocation — et y répondent par l'engagement de Le servir tout au long de leur vie. Parmi les multiples tâches du clergé, certaines ont un caractère sacré et sont du seul ressort des prêtres ou des évêques. C'est le cas, en particulier, du pouvoir de pardonner les fautes ou de célébrer la messe qui sont des fonctions purement sacerdotales auxquelles donne accès le sacrement de l'ordre. Ces pouvoirs sont l'extrapolation de ceux confiés par Jésus-Christ à ses apôtres. Au fur et à mesure du développement de l'Eglise, les tâches se sont diversifiées et les structures se sont étoffées mais l'essentiel demeure : le chef de chaque communauté est l'évêque, comparé à un pasteur chargé de conduire à Dieu le troupeau des fidèles[67]. Les communautés sont organisées sur une base territoriale dont l'unité est la paroisse, dirigée par un curé, lui-même assisté de vicaires[68].

Cependant, outre ce clergé qualifié de « séculier » parce qu'il travaille aux affaires du « siècle », c'est à dire de notre monde, il existe un clergé « régulier » attaché à d'autres structures, les ordres religieux (voir p. 388).

Les membres de ces ordres suivent une règle qui est, en quelque sorte, leur statut. Ainsi les moines vivent dans un monastère, ils sont cloîtrés[69], tandis que les membres des congrégations religieuses, tels que les jésuites, peuvent mener des activités très diverses compatibles avec leur règle (depuis la recherche paléontologique comme Teilhard de Chardin jusqu'à l'interprétation de chansons comme le père Duval...).

Il n'est pas nécessaire d'être prêtre pour être religieux ; les religieux non prêtres sont appelés généralement frères. Tout prêtre qui n'est pas religieux doit être « incardiné », c'est à dire rattaché à un diocèse de façon à éviter d'être totalement indépendant de toute hiérarchie.

Depuis le concile de Trente (1545-1563), l'Eglise exige de ses prêtres une formation particulièrement sérieuse dispensée dans les séminaires. Les études durent 6 ans, un cycle de 2 ans et un de 4 ans entrecoupés d'un stage d'un an, généralement dans une paroisse. Le programme est axé sur la philosophie dans le premier cycle et la théologie dans le second. Parmi les matières principales, on trouve l'Ecriture Sainte, le Droit Canon, la liturgie, l'histoire et l'étude des autres religions. Les dosages sont variables selon les séminaires, par exemple, le grand séminaire de Ouidah au Bénin consacre une heure par semaine pendant un an à l'étude de l'Islam, tandis que les séminaires asiatiques mettent, selon les cas, l'accent sur le bouddhisme ou l'hindouisme.

Les ordres religieux

Jusqu'au XIIe siècle, il n'existait que des ordres contemplatifs: les moines se coupaient du monde pour se consacrer à leur sanctification personnelle tout en priant pour les autres. Après le XIIe siècle, apparaissent les ordres actifs qui participent plus directement aux diverses activités de l'Eglise.

On classe les principaux ordres religieux en moines, ordres mendiants et clercs réguliers.

MOINES: Les trois groupes les plus importants sont:
— Les *bénédictins* suivent la règle de saint Benoît de Murcie, établie au VIe siècle. Ils sont environ 10 000 dans le monde. Parmi leur monastères, on peut citer: Cassino (Italie, fondé en 529), Solesmes (France), Einsiedeln (Suisse), Keur Moussa (Sénégal)...
Les religieuses bénédictines suivent la même règle et sont environ 9000: monastère de Dourgne (France) avec sa filiale du Togo etc.

— Les *cisterciens* suivent la règle de saint Bernard de Clairvaux, établie au XIe siècle, simple réforme de la règle de saint Benoît. Les cisterciens proprement dits sont environ 1400 et ont une quarantaine de monastères (île de Lérins en France; Thu-Duc au Viêtnam...)
Les cisterciens réformés au XVIIe siècle, dits *trappistes*[70], sont près de 3000 et ont une cinquantaine de monastères (Briquebec en France, sa filiale du Japon...)

— Les *chartreux*, fondés par saint Bruno en 1084. Ils ne sont guère que 400. La Grande Chartreuse, près de Grenoble est leur monastère le plus connu.

Les règles des ordres monastiques recherchent l'équilibre entre la vie de prière et les activités manuelles ou intellectuelles. Elles diffèrent par une plus ou moins grande austérité. Chartreux et trappistes sont parmi les plus sévères. Ils s'interdisent la consommation de viande et s'obligent au silence, à l'exception des offices religieux. Ils communiquent entre eux selon un langage gestuel comme les sourds-muets.

ORDRES MENDIANTS: Les principaux d'entre eux sont les suivants:

- Les frères mineurs, *franciscains* et *capucins*, sont les plus nombreux, 25 000 environ. Ils ont été fondés par saint François d'Assise au début du XIIIe siècle. Leur équivalent féminin est constitué par les clarisses, du nom de sainte Claire, émule de saint François. Elles sont plus de 11 000.
- Les frères prêcheurs, ou *dominicains*, fondés, également au XIIIe siècle, par saint Dominique, un Espagnol de Castille. Ils se consacrent à l'étude théologique et à l'enseignement religieux, ce qui était une nouveauté pour l'époque. Les dominicains sont environ 7000 et les religieuses dominicaines, près de 6000.
- Les *augustins* et les *recollets* sont, au total, plus de 4000 et les sœurs augustines près de 6000.
- Les *carmes*, déchaux ou non, sont plus de 5000, bien moins nombreux que les *carmélites*, cloitrées, qui sont 12 500.
- Les *hospitaliers* de saint Jean de Dieu, au nombre de 1700.

CLERCS REGULIERS: Ce sont essentiellement les *jésuites*, qui sont plus de 20 000.

CONGREGATIONS RELIGIEUSES CLERICALES: Elles sont plus de 60, parmi lesquelles:

- Les *maristes*, au nombre de 1900, d'organisation calquée sur les jésuites, se consacrent au monde rural, à la vie paroissiale, aux jeunes et aux missions.
- Les pères du Saint-Esprit, ou *spiritains*, sont missionnaires dans les pays en développement.
- Les *salésiens*, ou pères de saint Jean Bosco, sont les plus nombreux, environ 17 000. Ils se vouent à l'éducation, surtout en milieu rural.
- Il faudrait citer les *rédemptoristes* (6700), les *pères du Sacré Cœur de Picpus* (1400), les *marianistes* (2000), les *montfortains* (1300), les *oblats de Marie* (5700), les *assomptionnistes* (1100) etc.

CONGREGATIONS RELIGIEUSES LAIQUES: Moins nombreuses que les précédentes, elles comprennent notamment:

- Les frères des Ecoles Chrétiennes (environ 10 000).
- Les frères de l'instruction chrétienne de Ploërmel (1500.
- Les frères maristes des écoles (petits frères de Marie).
- Les petits frères de Jésus (Frères de Foucauld).

Le terme de laïc appliqué à ces congrégations n'empêche pas leurs membres de recevoir fréquemment la prêtrise.

Leur longue formation conduit naturellement les prêtres à un rôle d'encadrement, ce qui ne signifie pas que l'Eglise soit l'affaire du seul clergé. Au contraire, chaque chrétien a le devoir de participer, selon ses forces et malgré ses faiblesses, au progrès de l'Eglise. C'est en ce sens que les chrétiens parlent de sacerdoce universel et se veulent être un peuple de prêtres. C'est aussi pourquoi le concile de Vatican II a mis en valeur le rôle des laïcs ce qui présente l'avantage de les responsabiliser, d'éviter les tentations toujours possibles d'un excessif cléricalisme mais également de faire face à l'insuffisance du nombre de prêtres.

L'Eglise catholique manque-t-elle de prêtres?

C'est un lieu commun de dire qu'il y a de moins en moins de prêtres, ce qui est interprété comme une perte de vitesse du catholicisme, ou, pour certains catholiques « intégristes », comme une conséquence néfaste de l'ouverture doctrinale du concile Vatican II.

La question mérite une analyse attentive et, au préalable, le rappel de quelques chiffres.

Si l'on prend la France pour exemple de l'évolution du nombre de prêtres et Europe occidentale de tradition catholique, la situation est inquiétante:
— en 1913, il y avait   58 000   prêtres
— en 1948   42 650   ″
— en 1960   46 000   ″
— en 1965   40 981   ″
— en 1975   36 014   ″
— en 1985, ils sont 28 629, dont 33 % ont plus de 65 ans et 10 % seulement moins de 40 ans.

A ce rythme, il n'y a plus qu'entre 20 000 et 21 000 prêtres en 1990 et il y en aura entre 15 300 et 16 700 en l'an 2000.

Ces chiffres témoignent d'un effondrement brutal qu'on constate aussi dans les autres pays riches et industrialisés. Toutefois cette situation ne reflète pas celle de l'Eglise dans son ensemble.

Dans le monde entier, il y avait 406 376 prêtres catholiques en 1983 contre 433 089 en 1973, soit une diminution de 6 % du nombre total des prêtres en dix ans. Sur cette diminution de 27 000 prêtres, plus de 7000 sont imputables à la France seule: sa situation religieuse est responsable pour plus de 25 % de la diminution du nombre de prêtres dans le monde!

Tous les autres pays industrialisés connaissent, peu ou prou, une diminution importante de leur recrutement sacerdotal, comme si le confort matériel s'accommodait mal du désintéressement exigé par la prêtrise. Or, aujourd'hui encore, ce sont, peut-être paradoxalement, les pays les plus riches qui fournissent les contingents de prêtres les plus nombreux (63 000 en

Les religions dans la vie sociale

Italie, 58 000 aux Etats-Unis en 1982)[71]. La crise qui frappe ces pays pèse donc lourd au plan mondial mais il ne faut pas perdre de vue que leur situation reste encore relativement favorable. C'est ce que montre la répartition suivante des prêtres par continents telle qu'elle était en 1982 :
— *Europe* : 240 000 prêtres (52/100 000 hab. ou 100/100 000 catholiques)
— *Amérique du Nord* : 70 000 prêtres (28/100 000 hab. ou 111/100 000 cath.)
— *Amérique du Sud* : 53 000 prêtres (14/100 000 hab. ou 16/100 000 cath.)
— *Asie* : 28 000 prêtres (2/100 000 hab. ou 40/100 000 cath.)
— *Afrique* : 14 000 prêtres (4/100 000 hab. ou 17/100 000 cath.)
— *Océanie* : 6000 prêtres (24/100 000 hab. ou 100/100 000 cath.)

La situation s'apprécie donc de façon très différente, non seulement selon les continents, mais aussi selon qu'on rapporte le nombre de prêtres à la population totale ou au nombre de catholiques.

L'Amérique du Sud est catholique à une écrasante majorité mais la christianisation reste superficielle et le nombre de prêtres pour 100 000 catholiques est le plus faible du monde.

En Afrique, le nombre de catholiques est encore relativement réduit puisqu'ils sont extrêmement rares en Afrique blanche et seulement 25 % de la population en Afrique noire ; cependant le nombre relativement faible de prêtres dans la communauté catholique n'est dû qu'à la grande jeunesse de cette Eglise, comme en témoigne le démarrage récent des vocations religieuses : sur la centaine de grands séminaires du continent africain, 30 ont été ouverts depuis 1980 ; ils comptent au total 8200 étudiants, leur nombre a doublé en dix ans, soit un rythme de 800 séminaristes supplémentaires par an.

En Asie, les catholiques se concentrent dans quelques pays (Philippines, Inde, Corée du Sud, Vietnam...) où le nombre de prêtres est loin d'être négligeable et où les nouvelles vocations sont nombreuses. Rappelons qu'il y a, par exemple, près de deux fois plus de jésuites en Inde qu'en France et que les prêtres indiens tiennent une place exemplaire dans diverses missions d'Amérique ou d'Afrique et même dans des pays réputés francophones comme Madagascar.

Enfin, en Océanie, où le poids de l'Australie et de la Nouvelle-Zélande est prépondérant, la situation est comparable à celle de l'Amérique du Nord.

Que peut-on conclure d'une situation si diversifiée ? Certes les prêtres sont un signe de la vitalité de l'Eglise mais celle-ci ne doit pas s'apprécier sur ce seul facteur. L'une des causes décisives du déclin des « vocations » semble être la mutation subie récemment par la société.

Avant guerre en Europe occidentale, la pratique religieuse n'était pas contestée ; certains jeunes accédaient tout naturellement à la prêtrise pour assurer leur épanouissement spirituel sans que cela gêne pour autant leurs aspirations profanes ; on comptait par exemple de nombreux prêtres professeurs de lettres ou de mathématiques qui consacraient l'essentiel de leur temps à leur profession. Le prêtre était un notable de la société rurale au même titre que l'instituteur et ce n'est pas un hasard si l'on constate aussi aujourd'hui une désaffection pour ce dernier métier.

Le savoir dont étaient auréolés le curé et l'instituteur de village a perdu presque tout son prestige depuis la généralisation de la télévision dans les foyers. De plus le monde rural ne représente plus qu'une faible minorité de la population et celle-ci n'a plus besoin de la messe du dimanche pour faire diversion à son travail quotidien. On pourrait presque affirmer que l'Eglise n'a pas tant perdu ses croyants que son utilité sociale.

En revanche, dans les villes, l'Eglise en est largement restée au décalque du modèle paroissial des campagnes. Cette inadéquation a pour effet que seuls « vont à la messe » ceux qui y croient au point d'en avoir vraiment besoin. Mais le prêtre n'a pas perdu pour autant la charge des autres paroissiens qui le sollicitent par tradition pour célébrer des baptêmes, des mariages ou des enterrements. Le prêtre se sent ainsi devenir une sorte de fonctionnaire chargé d'apporter à des chrétiens « statistiques » des sacrements auxquels ceux-ci ne croient qu'à moitié. Il y a de quoi décourager des vocations.

Un autre facteur de diminution des vocations est, paradoxalement, le succès des valeurs chrétiennes dont bon nombre sont devenues des valeurs universelles. Le mouvement commencé avec la Croix Rouge, dont le nom rappelle l'inspiration chrétienne mais dont l'organisation est laïque, se poursuit avec la multiplication d'œuvres qui auraient été autrefois religieuses (Médecins sans frontières, Amnesty, défense des droits de l'homme...)

Enfin, la beauté du service liturgique n'est plus aujourd'hui la seule forme d'art auquel la population peut avoir accès et le langage symbolique de la religion parle de moins en moins aux foules.

Pour que le service de l'Eglise suscite à nouveau le dévouement de nombreux prêtres, il faut sans doute qu'il se renouvelle en tenant davantage compte des spécificités de la société urbaine des pays industrialisés : la misère des drogués, des vieillards isolés, des délinquants qui n'ont jamais connu de tendresse ne sera pas soulagée par les seules aides sociales matérielles. C'est dans le visage de ces nouveaux pauvres que les futurs prêtres trouveront le visage du Christ qui les appelle.

En ce qui concerne l'adaptation de l'Eglise au monde moderne, les prêtres n'ont guère de soucis à se faire, surtout depuis le concile de Vatican II. La période où la conception du monde véhiculée par l'Eglise semblait s'opposer aux découvertes de la science et au progrès de la société est largement dépassée (voir page suivante).

Il faudra toutefois, semble-t-il, admettre que les rites, qui ont longtemps été le support de toutes les religions, ne présentent plus beaucoup d'attraits

Les religions dans la vie sociale 393

pour nombre de croyants d'un niveau d'instruction scientifique élevé. Ceux-ci « intellectualisent » leur religion au point de n'attacher tout au plus qu'une signification sentimentale à la célébration de la messe sous une forme ou sous une autre. A vrai dire, l'ambition de l'Eglise d'être à l'aise dans toutes les cultures doit logiquement la conduire à relativiser les rites, expression de la piété profondément marquée par la culture. Peut-être qu'à cet égard la formation des prêtres s'attache trop à la liturgie et au respect des rites ?

Quant au vieillissement du clergé, c'est, d'une certaine manière un retour à l'Eglise primitive puisque le mot « prêtre » vient, comme « presbytie », d'un mot grec qui signifie « ancien ». Il est vrai qu'à l'époque on était vieux à 40 ans.

La situation du clergé des autres Eglises chrétiennes, prêtres orthodoxes et pasteurs, mériterait également de longs développements. Mentionnons simplement que le clivage le plus profond se situe entre les Eglises qui, comme les catholiques et les orthodoxes, croient à l'existence d'un pouvoir sacré transmis par les évêques depuis les apôtres et celles qui, comme certaines Eglises protestantes, ne voient dans les sacrements qu'un symbole et considèrent les clercs comme de simples chrétiens à la formation religieuse plus approfondie. A côté de cette différence radicale de conception, la question du mariage des prêtres et même celle de l'ordination des femmes apparaissent secondaires.

Les prêtres et l'école polytechnique

Il est intéressant de noter que, parmi les quelque 15 000 anciens élèves de cette Grande Ecole française considérée comme l'une des plus réputées pour sa formation scientifique, on compte 76 prêtres ou religieux catholiques. Cette proportion d'environ un prêtre pour 200 anciens élèves est à comparer à la moyenne française d'un prêtre pour 1900 habitants. Même en tenant compte du fait que les polytechniciens sont des hommes en très grande majorité et qu'ils ont plus de 20 ans, on constate que leur formation scientifique les prédispose à de bien plus nombreuses vocations religieuses que celle des autres Français.

Par comparaison, notons que seulement 36 polytechniciens sont officiers de l'une des trois Armes (ingénieurs de l'Armement exclus). Paradoxalement, Polytechnique, qui a le statut d'école militaire fournit au pays plus de prêtres que d'officiers !

Le « clergé » musulman

Du temps du prophète, celui-ci exerçait l'autorité religieuse suprême : c'est à lui que le Coran avait été transmis et il était seul habilité à l'interpréter. A sa mort, cette autorité est passée à son lieutenant, le calife. Dès le quatrième calife, Ali, gendre du prophète, des querelles se sont fait jour et l'institution du califat a connu des fortunes diverses. Aujourd'hui la situation est la suivante :

Dans l'Islam *sunnite*, il n'existe pas de hiérarchie religieuse ; tous les fidèles sont égaux devant Dieu et personne n'est investi d'un pouvoir religieux particulier. Mais, s'il n'y a pas de clergé proprement dit, les tâches de nature religieuse ne peuvent être confiées qu'à des musulmans compétents et irréprochables.

Selon les fonctions exercées, on distingue :
— le *cadi*[72], juge d'application de la loi musulmane, la chari'a ;
— le *mufti*, d'un niveau supérieur au précédent, jurisconsulte qui interprète la loi et rend des arrêts de jurisprudence, les fetwas ;
— le *grand mufti*, mufti aux responsabilités régionales : il y a un grand mufti à Paris, Alger, Jérusalem etc. ;
— l'*alem* (pluriel : ulema), professeur de droit et de dogme attaché à une mosquée ;
— l'*imam*, qui dirige la prière à la mosquée ;
— le *khatib*, prédicateur. C'est fréquemment l'imam qui sert de khatib ;
— le *muezzin*, qui appelle les fidèles à la prière ;
— le *mueqqit*, détermine l'heure de la prière.
etc.

En outre, il existe des titres honorifiques tels que *cheikh*, littéralement « vieillard », attribué aux responsables de confréries ; *hadji* donné à celui qui a effectué le pèlerinage de la Mecque ; *chérif*, attribué aux descendants du prophète par leur père...

En ce qui concerne l'Islam *chiite*, on dit fréquemment qu'il se caractérise par une hiérarchie de mollas au sommet de laquelle se trouvent les désormais célèbres ayatollahs. En réalité, il ne s'agit nullement d'une hiérarchie au sens d'une structure de commandement, mais plutôt de titres honorifiques attribués en fonction de critères de compétence en théologie et en jurisprudence coranique.

Ces titres sont les suivants :
— Molla désigne généralement tout membre du « clergé », c'est-à-dire une personne qui vit de sa compétence religieuse. Celle-ci est attestée par un

Les religions dans la vie sociale 395

certificat couronnant un à cinq ans d'études dans une école coranique (madrasseh = medersa). Le mot de « molla » vient de l'arabe mawla, « maître »[73].
— Modjtahed est le nom générique des mollas les plus qualifiés. C'est sensiblement l'équivalent du terme sunnite « alem ». La qualification du modjtahed lui permet d'avoir des disciples[74].
— Hojjat-ol-eslam, littéralement la « preuve de l'Islam », a qualifié pour la première le célèbre théologien du XIIe siècle Mohammed Ghazali. Ce n'est que récemment, depuis le XXe siècle, que ce titre a été respectueusement donné aux maîtres les plus connus.
— Ayatollah, littéralement le « signe de Dieu », est également un titre récent, encore plus honorifique que le précédent.
— Imam, littéralement « celui qui est en avant », n'est pas pris dans le même sens que dans l'Islam sunnite. Il désigne un successeur authentique du prophète Mahomet et s'est d'abord appliqué à son gendre Ali. En toute rigueur, le chiisme ne reconnaît que douze imams dont le dernier a été « occulté » à Samarra en Iraq au IXe siècle. La qualité d'imam est de nature divine : un imam est infaillible et parfait.

On voit que le « clergé » chiite ne présente guère d'analogie avec le clergé catholique, c'est plutôt une structure de type « universitaire » : des maîtres plus ou moins renommés se font une clientèle de disciples. Chacun garde son autonomie et il n'y a pas de traces de hiérarchie avec ce que cela implique de contrôle, de directives ou de discipline. Les grandes tendances s'expriment cependant dans des écoles de pensée où domine l'autorité du maître ; ces écoles peuvent être profondément rivales comme elles peuvent provisoirement s'unir pour un intérêt commun, le pouvoir par exemple.

Il est impossible d'obtenir des chiffres sur l'importance numérique du clergé chiite. Les mollas sont, à coup sûr, plusieurs dizaines de milliers, les hodjatoleslams et les ayatollahs plusieurs centaines. C'est pourquoi est apparue récemment la nouvelle catégorie de « grand ayatollah » (ayatollah el ozma) qui se limite à un effectif de quelques dizaines de grands personnages.

Comme nous l'avons vu, l'usage du titre d'imam pour qualifier un grand personnage n'a pas de fondement religieux. Seul en sera digne l'Imam caché qui reviendra à la fin des temps. L'application du titre sacré d'Imam à Khomeini résulte d'abréviations successives de l'appellation, plus orthodoxe mais trop longue de « Grand ayatollah, représentant de l'Imam, Khomeini ». On peut aussi penser qu'il s'agit d'un effet de l'emphase et de l'obséquiosité orientale[75].

Les prêtres hindouistes

Intermédiaires obligés entre les dieux et les hommes, les prêtres hindouistes sont présents dans tous les villages de l'Inde. Certains temples importants comme ceux de Bénarès dans le Nord ou de Tirupati dans le Sud en comptent plusieurs centaines. Ainsi, considérant qu'il existe près de 700 000 villages en Inde, on peut penser que le nombre de prêtres hindouistes dépasse largement le million. Certaines sources les évaluent à 9 millions.

Les prêtres ne peuvent appartenir qu'à la caste des brahmanes mais tous les brahmanes, loin de là, ne sont pas prêtres. Il faut en outre appartenir à une famille sacerdotale puis être élu par les autres prêtres. Seuls les hommes peuvent le devenir. Rien ne leur interdit le mariage, mais le service du culte est un emploi à plein temps.

Les prêtres vivent des offrandes des fidèles. En principe, les dons sont destinés à l'entretien du temple mais seule une petite partie est nécessaire à cette tâche et le reste — peut-être 90 % — sert de denier du culte, c'est à dire à la subsistance des prêtres et de leur famille.

Certains temples reçoivent des sommes considérables. A Tirupati, le gouvernement a pris en charge la gestion de ces fonds qui atteignent plusieurs millions de dollars américains par an.

La tâche principale des prêtres est d'aider les fidèles à faire leurs offrandes aux dieux. Eux seuls savent quoi offrir et comment l'offrir selon les circonstances. En théorie le rite de prières et d'offrandes, appelé « puja », doit être accompli cinq fois par jour par les brahmanes. Généralement leur nombre se limite à deux, matin et soir. On évalue à 10 ou 20 % les hindouistes qui s'y conforment régulièrement. Les offrandes dépendent de la caste du fidèle qui est immédiatement identifiée par le prêtre sur la simple demande de son nom à l'entrée du temple.

Ajoutons que ce sont des prêtres qui fixent les jours favorables pour les événements importants. Ainsi les mariages ne peuvent être célébrés que pendant les 9 mois propices de l'année. Traditionnellement, ils ont lieu au lever du jour en Inde du Sud et le soir en Inde du Nord.

Les moines bouddhistes

Les bonzes du « *petit véhicule* »[77]

En Thaïlande, au Cambodge, au Laos, en Birmanie et à Sri Lanka, pays du bouddhisme Theravada, le visiteur ne manque pas d'être frappé par la quantité de bonzes qu'il rencontre. Ces moines au crâne rasé, à la robe jaune-safran qui laisse une épaule découverte, sont généralement jeunes. L'occidental s'étonne de l'importance du monachisme en Asie du Sud-Est comparé à celui des pays de civilisation chrétienne. En fait, il s'agit de deux conceptions fort différentes, en particulier parce que les bouddhistes ne prononcent pas de vœux permanents et peuvent ainsi quitter à tout moment

Les religions dans la vie sociale 397

leur monastère. Un grand nombre de jeunes s'essaient donc pendant quelques mois à la vie monastique. En Thaïlande, cette coutume traditionnelle est quasi-obligatoire, les jeunes y satisfont généralement pendant un trimestre, de juillet à septembre, période des vacances scolaires et du carême bouddhique. A cette époque on atteint ainsi plusieurs centaines de milliers de moines, tandis que l'effectif quasi-permanent est estimé à 150 000 bhikhus, nom porté par les bonzes thaïs qui ont achevé le noviciat. La situation en Birmanie est analogue: chaque village dispose d'un monastère, appelé kyaung, et certaines évaluations font état de 800 000 bonzes, y compris les novices.

Les règles de base auxquelles satisfont les bonzes sont les suivantes:
— renoncer à toute propriété individuelle à l'exception de neuf objets, à savoir trois robes, une ceinture, un rasoir, une aiguille à coudre, un récipient pour l'eau, un bol pour les aumônes et... un éventail;
— ne nuire à personne ni offenser qui que ce soit;
— respecter le célibat de façon à ne pas détourner ses forces de la méditation.

Ceci n'épuise pas les obligations des moines dont l'un des exercices consiste à se répéter les 227 règles auxquelles ils doivent se soumettre. Rappelons que les simples fidèles se contentent de cinq: ne pas tuer, ne pas voler, ne pas mentir, ne pas commettre d'adultère et ne pas boire d'alcool.

Les moines vivent toujours en communauté, chaque monastère est dirigé par un supérieur dont le titre est souvent traduit par vénérable.

En Thaïlande, où existent environ 20 000 monastères, les supérieurs élisent un patriarche. Ce chef de la communauté bouddhiste du pays est officialisé par le roi et nommé à vie. Il dispose de quatre adjoints pour l'administration, l'instruction, l'information et les œuvres. L'une des tâches de ce dernier est d'entretenir les temples.

Les jeunes gens peuvent entrer au noviciat dès l'âge de neuf ans. Ils reçoivent au moment de leur initiation un nouveau nom tiré des anciens textes pâli. Les parents ne s'adressent plus à lui qu'avec respect.

Le matin, deux heures avant l'aube, tous les moines valides quittent le monastère et se dispersent dans le village pour recevoir leur nourriture de la part des fidèles. Ce n'est pas de la mendicité car le moine donne l'occasion à qui le nourrit d'accumuler des mérites spirituels. C'est pourquoi le moine ne remercie jamais, bien qu'on s'efforce de lui donner, outre du riz, quelque bon morceau de poisson ou de poulet. Le moine doit terminer son repas, le seul de la journée, avant 11 heures du matin.

Les femmes ne doivent pas avoir de contact avec un bonze, ni toucher son bol à aumônes, ni lui parler, ni marcher sur sa natte.

On considère généralement que le fait d'être une femme est le prix à payer pour avoir eu une existence antérieure médiocre. Aussi les bonzesses sont moins respectées que leurs collègues masculins. Les bonzesses ont également le crâne rasé. En Birmanie, elles portent des robes roses.

Les lamas tibétains

Des différences notables peuvent exister selon les écoles dans l'organisation des monastères bouddhistes du « grand Véhicule ». L'exemple que nous avons retenu concerne les lamas de la population Sherpa du Népal, plus précisément du monastère de Tengboche, situé à quelques kilomètres de Namche Bazar, au pied de l'Everest[78].

Fondé vers les années 1925, le monastère se rattache au bouddhisme tibétain, dit aussi tantrique, lamaïque ou du « véhicule du Diamant » (Vajrayana). Il appartient au rite de l'ordre Nyingampa. Ses effectifs comptent un abbé et une trentaine de moines. Un monastère d'une vingtaine de nonnes existe à proximité.

On entre au monastère soit vers 12 ou 13 ans pour y recevoir une éducation solide, soit plus tard en réponse à une vocation. Les parents riches n'encouragent pas cette vocation chez leurs fils uniques pour des raisons d'argent. La considération sociale dont sont entourés les lamas facilite cependant le recrutement, dont la motivation principale reste indubitablement le désir d'acquérir des mérites spirituels.

L'entrée au monastère s'accompagne de vœux prononcés devant le supérieur : ils consistent en l'engagement de rester célibataire et de s'abstenir de toute activité agricole ou commerciale, sauf au profit du monastère. L'admission exige également d'être dégagé de toute obligation, de n'avoir tué ni son père, ni sa mère, ni un lama et de ne pas avoir encore de cheveux blancs. Le postulant accepte d'avoir la tête rasée et de porter un nouveau nom. L'ancien nom est écrit sur un papier qui est symboliquement brûlé.

Chaque lama habite dans une petite maison qu'il construit ou fait construire auprès du monastère. Moines et nonnes doivent pouvoir subvenir pécuniairement à leurs besoins.

La rupture d'un vœu entraîne l'expulsion du monastère mais on peut parfois y être admis à nouveau en tant que laïc, ce qui ne permet pas de participer aux offrandes et cérémonies.

Le supérieur du monastère est soit un lama réincarné, soit un lama réputé. Il est assisté d'un moine conseiller de ses confrères. Un autre moine, plus jeune, est chargé de l'organisation des prières et récitations. On trouve aussi un moine responsable de la discipline interne et un ou deux administratifs élus pour un an et non rééligibles. Dans les couvents de femmes, il n'y a pas d'équivalent de lama réincarné, la supérieure est élue. Les vœux prononcés sont les mêmes que pour les hommes.

La vie quotidienne des moines comporte la participation à l'office du temple, généralement le matin, l'étude et l'enseignement, ou encore la pratique d'un art sacré. Les moines doivent savoir confectionner des offrandes qui symbolisent les dieux ; on les fabrique avec de la pâte d'orge et

Les religions dans la vie sociale 399

du beurre. Il faut également savoir jouer d'un des instruments liturgiques, cymbale, tambour, trompette ou flageolet, qui servent à appeler les divinités. De nombreuses fêtes, dont la durée peut atteindre 15 jours, émaillent l'année. Elles ont pour but d'écarter les mauvais esprits, de protéger les récoltes, de demander le pardon de fautes etc. Il s'y ajoute la célébration des événements de la vie, et surtout de la mort.

Quand il n'y a pas de monastère à proximité, les habitants font appel à un « lama » de village, souvent un ancien lama expulsé de son monastère pour manquement à la chasteté, souvent aussi un simple laïc qui ne prononce pas de vœux mais se sent attiré par l'exercice du culte. Cette activité, contrairement à celle des moines, est compatible avec une vie professionnelle et familiale normale.

---

[1] Ce qui n'est pas sacré est profane, du latin « pro-fanum », « hors du temple ».
[2] Ev. selon Matthieu, ch. 13, parabole du semeur. Le mot grec « parabolè » signifie précisément comparaison ; c'est de lui que viennent les mots « parole », « parler » et « palabre » : en somme tout langage n'est que comparaison. Symbole, du grec symballein « jeter ensemble », porte aussi le sens de « rapprocher, comparer ».
[3] Le nombre de la Bête, 666, mentionné dans l'Apocalypse de St Jean a provoqué de nombreuses spéculations de cette nature.
[4] « public » et « peuple » sont de même origine et « demos » signifie « peuple » en grec.
[5] Dans le cas le la transsubstantiation, la difficulté à en bien comprendre le sens se complique du fait que « substance » signifie communément « matière », alors qu'en langage théologique, conformément à l'étymologie, c'est ce qui se *tient sous* les apparences. La transformation du pain et du vin de la communion en chair et sang du Christ n'est évidemment pas un changement de substance au sens chimique du terme. Le changement est inaccessible à nos observations : qu'il soit réel, comme le croient les catholiques, ou symbolique comme le disent la plupart des protestants, la différence ne se situe qu'au plan des concepts et donc, finalement, des mots, bien imparfaits, qui expriment ce mystère.
[6] *Ignition, Ignifuge* et le mot russe pour *feu, ogon'*, proviennent, entre autres, de la même racine.
[7] Dalaï est un mot mongol apparenté au turco-persan darya qui signifie mer ou grande rivière : ex. : la rivière Amou Daria.
[8] C'est le nom de la moutarde sauvage : comparer à l'allemand Senf, moutarde et au français sinapisme, cataplasme à la moutarde.
[9] Certaines épitres (lettres envoyées par les apôtres pour organiser et soutenir diverses communautés) sont vraisemblablement antérieures aux Evangiles. Il semble en particulier que le récit de la cène de la première épitre de Paul aux Corinthiens ait été repris par les évangélistes.
[10] Selon Robinson, les Evangiles seraient encore plus anciens : 45 pour Marc et les autres peu après 60.
[11] Les musulmans, qui pratiquent plus volontiers l'obéissance au Coran que la spéculation

théologique, ne formulent généralement pas de théories sur leurs rites : les ablutions avant la prière doivent être effectuées pour se purifier devant Dieu, mais on ne dit pas s'il s'agit d'un geste symbolique ou si Dieu accorde une véritable purification au croyant.

[12] La récupération des rites se pratique aussi d'une religion à l'autre : le vaudou ou les rosicruciens ont adopté, en les transformant, bien des rites chrétiens tandis que les chrétiens ont « baptisé » quantité de fêtes ou de lieux païens (la fête de Noël placée au solstice d'hiver en est un exemple). L'athéisme lui-même ne se passe pas de rites, il en est même particulièrement friand dans l'espoir d'en faire un substitut à la religion.

[13] La gorge de l'animal doit être complètement tranchée d'une carotide à l'autre mais la colonne vertébrale doit rester intacte : on ne peut couper la tête qu'après la mort de l'animal.

[14] Cela fait dire à certains animistes que les musulmans ont le porc pour totem !

[15] 2Le premier président de la République gabonaise, Léon M'ba, aurait été impliqué dans une affaire d'anthropophagie rituelle bien avant l'indépendance de son pays.

[16] Ramadan est le 9e mois de l'année lunaire musulmane (v. page 186). Les mois lunaires ont 29 ou 30 jours. L'année de 12 mois est plus courte de 11 jours que notre année solaire. Le mois de ramadan ne tombe donc pas à date fixe selon notre calendrier. Il est important de s'informer avant d'entreprendre un voyage en pays musulman car, si la vie sociale continue, elle connait un certain ralentissement.

[17] Il n'y a pas besoin de tout un calendrier pour décider de décaler une célébration de quelques jours chaque année.

[18] Cette durée symbolique rappelle les quarante années où le peuple hébreu erra dans le désert avant d'entrer en Terre Promise.

[19] Les Quatre-Temps sont trois jours de pénitence — mercredi, vendredi et samedi — placés au début de chacune des saisons de l'année. C'est le nom portugais de Quatre-Temps, Temporas, qui est à l'origine du mot japonais de tempura, « beignet de poisson » : les Portugais s'abstenaient de manger de la viande à cette période... Les Vigiles sont les veilles des grandes fêtes. Carême viendrait de « quadragesima », quarantième (jour).

[20] Si la pratique des rites avait des effets automatiques, on pourrait imaginer qu'un citoyen du monde particulièrement scrupuleux respecte, pour la sécurité de son âme, les interdits alimentaires de toutes les religions : il aurait sûrement du mal à se nourrir.

[21] A vrai dire, l'efficacité d'une prière devrait naturellement impliquer la croyance en un Dieu qui écoute ses créatures, ce que les chrétiens appellent un Dieu personnel. Toutefois la nature humaine est telle que les croyants de la plupart des religions prient un intercesseur capable de les exaucer. C'est pourquoi les bouddhistes prient Bouddha, ce que celui-ci n'a jamais demandé qu'on fasse. Le bouddhisme du Grand Véhicule prie même les bodhisatvas, mortels qui refusent de rejoindre le nirvana, précisément pour être les intercesseurs de leurs semblables.

[22] La main droite se place successivement sur le front, la poitrine, l'épaule gauche et l'épaule droite. Les orthodoxes se signent trois fois pour évoquer la Trinité et se touchent l'épaule droite avant l'épaule gauche.

[23] La formulation latine de cette acceptation est « fiat », « que cela soit fait ».

[24] Une « dizaine » de chapelet comprend la récitation de dix « je vous salue Marie » et d'un « notre Père ». Cinq dizaines forment le chapelet et trois chapelets un « rosaire ». Le chemin de croix est une méditation des différentes étapes de la condamnation et de la mort du Christ au calvaire, matérialisées par 14 bas-reliefs qu'on trouve le long des murs des églises catholiques.

[25] Le radical sémite F.T.H. qui porte le sens d'ouvrir est très prolifique : il a donné, entre autres, le mot fatah, victoire, nom d'un mouvement palestinien ; on le retrouve dans la parole du Christ « efetah », ouvre-toi, prononcée au moment du miracle qui rendit la vue à un aveugle de naissance.

[26] Le mot arabe pour « vendredi » est tiré d'un radical jm'a qui signifie « rassembler » et forme des mots comme « société », « mosquée », « université » etc. En malgache, il même à l'origine du nom du marché de Tananarive. Le nom du socialisme tanzanien, l'udjamaa, en provient également.

Les religions dans la vie sociale

[27] Le mot provient du radical arabe a.z.n. qui signifie « oreille » : le muezzin attire l'oreille du croyant.

[28] En hébreu « shmoné esré », c'est-à-dire précisément 18. « Amidah » signifie « pilier ».

[29] « Shema » signifie « écoute » en hébreu, il est presque identique à son équivalent arabe « esma ».

[30] En hébreu ancien, chaque lettre avait aussi une valeur numérique. La cabale donne une grande importance à la somme des valeurs des lettres d'un mot.

[31] En hébreu : « tefillim ».

[32] L'Islam en particulier distingue la prière rituelle, « salat » de la prière de demande, « du'â ».

[33] Le terme de partenariat peut choquer les musulmans qui, à juste titre, placent Dieu si haut qu'il est inconcevable qu'Il ait des « associés ». Toutefois la Toute-Puissance de Dieu confie à Ses créatures les tâches qu'Il estime nécessaires pour parachever Son œuvre : c'est en ce sens qu'est pris le mot partenaire, plus conforme à l'Amour qu'Il nous porte et à la liberté qu'Il nous laisse que celui d'ouvrier ou, a fortiori, d'esclave.

[34] La lévitation permet de rester en l'air sans support, c'est la suppression localisée de la pesanteur. L'ubiquité est le pouvoir de se trouver simultanément en deux lieux distincts.

[35] On peut aussi penser que la magie détient son pouvoir d'une intervention diabolique. Nous évoquerons le diable plus loin, à propos du bien et du mal.

[36] Gnose (du grec gnosis : « connaissance ») s'applique à toute doctrine réservant à des initiés sélectionnés la connaissance des mystères de Dieu et de la création. Les cultes de l'antiquité égyptienne ou moyen-orientale en étaient imprégnés. Le gnosticisme moderne s'y réfère plus ou moins directement.

[37] Le dieu grec Hermès a pour équivalent dans le panthéon égyptien Thot, le dieu à tête d'ibis, scribe de l'enfer. Cumulant les attributions, Hermès est dit Trimégiste, « trois fois grand », le plus grand des prêtres, des philosophes et des rois. Comme messager des dieux, c'est grâce à lui que toute science a été donnée aux hommes. On rattache aussi son nom à Hiram, architecte du temple de Salomon. Hermès-Thot est considéré comme le maître des sciences secrètes (hermétique est devenu synonyme d'inaccessible puis de complètement bouché). Le mythe de connaissances mystérieuses transmises par les anciens Egyptiens, comme celui des secrets de l'Atlantide, des chevaliers du Graal ou des Templiers, garde une part de sa fascination et continue d'être évoqué par les francs-maçons des Mormons et bien d'autres encore.

[38] Plus tard, au XVIIIe siècle, le cas des religieuses ursulines de Loudun possédées par le démon a défrayé la chronique.

[39] Ce nom signifie « entre les montagnes ».

[40] du latin « mirari », s'étonner.

[41] C'est le fait de se trouver en deux lieux à la fois.

[42] C'est, plus précisément, Medinat an Nabi, la ville du prophète.

[43] Kaaba signifie « cube » et les deux mots sont peut-être apparentés.

[44] Haram signifie « sacré », d'un radical verbal portant l'idée d'interdiction ; c'est le même mot que « harem », partie interdite du domicile, où vivent les femmes.

[45] « Dieu est le plus grand » ; akbar est le comparatif et le superlatif de kebir, « grand ».

[46] Calife provient du radical arabe Kh.L.F. qui signifie remplacer, c'est à proprement parler un « lieu-tenant » du prophète. Voir page 175.

[47] Aqsa signifie « plus éloigné ». C'est le point extrême atteint par le prophète.

[48] La légende veut que Marie-Jacobé et Marie-Salomé, fuyant la Judée après la mort du Christ, aient été sauvées d'un naufrage par sainte Sarah, une fille du pays qui devînt la patronne des Gitans.

[49] Les pèlerins se regroupent sur la route par affinité : il y a même des groupes de personnes âgées dont certaines ont effectué 50 fois le pèlerinage à pied de 170 km entre Varsovie et Czestochowa.

[50] La visite des touristes étrangers n'y est pas autorisée pendant les week-ends période

d'affluence des pèlerins avant une activité professionnelle : il est plus facile ainsi de maintenir le mythe communiste selon lequel seuls les vieillards s'intéressent encore à la religion.

[51] Les jubilés se célèbrent tous les 50 ans depuis l'an 1300. Des « indulgences plénières » sont accordées aux pèlerins à cette occasion.

[52] Le nom dérive de « forum vetus », le vieux forum.

[53] C'est, à proprement parler, une église royale, du grec « basileus », roi. Les prénoms de Basile et de Vassili ainsi que la ville suisse de Bâle proviennent de la même racine.

[54] Chiffres tirés d'un article du journal « La Croix » du 23/2/1986.

[55] Gange n'est pas un nom propre : « ganga » signifie « fleuve », le Gange est le fleuve par excellence. Le nom même de Bénarès est marqué par les eaux. C'est une déformation du nom indien de la ville, Varanasi, lui-même formé des noms de deux petits affluents du Gange, Varuna et Asi.

[56] Kanchi-puram signifie la « ville de l'or ».

[57] Pushkar signifie aussi bien « lac » que « lotus ». Le nom provient de la légende selon laquelle Brahma, en quête d'un lieu de prière, laissa tomber des lotus et des lacs se formèrent aussitôt.

[58] Tiru est un mot tamoul honorifique qui correspond à Sri en hindi. Pour un site religieux, il peut se traduire par « saint » : Tirupathi, « saint Seigneur » et Tirumalai, « sainte montagne ».

[59] Une tradition indique que les sept villes les plus saintes de l'Inde sont, dans l'ordre : Bénarès, Ayudhya, Mathura, Dwarka, Kanchipuram, Hardwar et Ujjaïn.

[60] Allahabad et Hardwar se trouvent dans l'Uttar Pradesh, la « Province du Nord » ; la seconde, dont le nom signifie la « porte d'Hari » ou la porte de Krishna, est au pied de l'Himalaya. Nasik est dans l'Etat du Maharashtra le « Grand Royaume », et Ujjaïn au Madhya Pradesh, la « Province Centrale ».

[61] Puri signifie simplement « ville ». On retrouve le mot, par exemple, dans Singapour, « la ville du lion ».

[62] Jagannath signifie littéralement « le maître du monde » (jag), c'est-à-dire Vishnou. On écrit parfois Jaggernaut, à tort.

[63] Avatar signifie « descente », c'est la manifestation d'un dieu sur terre. On compte une dizaine d'incarnations de Vishnou de cette sorte, dont Rama et Krishna.

[64] L'orthodoxie partage la conception catholique de la sainteté. Toutefois sa structure décentralisée ne prévoit de procédure pour que tous les patriarcats reconnaissent un même saint. Aussi seuls les saints d'une époque ancienne sont-ils officiellement honorés.

[65] Dans l'antiquité une distinction quelque peu semblable existait entre les sadducéens, aristocratie sacerdotale, sceptiques qui niaient la résurrection et l'existence des anges, et d'autres part les pharisiens, parti religieux intransigeant, pour lesquels ces croyances étaient importantes.

[66] Le mot sémite « rabb » signifie « maître », rabbi est la forme possessive, « mon maître », prononcé rabbin en français.

[67] Evêque vient du grec episcopos, celui qui sur-veille ; c'est une allusion à la fonction du pasteur dont l'autorité sur le « troupeau » est nettement affirmée. Toutefois la connotation de passivité bêlante qu'a pris aujourd'hui le mot de troupeau n'est pas dans l'esprit de l'Evangile qui cherche au contraire à développer le sens de la responsabilité et l'éducation de la liberté.

[68] La structure de la paroisse, excellemment adaptée aux civilisations rurales, n'est pas nécessairement la meilleure dans les grandes villes où les gens se regroupent plutôt par affinité sociale ou professionnelle.

[69] « Cloître » vient du latin et est apparenté à clôture. « Moine » provient du grec monos qui signifie « un ». A l'origine les moines vivaient seuls en ermites le terme s'est ensuite appliqué à tous ceux qui se coupent volontairement du monde pour servir Dieu, par l'étude et la prière.

[70] Ils ne vivent pas dans une trappe, mais leur premier monastère se trouvait en lieu dit « la trappe », ancien nom du collet destiné à la chasse.

Les religions dans la vie sociale 403

[71] Peut-être aussi le christianisme induit-il une attitude devant la vie et une structure de société démocratique qui favorise le développement?

[72] Ce mot n'a rien de commun avec « caïd » qui désigne un général.

[73] Mawla provient de la racine w.l.a. qu'on retrouve, par exemple, dans wali, « préfet » ou wilaya, « province ». Le fondateur des derviches tourneurs Djelal eddin Roumi était appelé par ses disciples mawlana, « notre maître », en truc « mevlana ».

[74] Modjtahed est dérivé de « djihad », c'est celui qui a fait un effort, une djihad spirituelle.

[75] En toute logique occidentale, l'appellation d'imam donnée à un chef religieux reviendrait à ce que les catholiques appellent le pape Jésus-Christ par abréviation de « vicaire de Jésus-Christ ».

[76] Bonze vient du japonais bozu qui signifie « maître de la cellule », c'est une périphrase familière.

[77] Ces informations sont tirées du livre « les Sherpas du Népal » de Christoph von Fürer Haimendorf, collection de « l'homme vivant », Hachette. Sher-pa signifie en tibétain « les gens de l'Est », (Est = sher).

Religions et cultures

Certains soutiennent que les religions sont un sous-produit des cultures : chaque peuple secréterait une forme de religion adaptée à ses mythes, à ses mœurs, c'est-à-dire à sa culture.

D'autres insistent sur l'influence profonde qu'exercent les religions sur la culture des peuples : ainsi le christianisme et l'Islam imprègnent des sociétés de cultures originellement très différentes.

A vrai dire, l'interaction des religions et des cultures est d'une grande complexité. Les religions gardent des traces des cultures au sein desquelles elles sont nées mais elles peuvent être rejetées par leur milieu originel et réussir excellemment ailleurs. Ainsi le christianisme n'occupe plus qu'une place minoritaire en Palestine et le bouddhisme a presqu'entièrement disparu de l'Inde.

Quoiqu'il en soit, la religion imprègne incontestablement la vie sociale, même apparemment la plus laïcisée. La semaine de sept jours, universellement adoptée, est une référence à la Bible (Dieu termina Son œuvre en six jours et se reposa le septième, Genèse II. 2) ; la plupart des jours de congé des différents pays du monde ont une origine religieuse etc.

Même les religions disparues laissent longtemps des traces : en Iran, la fête de Nowrouz est préislamique, comme la fête chrétienne de Noël a « récupéré » l'ancien culte du solstice d'hiver.

Pour bien saisir de quel poids les religions pèsent dans les diverses sociétés, nous avons choisi quelques thèmes où interfèrent plus particulièrement le sacré et le profane :
— la morale ; le bien et le mal ; la notion de vérité ;
— les cérémonies au travers de deux exemples, les fêtes et les rites mortuaires ;
— l'art ;
— la langue ;
— l'argent ;
— l'enseignement.

La morale

Le mot « morale » a mal vieilli. Il porte désormais en lui la connotation grincheuse de l'expression « faire la morale ». Pourtant, toute société a une morale qui dépend de l'idée qu'elle se fait du bien et du mal. Ainsi la morale n'est que l'ensemble des règles, codifiées ou non, que suivent les mœurs d'une société. Toute morale repose sur des principes ou un système de valeurs.

Chaque individu également a sa propre morale. La morale individuelle est le plus souvent profondément marquée par la morale de la société. Il n'en est pas toujours ainsi et les notions de bien et de mal ne sont pas identiques chez tous les individus. Même un gang de truands a ses règles et sa morale ; la loi du silence, l'omerta de la maffia, en est un exemple : le vol et le crime sont rigoureusement réprimés à l'intérieur de l'organisation.

Il y a donc différentes morales qui sont autant de règles du jeu des sociétés. Selon la morale politicienne française par exemple, il était récemment admis de donner des contrats publics à des organismes « amis » qui avaient ensuite assez de reconnaissance pour subventionner les partis mais il était scandaleux d'employer directement l'argent du contribuable pour financer ces partis. On pourrait aussi citer la morale commerciale, la morale du pouvoir et bien d'autres qui sont généralement compatibles avec la légalité tout en étant, par bien des côtés, différentes, non écrites et plus complexes.

Ce qu'on appelle la morale d'une société n'est jamais que la morale dominante. C'est plus le constat d'une situation que l'expression d'une volonté délibérée. Il ne faut donc pas s'étonner d'y trouver des contradictions.

Par exemple, le respect des biens d'autrui, valeur fondamentale de la société occidentale traditionnelle, a jadis conduit à jeter en prison des pères de famille coupables d'avoir volé un pain pour nourrir leurs enfants affamés mais, simultanément, on n'avait pas d'hésitations à entreprendre des conquêtes territoriales. Aujourd'hui, a-t-on vraiment analysé les lois du marché sous l'angle du respect de la valeur des biens d'autrui? Que penser des cours auxquels sont achetées les matières premières des pays du Tiers-Monde?

Si notre système de valeurs manque encore de cohérence dans le détail, les grands principes sont cependant solides et généralement admis. Il n'y a donc rien d'étonnant à ce que les religions fassent preuve, en matière morale, d'une relative convergence, ce qui est loin d'être le cas pour leurs croyances ou leurs dogmes. Comme la plupart des philosophies, elles s'accordent sur un bon nombre de grandes valeurs : condamnation du meurtre, du vol et de l'adultère respect des parents et des ancêtres, respect de la vérité et des promesses, tolérance envers les opinions des autres... C'est à ce titre que l'on peut parler de morale universelle.

Cependant, il est important de noter que, pour les religions monothéistes au moins, la morale n'est pas l'ensemble des règles de vie que la société se donne et dont on peut constater l'évolution rapide. Dans ces religions, la morale est un ensemble de règles immuables que Dieu a révélées aux hommes et qu'on ne peut transgresser impunément. Il est regrettable que le même mot, celui de morale, recouvre ainsi deux notions différentes : la morale telle qu'elle est pratiquée et la morale telle qu'elle devrait être. La seconde est évidemment plus cohérente que la première, mais elle n'est qu'un objectif difficile à atteindre.

Le cas de la morale catholique illustre bien cette situation.

LA MORALE CATHOLIQUE

Le Vatican affiche sur les problèmes de morale, et en particulier de morale sexuelle, une position souvent qualifiée de traditionaliste, implicitement interprétée par le « grand public » comme une difficulté de l'Eglise catholique de se « mettre à la page » et de suivre l'évolution de la société. Cela semble évident : on ne vit plus comme jadis, ce qui choquait autrefois est aujourd'hui largement admis et l'Eglise catholique rame en arrière, incapable de comprendre cette évolution, figée qu'elle est dans une vision passéiste des choses. Quoi d'étonnant de la part de vieux cardinaux, célibataires affirmés, que de ne rien comprendre, par exemple, à la sexualité moderne ? L'Eglise est ressentie comme cherchant à culpabiliser l'homme, à voir le mal dans ce qui est naturel et à s'ériger en juge de ce qui ne la regarde pas. Même des croyants par ailleurs respectueux de leur Eglise, rejettent la morale traditionnelle en se disant qu'ils sont un peu en avance sur une évolution qui interviendra plus ou moins tard, inéluctablement.

L'Eglise, elle, peu habituée à être contestée par ses ouailles, fait valoir le plus souvent l'argument d'autorité, répète qu'elle détient une vérité immuable, que ce qui est mal sera toujours mal et met en garde contre la contamination d'un monde apparemment toujours plus déchristianisé.

Cette impression de dialogue de sourds que peut avoir l'observateur extérieur provient de ce que les deux positions ne se situent pas sur le même plan.

La mission de l'Eglise est de conduire ses fidèles à Dieu, ce qui passe par la sainteté. Les recommandations morales qu'elle édicte sont dans cette perspective, ce qui implique de pratiquer les vertus jusqu'à l'héroïsme, si nécessaire. Tout dérapage par rapport à la perfection de la loi d'amour peut être l'amorce d'un relâchement, d'un laxisme qui retarde l'approche de Dieu.

Ceci explique l'extrême sévérité de principe de l'enseignement moral de l'Eglise catholique. Si l'on ne se place pas dans la perspective qui est la sienne d'un effort constant et parfois héroïque vers la sainteté, on peut valablement juger certains points de cette morale comme surhumains, donc inapplicables et sans intérêt pour le commun des mortels.

Les cas du divorce, de la contraception et de l'avortement illustrent bien cette situation. Le mariage catholique est un engagement solennel pris par les conjoints devant Dieu de se consacrer l'un à l'autre pour toujours. C'est fondamentalement aussi définitif que la prêtrise et, en théorie, le couple catholique fait, en se mariant, le choix d'une voie particulière vers la sainteté tout aussi sérieuse que l'entrée dans les ordres. Dans cette perspective, les époux mettent leur amour au service de Dieu, ce qui implique évidemment d'accepter les enfants qu'Il leur donne. C'est à l'opposé de la compatibilité de deux égoïsmes qui rapproche pour un temps un homme et une femme. Dans un couple catholique, les difficultés de la vie en commun devraient être perçues par chaque conjoint non pas comme l'effet du mauvais caractère du partenaire mais d'abord comme une insuffisance d'amour de celui qui se plaint. Reconnaître l'échec du couple revient à considérer que l'amour est impuissant, ce qui est, en quelque sorte, sacrilège. Entériner définitivement cet échec par le divorce est inadmissible.

De la même façon, l'acte sexuel est avant tout une marque d'amour que chaque conjoint donne à l'autre dans l'acceptation implicite de l'enfant qui peut en résulter. Ce n'est pas une technique de plaisir, une distraction qu'on s'offre et que l'enfant viendrait gâcher. La logique de la doctrine catholique exclut donc aussi bien l'enfant hors mariage que les méthodes artificielles de contraception ou, a fortiori, l'avortement.

Toute forme d'égoïsme, celui du couple par exemple, est une limitation inadmissible de l'amour. Un couple qui refuse un enfant en raison de son confort fait preuve d'égoïsme. Un couple qui le refuse par crainte de ne pouvoir l'élever convenablement manque de confiance en Dieu. Un couple qui provoque l'avortement d'un enfant, même mal formé, se fait juge de la vie et de la mort à la place de Dieu.

L'Eglise est bien consciente de la difficulté qu'ont ses fidèles à suivre de tels préceptes. Elle sait aussi que ceux-ci peuvent avoir des effets pervers :
— ou bien rebuter le croyant qui se sent incapable de s'y conformer et l'éloigner ainsi de l'Eglise ;
— ou bien le culpabiliser exagérément et en faire un être complexé et raccorni.

Si l'Eglise prend cependant des positions aussi strictes, c'est qu'elle juge de son devoir de recommander ce qui est, selon elle, le meilleur comportement du point de vue spirituel. En fait, le fidèle ne s'imposera cette discipline personnelle semblable à celle des athlètes de compétition que s'il en est capable.

C'est pourquoi la position de l'Eglise serait inacceptable si elle entraînait une condamnation des personnes qui enfreignent des règles aussi sévères. On touche là le point essentiel : l'Eglise ne porte jamais de condamnation sur les hommes ; elle ne condamne que des idées ou des comportements qui, selon elle, retardent ou empêchent le progrès spirituel.

A observer l'incompréhension du public, même chrétien, à l'égard des positions morales de l'Eglise, on peut penser que celles-ci ne sont pas assez expliquées. Fondamentalement, la morale chrétienne, comme la morale juive, a ceci de très original que celui qui la transgresse n'encourt aucune sanction ; c'est le contraire de la loi civile ou de la loi islamique[1].

Bien sûr, la nature humaine étant ce qu'elle est, il est difficile d'obtenir des changements de mentalité et de comportement sans jouer de la carotte et du bâton. C'est pourquoi les prêtres ont eu parfois la tentation cléricale de menacer leurs ouailles des feux de l'enfer. Ce n'est pourtant pas sous la contrainte, même morale, que l'on poussera qui que ce soit vers Dieu ; Jésus-Christ a été très explicite à ce sujet.

C'est à chacun de chercher, en toute liberté, comment progresser vers la sainteté. Cela concerne aussi bien le prêtre ou la religieuse dont la vie semble irréprochable que le criminel le plus endurci. Il ne s'agit ni de fouiller d'obscurs recoins de la conscience pour y chercher matière à culpabilisation, ni de se désespérer devant l'abîme de nos crimes. L'Amour infini de Dieu en a déjà vu de toutes les couleurs et aucune situation, même la plus tragique, n'est spirituellement sans issue avec Son aide.

C'est pourquoi la morale chrétienne n'est pas, ou ne devrait pas être, une contrainte extérieure imposée par l'Eglise, elle est une proposition de promotion personnelle laissée au libre choix de chacun ; elle est fondée sur ce que Dieu attend de chaque homme, l'acceptation de participer, chaque jour davantage, à Son dessein d'amour sur le monde.

Dans ces conditions, les reproches que l'on fait bien souvent à l'enseignement de l'Eglise apparaissent sinon dérisoires, du moins mal ciblés. Il ne s'agit pas de savoir si les règles morales de l'Eglise sont adaptées à ce qu'attend notre sensibilité ; il s'agit de savoir si ces règles vont dans le sens d'un progrès vers Dieu.

Le christianisme se trouve alors placé, comme les autres religions et philosophies, devant les grandes questions du bien et du mal ou de la nature de la vérité.

Le bien et le mal

Si l'homme s'accommode assez bien de sa propre méchanceté, il répugne profondément à la souffrance, surtout à la sienne. Il en vient à reprocher à Dieu de permettre le mal malgré sa toute-puissance : au pire il le traite de sadique ou en nie l'existence. Certains vont même jusqu'à vouer un culte au diable, considérant qu'il vaut mieux être du côté de celui qui est le plus dangereux.

Il n'en reste pas moins que le mal existe et qu'il est l'obstacle à notre bonheur. Nous devons donc le combattre et, pour cela, en connaître la nature.

Première constatation, le mal présente au moins trois formes différentes :
— Il y a d'abord le mal dont nous sommes responsables : notre indifférence, notre mépris, nos injures, parfois nos coups, font mal à ceux qui en sont les victimes.
— Il y a ensuite le mal dont nous sommes indirectement responsables : l'humanité dans son ensemble est responsable de la faim dans les pays de la sécheresse puisqu'il y a assez de ressources sur terre pour que chacun puisse se nourrir. Les dépenses d'armement ou de la sécurité publique sont la conséquence des menaces du voisin, menaces qui sont d'origine humaine. Combien de maladies pourraient être soignées ou guéries si l'on consacrait à la médecine tous les moyens de lutte ou de prévention contre le mal causé par l'homme.
— Il y a enfin le mal qui nous échappe complètement, à commencer par la mort.

Des explications de cette situation dépend, pour une large part, la crédibilité des religions. Tentons de schématiser leurs réponses.

L'*hindouisme* ne se préoccupe pas, à proprement parler, des notions de bien et de mal. C'est avant tout une forme de société : l'important est d'agir en conformité avec les obligations de la caste à laquelle on appartient. Ce qui est licite pour une caste ne l'est pas forcément pour une autre. On peut donc dire que le bien et le mal se définissent par rapport à la morale de la société alors que, dans les religions révélées, le bien et le mal sont déterminés par la loi divine et la morale en est une conséquence.

Le *bouddhisme*, issu de l'hindouisme, s'appuie également sur la valeur du « karma » : la qualité des réincarnations successives est fonction de la qualité des actions entreprises durant la vie. Toutefois le bouddhisme n'admet pas le système des castes, ce qui le conduit à une conception du bien et du mal très différente de celle de l'hindouisme. Ce dernier voit le mal dans la transgression des obligations rituelles et ce qui n'est pas interdit est indifférent. En revanche, pour le bouddhisme, le mal est une fatalité au point que la vie elle-même n'est que souffrance. Comme la vie recommence perpétuellement par le jeu des réincarnations après la mort, l'objectif est d'échapper à ce cycle infernal. A cet effet, il convient d'observer une morale de renoncement à tout désir. Cette philosophie pessimiste ne laisse d'espoir que dans un « nirvana » dont on ignore tout et qui n'est peut-être que l'anéantissement. Il n'y a pas d'explication de la nature du mal, si ce n'est qu'il est synonyme de vie. Quant au bien, il faut le faire pour échapper à ce destin.

Rien n'explique pourquoi le bien est possible puisque le mal est partout ; rien ne justifie non plus que de bonnes actions aient un effet sur le mal ambiant. Malgré ces défaillances, le bouddhisme recommande une morale qui correspond bien à l'expérience de la sagesse humaniste.

Pour le *judaïsme*, l'homme a l'instinct du bien autant que celui du mal. Il est responsable de ses choix et de ses actes et devra en rendre compte au Créateur. Le bien consiste à respecter la loi de Dieu et le mal à l'enfreindre.

L'*Islam* ne se pose pas non plus la question du pourquoi du mal. Dieu est tout-puissant, le monde est tel qu'Il l'a créé, Dieu nous demande de Lui obéir et nous serons punis et récompensés en fonction de notre soumission à Sa loi. Le mal est une donnée d'ici-bas. Le bien, dans sa perfection, attend dans l'autre monde le croyant resté fidèle à son Créateur. Grâce au Coran, nous savons comment échapper au mal définitif et éternel ; notre comportement en face du mal de cette terre nous permet de témoigner de notre obéissance à Dieu.

Le *christianisme*, comme le judaïsme et l'Islam, constate la coexistence du bien et du mal. Il déclare que Dieu est le bien absolu et que le mal est synonyme d'absence de Dieu. Celle-ci résulte de la liberté que Dieu donne à ses créatures de L'accepter ou non car il n'y a pas d'amour imposé. C'est la responsabilité de chacun de mettre Dieu dans le monde par la qualité de sa vie personnelle. Cette conception chrétienne relativement moderne du bien et du mal n'exclut pas celle, plus traditionnelle, du mal personnifié par le diable et les démons.

LE DIABLE

L'invention la plus diabolique est sans doute l'image que le diable a réussi à donner de lui-même : cet être velu et cornu qui pousse à coups de fourche les malheureux pécheurs dans les flammes de l'enfer. Seuls des esprits simples et primitifs peuvent croire à de tels phantasmes, ce qui a pour effet que l'on croit de moins en moins au diable.

Il peut ainsi, s'il existe vraiment, travailler dans l'ombre en toute quiétude et contribuer, beaucoup plus subtilement, à éloigner les hommes du bonheur que Dieu propose à leur liberté et à leur amour.

Cette volonté de dissimulation rend encore plus difficile de prouver l'existence du diable que celle de Dieu, ce qui n'est pas peu dire.

Si le diable s'efforce de se faire oublier pour mieux surprendre ses victimes, rares sont cependant les croyants qui ont une expérience personnelle de Dieu qui n'ont pas aussi une certaine perception de l'existence de cet adversaire, de ce Malin, dont l'arme principale est la tentation. C'est peut-être une simple interprétation de la part de ces croyants mais il faut constater que toutes les grandes religions révélées admettent l'existence du diable et des démons[2].

Cette croyance est surement très ancienne car toutes les formes d'animisme comportent des esprits du mal qui luttent contre ceux du bien. Dans l'hindouisme également, les textes sacrés relatent le combat des bons Devas contre les méchants Ashuras[3]. Quant aux zoroastriens, ils ont longtemps placé à égalité le dieu du bien Ahura Mazda[4] et celui du mal Ahriman.

S'il est normal qu'une religion animiste personnifie le Mal comme les autres forces de la nature, on peut se demander pourquoi les religions monothéistes révélées affirment encore l'existence du diable.

Ce qui est indéniable, c'est la réalité du mal et de la tentation. Est-ce suffisant pour avoir la certitude que c'est l'œuvre d'un chef d'orchestre diabolique acharné à notre perte? C'est affaire de croyance personnelle. Nous nous contenterons de rappeler ce que les grandes religions révélées laissent entendre à ce sujet.

Le judaïsme, première religion monothéiste, a été confronté dès ses débuts avec les dieux, bons ou mauvais, des religions païennes. Assez naturellement, les « faux dieux » des peuples voisins ont été considérés comme des démons. Ce fut le cas notamment de Beelzeboul, dieu guérisseur cananéen, déclaré prince des démons.

La tentative d'explication du mal par l'intervention d'anges déchus n'est apparue que tardivement. Les croyances populaires selon lesquelles les maladies sont provoquées par des démons était largement répandue à l'époque de Jésus-Christ. Celui-ci a effectué ses guérisons miraculeuses sans réfuter cette interprétation, mais sans pratiquer non plus les rites des exorcistes officiels.

Le Coran reprend à son compte la croyance aux démons, en y ajoutant celle des djinns, mystérieuses créatures spirituelles. Le diable, appelé Iblis, aurait refusé d'adorer Adam puis, par jalousie, aurait conduit nos premiers parents à leur perte. Iblis introduit la discorde entre les hommes par le vin et le jeu, il prêche l'immoralité et ce qu'il promet est supercherie. Iblis n'est pas le seul démon : il est dit que celui qui se montre aveugle à la loi divine, Dieu lui suscite un démon.

De nos jours, les avis sont partagés sur l'existence du démon. L'Islam s'en tient évidemment au Coran mais ne tire pas de conséquences comme, par exemple, des rites d'exorcisme.

L'Eglise catholique en revanche ne s'est jamais lancée, malgré son penchant pour les dogmes, dans une affirmation doctrinale de l'existence personnelle du Malin. Pourtant nombreux sont ses saints qui ont été véritablement torturés par des interventions sataniques tout à fait matérielles ; le curé d'Ars, pour ne citer que lui, a reçu des coups, a été jeté à terre et a été fréquemment réveillé par le démon. De nombreux croyants pensent être les victimes de sorts ou d'envoûtements diaboliques. Théoriquement il existe dans les diocèses un prêtre exorciste chargé de ces cas étranges. En Italie où ce type de croyance est vivace, on a compté, entre 1981 et 1983, 1350 demandes d'exorcisme pour le seul diocèse de Turin. Les prêtres spécialistes, souvent diplômés de médecine ou de psychologie, considèrent qu'il s'agit de maladies mentales dans l'écrasante majorité des cas mais restent perplexes devant certaines autres manifestations.

Les cas de possession, fréquents dans les cultes animistes, sont interprétés par l'Eglise comme étant de nature diabolique. Il en est de même des activités de sorcellerie, de spiritisme ou d'ésotérisme.

Peut-être exprimera-t-on la pensée de l'Eglise catholique en disant qu'elle ne nie pas l'existence de Satan et des démons mais qu'elle hésite à l'affirmer, faute de données inattaquables.

Le plus important reste de s'armer contre le Mal, qu'il soit une tentation interne de l'esprit ou le résultat partiel d'une intervention maligne extérieure.

LA VÉRITÉ

Peu de notions suscitent autant de controverses et d'interprétations diverses. La vérité, dont on pourrait croire qu'elle est une réalité objective, devient trop souvent l'enjeu d'intérêts divergents qui l'habillent à leur guise et la maquillent au point que son visage devient méconnaissable. En outre, même sans aucune intention malveillante, l'homme n'est jamais capable de saisir tous les aspects de la réalité et il y a toujours une part de subjectivité dans son appréciation de la vérité.

Rappelons à ce propos la célèbre parabole bouddhiste des aveugles et de l'éléphant : cinq aveugles rencontrent un éléphant ; le premier touche la défense et la prend pour une carotte géante ; le second touche une oreille et croit qu'il s'agit d'un grand éventail ; le troisième touche la patte et pense avoir affaire à un mortier ; le quatrième touche la trompe et déclare que c'est un pilon tandis que le dernier, touchant la queue, affirme que c'est une corde.

Si la réalité est une, la façon de la percevoir varie donc et la description qu'on en fait peut apparaître contradictoire.

Cette constatation est d'une importance considérable en matière religieuse puisque nous sommes très mal-voyants en ce qui concerne Dieu et son plan sur nous.

Contrairement au taoïsme qui admet parfaitement la validité simultanée d'une position et de son contraire, les deux religions numériquement les plus importantes, le christianisme et l'Islam, ont une définition très stricte et rigide de la vérité, surtout pour ce qui touche la révélation divine.

Il faut bien reconnaître que la parabole bouddhiste peut fournir un élément d'explication à qui trouverait bloquée cette situation des religions. Le respect, en principe légitime, que le croyant porte à la révélation qu'il pense avoir reçue devrait s'assortir d'une très grande modestie sur ses capacités à la comprendre et à l'interpréter. Quelle que soit en effet la perfection de la révélation, elle est exprimée en langage humain et ne peut donc être comprise qu'imparfaitement. Hélas, la modestie n'est pas bien fréquente si l'on en juge par toutes les formes de guerres de religion menées au nom de la vérité que chacun des protagonistes pensait détenir exclusivement.

Certes les religions n'ont pas le monopole de ce tragique défaut humain, forme pernicieuse de l'orgueil intellectuel : les politiciens et même les scientifiques donnent aussi fréquemment le spectacle d'un attachement forcené à des convictions contradictoires.

Pourtant les scientifiques devraient aujourd'hui savoir qu'ils ne peuvent qu'approcher la vérité, asymptotiquement, sans jamais l'atteindre complètement. Il est donc dérisoire de se quereller au nom d'une vérité qu'on prétendrait posséder.

A l'inverse, il ne faut pas déduire de ce qui précède que la vérité, parce qu'elle est inaccessible, n'existe pas. Ce n'est pas parce qu'on peut discuter à l'infini sur ce qu'est la notion de noirceur qu'on peut affirmer qu'elle est synonyme de blancheur. Notre incapacité à connaître parfaitement la vérité ne nous interdit pas de savoir identifier ce qu'elle n'est pas.

Encore faut-il dénoncer les erreurs avec assez de nuances pour ne pas tomber dans le défaut de l'affirmation d'une vérité qui nous échappe.[5]

Force est de reconnaître que la vérité absolue, si elle existe, n'appartient qu'à Dieu.

Il nous reste à vivre dans un univers ou les constatations comme les

Religions et cultures

décisions se fondent sur des probabilités. L'expérience montre que cela suffit pour agir.

En somme, la vérité est un peu comme Dieu lui-même : rien ne permet d'être sûr de son existence mais en le cherchant, on peut s'en approcher de plus en plus.

Les fêtes

Les fêtes religieuses illustrent bien les interférences du sacré et du profane dans toutes les sociétés. Il nous a paru intéressant de décrire avec un certain détail les fêtes des plus grandes religions.

En ce qui concerne les fêtes chrétiennes, nous nous sommes contentés d'un rapide rappel qui n'est guère plus qu'une énumération.

LES FÊTES JUIVES

Le judaïsme a inventé le repos hebdomadaire le sabbat, mais, à côté de ce jour férié par excellence, l'année est jalonnée d'une dizaine d'autres fêtes. Outre leur sens religieux, souvent symbolique, ces fêtes évoquent généralement aussi des événements de l'Histoire Sainte.

Le sabbat

Le sabbat[6] est l'institution la plus importante du judaïsme. Puisque Dieu a créé le ciel et la terre en six jours et s'est reposé le septième jour, tout Juif doit s'abstenir de tout labeur un jour sur sept, le samedi, compté depuis le coucher du soleil du vendredi soir jusqu'à celui du samedi soir. En fait Dieu n'a rien créé de matériel le septième jour, mais il a créé l'âme, aboutissement de la création. Le sabbat est donc consacré à la vie de l'âme. C'est pourquoi s'arrête toute activité économique, avec une rigueur pointilleuse que les rabbins ont précisée au cours des siècles.

Les interdictions partent du principe qu'est illicite toute activité susceptible d'être utilisée dans le processus de production ou d'échange. Par exemple, il est interdit de porter un objet de chez soi vers l'extérieur ou vice-versa, car cela pourrait constituer l'amorce d'un troc. On ne peut pas non plus mettre en œuvre une source d'énergie, même à des fins domestiques, car cela entraîne le travail des autres ; il est donc illicite de tourner un bouton électrique. En revanche, rien n'interdit de laisser la lumière ou la télévision allumée depuis la veille ou d'employer une minuterie. La manipulation de l'argent est aussi interdite, au point qu'on ne peut conclure un accord commercial, même verbalement. Cependant, on a le devoir de transgresser le sabbat dès que la vie est en danger.

La journée du sabbat se partage entre la prière, l'étude et la vie familiale. La maison doit être nettoyée et embellie. Le soir, on récite une prière de sanctification, on bénit le pain, on prend en famille un repas solennel et la soirée se prolonge tard par des chants et des causeries.

Rosh hashanah[7]

C'est le nouvel an juif, anniversaire de la création du monde par Dieu, le 7 octobre 3761 avant notre ère, selon la tradition. Le rite principal consiste en cent sonneries de chofar par le rabbin, lors de l'office à la synagogue. Le chofar est une trompe faite d'une corne de bélier sans défaut.

Cette cérémonie est un bon exemple du riche contenu symbolique de tous les actes religieux juifs. On pourrait écrire des pages entières sur ce sujet : le bélier évoque l'animal qu'Abraham sacrifia à son Dieu à la place de son fils Isaac. On se souvient que Dieu avait mis à l'épreuve l'obéissance d'Abraham en lui demandant de lui sacrifier son fils et qu'Il avait arrêté son bras au dernier instant. Cette fidélité totale d'Abraham, le père des croyants, marque le début de l'alliance de Dieu et de son peuple ; il est donc normal de l'évoquer au début de l'année.

Les sons du chofar sont eux-mêmes symboliques : ils sont un signal d'alerte qui avertit de l'imminence ou du caractère inéluctable du jugement dernier, ils évoquent aussi les cris d'une femme qui accouche, autre symbole du commencement de la vie.

L'année qui vient apparaît donc comme l'occasion d'un renouvellement spirituel qui implique un examen de conscience et une conversion intérieure.

En famille, le repas du Rosh hashanah comporte une pomme trempée dans du miel, symbole de la douceur que l'on attend de la vie ainsi que des aliments dont le nom rappelle, par jeu de mots, l'idée d'un accroissement spirituel ou d'une bénédiction, par exemple des carottes car leur nom se prononce comme « plus » en yiddish.

Yom kippour

Cette fête, dont le nom signifie littéralement « jour des expiations », est plus connue sous le nom de « grand pardon ». Elle célèbre le retour de Moïse du Mont Sinaï, où il était pour demander à Dieu pardon pour son peuple, dévoyé dans l'adoration de l'idole du Veau d'or. Yom kippour clôt la période des dix « jours terribles » qui suivent le Rosh hashanah et sont consacrés au repentir. Yom kippour apporte une joie spirituelle mais ne comporte aucune festivité: pour mériter le pardon, le Juif pratique au contraire un jeûne strict de 24 heures, sans boisson ni nourriture, il lui est interdit de se laver, de s'enduire d'huile, de porter des chaussures en cuir et de cohabiter avec son conjoint. Ces interdictions s'ajoutent à celles du sabbat: c'est le sabbat des sabbats.

Pour pouvoir supporter cette journée, le Juif a l'obligation de faire la veille au soir un repas de fête qui symbolise la joie du pardon à recevoir. Parfois on y mange du pain en forme d'ailes, symbole des anges auxquels on souhaite ressembler et on s'habille de blanc en signe de pureté.

Le jour de kippour comporte quatre services à la synagogue où l'on récite diverses prières, dont une confession des péchés prononcée debout. C'est la confession de la communauté à laquelle chacun s'associe en signe de solidarité, même s'il n'a pas commis certains des péchés avoués. Le rabbin marque la fin du jeûne en soufflant dans la corne de bélier, le chofar.

La fête des tabernacles[8]

Pour commémorer la protection divine du peuple juif dans le désert à sa sortie d'Egypte, les fidèles sont tenus, si le temps le permet, de passer sept jours dans une cabane au toit de chaume, quelque part en plein air. Cette fête se situe à la mi-octobre. C'est aussi une fête de la récolte. Les deux premiers jours de la fête sont légalement chômés en Israël. A la fin de cette semaine, on célèbre la fête de la « joie de la Torah ».

Simhat Torah

Cette fête, dont le nom signifie « Joie de la Torah », marque la fin de l'année liturgique, c'est-à-dire la fin du cycle annuel de lecture de la loi. A chaque sabbat en effet, on lit l'un des 52 tronçons entre lesquels est divisée la

Bible, depuis la création du monde jusqu'à la mort de Moïse. Le dernier sabbat est l'occasion de cette fête durant laquelle les Juifs dansent en portant dans leurs bras le rouleau de la Torah, comme « un époux danse avec son épouse ». Aussitôt après, la lecture recommence, pour qu'il n'y ait pas d'arrêt dans l'étude de la loi divine.

Pâque

La pâque juive, dite « pessah »[9] en hébreu, célèbre la libération des Juifs de l'esclavage d'Egypte. Elle a lieu vers avril ; c'est donc aussi, par association symbolique, la fête du printemps et de la renaissance de la nature.

Le moment central de la fête est un repas familial solennel appelé « seder » au cours duquel le père lit dans la Haggada le récit de la sortie des Juifs d'Egypte. On y consomme six aliments qui ont tous un sens symbolique parmi lesquels des herbes amères, souvenir de l'amertume de l'esclavage, une pâte de figues et de noix pilées qui rappellent les briques d'Egypte et surtout du pain sans levain[10], dit « matsah », et de l'agneau. En effet, pour obtenir du pharaon que les Juifs quittent le pays, Dieu les aida en frappant les Egyptiens de dix catastrophes, les dix plaies d'Egypte. La dernière, qui fut décisive, fut la mort subite de tous les aînés des familles égyptiennes ; seules furent épargnées les maisons sur la porte desquelles les Juifs avaient répandu le sang d'un agneau. Le pharaon se débarrassa alors rapidement des ces dangereux gêneurs et, dans la hâte du départ, la pâte du pain des Juifs n'eut pas le temps de lever.

La pentecôte juive

Cette fête, dite chavouoth, c'est-à-dire « les semaines », célèbre la remise des tables de la loi à Moïse sur le mont Sinaï. Celle-ci eut lieu sept semaines après la sortie d'Egypte, soit cinquante jours, d'où le nom de pentecôte que lui donnent les chrétiens, par analogie avec la descente de l'Esprit-Saint sur les apôtres, cinquante jours après la Pâques chrétienne.

Il existe aussi des demi-fêtes qui ne sont pas obligatoirement chômées : *Hanoukah*, la fête des lumières, commémore la dédicaca du temple de Jérusalem par le général Judas Macchabée qui vainquit les Gréco-Syriens au IIe siècle avant notre ère et obtint la liberté religieuse pour les Juifs. On découvrit alors une fiole d'huile extraordinaire destinée au grand chandelier

du temple et qui brûla huit jours durant, au lieu d'un jour habituellement. Ce miracle est devenu le symbole de la lumière spirituelle qui ne s'éteint pas. La fête s'accompagne de consommation de beignets, à l'huile naturellement.
Pourim, un mois avant Pâque, commémore l'histoire d'Esther dont Racine a tiré sa tragédie. Cette séduisante Juive réussit à éviter le massacre de son peuple grâce à son influence sur le roi des Perses.
Le jeûne du « 9 av », vers le mois d'août, est un deuil qui commémore, entre autres événements funestes, les deux destructions du temple de Jérusalem, en 587 avant notre ère par Nabuchodonosor et en 70 après J-C par les Romains.

LES FÊTES MUSULMANES

L'Islam n'est pas une religion très exubérante. Sa morale, née dans le désert, est marquée par le rigorisme. Il ne faut donc pas s'étonner que les fêtes musulmanes soient peu nombreuses et peu spectaculaires, empreintes de modération et de sérénité.

Les deux principales fêtes ont été instituées dès le début de l'Islam : l'*Aïd es seghir*, littéralement la « petite fête », marque la fin du jeûne du ramadan. C'est pourquoi c'est la plus populaire et la plus appréciée. Elle se situe le premier du mois lunaire de shawal. On s'efforce de mettre de nouveaux habits, on participe à un office solennel à la mosquée et on échange des vœux[11].

l'*Aïd el kebir*, la « grande fête », marque la fin du pèlerinage à la Mecque. Elle a lieu 98 jours après la fin du ramadan. En souvenir du sacrifice d'Abraham, on y sacrifie un mouton ou un chameau par famille et on le partage avec les pauvres. A noter que, selon l'Islam, le fils qu'Abraham était prêt à sacrifier sur l'ordre de Dieu était Ismaël, l'ancêtre des Arabes, et non Jacob, comme le dit la tradition juive ou chrétienne[12].

Les autres grandes fêtes sont les suivantes :
— La « *Nuit du destin* », en arabe « *Laïla al Qadir* », c'est-à-dire plus précisément la « nuit du pouvoir », tombe le 27e jour du mois de ramadan. Elle célèbre de façon essentiellement spirituelle la révélation du Coran au prophète Mahomet.
— Le *mouloud*, fête de la naissance du prophète, n'est célébré officiellement que depuis le XIIe siècle.
— L'*achoura*[13] est l'équivalent du Yom kippour juif. Le jeûne facultatif que l'Islam recommande à cette occasion se pratique à la mode juive, d'un

coucher de soleil à l'autre et non de l'aube au coucher du soleil comme pendant le ramadan. Les coutumes de l'achoura varient selon les régions : visites aux cimetières, quêtes des enfants des écoles coraniques au profit de leurs maîtres et même, au Maroc, rite du feu au cours duquel les jeunes gens sautent au-dessus d'un feu de branchages.

L'achoura a aussi une signification historique : ce serait le jour où Noé quitta son arche après le déluge, mais c'est surtout l'anniversaire de la mort de Hussein, fils d'Ali, petit-fils du prophète et Imam des chiites, tué à Kerbela par les sunnites. Pour cette raison, le « 10 de moharram » est un jour de deuil profond dans les pays chiites comme l'Iran ; les hommes parcourent les rues en procession en se flagellant de chaînes jusqu'au sang et en scandant les noms des héros du chiisme.

Les pays musulmans célèbrent également le premier jour du calendrier lunaire, qui n'est pas une fête religieuse, pas plus que certaines fêtes régionales quelque peu folkloriques dont l'origine est souvent antérieure à l'Islam.

LES FÊTES HINDOUISTES

Les fêtes hindouistes sont si nombreuses qu'elles échappent à toute énumération. La part qu'y tient la religion est variable mais quelques indications sur les fêtes les plus connues permettront de mieux cerner la personnalité religieuse de l'hindouisme. Nous présenterons plus en détail trois d'entre elles ; Dashehra, Holi et Dipavali.

Dashehra

La fête la plus importante de l'Inde se nomme Dashehra. Elle tombe vers octobre-novembre et dure 10 jours[14]. C'est la célébration de la victoire du bien sur le mal. Elle est aussi connue sous le nom de Nava Ratri (littéralement : neuf nuits) et de Durga Puja (fête de Durga, autre nom de Parvati, épouse de Shiva). La dernière nuit s'appelle Rama Lila[15], la nuit de Rama.

La forme que revêt cette fête varie selon les folklores locaux.
— Au Bengale, Durga est très populaire ; on l'adore sous le nom de Kali, la

Religions et cultures 421

noire, déesse de la guerre. A Calcutta en particulier, où chaque maison possède une statuette de Kali richement ornée, on construit dans chaque quartier de la ville une grande statue de la déesse qu'on couvre de guirlandes et qu'on plonge dans la rivière le dernier jour. Le fleuve étant symbole de sainteté, c'est là un honneur suprême qu'on lui rend. Si Durga est vénérée dans l'Inde entière pour avoir tué le démon-buffle Mahishasura[16], dans le Nord de l'Inde la lutte du bien contre le mal est symbolisée par la victoire de Rama sur le méchant roi de Lanka, Ravana. Cet épisode du Ramayana où Ravana enlève l'épouse de Rama, Sita, et se fait tuer par le héros, est, en fait, l'interprétation d'un événement historique : l'invasion de l'île de Ceylan par les Aryens aux dépens des Tamouls[17], il y a peut-être 3000 ans. Les cicatrices ne sont pas encore fermées comme on le constate au vu des graves troubles qui opposent les Singhalais et les Tamouls.
— Dans les pays dravidiens, par exemple à Madras, les festivités des 9 nuits se partagent équitablement : 3 en l'honneur de Lakshmi, épouse de Vishnou, 3 pour Shakti, autre nom de Durga, épouse de Shiva et 3 pour Saraswati, déesse de la connaissance, épouse de Brahma.

Holi

C'est la fête du printemps et le dernier jour de l'année indienne. Elle se situe en février-mars. Comme toujours, elle est associée à des légendes mythologiques, variables selon les régions. Dans la ville sainte de Mathura, lieu de naissance de Krishna, Holi est l'occasion de célébrer l'enfance de ce dieu et des jeux qu'il pratiquait. C'est pourquoi les gens s'aspergent abondamment d'eau colorée. Selon d'autres traditions, un prince adorait le dieu Vishnou, ce que ne pouvait supporter sa tante Holika. Celle-ci se croyait invulnérable au feu : elle entraîna son neveu dans un brasier mais, sur l'intervention de Vishnou, ce fut elle qui périt. La fête tire son nom de cette femme démoniaque.

Dipavali

Cette fête, la plus joyeuse de l'Inde, est célébrée à la pleine lune du mois de katika, en octobre-novembre. On y honore Lakshmi, déesse de l'abondance et de la prospérité, épouse de Vishnou. C'est aussi la fête de la lumière[18]. On blanchit les maisons à la chaux, on l'illumine de guirlandes d'ampoules électriques et, le soir, on fait éclater des pétards pour écarter les démons. On profite de la fête pour s'habiller de neuf, échanger des vœux, tenter sa chance au jeu et offrir table ouverte à ses amis.

Au Bengale, Lakshmi est remplacée par Kali, épouse de Shiva, dont les statues sont, comme à la fête de dashehra, mises à la rivière en apothéose des réjouissances.

Certaines fêtes religieuses hindouistes célébrées hors de l'Inde ont un grand retentissement :
— En *Malaisie*, la fête de *Thaïpusam*, vers la fin-janvier, rassemble des centaines de milliers de fidèles et de curieux dans des grottes sacrées au flanc d'une montagne, près de Kuala Lumpur. La fête est dédiée à Murugan, fils de Shiva. Après s'être purifiés dans un ruisseau situé en contre-bas, les fidèles escaladent en formant des vœux les 287 marches de l'escalier qui mène aux grottes. Les plus dévots font pénitence en portant une sorte d'autel très décoré, appelé kavadi, fixé sur le corps par un assemblage de crochets qui transpercent la peau. D'autres s'accrochent dans le dos des hameçons auxquels pendent des oranges et des citrons verts.
— A *Sri Lanka*, deux fêtes spectaculaires réunissent non seulement les hindouistes mais aussi les bouddhistes et des musulmans.

La fête à grand spectacle de l'Esala Perahera à *Kandy* est un hommage rendu à Bouddha par les divinités de quatre temples hindouistes de la ville. Des cortèges hauts en couleur aux éléphants somptueusement caparaçonnés convergent vers le temple de Dalada Maligawa où est conservée la relique de la dent de Bouddha. Cette fête, fixée à la pleine lune de la fin-juillet, dure une dizaine de jours.

Une autre manifestation impressionnante a lieu un mois avant la précédente à *Kataragama*. On y célèbre le dieu de la guerre Skanda[19], fils de Shiva et de Parvati. Les hindouistes y montrent une ferveur extraordinaire et beaucoup d'entre eux se soumettent à de véritables tortures, dont apparemment ils ne souffrent pas, pour honorer leur dieu : certains se font porter comme du bétail, pendus sous une perche par des crochets qui les transpercent. Les lames d'épée passées au travers des joues ou de la peau du ventre sont spectacle courant. Simultanément, les bouddhistes viennent prier sur le même site au temple de Kiri Vihara, le « monastère du lait ». Une mosquée reçoit également ses fidèles.

Il est intéressant de noter le caractère inter-communautaire de ces fêtes religieuses dans un pays où les problèmes politico-ethniques sont encore très aigus.
— A *Bali*, l'île de l'Indonésie restée hindouiste, le nouvel an du calendrier lunaire hindou, appelé localement Nyepi, est célébré par la cessation de toute activité. Depuis l'aube jusqu'au lendemain matin, il est interdit de circuler à pied ou en voiture, de manger, de boire, de fumer, de faire ou même

Religions et cultures

d'allumer la lumière. C'est une période de purification spirituelle qui libère des mauvais esprits et oriente l'âme vers Dieu. Par exception, les hôtels de grand luxe ont l'autorisation de nourrir leurs clients et de les laisser se baigner dans la piscine, mais les lumières ne doivent pas être vues de l'extérieur. Les agences recommandent vivement aux touristes d'éviter cette austère journée.

LES FÊTES BOUDDHISTES

Selon les pays, les fêtes bouddhistes se colorent d'une part plus ou moins grande de folklore. En particulier, le bouddhisme lamaïste du Tibet et celui du Grand Véhicule en Chine comportent de nombreuses fêtes où se mêlent des éléments composites, historiques ou légendaires, quand ce ne sont pas des restes de cultes animistes. Il est évidemment hors de question de citer ces fêtes dont beaucoup sont purement villageoises. Nous en tiendrons ici aux fêtes purement bouddhistes qui constituent, en quelque sorte, le tronc commun des festivités dans tous les pays où cette religion est répandue.

Ces fêtes sont relativement peu nombreuses du fait que la tradition situe le même jour de l'année les anniversaires de trois des principaux événements de la vie de Bouddha: sa naissance, son illumination et son accession au nirvana.

Les fêtes bouddhistes privilégient les jours de pleine lune et se rattachent généralement à un calendrier lunaire.

Quatre fêtes principales marquent l'année. Ce sont, par ordre chronologique:
— Vers février-mars, à la pleine lune du 3e mois lunaire, la fête de *Magha puja*, littéralement la « fête du mois de Magha », célèbre la révélation par Bouddha à 1250 moines des principes de son enseignement.
— Au mois de mai, le 15e jour du 6e mois lunaire, la fête de *Bouddha Jayanthi*, littéralement « l'anniversaire de Bouddha », célèbre, comme nous l'avons vu, aussi bien sa naissance que son illumination et son entrée au nirvana.
— Entre juillet et septembre se déroule la fête qui marque le début du « carême » bouddhiste. Cette période de trois mois, qui coïncide généralement avec la saison des pluies, est consacrée à la méditation et les moines ne sortent qu'exceptionnellement de leurs monastères. Le jour de la fête, les familles des moines leur apportent de nombreuses offrandes. C'est pendant le carême que les adolescents effectuent le traditionnel « stage » dans un monastère.

— En octobre ou novembre se fête la fin du carême, appelée *kathina*. C'est une fête joyeuse renommée pour ses illuminations. A Bangkok, c'est aussi l'occasion d'une sortie sur le fleuve des somptueuses « barques royales ». Dans tous les monastères, la fête se caractérise par la remise aux moines de nouvelles robes ou de tissu. Les cérémonies comportent également, toujours dans l'enceinte du temple, un déjeuner en commun des fidèles, une procession autour de la pagode, des illuminations et la récitation de textes sacrés, les « sutras ».

LES FÊTES CHRÉTIENNES

Selon la liturgie catholique, chaque jour du calendrier célèbre la fête d'un ou de plusieurs saints ou bien un événement particulier de la vie de Jésus-Christ ou de la Vierge Marie.

Pour l'ensemble des chrétiens, la fête la plus importante est *Pâques*, fête de la résurrection du Christ, trois jours après sa mort sur la croix le vendredi saint. Cette résurrection, unique dans l'histoire, porte l'espoir et la promesse d'une autre vie pour tous les hommes, sauvés par le sacrifice du Christ.

Que la fête chrétienne de Pâques ait le même nom que la Pâque juive a une double raison : historique d'abord, puisque la résurrection du Christ a eu lieu le jour de cette Pâque ; symbolique aussi, puisque le passage à l'autre vie qu'il nous promet se compare avec la délivrance de l'esclavage des Juifs exilés en Egypte. Ces deux raisons sont d'ailleurs liées puisque la vie du Christ s'inscrit dans la continuité de la Bible.

La fête chrétienne la plus populaire, quoiqu'apparue plus tardivement dans l'histoire est *Noël*[20], fête de la naissance de Jésus-Christ. Rien ne permet de savoir quand Jésus est né. Aussi est-ce de façon largement arbitraire que son anniversaire a été fixé au 25 décembre. Cette date, proche du solstice d'hiver, concordait assez bien avec la date de cultes solaires où l'on célébrait le renouveau des jours dont la durée commence à s'allonger. A ce culte païen de la reprise de la vie est associé le sapin de Noël qui reste toujours vert malgré la mort de l'hiver. Les orthodoxes célèbrent Noël le 6 janvier car ils ont conservé l'ancien calendrier julien, décalé de 13 jours par rapport à l'actuel calendrier grégorien, plus précis, qui a été adopté en 1582 par le pape Grégoire XIII. Noël, fête de la naissance de l'enfant-Dieu est devenu tout naturellement une fête de famille, la fête de tous les enfants. En souvenir des cadeaux — l'or, la myrrhe et l'encens — que les rois mages apportèrent à l'enfant Jésus, la tradition des cadeaux de Noël s'est solidement installée. Que faire quand une famille se réunit et échange des cadeaux ? Un repas bien sûr, si possible bien arrosé. Et comme cette fête est joyeuse, pourquoi ne pas danser? Ainsi, petit à petit, la fête païenne du retour du soleil que l'Eglise avait convertie en fête religieuse a tendance à devenir à nouveau, dans les familles peu pratiquantes, une fête païenne où l'on dépense allègrement en l'honneur d'un enfant pauvre oublié dans sa crèche.

Pour les pratiquants catholiques, Noël constitue l'une des quatre fêtes « d'obligation », c'est-à-dire que les fidèles sont tenus de participer à la messe, même si la fête ne tombe pas un dimanche.

Les autres fêtes d'obligation sont celle de l'*Ascension* de Jésus-Christ aux cieux, 40 jours après sa résurrection, celle de l'*Assomption* de la Vierge Marie fixée au 15 août[21], et celle de la Toussaint, c'est-à-dire de tous les saints connus ou inconnus de l'Eglise, le 1er novembre. Cette dernière date a été fixée au VIIIe siècle par le pape Grégoire III pour christianiser une fête païenne anglaise imprégnée de druidisme, « all hallows day »[22].

Parmi les autres fêtes ou solennités, rappelons que:
— La *Pentecôte*, 50 jours après Pâques, célèbre la descente du Saint-Esprit sur les apôtres, ce qui constitue le début de l'expansion de l'Eglise.
— L'*Epiphanie* signifie « manifestation » en grec. C'est la légendaire « fête des Rois », les rois mages étant venus de lointains pays reconnaître l'enfant-Dieu après sa naissance. Les catholiques célèbrent l'Epiphanie le premier dimanche de janvier, ce qui coïncide sensiblement avec le Noël orthodoxe. Dans l'orthodoxie, Noël et l'Epiphanie sont une seule et même fête, la naissance de Jésus étant aussi sa manifestation au monde. C'est la création du calendrier grégorien qui a provoqué le dédoublement de cette fête, Noël étant célébré 13 jours plus tôt et l'Epiphanie étant maintenue à la date antérieure.
— Le *mercredi des cendres* marque le début du carême, jeûne de 40 jours qui se termine à Pâques. Les cendres dont le prêtre marque le front des catholiques rappellent que toute vie retournera à la poussière. La veille, le *mardi-gras* est au contraire un jour de liesse, c'est le dernier jour du carnaval.

QUE PEUT-ON PENSER DES FÊTES RELIGIEUSES?

On ne peut manquer d'être surpris de l'infinie diversité de l'expression de piété populaire dont elles témoignent: parfois profondément tristes et teintées de fanatisme comme les processions chiites du « 10 de muharram » avec auto-flagellation des fidèles; guère plus gaies et nimbées d'un inquiétant mystère comme les processions du Vendredi saint en Espagne où les pénitents se cachent sous de hautes cagoules ; démonstrations de capacité à supporter la souffrance dans de nombreuses fêtes hindouistes ou taoïstes où la marche pieds nus sur des charbons ardents est l'un des exercices les plus confortables ; fêtes chargées de culture mythologique en Inde ; fêtes autant religieuses que profanes, selon les participants, comme Noël ; fête à dominante familiale, comme les fêtes juives ; fêtes qui se réduisent à des traditions alimentaires ou folkloriques, comme le Mardi-gras ; fêtes de recueillement, comme la Toussaint, ou d'espoir spirituel, comme Pâques...

La fête, quelle qu'elle soit, répond à des besoins profonds de l'homme, indépendants de la religion et de la culture. C'est l'expression de ces besoins qui est imprégnée par les croyances religieuses. Les religions ont, en quelque sorte, récupéré à leur profit l'instinct de la fête. C'est la raison pour laquelle on trouve tant de strates successives de religions anciennes dans les fêtes contemporaines : le jour de l'an zoroastrien est célébré dans l'Iran chiite, le culte des druides survit dans la coutume occidentale du gui, les anciens cultes païens de la fertilité se retrouvent dans l'habitude de jeter du riz aux nouveaux mariés etc.

En réalité, le besoin de fêtes est plus naturel que religieux : quand on s'enfonce dans l'histoire, on constate que les peuples primitifs dont la nourriture n'était pas assurée avaient besoin de « grandes bouffes » pour compenser l'austérité quotidienne et de grands rassemblements pour échapper à leur environnement limité. En outre, la fête, par la préparation qu'elle requiert, sort l'homme du présent et le projette dans l'avenir. Les peuples les plus pauvres sont les plus soucieux de monter des fêtes somptueuses. Dans les favellas du Brésil, on prépare toute l'année les danses et les costumes étincelants du carnaval.

Compensation aux misères de la condition humaine, la fête se veut richesse, exubérance, joie et espoir. C'est en cela qu'elle se rapproche des religions qui s'efforcent, sur un autre plan, d'apporter consolation et espérance à l'humanité. Les deux plans sont cependant distincts et les fêtes religieuses pourraient se passer de calendrier, d'extériorisation et de faste. C'est le souci des religions de « coller » à l'homme tel qu'il est, qui semble la véritable raison des fêtes religieuses.

Les religions et la mort

Rien de plus naturel que les religions se préoccupent de la mort, mais le lien avec Dieu qu'elles proposent est-il hors du temps comme Dieu Lui-même ou limité à la durée de la vie ? Puisque la relation avec Dieu ne peut être établie que par Lui, il paraîtrait logique qu'elle soit éternelle. Pourtant nous constatons que toute création est vouée à la mort.

Rien de ce qui existe n'échappe, semble-t-il, à la fatalité d'avoir un début et une fin. Même les étoiles et l'univers n'échappent pas à cette loi qui concerne tout ce que nous pouvons observer. Les savants ont déterminé avec une précision assez grande la date de naissance de l'univers — il y a environ 15 milliards d'années —, ils ont observé la mort de nombreuses étoiles, ils ont compris le mécanisme de leur évolution et ils connaissent le processus qui détruira notre soleil.

La « vie » des étoiles se compte en milliards d'années, celle des êtres vivants va de quelques heures pour certains insectes à quelques siècles pour certains arbres. La durée de vie de l'homme s'est considérablement allongée grâce aux progrès de la médecine, surtout par la victoire sur les maladies, mais on ne sait pas lutter contre le vieillissement et il est exceptionnel qu'un être humain dépasse 100 ou 120 ans. D'ailleurs ceux qui vivent le plus longtemps ne sont généralement pas ceux qui ont le plus bénéficié de la science médicale.

En fait, tout se passe comme si notre univers était créé pour se renouveler et non pas pour durer.

Quoiqu'il en soit, notre mort, la mort de chacun d'entre nous, est inéluctable, tôt ou tard.

Une autre caractéristique de la mort est qu'elle est imprévisible. Certes, un centenaire peut valablement prédire qu'il mourra dans les dix ans et chacun peut prédire, avec de bonnes chances de ne pas se tromper, qu'il mourra dans les cent ans à venir. Toutefois l'instant de la mort nous est inconnu : certains malades condamnés résistent au-delà de toute espérance et des hommes en pleine santé apparente sont frappés subitement.

Devant ce phénomène implacable de la mort, quelle est l'attitude de l'homme ? Cela dépend, pour une large part, de l'environnement culturel et particulièrement de la religion mais, dans l'ensemble, il existe toujours un sentiment de peur, compensé parfois chez les grands malades ou les vieillards par un besoin de délivrance ou une aspiration profonde au repos.

Cette peur de la mort et l'instinct de conservation conduisent à refuser le plus longtemps possible l'idée de la mort et la conscience de sa présence en nous. Cette politique de l'autruche a l'avantage d'être la plus simpliste, elle ne fait preuve ni de courage ni d'imagination.

Pourtant, s'il est un problème qui a toujours préoccupé l'homme, c'est bien celui de la mort. Mais, à cet égard, il semble que le monde occidental s'efforce d'éluder la question et d'en oublier ainsi le sens religieux.

En France, nous avons réussi en une génération à escamoter la mort. Avant la deuxième guerre mondiale, à chaque décès, un catafalque noir portant l'initiale du nom du défunt était placé à la porte de son immeuble ; le corbillard, tiré par des chevaux et couvert de fleurs, était suivi de la famille et des amis ; la circulation s'arrêtait à son passage, les passants se découvraient respectueusement ou faisaient un signe de croix. Pendant plusieurs mois, les proches prenaient le deuil et progressivement passaient au demi-deuil avec un brassard noir pour les hommes et des robes sombres pour les femmes.

Dorénavant, la circulation a priorité et les corbillards n'ont survécu qu'en se motorisant. Pour oublier la mort, on a enterré les manifestations qui l'accompagnaient. La mort est devenue une maladie honteuse.

Que sont devenues, dans ce chambardement, les croyances religieuses ?

Aujourd'hui, les croyances de l'humanité en ce qui concerne les conséquences de la mort se partagent en trois grandes tendances d'importance numérique sensiblement comparable :
— Pour les incroyants, les athées ou les sceptiques, la mort est une fin absolue. Au-delà, il n'y a que le néant. Seul peut subsister le souvenir du défunt dans la mémoire de ceux qui l'ont connu ou ont connu son œuvre.
— Pour les chrétiens et les musulmans, il y a une résurrection des morts avec un Jugement dernier qui conduit à une autre vie, de nature différente, au Paradis ou en Enfer.
— Pour les hindouistes et une bonne part des bouddhistes, la mort libère l'âme qui se réincarne dans un autre être en fonction des actes de la vie passée. Ce cycle permanent de réincarnations ne peut s'achever, selon les bouddhistes, que si la perfection des actes est telle que l'âme puisse se fondre dans un absolu mal défini, le Nirvana[23].

Ce classement est grossier : certains chrétiens et juifs prennent la vie éternelle dans un sens très symbolique et n'imaginent pas un autre monde. On trouve même un nombre non négligeable d'occidentaux recensés comme chrétiens qui croient à la réincarnation.

Cette schématisation a le mérite de faire apparaître que le christianisme et l'Islam sont, curieusement, les seules grandes religions qui maintiennent la croyance d'une vie après la mort[24]. Pourtant cette croyance est apparue depuis les âges les plus reculés de l'humanité. Les archéologues voient la preuve de l'existence d'idées religieuses en ces temps lointains précisément dans le soin apporté à donner aux morts une sépulture en conformité avec la croyance en une autre vie. C'est ainsi qu'on place dans la tombe à proximité du cadavre des provisions de route, des moyens de transport ou même des serviteurs sacrifiés pour qu'ils puissent continuer à assister leur maître.

Dès qu'on entre dans la période historique, ces suppositions deviennent des certitudes : toutes les mythologies imaginent le séjour des morts comme une autre vie. Les anciens Egyptiens, au premier chef, ont parfaitement décrit leurs croyances par des inscriptions confirmées par le contenu des tombes. On y trouve notamment des bateaux miniatures pour accéder à l'au-delà. L'idée d'un océan ou d'un fleuve à traverser exprime le caractère d'un voyage dont, le plus souvent, on ne revient pas. Dans la mythologie grecque également, on accédait au séjour des morts en traversant un fleuve, le Styx.

De tels exemples se rencontrent dans de nombreuses autres civilisations. Comme personne n'a la moindre certitude sur l'existence et la nature de ce séjour des morts, l'imagination se donne libre cours. De nombreux animistes croient que les esprits des ancêtres ont le pouvoir de protéger ou de tourmenter les vivants. D'autres personnes pensent que les morts ont la capacité de se manifester sur terre et de communiquer avec elles, ce sont les adeptes du spiritisme. D'autres encore croient qu'on peut entretenir un lien de nature spirituelle avec les défunts par la prière.

Souvent, la mort est associée à l'idée d'un jugement: les actes du défunt conditionnent sa vie après la mort. En particulier les grandes religions révélées reconnaissent en Dieu le Juge Suprême qui récompense ou punit. Les hommes sont alors destinés au Paradis ou à l'Enfer.

L'imagerie populaire a donné de ces lieux des descriptions aussi fleuries que fantaisistes, toutes marquées par notre expérience terrestre: les flammes où rôtissent les damnés comme les jardins enchantés où coulent le lait et le miel relèvent de la fantaisie pour ne pas dire des phantasmes.

La croyance en une résurrection dans un autre monde, quelle que soit la façon dont on l'imagine, est une des caractéristiques des religions révélées, mais elle plonge ses racines dans la profondeur de la psychologie collective de l'humanité.

MORT ET RÉSURRECTION

La hantise de la disparition totale dans la mort est difficile à supporter. La vanité humaine a tout inventé pour qu'au moins survive notre souvenir: laisser une famille, une œuvre, un héritage, est une forme de cet instinct. Mais photos ou statues, monuments funéraires ou embaumement du cadavre, ne sont que de piètres palliatifs à l'angoisse du grand départ sans retour.

L'espoir d'une autre vie constitue le remède le plus séduisant à nos frayeurs. L'homme se serait donc ainsi construit des mythes de vie éternelle, de résurrection, dont il aurait fait profiter ses dieux par priorité.

La consolation d'imaginer ces êtres surnaturels triomphant de la fatalité de la mort s'associe naturellement à la religion, le culte rendu aux dieux permettant d'espérer partager un jour leur privilège d'immortalité.

L'observation de la nature où la vie se retire pendant l'hiver pour reparaître au printemps, la course du soleil lui-même qui monte au zénith puis disparaît jusqu'au lendemain, la croissance et la décroissance de la lune, le caractère cyclique de toute vie laisse à penser par analogie que nous connaitrons aussi quelque renaissance : la vie de certains dieux de l'antiquité est, pour une bonne part, le symbole de cet éternel renouveau.

Ainsi, le mythe grec d'Adonis et, antérieurement, celui de Tammouz chez les Accadiens, celui de Baal chez les Phéniciens ou d'Osiris chez les Egyptiens comportent-ils tous la mort et la résurrection du Dieu. La parenté de certains de ces mythes entre eux est d'ailleurs vraisemblable.

Dans l'hindouisme, le caractère cyclique de toute vie est une croyance fondamentale : la mort n'est que la condition d'une renaissance. L'univers lui-même est une suite de cycles comparés à la respiration du Dieu-Créateur Brahma qui exhale le monde et l'aspire à nouveau en son sein.

D'une façon ou d'une autre, toutes les formes de religion imaginent plus ou moins clairement une autre vie que celle que nous connaissons : vie des esprits, des anges, des ancêtres divinisés, de telle sorte que la mort apparaît plus comme un passage qu'une fin.

Cependant les religions révélées ont un message plus précis : elles promettent la résurrection, non seulement de notre esprit mais de notre corps. La croyance en cette résurrection est si fondamentale que, sans elle, les religions révélées s'effondreraient.

Pourtant les apparences conduiraient à rejeter, comme le font les incroyants, une hypothèse aussi invraisemblable. Comment un corps disparu en fumée ou décomposé en terre pourrait-il reprendre forme? De quel corps s'agira-t-il : du corps délabré de notre vieillesse ou d'un autre corps qui ne serait plus tout à fait nous-mêmes? Et surtout, à quoi ce corps nous servira-t-il : dans quel monde vivrons-nous et quelles activités aurons-nous?

Le gouffre insondable sur lequel s'ouvrent ces questions n'encourage pas à accepter d'emblée l'hypothèse de la résurrection. On peut même se demander comment on peut encore la formuler dans un monde de rationalité.

Apparemment toutefois, la chute de la pratique religieuse dans les sociétés industrialisées n'a pas affecté la croyance en la vie après la mort. Sur quoi donc se fonde une conviction aussi tenace?

Deux indices peuvent fournir un début d'explication.

Le premier consiste dans le fait même que cette croyance existe. Notre cerveau est programmé de telle sorte que l'espoir d'une vie éternelle subsiste en nous, même si notre raison refoule cette idée apparemment folle. On peut cependant objecter que cet espoir n'est qu'un sous-produit de l'instinct de conservation et de survie[25].

Le deuxième indice repose sur l'expérience de ceux qui sont passés tout près de la mort. Les témoignages semblent converger : bon nombre d'entre eux ont ressenti une grande paix accompagnée d'une lumière étrange et douce qui les accueillait. Plus curieusement, certains ont eu la sensation de quitter leur corps et de le voir comme un spectateur extérieur[26]. Rien n'oblige à donner foi à des témoignages de personnes dont l'état physique était, au moment des faits, peu propice à une observation sereine de la réalité.

En fait, le seul exemple sérieusement attesté que l'histoire ait connu d'un ressuscité qui se soit manifesté avec un corps « de l'autre monde » est celui de Jésus-Christ[27]. C'est dire l'importance primordiale que présente pour l'humanité l'acceptation ou la récusation des témoignages de cette résurrection.

Cependant, quelles que soient leurs croyances, toutes les religions consacrent au mystérieux passage de la mort des rites qui sont porteurs de l'espoir d'une autre vie.

LES RITES FUNÉRAIRES

Le corps est voué à la décomposition : « tu es poussière et tu retourneras à la poussière » dit la Bible (Genèse 3-19). Les riches et les puissants s'accommodent mal de cette fatalité. Pour essayer de conserver leur dépouille le plus longtemps possible, on a recherché des méthodes raffinées d'embaumement. A force d'extraire les viscères les plus putrescibles et de confire le reste dans des épices, les Egyptiens et les Chinois de l'antiquité sont parvenus à des résultats qui présentent un intérêt de curiosité. Si les pharaons avaient imaginé leur destin d'objet de musée, ils se seraient peut-être donné moins de mal. Aujourd'hui, certains millionnaires américains se font congeler, espérant que la science pourra un jour les ramener à la vie.

Ces solutions de riches ne sont pas généralisables : les cadavres sont destinés à disparaître. Pour s'en débarrasser, les religions ont inventé toutes les solutions possibles.

— Puisque disparition il y a, autant qu'elle soit rapide et totale, d'où la crémation pratiquée par les Aryens depuis 4000 ans et adoptée par l'hindouisme[28]. Les cendres du bûcher sont ensuite dispersées dans un fleuve sacré comme le Gange, à moins que l'on trouve une technique plus élaborée telle que la dispersion des cendres au-dessus de l'Himalaya à partir d'un avion, comme ce fut le cas pour Mme Gandhi. Aujourd'hui, sous la pression démographique, certains pays tels que l'U.R.S.S. ou le Japon se tournent vers la crémation : l'urne tient moins de place que le cercueil, on économise sur le prix du terrain mais on perd sur celui de l'énergie. Dans les pays de tradition catholique comme la France, la crémation est souvent demandée par les libres penseurs qui pensent ainsi jouer un mauvais tour à ceux qui attendent la résurrection des morts.

— Certains considèrent le cadavre comme impur au point que ni la terre ni le feu ne doivent être souillés à son contact : les zoroastriens confient aux vautours le soin de le faire disparaître. Les Kalash, tribu des hautes montagnes du Nord-Pakistan encore réticentes à l'islamisation, placent les corps dans des petits monuments au-dessus du sol.

En revanche au Tibet, la théorie veut que le cadavre soit rendu à l'un des quatre éléments — terre, eau, air ou feu — toutefois l'enterrement et l'immersion sont peu employés. Il reste l'incinération, très généralement pratiquée, et le dépeçage du corps. Cette dernière méthode comporte des rites peu ragoûtants consistant en particulier à casser le crâne du mort pour que les oiseaux emportent dans l'air tous les débris possibles.

— Dans de nombreuses religions, c'est l'enterrement qui est pratiqué. Il s'agit peut-être là d'une survivance de la croyance païenne selon laquelle le royaume des morts se trouve sous la terre.

En Islam, le corps est soigneusement lavé d'une eau savonneuse et camphrée puis enveloppé d'un simple drap blanc, symbole du retour à la pureté. Il est placé sur le flanc droit à même le sol, les yeux tournés vers la Mecque en attente du jugement. L'index reste tendu en témoignage de l'unité de Dieu.

Les tombes sont en général très simples, parfois marquées d'une simple pierre. Dans l'empire Ottoman, elles sont souvent plus élaborées et comportent une stèle verticale surmontée d'un turban sculpté dans la pierre, signe du rang social du défunt. Au Caire, où le terrain est rare, la « Cité des morts » est occupée par des malheureux qui y campent, preuve d'une familiarité avec la mort qui exclut toute superstition. Certains musulmans célèbres pour leur piété sont enterrés dans des mosquées ou des sanctuaires où ils sont objet de vénération. Ce sont les marabouts.

— Dans le judaïsme de stricte observance, la crémation est interdite et l'enterrement est pratiqué le plus rapidement possible après le décès. Le corps est lavé de façon rituelle avant d'être enveloppé d'un suaire blanc. On place un tesson de poterie sur les yeux et les lèvres du défunt et un sachet de terre, symbolisant la Terre Sainte, dans son cercueil. Celui-ci reste ouvert jusqu'à l'instant où la fosse va être comblée, comme si le mort se préparait à entrer dans l'autre monde. Le conjoint du défunt observe un deuil strict de 7 jours, le shivah ; il reçoit, assis sur un siège bas symbolisant la terre, la visite de consolation des parents et amis qui prennent en charge l'organisation des repas et participent à la prière. Pendant 30 jours, le deuil exige de ne pas se raser, ni de se couper les cheveux, ni de porter de nouveaux vêtements. Enfin, pendant un an le fils du défunt ou, à défaut, un autre proche récite quotidiennement la prière du kaddish, exaltation et adoration de Dieu qui conclut diverses autres liturgies. On ne pratique pas le deuil pour les enfants morts avant l'âge de 30 jours.

— Dans la civilisation chinoise où le culte des ancêtres fait partie de la tradition confucéenne, les familles émigrées sont prêtes aux plus grands sacrifices pour que leurs morts soient inhumés en terre natale. La qualité sociale du défunt s'apprécie à la beauté de son imposant cercueil de bois ; le mort est richement vêtu d'une robe portant des fleurs de lotus, symbole bouddhiste de la beauté sortant de la boue. Cette tenue mortuaire, complétée de pantoufles de feutre et d'un oreiller, est poétiquement appelée « habit de longue vie ».

— L'Eglise catholique ne pratique que l'enterrement en souvenir de la façon dont le Christ a été enseveli. En France, où la pratique religieuse régulière ne concerne qu'à peine un Français sur six, 75 % des enterrements se font à l'église. La crémation gagne du terrain quoique beaucoup de ceux qui s'y déclarent favorables se fassent enterrer. En Amérique du Nord, où les cimetières sont le plus souvent de véritables parcs aux magnifiques gazons, on voit se multiplier les « funeral homes », établissements qui organisent toute la cérémonie, y compris les réceptions et des services annexes comme l'embaumement du cadavre ou même sa congélation en vue d'une réanimation ultérieure. Il a aussi été envisagé de mettre sur orbite spatiale les cadavres des amateurs avides d'espace.

— Dans les religions animistes, les funérailles sont souvent le moment le plus important du culte et la mort le plus beau moment de la vie.

Les textes ci-après illustrent la diversité des rites d'origine animiste, ils concernent les cérémonies Toradjas en Indonésie et le retournement à Madagascar.

Ces deux exemples sont rattachés à une même culture, mais on aurait aussi bien pu évoquer d'autres rites curieux dans l'animisme africain. Ainsi, au Sénégal, dans le pays sérère, on a coutume de placer dans le tronc d'un baobab creux les cadavres des griots, les conteurs traditionnels.

Les rites funéraires des Toradjas

Les Toradjas habitent au centre de l'île indonésienne de Sulawesi, les Célèbes selon la terminologie française. Les Toradjas, comme les Bataks de Sumatra ou les Dayaks de Bornéo, ont constitué la première vague du peuplement de l'Indonésie à partir de la péninsule indochinoise, il y a 4 ou 5 millénaires. Repoussés vers l'intérieur des terres par les vagues ultérieures, leur culture n'a été qu'effleurée par les grandes religions qui ont dominé l'archipel, le bouddhisme, l'hindouisme et, à partir du XIIIe siècle, l'Islam. Ils ont ainsi conservé jusqu'au début du siècle une religion animiste originale à la mythologie compliquée. Ils sont d'autant plus réfractaires à l'Islam de leurs voisins et ennemis les Bugis qu'ils mangent du porc et boivent du vin de palme.

Depuis plus de cinquante ans, au contact du pouvoir colonial hollandais, les Toradjas se sont massivement convertis au christianisme au point que les animistes ne sont plus aujourd'hui que 13 %[29]. Toutefois, comme c'est généralement le cas, les rites funéraires de l'ancienne religion sont restés extrêmement vivants : il faut croire que le respect de la mort et des ancêtres conduit à mieux conserver les pratiques mortuaires que celles liées à la vie quotidienne[30].

Chez les Toradjas, la société est strictement structurée en castes et celles-ci se perpétuent après la mort. Pour les nobles, qui constituent environ 10 % de la population et disposent du pouvoir économique, les enterrements s'accompagnent de sacrifices de buffles, parfois plusieurs dizaines, abattus à la machette. Ces buffles constituent le troupeau de l'âme du mort qui s'envole dans l'au-delà sur le dos du premier animal sacrifié. Les buffles sont offerts par les membres de la famille et les relations du mort. Leur nombre marque son statut social et la répartition de l'héritage s'effectue en fonction de la quantité de bêtes offertes par les héritiers.

Une fois les animaux sacrifiés, ils sont partagés en tenant compte du rang social de chacun et de sa parenté avec le défunt. Le donateur a droit à une cuisse.

Bien entendu, l'importance des funérailles est telle que tout le clan, la famille au sens le plus large, se doit d'être présent. Pour recevoir des centaines de personnes, il faut rassembler des sommes considérables car l'assistance est logée dans un véritable village provisoire, décoré de façon traditionnelle, qui sera détruit à la fin de la semaine de cérémonies. Ces problèmes financiers retardent parfois de plusieurs années l'enterrement[31]. De nos jours, le cadavre est traité au formol mais jadis il était l'objet de soins compliqués aux herbes aromatiques qui ne faisaient que retarder la décomposition.

Quelle que soit leur classe sociale, les Toradjas sont enterrés dans des cercueils de bois, noirs pour les chrétiens, blancs pour les animistes. Autrefois ces cercueils étaient creusés dans un tronc d'arbre et sculptés, avec une extrémité en forme de tête de porc par exemple. Les cercueils sont placés dans des cavernes ou des excavations faites au flanc de hautes falaises calcaires. Parfois le souvenir des nobles se perpétue grâce à une statue de bois d'environ un mètre de hauteur, habillée de tissu, coiffée de cheveux humains et tenant à la main un objet familier du mort. Du haut de leur balcon à mi-falaise, les ancêtres surveillent encore ainsi leurs rizières et leurs descendants.

Les autres classes sociales ont des cérémonies bien plus simples. Jadis les corps des esclaves étaient souvent jetés en pâture aux chiens et aux cochons. A peine mieux considérés, sont les enfants morts avant d'avoir eu des dents : un sacrifice de quelques œufs peut suffire. Ils sont parfois « enterrés » dans un grand arbre vivant dans lequel on creuse une cavité qui se referme et se cicatrise avec le temps. L'enfant monte ainsi lentement vers le ciel. Il arrivait jadis que le père trompât les dieux en mettant de fausses dents en argent dans la bouche du nourrisson mort ; il pouvait avoir ainsi accès au paradis de ceux qui mâchent du riz. Dans cette civilisation du riz, celui-ci est le symbole de la vie et le cousin de l'homme ; les greniers à riz sont semblables aux maisons traditionnelles et tout aussi richement décorés.

Une coutume ancienne que le pouvoir colonial hollandais avait interdit pour raisons d'hygiène, consistait à nettoyer soigneusement les os des morts et à les envelopper dans un linge. On peut se demander si le retournement des morts à Madagascar n'a pas de parenté avec cette pratique puisque la civilisation et la langue de ce pays sont originaires d'Indonésie.

Le retournement des morts malgache

A Madagascar, on pratique la curieuse coutume du « retournement des morts ». Quoique les Malgaches soient majoritairement chrétiens, tous, sans exceptions notables, respectent ce rite. La cérémonie consiste à exhumer les restes des défunts, tous les deux ou trois ans par exemple, et à les envelopper dans un nouveau linceul. On les inhume soit le jour même, soit quelques jours après. Pendant toute la période où les ossements sont sortis de leur tombeau[32] et placés sur un autel au domicile de la famille, on invite parents et amis à une fête. Chacun apporte des cadeaux et félicite la famille d'avoir eu la piété de « remuer » ses morts.

Quand l'état des ossements ne permet pas de les attribuer à un ancêtre précis, on les rassemble dans un linge unique symbolisant l'unité de la famille.

Tout ceci se déroule d'une façon très détendue. Si les défunts sont réinhumés le jour même, la valeur des cadeaux reçus dépasse les frais de la réception et on s'amuse de ceux qui procèdent à un retournement annuel pour faire de petits bénéfices.

Pour des raisons d'hygiène, le retournement ne peut être pratiqué que pendant la saison sèche et froide, de juin à septembre ; il nécessite toujours une autorisation administrative, refusée en cas de risques d'épidémie. Pour des raisons de facilité, les Malgaches contraints par leur métier, comme les salariés, procèdent au retournement pendant les week-ends. Le retournement sert aussi de délai de viduité : un veuf ne peut se remarier qu'après avoir retourné au moins une fois son épouse défunte, c'est-à-dire après un an.

Rien n'a été conservé de la religion dont provient la coutume du retournement, mais celle-ci se justifierait par la crainte d'une influence néfaste des morts s'ils n'étaient pas bien traités. L'immolation de zébus, encore pratiquée, est interprétée comme un échange de vies, celle de l'animal permettant à l'ancêtre d'en avoir une autre dans l'au-delà.

Les Eglises chrétiennes, après avoir considéré le retournement des morts comme une coutume païenne, l'ont « récupéré » et l'associent aujourd'hui au respect des parents et à la croyance en la résurrection des morts.

Ces rites étranges que les hommes ont inventés pour sacraliser le passage angoissant de leurs morts dans l'inconnu de l'au-delà paraissent aujourd'hui dépassés. Mais si la mort nous attend, patiente et inexorable, elle n'est peut-être pas un naufrage définitif et nous ne savons toujours rien de l'ouverture sur l'inconnu qu'elle nous réserve.

L'ART ET LA RELIGION

L'art est avant tout création. Il ne peut donc se passer, comme référence ou comme modèle, explicite ou implicite, de la création par excellence, celle de Dieu. L'artiste, lui-même créature de Dieu, participe à la création divine, il ne peut en être le concurrent. Les rapports de l'artiste avec la nature sont donc, qu'il le veuille ou non, de caractère religieux.

La religion dont l'artiste s'efforce ainsi d'être prêtre est parfois très païenne, mais toute production artistique de qualité, par le fait même qu'elle exalte la beauté, s'apparente à un hymne de remerciement au Créateur.

La principale source d'inspiration artistique au cours de l'histoire a d'ailleurs été religieuse : qu'il s'agisse des masques africains, véritables objets de culte, des statues des dieux grecs ou romains ou des monuments qui marquent les civilisations tels que cathédrales, mosquées ou pagodes. La musique classique elle-même est, pour une large part, une forme d'expression religieuse.

On peut aller jusqu'à dire que tout art est l'expression d'une religion si l'on prend le terme de religion dans le sens le plus large, celui d'une conception de l'homme. Il serait, à cet égard, intéressant de faire ce qu'on pourrait appeler la psychanalyse religieuse de certaines formes d'art contemporain pour déceler quel culte de l'homme il révèle. En effet, si l'art est création, il est aussi expression. Tous les sentiments de l'homme, amour, révolte, désespoir, s'expriment par l'art, y compris parfois l'orgueil imbécile de l'artiste.

Le sens commun nous suggère cependant que toute création ou forme d'expression n'est pas de l'art ; il doit s'y ajouter une recherche de la qualité et de la beauté. C'est ce qui distingue la cuisine quotidienne de l'art culinaire. Mais comme la conception que l'on a de la qualité est de nature philosophique et culturelle, on y retrouve encore des éléments religieux.

C'est cette présence du religieux dans différentes formes d'art que nous allons passer maintenant en revue.

LE CHANT ET LA MUSIQUE

La vie est indissociable du rythme. Le temps qui nous entraîne est scandé par l'horloge céleste qui provoque les saisons, la lumière et l'électricité ont leur fréquence et notre cœur bat au rythme de nos émotions.

Créer un rythme pour provoquer une émotion n'est pas propre à l'homme — le gorille effraie ses adversaires en se frappant la poitrine — mais provoquer les émotions les plus diverses par des rythmes variés a été, depuis le fond des âges, l'une des capacités remarquables de notre espèce. Cette sensibilité à la fréquence et à l'intensité sonore explique l'intarissable production artistique de toutes les civilisations.

Très tôt, l'homme a cherché à créer d'autres sons que ceux des vibrations de ses cordes vocales ; il a soufflé dans des roseaux, des cornes d'animaux, des coquillages, il a provoqué des percussions sur des bambous, des tambours ou des gongs ; plus tard il a fait vibrer des cordes fixées à des caisses de résonance et il crée aujourd'hui des sons entièrement synthétiques.

Toutes les religions ont mis à leur service les ressources de cette prodigieuse création pour honorer les divinités mais aussi pour provoquer chez les fidèles un conditionnement favorable à la vie spirituelle. Toutefois, le chant et la musique tiennent des places bien différentes selon les religions.

Dans l'animisme africain ou le vaudou qui lui est apparenté, l'accent est mis sur la percussion dont le rythme lancinant provoque la danse et, chez certains, la transe.

Le judaïsme orthodoxe ne glorifie Dieu que par la voix humaine ; tout accompagnement d'instruments de musique est prohibé dans les synagogues. Seul retentit à certaines fêtes le mélancolique appel à Dieu de l'officiant soufflant dans une corne de bélier, le shofar.

Le christianisme orthodoxe, dont les chants sont empreints d'une beauté solennelle, s'interdit lui aussi tout instrument de musique pendant la messe.

L'Islam ne tolère à la mosquée que la psalmodie des versets du Coran par l'officiant. Il s'agit d'un véritable chant strictement codifié. Parfois le récitant se bouche une oreille de la paume de la main pour mieux ressentir les vibrations de sa voix.

Les cérémonies bouddhistes comportent, elles aussi, la récitation chantée des textes sacrés, mais elle est pratiquée par l'ensemble des moines et est ponctuée de coups de gongs.

Les prières des temples hindouistes sont accompagnées, quant à elles, par d'assourdissants intermèdes musicaux avec usage de trompe, de tambour et de cloche.

Mais c'est incontestablement dans le christianisme, protestant et surtout catholique, que le rôle du chant et de la musique est le plus important et le plus diversifié. Les cloches pour appeler les fidèles, l'orgue des cérémonies solennelles, le modeste harmonium des petites paroisses accompagnent traditionnellement le culte. Prêtres et pasteurs s'évertuent à faire chanter leurs ouailles qui n'ont pas toujours le talent requis mais aiment à reprendre en chœur les chants de leur enfance.

Aujourd'hui l'Eglise diversifie ses chants et sa musique : les couvents conservent la tradition du magnifique chant grégorien tandis que le tam-tam fait son apparition dans les messes africaines et la guitare dans celles d'Europe. Parfois même prêtres ou pasteurs n'hésitent pas à se produire sur des scènes profanes pour y chanter des chants religieux : on se souvient du père jésuite Duval ou du pasteur John Littleton. Cette tradition de cohabitation des musiques religieuse et profane est très ancienne en Europe et une bonne part de la production des maîtres de la musique classique est délibérément religieuse (Oratorios et Magnificat de Bach, messe et Te Deum de Haëndel, Requiem de Mozart, Missa Solemnis de Beethoven, Ave Maria de Schubert...)

En Inde également une bonne partie de la musique classique est inspirée par la spiritualité ou les épopées mythologiques. En fait, la tradition veut que la musique soit d'origine divine, elle est le moyen de servir les dieux et de s'en approcher grâce à toutes les émotions qu'elle exprime. La richesse du rythme (tala) et de la mélodie (raga) varie les voies d'accès à la divinité et provoque même une sorte d'hypnose.

LA DANSE

C'est l'art qui privilégie l'expression corporelle ; la danse peut être spectacle ou participation, elle est toujours accompagnée de chants ou de musique qui la rythment.

La danse tient un rôle central dans de nombreuses religions :
— En Afrique, des danseurs masqués miment les divinités de l'animisme qui sont fréquemment symbolisés par des animaux.
— Le culte vaudou ne peut se concevoir sans la danse : elle appelle le divinités et les fait « chevaucher » leurs fidèles qui tombent en transes.

— Dans le judaïsme, on se souvient de la danse de David devant l'Arche d'Alliance et, au cours de la fête de la « Joie de la Torah » les Juifs dansent en tenant dans leurs bras les rouleaux de la Loi.
— En Islam, certains Soufis expriment leur joie mystique par la danse, ce sont les derviches tourneurs qui subsistent encore à Konya, en Turquie.
— Le christianisme a longtemps vu dans la danse le risque de faire tourner la tête des jeunes gens. L'Eglise, très méfiante envers la sensualité de la danse, a cependant récemment accepté des accompagnements dansés lors de certaines messes africaines.
— Dans le christianisme copte éthiopien, il existe de curieuses danses de prêtres au son d'une musique antique rythmée par des sistres.
— L'hindouisme privilégie la danse considérée comme exercice divin. On ne la pratique pas dans les temples au cours des célébrations religieuses quotidiennes, mais elle est constamment sous-jacente dans la mythologie et la culture religieuse. La danse classique indienne exprime par ses différentes attitudes, les mudras, les sentiments des divinités. La codification rigoureuse de cet art remonte à un ancien traité sanscrit, le Natyashastra (« les préceptes de la danse »), considéré comme un cinquième Veda.

Quant à Shiva, le dieu créateur et destructeur, il est souvent représenté comme « Nataradja », le « Roi de la danse », et symbolise ainsi le mouvement du monde.

LA PEINTURE

Les plus anciennes peintures, sur les parois des cavernes qu'habitaient nos lointains ancêtres, avaient peut-être un rôle magique : l'artiste aurait cherché à jeter un sort sur les animaux pour mieux les chasser.

Dès la période historique, il existe une peinture religieuse à côté de la peinture profane mais son importance est très variable selon les cultures.

Seul l'Islam interdit toute représentation des créatures de Dieu pour que l'homme ne se prenne pas pour l'égal du Créateur. La culture persane, musulmane mais chiite, a cependant maintenu la tradition de ses remarquables miniatures.

Pour illustrer le rôle religieux de la peinture, nous nous limiterons à deux exemples, celui de l'orthodoxie chrétienne et celui du bouddhisme tibétain.

L'Eglise d'Orient a connu, du VIIIe au IXe siècle, la sanglante querelle des iconoclastes. Peut-être sous l'influence de ses adversaires arabes, l'Empire byzantin prohiba comme idolâtre la représentation et la vénération des images du Christ, de la Vierge et des saints. En 843, l'impératrice Théodora rétablit définitivement les icônes[33]. Cet antique conflit a eu au moins pour effet de préciser la théologie sur le sujet des peintures sacrées.

Selon l'orthodoxie, les icônes ne sont naturellement pas des idoles, c'est-à-dire qu'elles ne sont pas de nature divine, mais elles sont plus qu'une œuvre artistique dès lors qu'elles ont été bénies. Comme telles elles peuvent être miraculeuses. L'homme ayant été créé à l'image de Dieu, il est compréhensible qu'une image évoque et manifeste l'être représenté.

L'icône figure le mystère de l'incarnation par lequel Dieu s'est fait homme en Jésus-Christ.

L'icône est aussi le support nécessaire à la prière que l'on trouve non seulement dans les églises et les lieux publics mais que les pieux orthodoxes emportent avec eux pour prier en voyage.

L'icône est une création religieuse qui exige que l'artiste soit aussi théologien. Le fameux peintre russe Andreï Roublev est d'ailleurs reconnu comme saint par l'Eglise orthodoxe: la perfection de ses œuvres était considérée comme inspirée par une sorte de vision mystique privilégiée.

Ainsi l'image n'exprime pas seulement la spiritualité de l'artiste, mais elle est aussi une révélation des mystères divins, elle témoigne du monde de l'au-delà. L'icône est le lieu de rencontre du culte et de la culture: comme la culture, elle est appelée à évoluer et n'est pas sujette à des règles immuables mais, comme le culte, elle doit suivre la tradition, tant en ce qui concerne la technique de peinture que le symbolisme des formes et des couleurs. De fait, après avoir été influencé depuis le XVIᵉ siècle par l'art occidental, plus réaliste, les icônes sont revenues depuis peu aux sources de l'inspiration traditionnelle[34].

L'hindouisme et le bouddhisme tantriques, en particulier le lamaïsme tibétain, font un large usage d'une représentation du cosmos appelée mandala. Il s'agit généralement d'une peinture, mais les temples eux-mêmes peuvent être construits selon un plan de mandala ; les plus célèbres sont ceux d'Angkor au Cambodge et de Borobudur à Java.

Le mandala peint sur toile, appelé tangka en tibétain, est d'un symbolisme particulièrement riche. C'est une visualisation de l'univers dont le centre est une divinité ou Bouddha lui-même. Son effigie est placée dans un carré ouvert sur chaque côté comme des portes situées aux quatre points cardinaux. Le carré est lui-même placé dans un cercle d'où le mandala tire son nom[35]. Le symbolisme du cercle évoque le retour indéfini des choses à leur point de départ, comme par exemple le cycle des réincarnations.

L'exécution des mandalas laisse place à la plus grande fantaisie, aussi bien en ce qui concerne le choix des divinités représentées que l'ornementation ou les couleurs. La seule constante est l'ordonnancement autour d'un point central représentant l'Absolu ou le divin.

Ajoutons que le mandala ne constitue qu'un exemple de la peinture d'inspiration religieuse du monde hindouiste et bouddhiste. La richesse de l'expression picturale s'exprime non seulement dans les temples mais aussi sur les parois de grottes comme à Ajanta, près de Bombay, ou au flanc de rochers comme à Sigiriya au Sri Lanka. Même lorsqu'elles sont érotiques, les peintures et les sculptures conservent toujours un contenu symbolique et religieux.

LES OBJETS DE CULTE ET DE PIÉTÉ

La célébration du culte requiert l'usage d'objets qui, du fait de leur fonction sacrée, sont souvent préparés avec des matériaux précieux et ornés comme de véritables œuvres d'art. Les objets de piété sont ceux que les fidèles aiment à posséder pour marquer ou soutenir leur dévotion; leur qualité artistique est très inégale et peut être nulle.

Il n'est pas question de faire ici une énumération exhaustive de ces différents objets. Nous souhaitons plutôt montrer par quelques exemples la diversité des habitudes religieuses dans ce domaine.

L'Islam, pour sa part, n'emploie aucun objet particulier pour ses rites, à l'exception évidemment du livre sacré du Coran. A l'opposé, le judaïsme, le catholicisme et l'orthodoxie disposent d'une très large panoplie de vêtements ou d'objets sacrés nécessaires au culte.

Rappelons que pour certaines prières juives, le croyant s'attache sur le front et au bras gauche des phylactères (tefilin en hébreu), petites boites de cuir cubiques contenant quatre extraits de la Torah. De même le croyant porte un châle, le talith, terminé par 10 franges, les tsitsits, symbolisant les 10 commandements. A la synagogue, outre les rouleaux de la Loi, on trouve le chandelier à sept branches, le menorah. Chez lui, le juif pieux place à sa porte un mezouzah, rouleau de parchemin couvert de textes sacrés. Pendant la fête semi-religieuse de hanoukah qui dure huit jours et célèbre la libération des Juifs du joug étranger, on allume chaque jour une lampe à huile; le nom de hanoukah est donné également à l'applique sur laquelle sont placées les huit lampes rituelles; cet objet n'est employé qu'à l'occasion de cette fête. Mentionnons aussi la kippa, petite calotte que portent les Juifs pieux à longueur de journée.

Le catholicisme abonde en objets de culte, encore plus que le judaïsme. Il y a d'abord la longue liste des vêtements sacerdotaux (aube, chasuble, étole employés pour la messe, les habits de différents styles et couleurs des moines et religieuses, la soutane etc.). Celle des couvre-chefs est plus longue encore (tiare du pape, mitre d'évêque ou d'abbé, chapeau de cardinal, barette des simples ecclésiastiques, coiffes diverses des religieuses...).

Si « l'habit ne fait pas le moine », la prise d'habit désigne toujours l'entrée dans les ordres religieux. D'ailleurs le goût de l'uniforme n'est pas propre au catholicisme : les moines bouddhistes du Petit Véhicule portent des robes safran laissant une épaule découverte, les bonzes japonais du Grand Véhicule des robes grises, les pèlerins de la Mecque une simple pièce d'étoffe blanche, de nombreuses femmes musulmanes disparaissent sous le voile (le fameux tchador iranien), les descendants du prophète ont droit à un turban vert et les prêtres coptes éthiopiens se remarquent par leurs magnifiques parapluies brodés.

Ces signes vestimentaires distinctifs paraissent si importants que le Mexique, depuis sa révolution de 1917, interdit le port de la soutane en public, faute de pouvoir supprimer la religion[36].

Quant aux Jaïns de la secte digambara, leur idéal, pour communier avec la nature, est de vivre entièrement nus...

Pour en revenir aux objets du culte, l'ensemble du christianisme, à l'exception du mouvement dissident Iglesia ni Kristo des Philippines, est très attaché à la croix. Cet instrument du supplice de Jésus a pris aussi un sens symbolique par lequel Jésus, entre ciel et terre, attire tous les hommes vers son Père des cieux. C'est pourquoi on trouve des crucifix, avec ou non le Christ en croix, dans toutes les églises catholiques ou orthodoxes ainsi que dans les temples protestants. Le vendredi saint, anniversaire de la mort du Christ, le prêtre présente le crucifix aux fidèles pour un baiser de respect et d'amour...

Lors de la messe, le prêtre fait usage d'objets divers, souvent en métal précieux ou richement ornés, parfois aussi d'une extrême simplicité : le ciboire où sont conservées les hosties, la patène, le plateau où on les dépose et le calice où l'on verse le vin consacré. L'ostensoir sert à la présentation du Saint Sacrement[37], l'encensoir est un brûle-parfum, le goupillon sert à asperger les fidèles ou le catafalque des enterrements d'une eau bénite qu'on trouve aussi à l'entrée de l'église dans un bénitier ; les fidèles s'y trempent les doigts avant de faire le signe de la croix. L'évêque, dans les cérémonies solennelles, porte une crosse, symbole de son rôle de pasteur, ainsi qu'une bague d'améthyste[38]. Certaines églises conservent des restes de saints dans de précieux reliquaires, quand ce n'est pas le corps entier dans une châsse.

L'Eglise catholique garde ainsi un attirail hétéroclite d'objets qui lui ont été légués par une histoire bientôt vieille de 2000 ans. Elle n'y attache pas plus d'importance qu'il ne convient et se débarrasse petit à petit de ce qui est outrageusement vieillot, comme la sedia gestatoria, chaise à porteurs du pape. Il ne faut donc pas s'étonner du contraste entre certaines cérémonies solennelles où se déploie toute une pompe d'une époque triomphaliste et la célébration de la messe dans une chambre d'ouvrier où un bol et une soucoupe font office de calice et de patène : il s'agit de la même messe et seule sa signification profonde a de l'importance.

Dans les autres religions, rappelons l'usage tibétain du moulin à prières et celui, général dans le bouddhisme des cloches ; il est habituel, à l'entrée d'un monastère, de frapper la cloche qui s'y trouve en mettant en branle une pièce de bois d'environ un mètre de long suspendue à deux cordes.

Dans l'animisme africain, un rôle essentiel est dévolu aux masques. L'initié qui le porte devient véritablement le dieu représenté, il en prend la voix et les gestes. Les masques authentiques détiennent, dit-on, des pouvoirs magiques, ce qui n'est évidemment pas le cas des productions artisanales destinées aux touristes.

Dans l'hindouisme traditionnel, les statues des dieux sont supposées contenir une parcelle de la divinité qu'elles représentent et c'est pourquoi elles sont adorées avec respect.

La tentation de se forger des idoles semble être d'ailleurs une constante de la nature humaine. Les Juifs, inventeurs du monothéisme, élaborèrent durant l'Exode, à l'époque de Moïse, un Veau d'or, symbole de notre tendance permanente à ramener Dieu aux dimensions du dérisoire. Il convient donc de porter un jugement nuancé sur les objets de piété : ils peuvent être aussi bien un support matériel pour élever notre pensée vers Dieu qu'une ridicule réduction du divin à une caricature de sacré.

Certains objets de piété, comme le chapelet, sont recommandés comme support de la prière : chacune des boules qui le composent représente une prière que le fidèle récite puis il passe à la suivante en faisant glisser la boule entre ses doigts.

Le chapelet chrétien comporte un crucifix qui symbolise la prière du « credo » par laquelle commence la récitation ; on continue par trois « je vous salue Marie » puis par cinq « dizaines » d'un « notre Père » et de 10 « je vous salue Marie » chacune. Le rosaire est la récitation de trois chapelets complets. Ces prières soutiennent la méditation sur les différents épisodes, joyeux, douloureux ou glorieux de la vie de Jésus et de la Vierge Marie. Les 150 « je vous salue Marie » du rosaire sont un rappel des 150 psaumes de la Bible.

Les musulmans utilisent également un chapelet ; il comporte 99 boules correspondant aux « plus beaux noms de Dieu », c'est-à-dire ses différentes qualités comme « le compatissant », le « tout-puissant » etc., une 100e boule est réservée pour le « nom inconnu » de Dieu. Bien souvent la manipulation de ce chapelet n'est qu'une occupation des doigts sans que le croyant s'astreigne à une méditation particulière.

L'appartenance à une religion se traduit fréquemment par le port d'une chaînette autour du cou. Les chrétiens y attachent une croix dont la forme varie selon les Eglises : la croix huguenote par exemple est une croix de Malte à laquelle est suspendue une colombe. Dans l'Islam, c'est une « main de Fatma » que l'on emploie. Fatima, la fille du prophète, est supposée chasser le mauvais œil et les cinq doigts de la main symbolisent les cinq piliers de l'Islam. Les animistes, quant à eux, portent volontiers des amulettes, dites aussi gris-gris ; ces petites bourses de cuir contiennent divers ingrédients au pouvoir magique, poils ou poudres de cornes d'animaux etc. Il existe des gris-gris différents selon la maladie ou la malédiction dont on veut se protéger.

A leur domicile, les croyants aiment à s'entourer d'objets pieux : bouddhistes et hindouistes ont un autel domestique où ils brûlent des baguettes d'encens en l'honneur des ancêtres ou d'une divinité ; les chrétiens placent volontiers un crucifix à la tête de leur lit à quoi s'ajoute parfois une brindille de buis bénit lors de la fête des Rameaux[39] ; les musulmans pour leur part décorent leurs murs de calligraphies de divers versets du Coran.

On pourrait encore allonger cette liste en mentionnant les images pieuses que les chrétiens font imprimer lors d'un décès ou d'une première communion, la « médaille miraculeuse », les ex-votos placés dans les églises en reconnaissance d'une prière exaucée, diverses statuettes, images ou icônes etc. Le commerce le plus mercantile profite des lieux de pèlerinage pour offrir en outre aux dévots des gadgets surprenants tels que des statuettes phosphorescentes de la Vierge contenant de l'eau de Lourdes...

La qualité artistique plus que douteuse de certains de ces objets fait un contraste frappant avec ces sommets de l'art humain que sont bien souvent les lieux de culte.

LES LIEUX DE CULTE

Il y a deux façons de concevoir un lieu de culte : il peut être la demeure du dieu et les fidèles s'y rendent pour lui rendre hommage ; il peut aussi être un lieu de rassemblement des fidèles que le dieu peut, ou non, honorer de sa présence.

A première vue, cette distinction paraît bien théorique puisque, de toute façon, les croyants se réunissent autour d'un dieu invisible. Toujours est-il qu'à l'exception peut-être de l'animisme africain qui sacralise plutôt des arbres, des forêts, des mares ou des animaux, toutes les religions ont leurs temples.

Dans la conception traditionnelle de l'hindouisme, une parcelle de la divinité habite la statue qui la représente ; le temple est donc bien la demeure du dieu, ce qui justifie les manifestations de respect des croyants : ils se purifient par des ablutions, se déchaussent, apportent des fleurs ou des offrandes.

Du temps où existait le Temple de Jérusalem, avant sa destruction en l'an 70, le Dieu des Juifs y habitait dans une partie du bâtiment appelée le Saint des Saints. Cette pièce était si sacrée que seul le Grand Prêtre pouvait y pénétrer, mais au risque de mourir foudroyé s'il n'était pas en état de pureté rituelle. Comme ce cas était bien improbable, le Grand Prêtre voyait son prestige grandi à chaque cérémonie mais, par précaution, il n'entrait dans le Saint des Saints qu'avec une corde attachée à la cheville : s'il était pris d'un malaise, il pouvait ainsi être tiré à l'extérieur, personne ne pouvant le secourir dans un lieu aussi sacré.

Depuis la destruction du Temple, il n'existe que des synagogues (beth knessoth, « maison des assemblées » en hébreu)[40], c'est-à-dire des lieux de réunion des fidèles.

Le mot « église » signifie lui aussi « assemblée », mais en grec. Ce n'est qu'après la fin des persécutions, au IVe siècle, que des bâtiments officiellement consacrés au culte furent édifiés et qu'on put y conserver les hosties consacrées, le Saint Sacrement. Ainsi, du fait de la croyance en la présence réelle de Jésus-Christ dans l'hostie, chaque église est, d'une certaine façon, la demeure du Dieu-vivant.

En revanche, les Eglises protestantes qui ne croient pas à cette présence réelle ne sont, comme les synagogues et les mosquées, qu'un lieu de rassemblement des fidèles.

Dans le bouddhisme, les monuments religieux sont, avant tout, constitués de « stupas », qui contrairement aux temples des autres religions, sont des édifices pleins à l'extérieur desquels se réunissent les fidèles. Parfois le stupa a une fonction de reliquaire et contient, par exemple, une dent de Bouddha.

Il est intéressant de comparer les édifices religieux en se plaçant sous divers points de vue : leur architecture, leur décoration et leur mobilier, l'usage qui en est fait et les conditions de leur accès.

Architecture

Incontestablement, les édifices religieux sont les plus belles œuvres architecturales que l'homme ait jamais réalisées. Cela ne les empêche pas, bien au contraire, de répondre à des buts fonctionnels et d'exprimer un message spirituel.

Tout naturellement donc, le lieu de culte se place au centre de la cité et il s'élève vers le ciel, comme pour attirer les croyants vers Dieu. C'est du haut du clocher ou du minaret que les fidèles sont appelés à vivre leur aventure spirituelle.

Quand une religion est persécutée ou minoritaire, elle ne peut exalter ainsi sa foi. C'est pourquoi les synagogues, parfois richement décorées à l'intérieur, s'abritent derrière des façades discrètes. Parfois aussi, comme St Patrick à New York, la flèche de la cathédrale, au lieu de dominer la ville, se retrouve encaissée entre des gratte-ciel, comme si le matérialisme triomphant cherchait à étouffer la religion.

Partout cependant, l'espérance que les hommes mettent en Dieu donne au temple, à l'église, à la pagode ou à la mosquée un rôle social majeur au sein du village comme de la grande métropole.

A titre d'illustration, nous évoquerons les caractéristiques architecturales des stupas bouddhistes, des mosquées et des églises chrétiennes.

Les édifices religieux du culte bouddhiste sont les monastères. Ceux-ci comportent divers bâtiments utilitaires pour les moines, des salles de prière, mais surtout une statue de Bouddha, assis debout ou couché, abritée ou en plein air, de très grande dimension. Le stupa, quant à lui, est davantage un monument commémoratif qu'un édifice du culte. Sa fonction religieuse est d'être un lieu de pélerinage. Normalement les stupas abritent une relique de Bouddha, dent ou cheveu le plus souvent, mais ils se sont multipliés et sont devenus le symbole des croyances bouddhistes, sans contenir nécessairement une relique. On en trouve dans les monastères mais fréquemment aussi dans des lieux isolés.

Dans le cas général, un stupa est constitué de cinq parties symbolisant les cinq éléments soit, de la base au sommet, la terre, l'eau, le feu, l'air et l'éther, c'est-à-dire la vacuité ou le nirvana. La base est carrée, les parties supérieures arrondies. C'est au sommet qu'est placée la relique, quand elle existe. On trouve de nombreux styles de stupas, certains comportent des escaliers assez raides sur les quatre côtés pour accéder à la hauteur de la relique et de quatre petites niches latérales. Le corps du stupa est fréquemment hémisphérique, symbolisant le mont Méru, axe et centre de l'univers, selon la mythologie indienne. Parfois le stupa est décoré d'un œil qui symbolise la connaissance et sa base est entourée de moulins à prières que le pèlerin met en action en tournant autour du monument dans le sens des aiguilles d'une montre. Dans certains temples, comme Angkor au Cambodge[41] ou Borobudur à Java, le stupa est la partie centrale d'une composition architecturale figurant un mandala, tel qu'on l'a vu ci-dessus, dans l'article sur la peinture.

Précisons que le terme de stupa appartient aux langues de l'Inde; on dit dagoba à Sri lanka, chörten au Tibet, chedi ou prang en Thaïlande etc.

Quant au terme de pagode, il n'a pas de définition précise: c'est un mot indien, bhagat, qui désigne un dévot et qui est ensuite passé par le portugais pour s'appliquer principalement aux édifices religieux chinois, notamment à des sortes de stupas en forme de tour à toits superposés.

Religions et cultures

La mosquée est le lieu où le musulman fait sa prière[42]. Pour s'isoler spirituellement, il lui suffit d'une natte. Dans un campement de nomades, le lieu de prière se réduit à un coin de désert entouré de quelques branchages d'épineux, la zeriba. Dans les agglomérations, les mosquées sont construites en dur et peuvent prendre les proportions de magnifiques monuments. La mosquée comprend alors un mur d'enceinte à l'extérieur duquel se trouve le nécessaire pour les ablutions, une cour assez vaste, appelée sahn, et enfin la salle de prière, la mosquée proprement dite.

Toutes les mosquées sont construites de telle sorte que les fidèles prient en direction de la Mecque, une niche dans le mur marque cette direction.

Le style des mosquées varie beaucoup selon les pays et les époques, les plus fréquentes sont à portique (Damas, Kairouan...) ou à coupoles (Baghdad, Istamboul...) tandis qu'en Indonésie et dans la province iranienne du Guilan, près de la Caspienne, elles sont assez discrètes et ressemblent à un bungalow au toit à quatre pentes.

Le nombre de minarets marque l'importance de la mosquée : le maximum est de sept pour la mosquée de la Mecque ; la mosquée bleu d'Istamboul en compte six, mais des mosquées d'importance considérable peuvent n'avoir qu'un seul minaret. La forme du minaret est aussi caractéristique des différents styles musulmans : au Maroc, ils sont à section carrée avec une décoration verte et blanche ; en Turquie, ronds, sobres et très élancés ; en Iran ronds et très ouvragés avec un balcon circulaire en encorbellement pour le muezzin.

L'abondance des revenus du pétrole dans certains pays musulmans a donné un nouvel essor à la construction de mosquées. De généreux donateurs les ont multipliées en Afrique noire, tandis que l'affirmation de l'Islam comme religion majoritaire conduisait des pays tels que le Pakistan, l'Indonésie ou la Malaisie à doter leur capitale de prestigieuses mosquées. Il est curieux de constater que la période la plus florissante de construction de lieux de culte se situe, pour l'Islam comme pour le christianisme, une douzaine de siècles après leur naissance.

A propos des églises, dont l'architecture est bien connue des lecteurs occidentaux, nous nous limiterons à quelques remarques soulignant certaines de leurs particularités.

Les premières églises ont bien souvent été bâties sur l'emplacement de temples païens préexistants. Cette pratique a été reprise au moment de la conquête coloniale espagnole en Amérique. Aujourd'hui encore, il reste des traces de syncrétisme chez les populations indiennes qui adorent bien souvent leurs anciens dieux sous les traits des saints chrétiens.

Les coutumes de construire les églises face à l'Est et de leur donner une forme de croix perdent de leur vigueur ; les églises sont désormais bâties en fonction du terrain disponible et l'architecte peut donner libre cours à son inspiration. Par exemple la basilique St Pie X de Lourdes est ovale et souterraine. Le passé nous a cependant laissé des églises de conception originale, comme les églises rupestres de Cappadoce en Turquie ou celles de Lalibella en Ethiopie, toutes taillées dans la roche, les premières au-dessus du sol, les secondes en dessous.

D'une façon générale, il semble que les églises présentent plus de variété de formes que les mosquées qui se ramènent à deux ou trois types bien définis.

Fréquemment, mosquées et églises sont flanquées d'un cimetière, comme si la présence du lieu de culte facilitait l'accès à la vie éternelle.

L'accès aux lieux de culte

Certaines religions interdisent aux étrangers tout ou partie de leurs lieux de culte. L'Islam interdit même totalement aux non-musulmans les deux villes saintes de la Mecque et de Médine. En général toutefois, l'accès des mosquées est autorisé sous réserve de porter une tenue décente et de se déchausser (ou parfois de porter par-dessus les chaussures des sortes de grandes pantoufles de toile). Les femmes ne peuvent être admises bras nus ou décolletées, parfois le port du voile est imposé. Certaines mosquées particulièrement sacrées sont interdites aux infidèles (ainsi en Iran, celles de Qom et de Mashhad). Pour la prière, une partie de la mosquée est parfois réservée aux femmes.

Le judaïsme impose aux visiteurs des synagogues d'avoir la tête couverte, tandis que dans les églises chrétiennes les hommes se découvrent et les femmes doivent être couvertes. Cette dernière coutume a disparu du catholicisme. Ni le judaïsme ni aucune branche du christianisme n'interdit l'accès de leurs lieux de culte; il est seulement exigé une attitude décente et discrète pour ne pas déranger la prière.

Il en est de même dans les temples bouddhistes. En revanche l'hindouisme limite à ses fidèles l'accès des parties les plus sacrées des sanctuaires, comme à Tiruchirappali, dans le Sud de l'Inde, où seules trois enceintes sur sept sont ouvertes aux étrangers. En revanche, l'accès des vaches, animaux sacrés, est totalement libre.

Décoration et agencement intérieur

La façon de prier conditionne pour une part l'aménagement des édifices religieux. Le sol des mosquées est couvert de nattes ou de tapis pour faciliter la prosternation des fidèles; la décoration est purement abstraite et comporte en outre des versets du Coran ou les noms calligraphiés d'Allah, de Mahomet et, dans le chiisme, d'Ali. Une chaire permet à l'iman de diriger la prière.

Les églises catholiques comportent toutes des peintures ou des bas-reliefs figurant les 12 stations du « chemin de croix », représentation par l'image du jugement et de la crucifixion de Jésus-Christ. Il s'y ajoute des statues de saints divers, que l'on voile de mauve le Vendredi Saint en signe de deuil. L'autel sur lequel le ou les prêtres célèbrent la messe est, depuis le concile Vatican II, tourné vers les fidèles. Certaines églises sont peintes ou décorées de tableaux ou tapisseries, d'autres sobres. La chaire qui subsiste dans les anciennes églises n'est plus utilisée depuis la généralisation des microphones. Les confessionnaux permettent de recevoir le sacrement de « réconciliation » dans l'anonymat.

L'accompagnement musical s'effectue à l'orgue dans les grandes églises, au simple harmonium dans les plus modestes. Parfois, des concerts de « musique spirituelle » sont donnés dans les églises. L'orthodoxie n'admet pas les instruments de musique, les chœurs chantent a capella.

Les églises orthodoxes se caractérisent par une iconostase, cloison percée de trois portes qui sépare les fidèles de l'autel. L'iconostase ne s'ouvre qu'au moment de la consécration.

Il n'existe pas de sièges dans les églises orthodoxes : les fidèles restent debout, ce qui permet une meilleure occupation de la surface et explique pour une part la dimension réduite de ces églises.

Les églises comportent souvent des décorations extérieures : les sculptures représentent des scènes bibliques, équivalent dans la pierre de nos modernes bandes dessinées. Des scènes analogues sont représentées sur les vitraux ainsi que sur les fameux calvaires bretons. On retrouve ce souci de l'enseignement par l'image dans les monastères bouddhistes et les temples hindous. Les premiers figurent des scènes de la vie de Bouddha ; les seconds présentent divers thèmes, parfois érotiques (l'amour physique symbolise le renouvellement incessant de la nature, l'union nécessaire des principes masculin et féminin, ainsi que le culte de la fécondité).

Quelle que soit la religion, il faut garder présent à l'esprit que chaque élément de décoration a une signification symbolique. Il s'agit d'un véritable langage d'initié qu'il est indispensable de déchiffrer si l'on veut véritablement comprendre l'art religieux.

Langue et religion

Si Dieu parle aux hommes comme le disent les religions révélées, quelle langue emploie-t-il ? La question prête un peu à sourire car on imagine mal un Dieu tout-puissant qui n'arriverait pas à se faire comprendre faute de bons traducteurs ou encore un Dieu qui privilégierait les adeptes d'une langue particulière.

On pourrait donc penser que la langue tienne dans les religions la même place, et pas davantage, que dans toute autre activité humaine : celle d'un indispensable moyen de communication.

En fait, les rapports entre langues et religions se révèlent bien plus complexes, ce qui mérite d'une approfondir l'exploration.

Selon le mythe biblique de Babel, la diversité des langues serait la réplique divine à l'orgueil des hommes désireux d'élever une tour jusqu'au ciel. Bien plus tard, dans l'Evangile, le Saint-Esprit répare partiellement les dégâts en donnant aux apôtres la faculté de s'exprimer soudainement dans une multitude de langues.

Parmi tant de langues véhiculant les cultures des peuples de la terre, la vanité humaine — à moins que ce ne soit la volonté de Dieu? — a promu certaines d'entre elles au rang de langues sacrées.

Parfois ceci est pris dans un sens figuré : la langue jouit d'une vénération particulière car elle est celle de textes religieux antiques. Par respect de la tradition, la religion s'attache à préserver cette langue. Il en est ainsi de l'hébreu pour la Bible, du sanscrit pour les classiques de l'hindouisme, du pali pour ceux du bouddhisme théravada, du guèze pour la liturgie éthiopienne, du slavon pour l'orthodoxie slave et, jusqu'à une date récente, du latin pour l'Eglise catholique.

En revanche, l'arabe dans lequel est écrit le Coran est, pour un musulman, la langue de la parole même de Dieu. Toute traduction du Coran en une langue étrangère n'est donc qu'une pâle tentative d'imitation qui ne peut remplacer l'accès direct à la lecture du texte divin. C'est pourquoi les prières de l'Islam sont toujours dites en arabe, même par les musulmans qui ne parlent pas cette langue. Ainsi, les peuples de langue arabe, langue du prophète Mahomet, ont-ils une position de peuple élu sur le plan linguistique qui n'a pas d'équivalent dans l'histoire.

Cette situation leur permet parfois de brimer, en toute bonne conscience, les minorités linguistiques au nom de la religion. Les Berbères et Kabyles d'Afrique du Nord en savent quelque chose, mais, puisqu'ils sont musulmans, peuvent-ils valablement résister à l'emprise de la langue du Coran?

L'hébreu, lui aussi, est simultanément la langue du livre sacré, des prières liturgiques et du peuple d'où la religion juive est issue. La différence avec l'arabe tient au fait que l'Islam témoigne d'un prosélytisme qui touche aussi la langue tandis que le judaïsme ne cherche pas à s'étendre. En Israël, l'hébreu est un ciment puissant du peuple juif, au même titre que la religion ou le sionisme[43].

Le latin, quant à lui, n'a jamais été plus qu'un instrument de communication. Il était la langue passe-partout de la chrétienté et a longtemps tenu dans les religions internationales le rôle que cherche à jouer aujourd'hui l'anglais. Mais le latin n'a jamais bénéficié d'une exclusivité: les rites catholiques orientaux n'ont jamais employé le latin mais des langues diverses telles que le grec, l'arménien, le géorgien, le syriaque et même l'arabe. Au vu de l'importance grandissante de peuples divers de culture non européenne au sein de l'Eglise catholique, la décision a été prise au concile Vatican II (1962-1965) de célébrer la messe dans la langue des fidèles. Cette mesure a suscité l'opposition de certains chrétiens attachés sentimentalement au latin de leur enfance, quoique la langue de Jésus-Christ ait été l'araméen et celle des Evangiles, le grec. En avance sur le concile, la Vierge Marie donne l'exemple de l'usage des langues locales lors de ses apparitions: elle parlait le patois gascon à Lourdes et portugais à Fatima; elle continue de nos jours et s'exprime en croate à Medjugorje et en kinyarwanda à Kibeho...

Curieusement cependant, le latin s'est maintenu jusqu'à présent en Chine dans l'Eglise catholique, faute de moyens financiers pour changer les livres de prières.

Le protestantisme, qui est d'ailleurs à l'origine de l'usage des langues vulgaires dans le christianisme, est toujours très soucieux de rendre accessibles les Saintes Ecritures aux peuples des diverses langues. L'association des Gédéons, comme l'Institut catholique des Presses Missionnaires, s'est fait une spécialité de leur traduction en nombreuses langues.

En revanche, l'orthodoxie est davantage attachée à la tradition. Bien qu'à l'origine chaque Eglise orthodoxe ait employé la langue commune de son territoire, la liturgie s'est souvent figée dans la langue de l'époque où elle a été constituée. Le cas est particulièrement net dans l'Eglise monophysite où l'on conserve le copte en Egypte et le guèze en Ethiopie, langues aujourd'hui incompréhensibles pour les fidèles.

De nombreuses religions animistes africaines emploient des langages secrets réservés aux sorciers et aux initiés. Dans d'autres cas, comme au Tibet ou au Cambodge, certains mots diffèrent selon qu'on s'adresse à un prêtre ou à un quelconque mortel. Ailleurs, comme dans les religions tribales du Pacifique, certains mots deviennent tabous, c'est-à-dire sacrés, à la suite d'un événement particulier; leur usage est alors prohibé et ils sont remplacés par d'autres. En Inde, les brahmanes emploient davantage de mots sanscrits que les membres des autres castes, au point que le vocabulaire de deux brahmanes de langues très différentes, comme le hindi et le tamoul, ont parfois plus de facilité à communiquer qu'un brahmane et un hors-caste.

Ceci nous amène à aborder la question du vocabulaire propre aux religions.

LE VOCABULAIRE DES RELIGIONS

Toute technique suscite son propre vocabulaire. Pour parler de Dieu, du surnaturel et de l'inconnaissable, il n'est pas étonnant que l'on soit forcé de recourir à un vocabulaire particulier ou à des acceptions symboliques du langage courant. A cela s'ajoute la tendance de tout spécialiste de rendre sa science inaccessible en employant des mots que seuls les initiés peuvent comprendre[44]. Les clercs de toutes les religions n'échappent pas à cette loi, d'autant que certains semblent avoir l'idée perverse que leur pouvoir sera plus redoutable s'il est incompréhensible. De nombreux croyants à l'esprit faible se délectent d'atteindre à l'inaccessible, simplement parce qu'ils ne comprennent pas ce qu'on leur demande de dire. Le cas est particulièrement net dans certaines sectes d'inspiration hindouiste qui s'efforcent de pénétrer l'Occident. Le mot est considéré comme ayant une valeur en lui-même et la répétition de « mantras » tient lieu de prière. C'est sur cette croyance que se fonde l'usage du moulin à prière. Le soufisme musulman fait également usage d'interminables litanies de formules sacrées.

Dans ces exemples, ce n'est évidemment pas la réflexion qui est recherchée mais un état second provoqué par la beauté et l'envoûtement des mots.

Si l'on considère au contraire que les mots sont faits pour être compris, il faut reconnaître que les religions orientales ne sont pas les seules à s'exprimer dans un langage hermétique. La déchristianisation relative de l'Europe va de pair avec une incompréhension de plus en plus grande du vocabulaire des Eglises. Peut-être n'est-il pas inutile de rappeler la signification de quelques mots dont nous avons perdu le sens étymologique ?

Le français a emprunté au grec et au latin le vocabulaire de l'Eglise catholique.

Du grec proviennent en particulier :

ange, du grec aggelos qui signifie « messager », en l'occurrence « messager de Dieu ». *Evangile* en est dérivé par addition du préfixe *eu* qui signifie « bon » : c'est à proprement parler une bonne nouvelle.

apocalypse signifie « révélation ». C'est le titre d'un livre de Saint-Jean, le dernier de l'Ancien Testament ; on y trouve la description symbolique du jugement dernier, c'est pourquoi le mot a pris au XIXe siècle le sens de « catastrophe définitive ».

épiphanie formé de *épi*, « sur », et *phanein*, « paraître », peut se traduire par « manifestation ».

liturgie signifie « service public », c'est le service de Dieu.

eucharistie, *évêque*, *œcuménisme*, *prêtre*, *théologie* que nous avons expliqués précédemment sont aussi grecs.

Au latin, on peut rattacher :

assomption, de ad-sumere, « prendre avec soi » ; selon les catholiques et les orthodoxes, la Vierge Marie est montée au ciel après sa mort par la volonté de Dieu ; le mot assomption s'oppose à « ascension » car Jésus-Christ est monté au ciel par lui-même.

charité, de carus, « cher », la charité est l'amour des autres et non pas une aumône destinée à s'en débarrasser.

curé, vient du verbe curare, « soigner », c'est celui qui prend soin d'une paroisse. Le nom arabe el Khoury signifie « le curé ». « Procurer », « procureur », « procuration » sont de la même famille.

messe, de missa, « envoyée ». La célébration de la messe se termine par les mots du prêtre : « ite, missa est », « allez (notre prière) a été envoyée (à Dieu) ». C'est par un raccourci familier que missa a désigné la célébration dans son ensemble.

passion, de passio, « souffrance » ; la passion que le Christ a subie jusqu'à la mort est la plus grande preuve d'amour qu'Il pouvait donner aux hommes. C'est pourquoi, à partir du XIIIe siècle, « passion » a pris le sens dérivé d'amour sans limite.

testament (Ancien Testament, Nouveau Testament), provient du mot latin testamentum, formé à partir de testis, « témoin ». On dit encore tester en justice pour témoigner, c'est-à-dire rapporter ce qu'on a vu. A cet égard, testament a un sens voisin du français moderne « reportage ». Le mot testamentum a été employé dans la traduction de la Bible en latin à partir du grec ; il rend le mot diatheke qui signifie « convention », « pacte ». Les deux Testaments, l'ancien et le nouveau, dont l'ensemble constitue la Bible, sont donc à la fois des pactes passés entre Dieu et les hommes et la relation d'événements vécus. Le sens habituel de testament, où sont écrites les dernières volontés, n'est lié aux sens précédents que par le fait qu'un testament devait être rédigé en présence de témoins.

Sont aussi latins : *miracle*, « chose dont on s'étonne » ; *pontife*, « celui qui fait un pont (entre la terre et le ciel) ; *rédemption*, « rachat » etc.

Fréquemment, des mots religieux pris dans un sens profane sont passés dans le vocabulaire courant. On parle de baptême du feu pour la première expérience des combats, de genèse pour l'origine d'un événement, de dogme pour une position intellectuelle indiscutable, de tabous sexuels...

Mais la présence des religions se manifeste particulièrement dans les prénoms et, parfois, les noms de famille.

NOMS ET PRÉNOMS LIÉS À LA RELIGION

Selon une vieille croyance païenne, donner à un enfant le nom d'un personnage célèbre lui en confère les qualités ou lui en assure la protection[45]. Aujourd'hui encore, la place tenue par les noms d'origine religieuse est

considérable dans la plupart des civilisations. Ainsi les religions monothéistes, judaïsme, christianisme et Islam emploient fréquemment les noms des anges ou des personnages de la Bible :
— Abraham, et son équivalent arabe Ibrahim ;
— Moïse (Moshe en hébreu et Moussa en arabe) ;
— Salomon (Shlomo en hébreu et Suleiman ou Sliman en arabe) ;
— Joseph (Youssouf en arabe) ;
— David (Daoud en arabe) ;
— Jacob (Yacoub en arabe) ;
— Aaron (Haroun en arabe) ;
— Gabriel (Djibril en arabe) ;
— Michel (Mikaël en arabe) ;
— Jean (Yahya en arabe)...

Dans le *christianisme*, les prénoms sont des noms de saints, eux-mêmes d'origines diverses et parfois surprenantes. Par exemple, le grec a donné Philippe (littéralement, celui qui aime les chevaux), Basile ou Vassili (le roi) Catherine (la pure), Anastasie (la résurrection)... Le latin a laissé Claude (celui qui boite, cf. claudiquer), Maxime (le plus grand), Octave (le huitième enfant), René (né à nouveau, grâce au baptême), Félix (heureux)... Les nombreux noms de saints d'origine germanique sont formés à partir de composants païens tels que bern (ours), wulf (loup), arn (aigle), berht (brillant), hard (dur), gari ou geri (lance), helm (casque), wald (pouvoir), frid (paix), ric (riche ou roi), hlod ou hrod (gloire), adal ou edel (noble) etc. C'est ainsi que s'expliquent les prénoms suivants : Bernard (bern-hard, ours dur), Gérard (geri-hard, lance dure), Adèle (noble), Adolphe (adal-wulf, noble loup), Rodolphe (hrod-wulf, loup glorieux), Rodrigue (hrod-ric, roi glorieux), Robert (hrod-berht, gloire brillante), Albert (adal-berht, noble et brillant), Arnaud (arn-wald, aigle puissant) etc. Ces prénoms sont les témoins de la christianisation des peuplades germaniques de l'Europe occidentale à partir de la fin du Ve siècle.

Cependant d'autres prénoms chrétiens furent naturellement empruntés aux apôtres (Mathieu, Marc, Luc, Thomas...) tandis que d'autres, dérivés de l'hébreu, évoquent explicitement le Dieu unique. Il en est ainsi de la plupart des prénoms commençant en Jo- (Yahweh = Seigneur) ou finissant en -el (Dieu), par exemple Jonathan (le Seigneur a donné, don du Seigneur), Josué (Yéshoua, le Seigneur sauve, dont une autre prononciation est Jésus), Joël (le Seigneur est Dieu), Emmanuel (avec nous Dieu, Dieu est avec nous), Michel (semblable à Dieu)...

Certains de ces noms, prononcés dans diverses langues, ont pris des formes variées : Johann (le Seigneur est miséricordieux) est devenu John en anglais, Jehan en vieux français, Jean en français, Hans en allemand, Sean en Irlande, Yann en breton, Evan en gallois, Ivan en russe, Ian en néérlandais, Juan en espagnol, Giovanni en italien etc.

Dans l'*Islam*, la référence aux musulmans célèbres est aussi fréquente. C'est le nom du prophète Muhammad qui est le plus souvent pris comme prénom mais on rencontre fréquemment aussi ceux de ses successeurs les trois premiers califes, Abu Bakar, Othman et Ali ainsi que les fils de ce dernier Hassan et Hussein. Très usuels également sont les prénoms formés avec le mot arabe *abd* (esclave ou serviteur) appliqué à Dieu ou à ses attributs ou encore formés avec le mot *din* (religion), par exemple :
Abd Allah, serviteur de Dieu ; abd el Qader, serviteur du Puissant ; abd el Rahman (prononcé et souvent écrit abderrahman), serviteur du Miséricordieux ; abd el Nasser, serviteur du Victorieux ; nur el din (noureddine), lumière de la religion ; salah el din (saladin), bonté de la religion etc.[46]

Les religions et l'argent

Dès qu'une société atteint un certain niveau de complexité de ses échanges, elle n'échappe pas à l'argent. Par nature, l'argent n'est ni sale ni propre, c'est l'usage qu'on en fait ou l'idée qu'on en a qui touchent à la morale.

La fascination de l'argent, l'obsession d'en gagner toujours plus, par exemple, semble difficilement compatible avec la passion de Dieu, pour la simple raison qu'on ne peut se consacrer totalement et simultanément à deux objectifs différents. Le Christ dit : « nul ne peut servir deux maîtres, Dieu et l'argent ».

Comme les religions encouragent leurs fidèles à rechercher Dieu avant tout, elles ont naturellement une position méfiante, si ce n'est hostile, vis-à-vis de l'argent. Cette logique interne rend, à juste titre, suspect tout personnage religieux qui mène une vie fastueuse. Au contraire, les plus célèbres et les plus écoutés ont connu des conditions de vie plus que modestes. Bouddha, prince fortuné, s'est totalement dépouillé de ses richesses. Le Christ, né dans la pauvreté de la crèche — au cours d'un voyage, il est vrai — a vécu la vie d'un simple charpentier. Mahomet, quoiqu'ayant épousé une commerçante aisée, n'était pas parmi les plus riches. Quant aux saints chrétiens ou à leurs homologues des autres religions, ils se distinguent généralement par leur grand esprit de renoncement. St François d'Assise, le « poverello », le petit pauvre, distribua les richesses considérables qu'il hérita de sa famille, St Vincent de Paul prit volontairement la place d'un galérien, le Père de Foucauld, après une jeunesse brillante, se fait jardinier puis part vivre en ermite dans un pays hostile. Ils ne sont que des exemples connus parmi une foule de croyants chrétiens complètement détachés de l'argent.

En Inde, les saddhus poussent parfois le renoncement jusqu'à se dépouiller même de leurs vêtements. Une secte des Jaïns se nomme opportunément et poétiquement « digambara », c'est-à-dire « vêtus d'espace ».

Les mourides [47] qui mettent toute leur activité gratuitement au service de leur confrérie ont aussi un sens du désintéressement apparemment supérieur, vu de l'extérieur, à celui du grand marabout qui les dirige.

Les moines bouddhistes sont tenus à mendier chaque jour leur nourriture auprès des fidèles.

De tels exemples pourraient se multiplier à l'infini.

Mais les croyants qui n'en sont pas encore arrivés à ce degré de renoncement ou qui jugent devoir rester insérés dans une vie sociale plus « normale » peuvent avoir, à l'égard de l'argent, des attitudes assez éloignées de ce que nous venons de décrire.

Il y a quelques générations, un certain comportement « bourgeois » consistait, non pas à faire fi de l'argent, mais à vivre en dessous de ses moyens pour des raisons religieuses d'austérité. Cette attitude d'épargne n'est pas étrangère au développement économique de la société occidentale.

Le fait que l'épargne apporte une sécurité quand le système social n'y pourvoit pas, conduit d'autre part les minorités menacées à rechercher une puissance économique : il en est ainsi des minorités religieuses. Les Juifs dont Shakespeare a présenté une caricature en la personne du « Marchand de Venise » Shylock, doivent leur réputation d'usuriers ou d'obsédés de l'argent à l'ostracisme qui les frappait : les pays chrétiens ayant longtemps interdit aux Juifs le métier des armes ou l'exploitation de la terre, il ne leur restait que le commerce. La crainte des pogroms accentuait encore le besoin vital de se protéger par l'argent. Qu'il en soit resté des habitudes, c'est bien possible, mais le cas des Juifs n'est pas isolé. Les Arméniens, chrétiens, étaient dans la même situation dans l'Empire ottoman ou en Perse, les Sikhs ou les Parsis sont dans une position comparable en Inde, de même les Mozabites kharedjites en Algérie, les Chinois en Malaisie ou les Coptes en Egypte...

Ainsi, les minorités religieuses, éloignées du pouvoir politique, compensent-elles souvent leur faiblesse sur ce plan par une intense activité économique, elle-même source de jalousie ou d'oppression de la part de la majorité. Il faut être conscient de ce phénomène difficilement évitable pour éviter de porter des jugements hâtifs sur les rapports des religions et de l'argent.

Une autre constatation doit être faite : les recommandations de désintéressement et de générosité que les religions prêchent à leur fidèles entraînent bien souvent un enrichissement considérable des structures religieuses. L'important est que les responsables religieux ne soient pas tentés d'en profiter, ce qui conduirait au paradoxe d'une religion plus authentiquement vécue par les fidèles que par leurs chefs.

Il n'y a pas si longtemps, l'Eglise catholique se voyait reprocher d'être une puissance d'argent. L'abandon d'une pompe triomphaliste peu en rapport avec son idéal évangélique a certainement été favorable à la restauration de son image.

Aucune religion ne peut toutefois se détacher des questions d'argent, ne serait-ce que pour assurer le fonctionnement de son organisation. Plus fondamentalement, dans la mesure où la religion s'efforce de modifier les comportements pour conduire les hommes à Dieu, il est inéluctable qu'elle édicte des recommandations à l'égard de l'argent comme elle le fait en matière morale.

Logiquement, c'est l'Islam, par sa volonté de proposer un modèle de société civile, qui exprime sur l'argent les positions les plus précises et les plus originales.

L'ISLAM ET L'ARGENT

L'un des « piliers » de l'Islam est l'obligation de la « zakat ». Le montant de cette aumône que le fidèle doit verser chaque année n'est pas fixé en principe ; il est souvent de 2,5 % et son assiette porte sur la fortune non employée dans l'année : le bétail, les récoltes, l'or non porté par les femmes...

La zakat est versée aux nécessiteux, musulmans ou non, directement ou par l'intermédiaire de la mosquée. Dans certains pays elle est perçue par le fisc.

Mais l'Islam tire également du Coran les principes qui doivent présider à la vie économique et financière :
— Il est interdit de prêter ou d'emprunter de l'argent à un taux d'intérêt fixe ce qui serait assimilé à l'usure. En revanche, il est normal de partager le profit ou les risques résultant d'un investissement.
— Il n'est pas permis de thésauriser ni de gaspiller des richesses car tout appartient à Dieu et doit servir au bien de la société.
— Les investissements productifs augmentant la richesse ou le bien-être sont encouragés.

On voit que c'est le taux d'intérêt qui est condamné par la loi islamique et non pas le revenu du capital. Le dividende des actions, revenu résultant d'un risque, est donc licite alors que le revenu fixe des obligations est illicite. Il est important de noter toutefois que le risque pris dans les jeux de hasard est rigoureusement interdit.

Depuis les années 1970, des banques fondées sur les principes de l'Islam ont été créées dans de nombreux pays musulmans et même aux Bahamas, en Suisse ou au Danemark. On en compte aujourd'hui plus d'une vingtaine. La plupart des opérations commerciales classiques peuvent y être effectuées, y compris celles de crédit documentaire impliquant le versement de commissions, car une commission n'est pas un intérêt qui, lui, serait interdit. Cependant, certaines opérations comme les transactions à terme sur les devises étrangères, non explicitement prévues au Coran, sont acceptées par quelques banques et récusées par d'autres.

Des formules particulières d'association capital-travail (moudaraba) ou de partenariat (mousharaka) ont été établies pour le moyen et long terme. Le « cash and carry » (mourabaha) et le leasing (idjara ou taadjir) sont également pratiquées. En revanche, il n'existe pas de système d'assurance-vie, parce qu'elle est interprétée comme s'opposant à la volonté de Dieu, c'est-à-dire au caractère imprévisible de la mort. Les assurances générales sont traitées selon un système de « solidarité islamique » : « l'assuré » investit dans une société (du type moudaraba) dont les profits sont distribués, par priorité et selon des modalités précises, à ceux qui ont subi un sinistre.

Dans les bilans des banques islamiques, on constate peu d'investissements industriels à long terme mais ces banques sont encore récentes et il est difficile de porter un jugement financier sur leur avenir.

La religion et l'éducation

Puisque les enfants ne peuvent pas tout apprendre, les programmes de l'enseignement résultent toujours d'arbitrages entre diverses priorités. C'est ainsi que le latin a perdu du terrain dans les classes secondaires et que l'informatique y a été introduite.

Dans notre monde de plus en plus technique, la religion a-t-elle encore une place dans l'enseignement et, si oui, laquelle ?

Chaque pays apporte sa réponse : en Arabie séoudite, l'étude du Coran est primordiale tandis que l'U.R.S.S. fondait sa pédagogie sur l'idéologie athée. Entre ces extrêmes, la laïcité présente l'immense avantage de n'imposer aucune contrainte et de respecter la liberté de chacun.

ENSEIGNEMENT RELIGIEUX ET LAÏCITÉ

La laïcité n'implique pas que toute formation religieuse soit absente de l'enseignement. Selon les pays, il existe des situations très diverses quant à la place qualitative et quantitative de cet enseignement.

Religions et cultures

Le plus souvent, un régime laïc considère que la religion est affaire personnelle et qu'il appartient aux familles de donner aux enfants, en marge de l'enseignement officiel, toute formation complémentaire qui leur convient. Une initiation à la religion est alors mise sur le même plan que des cours de piano ou de judo.

En quoi cependant serait-il contraire à la laïcité d'ouvrir le cœur et l'esprit des enfants à la spiritualité, sous réserve évidemment de respecter une nécessaire neutralité?

La Turquie, à constitution laïque, considère quant à elle qu'il est préférable de dispenser la formation religieuse dans les écoles publiques; le but est d'éviter tout dérapage politique d'un enseignement religieux incontrôlé[48].

On peut se demander, dans ces conditions, ce qu'il reste des principes d'une véritable laïcité puisque seul l'Islam est enseigné et qu'il est en outre présenté selon les principes idéologiques du gouvernement.

En France, l'école publique s'est constituée contre l'hostilité de l'école confessionnelle catholique. Celle-ci n'était pas prête à comprendre les motivations d'une République considérée comme l'ennemie de la religion. Les affrontements passionnés entre « calotins » et « rouges » paraissent aujourd'hui bien dérisoires mais l'esprit d'ancien combattant a la vie dure, surtout chez ceux qui ont gagné la guerre...

Nous verrons bientôt, dans le chapitre sur la religion et la politique, les conséquences de cette situation bien française.

Aux Etats-Unis, on trouve une autre forme de laïcité dans les écoles publiques: l'Etat est partisan d'une formation religieuse mais il se doit de respecter scrupuleusement la liberté de conscience des enfants, c'est-à-dire de leurs parents; la solution adoptée le plus souvent consiste à réserver un moment de silence chaque jour au début des cours afin que les croyants puissent prier selon les termes de leur religion et les incroyants méditer ou profiter de cet instant de calme pour leur concentration. Ces dispositions varient légèrement selon les Etats mais la Cour Suprême est ferme sur le principe: laisser à chacun la possibilité de prier sans qu'il y ait incitation à le faire.

Ces trois exemples montrent la fragilité de l'équilibre que doit respecter une authentique laïcité. Il semble toutefois que, sous l'influence de la religion dominante, les Etats laïcs aient tendance à confondre ouverture à la spiritualité et formation religieuse. L'une des ambitions de ce livre est de montrer qu'il existe différentes formes de spiritualité dont chaque religion propose l'approche particulière. Ne serait-ce pas le rôle d'une véritable laïcité que d'ouvrir l'esprit des élèves sur les acquis de l'humanité dans le domaine spirituel, comme elle le fait en matière philosophique?

Hélas, les religions ne sont présentées dans l'enseignement secondaire qu'à travers leurs péripéties historiques, c'est-à-dire précisément par le biais d'événements où elles se sont éloignées, volontairement ou non, de leur vocation spirituelle.

Certes la formation proprement religieuse restera toujours du ressort des religions, mais elle gagnerait sûrement en qualité si l'enseignement officiel portait un intérêt à l'épanouissement spirituel des enfants qui lui sont confiés.

LA FORMATION RELIGIEUSE

C'est dans l'enfance et l'adolescence, à l'époque de l'acquisition des connaissances primordiales et des habitudes morales que la réceptivité au spirituel est la plus spontanée. C'est à cet âge que se transmettent les histoires merveilleuses ou la mythologie auxquelles se réfèrent les religions.

Il faut dire que, pendant de longs siècles sans westerns à la télévision, les histoires saintes et les épopées guerrières ont donné à l'humanité sa part de rêve. En outre la formation religieuse était d'autant plus nécessaire et d'autant mieux acceptée qu'il n'y avait pas d'éducation concurrente ni d'activité intellectuelle de substitution.

Encore aujourd'hui, l'essentiel de la formation religieuse s'achève peu après « l'âge de raison », autour de 10 à 13 ans, par des cérémonies solennelles d'entrée dans la communauté qui sont une constante des différentes religions: confirmation chrétienne, initiation des animismes africains, « bar mitsvah » du judaïsme, remise du cordon sacré chez les hindouistes « deux fois nés » ou de la chemise blanche chez les zoroastriens etc. Ces solennités coïncident sensiblement avec la fin de la scolarité primaire: après avoir appris à lire et à compter, il ne reste plus qu'à connaître un métier et à faire l'expérience de la vie.

Le développement spectaculaire de l'enseignement secondaire depuis quelques décennies ne s'est pas accompagné d'un effort suffisant pour adapter la formation religieuse à des populations plus instruites, creusant ainsi un fossé entre la formation profane, imprégnée de rationalisme, et la formation religieuse, souvent restée infantile[49].

Mais en quoi consiste cette formation religieuse? Elle varie considérablement selon les religions, en particulier selon qu'elles se considèrent révélées ou non. Si en effet il existe un texte sacré, son étude tient la place centrale dans l'instruction religieuse. C'est le cas notamment du Coran dans l'Islam et de la Torah dans le judaïsme.

En revanche, les religions animistes s'intéressent avant tout à une technique, celle qui permet de se concilier les faveurs des dieux, des esprits ou des ancêtres. Dans ces religions, seuls les sorciers, prêtres ou chamans ont besoin de recevoir la plénitude de la connaissance puisqu'ils servent d'intermédiaires entre le peuple et le monde surnaturel.

Le christianisme tient une place à part: les prêtres, surtout dans le catholicisme et l'orthodoxie, reçoivent de l'évêque, lors de cette « initiation » qu'est l'ordination, des pouvoirs surnaturels spéciaux qui leur permettent de consacrer le pain et le vin de la messe ainsi que de pardonner les fautes. Les prêtres ne sont cependant pas détenteurs de connaissances spéciales qui seraient interdites aux laïcs; au contraire, tout le sens de leur vie est de partager ce qu'ils savent et ce qu'ils croient avec le plus grand nombre.

La formation chrétienne comprend donc un dosage, variable selon les lieux, les époques et les différentes Eglises entre l'étude des textes sacrés, la connaissance des dogmes et des croyances qui en ont été tirés au cours des siècles, et la façon de vivre la religion, tant en ce qui concerne le culte que la morale.

Dans le cas particulier du catholicisme, il est surprenant de constater à quel point la conception du « catéchisme »[50] a évolué depuis quelques décennies. Jadis présenté sous forme d'une série de questions aux réponses péremptoires, il est devenu dans certains pays comme la France une sorte de réflexion sur le monde actuel à la lumière de l'Evangile, l'affirmation des principes étant volontairement mise au second plan. Pour éviter de passer d'un excès à l'autre, les catéchismes, qui sont jusqu'à présent du ressort du diocèse ou d'un groupe de diocèses, pourraient être unifiés; des études sont en cours à ce sujet[51].

En Islam, il existe généralement deux types de formation religieuse: l'une est à plein temps et l'autre ne constitue qu'un complément de l'éducation profane. La première pourrait se comparer au séminaire chrétien en ce sens qu'elle est destinée à des étudiants pour qui la religion passe avant tout. Cependant les contraintes du monde moderne qui exige des connaissances générales et techniques de plus en plus approfondies limitent l'attrait de cette formation, d'autant plus qu'il n'y a pas dans l'Islam de fonctions du culte exigeant un plein temps. Les pays musulmans les plus développés voient donc se généraliser la formation du deuxième type, laquelle s'interrompt le plus souvent vers l'âge de 13 ans.

Dans le cas du Sénégal, par exemple, où la population est très majoritairement musulmane et très fervente, les élèves vont à l'école coranique six jours par semaine, avant et après la classe, c'est-à-dire une demie heure le matin avant 8 h et une heure après la fin des cours à midi. Le dimanche matin est entièrement consacré à l'école coranique.

Ceci représente plus de 12 h de formation religieuse par semaine. Une faible part de ce temps concerne l'apprentissage des pratiques du culte (récitation des prières, rites à observer...) et le reste, soit près de 80 % du temps, est consacré à la lecture du Coran en arabe. Il s'agit d'un exercice de pure mémorisation puisque les élèves n'ont aucune notion de cette langue: à la fin des cours, les élèves sont en mesure de lire et de psalmodier le Coran, mais sans en comprendre le sens[52].

En schématisant grossièrement, on peut résumer ainsi les caractéristiques les plus frappantes des formations religieuses dispensées par les trois « religions du Livre » :

— L'enseignement juif est marqué par un certain intellectualisme ; l'analyse du Talmud et de la Torah est une « explication de texte » fouillée qui fait ressortir la signification symbolique des faits de la Bible. Du respect du texte dérive celui des rites.

— L'enseignement coranique inculque le respect d'un texte incompréhensible, sauf pour les 20 % de musulmans qui sont de langue arabe. La pratique sociale de la religion entretient aussi un traditionalisme proche de l'immobilisme.

— L'enseignement chrétien est en mutation et cherche sa voie et ses méthodes. Destiné avant tout à présenter comme modèle la vie de Jésus-Christ, il formalise les croyances fondamentales et édicte les règles morales.

Ainsi la parenté des trois religions issues d'Abraham n'implique aucune communauté de vues dans le domaine particulièrement porteur d'avenir de la formation religieuse. Pourtant cette formation conditionne l'évolution des religions et, par conséquent, leur impact sur la société.

Un virage nécessaire

Longtemps la formation religieuse a été prédominante. Comme toujours elle comportait en proportions variables l'initiation à des pratiques rituelles, la connaissance de textes sacrés et l'inculcation d'une morale. Elle y ajoutait des explications mythiques sur l'origine du monde et de la vie que la science d'alors ne pouvait fournir[53].

Aujourd'hui, les religions doivent admettre qu'elles ne sont pas les mieux placées pour répondre à toutes les questions. Pourtant certains obstinés, encore assez nombreux, vont chercher dans la Bible ou le Coran ce que l'inspiration divine n'a, selon toute probabilité, jamais voulu y mettre.

Ainsi, aux Etats-Unis, le courant « créationniste » du protestantisme ne veut pas démordre de la création du monde par Dieu en six jours et rejette tout de la théorie darwinienne de l'évolution des espèces[54]. Quant à l'Arabie séoudite, on y enseignait encore au XXe siècle, sur la foi du Coran, que la terre ne pouvait être que plate.

Ces exemples montrent à l'évidence que la formation religieuse peut sombrer dans le ridicule quand elle se mêle de ce qui ne la regarde pas. Les religions qui ne se sont pas aperçues que nous avons quitté le Moyen-Age doivent donc faire prendre un virage à leur formation religieuse, la crédibilité de leur message spirituel ne pourra qu'y gagner.

Cependant le monde évolue rapidement et les religions qui se sentent à l'aise dans leurs rapports avec la science ne sont pas, pour autant, exemptes de problèmes d'adaptation.

Les jeunes générations ont le sens du concret et sont de moins en moins sensibles au langage des symboles et au respect des rites. L'argument d'autorité est systématiquement contesté, et ce à juste titre puisque le progrès, spirituel ou non, passe par le besoin de comprendre, par le cœur ou l'esprit.

De ce fait, les croyances sont fréquemment jaugées en fonction du critère de la cohérence intellectuelle; on constate même une certaine méfiance envers le surnaturel.

Même les religions les mieux établies doivent tenir compte de cette situation et être capables d'exprimer leurs croyances dans un langage moderne.

A vrai dire, les religions ont là une chance de se débarrasser de vénérables habitudes qui les encombrent parfois inutilement, afin de se concentrer sur leur message spirituel. Faute de cette cure de rajeunissement, les religions risquent de ne plus être crédibles pour les éléments les plus jeunes et les plus dynamiques de la population.

N'exagérons pas cependant la portée de ce phénomène: bien des gens réussissent à compartimenter leur vie, acceptant les croyances religieuses sans les comprendre ou les assimiler tout en menant rationnellement leurs affaires par ailleurs.

Un autre fait est intéressant à souligner: comme les besoins spirituels existent quel que soit le type de société, certains déçus des religions se construisent un univers spirituel à leur convenance. Nombreux sont ceux qui, par exemple, disent admirer Jésus-Christ mais récusent l'appartenance à une Eglise jugée vieillie, inadaptée ou inutile.

Cette attitude présente de grands risques de dérapage car l'orgueil, conscient ou non, est bien à l'opposé de ce qui favorise le progrès spirituel; elle pèche en outre contre la solidarité car tout point de vue mérite d'être discuté, surtout avec ceux qui pourraient en tirer profit. Quitter un mouvement religieux revient à renoncer à le faire évoluer.

La formation religieuse doit prendre en compte ces diverses données sociologiques si elle a l'ambition d'atteindre toutes les couches de la population et de répondre à leurs besoins spirituels.

A cet égard, les écoles « confessionnelles » peuvent présenter un risque dans la mesure où elles tenteraient de protéger leurs élèves d'une « contamination » par des idées étrangères à leur foi. Heureusement, dans la pratique, elles n'imposent généralement aucune barrière ni ségrégation, s'efforçant seulement de maintenir la qualité de leur enseignement. C'est ainsi que d'innombrables non-chrétiens fréquentent des écoles chrétiennes.

Le problème de la formation religieuse ne se limite cependant pas à transmettre les valeurs de la religion à des enfants de familles croyantes ou sympathisantes. L'époque n'est plus à ces prêtres qui consacraient leur vie au professorat de mathématiques, de latin ou d'histoire. Le nouveau virage à prendre par la formation religieuse, quelle qu'elle soit, est synonyme de ce que le christianisme appelle la « conversion »[55] : le « plus » que les religions peuvent et doivent apporter relève du cœur davantage que de l'esprit. C'est dire que les formations religieuses qui se fondent sur la mémoire ou l'analyse de textes ne remplissent que médiocrement leur tâche d'élévation spirituelle des croyants vers Dieu.

La formation religieuse doit avoir pour objectif d'apporter à chaque individu, à chaque âge de sa vie, de quoi le faire progresser vers Dieu ; il faut à la fois répondre aux besoins qu'il exprime et lui en faire exprimer de nouveaux.

S'il est un domaine où la formation continue est bien une nécessité, c'est celui de la vie spirituelle. C'est pourquoi l'interruption de toute formation religieuse après l'école primaire a des effets catastrophiques dans les populations qui poursuivent bien au-delà leur formation profane. Les sermons des églises ou des mosquées comblent partiellement ce vide, mais il s'agit d'un enseignement sans échange ni discussion, donc non personnalisé. Notre époque, qui a remplacé le confesseur par le psychiatre, devrait réinventer une structure de conseil spirituel d'esprit plus moderne que l'ancienne « direction de conscience », peut-être exagérément cléricale.

Une formule comme « S.O.S. prière » qui apporte un soutien spirituel par téléphone, répond à un besoin mais il en reste bien d'autres à satisfaire.

Il semble bien que l'école publique n'ait pas la vocation et ne soit pas en mesure de s'attaquer à ces questions ; sa nécessaire neutralité et l'importance quantitative de ce qu'elle enseigne par ailleurs le lui interdisent. Il doit donc y avoir une complémentarité naturelle entre les deux formations profane et religieuse, et non une rivalité : les religions s'égarent en donnant des explications sur les mécanismes qui régissent le monde, leur devoir est, en revanche, d'apporter une conception de la vie porteuse d'avenir et d'enthousiasme, tout naturellement fondée sur l'amour que Dieu porte à Sa création.

La formation religieuse n'a pas à rougir d'être, de ce point de vue, utilitariste. A quoi servirait une formation si elle ne visait à l'utilité ?

---

1 Selon la loi civile, chaque faute a son prix, fixé par le code. Le juge a un pouvoir d'interprétation dans les limites de la loi. Celle-ci peut être modifiée par le législateur pour s'adapter aux changements de société. Dans la loi islamique, la chari'a, c'est la parole de Dieu,

Religions et cultures

le Coran, qui décide des sanctions: un voleur doit avoir la main tranchée. Tout au plus peut-on admettre de faire cette opération en clinique sous anesthésie puisque le Coran n'a rien prévu qui s'y oppose. Cet « adoucissement » s'est appliqué, parait-il, à un citoyen américain condamné en Arabie séoudite. On ne voit pas ce qui aurait empêché, selon ces principes, de greffer la main après l'amputation.

[2] Dans les langues sémitiques, le diable se nomme Sheïtan, dont nous avons fait Satan. Diable signifie « calomniateur » en grec.

[3] Ce récit mythique est vraisemblablement le souvenir des combats historiques menés par les Aryens pour conquérir l'Inde aux dépens des Dravidiens.

[4] Il est curieux de noter que les dieux du bien et du mal s'intervertissent dans la tradition iranienne et la tradition indienne: Ahura, par exemple, est évidemment un Ashura.

[5] L'auteur avait été surpris d'entendre il y a quelques années, à propos d'un problème politique, l'expression « notre vérité arabe ». Au premier degré, c'est un affront à l'idée de vérité absolue, mais cela peut être interprété, au second degré, comme la reconnaissance humble du fait que chacun ne peut connaître que sa propre vérité. Le lecteur se fera sa propre opinion sur l'interprétation à donner.

[6] On prononce chabbatt; le mot provient de la racine sémite qui signifie « sept ». Sept se dit sheva en hébreu et sebaa en arabe. Une année sabbatique est une année où l'on laisse les champs en friche, tous les sept ans, pour permettre de meilleures récoltes.

[7] Littéralement « tête de l'année ». Rosh est à rapprocher du mot arabe de même sens « ras » et de son dérivé « raïs », qui signifie chef ou président.

[8] On dit aussi fête des tentes ou fête des cabanes, en hébreu « souccoth ».

[9] Lié à un radical qui signifie « sauter », « franchir », pessah a le sens de passage.

[10] En grec, « sans levain » se dit azyme. Pâque est aussi dite la fête des azymes.

[11] Cette fête se nomme également « aïd el fitr », fête de la rupture du jeûne. En turc, c'est la küçük bayram, littéralement la petite fête.

[12] On dit et écrit aussi « aïd el qurban », fête du sacrifice ou « id el adha »; en Afrique noire, c'est la Tabaski (tiré du mot Pâques), et en Indonésie, « lebaran ». Les Turcs disent « büyük bayram », la grande fête, et les Français, la fête du mouton.

[13] Le mot est dérivé de « ashra » qui signifie 10 en arabe: c'est le 10e jour du mois de muharram, le premier de l'année lunaire musulmane.

[14] Dash signifie 10 en hindi; on écrit aussi Dussehra ou Dashahara.

[15] Lila ou leyla est le mot arabe pour « nuit », alors que ratri est son équivalent hindi.

[16] on reconnaît dans ce nom « asura », terme générique des démons, dont on a parlé à propos de la religion zoroastrienne (*Ahura* Mazda).

[17] C'est pourquoi les Aryens disent Lanka et non Sri Lanka, Sri est honorifique.

[18] Dipavali, qu'on nomme aussi divali, est formé de « dipa », lampe en terre cuite, et de « mali », guirlande. C'est une guirlande de lampes. On retrouve « mali » dans Maldives: îles en chapelet.

[19] Skanda est le même personnage que Murugan: ce dernier nom s'emploie au pays tamoul.

[20] Noël se dit Navidad en espagnol, Natal en portugais, Nedellec en breton, Christmas en anglais et Weihnachten (« nuit sacrée ») en allemand.

[21] Pour le sens du mot « assomption », voir note 52 p. 300.

[22] Dans les pays anglo-saxons, la veille de la Toussaint, Hallow even, donne lieu à la fête restée très païenne d'Hallowe'en. On croyait que les âmes des morts de l'année entraient pour un an dans le corps d'un animal pour expier leurs fautes. C'est devenu prétexte à mascarade et déguisements.

[23] Le *N* initial de nirvana a, comme en français, valeur de négation. Le Nirvana est une sorte de non-vie.

[24] La position du judaïsme est plus nuancée, plus précisément les divers courants du judaïsme peuvent avoir des positions divergentes sur cette question.

[25] Selon une enquête, les mourants croient bien plus que les bien portants en la vie après la mort.

[26] Voir le livre « la vie après la vie » du docteur Raymond Mooddy, éditions Robert Laffont.

[27] Voir le chapitre sur le christianisme (supra, p. 85). Il est intéressant de remarquer que l'Islam, qui admet la naissance miraculeuse sans père de Jésus-Christ, n'admet pas la mort sur la croix de ce prophète. Selon lui, il y aurait eu substitution d'une autre personne mais aucune explication n'est fournie sur la suite de l'existence de Jésus-Christ s'il n'est pas mort ni ressuscité.

[28] Certains rites shivaïtes du Sud de l'Inde sont restés pré-aryens et les morts sont enterrés dans des chambres souterraines avec des objets utilitaires pour l'au-delà (A. Daniélou, « les quatre sens de la vie »).

[29] Sur près de 2 millions de Toradjas qui vivent dans diverses îles indonésiennes, 350 000 habitent encore leurs terres ancestrales, tandis que la population totale des Célèbes approche 10 millions d'âmes. Les Toradjas sont à 76 % chrétiens, dont 59 % de protestants, surtout luthériens, et 17 % de catholiques. Les minorités protestantes sont constituées de pentecôtistes et d'adventistes.

[30] En France, où les pratiquants catholique ne dépassent pas 15 % de la population, l'enterrement à l'église est pratiqué par près de 80 % des citoyens.

[31] Le coût des enterrements des nobles conduit parfois ceux-ci à épouser des femmes de caste inférieure pour ne pas être obligés de faire trop de frais pour les obsèques des beaux-parents.

[32] Ces tombeaux ne sont pas creusés en terre, ce sont de véritables petites maisons en bois ou en pierre dont l'entrée est scellée. Le nom malgache de la cérémonie est famodihana.

[33] Elle suivait en cela les décisions du IIe concile de Nicée qui, en 787, avait condamné les iconoclastes.

[34] Le protestantisme, contrairement à l'orthodoxie, est de tendance nettement iconoclaste. Le catholicisme partage les conceptions orthodoxes mais les affirme avec moins de vigueur, tolérant qu'à côté d'un art sacré existe un art religieux et même un art à thème religieux.

[35] Mandala signifie « cercle en sanscrit et dans les langues qui en sont dérivées comme l'hindi. Le terme de mandala s'applique aux dix chapitres du Rig-Veda.

[36] L'usage de la soutane s'est généralisé après la contre-réforme catholique du XVIIe siècle. Très peu de traditions chrétiennes remontent à l'Eglise primitive, même l'usage du symbole de la croix.

[37] Saint Sacrement est synonyme d'eucharistie, c'est l'hostie, sorte de petite galette de farine sans levain qui devient, par la Consécration, le Corps du Christ, consommé à la communion.

[38] L'améthyste avait la réputation de protéger de l'ivresse ; c'est l'origine de ce nom grec, tiré de methuein, s'enivrer (cf. méthane, méthylène...)

[39] La fête des Rameaux commémore l'accueil triomphal du Christ à Jérusalem quelques jours avant sa mort ; on la célèbre le dimanche d'avant Pâques.
A noter d'autre part que le Christ du crucifix janséniste a les bras presque verticaux pour marquer, paraît-il, le nombre réduit des élus selon cette doctrine pessimiste du christianisme.

[40] L'assemblée nationale d'Israël s'appelle la Knesset et synagogue se dit « kenis » en arabe.

[41] Angkor est un temple vishnouïte.

[42] En arabe, masdjid est, à proprement parler, le lieu où l'on se prosterne (radical S. Dj. D.). C'est de la prononciation égyptienne de ce mot, masguèd, qu'est dérivé « mosquée ». Une grande mosquée s'appelle djami', du radical signifiant « se rassembler » ; l'orthographe turque du mot est « cami ».

[43] C'est le sionisme qui, à la fin du XIXe siècle, a redonné vigueur à l'hébreu. Celui-ci ne subsistait que dans la liturgie, les Juifs en exil parlant yiddish, ladino ou la langue de leur pays d'adoption. L'hébreu moderne compte 55 000 mots alors que la Bible n'en contient que 7704.

[44] Molière a dénoncé la pédanterie des médecins de son temps. Pourquoi faire simple quand on peut faire compliqué ? Hématome et hémorragie ne sont-ils pas plus impressionnants que bleu ou saignement ?

[45] Le plus étrange à cet égard est le cas de l'empereur d'Annam, Nguyen, qui imposa à tous

ses sujets de porter son nom. C'est pourquoi il y a tant de Vietnamiens qui s'appellent Nguyen sans avoir de liens de parenté, ni entre eux, ni avec le souverain.

⁴⁶ L'orthographe de ces noms d'origine arabe varie selon les pays en fonction des habitudes locales de prononciation et de la voyellation : l'arabe classique du Coran porte une voyelle *u* (ou) au cas sujet, *a* pour l'objet direct et *i* pour l'objet indirect ; ainsi abdallah se prononce classiquement abdu'llahi, ce qui explique la forme africaine abdullaye. Ces variations de prononciation permettent de reconnaître également Mohammed dans Mamadou ou, plus difficilement, Othman dans Soumana.

⁴⁷ Cette confrérie musulmane est très puissante au Sénégal.

⁴⁸ Pour plus de détails sur la laïcité en Turquie, voir plus loin le chapitre « religion et politique ».

⁴⁹ C'est vraisemblablement pourquoi le marxisme, qui est avant tout une doctrine économique, a cru devoir ajouter le matérialisme et l'athéisme à ses principes. Cette position philosophique n'apporte rien à l'analyse économique, elle parait surtout être une réaction quasi-épidermique contre un environnement que Marx jugeait bloqué par les préjugés religieux. Avec le recul du temps, il semble bien que Marx ait eu, de ce point de vue, une attitude irrationnelle, faute d'une analyse suffisamment approfondie du phénomène religieux.

⁵⁰ Catéchisme est un mot grec, apparenté à écho ; c'est l'instruction donnée en faisant répéter l'élève.

⁵¹ La lecture des vieux catéchismes révèle à quel point les mentalités ont évolué dans le sens d'une meilleure compréhension entre les hommes. Dans le « petit catéchisme historique de Fleury », bilingue français-tamoul, édité il y a plus de cent ans pour les comptoirs français de l'Inde, on peut lire, par exemple, les questions et réponses suivantes :
« — Quelles sont les hérésies qui font encore de nos jours la guerre à l'Eglise ?
— les diverses sectes du protestantisme. — Quels en furent les principaux auteurs ? — Luther, Calvin, Henri VIII, Knox et autres gens semblables. — Quelle est la vraie cause de leur révolte contre l'Eglise ? — La luxure, l'orgueil, l'intérêt et autres passions semblables. — En combien de sectes les protestants sont-ils divisés ? — Le nombre en est très considérables, et ils ne font encore que se diviser de plus en plus. — Quelles erreurs enseignent-ils ? — Presque toutes les erreurs imaginables. »
On mesure à la lecture de cet extrait à quel point la charité évangélique n'est pas une vertu facile à acquérir, même chez ceux qui la prêchent. Dans un certain sens, cet exemple conforte notre conviction que l'humanité progresse, même si nous pouvons regretter la lenteur de ce progrès. A chacun de nous d'accélérer le mouvement.

⁵² Une telle situation n'est pas propre à l'Islam : les moines bouddhistes qui psalmodient les textes du Tripitaka en pali ignorent généralement le sens de leur lecture ; avant l'abandon du latin comme langue liturgique du catholicisme, on peut penser que de nombreux fidèles n'avaient qu'une vague idée du sens des paroles de la messe. Il semble que le vieux fonds animiste de l'humanité fasse encore souvent confondre sacré et incompréhensible.

⁵³ On peut s'étonner aujourd'hui que les religions se soient préoccupées d'apporter des réponses à des questions qui ne les concernent pas nécessairement, mais la science elle-même procède toujours ainsi : elle avance une théorie que l'expérience précise ou rejette ultérieurement. Rappelons que la science ne donne pas non plus de certitudes, mais elle permet d'éliminer à coup sûr de fausses hypothèses : il est acquis que la terre tourne autour du soleil et non l'inverse, même s'il est impossible que nous connaissions un jour tous les détails du mouvement de notre planète.

⁵⁴ Selon ces croyances, que partagent aussi des Juifs, Dieu a créé le monde en six jours, il y a 8000 ans. Rien n'existait donc avant cette date, pas plus l'homme que les dinausaures ou les roches. L'inquiétant est que, selon un sondage de 1982, 44 % (!) des Américains partagent ces croyances aberrantes. La « Bible Science Newsletter », l'une des publications de cette tendance, n'hésite pas à affirmer que la théorie de l'évolution conduit « au communisme, à la science ou au socialisme, à l'avortement, à l'acceptation de l'homosexualité et à la surimposition fiscale » (!). Dans la foulée, des œuvres comme Cendrillon, Mac Beth ou le Journal

d'Anne Franck doivent être interdites car elles peuvent conduire les enfants à « adopter les vues des féministes, des anti-chrétiens, des humanistes, des pacifistes ou des végétariens ». On croit rêver.

[55] Se convertir, selon le vocabulaire des chrétiens, est une sorte de révolution permanente intérieure, une remise en cause de toutes les habitudes et attitudes à la lumière de l'enseignement et de l'exemple de Jésus-Christ.

Religion et politique

Apparemment, les rapports entre religion et politique ne sont ni nécessaires ni souhaitables. Que l'homme développe sa vie spirituelle semble une activité sans lien évident avec l'art de gérer la cité. Les partisans d'une certaine laïcité se satisferaient d'une religion confinée dans les temples ou dans les consciences qui laisserait le champ entièrement libre à la vie politique.

Dans la pratique cependant, les choses ne sont pas aussi simples et partout, à des degrés divers, on constate que la religion se mêle de politique tandis que la politique se mêle de religion.

Constatons d'abord que la politique est toujours la résultante d'une lutte de pouvoirs : le vainqueur sort des urnes en démocratie, il s'impose par la ruse ou la force dans les autres régimes. Or la religion dispose incontestablement d'un pouvoir qui, bien que spirituel, peut mobiliser les hommes comme toute autre idéologie.

Avant d'illustrer par des exemples pris dans divers pays la complexité des rapports entre religion et politique, nous nous efforcerons d'analyser en quoi consiste le pouvoir religieux et comment il peut coopérer ou s'affronter avec le pouvoir civil.

Le pouvoir religieux

Aussi loin que l'on remonte dans le temps, on trouve toujours quelque sorcier ou quelque guérisseur dont le pouvoir contre-balance celui du souverain le plus absolu. La peur des forces obscures de l'au-delà hante les despotes comme les autres hommes et celui qui dit maîtriser le surnaturel est considéré avec crainte et respect.

Un pouvoir absolu ne se conçoit pas sans une alliance des pouvoirs temporel et surnaturel. Aussi longtemps qu'ils l'ont pu, les rois se sont déclarés eux-mêmes dieux, ou investis par un Dieu ou protégés par les dieux. L'idéal est d'être à la fois roi et grand prêtre. C'est ce qu'était le pharaon et c'est un peu ce qu'a voulu être Henri VIII quand il créa l'Eglise anglicane. C'est aussi la tendance théocratique d'un régime comme celui institué en Iran par l'imam Khomeini. La tendance totalitaire des pays communistes où la seule idéologie admise est celle de l'Etat ne procède pas d'une autre conception.

Souvent cependant le pouvoir n'est pas assez crédible pour paraître de nature divine ou assez fort pour détenir sans conteste la vérité idéologique. Le pouvoir temporel reste alors extérieur au pouvoir religieux et il peut chercher à l'écraser, à l'étouffer, à l'acheter, à le compromettre, à le déconsidérer ou à le marginaliser. Cette attitude procède, pour une bonne part, de l'analyse selon laquelle le pouvoir religieux est entre les mains de chefs auxquels obéissent des troupes. Cette analogie avec un pouvoir militaire est bien souvent erronée et l'histoire montre que les chefs religieux récupérés par le pouvoir politique perdent rapidement toute influence sur les croyants.

En réalité, le pouvoir religieux est une expression ambiguë: il y a deux sortes de pouvoir religieux, l'un s'apparente au pouvoir matériel, c'est celui qu'exerce une autorité sur des « sujets ». C'est un pouvoir clérical, c'est-à-dire que des prêtres, s'appuyant sur le respect porté à leur fonction, exercent sur leurs fidèles une autorité dans des domaines étendus de la vie publique. L'autre pouvoir religieux, généralement incompris du pouvoir politique, est de nature spirituelle. Etrangement, il n'a guère besoin de chefs pour s'exercer.

Ce pouvoir insaisissable est celui que donne à la foule des croyants une communauté de sensibilité et de foi. L'arme de ce pouvoir est la prière. Les croyants sont en effet persuadés que la prière est efficace et qu'elle l'est d'autant plus qu'ils font un effort personnel pour mieux se conformer à ce que Dieu attend d'eux. Le jeûne et le renoncement à certaines satisfactions superficielles s'associent fréquemment à une prière fervente.

La démarche commune de représentants de diverses religions à Assise en octobre 1986 participant à une prière pour la paix relève de cette croyance dans un pouvoir purement spirituel. Les sceptiques peuvent être tentés de sourire devant ce qu'ils considèrent comme une touchante naïveté, mais, puisque les démarches rationnelles en vue de la paix sont des échecs, pourquoi faudrait-il décourager les croyants d'agir selon leur conscience?

Cependant la prière est parfois mise à toutes les sauces et l'histoire a fréquemment donné le spectacle de deux armées invoquant le même Dieu avant de s'étriper en contradiction formelle avec le message dudit Dieu[1]. Il est bien difficile, dans ces conditions, de prouver que la prière est efficace.

Pourtant, la certitude que les prières sont parfois exaucées se traduit par une multitude d'ex-voto placés par les fidèles dans les lieux de pèlerinage, l'érection de calvaires dans les campagnes ou de sanctuaires dans les grandes villes : la basilique du Sacré-Cœur à Montmartre commémore l'arrêt des Allemands devant Paris en 1870 et Notre-Dame de Fourvière à Lyon, la fin de diverses épidémies jugulées par la Vierge. Ces monuments donnent une bonne image de la force constructive des croyances religieuses qui les ont érigées.

De nos jours, le pouvoir spirituel se mobilise surtout pour défendre des droits. Pour vivre normalement, les religions ont en effet besoin, comme les individus, d'exercer certaines libertés fondamentales qu'elles cherchent à faire reconnaître par le pouvoir politique.

La situation varie considérablement selon le type de régime politique institué.

Théocratie, athéisme ou laïcité

A l'une de ces trois formules se rattachent toutes les différentes formes de rapport entre un gouvernement et les religions.

Dans les *régimes théocratiques*[2], le gouvernement fonde son autorité sur une religion, ce qui place ses adversaires dans une situation défavorisée. Cette forme de gouvernement est l'idéal auquel aspirent explicitement les musulmans : le Coran pose les principes de la vie civile comme ceux de la vie religieuse et la société ne peut être parfaite qu'en suivant scrupuleusement le Coran. De ce point de vue, on comprend les musulmans fondamentalistes qui regrettent l'époque où un calife dirigeait l'ensemble du monde musulman.[3] Cependant, bien des gouvernements de pays musulmans aussi différents que l'Arabie séoudite ou l'Iran appliquent exclusivement la loi islamique de la chari'a ; qu'il s'agisse de républiques ou de royaumes, ces pays sont, au sens large, théocratiques.

Parmi les pays de culture bouddhiste, seul le Bhoutan impose encore sa religion à ses sujets ; plus précisément, il y est interdit de propager une autre religion que le bouddhisme.

Le christianisme, quant à lui, a longtemps eu la tentation d'établir le règne de Dieu sur terre. L'amour du prochain impliquait de ne pas le laisser dans l'erreur et les souverains trouvaient salutaire d'imposer leur religion à leurs peuples.

L'oppression des minorités religieuses et une conséquence quasi inévitable de la théocratie ou de l'existence d'une religion officielle : l'expulsion des Juifs d'Espagne après la Reconquista, la révocation de l'Edit de Nantes par Louis XIV, la persécution des baha'is par la république islamique d'Iran en sont quelques exemples.

Parfois la théocratie s'efforce de présenter un visage de tolérance en accordant un statut particulier aux minorités religieuses. C'est ce que l'Islam prévoit pour les « gens du Livre », chrétiens, Juifs ou zoroastriens, sous le nom de « dhimma ». Il s'agit cependant d'un statut accordé et non négocié avec les intéressés.

Les *régimes athées* reposent sur le même principe que les régimes théocratiques, en ce sens qu'ils s'efforcent d'imposer leur idéologie à tous les citoyens. Dans les régimes marxistes durs, la liberté de croyance est garantie par la constitution car aucune technique ne permet encore de contrôler les opinions intimes, en revanche il n'est pas permis de répandre les croyances religieuses. Seule est licite la propagande anti-religieuse. L'objectif déclaré des régimes athées est l'éradication définitive de toute religion considérée comme une sorte d'insuffisance cérébrale qu'une éducation adaptée devra guérir un jour.

La *laïcité* est l'alternative à la contrainte qu'impose presque fatalement la théocratie ou l'athéisme. Elle consiste, en principe, à ce que l'Etat n'interfère aucunement dans la vie religieuse ou spirituelle de ses citoyens, quelles que soient leurs convictions.

Décréter la laïcité de l'Etat ne règle pas tous les problèmes. Diverses interprétations de son contenu sont possibles comme en témoigne, par exemple, la question de l'école libre en France : pour certains, l'Etat, responsable de l'Education nationale, met à la disposition des citoyens une école laïque, c'est-à-dire où l'on ne prend parti pour aucune religion. L'école est gratuite et obligatoire. L'Etat fait donc preuve de tolérance en admettant qu'existent d'autres écoles mais il est hors de question de les subventionner. Pour les partisans de l'école libre, religieuse ou non, il n'est pas juste que les parents paient deux fois l'école de leurs enfants, une fois par leurs impôts qui financent l'école publique et une autre fois pour l'école qui leur convient. Si l'école libre n'existait pas, l'Etat devrait créer d'autres établissements et recruter d'autres maîtres et il est normal que les parents qui préfèrent une autre école que l'école publique bénéficient de la quote-part d'économies qu'ils font ainsi faire à l'Etat.

A l'analyse, ce problème français de l'école libre ne met pas en cause le principe même de la laïcité mais il est plutôt un terrain d'affrontement politique entre les partisans d'un monopole d'Etat et ceux d'un libéralisme ouvert à la concurrence des idées.

Cet exemple montre que la notion de laïcité n'est pas si simple à définir ou à appliquer. En France, elle reste teintée par la lutte acharnée que se sont longtemps livrée républicains et royalistes, rouges et calotins. La laïcité française continue à combattre bien souvent les croyants comme s'ils étaient encore une menace pour la république. C'est pourquoi, au nom de la laïcité, aucune formation religieuse n'est prévue dans les programmes de l'école publique française. Pourtant un Etat moderne a tout intérêt à donner une formation spirituelle à ses citoyens plutôt que de laisser ceux qui s'y intéressent chercher leur voie au travers de sectes douteuses. Les conflits de jadis sont aujourd'hui dépassés et il faut rechercher l'épanouissement du citoyen grâce à une formation qui prend en compte tous ses besoins.

A l'opposé de la conception française de la laïcité, celle de la Turquie moderne, qui fait l'objet de l'encadré ci-contre, s'efforce de donner aux citoyens une formation religieuse contrôlée par l'Etat laïc.

Une position intermédiaire pourrait raisonnablement s'envisager: ce n'est pas à l'Etat d'assurer une formation religieuse, même dans un esprit laïc, mais l'Etat ne doit pas se désintéresser non plus des aspirations spirituelles de ses citoyens. Pourquoi ne pas donner au moins une information sur ce que sont les différentes religions, l'athéisme ou l'indifférence religieuse de telle sorte que puisse librement s'orienter la recherche spirituelle des adolescents que cela intéresse?

La laïcité en Turquie

La situation turque au sein du monde musulman est particulièrement originale. La révolution d'Atatürk n'a pas fini de produire ses effets et peut-être montrera-t-elle la voie pour l'évolution d'autres pays.

Rappelons que Mustafa Kemal Atatürk (1881-1938) vint au pouvoir en 1920 peu après la défaite de l'Empire ottoman, allié aux Allemands au cours de la Première Guerre mondiale... Animé d'un nationalisme ombrageux et fort peu sensible aux préceptes du Coran — il est mort d'une cirrhose du foie — Atatürk a voulu en quelques années, faire de son pays un Etat moderne de type européen.

Il n'a pas hésité à bousculer sa culture séculaire par des mesures autoritaires: remplacement de l'écriture arabe par l'alphabet latin, obligation de s'habiller à l'occidentale[4], constitution d'une république laïque et abolition du califat.

En ce qui concerne cette institution fondamentale de l'Islam[5], il est curieux de constater que la décision d'un général laïc de la supprimer d'un trait de plume n'ait pas provoqué beaucoup de réactions ni suscité la naissance d'un califat de remplacement dans un autre pays. En montrant la fragilité du mythe du califat, Atatürk prouvait aussi que l'Islam pouvait vivre sans se mêler de politique.

L'Islam est en effet bien vivant dans la Turquie contemporaine: la population rurale, qui représente près de la moitié de ses 50 millions d'habitants, est encore profondément pratiquante, de même qu'une bonne partie des citadins restés imprégnés de culture traditionnelle.

Pour répondre aux besoins religieux de ses ressortissants, l'Etat laïc turc n'a pas hésité à créer en 1947 une faculté de théologie puis un réseau d'écoles religieuses pour former le personnel des mosquées, imams et prédicateurs. Contrairement aux écoles coraniques des autres pays musulmans, ces écoles suivent le programme profane normal auquel s'ajoutent une formation coranique et l'enseignement de l'arabe. Ces « imam ve hatıp okulları » comptent 250 000 élèves, ce qui permettra que les futurs cadres religieux ne soient pas coupés de la réalité du monde moderne et qu'ils ne soient pas hostiles à l'Etat.

L'objectif de l'Etat laïc de contrôler la religion se traduit de plus en plus par l'introduction d'un enseignement religieux officiel minimum dans toutes les écoles publiques. Cette évolution ne soulève pas de difficultés excessives dans un pays où la population est musulmane à 99 %. Cependant les rares élèves chrétiens se trouvent placés dans une situation délicate car ils sont souvent obligés d'assister à des cours religieux contre leurs convictions. Le respect de celles-ci dépend entièrement de la volonté et de l'ouverture d'esprit de leurs professeurs, ce qui est évidemment aléatoire.

Constatant que le théocratie dessèche et dévoie les religions tandis que l'athéisme les étouffe et favorise ainsi les sectes obscurantistes, on en vient à penser que la laïcité est la condition nécessaire au progrès des religions. C'est peut-être pourquoi les porte-parole d'une laïcité délibérément anti-religieuse ne paraissent pas enclins à promouvoir une laïcité moderne et décomplexée. Pourtant seule une laïcité de cette nature serait en mesure d'apporter la décrispation des esprits et la tolérance qui conditionnent la paix intérieure, objectif commun du pouvoir politique et des religions.

Fanatisme et tolérance

Un pouvoir apprécie toujours d'avoir à son service des troupes prêtes à lui obéir sans conditions ni états d'âme. D'ailleurs même les doctrines et les philosophies les plus absurdes trouvent des adeptes pour les suivre aveuglément et de bonne foi.

Il ne faut donc pas s'étonner que les religions n'échappent pas plus au phénomène du fanatisme que les doctrines politiques.

Pourtant toutes les religions à prétention universelle prêchent la tolérance. Le christianisme pousse l'amour universel jusqu'à recommander d'aimer ses ennemis. Le Coran dit formellement qu'il ne doit pas y avoir de contrainte en matière de religion. Quant au bouddhisme et à l'hindouisme, ils respectent la vie au point de prescrire à leurs adeptes d'être végétariens.

Malgré ces bonnes dispositions, le message de la tolérance a du mal à passer et l'on ne compte plus les massacres perpétrés par des gens qui se croient en règle avec leur religion. La tendance au fanatisme paraît donc bien être profondément ancrée au sein de la nature humaine. Peut-être peut-on trouver une explication théorique à ce fait dans le besoin irrépressible d'absolu de l'homme alors que, dans ce monde, il doit se contenter du relatif. Peut-être aussi le fanatisme exprime-t-il aussi une crainte instinctive envers tout ce qui est étranger, la peur d'une différence qui menace les certitudes. Toujours est-il que le fanatisme est prêt à se manifester dès que les circonstances en permettent l'éclosion et qu'un démagogue fait appel à nos plus bas instincts.

En revanche la tolérance n'est pas spontanée. Elle est le fruit de l'expérience et de l'éducation. Apprendre à admettre les différences des autres implique bien souvent que nous nous remettions en question. C'est un effort moral et spirituel que nous ne sommes pas tous disposés à faire. Les religions devraient y aider, c'est dans leurs principes et dans leur vocation. Cependant elles sont dirigées par des hommes qui ne sont pas toujours des saints et les entorses graves à la tolérance restent nombreuses.

Tout naturellement, ce sont, comme nous l'avons vu, les régimes théocratiques ou athéistes qui sont coupables de ces manquements.

Heureusement ceux-ci ne sont pas toujours sanglants : interdiction de tout culte non musulman, privé ou public, en Arabie séoudite et au Qatar, persécutions religieuses, mesures discriminatoires ou vexatoires diverses et variées en Union soviétique et dans les « démocraties populaires » etc.[6]

On doit remarquer que, depuis la disparition de tout Etat officiellement chrétien, il n'existe plus de persécutions ou de brimades de nature religieuses commises au nom du christianisme. Tout espoir n'est donc pas perdu de voir la situation continuer à s'améliorer : c'est un travail d'éducation auquel peut contribuer l'instauration d'une certaine « morale » internationale. Il est curieux de constater que toutes les organisations laïques d'intervention sociale ou presque (Amnesty international, Médecins du monde ou sans frontières, Croix Rouge, Secours populaire etc.) ont pris naissance dans les pays de vieille culture chrétienne. Les mouvements purement chrétiens sont naturellement particulièrement actifs (Secours catholique, Armée du Salut...) et présentent même des exemples de dévouement extrême au profit de déshérités d'autres religions (Mère Thérésa à Calcutta, sœur Emmanuelle auprès des chiffonniers du Caire...) Il serait apprécié que les pays d'Islam, dont certains disposent d'abondantes ressources financières, s'intéressent à ce type de compétition, envoient des équipes médicales sur les lieux des grandes catastrophes ou aient même l'humour d'ouvrir des restaurants du cœur pour nos clochards. Pour le moment, leur aide se concentre sur la construction de magnifiques mosquées dans le Tiers Monde et l'organisation du Croissant Rouge, qui se veut un décalque de la Croix Rouge, se manifeste bien peu.

On peut certes espérer humaniser le monde et lui apprendre la tolérance grâce à une éducation patiente et persévérante, mais force est de constater que subsistent des poches considérables d'obscurantisme dont profitent des dirigeants sans scrupules. Plus le niveau d'éducation des masses est médiocre, plus le pouvoir, quel qu'il soit, est tenté par leur manipulation et moins il existe de tolérance : chacun a en mémoire la fanatisation provoquée par le « cléricalisme » chiite en Iran. Un tel cercle infernal conduit à des tragédies, à des pogroms ou à des guerres de religions.

Cependant, contrairement à ce que suggère cette dernière expression, ce phénomène est loin d'être purement religieux. L'intolérance fait partie, comme la violence, de la nature humaine. A cet égard. Les formations politiques les plus progressistes ou les plus libérales ne donnent pas un exemple plus convaincant que les religions : dans l'affirmation des principes, chaque parti s'accorde à jeter l'anathème sur les extrémistes de tout poil mais, dans la pratique, même les hommes politiques les plus modérés ne sauraient admettre la moindre parcelle de réussite ou de vérité chez leurs adversaires. Politiquement, l'adversaire a tort parce qu'il est l'adversaire. L'intolérance politique n'a donc rien à envier à l'intolérance religieuse ; l'une et l'autre sont inextricablement impliquées dans de nombreux conflits. C'est tout simplement l'intolérance humaine.

Guerres de religion ou conflits politiques?

Rien n'est plus choquant pour la conscience contemporaine que les guerres de religion. Comment peut-on s'entretuer au nom d'un Dieu qui est notre créateur à tous et ne se préoccupe apparemment pas de nous imposer une religion unique? Et surtout comment peut-on s'entretuer au nom d'un Dieu qui recommande l'amour entre les hommes?

Pourtant la religion paraît être, aujourd'hui encore, impliquée dans de nombreux conflits, parfois sanglants. Ainsi la liste ci-dessous, qui n'a pas la prétention d'être exhaustive, évoque les tensions contemporaines où un élément religieux au moins entre en jeu:

EUROPE

Irlande du Nord: conflit sanglant entre catholiques et protestants.
Pologne: résistance du peuple polonais, catholique à 95 %, contre le régime athée qui lui a été imposé jusqu'à une date récente.
« Démocraties populaires »: persécutions plus ou moins violentes contre toutes formes de religions.

AFRIQUE

Egypte: pression des intégristes musulmans en faveur de l'adoption de la loi islamique; brimades contre la minorité chrétienne copte.
Algérie et Tunisie: difficultés du pouvoir aux prises avec l'agitation d'intégristes musulmans.
Soudan: guerre du pouvoir arabisé et musulman du Nord contre le soulèvement du Sud, animiste et chrétien.
Tchad: difficile coexistence de la communauté musulmane pastorale du Nord avec les agriculteurs animistes et chrétiens du Sud.
Nigéria: incidents sanglants dus à des sectes pseudo-musulmanes fanatiques.
Ethiopie: état de guerre en Erythrée avec diverses implications religieuses.
Afrique du Sud: opposition de la plupart des Eglises au régime de l'apartheid[7].

AMÉRIQUE LATINE

L'Eglise catholique, très majoritaire dans ce continent, prend depuis quelques années des positions de plus en plus marquées en faveur des minorités sociales exploitées. Cette « théologie de la libération » se développe en particulier au Brésil et au Chili. Au Nicaragua, le régime sandiniste d'inspiration marxiste a montré aux chrétiens engagés dans l'action sociale et politique les risques de tomber d'un excès dans l'autre.

ASIE

Philippines : revendication d'indépendance ou d'autonomie de la minorité musulmane des Moros ; sanglantes actions de guérilla et de contre-guérilla.
Inde : revendication d'autonomie politique d'une partie des Sikhs ; attentats et répression.
Sri Lanka : lutte armée en vue d'une autonomie politique des Tamouls, généralement hindouistes ou chrétiens, contre le pouvoir singhalais, à majorité bouddhiste.
Inde et Pakistan : conflit toujours latent au sujet du Cachemire, à population majoritairement musulmane mais partiellement rattachée à l'Inde ; situation stabilisée sur une ligne de cessez-le-feu.
Viêt-nam : pression constante du régime marxiste à l'égard de toutes les religions ; la même situation prévaut au Cambodge et au Laos sous contrôle vietnamien.
Malaisie : mesures discriminatoires tendant à favoriser l'ethnie malaise, musulmane et légèrement majoritaire, aux dépens des autres ethnies, chinoise et indienne, non musulmanes.

A l'analyse de ces cas de tensions ou de conflits, on constate que le facteur religieux n'est pas toujours prédominant, loin de là. Parfois la religion n'est que l'alibi d'une querelle purement politique et parfois c'est la lutte d'une minorité ethnique qui se cristallise autour de la religion.
Ainsi la guerre qui déchire l'Irlande du Nord n'est qu'une guerre de libération coloniale, mais elle est particulièrement difficile à régler du fait que le colonisateur britannique est majoritaire et l'indigène irlandais minoritaire. L'hostilité des deux peuples ce cristalise autour de ce qui les sépare le plus évidemment, la religion, laquelle se trouve ainsi prise en otage par les deux parties. Ce que permet de constater cette tragédie, c'est bien plus le faible degré de christianisation des adversaires que les motivations religieuses de leur conflit.
A contrario, lors de la guerre menée par l'Algérie pour son indépendance, l'argument religieux n'a jamais été mis en avant. La hiérarchie catholique de la communauté française d'Algérie s'est efforcée avec succès de tenir la religion à l'écart du conflit pour ne pas l'envenimer. Cette attitude intel-

Religion et politique   479

ligente et courageuse n'a pas toujours été appréciée de certains Français d'Algérie qui gratifièrent le cardinal du surnom de Mohammed Duval. Ce dernier et bon nombre de ses prêtres adoptèrent la nationalité algérienne pour maintenir la présence d'un témoignage chrétien dans l'Algérie indépendante, presqu'entièrement musulmane.

En ce qui concerne la Pologne, sans mettre le moins du monde en doute la sincérité et la profondeur de la foi de son peuple, on peut se demander si celle-ci n'a pas été soutenue et renforcée précisément par l'esprit de résistance contre le régime autoritairement imposé contre la volonté générale.

Le cas du Soudan pour sa part illustre bien comment un conflit de nature politique peut être aggravé par des facteurs religieux : la prétention d'imposer la loi musulmane à l'ensemble d'un pays dont une forte minorité appartient à d'autres religions est susceptible de faire exploser une situation politique déjà tendue pour des raisons ethniques. Les gouvernements successifs sont pris entre deux choix : donner satisfaction à la majorité musulmane et déchirer le pays par une guerre civile ou composer avec les rebelles en soulevant la colère des intégristes musulmans. Cette situation montre à quel point est nécessaire une éducation en profondeur pour extirper le fanatisme. Cette politique serait d'ailleurs en conformité avec l'enseignement du Coran.

Nous terminerons ces brefs commentaires des conflits où la religion s'est laissé piéger par des intérêts qui la manipulent en évoquant le cas de l'Iran. Pour qui serait surpris par le non-conformisme de cette analyse, précisons que l'auteur parle persan et qu'il connaît particulièrement ce pays pour avoir servi dans l'administration iranienne.

L'IRAN

Contrairement à ce qu'on pourrait penser, l'Iranien n'a pas, en général, l'âme très religieuse. Sa caractéristique serait plutôt une extrême subtilité intellectuelle qui le conduit bien souvent à la duplicité.

D'autre part, plus de 2500 ans d'empire ont forgé chez les Iraniens une fierté nationale auprès de laquelle les chauvinismes occidentaux paraissent bien pâles.

Ces données sont fondamentales pour éclairer l'histoire de l'Iran et comprendre la personnalité hors du commun de son peuple.

Ainsi on peut se demander si l'adoption du chiisme par l'ancienne Perse n'a pas été motivée, au moins en partie, par le souci de préserver la personnalité nationale pour se distinguer du sunnisme arabe sans pour autant quitter l'Islam.

Aujourd'hui, la question est de savoir quel est le sens profond de la révolution islamique et l'influence qu'elle peut avoir sur l'ensemble du monde musulman.

La naissance de ce régime, remarquable pour notre époque, illustre bien la complexité toujours déroutante des affaires iraniennes. Le régime du chah était bien dans la ligne de l'histoire de la Perse éternelle : un souverain intelligent se faisait de sa mission des idées mégalomanes tandis que sa famille, qui n'avait pas les joies directes du pouvoir, se consolait en s'enrichissant scandaleusement. Le régime évidement dictatorial — on ne voit pas pourquoi le chah aurait spontanément changé les habitudes de ses sujets — ne sortait pas des normes admises en Iran. Le père du souverain avait laissé des souvenirs plus cuisants : il lui arrivait de faire passer de mauvais entrepreneurs sous leur propre rouleau compresseur ou de faire pendre des jardiniers dont les arbres crevaient. En comparaison, il n'y avait pas de quoi fouetter un chah, d'autant que pour donner l'image d'un monarque éclairé, Mohammed Reza Pahlavi affichait les meilleures intentions : « armée du savoir » envoyée scolariser les villages et début de réforme agraire. Bien sûr, les ennemis du régime étaient payés en bons du Trésor tandis que les terres de la couronne étaient vendues à bon prix pour alimenter les comptes en Suisse, mais le geste faisait plaisir aux Américains.

Pour conforter l'image d'un souverain aussi progressiste, il était désastreux d'avoir une opposition de gauche. Celle-ci était donc l'objet des soins éclairés de la Savak, l'organisation de la sûreté du pays. Mais l'idéal était d'avoir une opposition de droite bien rétrograde : l'ayatollah Khomeini répondait parfaitement à cet objectif. C'est pourquoi Téhéran suggéra amicalement à Paris de laisser ce noble vieillard vitupérer à Neauphle-le-Chateau. Par un effet imprévu, les mosquées se sont ainsi trouvé promues au rôle de foyers de fermentation politique, ce qui n'était pas contre leur vocation. Même les opposants de gauche s'y réunissaient. C'est ainsi que le chah gonfla une baudruche qui lui explosa à la figure au moment où, malade et lassé, il n'avait plus le ressort pour appliquer les méthodes répressives traditionnelles des dictateurs.

Les premiers surpris de l'aubaine furent les mollas qui avaient l'habitude d'exploiter la crédulité de leurs fidèles mais n'étaient nullement préparés à exploiter les ressources du pétrole. On en vit quelques uns qui parlaient un peu anglais errer à l'étranger, attaché-case en mains, à la recherche des bakchichs. Les mollas, souvent méprisés par la population, auraient pu sombrer dans le ridicule s'ils n'avaient bénéficié de circonstances exceptionnelles : d'une part, ils disposaient d'un nouveau chah en la personne de

Khomeini, d'autre part l'Iraq, bien placé pour juger du pourrissement de la situation, eut la réaction absurde de vouloir hâter l'effondrement du régime par une attaque militaire. Piqué au vif dans ses sentiments nationalistes, l'Iran réagissait en s'alignant derrière le pouvoir du moment, c'est-à-dire l'imam et ses mollas. Plus précisément l'agression irakienne fut un excellent prétexte dont usèrent les mollas pour fanatiser les seuls Iraniens sur lesquels ils pouvaient avoir de l'influence, les jeunes couches de la population rurale la plus rétrograde. Ceux qui ne purent s'enfuir à l'étranger durent suivre les caprices du prince et jouer la comédie de l'exaltation religieuse.

Le plus curieux de l'affaire, ce sont les répercussions de ces avatars sur le monde arabe. Pour qui ignore l'Iran, comme c'est généralement le cas des Arabes et des autres, la révolution iranienne était effectivement islamique; c'était un exemple remarquable de sursaut d'une puissance musulmane, fourvoyée par un souverain vendu à l'Occident, qui rejetait l'exploitation capitaliste pour instaurer un Islam pur et dur. Que l'Iran professe le chiisme et n'ait aucune tendresse pour les Arabes ne gênait nullement les foules désenchantées des pays arabes aspirant à trouver, où qu'il soit, un nouveau Nasser.

Finalement, la victime principale de cette situation rocambolesque est le monde musulman et les valeurs qu'il représente. Il se trouve affligé d'un porte-drapeau peu recommandable, comme si Kaddhafi ne suffisait pas, ce qui contribue à le déchirer et à donner de l'Islam une image d'obscurantisme médiéval dont il n'avait pas vraiment besoin.

En attendant, comme on peut s'en douter, les Iraniens sont de plus en plus dégoûtés de la religion.

Aujourd'hui que Khomeini a disparu, la situation a-t-elle vraiment changé?

---

[1] Au cours de la Deuxième Guerre mondiale, les soldats allemands portaient sur leur ceinturon la devise « Gott mit uns », « Dieu avec nous ».

[2] Du grec theos, « dieu », et kratein, « commander »: « gouvernement par Dieu ».

[3] Voir la note sur le califat dans le chapitre sur l'Islam.

[4] Il substitua en particulier la casquette au fès; la visière étant incompatible avec la prosternation du front sur le sol, les pieux musulmans prirent l'habitude de tourner la visière vers la nuque.

[5] Voir la note sur le califat p. 175.

[6] Dans les pays à régimes forts dits « de droite » comme l'Afrique du Sud ou le Chili, des croyants sont fréquemment persécutés mais ils le sont pour leur activité sociale ou politique,

pas au nom de leur foi. La nuance avec les persécutions de l'expression de la foi elle-même est ténue mais elle existe. Dans les deux cas cependant ce sont les croyants les plus actifs, ceux qui mettent leur foi en pratique, qui reçoivent les coups.

[7] Théorie du développement séparé des deux communautés, noire et blanche, qui doivent vivre « à part » l'une de l'autre.

Les religions ont-elles de l'avenir ?

Le poids des religions dans les civilisations et les cultures, le rôle historique qu'elles ont eu, amène à s'interroger sur leur avenir.

Plusieurs hypothèses sont possibles :
— Ceux qui voient dans les religions des pratiques magiques ou superstitieuses prédisent leur disparition. Il n'est pas exclu effectivement que certaines formes de religiosité populaire soient condamnées à long terme, mais la religion va bien au-delà.
— Ceux qui constatent l'échec du matérialisme ambiant n'imaginent pas l'avenir sans un retour à la spiritualité. Le réveil de l'Islam intégriste est, peut-être un peu rapidement, interprété de la sorte.
— On peut aussi penser qu'une certaine internationalisation de la culture amènera fatalement à comparer le contenu des différentes religions. On passerait ainsi de la situation qui prévaut aujourd'hui où chaque culture est liée à certaines formes de religion à une situation de plus grande liberté où le choix de chacun pourrait s'exercer en comparant les messages proposés.

Dans cette dernière hypothèse, la question se pose des chances d'un syncrétisme, sorte de fourre-tout satisfaisant le maximum de tendances. Ceci peut paraître improbable en Occident où les convictions religieuses sont traditionnellement très tranchées, c'est cependant courant en Asie où Chinois et Japonais, en particulier, sont très à l'aise dans la pratique simultanée de religions différentes.
— Il ne faut pas exclure non plus l'hypothèse où une religion apparaîtra nettement plus convaincante que ses concurrentes mais il est clair que ceci n'est imaginable qu'au prix d'un effort considérable de dépouillement de ce qui est exagérément marqué par une culture ou une histoire particulière.

Sans jouer au devin, une réflexion sur ces problèmes peut avoir l'avantage de relativiser certains obstacles au dialogue des religions et d'ouvrir des perspectives sur l'évolution du monde spirituel.

En premier lieu, nous tournerons nos regards vers le passé pour nous remémorer l'évolution constatée depuis plus de trois millénaires d'histoire.

Nous nous efforcerons alors de déterminer jusqu'où il est raisonnable d'extrapoler ces tendances du passé. A cet égard, il faudra tenir compte d'un facteur nouveau, absent jusqu'à présent, la facilité d'échanges culturels qu'offre le monde moderne.

Comment imaginer qu'à la veille d'une époque où nous pourrons recevoir sans effort sur nos écrans des émissions en français sur l'Islam en provenance d'Arabie séoudite ou sur le bouddhisme en provenance du Japon, il n'y ait pas un besoin considérable de compréhension des autres croyances, de leur intérêt et de leurs limites.

Comme toujours la concurrence aura un effet bénéfique, au moins en ce qui concerne l'aspect intellectuel de la compréhension des religions. Pour ce qui est de la vie proprement spirituelle qui est personnelle et intérieure, le moins qu'on puisse dire c'est que l'envahissement des mass-media ne la favorise pas encore. A quand un programme de silence devant une belle montagne ou dans la pénombre d'un cloître?

Dans un tel environnement, qui n'est qu'une hypothèse, comment se présentera la confrontation des croyances religieuses ? Y aura-t-il une certaine convergence ou un durcissement des particularismes?

Et Dieu dans tout cela, n'a-t-il pas son plan qu'avec sa discrétion habituelle il nous laisse le soin de découvrir petit à petit ? Ce serait bien étonnant qu'après avoir mené sa création depuis le « Big Bang » initial jusqu'au degré de complexité que nous connaissons, il se contente de la pagaie de nos idées et de nos croyances.

Puisque nous avons le don de la liberté, il est inévitable que notre recherche soit erratique et incertaine, mais ne constatons-nous pas cependant une lente convergence vers un destin d'épanouissement de l'homme en Dieu?

Peut-être ces sujets de réflexion sont-ils vains. Il s'agit pourtant de comprendre ce que l'humanité fait sur cette terre depuis des millénaires.

L'importance de la question mérite d'examiner toutes les explications possibles, y compris celles fournies par les religions. Or il est intéressant de constater des évolutions de plus en plus rapides et relativement convergentes des religions dans leur conception du monde et du rôle qu'y tient Dieu.

L'évolution des religions dans le passé

Les religions sont aussi vieilles que l'humanité. D'après ce que nous savons de leur état au début de la période historique, le premier stade de leur développement présentait des analogies avec les religions animistes qui subsistent à notre époque. L'homme expliquait le monde par le jeu d'une multitude de dieux ou de puissances inconnues qui maniaient à leur guise les êtres et les forces de la nature. Dès que l'homme agissait, il était en présence de dieux qu'il fallait se concilier et apaiser. Tout était sacré et religieux.

Ceux qui pouvaient parler aux dieux étaient investis d'un pouvoir qui débordait largement ce que nous appelons aujourd'hui le domaine spirituel. Les sorciers, guérisseurs et autres grands prêtres acquéraient leur pouvoir magique par une initiation secrète. En somme, faute d'explications scientifiques des phénomènes naturels, tout était entre les mains des prêtres, ce qui conduisait naturellement à la superstition, au polythéisme et à la confusion du temporel et du religieux.

Cette situation ne pouvait se débloquer qu'avec l'apparition de l'esprit scientifique, qui considère que les dieux laissent la nature suivre ses lois immuables.

La conception selon laquelle les dieux n'interviennent pas à tout propos a provoqué un progrès décisif de l'humanité qui découvrait ainsi une liberté fondamentale : celle de pouvoir agir sur la nature en observant son fonctionnement.

Ce changement d'attitude ne s'est pas produit brutalement. Il a fallu des siècles pour que l'homme accède à une plus grande abstraction ; l'invention des chiffres et des lettres en est un exemple. En matière religieuse l'observation conduisait à constater la présence simultanée du bien et du mal en toute chose. L'explication la plus simpliste consistait à attribuer chaque événement à une divinité, bonne ou mauvaise selon les cas. Dans un stade ultérieur, on en est venu à considérer le monde comme le théâtre de la lutte d'un dieu du bien et d'un dieu du mal. On trouve encore les traces de cet état des religions dans le zoroastrianisme.

Ce n'est que bien plus tard qu'on comprit que deux dieux ne pouvaient donner une explication satisfaisante de la création : l'existence même d'un deuxième Dieu est contradictoire avec la toute-puissance du premier.

C'est l'intuition géniale d'Abraham — ou la révélation qu'il reçut — qui est à l'origine de toutes les formes de monothéismes. Grâce à lui, un pas décisif était franchi dans la conception des relations de l'homme avec la nature. Au lieu de placer le divin au niveau des phénomènes naturels, le monothéisme distingue le Créateur de la création, enlevant à cette dernière une partie de son inaccessibilité et de son mystère. En plaçant Dieu au-dessus de la nature, le monothéisme a séparé, en quelque sorte, le profane du sacré et a permis à l'homme d'agir sur la nature sans contrainte d'origine superstitieuse.

Sous cet angle, à bien y regarder, le monothéisme est à l'origine de l'esprit scientifique et de la notion même de laïcité.

La conception du monde qu'implique un Dieu unique est si séduisante que la plupart des religions polythéistes ont évolué vers l'idée d'un Dieu suprême dont les différents dieux seraient des manifestations ou des créatures.

De la même façon, les religions de type philosophique où la notion de Dieu ne semblait pas nécessaire, comme c'est le cas du bouddhisme, ont évolué de leur côté vers une certaine personnalisation de l'Absolu, en l'occurrence une divinisation de Bouddha présenté comme une incarnation de la divinité.

Enfin, depuis moins d'un siècle, la notion de Dieu unique s'assortit de la reconnaissance généralement admise qu'Il est le même pour toutes les religions. Il n'y a pas si longtemps en effet, chaque religion disait adorer le vrai et seul Dieu, ce qui impliquait que les autres religions adorassent un faux Dieu. On a maintenant franchi cette barrière : on admet que le Dieu unique porte des noms différents selon les langues, les cultures et les religions.

C'est un progrès décisif dont on peut se demander pourquoi il a été accompli si tard et pourquoi il passe presqu'inaperçu.

Depuis peu cependant, l'évolution des religions semble encore s'accélérer.

L'évolution récente des religions

La lecture superficielle de la presse fait ressortir quelques faits religieux marquants de notre époque :
— Déchristianisation apparente de l'Occident avec la baisse du recrutement sacerdotal et de la fréquentation des églises ainsi que la contestation des principes catholiques en matière de limitation des naissances ou de mariage des prêtres.
— Succès populaire des voyages du pape.
— Multiplication des sectes douteuses.
— Réveil de l'intégrisme dans l'Islam et, à un moindre degré, dans le catholicisme.
— Réapparition de guerres de « religion » en Irlande ou au Moyen-Orient.

D'autres faits, peut-être plus importants, passent quasi-inaperçus :
— La disparition rapide de l'animisme considéré comme religion indépendante, les pratiques animistes s'accommodant de plus en plus des grandes religions dominantes.
— L'évolution de l'hindouisme par craquement de la société traditionnelle qui le soutient.

Les religions ont-elles de l'avenir ?

— Le développement des « nouvelles religions » au Japon où le bouddhisme absorbe de nombreux thèmes chrétiens.
— La perte de crédibilité de l'athéisme agressif au profit de l'indifférence religieuse.
— La mise en pratique du dialogue œcuménique entre communautés chrétiennes.
— L'acceptation assez générale du principe de laïcité qui tend à éviter la récupération des religions par la politique.
— La perte de crédit du fanatisme chez les intellectuels.
— La multiplication des Eglises chrétiennes « locales » et l'acculturation des grandes Eglises chrétiennes.
— Le développement rapide des religions « marginales » comme le bahaïsme, le mormonisme, les Témoins de Jéhovah...
— Le changement radical par rapport au siècle dernier de la perspective dans laquelle les chrétiens voient leur rôle missionnaire.

A ces faits de nature religieuse s'ajoutent de profonds changements provoqués par la société industrielle :
— Le conditionnement par les mass-média est l'un de ceux-là. L'information circule instantanément mais elle est aussi de plus en plus superficielle ; les événements religieux intéressent davantage par leurs manifestations spectaculaires que par leur contenu spirituel.
— Les peuples industrialisés trouvent naturel de vivre dans une richesse inimaginable il y a seulement un demi-siècle ; les valeurs morales ont vu leur prestige s'effriter au profit des valeurs boursières.
— Les contacts de plus en plus faciles et fréquents entre les peuples, plus précisément entre les « jet-societies », conduisent à relativiser les croyances, à effacer leurs aspérités et à créer une sorte de culture « mondialiste », tolérante et superficielle, dans laquelle les religions deviennent quelque peu folkloriques. Les valeurs universelles sont celles exprimées par l'O.N.U., des principes généraux officiellement admis mais piétinés à chaque fois qu'ils dérangent.

Bien d'autres facteurs nouveaux exercent leur influence, directe ou indirecte, sur les différentes religions. En particulier des événements économiques ou politiques jouent leur rôle : ainsi la guerre entre l'Iran et l'Iraq, quoique n'étant pas de nature religieuse, provoque des durcissements de la part du chiisme tandis que l'abondance des revenus du pétrole en Arabie et dans les Emirats entraîne la multiplication des constructions de mosquées...

On mesure à quel point sont complexes les paramètres qui orientent ou conditionnent l'évolution de chacune des religions. Aussi le lecteur voudra bien faire preuve d'indulgence si les considérations qui suivent sur l'avenir des religions gardent un caractère schématique, voire simpliste. Cette tentative vaut cependant mieux, selon nous, que l'absence de réflexion.

L'avenir des différentes religions

AVENIR DE L'ANIMISME

La constatation la plus évidente de l'évolution religieuse au XXe siècle est l'effondrement de la plupart des cultes traditionnels africains. Parmi les causes majeures de cette réalité, on peut citer :
— la perte de prestige des sorciers-guérisseurs face à la médecine ;
— l'affaiblissement de l'autorité des anciens dont la sagesse n'impressionne plus les jeunes diplômés ;
— l'éclatement du pouvoir traditionnel au profit de celui de l'Etat ;
— le développement de l'émigration rurale vers les villes où se désarticulent et s'estompent les particularismes ethniques, supports de chaque animisme particulier.

Ceci ne signifie pas que les pratiques animistes disparaissent complètement mais, quand elles subsistent, elles ne sont qu'occasionnelles ou accessoires. En outre un certain respect humain conduit à se déclarer plus volontiers musulman ou chrétien qu'animiste.

D'une façon générale, ce sont les pays sahéliens, où ont existé jadis de grands royaumes, qui sont les plus sensibles à l'Islam tandis que l'Afrique de la forêt, aux tribus plus diversifiées, s'accommode mieux du christianisme, plus compatible, semble-t-il, avec une pluralité de cultures.

Mais la situation de détail est plus complexe et ne peut se résoudre en schémas simplistes. Dans certains cas, comme au Nord-Cameroun, les populations animistes, les Kirdis, en pleine zone sahélienne, ont toujours lutté contre les royaumes musulmans avoisinants aussi auraient-ils le sentiment d'une abdication si leur évolution vers le monothéisme passait par l'Islam. Ils se tournent donc plus volontiers vers le christianisme.

Au Tchad, l'opposition culturelle entre pasteurs nomades et agriculteurs se traduit par des conflits de plus en plus aigus au fur et à mesure de l'occupation des terres sous la pression de la démographie. Face à l'Islam pratiqué par les pasteurs du Nord, les populations du Sud penchent vers le christianisme, plus susceptible de cohésion que l'animisme.

On pourrait ainsi multiplier les exemples où les conditions socio-politiques tendent à renforcer une bipolarité Islam-christianisme aux dépens de l'animisme. Il faut toutefois noter qu'en face d'un Islam qui reste globalement monolithique[1], le christianisme est émietté en une multitude d'Eglises, ce qui reflète le plus grand particularisme tribal des pays où ces Eglises sont implantées.

Dans les autres continents, Amérique ou Asie, l'animisme est essentiellement le fait des populations rurales et sa pratique recule au fur et à mesure des progrès de l'instruction.

L'animisme dans son ensemble ne peut en effet que souffrir du contact avec la rationalité du monde moderne : on ne peut, sans faire preuve d'un illogisme vraiment excessif, attribuer par exemple une maladie ou la sécheresse simultanément à des causes scientifiques et à de mauvais esprits.

L'animisme à l'état pur, de plus en plus confiné à des zones isolées, paraît donc destiné à s'effriter encore, ce qui ne l'empêchera pas de subsister, aussi longtemps que l'homme existera, sous forme de superstitions ou de pratiques irrationnelles.

AVENIR DE L'ATHÉISME

La forme la plus organisée de l'athéisme militant est le communisme. Il n'y a pas à revenir sur l'émergence au XIXe siècle de cette philosophie matérialiste produite en partie par l'exaltation devant les progrès de la science et en partie par l'incapacité des chrétiens de l'époque à proposer leur message dans un langage adapté à la société industrielle naissante.

Il a fallu près d'un demi-siècle pour qu'apparaisse le caractère oppressif, l'inefficacité et l'échec moral des régimes marxistes-léninistes. La croyance en un homme nouveau cède le pas devant la réalité de la combine et du laisser-aller, souvent noyé dans l'alcoolisme.

Quelle que soit la sévérité ou l'indulgence du jugement qu'on peut porter sur le communisme, porte-drapeau de l'athéisme, il faut bien conclure qu'on ne peut plus y trouver l'espoir d'une société meilleure qu'ailleurs. Au contraire ce régime fait la démonstration par l'absurde que le progrès de l'homme passe par la confrontation des idées que précisément il ne permet pas. Ainsi les « lendemains qui chantent » ne sont plus qu'un passé révolu.

Le subit écroulement au cours de l'année 1989 de la plupart des régimes communistes européens a surpris le monde entier, même les observateurs les plus attentifs.

Il est remarquable que ce soit l'armature spirituelle du catholicisme en Pologne et du protestantisme en R.D.A. qui ait été le squelette de la contestation. Cependant, ces événements ne doivent pas être interprétés de façon trop manichéenne, comme une victoire des religions sur l'athéisme.

D'une part en effet l'athéisme ou l'indifférence religieuse sont fondamentalement liés à la liberté de l'homme de croire ou de ne pas croire ; comme tels, ils existeront aussi longtemps que l'humanité.

D'autre part on peut craindre que certains fondamentalismes religieux, par leurs excès, ne provoquent des réactions violemment athées.

En ce qui concerne l'attitude du premier type, celle de l'indifférence religieuse ou de l'athéisme non passionnel, il est probable que l'avenir en verra le développement dans tous les pays où la religion exerce une forte pression sociale, comme les pays arabes par exemple. C'est ce phénomène qu'a constaté l'occident chrétien, quand cette même pression sociale a été ébranlée par plus de laïcité. Si l'on se fie à des sondages qui indiquent que, dans les pays industrialisés, un homme sur deux croit d'une façon ou d'une autre en un Dieu, on peut penser que, dans un avenir plus ou moins lointain, la moitié de l'humanité pourrait être « statistiquement » incroyante, au lieu d'environ 30 % aujourd'hui. Dans ce rééquilibrage, il est possible que dans les pays comme la Chine où il n'y a plus que de rares traces des religions, il apparaisse un jour un nouvel intérêt pour la vie spirituelle. Et comme seuls les hommes au pouvoir ont des contacts avec l'étranger, peut-être verra-t-on paradoxalement un jour des membres du parti prôner le retour à des valeurs spirituelles ou religieuses...

En revanche, la résurgence d'un athéisme virulent peut fort bien se produire dans des sociétés bloquées par la religion. A cet égard, un pays comme l'Iran, dont la population, plus nationaliste que religieuse, est excédée par le régime des ayatollahs, pourrait être le terrain privilégié d'une résurgence de l'athéisme autour d'un parti comme le toudeh, d'inspiration marxiste, encore puissant malgré la clandestinité.

AVENIR DE L'HINDOUISME

Rien n'interdit de penser que l'hindouisme durera autant que l'Inde éternelle. La plus vieille religion du monde est une composante si essentielle de la culture indienne qu'on voit difficilement ce qui pourrait en troubler le destin.

Pourtant tout évolue en ce monde, à un rythme plus ou moins rapide, et il serait étonnant que l'hindouisme échappe à cette loi... Nous avons déjà constaté quelques indices de nouveauté qui sont tous l'effet d'une inévitable ouverture sur l'extérieur :
— Certaines sectes d'inspiration hindouiste s'efforcent de mettre à la portée des Occidentaux une spiritualité, encore suffisamment teintée d'exotisme.
— En revanche, des idées d'inspiration partiellement occidentale pénètrent

progressivement la société hindoue. Celle-ci n'est plus exclusivement régie par la religion et l'on voit apparaître une culture scientifique, fort brillante, orientée vers le développement économique. Le sens de l'efficacité se substitue au respect des rites et, contrairement à ce qui se passe au Japon, l'adoption d'un mode de vie de l'ère industrielle ne s'accompagne que rarement du maintien des pratiques traditionnelles. Il y a donc une certaine érosion, encore faible, de l'hindouisme qui voit se détacher de lui les couches les plus instruites de sa population.
— L'institution de la démocratie conduit les dirigeants à une politique favorisant la majorité de la population, c'est-à-dire les sans-castes. Le prestige des brahmanes, encore très fort, ne peut qu'en être affecté à terme. Déjà les règles traditionnelles de pureté rituelle ne sont plus aussi scrupuleusement respectées et l'urbanisation accentue cette tendance.
— L'effritement de la société traditionnelle va de pair avec la pénétration de concepts religieux différents. On assiste ainsi à une modification insidieuse des croyances hindouistes qui glissent lentement vers des interprétations plus proches du monothéisme.

Il ne faut pas négliger cependant les capacités de résistance de l'hindouisme traditionnel. Au Madhya Pradesh par exemple, les lois de l'Etat interdisent toute tentative de conversion à une autre religion ; un prêtre catholique a été récemment emprisonné pour ce motif.

En résumé, l'hindouisme n'a pas lieu de s'inquiéter exagérément de son avenir. Il maintient aisément sa position de troisième religion du monde (700 millions d'adeptes, 15 % de la population du globe), nettement devant le bouddhisme, grâce à une forte natalité.

L'usure que le contact avec le monde industriel pourrait provoquer dans les croyances traditionnelles est grandement limitée par l'interprétation plus souple qui en est désormais donnée. Seuls certains sans-castes sont, en fait, tentés par les religions monothéistes, plus « égalitaires », mais ce phénomène reste encore marginal.

AVENIR DU BOUDDHISME

L'enseignement de Bouddha constitue bien évidemment la trame de fond de toutes les formes de bouddhisme. Cependant les trois courants majeurs de cette religion, théravada, mahayana et tantrisme, se caractérisent par des pratiques apparemment très différentes, à quoi s'ajoutent les formes récentes du bouddhisme japonais qui constituent les « nouvelles religions ».

Le bouddhisme présente ainsi la particularité de conserver encore vivantes toutes les formes de spiritualité auxquelles sa longue histoire a donné naissance.

A n'en pas douter, l'avenir ne se dessine pas de la même façon pour ces différents courants. Nul ne peut prédire ce que deviendra le tantrisme tibétain dont l'archaïsme ne résiste vraisemblablement que par l'isolement des régions où il est pratiqué. Quant au bouddhisme mahayana, il a subi en Chine continentale et au Viêt-nam les assauts victorieux des régimes communistes. Il reste aujourd'hui pratiqué par les Chinois de Hong Kong, le Singapour ou de Malaisie. Il s'y trouve menacé par l'indifférence religieuse, surtout dans les jeunes générations. C'est donc au Japon et, dans une moindre mesure, en Corée, que le bouddhisme mahayana se porte le mieux grâce aux orientations modernes qu'il prend. Vraisemblablement sous l'influence du christianisme, plus précisément du protestantisme, Bouddha y est parfois présenté comme l'émanation d'un Dieu dont, jusqu'alors, le bouddhisme ne formulait pas l'existence.

Entre ce bouddhisme d'un type nouveau, rapidement évolutif, et les formes archaïques du bouddhisme tibétain ou chinois, le bouddhisme théravada, tel qu'il est pratiqué par exemple à Sri Lanka ou en Thaïlande, semble constituer le bouddhisme le plus pur, tout au moins le plus conforme à l'idée que s'en font les Occidentaux. C'est aussi la forme apparemment la plus stable, bien que la guerre lui ait porté des coups redoutables au Cambodge.

La situation du bouddhisme contemporain étant ainsi rapidement remise en mémoire, quelle évolution peut se dessiner dans l'avenir?

Par nature non violent et souvent même passif, le bouddhisme paraît mal armé pour la guerre idéologique. Son message de douceur et de paix, révolutionnaire à sa naissance, cinq siècles avant notre ère, a perdu de son originalité depuis l'avènement du christianisme. Le caractère très décentralisé de sa hiérarchie le rend également vulnérable par rapport à des religions plus vigoureusement structurées. De plus, le bouddhisme est davantage une philosophie qu'une religion et il ne répond qu'insuffisamment à ceux qui sont hantés par la recherche d'un Dieu ou l'explication de l'univers.

Pourtant rien ne laisse penser que le bouddhisme doive continuer à reculer. Sa philosophie imprègne profondément l'Extrême-Orient et sa pratique religieuse y reste très vivante.

En fait, si l'on ne s'attache pas trop à quelques incohérences intellectuelles (pourquoi pratiquer le bouddhisme si tout n'est qu'illusion?) la sagesse à laquelle il conduit, relativement proche de la morale des religions monothéistes, peut être considérée comme un des sommets de la philosophie « athée ». La force et la faiblesse du bouddhisme est en effet de pouvoir se passer de Dieu : c'est sa force parce qu'il séduira toujours ceux qui ne sont pas sensibles à la notion de révélation ; c'est sa faiblesse parce que, précisément, l'aspiration à la connaissance de Dieu est le propre de toute âme religieuse.

Le bouddhisme théravada (Ancien Véhicule) paraît donc plus logique avec lui-même et sa rigueur semble plus susceptible de résister à l'attrait des religions monothéistes. On peut en dire autant du Zen, qui est incontestablement une discipline de l'esprit et qui attire la curiosité des Occidentaux. Ce sont toutefois les « nouvelles religions » japonaises, effort de synthèse originale entre le bouddhisme et le concept d'une religion révélée, qui méritent d'être étudiées attentivement. Le poids économique du Japon aidant, elles peuvent prendre une certaine extension dans les milieux de culture bouddhiste. Ce n'est pas un hasard si, après la réunion de prière en commun de différentes religions à Assise, une autre réunion du même type s'est tenue en Août 1987 au mont Hiei, près de Kyoto au Japon.

AVENIR DU JUDAÏSME

Personne ne conteste que le judaïsme a été la première religion monothéiste clairement affirmée. Il est indubitablement l'ancêtre du christianisme et de l'Islam, les deux religions les plus importantes du monde. En face de ces deux milliards de chrétiens et de musulmans, les quinze millions de Juifs paraissent ne pas peser lourd. Bien sûr quantité ne signifie pas qualité et la vocation du peuple juif est peut-être de rester une minorité spirituellement et intellectuellement forte qui serait comme un ferment dans la pâte de l'humanité en marche. De nombreux Juifs seraient prêts à se satisfaire de cette situation, bien dans la ligne de l'histoire du peuple élu de Dieu.

Cependant, en vertu du principe selon lequel qui n'avance pas recule, le judaïsme ne risque-t-il pas d'être progressivement marginalisé? Deux causes de déstabilisation risquent d'y contribuer: l'évolution démographique et le sionisme.

En ce qui concerne la démographie, la situation est alarmante aussi bien en Israël que dans la diaspora. D'après les évaluations statistiques de l'Université hébraïque de Jérusalem (rapport Bacchi), le nombre de Juifs hors d'Israël diminuera de 1,5 millions d'ici l'an 2000 et n'atteindra plus que 5 millions en 2025. La raison en est une faible natalité générale et la multiplication des mariages mixtes. En effet, selon la Torah, seuls sont Juifs les enfants d'une mère juive mais les Juives épouses de non-Juifs ont tendance à perdre leur pratique et à renoncer à leur religion.

En Israël d'autre part, la natalité diminue, les avortements sont nombreux (20 000 par an environ) et le mouvement d'immigration, l'alia, est de plus en plus compensé par des départs définitifs vers l'étranger. Même les Juifs séparades, originaires du bassin méditerranéen, jadis plus féconds, voient leur natalité dangereusement fléchir. Ce phénomène est d'autant plus inquiétant que les populations arabes d'Israël ont de nombreux enfants, au point que, si rien ne change, les Juifs risquent d'être minoritaires en Israël peu après l'an 2000.

Au total, on évalue que la population juive mondiale ne dépassera guère 12 millions d'âmes au début du troisième millénaire.

La question du sionisme est d'une autre nature et d'une plus grande importance. L'Etat d'Israël, enfanté dans la guerre en 1948, répond à l'antique aspiration des Juifs de vivre sur la Terre Promise que Dieu leur a confiée[2].

Le sionisme se place dans la continuité de l'histoire juive et intègre donc implicitement le fait religieux. Cependant le sionisme est un mouvement essentiellement laïc. Il est le ciment de l'Etat d'Israël, bien plus que la religion.

D'ailleurs bon nombre de Juifs religieux orthodoxes, qui sont eux-mêmes une petite minorité de 10 % des Israéliens, rejettent le sionisme soit à cause de son caractère laïc, soit encore parce que le retour du peuple juif en Israël ne doit se produire qu'à la fin des temps, sous l'autorité du Messie[3].

La situation est donc paradoxale: l'Etat d'Israël fondé sur la notion de peuple juif, c'est-à-dire sur une réalité religieuse, est rejeté par ceux-mêmes qui sont les plus rigoureux défenseurs de la religion traditionnelle. Pourtant le sionisme revivifie malgré tout la pratique religieuse, considérée comme un facteur supplémentaire d'unité nationale.

L'affirmation musclée d'un nationalisme dans cette partie du monde n'est pas sans risque. L'Etat s'est constitué aux dépens des Arabes palestiniens dont plus de 600 000 vivent encore dans ses frontières[4]. La cohabitation avec ces Arabes et avec les Etats environnants est le résultat d'un rapport de forces et non d'un consensus. Un drame est possible à tout moment. Hélas, rien ne permet d'espérer une négociation raisonnable entre les parties concernées, toutes sûres de leur bon droit. L'équilibre précaire existant a pu survivre à plusieurs guerres mais il reste très instable et personne ne peut prédire ce qu'il adviendra un jour de l'Etat d'Israël.

Pour ce qui concerne la religion juive, force est de constater que son avenir s'est lié, bon gré mal gré, à celui du sionisme: si la situation actuelle persiste, la façon de vivre le judaïsme restera majoritairement inspirée par le sionisme avec les blocages que cela implique dans les rapports avec les voisins arabes; si, au contraire, le sionisme se solde dans l'avenir par un échec politique ou militaire, le judaïsme en sera profondément affecté; ou bien il se repliera sur ses religieux les plus orthodoxes et perdra le rôle moteur qu'il a encore, ou bien il se diluera en se laissant à nouveau tenter par le judaïsme libéral d'avant-guerre.

Aucune de ces perspectives n'est bien réjouissante pour les Juifs et c'est pourquoi ils retarderont le plus possible l'échéance de l'une ou de l'autre éventualité.

Peut-être peut-on penser cependant que l'attachement des Juifs à la Terre promise sera un jour interprété dans un sens symbolique et spirituel. Seule une telle évolution pourrait, semble-t-il, faciliter la cohabitation des différentes religions dans les Lieux Saints du monothéisme.

Après tout quel peuple est capable de comprendre mieux que le peuple juif les vertus de l'internationalisme?

AVENIR DE L'ISLAM

Toute recherche de ce que peut être l'avenir de l'Islam bute contre une difficulté fondamentale: pour la grande majorité des musulmans, le Coran étant la parole même de Dieu, la société qu'il institue est parfaite et toute évolution qui s'écarterait de ce modèle ne peut être que néfaste.

C'est pourquoi il existe tant de mouvements « intégristes » dont l'objectif est de ramener la société vers une stricte observance des lois de l'Islam en rejetant toute contamination de l'Occident: scientisme, indifférence religieuse, morale permissive...

Pour ces musulmans, toute évolution devrait tendre vers un retour à une société totalement soumise au Coran.

La question qui se pose est de savoir si une telle évolution est crédible ou si, au contraire, d'autres facteurs ne pousseront pas le monde musulman dans un sens différent. Une telle hypothèse est évidemment rejetée, pour des raisons de principe, par la plupart des musulmans mais les faits sont parfois plus têtus que les principes et ce ne serait pas la première fois dans l'histoire qu'une religion sûre d'elle-même serait amenée à reconsidérer certaines positions sans rien perdre toutefois de sa pureté.

Avec tous les risques que présente cet exercice, efforçons-nous de voir quels sont les facteurs qui risquent de provoquer une évolution involontaire de l'Islam.

Remarquons tout d'abord que les certitudes du catholicisme paraissaient aussi inébranlables jusqu'à la Réforme protestante: la remise en question de certaines d'entre elles n'a pas nui au christianisme mais l'a, au contraire, conduit à des adaptations jugées aujourd'hui nécessaires. L'Islam n'a pas encore connu son protestantisme mais il a fallu quinze siècles pour que le christianisme le secrète. Il n'y a donc pas de temps perdu pour l'Islam qui a encore un siècle devant lui pour rester dans les mêmes délais.

Remarquons également qu'est musulman celui qui adhère aux cinq « piliers » de l'Islam — profession de foi, pratique de la prière, de l'aumône, du jeûne du Ramadan et du pèlerinage à La Mecque — L'observation de ces obligations laisse de la place à différents comportements, différentes interprétations ou diverses formes d'organisation de la société. Par exemple, le modèle chiite, avec son clergé, ne ressemble pas, tant s'en faut, à l'Islam sunnite.

Ces préliminaires une fois posés, il faut bien constater que l'Islam est parfois mal à l'aise dans le monde moderne et qu'il n'évitera pas l'alternative consistant soit à rejeter ce qui le gêne, soit à s'y adapter.

Parmi les points de friction, on peut citer :
— la situation de la femme ;
— l'évolution des mœurs et l'extension de « l'hypocrisie » ;
— les problèmes politiques.

La situation de la femme :

Elle n'en est pas au point qu'elle puisse déstabiliser l'Islam. La découverte d'autres cultures par les femmes musulmanes est encore trop récente pour que les effets en soient déjà perceptibles.

Il n'est cependant pas douteux que le cadre familial traditionnel commence à être perturbé par la généralisation de l'instruction secondaire de type occidental ainsi que par l'introduction des nouveaux médias.

Ainsi, en Arabie séoudite, où la femme est encore maintenue dans son foyer presque toute la journée, le magnétoscope la conduit à passer une part considérable de son temps à regarder des vidéo-cassettes, parfois très éloignées de la morale islamique, aux dépens de la formation traditionnelle des enfants.

En Algérie, où la situation est fort différente, l'éducation secondaire et supérieure des femmes s'est généralisée et celles-ci se soumettent de plus en plus difficilement aux contraintes de la génération précédente : mariage arrangé par les parents, vie exclusivement axée sur la famille, acceptation de la polygamie de l'époux, port du voile etc. La forme d'Islam que les mères de famille de la nouvelle génération inculqueront à leurs enfants réservera sans doute bien des surprises aux intégristes.[5]

De tels exemples peuvent être cités dans tous les pays musulmans. On peut y trouver, peut-être, une explication partielle au renouveau de l'intégrisme : il pourrait s'agir d'un combat d'arrière-garde des hommes qui voient menacer l'équilibre traditionnel de leurs foyers.

L'évolution des mœurs

Elle ne fait que prolonger les constatations faites à propos de la femme. La diffusion sur une grande échelle de la formation technique entre inévitablement en concurrence avec l'enseignement traditionnel du Coran. Le simple fait que le Coran perde sa place exclusive dans l'enseignement conduit fatalement à en relativiser l'importance dans la vie quotidienne. Il suffit de songer, par une comparaison très imparfaite, à l'effondrement des formations d'humanités classiques — grec et latin — en Europe au profit des matières scientifiques.

Ainsi la société musulmane traditionnelle se trouve être, pour la première fois, soumise à un risque de contamination par un autre style de vie, inspiré d'un Occident considéré comme infidèle. C'est ainsi qu'Atatürk a imposé des mœurs non coraniques à la Turquie et que le président tunisien Bourguiba a préconisé, pour des raisons économiques, de ne pas respecter aveuglément le ramadan.

Des chefs d'Etats ne prendraient pas de tels risques s'ils se sentaient complètement isolés, mais ils restent des exceptions tant la société est, en général, profondément imprégnée par le mode de vie de l'Islam. Aussi ceux qui relativisent l'observation des règles de leur religion en sont-ils réduits à pratiquer « l'hypocrisie » : pour ne pas s'exposer à la réprobation publique ou parfois même à des sévices, ces musulmans continuent à suivre apparemment les usages de leur religion mais ils s'en dispensent à la première occasion.

Ce sont tout naturellement les musulmans au contact de l'étranger qui sont les plus contaminés. La multiplication des échanges internationaux conduit des musulmans de plus en plus nombreux à vivre en dehors de leur communauté. Ils n'y sont plus supportés par un environnement islamique et les moins convaincus perdent facilement toute pratique.

Les musulmans qui habitent les pays occidentaux ont le sentiment de vivre dans un cadre culturel d'indifférence religieuse, et ceci d'autant plus que les chrétiens ne sont pas tenus comme eux à extérioriser leur foi : la prière ne se fait pas en public et le jeûne du Vendredi Saint se remarque moins que celui du Ramadan. Comme il existe, malgré tout, une certaine fascination pour la prospérité matérielle de l'Occident, le doute de l'excellence de la société islamique peut s'installer dans les esprits spirituellement les moins forts.

Une telle évolution n'est pas l'exclusivité des musulmans expatriés en terre infidèle. L'afflux soudain de richesses dans les pays producteurs de pétrole n'a pas, comme on s'en doute, entretenu l'austérité des mœurs. Pour ce qui concerne la consommation d'alcool, chacun sait que la contrebande va de pair avec la prohibition. L'attrait du fruit défendu est une constante de la nature humaine, même en pays d'Islam. C'est la contrainte exercée par la société, qu'elle soit islamique ou pas, qui crée l'hypocrisie. Augmenter la contrainte ne fait qu'augmenter l'hypocrisie. En vertu de la parole du Coran « pas de contrainte en religion », on se demande d'ailleurs ce qui justifie que de pieux musulmans imposent à leurs coreligionnaires moins pieux des contraintes, religieuses ou sociales.

Toujours est-il que les tendances au rejet des règles morales de la religion s'accélèrent. Ce mouvement, jugé dangereusement pervers par les musulmans rigoristes, est, pour une bonne part, à l'origine des mouvements de réaction, généralement qualifiés d'intégristes, tels que celui des Frères Musulmans.

L'évolution future de l'Islam dépendra de l'issue de la lutte entre ces deux courants: le retour à la pureté traditionnelle considérée sous l'angle d'une application stricte et littérale de la loi coranique, la chariah, ou bien une certaine « contamination » par des idées étrangères à la lettre du Coran mais qu'on pourrait cependant peut-être y trouver, en les cherchant bien.

Les problèmes politiques

Les musulmans ne devraient pas avoir d'états d'âme: l'Islam est, pour eux, la seule vraie religion et il doit régir la vie de toute la société.

L'histoire va inexorablement vers le triomphe de Dieu, donc de l'Islam, mais ceci exige un effort de chaque musulman pour obéir scrupuleusement à toutes les prescriptions du Coran. C'est par sa piété que le musulman peut et doit promouvoir la société islamique à laquelle il aspire[6].

Cette société devrait être un exemple pour l'humanité et les musulmans devraient être capables de convaincre les hommes de bonne volonté qui s'égarent dans d'autres religions que seul l'Islam apporte la vérité. Selon ces principes la science musulmane elle-même devrait être la première du monde, comme elle l'a vraisemblablement été il y a près d'un millénaire.

Il serait cruel de souligner à quel point la réalité n'est pas ce qu'elle devrait être. Aussi les musulmans souffrent-ils de ne pas voir l'Islam tenir dans le monde la place qu'il mérite, ou plutôt qu'il ne tienne pas la place unique dans tous les domaines, spirituel, culturel et technique.

Cet échec évident de la société musulmane pourrait n'être que provisoire. Cependant, si l'Islam ne peut prouver son excellence comme système de société, ce sont les bases mêmes de la religion qui sont menacées, puisque les ambitions de l'Islam ne se limitent pas au domaine spirituel.

C'est pourquoi l'avenir de l'Islam est, en lui-même, un problème politique: la réussite de l'Islam, c'est une communauté de croyants vivant dans une société régentée par le Coran, où les infidèles peuvent trouver leur place dans la limite du statut qui leur est accordé.

La cohérence de l'Islam imposerait donc qu'il en revienne à la notion de calife, c'est-à-dire d'un chef temporel pour tous les musulmans, faute de quoi l'Islam devrait renoncer à sa société idéale. Dans l'état actuel du monde, on voit mal comment un calife pourrait être accepté par tous les musulmans, sunnites et chiites. Comment pourrait-on imaginer que des régimes aussi

Les religions ont-elles de l'avenir ? 499

divers que celui du sultan alaouite marocain, du roi wahabite séoudien, des républiques baathistes de Syrie ou d'Iraq ou de la république de Kaddhafi, sans parler du régime des ayatollahs chiites iraniens puissent être compatibles avec la même interprétation du Coran ?[7]

L'Islam bloqué ?

Ce qui précède souligne certaines difficultés auxquelles se heurte l'Islam. Ce ne sont malheureusement pas les seules. On pourrait multiplier les exemples de cas ou de situations qui mériteraient une analyse approfondie, à la lumière du Coran, de ce qu'il faut bien appeler les incohérences du monde musulman à l'égard de ses propres principes. Les troubles dont souffre le monde musulman, et plus particulièrement les pays arabes et l'Iran, sont bien plus l'annonce d'une crise profonde au sein d'une société qui se bloque que, comme on le dit souvent, l'indice d'une résurgence de l'Islam.

Il est frappant de constater en effet que la plupart des gouvernements des pays totalement ou majoritairement musulmans sont aux prises avec une agitation de nature religieuse : le Maghreb, l'Egypte, le Soudan, la Turquie, le Liban, pour ne citer que ceux où c'est le plus évident, connaissent des troubles souvent sanglants de la part de mouvements qualifiés généralement d'intégristes ou de fondamentalistes.

La lecture du Coran, telle qu'elle est faite par le sunnisme, largement le plus répandu, justifie ces mouvements ; en revanche, tous les gouvernements des pays musulmans cherchent par nécessité à composer avec les contraintes de la religion et celles du monde moderne. En particulier, ils ont conscience de ne pouvoir espérer un développement économique avec des citoyens dont la formation est exclusivement religieuse. Or, en toute rigueur, s'ouvrir à ce qui existe en dehors de l'Islam est déjà une contamination.

On aboutit donc, au sein du monde musulman, à un véritable clivage entre ceux qui ne connaissent que le Coran et ceux de formation « laïque », c'est-à-dire non religieuse, pour lesquels la religion n'est pas le centre de l'existence, même s'ils sont d'excellents croyants.

Il faut dire aussi que l'étude du Coran seul n'apporte pas aux musulmans beaucoup d'informations sur la situation présente de l'Islam et sur ce qui les divise[8] : les maîtres qui enseignent le Coran n'insistent généralement que sur leur interprétation personnelle et passent volontiers les autres sous silence.

Tout se passe donc comme si l'Islam, sous son extraordinaire unité de façade, était morcelé en autant de tendances qu'il y a de prêcheurs dans les mosquées. Aucune autorité n'a assez d'influence pour apporter de la cohérence dans les différentes lectures du Coran qui reflètent autant d'intérêts et de passions particulières.

Cette véritable cacophonie, encore une fois cachée sous l'appellation générale d'Islam, transparaît surtout dans le domaine politique, là où les intérêts peuvent être particulièrement divergents.

Ce qui paraît étonnant, c'est qu'une telle situation n'ait pas encore conduit à un éclatement plus évident. La raison en est peut-être dans le Coran lui-même : aucune pensée ne s'exprime dans le monde musulman sans s'y référer. Les antagonismes, même les plus radicaux, donnent ainsi l'impression de provenir de la même source, ce qui, bien entendu, ne trompe que les masses.

Combien de temps cette situation pourra-t-elle durer ? Pourtant rien ne s'opposerait à faire une lecture du Coran qui tienne mieux compte de la réalité du monde : on n'en déduit plus que la terre est plate comme on le faisait jadis et pourtant le Coran est resté identique à lui-même. Puisque le Coran est la parole de Dieu, il est sûrement possible de le lire de telle sorte qu'il ne conduise pas à une impasse. Peut-être la notion d'Umma, la communauté des croyants, devrait-elle être prise dans un sens plus spiritualiste et moins politique. C'est la tendance du soufisme qui est, à vrai dire, fort mal admise par la majorité des musulmans, sunnites ou chiites.

Il a d'ailleurs existé dans l'histoire bien d'autres courants de pensée qui s'affirmaient musulmans et ont disparu avec leurs théories erronées, tels ces kharidjites qui affirmaient que le Coran était une révélation destinée aux seuls Arabes.

C'est évidemment aux musulmans de juger eux-mêmes de ce qui leur convient[9]. Déjà cependant nombre d'entre eux se posent des questions sur la façon d'éviter les risques d'un blocage de leur société. Ils sont conscients de ce que la société technique des pays industrialisés, produit de la doctrine libérale et d'un vieux fonds judéo-chrétien, n'est pas sans attraits pour certaines couches de la population musulmane tout en étant aussi un objet de répulsion parce qu'elle n'est pas islamique.

Il est compréhensible que les musulmans qui ne bénéficient pas des avantages de la société industrielle se révoltent et cherchent dans un Islam plus pur la justice et le bonheur auxquels ils aspirent. On peut cependant craindre que les musulmans ne réussissent pas à définir cette société idéale sans une analyse historique de l'économie et des rapports de force du monde actuel, analyse bien difficile à faire sans une lecture du Coran différente de la lecture traditionnelle. A cet égard, l'Islam attend peut-être son protestantisme[10].

AVENIR DU CHRISTIANISME

Tenter d'esquisser ce que pourrait être l'avenir du christianisme est un exercice encore plus téméraire que celui pratiqué pour les autres religions. En fait, le problème est double : comment évolueront les rapports des Eglises

Les religions ont-elles de l'avenir ?

chrétiennes entre elles et comment le christianisme se situera-t-il vis-à-vis des autres religions ou de l'incroyance ?

Ces deux questions ne sont pas sans lien, les querelles entre Eglises chrétiennes ayant constitué de tous temps un handicap majeur à l'expansion du christianisme.

Catholicisme, orthodoxie, protestantisme : une seule Eglise ?

Les chrétiens aspirent à l'unité : celle-ci se fonde sur les paroles du Christ : « Soyez un comme mon Père et moi sommes Un. »

Il ne peut s'agir que d'une unité dans la diversité puisque le christianisme a pour principe la liberté individuelle et s'accommode fort bien de la diversité des cultures.

En fait, si les Eglises chrétiennes ont chacune leur caractéristique et leur sensibilité particulières, elles s'accordent sur l'essentiel : la croyance, enracinée dans la Bible, que Dieu s'est manifesté sur terre dans un homme, Jésus son Fils. Celui-ci nous apprend par son message et son exemple que Dieu est Amour et que nous pourrons Le connaître si nous choisissons dès maintenant de vivre selon l'amour. La résurrection de Jésus est le signe de cette promesse divine adressée à chacun. L'Eglise de Jésus-Christ a donc un caractère universel (catholique en grec), c'est la religion par excellence puisqu'elle se fonde sur le maillon qui relie Dieu aux hommes, Jésus-Christ, Fils de Dieu[11].

A côté de cette donnée fondamentale, les divergences entre chrétiens paraissent quelque peu dérisoires. On pourrait penser que le pape, les patriarches ou les pasteurs guident et organisent, chacun à leur place, l'Eglise unique du Christ.

Cependant, sur le plan intellectuel, les différences entre les grands courants du christianisme existent et sont loin d'être négligeables : il n'est pas indifférent de défendre le rôle de la tradition de l'Eglise et de son chef le pape ou de placer au centre du christianisme l'autorité de la Bible.

Mais, dans la pratique, les chrétiens, dans leur ensemble, s'efforcent de vivre selon l'Evangile et c'est en cela qu'ils trouvent leur unité. C'est la qualité de la vie chrétienne qui fait le chrétien, plus que la qualité de la doctrine. La doctrine n'a pour objet que d'aider à mieux vivre selon le Christ, elle n'est qu'un moyen. Comme les hommes eux-mêmes, les doctrines sont plus ou moins bonnes. L'Eglise admet que ses fidèles soient imparfaits, l'Eglise universelle doit aussi admettre que les voies que suivent ses fils pour s'approcher de Dieu sont diverses et plus ou moins bonnes. Ceci n'oblige aucune Eglise à renoncer à considérer sa doctrine comme la meilleure[12]. Il s'agit d'abord d'une attitude de respect réel, qui n'est ni condescendance ni reconnaissance d'une impuissance à convaincre: le maintien de la pureté doctrinale n'exclut nullement d'admettre que d'autres aient une approche différente.

Dans la pratique, ce qui sépare les chrétiens des différentes Eglises n'est pas toujours net dans leur esprit. Ainsi un nombre considérable de catholiques qui ne cherchent nullement à récuser leur Eglise ont, sur certains points, un comportement de protestants. Selon un sondage Express-Gallup de septembre 1985 une grande majorité de catholiques de France approuve ce que Rome condamne: la contraception (80 %), le divorces (76 %), l'avortement (59 %), le sacerdoce des femmes (65 %). Puisqu'il n'est pas question de faire disparaître ces chrétiens des statistiques du catholicisme ni de les brûler comme hérétiques, il faut bien reconnaître que l'unité des catholiques provient de ce qu'on élude les problèmes sur lesquels ils ne sont pas d'accord. C'est d'ailleurs parfaitement normal et aucune collectivité humaine ne procède autrement.

Dans ces conditions, si l'unité des catholiques est surtout l'acceptation de leur propre diversité, est-il vraiment si difficile d'accepter dans les rangs catholiques les autres courants chrétiens? Rome n'a-t-elle pas deux poids deux mesures? Elle tolère en fait l'hérésie de ses membres puisqu'elle ne peut pas faire autrement mais elle reste ferme sur les principes en refusant d'admettre en son sein des courants divergents de tendance protestante. Cette position s'explique cependant car chacun sent bien que ce n'est pas la même chose de dévier à l'intérieur d'une Eglise dont on fait partie ou d'entrer dans une Eglise dont on ne partage pas la doctrine.

L'unité de l'Eglise par ralliement des autres chrétiens à Rome n'est donc pas humainement facile. Historiquement, la certitude un peu trop affirmée de Rome qu'elle détient seule la vérité horripile les autres Eglises, malgré tout un peu jalouses du poids du catholicisme dans le monde chrétien. Il y a des rigidités nombreuses qui ne sont pas le fait de Rome: l'Eglise orthodoxe n'admet pas l'accès des catholiques à leur communion alors que les catholiques sont généralement prêts à admettre les orthodoxes à la leur. De même le sentiment anti-papiste de certains protestants, explicable historiquement, garde souvent un caractère agressif qui n'a plus lieu d'être aujourd'hui et paraît bien loin des vertus d'amour et de pardon.

Il semble donc bien difficile d'imaginer à court terme un regroupement de tous les chrétiens sous la bannière catholique.

On pourrait prendre une approche inverse: si les chrétiens sont si divers, pourquoi l'Eglise catholique s'obstine-t-elle à vouloir cette unité fortement hiérarchisée? Pourquoi n'a-t-elle pas l'humilité de se reconnaître comme un mouvement chrétien parmi d'autres? Les Eglises protestantes construisent bien leur unité dans la diversité à travers des organisations comme le Conseil Œcuménique des Eglises[13].

A cette question la réponse est plus facile: l'humanité étant en évolution constante, la religion prendrait un retard considérable si elle n'évoluait pas elle-même. Or, pour évoluer sans trop de cacophonie, il faut impérativement accumuler l'expérience du passé et en éviter certaines erreurs.

A cet égard, la tradition est — aussi curieux que cela paraisse — un facteur de progrès puisqu'elle permet d'éliminer les expériences stériles déjà tentées. Une Eglise qui, par le respect de sa tradition, assied son action sur l'expérience du passé est mieux en mesure de progresser qu'une Eglise qui aurait à tout redécouvrir à chaque génération.

D'autre part, l'existence d'un chef tel que le pape, porte-drapeau du mouvement spirituel le plus important du monde attire inévitablement l'intérêt des non-chrétiens bien mieux que ne pourraient le faire tous les chefs d'une quantité de petites Eglises. Autrement dit, si Rome n'existait pas, il faudrait l'inventer.

Une parole du pasteur Boegner, figure marquante du protestantisme français résume assez bien le sentiment de nombreux chrétiens, catholiques ou protestants : « l'Eglise sera catholique ou ne sera pas, le chrétien sera protestant ou ne sera pas ».

Ainsi l'Eglise n'a de sens que si elle est universelle, ouverte à tous ceux qui cherchent Dieu là où Il est, dans l'amour. Le chrétien, lui, a fait ce choix : il a donc le devoir de mettre son cœur, son esprit et son imagination au service de son idéal, ce qui entraîne et explique une extrême diversité d'approches.

Les chrétiens, c'est-à-dire l'Eglise, se trouvent ainsi pris entre deux nécessités, non pas contradictoires, mais difficiles à concilier : accepter la diversité qui est un don de Dieu et manifester leur unité qui est l'image de Dieu Lui-même.

Peut-être pourrait-on imaginer transitoirement une Eglise duale, ou à deux vitesses :
— d'une part les Eglises existantes conserveraient leur vie propre et leurs structures, exprimant ainsi la diversité des approches ;
— d'autre part, pour manifester l'unité, on créerait une structure qui pourrait s'appeler l'Eglise œcuménique (ce qui a le même sens que catholique). Cette Eglise n'aurait pas de pouvoir doctrinal, elle n'aurait qu'une fonction représentative et serait présidée par le chef du courant chrétien majoritaire, en l'occurrence le pape.

Certes une solution de ce type a peu d'espoir d'aboutir rapidement sans l'aide du Saint-Esprit dont chacun sait qu'Il respecte trop la liberté pour précipiter les événements, même les plus raisonnables.

Notons qu'en moins d'un siècle et surtout depuis le concile de Vatican II, le climat de rivalité qui régnait fréquemment entre les Eglises chrétiennes — principalement entre l'Eglise catholique et les autres — s'est détendu au point que le dialogue est désormais constamment ouvert.

Cependant, sur le terrain, les grandes Eglises chrétiennes sont confrontées à un phénomène nouveau : celui de la concurrence de nombreuses sectes ou

Eglises locales d'inspiration chrétienne qui prolifèrent dans les milieux les moins profondément christianisés.

L'Amérique latine et l'Afrique noire anglophone sont particulièrement touchées par ces mouvements qui fondent généralement leur succès sur de moindres exigences en matière morale ou doctrinale.

Il est encore trop tôt pour augurer de l'avenir de ces tendances récentes et quelque peu incohérentes.

L'évolution récente du christianisme

Rappelons les faits qui paraissent les plus significatifs de l'évolution récente du christianisme :
— Le catholicisme, qui est le groupe chrétien le plus nombreux (850 millions, pour 400 millions de protestants et 150 millions d'orthodoxes), est aussi celui qui progresse le plus vite, porté qu'il est par la vague démographique en Amérique latine et en Afrique noire. Cette progression en chiffres absolus ne correspond toutefois qu'à une stagnation en pourcentage de la population mondiale (17 % de catholiques depuis 60 ans).
— Les valeurs chrétiennes fondées sur l'amour sont de plus en plus unanimement reconnues comme des valeurs universelles et l'on voit fleurir quantité d'organisations non-confessionnelles qui s'en font les propagandistes (Croix Rouge, Amnesty International, ligue des Droits de l'homme, divers mouvements contre le racisme, Secours populaire, Médecins sans frontières ou Médecins du monde etc.) Ce sont d'ailleurs les pays de culture chrétienne qui les ont vu naître.
— Le christianisme en général mais surtout le catholicisme renonce désormais à faire peser une contrainte sociale ou à brandir la menace de l'enfer pour forcer les indifférents à une pratique religieuse purement formelle. L'hypocrisie, qui est une plaie des religions, se voit ainsi en brutale régression, ce qui se traduit dans les statistiques de la pratique religieuse[14].
— Dans le même esprit d'ouverture, on constate un recul du formalisme qui favorise, entre autres, l'adaptation du christianisme à diverses cultures. Ainsi le catholicisme accepte-t-il quelques nouveautés dans sa liturgie et n'impose plus l'usage du latin.[15]

Revenons sur la chute spectaculaire de la pratique religieuse des chrétiens des pays industrialisés.

A partir du moment où les Eglises s'interdisent d'exercer une pression morale ou sociologique sur leurs membres, seuls les convaincus font l'effort de vivre selon le message de l'Evangile et témoignent par leur comportement de la sincérité de leurs croyances. Ces chrétiens fervents rayonnent de l'amour que Dieu leur inspire et qui transforme leur vie.

Toutefois on trouve encore dans les temples et les églises de nombreux chrétiens qui ne sont, malheureusement, pas spécialement rayonnants. Certains vivent leur religion comme une simple habitude ou une philosophie, d'autres suivent leurs rites à la lettre comme le feraient de pieux musulmans, d'autres enfin ont même une conception « animiste » de leur religion, espérant des résultats « magiques » de leurs offrandes de cierges à différents saints. Ils oublient trop souvent ce qui leur est demandé de dérangeant, l'engagement au service des plus misérables, matériellement ou spirituellement[16].

On comprend donc que le vrai visage du christianisme ne soit pas toujours clairement perceptible et que des bataillons d'indifférents ne ressentent pas d'appétit pour Dieu. Les adeptes de la société de consommation, soucieux d'échapper à toute contrainte, n'hésitent pas à choisir leur confort, selon la parole de Jésus-Christ : « nul ne peut servir deux maîtres, Dieu et l'argent ».

En revanche, l'Eglise est mieux comprise par les pauvres. Ainsi, en Amérique latine, le catholicisme n'apparaît plus comme l'Eglise imposée jadis par le pouvoir espagnol ou portugais mais comme un ferment de développement humain.

C'est la tendance des « communautés de base », établies notamment au Brésil, dans l'esprit de la « théologie de la libération ».

Il faut aussi mentionner l'étonnant « renouveau charismatique » qui touche différentes Eglises : des chrétiens, rayonnant d'une joie surnaturelle, parfois un peu « boy-scout », vont jusqu'à interpeller les passants sur la voie publique pour leur parler de Jésus-Christ et consacrent tout leur temps libre à mettre en pratique son message.

Ainsi l'Eglise est-elle soumise à des courants divers, souvent puissants, qui la remettent constamment en question mais qui la débarrassent progressivement d'inévitables scories.

Dans ce bouillonnement, qui peut, si ce n'est Dieu, juger des progrès ou des reculs réels de l'Eglise? Il paraît toutefois raisonnable de penser que le recul numérique du christianisme dans les pays industrialisés ne s'est pas accompagné d'une perte d'influence qualitative, au contraire.

Le christianisme et les autres religions

La raison d'être du christianisme est de transmettre le message de Jésus-Christ. Il ne peut se contenter de maintenir sa position, somme toute enviable, de première religion du monde par le nombre de ses adeptes. Sa responsabilité est de proposer ses croyances à tous les peuples de la terre, en aucun cas de les imposer, bien évidemment.

Dans son mouvement d'expansion, le christianisme rencontre fatalement d'autres religions établies avec lesquelles le dialogue est plus ou moins facile.

Généralement les animistes acceptent aisément l'existence d'un Dieu unique et l'atmosphère de surnaturel dans laquelle ils baignent les prédispose à accepter les mystères du christianisme.

Le bouddhisme, dont la doctrine est assez cohérente et se passe de Dieu, pose davantage de problèmes. Nous avons vu toutefois que le Grand Véhicule, avec ces sortes de saints que sont les bodhisattvas, est plus proche des conceptions chrétiennes au point que les « nouvelles religions » japonaises en assimilent un bon nombre.

L'hindouisme est encore plus difficile à ébranler tant la religion, la culture et la vie sociale sont imbriquées. Toutefois les sans-castes et les intouchables sont parfois attirés par le message égalitaire des religions monothéistes. Le christianisme dispose en outre de l'avantage d'exister dans certaines régions de l'Inde depuis plus de seize siècles.

Le judaïsme, dont le christianisme est issu, a subi dans l'histoire diverses persécutions, brimades et expulsions de la part des catholiques et des orthodoxes. Grâce à Dieu, la charité chrétienne surnage désormais et les rapports du judaïsme et du christianisme sont normalisés : Jésus-Christ est dorénavant présenté explicitement comme l'enfant du peuple juif et non plus comme sa victime. En ce qui concerne les conversions, celles de chrétiens au judaïsme sont exceptionnelles, d'autant plus que le prosélytisme juif est inexistant ; en revanche, les Juifs convertis au christianisme ne sont pas rares — l'archevêque de Paris Mgr Lustiger est l'un des plus connus de notre époque — quoique certaines conversions soient dues à des raisons sociales, telles que les mariages mixtes.

Reste l'Islam qui a, lui aussi, l'ambition d'étendre son influence sur toute la terre.

Depuis que le bouddhisme a arrêté son expansion missionnaire au VIe siècle, seuls le christianisme, l'Islam et le marxisme athée ont eu, à ce degré, la volonté de convaincre le monde entier de leur vérité. Mais, si la lutte idéologique entre la religion et l'athéisme est dans la nature des choses, il est choquant pour l'esprit que deux religions qui adorent le même Dieu et se réfèrent, pour partie, à des textes sacrés communs, ne puissent établir un dialogue de meilleure qualité.

LA COMPÉTITION ENTRE L'ISLAM ET LE CHRISTIANISME

Dieu merci, on peut espérer que l'époque d'un affrontement armé comme à l'époque des croisades est définitivement révolue. On ne peut empêcher malgré tout que les deux plus grandes religions du monde restent quelque peu rivales. Cette confrontation ne peut être que bénéfique dans la mesure où leurs adeptes cherchent à mieux comprendre chacune des deux spiritualités.

Des montagnes d'incompréhension réciproque se sont malheureusement accumulées depuis des siècles et les esprits ne sont pas encore préparés à un dialogue serein. Ce n'est pas une raison pour ne pas aborder les problèmes existants, même si, dans un domaine aussi brûlant, on s'expose à des critiques de toutes parts.

La première démarche à faire est évidemment de ne pas rechercher dans le passé de vieilles blessures à rouvrir. Les croyants des deux bords se sont abondamment massacrés et l'on pourrait trouver dans les deux camps des exemples d'atrocités comme des témoignages de grandeur d'âme. Tirons de ces diverses invasions ou croisades la leçon que la force n'arrange rien et qu'elle n'entraîne jamais l'assentiment des cœurs.

Aujourd'hui, l'important est d'instaurer un climat de compréhension réciproque pour que les deux religions limitent leur affrontement au plan des idées et de la spiritualité, dans le respect des croyances de chacun.

En ce qui concerne les chrétiens, constatons tout d'abord que les règles de pratique religieuse du Coran n'ont rien qui puisse logiquement les choquer : pourquoi ne pas prier cinq fois par jour, pourquoi pas sur un tapis et pourquoi pas dans une direction ou une autre. Rien n'empêche non plus les chrétiens de consommer des aliments préparés selon les rites de l'Islam ; les touristes qui visitent les pays musulmans n'ont aucune réticence à cet égard. Pourquoi les chrétiens ne feraient-ils pas aussi l'effort de jeûner plus sévèrement que ce qui leur est demandé par leur Eglise ? Les exemples ne sont pas rares de chrétiens qui, en terre d'Islam, observent le Ramadan pour de simples raisons de fraternité, sans renoncer à leurs convictions. Quant au pèlerinage à la Mecque, si les chrétiens y étaient admis, ce serait sûrement une destination à succès pour les organisateurs de voyage, même et surtout s'il fallait en respecter religieusement les rites.

Pour ce qui concerne la doctrine, l'Islam n'exige que l'adhésion à la shahada : l'affirmation de l'unicité de Dieu et de la mission prophétique de Mahomet. Le premier point est également au centre du christianisme, il ne soulève aucun problème. Quant à la mission de Mahomet, il y a eu tant de prophètes au cours des siècles qu'il est imaginable d'admettre qu'il est l'un d'eux : le rôle qu'il a joué en extirpant les superstitions animistes et polythéistes de l'ancienne Arabie mérite bien cette reconnaissance.

Ainsi, curieusement, avec un peu de largeur de vues, les pratiques et les croyances fondamentales de l'Islam n'ont pas lieu de soulever la réprobation des chrétiens. Quand verra-t-on un musulman humoriste inclure tous les chrétiens dans les statistiques de l'Islam ?

Pour ne pas trop cultiver le paradoxe, précisons que les chrétiens ne reconnaissent pas le caractère révélé du Coran, dans lequel ils lisent de très nombreuses réminiscences de la Bible. Par conséquence, le caractère prophétique de la mission de Mahomet leur semble très limité : en aucune façon ils ne considèrent qu'il est le Paraclet annoncé dans l'Evangile, c'est-à-dire, selon eux, le Saint-Esprit.

D'autre part, il serait fastidieux d'énumérer les points les plus divers sur lesquels les musulmans n'admettent pas la position chrétienne : manger du porc, boire de l'alcool, croire à la résurrection du Christ, dire que Jésus est Fils de Dieu, parler de la Trinité, leur est totalement inadmissible.

Pourquoi pas après tout ? Cependant il semble y avoir une certaine incohérence entre ce qu'admet l'Islam et les conséquences qu'il en tire : ainsi l'Islam reconnaît explicitement l'Evangile (Indjil en arabe) comme un texte d'inspiration divine et vénère Jésus (Issa en arabe) comme un prophète si exceptionnel que, contrairement à Mahomet qui est né comme tout le monde, Jésus, lui, est né d'une vierge. Malgré ces points importants de convergence avec le christianisme, l'Islam paraît ne pas se soucier des contradictions entre la lettre du Coran et celle de l'Evangile. En toute rigueur, ces questions décisives devraient être l'objet d'études menées par des équipes d'érudits des différentes religions pour essayer de s'accorder sur les textes en cause. Des travaux similaires ont été réalisés depuis longtemps sur la Bible grâce à la collaboration de Juifs, de protestants et de catholiques de telle sorte que peu de divergences d'interprétation subsistent encore. En fait, l'Islam paraît hésiter à entrer dans le processus d'analyse historique des textes sacrés car il lui serait difficile de ne pas y inclure le Coran ; or il ne saurait en être question puisque le Coran est, pour les musulmans, la parole même de Dieu et il serait impie d'en faire quelque critique que ce soit.

En réalité, il n'y a pas de compatibilité entre les conceptions théologiques de l'Islam et du christianisme malgré de réels points de convergence dans les apparences.

Ainsi l'Islam est la religion du Livre, le Coran, tandis que dans le christianisme le livre n'est qu'un support qui relate le cheminement de Dieu dans l'histoire humaine, culminant dans la vie terrestre de Jésus-Christ.

Cette différence d'optique explique que rien ne s'oppose à l'analyse historique, sociologique, linguistique ou autre de l'Evangile tandis que le Coran, et même les commentaires de la Sunna, sont intangibles.

La communauté des fidèles musulmans, l'Umma, est également différente dans sa conception de l'Eglise en ce sens que la première constitue l'ensemble dénombrable des musulmans alors que la seconde est une entité mystique à laquelle personne n'est sûr d'appartenir.

Des remarques analogues pourraient concerner le clergé, généralement considéré par les chrétiens comme disposant d'un pouvoir surnaturel transmis par Jésus-Christ et les apôtres, tandis que rien d'équivalent n'existe en Islam[17].

Mais, s'il est illusoire d'espérer une convergence des systèmes musulman et chrétien, rien ne s'oppose, bien au contraire, à l'échange des expériences spirituelles personnelles des croyants des deux religions. Après tout, aucune d'elles ne se limite à une philosophie et les deux poursuivent un but de promotion spirituelle de leurs fidèles.

C'est logiquement sur le terrain de la sainteté ou, si l'on préfère, de l'accomplissement spirituel de l'homme que devrait se situer la compétition des deux religions, dans un esprit d'émulation et non de rivalité.

Bien évidemment, cela suppose que soit définitivement instauré des deux côtés un climat de tolérance, c'est-à-dire de respect des croyances, assorti de la liberté de toute pratique. Malgré leurs principes, les deux religions ont malheureusement témoigné dans le passé de plus d'hostilité que de compréhension.

Du côté chrétien, la papauté a pris depuis quelques années un virage qu'on peut penser définitif en faveur du dialogue et de l'ouverture d'esprit. Par exemple, il arrive que des églises mettent des locaux à la disposition de musulmans immigrés pour leur permettre l'exercice de leur culte.

Du côté musulman où n'existe pas d'autorité centralisée, la situation est extrêmement variable. Certains pays sont remarquablement tolérants comme le Maroc ou, d'une autre façon, l'Indonésie, tandis que d'autres ont encore, hélas, une attitude qui frise l'agressivité. On pense évidemment à l'Islam wahabite d'Arabie séoudite où tout culte non-musulman est strictement interdit ; une police religieuse surveille étroitement le comportement non seulement des sujets du royaume mais aussi des étrangers au point de ne pas tolérer de repas de fête dans les restaurants le jour de Noël, l'alcool et le vin étant, de toute façon, strictement prohibés.

Ainsi le fameux verset du Coran « pas de contrainte en religion », cité systématiquement pour montrer le libéralisme de l'Islam, n'est appliqué que très inégalement : si un musulman est tenté par une conversion au christianisme, on lui citera les nombreux versets du Coran qui menacent l'apostat de tous les tourments de l'enfer.

Certaines situations paraîtraient même risibles si elles ne reflétaient une intolérance d'un autre âge : tel est le cas d'une maghrébine vivant en France et convertie au christianisme obligée à la clandestinité religieuse qui, pour éviter un « accident », ne se montre jamais publiquement dans une église et reçoit la communion à son atelier des mains d'une collègue de travail !

Encore une fois, ces exemples extrêmes relèvent davantage de l'intolérance de la nature humaine que de la religion elle-même. A cet égard, l'Islam souffre de ne plus avoir une structure unique disposant d'assez d'autorité pour rejeter les interprétations excessives ou erronées du Coran : de nombreux gouvernements de pays musulmans sont les premières victimes de cette situation et mènent une lutte parfois sanglante contre les tendances religieuses extrémistes. Ces difficultés retardent ou handicapent l'évolution du dialogue islamo-chrétien, mais elles ne sont heureusement pas générales.

En Afrique noire en particulier, où l'on pourrait craindre que les deux religions s'affrontent pour la conquête spirituelle des populations animistes, la compétition présente généralement un caractère de « fair-play » exemplaire, au point que les conversions de l'une à l'autre, quoique rares, restent encore possibles.

Il ne faudrait cependant pas croire que les animistes choisissent l'Islam ou le christianisme sur la base exclusive d'arguments hautement théologiques. Sur le terrain, en face des populations rurales africaines, l'Islam a pour atout d'être beaucoup plus simple à expliquer et de tolérer la polygamie.

En revanche, le christianisme, qui admet la consommation d'alcool, et de viande de porc, passe mieux auprès des ethnies de la forêt où l'usage du vin de palme et l'élevage porcin sont indissociables de la culture sociale.[18] Un autre avantage du christianisme est de ne pas hésiter à traduire ses textes sacrés dans les langues locales.

Le résultat est un assez net clivage sur une base ethnique entre chrétiens et musulmans. Dans les rares cas d'affrontement violent entre les communautés, les causes ethniques sont généralement sous-jacentes, comme cela s'est produit récemment à Kaduna au Nigéria.

En revanche, si les deux religions coexistent à l'intérieur d'une même ethnie, c'est le plus souvent sans problèmes, ainsi qu'on le constate par exemple chez les Yoroubas du Nigéria, les Sérères du Sénégal, les Mossi du Burkina-Faso etc.

L'exemple de l'Afrique noire est porteur d'un espoir : peut-être qu'un jour la compétition islamo-chrétienne ne sera plus considérée d'abord en termes quantitatifs de « conquête » d'un nombre toujours plus grand d'adeptes mais en termes qualitatifs, chaque religion s'efforçant d'élever l'homme vers Dieu grâce à la qualité de sa spiritualité. In sha'llah[19], les deux plus importantes religions du monde trouveraient ainsi, en travaillant chacune selon ses convictions pour une œuvre commune, des raisons objectives de se rapprocher et de se réconcilier.

---

[1] L'existence des confréries, les tariqat, modifie peu cet état de fait.

[2] La création de l'Etat hébreu est la conséquence lointaine du premier congrès sioniste, tenu en 1897 à l'initiative de Théodore Herzl (1860-1904). L'objectif était de redonner au peuple juif une unité nationale soudée par une langue, l'hébreu, en rejetant la fatalité de l'exil.

[3] Certains autres Juifs rejettent le sionisme soit au nom de philosophies internationalistes, soit comme un anachronisme perpétuant un passé révolu.

[4] Il est vain d'épiloguer sur l'antériorité des Juifs ou des Arabes sur cette terre où ils vivaient ensemble avant 1948. Ceux qu'on appelle les Palestiniens seraient originaires de Grèce ; arrivés bien avant l'ère chrétienne, ils ont été arabisés de date immémoriale.

⁵ La radio algérienne, dans une sorte de « courrier des auditeurs » a évoqué récemment le cas d'une jeune femme à laquelle son fiancé aurait promis un minimum de libéralisme dans le mariage. S'étant retrouvée ensuite pratiquement enfermée et contrainte au port du voile comme la majorité de ses consœurs, son mari prétexta que sa mère l'exigeait. L'animatrice de l'émission, sollicitée sur cette tromperie, eut cette explication charmante: « Bien sûr, il aurait mieux valu que votre mari vous le dise avant le mariage, mais, comprenez-le, vous n'auriez pas accepté de l'épouser. »

⁶ Cet effort s'appelle ijtihad, mot dérivé de djihad, souvent compris à tort dans le sens exclusif de « guerre sainte » contre l'infidèle.

⁷ Rappelons que le colonel Kaddhafi a, pour sa part, une conception de l'Islam qui rejette la Sunna, la tradition des sunnites. Qu'il soit pratiquement le seul de cet avis ne semble pas plus le décourager que ses sujets.

⁸ L'auteur a été fréquemment surpris de l'ignorance de musulmans sunnites cultivés, des ambassadeurs de pays arabes notamment, sur des sujets tels que les croyances du chiisme. Le fait de se dire musulman paraît suffire pour décrire toutes les situations. Que dire dans ces conditions des connaissances de la majorité des croyants?

⁹ Après tout, le christianisme, sûr lui aussi de sa révélation, a longtemps interprété la Bible d'une façon très littérale — certains protestants le font encore — et le catholicisme a été tenté durant de longs siècles d'établir une société qui ne connaisse que sa loi. Il existe sans doute encore quelques nostalgiques de la période de la Chrétienté mais l'histoire semble montrer que l'ouverture au christianisme de peuples qui lui étaient étrangers est allée de pair avec une conception plus spiritualisée de cette religion, laissant le pouvoir civil indépendant du pouvoir religieux et libre de s'organiser indépendamment des souhaits des évêques.

¹⁰ Pour ne prendre qu'un exemple, les musulmans n'ont pas l'habitude de se poser des questions qui n'avaient pas grand intérêt à l'époque du prophète, telle celle du choix de la langue arabe par Dieu pour dire Sa parole. On peut penser, peut-être un peu naïvement, que l'arabe est la langue de Dieu: cela ferait du peuple arabe un peuple élu, ce que ne revendique nullement l'Islam. On peut penser plus vraisemblablement que Dieu a choisi de s'exprimer dans la langue de Son prophète, mais alors nous sommes en présence d'un langage humain, c'est-à-dire d'un instrument imparfait utilisé par Dieu qui est la perfection même. Il appartient donc au croyant de rechercher la réalité révélée par Dieu *au-delà* des mots et non dans les mots eux-mêmes. Ainsi, le mot djinn dont il semble avéré qu'il provient, plus ou moins directement du latin « genius », génie, est une sorte de mot « franglais » dont on peut se demander quelle réalité il recouvre. Que Dieu ait voulu s'enfermer dans une langue pose bien des problèmes que les musulmans mettent peu d'empressement à traiter.

En comparaison des montagnes d'études sur la langue et le style des différents textes de la Bible, on reste un peu sur sa faim. Décidément, les chrétiens se simplifient la vie en prenant pour référence un homme, Jésus-Christ, plutôt qu'un texte, le Coran.

¹¹ Parmi les religions révélées, seul le christianisme reconnaît la volonté de Dieu d'être vivant parmi les hommes en la personne de Jésus-Christ et non pas seulement par un livre ou une loi.

¹² Certains chrétiens auraient tendance à qualifier leur doctrine de seule parfaite. Cela revient à dire que l'homme n'intervient pas dans sa formulation car tout ce qui vient de l'homme est entaché d'imperfection. En revanche, il est acceptable de penser qu'elle est la seule à être guidée par Dieu — ou inspirée par le Saint-Esprit — mais nul n'est en droit d'exprimer une telle affirmation qui reviendrait à être sûr des intentions de Dieu. Puisque c'est l'amour qui doit guider le chrétien, toute attitude d'intolérance ou d'exclusion doit être rejetée, même si on la croit justifiée.

¹³ D'un point de vue protestant, l'Eglise catholique a sa lecture des textes sacrés et sa forme propre d'organisation: c'est son affaire et rien ne la distingue des autres mouvements chrétiens qui ont aussi leur interprétation des Ecritures et leur organisation.

¹⁴ Cette question et celle des rapports avec le pouvoir politique constituent deux des différences majeures entre le christianisme et l'Islam. Ce fait est d'autant plus remarquable qu'il est relativement récent.

¹⁵ Notons au passage que ces adaptations de pure forme déconcertent certains catholiques qui perdent leur latin dans tous ces changements. Le souci de maintenir la forme traditionnelle du culte se confond avec la crainte frileuse de toute hérésie « moderniste ». C'est la cause du schisme du mouvement de Mgr Lefebvre qui touche environ 200 prêtres (soit 1/2000 des effectifs du clergé).

¹⁶ C'est le sens profond du mot « charité » qui a pris, à tort, le sens d'une aumône destinée à donner bonne conscience à celui qui la fait.

¹⁷ Lire à ce sujet « christianisme ou miroir de l'Islam » par le R.P. Sanson, jésuite de nationalité algérienne, éditions du Cerf, 1984.

¹⁸ Peut-être Dieu considère-t-Il avec humour à quoi se réduisent les arguments en faveur de l'une ou l'autre des religions. N'y a-t-il pas là matière à réflexion sur l'humilité pour les théologiens trop intellectuels ?

¹⁹ Cette formule arabe célèbre signifie littéralement « si Dieu veut ».

4ème *PARTIE*

A quoi servent les religions?

Décrire les religions, mettre en évidence leurs originalités ou leurs points communs, apprécier leur influence dans les différentes sociétés sont des tâches qui relèvent de l'art du journaliste ou de la science du sociologue. C'est un exercice qui peut être plus ou moins réussi mais qui n'a pas d'autre objet que d'informer.

Cependant la vie spirituelle à laquelle les religions prétendent faire accéder se situe bien au-delà de la réflexion intellectuelle. C'est pourquoi nous aurions le sentiment de laisser notre lecteur sur sa faim si nous ne tentions de rechercher avec lui quel est le sens de cette présence permanente du fait religieux dans les différentes cultures.

Certes la religion ne tient pas la même place dans toutes les sociétés mais elle n'est jamais complètement absente, parfois même elle paraît être une obsession fondamentale.

A quel besoin universel répond le simple fait que les religions existent? Pourquoi les religions sont-elles tentées d'intervenir dans des domaines aussi divers que la morale ou la conception des institutions politiques?

Quelle crédibilité peut-on accorder aux recommandations des religions dans la mesure où elles ne s'accordent pas entre elles et où rien ne permet apparemment de vérifier leur véracité?

Dieu, s'Il existe, a-t-il un plan que nous pouvons tenter de deviner? Où nous conduit-Il et quel rôle les religions jouent-elles dans un tel plan?

Les réponses à ces questions sont, pour une large part, très subjectives. Il semble toutefois utile d'y apporter notre propre réflexion, ne serait-ce que pour permettre au lecteur de confronter son analyse à la nôtre.

Les besoins et les aspirations de l'homme : la recherche du bonheur

S'il fallait définir d'un mot ce qui constitue la motivation principale des activités humaines, c'est au bonheur que l'on penserait tout naturellement.

On dit généralement qu'il vaut mieux être beau, riche, intelligent, puissant, aimé et bien portant que laid, pauvre, bête, exploité, détesté et malade.

Cependant on a rarement tout à la fois et pas autant qu'on le souhaite. La sagesse veut donc que nous limitions nos ambitions et la question est de savoir à quel bonheur nous pouvons accéder.

Il y a d'abord la satisfaction des besoins naturels. Comme tout animal, l'homme cherche avant tout à survivre. L'instinct de conservation, le simple besoin de vivre, nous pousse à satisfaire nos appétits, ce qui nous procure des jouissances. Les plus primaires d'entre elles sont, par exemple, celle d'être au chaud, de manger et de boire, d'assouvir des pulsions sexuelles, de dormir etc. Assez souvent, et cela montre bien la continuité qui existe entre l'animal et l'homme, l'ambition se limite à la satisfaction, parfois techniquement très sophistiquée, de ces besoins vitaux élémentaires.

Mais notre cerveau nous complique la vie : certains ont tout pour être heureux et perçoivent leur vie comme un échec ; d'autres, apparemment très déshérités, qui vivent dans une extrême pauvreté ou souffrent de lourds handicaps physiques, rayonnent d'un inexplicable bonheur intérieur.

De plus, nous ne limitons pas notre bonheur au présent ; nous sommes ainsi faits que l'avenir nous préoccupe et que nous voulons l'organiser à notre profit. Bref, nous avons des ambitions. Chacun s'en forge selon son tempérament, son éducation, son expérience...

Pour les uns, ce sera le pouvoir ou l'argent, pour d'autres, la recherche de la considération ou de l'amour, pour d'autres encore un enrichissement personnel par la connaissance, l'intensité de la vie intellectuelle ou spirituelle, pour d'autres enfin le don de soi, le dévouement envers les enfants, les amis, la patrie, la communauté religieuse...

Ainsi le contenu du bonheur est très variable selon les individus, leur expérience, leur éducation... Il comporte en proportions variables des composantes matérielles, intellectuelles, sentimentales et spirituelles ; il dépend largement de l'idée qu'on s'en fait. Même les masochistes, puisqu'il paraît qu'ils existent, recherchent un certain plaisir et trouvent leur bonheur là où d'autres ne voient que souffrance et perversion.

D'autre part le bonheur peut s'imaginer dans l'absolu mais il se vit dans le relatif. Chaque société, comme chaque individu, secrète une certaine idée du bonheur qui tend à être proposé comme modèle.

Ce conditionnement par la société peut conduire certains à rechercher un bonheur stéréotypé, inadapté à leur situation personnelle, donc inaccessible et source de déception.

Pour qui serait particulièrement sensible à la publicité de la télévision, le bonheur — qui n'arrive pas qu'aux autres — consisterait à gagner au loto et à faire une croisière sous les tropiques en compagnie de jolies filles bronzées : on ne peut être heureux que jeune, mince, élégant et dans un climat de vacances. Avouons qu'il y a de quoi décourager tous les vieux affreux qui sont forcés de trimer pour gagner leur vie !

Heureusement ces publicités sont le plus souvent interprétées comme l'image d'un rêve impossible et elles ne traumatisent pas exagérément les téléspectateurs.

Si l'on en juge par certaines enquêtes[1], l'idée qu'on se fait du bonheur est plus proche de la réalité : c'est la famille qui est le plus souvent citée (48 % des enquêtés), puis l'amour (45 %), l'amitié (40 %), le travail (31 %), l'argent (25 %), les loisirs (20 %) et la religion (9 %). Malgré le caractère disparate des choix proposés, il est frappant de constater que la majorité des personnes interrogées voit son bonheur dans la réussite de rapports sociaux au sein de la famille, du couple ou d'un groupe d'amis.

Pour bon nombre d'entre nous, la dimension sociale du bonheur s'étend également à la recherche et la construction d'une société plus juste et plus harmonieuse ou, plus simplement, au souci du bonheur de nos enfants.

Toutes ces aspirations au bonheur, quelles qu'elles soient, se heurtent à des limites imposées notamment par le niveau de développement matériel et culturel de la société où l'on vit.

A côté du bonheur simple que peut nous offrir la vie ou de la sagesse qui nous fait tirer le meilleur parti de ce que nous avons et de ce que nous sommes, nous rêvons tous à un monde idéal où régnerait notre conception de la justice. Peu importe de savoir si cet espoir est vain, il révèle des besoins profondément ancrés dans notre nature qui sont souvent le moteur de nos actes.

Ces besoins sont, eux aussi, multiples et dépendent évidemment des individus mais on trouve toujours, plus ou moins clairement exprimé, le désir de savoir si la vie a un sens, l'aspiration à plus d'amour et de justice, le refus de l'exploitation, de la souffrance, du malheur ou de la solitude, le besoin de se réaliser ou même de se dépasser...

Chacun découvre un jour ou l'autre son impuissance à créer le monde dont il rêve ou même à satisfaire les piètres ambitions de son égoïsme.

L'inévitable expérience de nos limites nous révolte ou nous mûrit. Elle nous force à des accommodements, des adaptations ou des compromissions quand elle ne nous pousse pas à l'extrémisme.

Malgré tout, nous gardons plus ou moins enfoui dans notre subconscient une aspiration profonde à sortir de notre condition et à dépasser nos limites. Nos réactions dépendent de multiples facteurs tels que notre caractère, nos expériences passées, notre état de santé, notre âge, notre éducation, notre environnement culturel etc.

Certaines de ces réactions sont de fausses solutions à nos problèmes, d'autres relèvent de ce que l'on dit être la sagesse, d'autres enfin font appel à la religion. Nous verrons que la distinction n'est pas toujours nette entre ces catégories.

Les fausses solutions

Devant l'abîme qui sépare notre idéal de ce que nous sommes capables de vivre, certains d'entre nous perdent courage, peut-être parce qu'ils ont placé leurs ambitions trop haut. Ils s'efforcent, plus ou moins adroitement de crier leur détresse et d'appeler au secours. Parfois, faute d'être entendus, ils ont recours au suicide. D'autres recherchent l'évasion dans l'alcool ou la drogue ce qui constitue un demi-suicide par destruction progressive.

La fuite devant la réalité, le renoncement à l'affronter lucidement, ne prennent pas toujours, heureusement, un tour aussi dramatique. Il y a maintes façons de s'étourdir, d'éviter de réfléchir, de garder d'indéfendables illusions. Une activité professionnelle effrénée, une attention exagérée portée à notre corps pour en maintenir artificiellement la jeunesse apparente, toute forme de passion pour les jeux, les spectacles, peut contribuer, efficacement mais pour un temps seulement, à rejeter loin de nous les questions qui nous dérangent.

La sagesse et la philosophie[2]

Une autre attitude, pour affronter les difficultés de l'existence, consiste à s'efforcer de les connaître et de les expliquer. La sagesse ne commande-t-elle pas de ne demander à la vie que ce qu'elle peut offrir ? En attendre des chimères ne peut conduire qu'à la déception.

Le bonheur que nous poursuivons exige que nous fassions preuve d'un minimum de lucidité. A la question posée à froid : « voulez-vous vous attirer des ennuis ? », personne ne répond par l'affirmative. Pourtant certains choix conduisent immanquablement au pire et nous n'hésitons pas à les faire. La raison de cette attitude peut provenir :
— d'un manque d'information ou d'éducation ;
— d'une mauvaise perception des risques ;
— de réactions spontanées mal contrôlées ;
— du désir délibéré de casser quelque chose, en soi ou chez les autres.

Dans tous les cas, un peu de réflexion serait utile mais les décisions absurdes sont prises le plus souvent à chaud, quand on est hors d'état de réfléchir. C'est donc avant qu'il faut se préparer : la formation du caractère et de la personnalité est, à coup sûr, le meilleur moyen d'éviter un maximum d'ennuis.

Pour nous y aider, rappelons-nous que, depuis quelques centaines de milliers d'années que des hommes vivent sur cette terre, nos dizaines de milliards de prédécesseurs ont expérimenté toutes les situations, des plus tragiques aux plus insolites, même si aucune n'est exactement semblable à la nôtre en particulier. Et comme nos ancêtres n'étaient ni plus ni moins sots que nous, ils se sont petit à petit forgés une sagesse faite de bon sens à laquelle il est utile de se référer en cas de besoin.

C'est ainsi que chacun se fait sa philosophie, plus ou moins cohérente, plus ou moins stricte, plus ou moins satisfaisante, et qu'il essaie de s'en contenter. Il y a des philosophies optimistes et d'autres pessimistes, des philosophies élitistes ou, au contraire, à vocation universelle, des philosophies intuitives ou marquées par l'esprit scientifique...

Pour orienter notre vie, nul d'entre nous n'échappe à la nécessité d'avoir une philosophie, c'est-à-dire un système de valeurs assorti de règles de comportement plus ou moins strictes.

De tous temps, des sages ou supposés tels, des anciens frottés à l'expérience de la vie, ont cherché à formaliser une morale compatible avec la psychologie de la société considérée, avec ses croyances et sa logique de pensée.

Il arrive aussi que des intellectuels de talent, mais orgueilleux ou perturbés, construisent une doctrine à prétention philosophique qui connaît un temps le succès de l'originalité.

Comment se faire une opinion entre ces théories contradictoires ? Le mieux serait sans doute de pouvoir les étudier toutes en les confrontant avec sa propre expérience. Les jeunes n'ont, hélas, pas assez de recul pour juger sereinement et leur enthousiasme les porte parfois à se laisser séduire par une théorie brillante mais creuse. Le risque est grand, même pour un adulte, de se laisser captiver par une doctrine ou un système qui, à partir d'une analyse attrayante, diverge vers quelque utopie ; on en arrive à tout interpréter de façon doctrinaire en fonction de ce système et à s'aliéner complètement.

Les philosophies, malgré leur incontestable utilité, ne sont donc pas sans dangers. Qu'en est-il des religions et que proposent-elles de plus séduisant que les philosophies ?

---

[1] Quotidien « Le Matin », septembre 1985.
[2] Philosophie vient de mots grecs signifiant « amour de la sagesse ». Peut-être emploie-t-on le grec pour masquer le fait que de nombreuses philosophies manquent de sagesse ?

Les ambitions des religions

En quoi les religions sont-elles plus ambitieuses que les philosophies? Chaque religion ne comporte-t-elle pas sa propre philosophie? A vrai dire, comme on l'a vu, certaines religions, comme le confucianisme et, dans une certaine mesure, le bouddhisme, ne sont que des philosophies puisqu'elles se passent de Dieu. C'est bien Dieu en effet qui donne aux religions un plus par rapport aux philosophies. Encore faut-il que Dieu se manifeste, sinon l'homme reste seul avec lui-même et Dieu reste une hypothèse philosophique parmi d'autres.

Bien sûr, on peut dire que Dieu se manifeste dans la Création, mais on ne voit pas en quoi cette affirmation, qui ressemble à une hypothèse, peut aider à la solution des problèmes de l'existence.

Les religions n'en restent donc pas là et toutes admettent des interventions divines sous des formes diverses.

C'est la façon dont les religions perçoivent l'intervention de Dieu dans le monde qui les différencie principalement:

— Pour les animistes, et plus généralement ceux qui ont une conception superstitieuse de leur religion, quelle qu'elle soit, le divin se manifeste dans les phénomènes les plus naturels, tels que les maladies ou la pluie. L'ambition de la religion est alors de type « magique »: elle consiste à s'attirer la bienveillance du pouvoir surnaturel qui provoque ou maîtrise ces phénomènes grâce à des offrandes appropriées de prières ou de sacrifices. La divinité avec laquelle on pratique ce genre de troc est généralement assez familière, on lui parle aisément et l'on attribue à ses sautes d'humeur le résultat aléatoire du culte. Nous reviendrons plus loin sur la constatation importante que des adeptes de religions non animistes se comportent à l'égard de Dieu comme les animistes que nous venons de décrire. C'est apparemment le cas de la majorité des bouddhistes des écoles tibétaine (tantrique) et chinoise (Grand Véhicule) mais aussi celui de certains chrétiens ou musulmans qui n'ont pas assimilé leur religion.

— Pour les religions qui se réfèrent exclusivement à un Livre révélé et dont les archétypes sont le judaïsme et l'Islam, Dieu s'est fait connaître par sa seule parole. L'ambition de la religion est alors de modeler le comportement du croyant par l'observation des règles écrites dans le Livre, complétées par des commentaires établis pour les besoins de l'actualité.

Si le fidèle suit scrupuleusement les dispositions édictées, il sera sauvé, sinon il sera soumis au châtiment de Dieu. Ainsi, le fait de reconnaître un Dieu unique Le place à une altitude telle que seule la voie de l'obéissance paraît ouverte à l'homme : Dieu a d'infinies qualités de miséricorde mais il peut être également terrible. Dans l'ignorance de l'attitude qui prévaudra à notre égard, nous devons avant tout faire preuve de soumission (rappelons que c'est le sens du mot islam en arabe).

— Le christianisme apporte une nouveauté tout à fait originale en matière religieuse : c'est l'affirmation, parfaitement contraire au raisonnable, que Dieu s'est fait homme. La vie terrestre de ce « Fils de Dieu » annoncé par la Bible est la démonstration que Dieu est Amour, qu'Il s'offre à tous les hommes désireux de Le connaître. C'est parce que Dieu est Amour qu'Il ne s'impose pas, laissant à chacun la liberté d'aller ou non vers Lui. La mort qu'Il a subie montre jusqu'où l'Amour doit être prêt à aller. Sa résurrection est le signe de Sa maîtrise de la mort et de la véracité de Son message.

Depuis près de 2000 ans de christianisme, on ne perçoit peut-être plus autant à quel point le christianisme constitue une véritable révolution religieuse. Le judaïsme et l'Islam, les autres religions monothéistes, jugent incroyable et scandaleux de croire que Dieu ait pu exprimer ainsi Son amour pour les hommes. Il y a effectivement un gouffre entre le Dieu que révèle le christianisme et celui des autres religions. Toutefois, il existe aussi une certaine gradation, une progression, dans les messages des trois grandes catégories de religions que nous venons de schématiser. Quoique nettement distincts, ils ne sont ni réellement divergents, ni rigoureusement incompatibles.

Les religions « animistes » en effet ne s'interdisent pas de croire à un Super-Dieu au-dessus des nombreuses divinités normalement accessibles. C'est en partie pourquoi les nombreuses conversions d'animistes à des religions monothéistes ne sont pas vraiment difficiles.

Quant au judaïsme et à l'Islam, on peut considérer qu'ils s'arrêtent en chemin dans la connaissance de Dieu : tous deux croient à l'unicité, à la toute-puissance et même à la miséricorde infinie de Dieu mais ils n'entrent pas dans une logique d'Amour qui conduit au prodige de « l'incarnation », de la venue de Dieu sur cette terre.

On comprend que les Juifs et les musulmans, éduqués dans une autre conception de Dieu, aient de grandes difficultés a adhérer aux croyances chrétiennes : comment accepter l'invraisemblable sur le seul témoignage des récits de l'Evangile à moins de dispositions mystiques particulières ou d'exceptionnelles capacités de confiance en l'amour de Dieu ?

Il est de même assez compréhensible que certains chrétiens aient du mal à assimiler ce que leur propose leur religion. C'est pourquoi les comportements des croyants des diverses religions paraissent souvent plus proches les uns des autres que ne le sont les messages auxquels ils se réfèrent.

Le rôle social des religions

Il est frappant de constater que, malgré la diversité de leurs ambitions et de ce qu'elles proposent à leurs fidèles, les religions présentent apparemment de nombreuses convergences : elles préconisent une morale, célèbrent des fêtes, organisent des pèlerinages, édictent des rites dont le sens est chargé de symboles.

Tout se passe comme si l'homme cherchait dans sa religion, quelle qu'elle soit, à satisfaire des besoins psychologiques ou spirituels profondément enracinés dans sa nature, et donc assez largement indépendants de sa culture.

Selon la façon dont on s'exprime, on peut aussi bien dire que les religions s'efforcent de répondre à ces besoins ou que les hommes modèlent la religion à leur convenance.

Il est vrai que certains ne cherchent dans leur religion qu'un environnement humain chaleureux et paisible ou la beauté mystérieuse des cérémonies, tandis que d'autres viennent s'y rassurer de pseudo-certitudes. On comprend pourquoi les incroyants, jugeant sur les apparences, pensent que les religions sont une création des hommes. C'est en particulier l'analyse marxiste qui voit dans les religions un écran de fumée produit par l'homme pour se cacher les vrais problèmes et ne pas avoir à les résoudre ; on les aurait inventées pour que les faibles et les opprimés mettent leur espoir dans un bonheur surnaturel afin de les détourner de la révolte contre les exploiteurs. C'est le sens de la fameuse formule « Dieu est l'opium du peuple »[1].

Ce schéma rend peut-être compte de certaines situations particulières où la religion a été récupérée par un pouvoir politique ou économique, il n'en demeure pas moins d'un simplisme affligeant qui ne fait pas honneur à la prétention scientifique de l'analyse. Comment expliquer ainsi les multiples exemples de riches et puissants personnages qui se sont dépouillés de leurs biens par conviction religieuse[2] ou que des mouvements d'inspiration religieuse aient été à la racine de nombreuses révolutions contre le pouvoir en place ?

Les religions n'ont donc pas pour but d'anesthésier leurs adeptes par des histoires merveilleuses sur l'au-delà, pas plus que de constituer des sortes d'associations où se retrouvent, comme dans les clubs de football ou les partis politiques, ceux qui partagent les mêmes enthousiasmes.

Incontestablement, ce qui caractérise les religions c'est la recherche d'un contact avec Dieu. Cependant, ce contact, quelle que soit sa nature, ne peut être établi collectivement : la religion n'est qu'un moyen mis à la disposition des individus pour leur recherche personnelle dans la prière et dans l'action.

Cela ne signifie pas que les religions aient un rôle social négligeable, bien au contraire. L'effort collectif mené par les croyants de chaque religion marque la société en profondeur. Nous avons vu précédemment les interférences, volontaires ou non, de la religion et de la politique. On peut soutenir à cet égard que toute religion, dans la mesure où elle a des certitudes, incite certains de ses adeptes à l'intolérance ou au fanatisme, à l'esprit de conquête ou à des guerres civiles.

Pour être juste, il faut bien considérer que les nombreux exemples historiques auxquels on peut penser sont indissociables d'autres facteurs, politiques, économiques ou culturels, qui ne permettent pas d'isoler la part de la religion. Constatons plutôt, sans porter de jugement, que les seules époques où l'humanité a progressé sont celles où existait une certaine organisation, un minimum d'ordre et d'acceptation de cet ordre par le peuple.

Sur ce plan, les religions, parce qu'elles recommandent l'observation d'une morale, sont incontestablement un élément stabilisateur des sociétés.

Certaines civilisations ont été explicitement fondées sur la religion. Le cas le plus net est celui du peuple juif qui n'aurait pas eu d'existence propre dans l'histoire s'il n'avait pas eu de religion. De même, imagine-t-on une civilisation arabe sans l'Islam ou les monarchies occidentales du Ve au XVIIIe siècle sans le christianisme ?

Mais, bien plus que leur contribution à la morale et à l'ordre, c'est l'extraordinaire fécondité de leur production artistique qui frappe dans le rôle historique des religions. Qu'y aurait-il à voir dans de nombreuses villes d'Europe, s'il n'y avait une cathédrale, un couvent ou des églises ? Irait-on visiter Rangoon si l'on n'y trouvait Schwedagon ? Que seraient Ispahan ou Istamboul sans mosquées ? Une époque aussi riche que la nôtre qui produit le Centre Beaubourg ou les Palais de la Culture soviétiques pourrait se poser des questions sur la source de l'inspiration artistique.

Si le rôle déterminant des religions dans les différentes formes d'art est incontestable, il n'en est pas de même en matière scientifique. Certains esprits du XVIIIe et du XIXe siècle ont accusé les religions d'obscurantisme et d'être un obstacle à la science. Cette prétendue opposition entre science et

Les ambitions des religions

religion paraît aujourd'hui bien dépassée, bien qu'elle soit encore enseignée comme un dogme dans certains pays.

La science se propose d'agir sur la nature et la vraie question est de savoir si la religion contrecarre cet objectif, contribue à l'atteindre ou y est indifférente. Il semble bien que la réponse varie selon les religions et, à un moindre degré, selon les époques :

— Les animismes, comme d'ailleurs les religions de l'antiquité, considèrent que les phénomènes naturels sont dûs à l'action de dieux, d'esprits ou de démons. Logiquement, il s'en déduit que seule la religion est capable de maîtriser ces forces, ce qui stérilise l'idée même de recherche scientifique. Parfois cependant, le culte exige l'observation précise d'un phénomène : si les astres sont des dieux, il devient important d'étudier leur comportement. C'est ainsi que les Mayas ont développé leur science de l'astronomie avec une maîtrise qui nous laisse stupéfaits si l'on songe à leur niveau de connaissances générales[3].

— La forme traditionnelle de l'hindouisme confine chaque homme dans le respect des règles propres à sa caste, ce qui n'est pas de nature à orienter le plus grand nombre de cerveaux vers la science. Heureusement, l'hindouisme moderne n'attache plus une telle importance aux castes et les brillants succès des scientifiques indiens montrent que ceux-ci sont libérés d'une interprétation étroite de leur religion. Quant au bouddhisme, son principe théorique est de rechercher l'extinction de tout désir et de considérer que le monde n'est qu'illusion : cela ne porte pas spontanément à l'action sur la nature ni à la recherche scientifique. En caricaturant, on peut dire que les hindouistes et les bouddhistes ne s'intéressent à la science que dans la mesure où ils s'écartent du respect strict de leur religion.

— En ce qui concerne les grandes religions révélées, judaïsme, christianisme et Islam, elles conçoivent toutes trois l'univers selon un schéma biblique : Dieu a créé le monde que l'homme a mission de mettre en valeur. Dieu s'est donc, en quelque sorte, retiré du monde pour que nous exercions notre activité ; la route est ainsi largement ouverte à la recherche scientifique et au développement des techniques. Le succès dépend d'autres considérations de nature politique ou économique mais en aucun cas il n'est juste d'accuser ces religions de freiner la science. On ne compte d'ailleurs plus les savants dont les convictions religieuses sont affirmées.

Quoi qu'il en soit, les religions n'ont pas pour objectif premier le progrès matériel ni l'organisation de la société.

L'important reste donc de savoir ce que chaque individu peut espérer trouver dans la pratique d'une religion.

[1] Il est amusant de constater que ce sont souvent les mêmes qui reprennent cette pensée à leur compte et qui réclament la libéralisation des drogues douces.
[2] Bouddha et Saint-François d'Assise sont parmi les exemples les plus célèbres.
[3] Il paraît paradoxal que les Mayas aient inventé le zéro mais pas la roue.

Que peut-on attendre d'une religion ?

C'est évidemment à chacun d'entre nous de se faire une opinion sur l'intérêt d'appartenir à une religion ou de la pratiquer. La première question est de savoir ce que nous voulons faire de notre vie. La place que peut y prendre la religion dépend de notre réponse.

Nous sommes en droit de nous interroger sur deux points : pouvons-nous nous passer de religion et, si nous en adoptons une, que pouvons-nous en attendre ?

Assurément, nous pouvons vivre sans religion. L'homme est ainsi fait qu'il peut se passer d'à peu près tout, sauf de manger et de boire. Le monde foisonne d'exemples de gens qui se passent volontairement de richesses, de pouvoir, de vie familiale, de vie intellectuelle, de vacances et de bien d'autres choses qu'ils considèrent secondaires selon leurs critères. Il serait bien étonnant qu'on ne puisse pas se passer de religion. Dans l'optique chrétienne, où Dieu laisse à l'homme sa liberté, ce serait même la négation de la religion que d'être forcé de la pratiquer.

Tout le monde n'a donc pas de besoins spirituels. La Rome antique considérait que le peuple avait besoin de « panem et circenses », de quoi manger et se distraire. Dans nos sociétés occidentales où le problème alimentaire est pratiquement résolu, les distractions passent naturellement au premier plan. Il est curieux de constater que certains traits des religions se retrouvent dans leurs substituts tels que le sport, la musique ou la politique... Le besoin d'adoration ou d'admiration ne s'applique plus à un Dieu trop lointain mais au dieu-football, à la musique pop ou plus rarement au parti politique. Les saints sont remplacés par des vedettes, des champions, des leaders, auxquels on voue un culte fanatique.

Il ne faudrait pas en déduire que l'homme sans religion se tourne fatalement vers d'autres dieux faits à son image. Nous connaissons tous des gens apparemment sages et fort équilibrés qui n'ont aucun besoin de Dieu ni de rien pour le remplacer. Ils vivent selon leur conscience, formée par leur éducation et leur expérience, et n'éprouvent pas le moindre intérêt pour le fait religieux: la morale? la leur vaut bien, objectivement, celle de la plupart des croyants; les rites? c'est un spectacle qui, parmi d'autres, témoigne de la créativité humaine; Dieu? ils ne l'ont pas vu et ne le cherche pas.

Il y a incontestablement de la grandeur à vivre sans l'aide de personne, à être estimé et estimable sans être guidé par qui que ce soit, sans être menacé des feux de l'enfer ni appâté par un paradis.

On peut toutefois se demander si ce type d'hommes réussis, épanouis et paisibles n'a pas bénéficié sans le savoir d'une société où la religion a déjà fait un travail en profondeur.

C'est ce dont sont convaincus les croyants qui, d'une façon ou d'une autre, s'efforcent de répondre à ce qu'ils pensent être le plan de Dieu sur le monde. Pour eux, il ne s'agit pas seulement d'un choix de nature intellectuelle, comme serait celui d'une profession. Ils ressentent aussi un véritable besoin de se rapprocher de Dieu, une attirance pour une autre forme de vie orientée par la spiritualité. Normalement en effet, la vie spirituelle apporte à l'homme une dimension supplémentaire. Elle permet d'accéder à un autre ordre de connaissances et de satisfactions, d'autant plus excitant que la voie à suivre est souvent à contre-courant des pratiques requises pour la vie intellectuelle ou matérielle: par exemple, l'orgueil qui est un stimulant important dans la vie quotidienne conduit à un échec total en matière spirituelle.

Ainsi, la simple curiosité envers ce monde inhabituel aux richesses cachées pourrait être un incitatif puissant pour s'intéresser à la vie spirituelle.

Davantage encore, l'esprit conquérant de l'homme devrait s'enthousiasmer pour ce contact, aussi imparfait soit-il, avec l'infini du Créateur.

Enfin surtout, la religion est, en puissance, un extraordinaire ferment révolutionnaire par le changement d'optique qu'il permet à l'homme à l'égard de ce qui l'entoure et, en particulier, des autres hommes: les notions de justice, de liberté ou d'amour auxquelles chacun est attaché prennent, dans certaines religions, un éclairage qui est une véritable révélation, au sens photographique du terme.

D'une façon très étonnante, il faut malheureusement constater que beaucoup de religions vécues par des esprits étroits donnent une image tout à fait différente de ce qu'elles sont ou devraient être.

Le spectacle qu'offre au monde certains croyants des différentes religions est trop souvent à l'opposé de ce qui déchaine l'enthousiasme.

La caricature est ici facile: crédulité, habitudes sécurisantes, absence de liberté d'esprit, autoritarisme d'un clergé pontifiant, vocabulaire incompréhensible sauf pour les initiés, égoïsme de caste de bien-pensants tristement confits en apparente dévotion, refus de la critique ou même de la réflexion sur l'évolution du monde... on pourrait à loisir noircir ce tableau.

Ce qui est agaçant pour les croyants les plus sincères, c'est que cette image dérisoire et pitoyable occulte souvent ce à quoi ils sont attachés et qui est, par nature, beaucoup plus discret et difficile à percer.

La plupart des religions prêchent une certaine forme d'humilité et de douceur pleine de discrétion et la joie lumineuse des croyants qui vivent ce qu'ils croient est rarement présentée à la télévision.

Alors, si cette joie ne se voit pas, est-il possible de la décrire ? Il doit bien y avoir des satisfactions à orienter toute sa vie vers Dieu comme le font tant d'hommes dans le secret d'une vie où rien a d'extraordinaire n'apparaît.

Si l'on interroge ces personnes, souvent volontairement effacées, on fait une constatation rassurante : ce qu'elles cherchent — et trouvent — dans leur croyance n'est pas si différent de ce que nous apprécions tous. Il s'agit, somme toute, de la joie, de l'amour, de la liberté et de la connaissance. Il est encourageant que la nature humaine n'ait pas produit deux sortes d'hommes, la grande foule des gens comme vous ou moi et quelques mystiques trouvant leur jouissance dans d'inexplicables et inaccessibles phantasmes.

Cependant la joie, l'amour, la connaissance et la liberté chez les croyants ne sont pas exactement de la même qualité ni de la même nature. Pour celui qui cherche à comprendre pourquoi la religion préoccupe un si grand nombre d'hommes, la réponse est en partie là.

Il vaut donc la peine de tenter de décrire ce que les croyants recherchent et ce qu'ils éprouvent. Cette tentative ne peut évidemment être qu'imparfaite, tant est diverse et profonde la relation que l'homme parvient à établir avec son Dieu.

La joie

Les causes de joie sont innombrables : joie de se reposer ou de travailler, joie de bien manger et de bien boire, joie de séduire et d'être aimé, joie de se dépasser, joie d'être beau, de briller et de dominer, joie de paraître et de posséder, joie de créer ou de connaître, joie de donner et d'aimer...

Chacun sait que ces joies ne laissent pas toutes le même goût, ne sont pas toutes aussi durables, n'atteignent pas à la même plénitude, n'ont pas les mêmes conséquences. C'est affaire de tempérament d'être plus sensible aux unes qu'aux autres, c'est aussi question d'expérience.

Il existe des joies qui passent par la satisfaction du corps et d'autres par celles de l'esprit. Il est vain d'en comparer la qualité instantanée, ce que l'on constate, c'est leur effet sur l'individu : il se trouve « bien dans sa peau » et ressent de la joie de vivre, tout simplement.

Chacun sait qu'il faut profiter de ces périodes agréables car elles ne sont pas éternelles. Pourtant chaque âge a ses joies et nous vivons une époque où, bizarrement, les adultes ou les vieillards sont souvent moins désenchantés que les jeunes.

Quelles joies faut-il rechercher ? Y a-t-il une façon de gérer sa vie pour optimiser la joie qu'on en retire ?

Tout miser sur les joies du corps pose de redoutables problèmes de reconversion quand l'âge avance. Les ex-champions réduits à ressasser leurs exploits d'anciens combattants à partir de la trentaine en savent quelque chose.

Les joies de l'esprit — lire, jouer de la musique, faire des études intéressantes — ne sont pas non plus à l'abri des effets de la vieillesse. Et puis tout le monde n'est pas intellectuel ou artiste.

On est amené à se demander si la vie n'est qu'un lent glissement vers l'abîme qui passe obligatoirement par l'affadissement des joies les plus saines. Toutes les joies dont nous profitons ne sont-elles qu'un rideau de fumée qui nous empêche d'être conscients de notre déchéance ? N'y a-t-il rien à faire pour conserver intact notre potentiel de joie ?

Il n'est pas besoin d'être un explorateur chevronné de la nature humaine ni docteur en psychologie pour rencontrer des gens pleins de joie de vivre dont on se demande comment ils peuvent se satisfaire de leur sort. Sans évoquer les premiers chrétiens martyrs qui chantaient des hymnes de joie sous la dent des lions, on peut avoir à chaque instant la chance de connaître un handicapé qui rayonne de joie intérieure ou un prolétaire exploité bien plus heureux que son exploiteur. Ces gens sont peut-être doués d'une bonne nature mais ils donnent à réfléchir.

Nous est-il vraiment interdit d'accéder à une joie qui traverse toutes les épreuves, même si nous n'avons pas une nature résolument optimiste ?

Il semble bien que la joie spirituelle soit la seule qui puisse, sous certaines conditions, être inattaquable et indestructible.

Cette joie peut s'exprimer différemment d'un être à l'autre. Elle est plus facile à percevoir chez ceux qu'on appelle les mystiques : ils ressentent d'une façon particulièrement vive le lien qui les unit à Dieu et ils l'expriment souvent avec une étonnante force de persuasion.

Pascal qui a réussi dans les 39 années de sa vie à tant faire progresser la science théorique et pratique, notamment dans le domaine du calcul des probabilités et dans celui de la construction de machines à calculer, était aussi un authentique mystique. Il eut un jour une si puissante expérience de la présence de Dieu qu'il cousit dans ses vêtements, pour être sûr de ne jamais s'en séparer, les paroles jaillies de ses lèvres à cette occasion :

« lundi 23/11/1654, de 10 h du soir à minuit
Feu
Dieu d'Abraham, Dieu d'Isaac, Dieu de Jacob, non des philosophes et des savants,

Certitude, certitude, sentiment, joie, paix
Dieu de Jésus-Christ
Deum meum et Deum vestrum, ton Dieu sera mon Dieu
Oubli du monde et de Tout, hormis Dieu
Il ne se trouve que par les voies enseignées par l'Evangile
Grandeur de l'âme humaine
Père juste, le monde ne t'a point connu mais je t'ai connu
Joie, joie, joie, pleurs de joie..... »[1]

Ce langage est surprenant de la part d'un homme habitué aux raisonnements rigoureux. On est très loin de ce qu'expriment les mines tristes de trop de fidèles à la sortie de leur église, mosquée ou synagogue.

Mais tout le monde n'expérimente pas la joie brûlante d'un Pascal. La joie spirituelle peut être plus paisible, douce et chaude, comme presque sensuelle. Elle est le fruit de la confiance de l'homme en son créateur, confiance expérimentée par d'innombrables croyants qui ne la crient pas sur les toits.

Cet état de joie s'acquiert plus ou moins facilement, généralement grâce à une vie de prière soutenue et une conscience en bon état de marche. Rien de très différent apparemment de ce qu'éprouvent des incroyants qui ont surmonté leurs problèmes. Cependant, chez les croyants, cette sensation de bonheur est d'une autre nature en ce sens que précisément elle peut cohabiter avec la présence de difficultés ou d'épreuves normalement incompatibles avec la joie.

Comme c'est au moment des difficultés que la joie est la plus appréciée, cela vaut peut-être la peine de chercher comment se la procurer.

Apparemment, Pascal l'avait trouvée dans sa religion. Pourtant ses sympathies le portaient vers le jansénisme, forme particulièrement austère du catholicisme. La joie n'est donc pas, semble-t-il, assimilable à la gaudriole.

D'après tous ceux qui ont ressenti au plus haut degré la joie spirituelle, le ressort profond de cette joie qui efface toutes les autres paraît être l'amour.

L'amour

Il est généralement admis qu'aimer quelqu'un du sexe opposé, souriant, intelligent et agréable à regarder ne pose pas trop de problèmes.

Les choses se gâtent quand on expérimente les défauts de caractère ou qu'on se lasse de ce qu'on a trop bien connu.

Il n'est pas trop difficile non plus d'aimer dans l'abstrait des gens que l'on ne connaît pas. Tous les Européens aiment les enfants du Sahel, c'est bien connu, et souffrent de les voir mourir de faim.

C'est beaucoup plus compliqué d'aimer celui qu'on rencontre à l'improviste et qui devient tout à coup notre prochain : on s'aperçoit qu'il est mal lavé, qu'il ne parle pas notre langue et qu'il manque de reconnaissance. Très vite, nous trouvons que nos problèmes nous suffisent et que ces gens-là n'ont qu'à se faire aimer par leurs proches.

En fait, notre amour est très sélectif, c'est-à-dire qu'il a les limites de notre égoïsme.

Dans les religions basées sur l'amour, comme les religions chrétiennes, il s'agit de toute autre chose : l'amour est total, il a les dimensions de Dieu. C'est dire qu'il s'agit d'un idéal qui n'est pas facilement à notre portée.

Pourtant certains saints donnent une image assez fidèle de ce que peut être un tel amour : une disponibilité totale et rayonnante envers chacun et n'importe qui. Que vous soyez laid, méchant ou stupide leur importe peu. Pour eux, vous êtes une créature de Dieu, leur frère au sens le plus charnel du terme.

Le monde a tellement besoin d'amour que ceux qui en ont à revendre ne s'appartiennent plus. Et cependant, plus ils se consacrent aux autres, plus leur joie et leur amour sont intenses. La logique de cet entraînement vertigineux de l'amour n'a pas de limites, seule la mort semblerait pouvoir y mettre un terme.

Mais les saints de ce type trouvent encore le moyen d'être insensibles à la mort, sûrs qu'ils sont que l'amour est un autre nom de la vie éternelle à laquelle ils aspirent et se sentent destinés.

Peut-être ne sommes-nous pas capables d'accéder d'un seul coup à une telle plénitude de l'amour.

L'avantage des religions, de certaines plus que d'autres, est de nous encourager à mieux aimer. Malheureusement, nous avons souvent le sentiment que l'amour que nous pourrions porter aux autres viendrait concurrencer celui que nous avons pour nous-mêmes. Nous hésitons à plonger dans un tourbillon qui nous fait craindre, à juste titre, qu'il sera difficile de revenir en arrière.

Pourtant ceux qui ont sauté le pas ne l'ont jamais regretté. Tout se passe comme si Dieu comblait de Son amour ceux qui donnent le leur sans compter et cet amour de Dieu est d'une qualité bien supérieure à celui que nous pourrions nous offrir à nous-mêmes.

Mais le choix décisif de vivre pour l'amour ne nous est jamais imposé. Nous restons toujours maîtres de notre liberté.

La liberté

La liberté est, à coup sûr, l'un des biens les plus précieux de l'homme. Au cours des siècles, l'humanité a consenti les plus grands sacrifices pour conquérir ou défendre sa liberté. La vie de l'adolescent est instinctivement tendue vers la liberté. Les crimes sont punis de privation de liberté.

On voit par ces exemples que le mot de liberté couvre des notions très différentes. En fait, être libre c'est pouvoir choisir. Mais on ne peut pas rester sans choisir et dès que le choix est fait, on perd une partie de sa liberté. La liberté est volatile et insaisissable.

Si la liberté est la condition primordiale de la dignité de l'homme, elle n'est rien sans éducation, non pas une éducation imposée de l'extérieur qui serait contrainte mais une éducation que l'on acquiert par l'expérience, la réflexion ou la conscience.

L'exercice de la liberté n'est pas innocent : il faut faire des choix mais les choix n'ont pas les mêmes conséquences. En fait, la nature humaine est telle que certains choix lui sont néfastes et d'autres indifférents ou profitables. Rien d'étonnant à cela : à bord d'une voiture, nous sommes libres d'enclencher la troisième vitesse pour démarrer, nous y arriverons peut-être mais le moteur souffrira. Notre mécanique ne supporte pas non plus n'importe quel traitement : certains choix sont catastrophiques, chacun en fait un jour l'expérience. L'éducation de la liberté est donc encore plus importante que la liberté elle-même. On croit trop souvent à la neutralité ou à l'indifférence des choix : rien n'est plus dangereux. Il y a un mode d'emploi de la vie à trouver pour chacun de nous qui évite un maximum de déboires, comme il y a des choix qui nous conduisent à l'abrutissement, à l'asservissement où à l'auto-destruction.

On est d'autant plus libre que les choix que nous exerçons vont dans le sens de notre nature.

A cet égard, rien d'étonnant, dans l'hypothèse où un Dieu a créé le monde, à ce que notre mécanique marche mieux si nous en observons le mode d'emploi. Pour le croyant, rechercher la volonté de Dieu est la source de sa liberté.

Le croyant est un être souverainement libre. Cela semble paradoxal puisque, vu de l'extérieur, il se soumet aux règles de sa religion. Mais, pour lui, c'est précisément là qu'il trouve sa liberté, un peu comme un poisson qui choisirait d'être dans l'eau plutôt que de s'essayer à vivre au sec. La prière, en particulier, est avant tout l'expression de ce choix : on ne parle pas à un Dieu que l'on refuse de reconnaître.

Ce dialogue est lui-même éducation de la liberté. Par la prière, nous comprenons mieux les avantages et les inconvénients des choix qui s'offrent à nous. Curieusement d'ailleurs les croyants constatent qu'en demandant conseil à Dieu, ils s'orientent vers des choix auxquels ils n'avaient pas pensé et qui s'avèrent beaucoup plus épanouissants. La liberté fondée sur Dieu est, à l'expérience, autrement plus large que celle que l'on croit avoir en se passant de Lui. La grande liberté des enfants de Dieu n'est pas un vain mot : placé dans les circonstances les plus pénibles, le croyant qui garde par la prière le contact avec Dieu se sent profondément détaché de ce que d'autres jugeraient insupportable. Qu'on songe au père Kolbe réussissant à chanter dans la chambre à gaz des Nazis et à faire chanter ses compagnons de supplice alors que, bien évidemment, on n'entendait habituellement que des hurlements d'horreur. Cette liberté suprême transcende la notion commune de liberté au point que les libertés auxquelles on pense généralement n'en sont que des sous-produits.

Pourquoi Dieu, qui donne à ceux qui croient en Lui de telles libertés, aurait-Il des réticences à l'égard de libertés plus limitées ou plus partielles ?

On peut donc s'étonner de ce que beaucoup de religions attribuent à Dieu le souci de réglementer des détails aussi dérisoires que la nourriture que nous devons prendre ou la façon de nous habiller. L'un des objectifs des religions devrait être, au contraire, de nous aider à mieux nous servir du don précieux de la liberté que Dieu nous a fait... Rares sont les religions qui en sont à ce point.

Mais plus on a de liberté, plus les choix à faire sont complexes. Le corollaire de la liberté est de disposer des moyens d'appréciation pour en faire un bon usage.

A cet égard, on perçoit bien à quelle faillite conduisent des systèmes d'éducation qui, par souci de ne pas contraindre la liberté des élèves, ne leur propose aucun système cohérent de valeurs.

Un délicat équilibre reste à trouver pour que l'éducation de la liberté s'accompagne de propositions pour son bon usage.

Les religions disposent d'un fil conducteur pour nous aider dans nos choix : c'est l'interprétation qu'elles donnent de la volonté divine à notre endroit.

La connaissance

La fréquentation de Dieu que recherchent les religions place la connaissance sur un plan différent de la connaissance scientifique. Il ne s'agit pas de la connaissance de Dieu Lui-même qui dépasse nos capacités : même si Dieu se révèle comme Il le fait pour certains mystiques, ce n'est que l'institution lumineuse d'une vérité inaccessible et indescriptible[2].

Aussi n'est-ce pas la connaissance de Dieu, réservée peut-être à une autre vie, à laquelle la religion peut nous faire accéder. C'est bien plus simplement la compréhension du rôle que nous devons jouer sur cette terre.

A quoi servirait-il de disposer de tant de liberté si c'était pour tourner en rond à la recherche du mode de vie qui nous convient le mieux ? Notre épanouissement dépend évidemment pour une large part de la connaissance de notre propre personnalité, y compris sa dimension spirituelle. A côté de la connaissance expérimentale ou intellectuelle, il existe sans doute une connaissance de nature spirituelle, bien malaisée à décrire puisqu'il ne s'agit ni de sensation ni de raisonnement. Pour prendre une comparaison bien imparfaite, essayez d'analyser sur quoi repose la sympathie que vous éprouvez pour quelqu'un ? Il n'y a pas que des critères d'intelligence et de beauté mais un certain charme auquel vous êtes sensible, une expression du sourire, une allure générale qui sortent des critères rationnels.

Ainsi, la vie spirituelle, quand elle est suffisamment profonde, permet la perception des gens et des choses sous un autre angle. Nos jugements, dont nous savons bien à quel point ils peuvent être parfois défaillants, s'éclairent différemment à la lumière de l'expérience spirituelle.

La principale conséquence de cette lucidité nouvelle est de modifier notre système de valeurs, sans toutefois le bouleverser. Tout ce que nous trouvons bon et agréable, comme la nourriture, la sexualité, les distractions, les satisfactions intellectuelles, l'amitié elle-même, entre dans une nouvelle perspective qui en souligne la saveur mais en relativise la finalité. Tout s'oriente et se classe comme sous l'effet d'un invisible aimant vers le bien suprême qui est Dieu.

Cette perception spirituelle du monde n'est pas spontanée. Elle exige le plus souvent un long effort de formation que notre société, fort peu contemplative, ne facilite pas. D'ailleurs nous constatons chaque jour davantage l'incohérence d'un système de valeurs qui n'est pas soumis à un absolu. Notre époque oscille entre l'adoration du travail et le culte de la distraction mais rien ne permet de relativiser l'un ou l'autre. Nous nous croyons assez forts pour négliger la sagesse accumulée par l'humanité, comme si nos connaissances techniques nous rendaient plus intelligents et plus capables de maîtriser notre nature.

Mais, s'il est urgent de recourir à plus de sagesse, force est de constater que les messages des diverses religions ou philosophies ne sont pas équivalents. Le point sur lequel elles convergent le plus concerne les grands principes moraux. Il serait pourtant bien décevant d'imaginer que les religions ont pour but principal d'assurer un ordre moral plus ou moins puritain.

Si les fidèles de certaines religions se contentent d'obéir à des règles morales, on ne peut le leur reprocher, mais ils passent à côté de l'essentiel.

De même, la religion n'a pas pour objet de créer une ambiance de sécurité et de conformisme où les fidèles se retrouvent au chaud. Ce ne peut être qu'un effet secondaire et parfois pernicieux de la recherche de Dieu.

Non, l'objectif d'une religion doit être, comme son nom l'indique, de relier l'homme à Dieu. C'est dire que l'efficacité d'une religion dépend de la révélation dont elle a pu bénéficier.

De la même façon, l'épanouissement spirituel d'un individu dépend de la capacité de sa conscience à percevoir ce que Dieu lui suggère.

Autrement dit, la vie spirituelle présente, comme la plupart des activités humaines, un aspect personnel et un aspect social. Le côté personnel demande une conscience en bon état, qui s'entretient généralement par la prière, lien individuel avec Dieu. Le côté social se traduit par la pratique d'une religion. L'équilibre de la vie spirituelle demande un bon dosage des deux approches: la pratique purement sociale d'une religion ne serait qu'hypocrisie tandis qu'une pratique purement personnelle tomberait dans l'égoïsme. En respectant un équilibre qui dépend de la personnalité de chacun, on peut, en revanche, espérer recueillir les fruits d'une spiritualité réussie: ce sont précisément la joie, l'amour, la liberté et la connaissance transcendés par ce Dieu disponible et discret, créateur et guide de l'humanité.

Le bonheur que trouvent les croyants dans leur approche de Dieu passe par une pratique religieuse, mais celle-ci paraît bien souvent déroutante ou anachronique. Il ne faut évidemment pas trop s'attacher à des formes extérieures qui s'expliquent par une longue histoire. Ce qui importe bien plus c'est de comprendre en quoi diffère le contenu du message des religions.

Avouons qu'en cette matière plus qu'en d'autres, notre choix devrait résulter d'une réflexion approfondie plutôt que d'une tradition culturelle.

---

[1] Extrait du mémorial de Blaise Pascal trouvé en 1711 par son neveu Périer.
[2] On se souvient de la parabole bouddhiste des cinq aveugles rencontrant un éléphant et qui le décrivent chacun selon la partie du corps de l'animal qu'il touche: même les plus grands mystiques n'ont qu'une vision partielle de Dieu, différente pour chacun d'eux.

Y a-t-il une religion meilleure que les autres ?

La diversité des religions devrait obliger chacun d'entre nous à se poser cette question. Pourtant le poids des habitudes ou la pression sociale sont tels que la religion se transmet généralement par la famille, comme la langue ou la nationalité.

La situation n'a d'ailleurs pas la même rigidité dans tous les pays. Qu'un Européen change de religion par conviction personnelle est admis, mais qu'un musulman en ait seulement le projet et il est rejeté par sa communauté comme un pestiféré. Quant aux pays de civilisation bouddhiste ou animiste, la situation y est assez variable mais généralement libérale. L'hindouisme, jadis très strict, évolue vers plus de souplesse.

En fait, pour un croyant convaincu, l'adhésion à sa religion implique qu'il considère celle-ci comme la meilleure, même si cela n'exclut pas le respect des autres croyances.

A l'inverse, pour un athée, ou bien les religions sont sans intérêt et à mettre toutes dans le même sac, ou bien, dans une attitude plus respectueuse, elles apportent à chacun ce qu'il espère y trouver et aucune hiérarchie de valeurs ne s'impose entre elles.

Si les croyants et les incroyants s'accordent ainsi, pour des raisons opposées, à dénier tout intérêt à la question posée en tête de cette page, il n'en existe pas moins un grand nombre de personnes qui ressentent le besoin de lui donner une réponse. Bien sûr, cette réponse ne peut avoir un caractère absolu ; elle dépend des critères que l'on se fixe et leur choix relève de la sensibilité personnelle.

Pour notre part, deux critères nous semblent fondamentaux :
— l'amour universel ;
— l'épanouissement de l'homme.

Le premier critère, auquel on peut rattacher les notions d'égalité et de fraternité, porte en lui-même l'idée de justice. Il concerne au premier chef la vie en société.

L'amour universel

Au cours de sa longue histoire religieuse, l'humanité a adoré une multitude de dieux dont le commun dénominateur était la puissance. A plus forte raison, un Dieu unique, créateur du monde, est évidemment doué d'une puissance qui défie l'imagination : l'univers, dans sa complexité et son immensité n'est lui-même qu'un simple reflet de cette puissance infinie.

Face à un tel Dieu, la réaction spontanée devrait être l'effarement ou la terreur. Pourtant Dieu nous a donné, outre l'existence et la conscience de notre état, cette extraordinaire faculté de ne pas avoir peur de lui : c'est un fait d'expérience, les hommes ne se réveillent pas tous les matins dans la crainte d'un Dieu dictatorial. Dieu a choisi d'être discret, infiniment discret, et de nous laisser libres au point que certains d'entre nous ne perçoivent même pas son existence.

Comment peut-on expliquer cette attitude autrement que par l'Amour qu'Il nous porte ? Ce pourrait, à la rigueur, être de l'indifférence mais alors comment y aurait-il tant d'hommes qui Le trouvent quand ils Le cherchent ?

Mais si l'Amour est une des qualités de Dieu, Il la possède à un degré aussi infini, aussi inimaginable, que Sa puissance créatrice.

Cette logique simple suffit à rendre aujourd'hui dérisoires ces religions de l'antiquité peuplées de dieux aux caractères et aux passions semblables aux nôtres. On voit mal également comment un Dieu autoritaire, désireux de tout plier à sa volonté, se satisferait d'une création qui, manifestement, ne l'écoute guère : si c'est l'obéissance qu'Il attend de nous, Il aurait déjà dû nous expédier tous en enfer.

Non vraiment, le spectacle du monde n'est compatible qu'avec un Dieu infiniment patient qui attend l'adhésion de ses créatures à son amour.

D'ailleurs, ceux qui n'ont pas la chance d'avoir des certitudes doivent bien choisir le Dieu qui correspond le mieux à ce qu'ils espèrent. N'est-il pas plus satisfaisant de penser que Dieu dépasse tout ce que nous pouvons imaginer dans l'amour, comme Il dépasse en puissance créatrice tout ce que nous connaissons ? On imagine mal comment un Dieu accessible à l'amour n'aurait pas la plénitude de l'Amour, ne serait pas totalement et sans limites l'Amour au-delà de toute expression.

De ce point de vue, la révélation chrétienne va sans doute au-delà de ce qu'expriment les autres religions. Paradoxalement, que Dieu se soit fait homme pour être un modèle d'amour pour ses enfants paraît plus crédible qu'un Dieu qui serait Amour mais ne nous le manifesterait pas au-delà de toute raison.

Quoiqu'il en soit, si l'amour est une qualité de Dieu, tout porte à choisir la religion qui témoigne cet amour avec le plus d'intensité, malgré les limites de la faiblesse humaine. Adopter l'amour universel comme critère de choix de notre religion, c'est reconnaître que l'Amour de Dieu s'adresse à chacun, croyant ou incroyant, riche ou pauvre, heureux ou malheureux, exploiteur ou exploité, malade ou bien portant, jeune ou vieux, sot ou intelligent. Dieu se donne à tous en fonction des besoins de chacun, c'est à dire que les plus défavorisés doivent en recevoir bien davantage. Si nous consacrons notre vie à l'amour des hommes, nous devrons inéluctablement en donner la meilleure part aux plus défavorisés.

Que de chemin à parcourir par notre société industrielle, aveuglée par sa richesse : elle ne voit plus ses pauvres, ses vieillards esseulés, ses jeunes privés d'idéal, ses adultes sans emploi ; elle « traite » les cas sociaux à la chaîne, par des aumônes publiques appelées allocations, mais elle ne sait pas enseigner l'amour. Comment peut-on demander des augmentations de salaires quand il y a des chômeurs, comment défendre des « avantages acquis » quand il y a tout à faire pour les autres !

Si nous voulions bien entrer dans cette étrange logique de l'Amour, ceux qui manquent de tout seraient respectés, non pas tant à cause des « droits de l'homme », minimum vital de la condition humaine, mais parce que c'est vers eux que doit aller la plénitude de notre amour. Comment rester inactif quand il y a tant à faire ? Comment supporter le futile quand l'indispensable n'est pas satisfait ? Si nous nous sentons appelés par un Dieu d'amour, nous devrions être capable de tout bousculer, habitudes et confort, pour traduire en actes notre adhésion à cette révolution qui reste à faire.

Hélas, notre enthousiasme se consume vite, notre faiblesse nous fait croire à notre impuissance et nous acceptons l'inacceptable comme une fatalité. Il est vrai qu'aucun d'entre nous ne peut seul changer le monde, mais la première forme de l'amour est la solidarité qui, en matière spirituelle, a pour cadre naturel la religion.

C'est ici qu'intervient le choix d'une religion selon le critère de l'amour universel. Certes toute religion, même guidée par Dieu, est une construction humaine, avec ses insuffisances et ses renoncements comparables aux défaillances et aux faiblesses que nous portons en nous-mêmes. Il ne faudrait donc pas s'arrêter, pour fixer notre choix, à tel ou tel événement historique qui contredirait la tendance générale : c'est l'enseignement de la religion considéré dans son ensemble qui doit être apprécié et non l'un de ses fruits véreux ou pourri. De même l'orientation que prend une religion au fil des siècles est plus importante que l'enthousiasme plus ou moins passager qu'elle peut soulever à un moment donné.

Sous ces réserves, le critère de l'amour universel nous interdit d'adhérer à une religion qui apporterait des limites, quelles qu'elles soient, à cet amour. Est donc suspecte toute religion qui réserve ses ambitions pour ses dévots, se satisfait de ses bien-pensants, se confine à une élite, privilégie une culture. La religion, à l'image de l'Amour de Dieu, doit respecter la liberté de chacun, mais elle doit aussi, sans se lasser, tenter de convaincre des risques le leur choix ceux qui rejettent cet amour en leur démontrant que leur épanouissement passe inéluctablement par l'amour donné aux autres.

L'épanouissement de l'homme

La religion veut ouvrir l'homme aux dimensions de Dieu en le faisant participer à l'infini de Son amour et à l'éternité de Son existence.

Pour qui adhère véritablement à de telles croyances, il est impossible d'imaginer un épanouissement plus complet.

On peut spéculer indéfiniment sur ce que sera le contact de notre être, par essence limité, avec ce Dieu dont la nature nous est, pour le moment inaccessible : cet exercice est inutile puisque la seule certitude est que nous ignorons ce qui nous attend. A cet égard, la notion bouddhiste de nirvana est plus prudente et raisonnable que les images folkloriques du paradis que donnent parfois le christianisme ou l'Islam, mais il serait toutefois peu satisfaisant pour l'esprit que l'union à Dieu, finalité de notre existence, soit comparable à la disparition de la goutte d'eau dans l'océan.

Si l'homme est appelé à Dieu pour s'y épanouir, la logique que Dieu a mise en nous ne peut admettre que c'est en nous abrutissant ou en nous avilissant sur cette terre que nous prendrons le chemin du Créateur. Si c'est bien nous qui sommes appelés à rencontrer Dieu, une certaine continuité de notre être exige que dès cette terre nous nous préparions à cette apothéose. Ainsi paraît suspecte toute religion qui rend l'homme étriqué, qui favorise ses dispositions naturelles à se refermer sur lui-même, qui brime directement ou indirectement ce que nous avons de positif en nous tel que nos qualités d'amour, d'intelligence ou d'enthousiasme.

Il serait en effet contradictoire avec le concept d'une élévation continue vers Dieu que s'effacent sans lendemain les qualités de notre personnalité. Cependant ces qualités doivent s'orienter progressivement vers la vie en

Dieu, ce qui implique qu'elles se décantent et changent, dans certains cas, de point d'application.

Sous cet angle, la notion bouddhiste et hindouiste du « karma » et le thème judéo-chrétien et musulman du jugement de nos actes par Dieu se rejoignent : nous sommes responsables de notre avenir et nous le construisons un peu chaque jour.

Mais, encore une fois, la nature de l'épanouissement qui nous attend nous échappe complètement. Ainsi peu importe que les opinions des religions divergent à ce sujet, autant que l'opinion des fidèles à l'intérieur d'une religion, l'essentiel est de faire confiance à l'amour de Dieu. Cette confiance n'a nullement besoin d'une crispation frileuse et obsessionnelle sur la morale et la pratique religieuse : l'une et l'autre sont la conséquence logique d'une attitude d'amour ; il convient donc de se méfier des religions qui placent la charrue avant les bœufs en édictant des préceptes avant de parler de l'amour qui les fonde et les justifie.

Evidemment, l'épanouissement de l'homme en général implique, en particulier, celui de la femme. Pourtant les religions ont trop souvent la faiblesse d'accepter les contraintes des cultures sur lesquelles elles sont greffées et de ne pas réagir bien vigoureusement contre une pression sociale défavorable aux femmes. Parfois même la religion accentue cette pression ou impose des contraintes supplémentaires.

D'une façon quasi-générale, les religions, à l'exception de certaines variantes du protestantisme, marquent une nette discrimination entre les sexes et réservent la plénitude du sacerdoce aux hommes [1]. Rappelons que, dans l'hindouisme, seuls des hommes, de caste brahmane, peuvent célébrer le culte. Bouddha, quant à lui, faisait preuve de méfiance envers les femmes qui ont le pouvoir de pervertir les hommes ; il n'a accepté qu'avec réticence que des femmes deviennent bonzesses, mais avec une nuance d'infériorité.

Le Coran distingue de façon tranchée les rôles de l'homme et de la femme dans la société ; il conçoit leurs rapports en termes de protection de la femme par l'homme, ce qui conduit à des situations non-égalitaires : l'homme peut répudier sa femme mais pas l'inverse ; l'homme peut avoir quatre femmes légitimes mais une femme ne peut avoir quatre maris etc.

En ce qui concerne Jésus-Christ, on ne peut manquer d'être frappé par le contraste entre son attitude très « moderne » envers les femmes, avec lesquelles il discute aussi librement qu'avec les hommes, et le choix de douze hommes comme apôtres : on a nettement l'impression que la société de l'époque rendait impossible et inefficace l'éventualité d'un autre choix. Peut-être que dans une société moins outrageusement « macho », il aurait souhaité une participation plus grande des femmes aux responsabilités de l'apostolat[2]. Toujours est-il que la plupart des Eglises chrétiennes ont tiré de ce passé lointain la tradition de ne confier le sacerdoce qu'à des hommes.

Heureusement, le sacerdoce n'est pas un avantage mais un service parmi d'autres et les femmes ne se privent pas d'avoir d'autres rôles éminents dans l'Eglise: les saintes sont aussi nombreuses que les saints et, de nos jours, le rayonnement d'une mère Thérèse de Calcutta ou de sœur Emmanuelle des bidonvilles du Caire vaut bien celui des hommes les plus totalement consacrés à Dieu. Quant à la Vierge Marie, en acceptant de porter l'Enfant-Dieu auquel croient les chrétiens, elle a joué un rôle sacerdotal sans égal dans l'histoire. C'est pourquoi on peut se demander si ce n'est pas la société plus que l'Eglise qui n'est pas encore mûre pour l'abolition de toute discrimination en matière de fonction religieuse: l'ordination des femmes qui semble acceptable dans une bonne partie de l'Europe soulèverait vraisemblablement de vives réactions dans les sociétés de type méditerranéen, latino-américain ou philippin. Le souci de l'Eglise de ne pas se créer inutilement de problème et d'adopter la même règle dans le monde entier peut expliquer sa position apparemment peu féministe. Toujours est-il qu'il faudrait une certaine dose de mauvaise foi pour soutenir que l'épanouissement de la femme passe obligatoirement par son accès à la prêtrise. Il est plus équitable de constater que ce sont les pays de culture chrétienne qui ont, assez naturellement, vu germer en leur sein les mouvements les plus favorables à la condition féminine.

Deux autres critères d'appréciation des religions

L'amour universel et l'épanouissement de l'homme sont, comme nous l'avons vu, des critères qui font surtout appel à notre sensibilité et à notre sens de la justice.

Il ne faudrait pas négliger pour autant les exigences de notre intelligence qui n'accepte pas de croire n'importe quoi, ni de se laisser entraîner n'importe où.

De plus en plus, grâce au développement de l'éducation et à une meilleure formation scientifique, les hommes seront amenés à juger les religions en fonction de données dont leurs aînés ne disposaient en général pas. C'est pourquoi doivent intervenir également des critères d'appréciation d'ordre intellectuel. Parmi ceux-ci, deux nous semblent importants:

— Le message proposé par la religion doit avoir une rigoureuse cohérence interne, c'est-à-dire qu'il ne doit pas comporter de contradiction.

— Dans un univers en évolution de plus en plus rapide, la religion doit proposer une ambition pour l'humanité, comme elle doit s'occuper de l'épanouissement individuel.

Ces deux critères ne sont pas sans liens entre eux : on imagine mal que Dieu veuille que nous le connaissions — c'est bien à quoi tend toute religion — et qu'Il nous propose des contes pour enfants ou qu'Il ne souhaite pas nous faire participer à un grand dessein à Sa mesure. Une certaine logique veut donc que plus une religion a d'ambition pour l'humanité, plus elle est crédible. En particulier, une religion qui ne prétend pas à l'universel paraît être bien loin de Dieu, point de convergence de la création.

Mieux encore, puisque toutes les religions s'accordent pour affirmer — avec plus ou moins de force — que Dieu est Amour, cet Amour ne peut être qu'infini. Une religion qui conçoit l'homme comme un esclave auquel on demande une obéissance aveugle à une loi plus ou moins compréhensible, cette religion se fait une idée bien étroite de Dieu. Que Dieu soit Amour exclut aussi qu'Il veuille imposer quoi que ce soit à l'homme : Il ne s'impose même pas lui-même. Son amour, qui est respect de la liberté, se contente de proposer et ce qu'Il attend, c'est notre acceptation.

La constatation que le refus de Dieu, que nous pratiquons tous plus ou moins, conduit à l'insatisfaction ou au dérèglement, peut s'interpréter comme une autre forme d'appel de Dieu à nous remettre en question pour finalement adhérer à son projet.

En tout cas, la notion de châtiment, qui nous est si naturelle, semble difficilement compatible avec cet Amour infini de Dieu. Châtier, c'est renoncer à convaincre ; la contrainte par la force est une forme d'impuissance et d'impatience à laquelle on imagine mal que Dieu-Amour puisse avoir recours. Nul ne sait ce qu'il peut advenir de nous après la mort, mais une certaine logique de l'Amour voudrait que le refus obstiné de Dieu ait, au pire, pour conséquence de ne pas Le rencontrer, c'est à dire de ne plus exister et de disparaître. Il y a là une étrange convergence entre athées et croyants : les premiers nient Dieu et disent qu'il n'y a rien après la mort, cette proposition est parfaitement cohérente avec la conviction des croyants qu'ils verront Dieu dans une autre vie.

De toute façon la décision et le jugement n'appartiennent qu'à Dieu et l'on peut s'étonner que des croyants cherchent à appliquer sur terre ce qui est la Loi de Dieu. C'est pourtant, semble-t-il, ce à quoi tendent certains musulmans fondamentalistes qui, en voulant établir la loi coranique comme loi civile, s'arrogent en fait le droit de juger à la place de Dieu[3].

Cet exemple montre à quel point des croyants sincères ont le plus grand mal à déceler l'incohérence de leur comportement à l'égard de leurs croyances, car personne n'est plus soucieux qu'un musulman de placer Dieu et Son jugement bien au-dessus de nos pauvres considérations humaines.

En somme, les critères fondés sur la raison conduisent, semble-t-il, aux propositions suivantes :

— Sans révélation de Dieu, l'homme est incapable d'accéder à Sa connaissance, même très partielle : Dieu reste une idée philosophique sans consistance.

— Si Dieu se révèle, ce ne peut être que partiellement car l'appareil récepteur que nous constituons est trop imparfait pour le comprendre dans Sa totalité, loin de là. Les religions qui disent bénéficier d'une révélation n'y songent peut-être pas assez.

— Une religion qui se croit dépositaire d'une vérité ne peut évidemment transiger à ce sujet ; elle devrait se méfier toutefois, non pas du message de Dieu, mais de la façon dont elle l'entend : l'homme a tant besoin de vérité qu'il se convainc facilement qu'il en est propriétaire.

— Le fait que plusieurs religions se disent révélées devrait conduire à des incompréhensions radicalement insolubles. La seule façon de sortir de l'impasse est d'admettre que la vérité consiste précisément en l'exigence d'une attitude d'amour, c'est-à-dire de respect entre les hommes : Dieu, qui est Amour, n'est accessible qu'à ceux qui iront jusqu'à la limite de leur capacité d'aimer.

— Si le christianisme semble être la seule religion qui accepte, en principe, ce point de vue, il faut reconnaître que de très nombreux chrétiens sont encore loin de l'adopter. La nature humaine est telle que celui qui croit détenir une vérité s'en sert bien souvent pour agresser ceux qui ne la partagent pas. On mesure là l'énorme distance que l'humanité doit encore parcourir si elle veut écouter l'appel discret de son Créateur.

QUELQUES EXEMPLES

Il faudrait des volumes entiers pour passer les différentes religions au crible des divers critères précédents. Ce ne serait pas dans l'esprit de ce livre qui s'efforce de ne pas exprimer de jugement, mais de contribuer seulement à une réflexion.

Toutefois, pour ne pas laisser exagérément le lecteur sur sa faim, nous dérogerons à nos principes pour donner, dans les lignes qui suivent, des exemples de ce qui nous semble relever d'un manquement à l'application de l'un des critères que nous avons énoncés.

Dans notre esprit, toute religion, comme tout être humain en quête de Dieu, est appelée à progresser. Si certaines religions paraissent, ou sont, plus avancées que d'autres, nous nous refusons de le souligner, tant la certitude d'être dans le vrai conduit au pire les religions les plus respectables, comme les esprits les plus brillants.

Sous ces réserves importantes, nous relèverons quelques points qui posent problème parmi les religions que nous avons passées en revue.

— Les *religions animistes* dans leur ensemble limitent leurs ambitions à des techniques qui sont supposées améliorer la vie ici-bas; on s'efforce de neutraliser les forces du mal ou de stimuler celles du bien. Le monde animiste reste statique, aucune révélation ne vient éclairer notre destin, l'épanouissement de l'homme est entravé par des rites contraignants et souvent redoutables, la religion n'a aucune dimension universelle et les pratiques ont un caractère magique qui éloigne de l'usage de la raison.

— L'*hindouisme* est manifestement la religion d'une culture. La notion d'amour entre les hommes n'est pas explicite, c'est celle du devoir qui prévaut. L'épanouissement individuel ne se conçoit qu'à l'intérieur d'un système social clos. L'idée d'universalisme est étrangère à l'hindouisme: on ne peut pas se convertir à l'hindouisme, tout au plus peut-on renaître hindouiste dans une existence ultérieure[4].

— Le *bouddhisme*, issu de l'hindouisme, a les caractéristiques d'une philosophie universaliste. L'amour universel fait partie de ses principes mais l'épanouissement individuel ne se conçoit que comme une paix intérieure, ce qui revient à instaurer un élitisme spirituel réservé aux moines. Mais c'est surtout l'ambition pour l'humanité qui paraît manquer le plus gravement au bouddhisme: le monde n'est qu'une illusion où nous nous égarons et il n'existe pas non plus de Dieu qui nous appelle. Le bouddhisme conduirait au pessimisme et au désespoir s'il n'avait la sagesse de considérer ces attitudes elles-mêmes comme illusoires. En fait le bouddhisme souffre d'un manque de Dieu à tel point que son courant majoritaire, le Grand Véhicule, a inventé toutes sortes de divinités et de saints pour satisfaire la piété populaire.

— Le *judaïsme* s'exprime par des courants très divers et presque contradictoires. Le judaïsme orthodoxe, par l'observance scrupuleuse des rites, ne favorise pas l'épanouissement individuel et se ferme à l'universalisme. Le judaïsme libéral, quant à lui, est si multiforme qu'une appréciation est difficile. On peut penser toutefois que tout judaïsme repose sur la notion de peuple élu, normalement indissociable d'une mission spirituelle en faveur des autres hommes. Le manque de prosélytisme du judaïsme dans son ensemble paraît contradictoire avec sa vocation affirmée. De ce fait, à l'échelle de la planète, le judaïsme se marginalise de plus en plus.

— L'*Islam* se satisfait peut-être trop facilement du respect de la forme. La « soumission » à la lettre du Coran suffit à caractériser le musulman. Les nouveautés spirituelles sont considérées avec méfiance. Bien peu est fait pour encourager un véritable dialogue avec les autres religions que l'Islam se contente de caricaturer. Pour un musulman, l'amour universel consiste principalement à convaincre les autres de sa vérité. Mais c'est surtout sur le plan de l'épanouissement individuel, plus particulièrement celui de la femme, qu'on peut se poser des questions: la femme est protégée mais elle a un statut de mineure. La loi musulmane, inchangeable comme le Coran lui-même, s'adapte difficilement à la notion de progrès de la société. L'ambition que l'Islam propose à l'humanité est une société immuable qui paraît de plus en plus rétrograde au milieu du développement général. Enfin la contrainte sociale produit beaucoup d'hypocrisie, ce qui va à l'opposé de l'épanouissement individuel.

— Le *christianisme* d'avant la Réforme s'efforçait, un peu contre ses principes, d'établir un style de société assez analogue à ce que propose l'Islam : omniprésence de la religion et pression sociale contre les récalcitrants. Avec beaucoup de lenteur le principe évangélique d'amour universel, et donc de respect de la liberté de chacun, a fini par s'affirmer aussi en matière sociale et politique ainsi qu'à ceux qui n'ont pas les mêmes convictions religieuses. Pour les chrétiens qui conçoivent ainsi leur religion — on ne peut pas affirmer qu'ils sont majoritaires — on constate un très net recul de cette plaie des religions qu'est l'hypocrisie. En ce qui concerne l'ambition pour l'humanité, la croyance chrétienne en un Dieu fait homme, vainqueur de la mort, apporte une espérance pour l'au-delà que n'offre aucune autre religion.

L'emploi de critères pour apprécier l'apport des religions est aussi imparfait que la méthode des sondages pour jauger l'opinion publique : le choix des critères eux-mêmes biaise les résultats, bien que ceux que nous avons adoptés nous paraissent parmi les moins contestables. L'exercice a cependant l'intérêt de souligner le rôle que doit avoir notre intelligence dans l'adhésion que nous donnons à une religion.

L'intelligence est incontestablement le plus remarquable des dons que Dieu nous a faits, c'est un escabeau qu'Il met à notre disposition pour monter vers Lui qui est l'Intelligence suprême. Mais c'est aussi, comme le soulignent les religions révélées, la source possible de l'orgueil le plus démesuré, celui de se croire capable de se passer de Dieu.

Ce danger, auquel a succombé Satan, ne suffit pas à devoir nous faire renoncer à l'usage de notre intelligence. Il faut garder constamment à l'esprit que Dieu ne se livre pas spontanément et qu'il nous appartient de Le chercher. C'est-à-dire que les religions ne sont que des tentatives humaines d'organiser cette recherche de Dieu en fonction des révélations reçues.

Si une religion était parfaite, elle serait l'égale de Dieu : elle n'en est jamais que l'approche. On peut aller jusqu'à dire que de croire sa religion parfaite sent le soufre de Satan.

Pourtant chaque religion connaît ses fondamentalistes qui, souvent par étroitesse d'esprit plus que par perversité, transforment la religion en idole et déforment le visage de Dieu.

Malheureusement il n'existe aucun autre moyen pour apprécier la qualité d'une intelligence que de constater les résultats de ce qu'elle propose. Il suffit souvent de s'exprimer brillamment pour convaincre des foules entières d'idées absurdes ou dangereuses. Qu'on songe aux ravages du talent oratoire de Hitler!

C'est pourquoi l'exercice auquel nous venons de nous livrer n'a, d'aucune façon, la prétention de porter un jugement quelconque sur les religions et encore moins de forcer le lecteur à un choix sous une sorte de pression intellectuelle. Notre objectif est, au contraire, de faire prendre conscience que, révélées ou non, les religions sont organisées par des hommes et qu'elles sont ainsi, comme toute œuvre humaine, indéfiniment perfectibles. Même si les croyants sont persuadés que la révélation qu'ils ont reçue est définitive, ils n'auront jamais fini d'en tirer les enseignements et de la mettre à profit pour contribuer à l'évolution de la société.

Mais, pour chacun d'entre nous, la marge est étroite: d'une part nous devons contribuer par nos actes et notre réflexion à notre progrès personnel et à celui de notre environnement et d'autre part nous devons conserver précieusement la vertu d'humilité, simple constatation de notre petitesse devant Dieu.

---

[1] Il faut ajouter aux exceptions le cas de certains animismes comme le vaudou avec ses « prêtresses », les mambos, ou le chamanisme coréen avec les mudangs.

[2] La société de l'époque ne permettait pas, par exemple, que la Vierge Marie élève Jésus en mère célibataire. Les éducateurs s'accordent d'ailleurs à penser qu'un enfant a plus de chances de s'épanouir au sein d'un couple uni.

[3] Rappelons que, selon la loi de la chari'a, on doit trancher la main des voleurs et lapider la femme adultère. Les chrétiens, qui se sont aussi égarés au Moyen-Age dans le domaine pénal, n'ont jamais suivi l'Evangile à la lettre en s'arrachant l'œil si celui-ci devenait un objet de scandale.

[4] A un jésuite très versé dans l'hindouisme qui s'était efforcé d'expliquer ses convictions, un respectable brahmane répondit un jour: « vous méritez de vous réincarner dans un brahmane ».

Les questions sans réponses

Notre aspiration à la connaissance et à l'absolu est sans limites. Nous sommes ainsi faits que nous ne nous contentons jamais de ce que nous avons acquis. Notre science progresse en se remettant constamment en cause, pourquoi en serait-il différemment de notre vie spirituelle ?

Le scientifique comme le croyant ont pour objectif d'avancer mais leur seule certitude est de savoir qu'ils n'aboutiront jamais définitivement. Mais là s'arrête l'analogie : le domaine d'investigation de la science est le monde dans lequel nous vivons, rien ne nous empêche d'en approfondir indéfiniment l'exploration ; en revanche, quand la spiritualité se mêle de ce qui n'appartient qu'à Dieu, nous sommes totalement désarmés et parfaitement impuissants à moins que Dieu veuille bien nous révéler ce qu'Il estime devoir nous être utile.

En admettant l'hypothèse selon laquelle Dieu souhaite nous voir nous approcher de Lui, Sa révélation nous donne un chemin, une méthode d'approche, mais nous ne pouvons espérer en connaître l'aboutissement qui est Dieu lui-même.

Pourtant nous piaffons d'impatience comme des enfants et nous persistons à nous poser des questions qui nous dépassent et nous dépasseront jusqu'à ce que Dieu en décide autrement. Ainsi en est-il de ces thèmes privilégiés des spéculations pseudo-religieuses que sont la vie après la mort, la justice de Dieu ou la finalité de la création.

Curieusement, bien des gens s'intéressent aux religions dans l'espoir de trouver une réponse à ces problèmes inaccessibles. Elles ne peuvent cependant, et c'est déjà beaucoup, que nous communiquer assez de confiance pour avancer vers Dieu dans l'espérance. Toutes les révélations que Dieu a faites ou pourrait faire ne nous éclairent guère sur ce qui nous attend pour la simple raison que cela dépasse les limites de notre imagination et de notre compréhension.

Ainsi en est-il de la notion d'éternité, totalement incompatible avec notre expérience de mortels.

Un autre regard sur le temps

Nous vivons dans un espace à trois dimensions, ce qui signifie que les objets qui nous entourent n'ont pas seulement une longueur mais aussi une largeur et une hauteur : pour repérer un point sur une droite, il suffit de connaître la distance qui le sépare de l'origine ; dans un plan, il faut deux coordonnées et dans l'espace, trois.

Mais le monde serait statique et mort s'il n'existait pas une « quatrième dimension » qui est le temps. La particularité du temps réside dans le fait qu'il s'écoule toujours dans le même sens, on ne peut pas le remonter. C'est tout au moins ce que nous enseigne notre expérience. Des écrivains de science-fiction ont imaginé des mondes où le temps serait une dimension comme les autres dans laquelle il serait possible d'avancer ou de reculer à sa guise. Ainsi, pour passer au travers d'un mur, il suffit de reculer dans le temps avant sa construction ; l'obstacle n'existant pas encore, on se déplace de l'autre côté sans problème, puis on revient à notre époque. Ces élucubrations de notre imagination, parfaitement contraires à notre expérience, méritent peut-être une réflexion.

Dieu nous a créés dans un espace à trois dimensions et nous évoluons selon l'écoulement inexorable du temps, toujours dans le même sens. Nous-mêmes lorsque nous mettons un train sur ses rails, ce n'est pas pour le voir dérailler ou batifoler hors des voies. Ainsi, nous avons sans doute des degrés de liberté, mais pas tous azimuths. Notre vie est programmée pour avoir un début et une fin et pour s'écouler du début vers la fin. Il en est de même pour tout ce qui existe dans la création, depuis le soleil jusqu'aux microbes mais chaque chose évolue selon son rythme. L'évolution des astres s'apprécie en millions d'années, celle des civilisations en siècles ou en décennies, la vie de l'homme se compte en années et celle des insectes en jours. Le ballet de la création est si bien réglé que rien ne choque dans l'intrication de ces évolutions de rythmes différents.

D'autre part la perception de la durée est très subjective ; nous sommes conscients de nos propres changements mais ce qui évolue lentement nous semble statique. Nous avons la sensation que le temps « passe vite » quand nous sommes occupés, mais il « parait long » quand nous attendons quelque chose. Une année semble s'écouler plus rapidement quand on prend de l'âge que dans notre jeunesse.

Des « illusions d'optique » analogues se constatent en matière religieuse. Les religions, du fait même qu'elles prennent Dieu pour référence, ont tendance à ne pas percevoir leur propre mouvement : dans un véhicule qui se déplace, l'observateur qui fixe un point éloigné aura moins la sensation de la vitesse que s'il regarde la route défiler à ses pieds. Ainsi, parce que Dieu est éternel et hors du temps, la plupart des croyants pense naturellement que leur religion est également incapable de mouvement[1].

Certes Dieu n'est pas plus soumis aux contraintes du temps qu'à celles de l'espace. C'est pourquoi l'on dit, un peu maladroitement, qu'Il a la vie éternelle. Cette expression a le grave inconvénient de ne pouvoir parler à notre imagination puisque nous ne connaissons que des vies qui commencent et s'achèvent un jour ou l'autre : pour notre expérience la vie éternelle est contradictoire dans les termes. Nous sommes tellement habitués au temps qui s'écoule que l'éternité nous semble trop « longue » et que bien des croyants renâclent à l'idée d'un paradis où l'on chanterait sans fin des cantiques. Ce serait prodigieusement ennuyeux pour nous qui vivons et qui, par conséquent, changeons.

L'éternité n'a donc vraisemblablement rien à voir avec ce que nous pensons c'est-à-dire une durée perçue comme telle et qui s'étend sans limites.

Notre impatience à nous imaginer « l'éternité » est un enfantillage. Consolons nous, si nous le pouvons, en nous disant que Dieu, Lui, a une patience infinie.

La justice de Dieu

Notre besoin de justice s'explique difficilement par un quelconque conditionnement. Tout paraît injuste dans la nature : les méchants loups dévorent les agneaux et, comme on le dit aux enterrements, ce sont toujours les meilleurs qui s'en vont. A quoi riment donc les discours sur l'Amour si Dieu se préoccupe apparemment bien peu de mettre de l'ordre dans la jungle qu'Il a créée.

Pourtant il y a bien de l'ordre dans l'univers, un ordre si précis que l'hypothèse d'un Dieu créateur paraît à beaucoup la meilleure. Il est possible de concilier l'ordre minutieux du monde des atomes ou des planètes et le désordre apparent de l'existence si l'on imagine ce monde comme le champ d'exercice d'une liberté que Dieu nous donne pour juger de nos capacités à l'organiser, c'est-à-dire à collaborer, à notre niveau, à Sa création.

Cette conception paraîtrait hautement fantaisiste si elle n'était, depuis la Bible, sous-jacente dans les religions révélées : selon leur message, Dieu nous fixe une tâche et nous jugera selon Sa loi.

C'est ainsi que la Justice de Dieu plane sur le destin de tous les croyants de ces religions. Même dans l'hindouisme et le bouddhisme qui ne comportent pas de révélation, le poids de nos actes pèse sur notre avenir car il conditionne nos réincarnations. Ces religions sont toutefois assez prudentes pour ne pas définir avec précision les critères ou le barème qui déterminent la qualité de la réincarnation.

Les religions révélées, christianisme et Islam surtout, ont traditionnellement une vision très « manichéenne » de la justice de Dieu : c'est l'enfer pour les réprouvés et le salut du paradis pour les élus. L'Islam s'en tient à cette position mais le christianisme a beaucoup évolué dans les dernières années et il n'affiche plus d'opinions tranchées sur ce sujet. Après des siècles de cléricalisme où les fidèles étaient menacés des tourments de l'enfer, le catholicisme a pris, comme certaines Eglises protestantes, un virage trop peu remarqué : il ne formule plus désormais de condamnation définitive au nom d'une justice qui n'appartient qu'à Dieu.

D'un point de vue abstrait, l'idée que Dieu est infiniment juste a le mérite d'expliquer pourquoi nous, ses créatures, portons en nous-mêmes une aspiration profonde à la justice : c'est comme l'aspiration au bonheur ou à la beauté une forme de notre aspiration à nous élever vers Dieu.

En revanche, cette idée paraît parfaitement contradictoire avec le spectacle des innombrables misères de ce bas monde. Ce scandale est une des causes très fréquentes du refus de Dieu.

Les explications données par les croyants sont très diverses : pour les uns, Dieu n'interviendrait pas à tout propos dans les lois de la nature ; pour d'autres les épreuves que nous subissons seraient destinées à tester la solidité de notre confiance en Dieu ou à nous faire reconnaître notre faiblesse ; parfois enfin ils parlent de châtiments infligés pour nos fautes...

Rien ne permet de se faire une opinion sur ces interprétations qui ne convainquent que ceux qui sont prêts à y adhérer.

Plutôt que d'entrer dans ces considérations qui ont exercé le talent des philosophes de tous bords depuis des siècles, nous proposerons une attitude qui a le mérite de la simplicité mais l'inconvénient de ne pas résoudre le problème : c'est de constater tout simplement que nous ne pouvons pas espérer tout comprendre.

Evidemment, cela n'apaise en rien notre impatience à connaître le « code » de la Justice de Dieu, mais avouons que notre propre sens de la justice n'est pas à l'échelle du problème : nous sommes tout au plus capables de juger quel est le coureur le plus rapide sur une distance précise à condition que les concurrents partent au même moment sur la même ligne.

Si Dieu doit juger des milliards d'êtres humains dont les vies ont été très différentes, il est plus sage que nous ne cherchions pas à savoir comment il procédera.

Pourtant nous sommes tous concernés au premier chef : comment participer à une épreuve sans en connaître les règles, même si la nature des prix offerts aux vainqueurs doit rester une surprise ?

Peut-être la réponse tient-elle dans l'existence de notre conscience. A chaque fois que nous effectuons un choix, que nous exerçons notre liberté, nous sommes capables, dans une certaine mesure, de sentir si c'est bon, mauvais ou indifférent. Plutôt que de spéculer, de façon un peu enfantine, sur la Justice de Dieu, ne vaut-il pas mieux affiner notre conscience pour attendre aussi sereinement que possible un éventuel jugement de Dieu ?

Toutefois le christianisme éclaire d'un jour particulier ce que peut être la Justice de Dieu, une justice conforme à la logique de Son amour infini : dans l'Evangile, Jésus déclare sauvés ceux dont la foi est grande, c'est-à-dire ceux qui mettent leur confiance en Dieu et croient en Lui. Ainsi, le « bon larron », crucifié en même temps que Jésus, passe en un instant parmi les élus, dès qu'il reconnaît les crimes qu'il a commis et accepte la voie que lui ouvre le Christ.

Cet épisode, et bien d'autres de l'Evangile, souligne que seule compte, pour accéder à ce que Dieu nous réserve, l'acceptation de son projet sur chacun d'entre nous. Cela explique l'attention toute particulière que portent les chrétiens aux derniers instants des mourants. Il n'y a pas là qu'une attitude humanitaire, mais également la conviction que, jusqu'à la dernière seconde de conscience, un mourant garde la capacité et la liberté de faire basculer son destin vers ce Dieu qui l'attend. Dans cette optique, l'amour dispensé par les sœurs de mère Thérésa, à Calcutta et ailleurs, est peut-être une des tentatives les plus efficaces jamais inventées pour convertir définitivement des âmes à Dieu.

Toujours selon ces vues, la proposition que Dieu nous fait d'aller vers l'Amour est susceptible de réponses multiples selon les individus et les situations. Chacun à sa place, dans les circonstances où il se trouve, peut exprimer son adhésion à ce que Dieu attend de lui : qu'on soit libre ou prisonnier, malade ou en bonne santé, intelligent ou borné, Dieu suggère toujours des choix auxquels il est possible de répondre dans le sens de l'amour. Sous cet angle, le christianisme devrait être davantage encore la religion de la responsabilisation et la Justice de Dieu pourrait s'exercer non pas tant sur la base des actes accomplis que sur celle des responsabilités prises tout au long des choix de l'existence.

La finalité de la création

Nous nous sommes tous demandés un jour pourquoi nous sommes sur cette terre et à quoi notre existence peut bien servir. Nous pourrions tout aussi valablement nous poser la question de la raison d'être de l'humanité, du monde vivant ou de l'univers. Seul le Créateur pourrait s'exprimer mais un minimum de modestie devrait nous faire reconnaître que ces problèmes dépassent complètement notre entendement.

En revanche, puisque nous sommes dans ce train en marche, nous pouvons, dans la limite de nos moyens d'observation, avoir une idée de la direction que nous prenons.

Paradoxalement, il est plus facile d'observer l'évolution de l'univers, parce qu'il ne dispose pas de la liberté, que celle de l'humanité. Mais que l'expansion de l'univers s'arrête un jour ou que les étoiles soient destinées à toutes se consumer est à une échelle de temps qui nous importe peu. Ce qui nous intéresse, c'est notre propre destin et celui de l'humanité à laquelle nous appartenons.

L'observation de l'histoire, si l'on veut bien en élaguer les épisodes secondaires, témoigne d'une marche irrépressible de l'humanité selon un plan qui nous échappe mais semble parfaitement ordonné. S'il s'agit là d'un plan de Dieu sur Sa création, la convergence d'indices et d'éléments d'information rassemblés et confrontés doivent nous permettre de faire sortir du brouillard la silhouette de ce plan.

Une première constatation porte sur le rythme de l'évolution : il varie considérablement selon qu'il s'agit des étoiles, des civilisations ou de tel individu en particulier. Chaque partie de la création évolue à son rythme mais elle évolue.

L'évolution la plus frappante concerne la pensée humaine, qu'elle s'applique à la science, à la philosophie ou à la religion, c'est-à-dire à notre conception du monde et à notre façon de vivre.

Sans revenir sur le progrès matériel des sociétés que personne ne peut contester, malgré de tragiques injustices concernant la répartition des richesses, on ne peut nier non plus un progrès décisif des mœurs de l'humanité. La Rome antique, dont la civilisation occidentale est si fière, se complaisait, ne l'oublions pas, dans les boucheries des jeux de cirque et l'esclavage généralisé.

Il faut se souvenir également de toutes les formes de barbarie dont nous nous sommes débarrassés, tant bien que mal, au cours des siècles : les sacrifices humains et l'anthropophagie rituelle nous sembles bien loin, encore qu'ils se pratiquent parfois de nos jours, mais la coutume hindoue de sacrifier les veuves sur le bûcher de leur mari n'a définitivement disparu qu'au début de ce siècle, l'abandon des scarifications rituelles du visage en Afrique noire n'est effectif que depuis une vingtaine d'années, quant à la pratique de l'excision et de l'infibulation, elle commence tout juste à être sérieusement attaquée.

D'une façon plus officielle, l'abolition de la peine de mort tend à se généraliser tandis que les gouvernements admettent tous les principes des droits de l'homme, même s'ils les interprètent à leur façon et ne les respectent que dans la mesure qui leur convient.

On pourrait aussi verser au dossier du progrès moral de l'homme une régression lente mais progressive de la pratique officielle de la polygamie ou, en dépit de leur évidente naïveté, les actions des mouvements pacifistes ou non-violents[2].

Quant au progrès technique, bien souvent accusé de développer le matérialisme, il est neutre par nature et peut aussi bien favoriser une amélioration morale que le contraire. C'est lui en tout cas qui permet aujourd'hui aux hommes de communiquer et de se rencontrer, donc de mieux se comprendre et peut-être parfois de s'estimer et se respecter davantage. Depuis une génération, on a vu naître quantité d'organisations internationales, souvent trop onéreuses, mais dont l'effet est de traiter autour d'un tapis vert ce qui se réglait fréquemment autrefois par les armes. Plus généralement, on constate aujourd'hui le progrès des idées démocratiques un peu partout dans le monde.

La constitution de l'ensemble européen est un autre exemple assez étonnant de rapprochement de peuples rejetant la haine pour instaurer l'amitié[3].

Si l'on essaie de prendre un peu de recul pour considérer l'évolution de l'humanité sur le long terme, il faut bien constater que s'instaure, lentement et inégalement, une sorte de « conscience universelle » propre à accélérer un certain progrès moral.

Quoi d'étonnant après tout à ce que la généralisation de l'instruction publique, qui ne date que de quelques décennies, commence à porter quelques fruits. Il ne faut pas négliger non plus le rôle qu'ont joué et que continuent à jouer les religions en matière d'éducation : à force de répéter préceptes et interdictions, il finit par en rester quelque chose.

D'ailleurs, qu'elles le veuillent ou non, les religions elles-mêmes évoluent. La lecture qu'elles font de leurs textes sacrés change nécessairement avec l'environnement culturel. Il est absurde de penser que les religions sont une sorte de point d'ancrage à l'abri du changement. Celles qui paraissent immuables sont celles de sociétés dont l'évolution ne s'est pas encore accélérée mais elles ne resteront vivantes que dans la mesure où elles seront conscientes de la nécessité d'évoluer.

D'ores et déjà, on constate des changements importants[4] tels que la généralisation du monothéisme, c'est-à-dire de la croyance en un Dieu qu'on admet désormais être le même pour tous les hommes et toutes les religions. Le catholicisme, qui pouvait paraître quelque peu figé, a pris en douceur, avec le concile Vatican II, des orientations qui le placent, par bien des côtés, à l'avant garde du progrès spirituel. L'Islam quant à lui présente des signes évidents de crise dont on voudrait espérer qu'ils sont aussi les prémices d'un renouveau.

Il n'en reste pas moins que, si le progrès de l'humanité paraît, à long terme, bien réel, son rythme est si lent que nous y sommes peu sensibles. A la limite, il importe peu d'ailleurs que nous soyons conscients d'une certaine convergence de l'humanité vers son Créateur. Nous ne sommes pas non plus capables de savoir comment cette aventure se terminera. En revanche, ce qui nous concerne, c'est notre propre évolution et notre propre destin.

Il dépend de chacun d'entre nous d'aller à son rythme vers ce Dieu, début et fin de la Création, dont tout laisse à penser qu'Il nous attend.

---

[1] Il est intéressant de constater que seul le taoïsme considère que le monde est avant tout mouvement ; or cette philosophie n'implique pas l'existence d'un Dieu. Dans les religions monothéistes, rares sont les esprits qui, comme Teilhard de Chardin, ont eu l'intuition géniale de replacer l'évolution de l'homme dans le courant de celle de l'espèce humaine.

[2] On objectera que la violence n'est pas éradiquée pour autant. La barbarie nazie et celle des Khmers rouges ou, les exactions du stalinisme ou celles de la révolution iranienne montrent que l'homme contemporain garde toutes ses capacités d'immoralité et de sauvagerie sanguinaire, même chez des peuples marqués par de longs siècles de religion. Cependant, le fait même que ces atrocités s'efforcent de se dissimuler dans l'ombre témoigne, par l'absurde, de la reconnaissance de la supériorité du bien sur le mal.

[3] L'Europe serait-elle stable et durable s'il n'y avait eu à son origine des attitudes hautement spiritualistes de pardon, demandé et accordé, de la part des dirigeants allemands et français ? Rien de semblable ne s'était produit après la Première Guerre mondiale.

[4] Voir précédemment le chapitre sur l'avenir des religions.

Un objectif à la portée de chacun : avancer vers dieu

Quelle que soit la religion ou la philosophie à laquelle nous nous rattachons, nous portons en nous, plus ou moins fortement, une aspiration à un progrès.

Il n'est pas question de nier que l'homme reste toujours le même en ce sens qu'il naît avec les mêmes capacités d'agressivité, de violence ou d'égoïsme. Mais lentement, inégalement, irrégulièrement, les grandes valeurs humaines défendues par la plupart des grandes religions et philosophies sont de moins en moins contestées, même si elles ne sont pas toujours pratiquées.

L'éducation fait petit à petit tomber des préjugés ; les progrès des moyens de transport et d'information nous amènent à rencontrer des gens qui pensent différemment, donc à relativiser nos opinions, à nuancer nos jugements, à nous ouvrir l'esprit aux autres. Certains objecteront qu'il existe toujours autant de souffrances en ce monde. Quoique cette affirmation soit purement subjective et qu'on puisse aussi bien soutenir le contraire, constatons simplement que toutes les souffrances humaines sont associées, d'une façon ou d'une autre, à l'incapacité de progresser : la maladie, la mort, le désespoir sont ressentis comme un arrêt que nous subissons dans notre marche vers plus de bonheur, plus de pouvoir, plus d'amour, plus de vie tout simplement.

Si Dieu nous a créés. Il a mis au plus profond de nous-mêmes une aspiration au progrès, au dépassement, à l'épanouissement. Parmi toutes les ambitions que nous portons en nous depuis le début des temps, la plus démesurée, et donc la plus excitante, est d'aller vers Dieu. Progresser vers Dieu est l'objectif de la vie spirituelle et chaque religion propose sa méthode.

Les choses sont évidemment plus simples si l'on croit à une révélation explicite de Dieu, mais ceux qui hésitent à adhérer à de telles croyances ne sont pas désarmés pour autant.

Expliquons-nous : si nous nous plaçons dans l'optique de l'existence d'un Dieu qui soit l'Amour, avancer vers Dieu consiste à agir en toutes circonstances dans un esprit d'amour. Dieu est visible dans Sa Création et l'amour pour Dieu est synonyme de l'amour porté à Ses créatures, nous compris. C'est même parce que nous sommes plus ou moins indirectement créés par Dieu que certains disent que nous sommes à l'image de Dieu.

On ne souligne pas assez que cette affirmation légitimise de rechercher un Dieu qui nous convient : puisqu'Il nous aime et veut notre bonheur, nous nous rapprocherons de Lui en cherchant ce bonheur dans un esprit d'adhésion à Sa volonté. Rien n'est donc plus normal que de vouloir notre propre épanouissement, la seule difficulté est de ne pas quitter le chemin de l'amour, opposé à celui de l'égoïsme.

Aimer, c'est donner : ses pensées, son temps, son argent, éventuellement sa vie. L'égoïsme nous replie sur nous-mêmes, nous attache à la possession. La vie d'un couple illustre bien ce que peuvent être ces deux attitudes radicalement antinomiques bien que le terme d'amour soit employé dans les deux cas : bien souvent l'homme ou la femme « aime » l'autre parce qu'il en a besoin et le couple n'est que la compatibilité de deux égoïsmes ; que l'un des conjoints n'ait plus les mêmes besoins, rien ne permet ni ne justifie d'éviter une rupture. On imagine en revanche la stabilité d'un couple où chacun s'efforce de satisfaire l'autre au lieu de penser à soi-même, surtout si tous deux axent leur vie sur l'amour à donner aux autres, à commencer par leurs enfants.

Cet exemple montre l'ampleur des contre-sens que l'on peut faire au sujet de l'amour. Il en est de même du bonheur. Le bonheur véritable, comme l'amour véritable, s'obtient en donnant, non pas en tentant d'accaparer ce qui n'est, de toute façon, que provisoire et périssable.

Avancer vers Dieu est donc le résultat d'un long effort d'éducation personnelle dont le maître-mot est la responsabilisation, tout le contraire de la culpabilisation.

Prendre chaque jour davantage la responsabilité de donner plus d'amour, multiplier en actes les « oui » à l'amour que Dieu nous demande, c'est délibérément aller vers l'avenir. La culpabilisation, elle, nous tourne vers un passé toujours trop médiocre que nous devons dépasser. D'ailleurs l'amour infini de Dieu, si nous y croyons vraiment, est au-dessus de toutes nos insuffisances et par le fait même que nous les reconnaissons et cherchons à les dépasser, Il les pardonne déjà.

Les choses paraissent ainsi bien simples mais nous savons tous à quel point, même avec de la bonne volonté, nous pataugeons dans nos habitudes et nos médiocrités. C'est pourquoi notre progrès vers Dieu et notre bonheur en Lui exigent du temps et des efforts constants. Il n'est pas besoin d'être croyant pour se lancer sur ce chemin difficile mais exaltant. En revanche, le croyant a plus de responsabilités car il devrait être plus clairement conscient de ce que Dieu attend et du fait qu'Il nous attend.

Cela fait en tout cas partie de la Justice de Dieu que croyants et incroyants aient dans leur conscience la même aspiration au bien, au bon et au beau où l'homme trouve sa dignité et sa raison d'être.

Bien sûr, cette marche en avant implique une méthode et même des techniques. Chacun devrait pouvoir consacrer assez de son temps à chercher ce qui lui convient, en particulier en ce qui concerne l'aide d'une religion Celle-ci n'est qu'un outil mais on doit la choisir aussi performante que possible. Le plus difficile, en tout cas, est de travailler sans outil.

Qu'on en soit conscient ou non, s'efforcer de mettre plus d'amour véritable dans le monde, apporter de la paix, dominer les tensions exagérément passionnées, écouter et s'efforcer de comprendre les points de vue des autres, aider ceux qui souffrent ou sont dans le besoin, se mettre à leur service par l'action ou la prière, tout cela constitue une avancée vers Dieu.

Quelle que soit l'approche que l'on adopte, trois qualités fondamentales sont nécessaires et doivent être développées : la lucidité qui est aussi humilité d'esprit ; la solidarité qui est l'expression de l'amour et la volonté d'agir ne serait-ce que par la prière.

La lucidité

Comme pour toute navigation, avancer dans la vie exige de faire périodiquement le point. Il nous faut savoir où nous en sommes, savoir ce dont nous sommes capables et savoir ce que nous voulons faire.

Bien nous connaître est un préalable indispensable. Une bonne part des malheurs dont nous souffrons provient de nos illusions sur notre état, nos capacités ou les objectifs que nous pouvons atteindre. La morosité ou la jalousie sont le fruit quasi inévitable des erreurs de diagnostic que nous pouvons faire à propos de nous-mêmes.

Pour éviter ces illusions, il faut évidemment une certaine dose d'humilité, il ne s'agit pas de nous sous-estimer, ce qui pourrait étouffer toute envie d'agir, mais d'être attentif à la réalité de l'équilibre entre nos qualités et nos défauts.

La pire ennemie de la lucidité est cette forme d'orgueil qui nous fait prendre nos désirs pour la réalité. Pour rester conscient, La Palice aurait dit qu'il faut avoir une conscience.

La conscience morale, quelle que soit sa nature, doit s'éduquer, précisément en s'efforçant de percevoir à quoi mène notre comportement.

Plutôt que d'édicter des interdits qui suscitent la révolte, les éducateurs devraient dépeindre le mal que nos actes, nos paroles ou nos attitudes peuvent provoquer. Il est même surprenant que les programmes officiels d'éducation civique n'insistent pas plus sur les conséquences parfois dramatiques de gestes que leurs auteurs jugent, par inconscience, anodins et sans gravité : une vie de femme gâchée après le traumatisme d'un viol, un blessé qui meurt parce qu'un voyou a détraqué un téléphone public, un employé qui se tue à la suite d'un licenciement abusif...

Mais c'est aussi à l'égard de nous-mêmes que nous ne mesurons pas toujours les conséquences de nos actes ou de nos choix. Etre lucides sur ce que nous sommes n'est pas un exercice intellectuel de désœuvré blasé, c'est une nécessité pour chacun de nous. La réussite de notre vie, qu'elle soit professionnelle, familiale, sociale ou spirituelle, dépend de notre lucidité. Heureusement, celle-ci s'améliore avec l'expérience. La vie se charge de nous faire perdre les illusions excessives que nous pouvons nourrir sur nos capacités. Simultanément, plus l'âge avance plus nos possibilités de choix se restreignent ; elles deviennent nulles au moment de la mort. Il ne faut donc pas trop compter sur notre expérience pour faire des choix intelligents, nous risquons de l'acquérir trop tard.

Une solution consiste à profiter de l'expérience des autres, mais il n'est pas toujours facile d'en profiter : la situation de chacun d'entre nous est unique et les changements de la culture et des mœurs exigent désormais un décodage de l'expérience de nos aînés. De même si nous faisons appel, à défaut de confesseur, aux conseils d'un ami ou d'un psychiatre, il faudra encore rester assez lucides pour juger de la valeur de leurs avis à notre endroit.

En outre, un jugement sur un événement particulier peut être bon en soi mais conduire à une vision d'ensemble erronée parce qu'il ne prend en compte qu'un aspect de la réalité.

La meilleure façon de prendre de l'altitude est de rattacher la lucidité à Dieu. Rien n'interdit aux incroyants de sourire mais pour ceux qui ont la chance — ou la grâce — de croire, ils seraient bien sots de ne pas en profiter.

L'expérience des croyants est convergente sur ce point ; dans les situations embrouillées où les choix sont difficiles ou même déchirants, la prière apporte le plus souvent une réponse sur l'attitude à tenir. Peut-être n'est-ce là que l'effet d'une simple méditation qui dépassionne le débat de la conscience, peut-être est-ce réellement une réponse de Dieu : les croyants sont convaincus de cette dernière interprétation, ne serait-ce qu'à cause du caractère parfois imprévisible de la solution suggérée : la perspective de Dieu sur les événements est très différente de la nôtre puisque nous sommes affligés de myopie et sommes dépendants du temps.

L'importance de la lucidité est telle que nous ne devons négliger aucun moyen, même surnaturel, pour la développer. Mais, prière ou pas, la lucidité ne peut s'acquérir sans une bonne dose d'humilité intellectuelle : nous prendre pour le centre du monde fausse évidemment les perspectives. C'est pourquoi lucidité et sens de la solidarité sont des qualités éminemment complémentaires.

La solidarité

Rester solidaires du monde où nous vivons est une condition primordiale de notre bonheur. C'est aussi une vérité généralement méconnue.

Dès que notre âge, notre goût de la liberté, notre dynamisme ou notre position sociale nous font croire que nous pouvons nous passer des autres ou nous passer de Dieu, nous avons la tentation de voler de nos propres ailes en coupant les liens qui paraissent nous entraver.

Cette position est injuste, inefficace et dangereuse. Elle est injuste car la lucidité devrait nous faire sentir à quel point tout ce que nous sommes résulte de la solidarité que d'autres ont témoigné à notre égard : un enfant ne vit que grâce aux soins de ses parents, un adulte se nourrit chaque jour du produit du travail d'une multitude de gens. Même si les services dont nous bénéficions sont rémunérés, directement ou par l'impôt, cette rémunération est aussi l'expression de la solidarité entre les hommes.

Puisque toute société est un tissu complexe de liens de solidarité, nous ne pouvons honnêtement rejeter nos devoirs de solidarité envers les autres sans rejeter toute société... et encore, l'hypothèse selon laquelle nous serions capables de vivre en autarcie comme Robinson Crusoë est hautement improbable : même si elle était imaginable, nous aurions encore des devoirs de solidarité à l'égard d'une société qui nous aurait permis de devenir un tel surhomme.

Si la justice élémentaire exige ainsi que nous « renvoyions l'ascenseur » à la société qui nous a formés, la solidarité est également nécessaire pour des raisons d'efficacité. Chacun sait aujourd'hui que le travail en équipe est le seul qui permette de grandes réalisations scientifiques ou techniques. On imagine mal un bricoleur de génie allant sur la lune. Même un travail aussi personnel que la rédaction d'un livre ne prend sa valeur que grâce à une équipe d'édition et un public de lecteurs. Si nous voulons participer à un certain progrès de l'humanité, la solidarité est, à coup sûr, la condition de l'efficacité, y compris dans le domaine moral.

Enfin il est dangereux de se priver par orgueil de ce que peut nous apporter notre entourage : il est souvent le mieux placé pour apprécier et tester nos actions.

Pratiquement, dans la vie courante, la solidarité s'exerce à différents niveaux qui forment comme autant de cercles concentriques : envers la famille, la ville et le pays auxquels on appartient, envers le monde culturel auquel on est attaché, y compris éventuellement une religion, envers l'humanité en général et plus globalement envers la création. Pour les croyants en un Dieu personnel, il existe aussi une solidarité avec Dieu puisque nous participons à Sa création.

L'exigence de ces différentes formes de solidarité, qui sont l'expression de l'Amour, couvre donc un champ immense et, pour tout dire, l'ensemble de notre vie. Ce sont bien sûr les cercles les plus proches de nous qui sont prioritaires pour la simple raison que nos actes ont plus d'impact dans un rayon proche et s'amortissent avec l'éloignement. Par exemple, il est souhaitable de traiter la nature avec respect, de ne pas la polluer ni de couper d'arbres sans nécessité, ni de maltraiter les animaux, mais il serait dérisoire d'atteindre une sorte de perfection sur ce plan si l'on était incapable de se comporter avec tendresse vis-à-vis de sa famille.

La famille constitue le premier cercle de solidarité. C'est le lieu privilégié d'un amour assez chaud pour être communicatif. Tous les éducateurs s'accordent à reconnaître qu'elle n'a pas de substitut, bien qu'illogiquement certains d'entre eux en pratiquent le sabotage au nom d'idées fumeuses et perverties sur la liberté. Certes, la famille peut être un échec, mais précisément quand elle n'est pas un foyer de solidarité: celle du père et de la mère d'abord, mais aussi des enfants qui participent, selon leur âge, à la vie de la communauté au point qu'ils sont le plus sûr garant de la vieillesse heureuse des parents. Ceux qui, hélas, n'ont pas la chance de connaître une joie familiale pure peuvent s'efforcer de trouver de l'affection auprès d'un chien fidèle ou d'en donner à des bébés phoques; rien n'est à rejeter de ces tentatives attendrissantes de créer de l'amour mais on conviendra qu'elles ne sont qu'un pâle reflet de ce qu'apporte la famille; la raison en est simple, ces affections de substitution ne contribuent pas à l'œuvre d'éducation et de progrès de l'humanité à laquelle nous sommes tous appelés, selon nos moyens, que nous le voulions ou non.

Aussi la famille ne constitue-t-elle pas le champ clos d'un amour égoïste, elle ne peut rayonner qu'en s'ouvrant à d'autres cercles. Le pays en est un bon exemple. Le terme un peu vieilli de patrie exprime d'ailleurs bien qu'il s'agit de l'élargissement de la famille à la terre des ancêtres.

La collectivité sociale ne peut être solide sans un certain sens de la patrie. Nous ne sommes pas rassemblés par hasard sur un coin de terre. Un pays n'est pas formé d'un échantillon représentatif de tous les peuples de la terre. Quelque chose unit ses habitants qui s'appelle leur histoire ou leur culture, c'est un acquis sur lequel se bâtit l'avenir. Négliger cette réalité revient à repartir à zéro: la tentative des Khmers rouges de créer un peuple nouveau détaché de sa culture ancienne est un exemple à méditer de la monstruosité de chercher un progrès par un déracinement.

Naturellement, la construction d'un pays, son développement harmonieux, matériel, culturel et spirituel, est une tâche encore plus difficile que celle de réussir une famille. On constate d'ailleurs que la solidarité nationale est moins aisée à réaliser que la solidarité familiale: si un enfant des Dupont se retrouve en prison à la suite d'une erreur de jeunesse, la famille en sera émue, peut-être même cherchera-t-elle à le réinsérer; mais que 40 000

Français soient en prison pour des délits divers, la collectivité nationale ne souhaite qu'une chose, c'est qu'ils y restent et qu'on ne lui en parle pas. Pourtant il existe bien certaines formes de solidarité nationale qui se manifestent parfois héroïquement lors d'agressions extérieures. Plus prosaïquement il suffit d'une équipe de football pour faire découvrir à un peuple ce qu'il a en commun. C'est d'ailleurs un étonnant sujet de méditation que de voir comment le chauvinisme sportif sert de substitut à un patriotisme auquel on a donné mauvaise conscience.

Mais ce qui a été dit à propos de la famille est aussi vrai pour le pays : il existe un risque de repli égoïste sur la nation, la race, la communauté religieuse, comme il existe un risque d'égoïsme familial.

L'ouverture au monde, la prise de conscience de la fraternité de tous les hommes, est une autre forme d'une nécessaire solidarité, mais elle est déjà plus difficile à pratiquer. Bien que la vie nous fasse sentir chaque jour nos liens d'interdépendance avec nos compatriotes, nous tendons trop souvent à disjoindre nos beaux sentiments, tout théoriques, de la pratique d'une véritable solidarité universelle.

Il reste une solidarité qui est encore insuffisamment perçue : c'est celle de l'ensemble de la création, c'est-à-dire notre solidarité en Dieu le créateur. Il serait bien utile d'en prendre conscience, ne serait-ce que pour relativiser nos différences et accepter de travailler en commun à tout ce qui peut être amélioré sur cette terre, en nous-mêmes, dans notre famille ou dans notre pays. Seul Dieu donne sa dimension à la solidarité des hommes dans le temps. C'est Lui qui a créé les lois de l'évolution, ce qui, à la limite, nous rend aussi solidaires du singe et du protozoaire. Si nous acceptons de regarder le monde ainsi, peut-être préfèrerons-nous, plutôt que de nous agiter sans but sous l'impulsion de notre jouissance immédiate, participer à une œuvre dont l'utilité nous ramène au Créateur. Dans ce sens, la solidarité est synonyme de continuité et d'évolution et le paradis qu'espèrent les hommes de bonne volonté a des chances d'être le prolongement transcendé et libéré du temps de la vie que nous aurons vécue. Le thème chrétien de la Communion des Saints n'est d'ailleurs pas autre chose que l'expression de la solidarité au travers du temps de tous ceux qui ont mis leurs forces au service de la création telle que Dieu la veut.

La volonté d'agir

Il ne servirait à rien d'avoir une exacte perception de notre situation si c'était pour profiter du spectacle du monde s'agitant autour de nous.

Chacun d'entre nous est sur cette terre pour participer, d'une façon ou d'une autre, à l'épanouissement de la Création. Rien n'est donc plus légitime que d'avoir la volonté d'agir, que d'avoir des ambitions.

La seule question est de savoir comment orienter notre vie en fonction de nos qualités et de nos défauts, de nos potentialités et de nos limites.

Le terrain privilégié sur lequel peut et doit s'exercer notre besoin d'action, c'est d'abord nous-mêmes. L'une des constantes de la nature humaine est précisément cette extraordinaire capacité de progrès que nous portons en nous. Parfois on voit des mendiants devenir milliardaires ou des bandits devenir des saints. Cependant, même pour des changements moins spectaculaires, il ne faut pas que nous comptions sur le hasard pour nous améliorer. Il y faut beaucoup de volonté et de combativité. L'expérience montre d'ailleurs qu'il est plus facile de développer nos qualités que de faire disparaître nos défauts.

Pour tirer de nous-mêmes ce que nous recèlons de potentialités, un effort de formation est toujours nécessaire. L'athlète le plus doué ne battra pas de records sans entraînement. Si la formation que nous recevons dans notre jeunesse est subie, nous sommes maîtres et responsables de notre évolution pendant notre vie d'adulte.

Qui a la volonté de progresser y arrive toujours, à condition, bien sûr, de faire preuve d'assez de lucidité pour rechercher ce en quoi il peut réussir.

C'est précisément à ce niveau que la vie spirituelle apparaît déterminante pour l'épanouissement de l'homme. Chacun aura, à un moment ou à un autre, le sentiment de plafonner dans ses activités physiques ou intellectuelles, cela ne peut se produire dans la vie spirituelle puisque notre esprit s'ouvre sur l'infini de Dieu.

Contrairement à ce que craignent trop souvent ceux qui n'ont aucune expérience de la vie spirituelle, celle-ci n'est pas synonyme d'austérité ou de sinistrose. Bien au contraire, nous avons vu à quel point elle nous apporte, en leur donnant un nouveau visage, ces biens auxquels nous tenons tant : la joie, l'amour, la liberté et la connaissance.

Dans cette perspective, la soif d'agir est indissociable de celle d'aimer. En cherchant à accomplir ce que Dieu attend de nous, nous tendons à devenir, comme Lui mais à notre modeste échelle, à la fois créateurs et sources d'amour.

S'il fallait résumer d'une formule la façon d'orienter sa vie vers Dieu, nous adopterions volontiers celle de Saint-Augustin[1] : « Aime et fais ce que tu veux. » Il ne s'agit évidemment pas d'ajouter à la pratique de l'érotisme le rejet de toute contrainte. Cela signifie que, du moment où l'amour des autres est au centre de nos préoccupations, les actions que nous entreprenons sont bonnes par le fait même et leur choix devient indifférent. C'est ce que, sous une autre forme, on appelle la grande liberté des enfants de Dieu.

Ainsi chacun a pour vocation de faire fructifier les qualités dont la nature l'a doté. A l'image de ce que Dieu attend de nous et de ce qu'il est Lui-même, chaque homme peut être, selon ses moyens, source d'amour et créateur.

Il est prodigieux de constater que chaque individu puisse contribuer à ce que semble bien être le plan de Dieu pour l'humanité. L'infirme comme le génie, le vieillard et l'enfant, nous avons tous des dons particuliers pour contribuer à un progrès de la collectivité qui passe par le progrès de chacun. Ces propos peuvent paraître outrageusement optimistes à l'égard de ceux qui ne sont pas particulièrement gâtés par la nature. Pourtant les exemples ne manquent pas de gens humainement déshérités qui rayonnent d'une joie que leur situation ne justifie apparemment pas. Leur épanouissement intérieur est de nature spirituelle.

Comme chacun d'entre nous peut, avec l'âge ou la maladie, se trouver dans des conditions peu enviables, c'est une raison de plus pour courir dès à présent l'aventure exaltante de la vie spirituelle.

Ce cheminement persévérant vers ce que Dieu attend de nous implique de rechercher Son contact. Mais, puisque Dieu nous a fait libres, Il est logique avec Lui-même en ne se manifestant qu'à ceux qui choisissent de Le chercher. Il ne s'agit évidemment pas d'une partie de cache-cache, l'Amour infini de Dieu est à notre disposition à tout moment. La question n'est donc pas tant de Le chercher que de désirer Le rencontrer.

Rien ne serait plus absurde et illusoire qu'une telle ambition si Dieu n'était prêt à se mettre à notre portée. C'est la perspective dans laquelle se place le christianisme puisque, selon lui, Dieu s'est fait homme précisément pour nous apprendre à Le connaître.

A vrai dire, la méthode qui nous est indiquée par Jésus-Christ méritait bien que Dieu vienne sur terre, tant elle est inattendue. Au lieu de chercher Dieu au prix d'un effort d'abstraction intellectuelle, qui ne serait d'ailleurs pas à la portée de tout le monde, Dieu nous dit qu'on Le rencontrera dans le visage des plus défavorisés et des plus méprisés des hommes.

Il y a véritablement un gouffre entre cette approche et ce que préconisent les autres religions, c'est-à-dire l'obéissance à une loi ou l'observation de rites. La différence de point de vue est si grande que le christianisme lui-même n'a pas voulu renoncer au formalisme ou au rituel inhérents aux autres religions.

Au fond, peu importe l'habillage, pour peu qu'il favorise la compréhension de l'essentiel. Après tout, l'homme est tel que Dieu l'a créé et il est sensible à Dieu aussi bien par l'intelligence que par la beauté, le sens de l'harmonie, la contemplation de la nature etc.

Dès que nous sommes convaincus que Dieu nous attend, la meilleure façon d'aller vers Lui est de contribuer à l'œuvre de progrès qu'Il entreprend sous nos yeux.

Le terrain privilégié de cette action est d'abord nous-mêmes. C'est à chacun de chercher comment il peut développer les ressources de sa personnalité dans les circonstances où il est placé.

Y a-t-il un objectif plus passionnant dans la vie que de s'efforcer de se façonner soi-même, en toute liberté et en conformité avec ce que l'on discerne du plan de Dieu sur le monde ?

Chacun d'entre nous a tant de talents divers : qualités de cœur, capacité technique, force physique, endurance au mal, expérience, enthousiasme, sagesse, tout peut concourir à la réussite de la création, ce qu'on peut appeler la gloire de Dieu. C'est à nous de trouver à chaque instant ce que nous pouvons faire de mieux. Quel prodigieux domaine d'action pour notre liberté !

Construire une famille, travailler de ses mains, diriger une entreprise, supporter une injure ou une injustice, rendre un service, être disponible, écouter, parler, reprendre des forces, les dépenser, et par-dessus tout garder le contact avec Dieu, tout est source de progrès pour qui sait œuvrer dans le sens de sa vocation et de sa personnalité.

Coopérer à la Création de Dieu ou réaliser notre vie terrestre de façon satisfaisante sont des préoccupations convergentes, c'est pourquoi il n'est pas nécessaire d'être illuminé par une foi intense pour faire les premiers pas vers le destin que Dieu nous réserve. C'est en approfondissant les qualités humaines les plus banales que la vie spirituelle peut espérer s'épanouir en Dieu.

Dans cette optique, peu importent les circonstances où l'on se trouve placé ou les capacités dont on dispose. Seul compte le critère de l'amour apporté à ce que l'on est capable de faire : un brillant brasseur d'affaires peut être moins efficace aux yeux de Dieu qu'un malade incapable de parler ou de se mouvoir qui consacre toute sa lucidité à prier pour les autres.

Ainsi, à l'inégalité fondamentale entre les hommes se substitue l'égalité de leur dignité.

Il n'est pas si facile d'accepter intellectuellement cette vision de la réalité, même si notre conscience nous en fait pressentir le bien-fondé. Le doute peut à chaque instant nous tenter ou nous saisir. C'est une incitation de plus à rechercher dans la solidarité humaine une défense contre nos faiblesses. La religion est là précisément pour assurer ce soutien, elle joue un rôle analogue à celui du club sportif sans l'encadrement duquel les athlètes ne pourraient réussir une compétition de haut niveau. Les champions de la spiritualité qui consacrent leurs forces et leur intelligence à des débiles profonds ou à des malades irrécupérables font l'expérience extraordinaire d'une joie partagée, d'un enrichissement humain réciproque que ne peut expliquer aucune rationalité.

N'est-ce pas là l'une des raisons les plus convaincantes de croire à la vie si intensément que la mort n'est plus qu'un épanouissement et le couronnement de l'espérance en Dieu ?

[1] Saint-Augustin (354-430) était un Kabyle, évêque d'Hippone. Cette ville d'Algérie, la Bône de l'époque coloniale, s'appelle aujourd'hui Annaba.

Conclusion

Conclusion

Après ce long cheminement parmi les religions pratiquées aujourd'hui dans le monde, quelques constations se dégagent avec une certaine netteté :

— Le développement en général, et celui de la science en particulier, n'ont pas de conséquence appréciable et encore moins définitive sur l'existence du phénomène religieux.

— Les religions sont destinées à satisfaire, chacune à sa façon, ce qu'on appelle des besoins spirituels. Ceux-ci sont fréquemment métissés d'autres éléments de nature simplement psychologique : besoin d'appartenir à une communauté ou de suivre une tradition, goût pour de belles cérémonies, attrait pour le mystère ou l'inconnu, désir de dépassement, peur devant l'avenir... Chacun d'entre nous, adepte ou non d'une religion, peut connaître de tels sentiments, mais les besoins spirituels sont d'une autre nature et ils ne peuvent se réduire à un phénomène psychologique.

— A son niveau élémentaire, la spiritualité se limite à une croyance diffuse en l'existence d'un Dieu ou d'un ordre surnaturel. En revanche, les mystiques vivent dans le sentiment d'une présence habituelle de Dieu avec lequel ils entretiennent de véritables dialogues.

— Le spirituel et le rationnel ne sont nullement contradictoires mais ils se situent sur des terrains différents. Les scientifiques qui croient en Dieu et pratiquent une religion sont innombrables mais leur croyance s'exprime en des termes évidemment différents de ceux d'un poète, d'un littéraire ou, a fortiori, d'un non intellectuel.

— L'existence de Dieu est une hypothèse invérifiable mais il n'est pas non plus possible de l'éliminer.

— L'hypothèse d'un Dieu créateur comme explication du monde ne serait qu'une notion vide de contenu si Dieu ne souhaitait pas révéler, au moins partiellement, qui Il est et ce qu'Il veut.

— Si Dieu existe, qu'Il se révèle ou non, Il n'emploie apparemment pas de moyens de coercition pour imposer une quelconque volonté. Il tolère aussi bien ceux qui l'ignorent que la diversité des approches religieuses. A moins de douter de Sa toute-puissance, ce qui revient à ne pas croire en Dieu, force est de constater qu'Il respecte notre liberté.

— Si Dieu nous a créés, nous sommes construits de telle sorte que nous portons en nous des aspirations insatisfaites à la justice, à l'espérance, au bonheur, ce qui s'assortit souvent d'un besoin de connaître Dieu.

— Dieu pourrait se concevoir comme une énergie intemporelle qui, en se « concentrant », créerait à sa guise la matière. Comment rendre compte ainsi de la volonté manifeste d'organisation constatée dans l'univers ? Réduire Dieu à une force cosmique revient à L'imaginer incapable de se mêler du qualitatif. D'où nous viendrait alors ce à quoi nous tenons tant, le sens du beau et de la justice, le besoin d'aimer, etc.

— Dieu peut aussi, s'imaginer comme un Etre « personnel » qui a un plan sur le monde et l'humanité et qui est susceptible d'intervenir sur le cours des choses ou d'exprimer une « volonté ». Les religions se placent toutes, d'une façon plus ou moins nette, dans cette hypothèse.

— Les attitudes de l'homme en face de Dieu, malgré leur extrême diversité, peuvent se ramener à trois grands courants :

- Une attitude « animiste », où le surnaturel paraît constamment présent. Le croyant « négocie » avantages et protection en offrant aux divinités des sacrifices ou des prières. Cette forme d'esprit religieux, proche de la superstition, se trouve rapidement en contradiction avec la science ou même le bon sens.
- Une attitude selon laquelle la toute-puissance de Dieu s'exprime par une « loi » donnée aux hommes : ceux qui la respectent seront récompensés et les autres punis.
- La croyance que Dieu est Amour ; Il ne s'impose donc pas autoritairement et les hommes sont libres de répondre ou non à l'amour qui leur est proposé : le choix de vivre selon l'amour est synonyme d'une élévation vers Dieu et les hommes sont responsables de leur destin, dans cette vie comme dans une éventuelle autre vie.

— Cette dernière attitude religieuse est normalement celle du christianisme. Il est toutefois important de noter qu'un nombre non négligeable de chrétiens vivent leur religion de façon superstitieuse ou dans la crainte d'enfreindre des règlements. Pour eux, le respect de leur morale est une obligation première alors qu'elle ne devrait être qu'une conséquence de la logique de l'amour. En revanche, il arrive que des adeptes de religions non chrétiennes vivent leur relation avec Dieu comme un lien d'amour, même si leur religion insiste plus particulièrement sur le respect d'une loi divine : les mystiques, comme certains soufis musulmans, en sont des exemples.

— Quoique les conceptions des diverses religions présentent des différences très tranchées, les comportements religieux de leurs fidèles ne suivent pas exactement les mêmes clivages et présentent souvent, au contraire, d'apparentes similitudes : respect d'une morale, organisation de cérémonies de culte, de fêtes religieuses, de pèlerinages etc. Certes ces diverses manifestations des croyances religieuses diffèrent profondément dans leurs détails et dans leur signification mais elles répondent à des besoins qui semblent être des constantes de notre nature. Il en est ainsi du respect des rites qui existent dans toute activité humaine ; leur expression formelle est essentielle dans les religions animistes et celles où Dieu impose une loi, elle est au contraire relativement secondaire dans le christianisme, quoique de nombreux chrétiens y soient très attachés pour des raisons de tradition culturelle.

— Les religions se proposent toutes d'élever l'homme vers Dieu mais elles ne sont pas équivalentes et peuvent être diversement performantes selon les individus ou les sociétés. Certaines d'entre elles risquent même de plafonner ou de buter sur des contradictions internes.

— Dans notre marche vers Dieu, les religions ne sont qu'un moyen. Elles n'ont de sens que si Dieu mène le monde et n'ont d'intérêt que si elles nous élèvent vers Lui. Gérées par des hommes, les religions ne peuvent avoir la prétention de tout expliquer, leur rôle est de contribuer à notre épanouissement en Dieu. Elles ne sont utiles que dans la mesure où elles développent notre sens des responsabilités, notre volonté de promouvoir la paix et l'amour par tous les moyens dont nous sommes capables.

— Le progrès spirituel ainsi conçu conditionne et accompagne celui de l'humanité, chacun suivant son rythme. Les religions ne peuvent contribuer à ce progrès que dans la mesure où elles adaptent leur enseignement aux nécessaires évolutions des sociétés.

— Les religions devraient prendre davantage conscience qu'elles sont appelées à converger pour autant qu'elles ont pour vocation d'élever l'homme vers Dieu.

Déjà, de la même façon que personne ne met plus aujourd'hui en doute les apports positifs de la science ou de la médecine, on devrait objectivement constater certains bienfaits que véhiculent ensemble de nombreuses religions, ainsi :

- L'affirmation de l'existence de Dieu devrait logiquement éviter que chaque homme se prenne pour un dieu avec ce que cela entraîne comme tentation d'orgueil, de volonté de puissance ou de certitude de posséder la vérité.
- L'existence d'un Dieu créateur du monde conduit logiquement à ce que tous les hommes soient égaux devant Lui, ce qui fait que ces hommes sont, en quelque sorte, des frères. Cela va dans le sens de la lutte contre tous les racismes, les despotismes, les colonialismes et conduit à des notions d'égalité, de fraternité, de démocratie.
- L'existence de ce Dieu créateur, placé hors du temps, rend imaginable une autre vie ou une vie éternelle au-delà de la mort. Une telle vie « surnaturelle », c'est-à-dire qui dépasse notre nature, devrait inciter à la prudence ceux qui se croient tout permis sur terre. Il peut ainsi y avoir une justice autrement plus objective que la médiocre justice des hommes. C'est un contre-poids non négligeable aux exactions et aux

violences de toutes sortes que nous sommes toujours trop tentés de pratiquer.
- Les insuffisances et les faiblesses qu'on constate dans les religions ne sont que le reflet de la nature humaine. Quel que soit leur message, qu'il soit révélé par Dieu ou non, ce sont des hommes qui l'interprètent et le transmettent. Ceux-ci peuvent être, par tempérament ou éducation, des gens d'ordre tournés vers le passé aussi bien que des visionnaires pleins de feu tendus vers un changement profond de l'homme et de la société. Ils peuvent être plus ou moins désintéressés, plus ou moins blasés, plus ou moins fanatiques, plus ou moins séduisants par leur personnalité, leur talent oratoire, l'exemple de vie qu'ils donnent... L'image du catholicisme à travers Jean-Paul II n'est pas exactement celle donnée par Paul VI et pas du tout celle donnée par les Borgia ; l'image de l'Islam présentée aux émissions religieuses de la télévision française du dimanche matin n'est pas celle qui ressort des actions de l'ayatollah Khomeïni etc...
- Du fait même qu'elles ont des adeptes, les religions constituent un pouvoir qui attire les convoitises des responsables politiques. L'histoire témoigne de nombreuses tentatives de récupération, de dénaturation ou de destruction des forces religieuses par les divers pouvoirs politiques ou économiques. Les guerres dites « de religion » sont bien souvent des conflits d'intérêts au profit desquels ont été mobilisés les convictions religieuses.
- Plutôt que de juger les religions sur des événements historiques où elles ont été mêlées, de gré ou de force, il serait plus équitable de le faire sur les hommes ou les femmes les plus remarquables qu'elles ont formés. Après tout, les vies de Bouddha, de Jésus-Christ et de Mahomet sont assez bien connues pour qu'on puisse se faire une opinion à leur sujet et rien n'empêche d'y ajouter leurs disciples les plus représentatifs de toutes les époques. C'est à chacun de trouver les critères qui lui convient pour comparer les modèles de spiritualité de personnages aussi différents que certains maîtres du bouddhisme ou de l'hindouisme, les soufis ou ulema musulmans célèbres, ou encore des saints chrétiens tels que Thérèse de Lisieux, François d'Assise ou Ignace de Loyola.
- L'appartenance à une religion est très généralement la conséquence de l'appartenance à une culture et non pas le résultat d'une réflexion et d'un choix personnel. Tout croyant devrait souhaiter une libre confrontation des idées, ne serait-ce que pour approfondir les siennes. Peut-on espérer que le XXIe siècle verra tomber les murailles culturelles derrière lesquelles sont enfermées les religions ?
- Il est regrettable également que, sous prétexte de laïcité, les enseignements publics ne prévoient aucune information sur ce qu'est la vie spirituelle. Il ne s'agirait évidemment pas d'exercer une influence sur les

consciences mais de reconnaître l'existence de besoins spirituels que les religions cherchent à satisfaire dans la mesure de leurs moyens. Les parties descriptives de ce livre constituent une tentative de ce qui pourrait être fait dans ce domaine. Faute d'un minimum de formation à l'école, il ne faut pas s'étonner que des jeunes sans discernement succombent à l'attrait d'organisations ou de sectes douteuses où la spiritualité n'est qu'une façade trompeuse. Il serait temps que les pouvoirs publics aient davantage confiance dans les vertus de la laïcité qui est neutralité et non pas ignorance ou hostilité.
- Un système de formation qui néglige la dimension spirituelle de l'homme ne doit pas s'étonner d'un fléchissement des valeurs morales, c'est-à-dire d'une certaine désagrégation de la société. Il n'y a guère que trois façons d'assurer un minimum de paix et d'ordre: la contrainte, arbitraire et contraire à la dignité humaine, la philosophie de l'efficacité (il faut des règles pour que la société fonctionne) ou la référence plus ou moins directe à la spiritualité (appel à la conscience, à la vertu, au sens moral...) Sans préjuger de la valeur intrinsèque de la philosophie ou de la spiritualité, les gouvernements devraient constater que les deux sont nécessaires pour aboutir à un large consensus et ne pas avoir à faire appel à la contrainte. L'histoire montre d'ailleurs que si l'Etat élimine la spiritualité de ses préoccupations, il tend à imposer davantage de contraintes ou à se désagréger.
- Cependant, s'il est toujours possible à une société de favoriser ou de brimer la vie spirituelle, celle-ci reste une affaire essentiellement personnelle et individuelle. C'est à chacun d'entre nous de découvrir, s'il le souhaite, ce qu'une spiritualité réfléchie peut lui apporter, avec l'aide de Dieu.

Nous nous trouvons alors devant trois choix possibles:
- Refuser l'idée de Dieu ou, ce qui revient sensiblement au même, agir comme s'Il était une entité inaccessible avec laquelle aucune communication n'est possible.
- Nous contenter d'un Dieu lointain, exigeant et redoutable, auquel nous devons obéir, sans chercher à interpréter ses ordres.
- Accepter un Dieu tout-puissant, mais aussi capable d'un Amour infini qui respecte notre liberté et souhaite nous guider vers Lui.

A moins de bénéficier d'une révélation personnelle, le choix à faire dépend de notre réflexion:
- Le premier choix nous laisse à nous-mêmes, avec les risques d'incohérence ou de désespoir que nous connaissons trop bien; nous menons notre vie selon l'inspiration de notre philosophie mais nous ne savons pas de quel prix nous paierons nos expériences. C'est un peu comme si nous choisissions les produits d'un supermarché dont les prix ne seraient pas marqués, c'est à la sortie que nous aurons la mauvaise surprise de la note à payer.

- Dans la deuxième hypothèse, on a un peu le sentiment que Dieu nous enlève une partie de la liberté qu'Il nous donne : en théorie nous sommes libres mais en pratique nous sommes sévèrement jugés sur les choix que nous avons faits. Nous devons, sous peine de sanctions, chanter les louanges de Dieu et obéir sans comprendre ni discuter. Ce jeu du chat et de la souris semble bien peu compatible avec l'infinie grandeur de Dieu. Y aurait-il en Lui quelque chose de narcissique qui ne Lui ferait tolérer que des créatures soumises à Sa règle fixée une fois pour toutes ?
- La troisième voie laisse au contraire tout l'espace désirable à notre initiative et à notre créativité. Malgré nos inévitables limites, nous sommes appelés à coopérer à une œuvre divine qui nous dépasse mais dont nous connaissons le moteur : l'Amour infini de Dieu.
- L'existence de notre liberté montre que nous ne sommes pas de simples robots mis sur terre pour exécuter un plan de Dieu inaccessible à notre entendement. Nous sommes dotés d'une intelligence qui nous permet des initiatives, ce qui revient à dire que nous sommes, en fait, des partenaires de l'œuvre de Dieu. Cette générosité dont Il aurait pu se passer est une marque de Son amour pour nous, elle nous ouvre des perspectives vertigineuses : destinés à nous épanouir en Dieu, notre passage sur terre doit nous y préparer. La mort n'est plus une disparition définitive comme dans l'hypothèse où Dieu n'existe pas ; la mort ne se traduit pas non plus par le redoutable jugement d'un Dieu inaccessible précipitant les mal-pensants dans un quelconque enfer et couronnant de lauriers les belles âmes. La logique de l'Amour conduit au contraire à une association dynamique toujours plus intime à l'œuvre de Dieu.

Evidemment, personne ne peut avoir la moindre idée de ce que cela signifie précisément. En particulier, nous sommes incapables d'imaginer comment nous pourrons sortir du temps qui nous emprisonne. Mais après tout il faut avoir la sagesse de vivre sur cette terre sans rien connaître de ce qui nous attend peut-être au-delà. On peut seulement imaginer que la vie spirituelle est une initiation à ce que pourra être la vie en Dieu, elle nous donne en tout cas une dimension supplémentaire, un épanouissement personnel qui est une forme du bonheur auquel nous aspirons tous.

— La recherche du bonheur est non seulement légitime mais encore c'est elle qui nous motive tous le plus profondément. La question qui se pose à chacun est de choisir le niveau de son ambition dans cette recherche : on peut être comblé par des biens de consommation, par une réussite intellectuelle ou par un état spirituel. L'existence d'un domaine spirituel étend considérablement les capacités de bonheur de l'homme. Le bonheur spirituel est aussi le seul qui soit accessible à ceux qui sont démunis d'autres ressources. La qualité du bonheur spirituel est telle que ceux qui ont parfaitement réussi ou pourraient parfaitement réussir, abandonnent parfois tout pour ce bonheur-là. C'est paradoxalement un

bonheur qui supporte d'être associé avec des souffrances physiques ou psychologiques et celles-ci peuvent être ainsi surmontées et dépassées. C'est, en fait, un bonheur compatible avec la justice. C'est un bonheur d'une autre nature.
Puissent toutes les religions contribuer à le faire connaître.

5ème *PARTIE*

Annexes

Les religions pratiquées dans les différents pays du monde

Les données existantes sont de qualité très inégale. Certains pays cachent leur situation religieuse, d'autres s'en désintéressent et ceux qui disposent de données reconnaissent que ce ne sont trop souvent que des ordres de grandeur.

Pourtant, il paraît important, pour présenter une synthèse aussi complète que possible de la situation religieuse du monde, de ne pas passer sous silence les informations, parfois disparates ou de valeur subjective, que nous avons pu recueillir, notamment sur place, au cours de voyages.

Le lecteur voudra bien excuser les insuffisances et les hétérogénéités inéluctables de la recherche, peut-être trop ambitieuse, que nous présentons.

Les chiffres entre parenthèses après le nom du pays indiquent le nombre de la population selon les estimations les plus récentes en notre possession.

AFGHANISTAN (20 millions)

La population est entièrement musulmane. La dernière province païenne a été convertie en 1890. Elle s'appelle désormais Nouristan, « pays de la lumière » au lieu de Kafiristan, « pays des impies ». Il subsisterait encore une tribu polythéiste, celle des Kalash.

Les musulmans afghans sont pour la plupart sunnites de rite hanéfite. On compte cependant près de 6 millions de chiites, parmi lesquels les Hazaras au centre du pays et quelques Ismaëliens, dans le Nord-Ouest.

Sous la monarchie, aucun missionnaire étranger n'était admis et la conversion d'un musulman a longtemps été passible de la peine de mort.

Pourtant jadis, l'Afghanistan a été longtemps partiellement bouddhiste et le christianisme a subsisté jusqu'au XIVe siècle.

Aujourd'hui, il est impossible de savoir quel est l'impact du régime marxiste d'inspiration soviétique sur l'Islam et sa pratique.

AFRIQUE DU SUD (33 millions)

La population se répartit en près de 20 millions de Noirs, 4,3 millions de Blancs, 2,6 millions de métis et 850 000 asiatiques, pour la plupart d'origine indienne[1].

Seulement 5 400 000 personnes déclarent avoir une religion non chrétienne. Parmi celles-ci, on compte :
— 520 000 hindouistes, tous Indiens
— 320 000 musulmans, pour moitié métis et pour moitié Indiens
— 120 000 Juifs de race blanche
— 23 000 baha'is
— 15 000 sikhs
— 4 300 000 Noirs qui pratiquent encore les religions tribales.

Le pourcentage d'animistes varie selon les ethnies, il atteint 30 % chez les Zoulous, dépasse 20 % chez les Swazis et les Xhosas et est inférieur à 10 % chez les Tswanas. La population de culture chrétienne se rattache à de nombreuses Eglises. Les plus importants groupes sont les suivants :

— L'Eglise Réformée Néerlandaise[2] et les autres petites Eglises réformées rassemblent près de 4 millions de membres. Parmi ceux-ci, la moitié est constituée de Blancs de langue afrikaans, dont des descendants de Français huguenots immigrés dès le XVIIe siècle. Les familles les plus connues se nomment du Plessis, Malherbe, Pinard, de Villiers, Malan etc.
— L'Eglise catholique compte 2 500 000 membres dont plus de 2 millions de Noirs et de métis...
— Les Méthodistes de Wesley sont près de 2 millions dont plus de 1 500 000 noirs et métis. Cette église a été implantée en 1816.
— Les Anglicans, presqu'aussi nombreux que les méthodistes, comptent près de 500 000 blancs, évidemment d'origine britannique[3].
— Les Luthériens, environ 800 000, sont presque tous noirs ou métis.
— Les Presbytériens dépassent 500 000 âmes, très majoritairement des Noirs.
Il s'ajoute à cette liste près de 3 millions de membres d'autres églises chrétiennes diverses dont 800 000 pentecôtistes, et surtout plus de 5 millions de fidèles d'églises indépendantes purement noires, qui sont au nombre de plusieurs centaines. L'une des plus importantes est la Zion Christian Church qui atteint 600 000 membres. Les Témoins de Jéhovah sont 34 000.
Indiquons que la première messe célébrée dans le pays l'a été en 1487, lors du passage du navigateur portugais Bartolomeu Dias.

Le tableau ci-dessous donne la répartition des citoyens d'Afrique du Sud entre les diverses religions selon l'appartenance ethnique :				
	Blancs	Noirs	Métis	Asiatiques
Églises réformées (NGK, GK, NHK)	49%	6,2%	28,8%	0,1%
Anglicans	10,7%	6,2%	15,7%	1,2%
Méthodistes	9,6%	11,1%	5,7%	0,4%
Catholiques	8,2%	8,8%	9,6%	2,3%
Presbytériens	3,1%	2,2%	0,4%	0,1%
Congrégationalistes	0,6%	1,2%	7,7%	—
Luthériens	1,1%	5,1%	4,7%	—
Autres dénominations protestantes	11,6%	10%	15,8%	4,4%
Églises africaines indépendantes	—	18,4%	2%	—
Juifs	3,1%	—	—	—
Musulmans	—	—	6,5%	20%
Hindouistes	—	—	—	68,3%
Animistes traditionnels	—	30,8%	—	—

ALBANIE (3 millions)

La république populaire d'Albanie se veut le « premier Etat athée du monde ». Mai 1990 a marqué un certain accomplissement. Il est impossible de savoir ce qui reste de l'Islam et du christianisme. En 1945, 73 % de la population était musulmane, 17 % orthodoxe et 10 % catholique. Historiquement, le Nord de l'Albanie est de tradition catholique et le Sud orthodoxe. Le centre, où ces deux religions se sont longtemps confrontées, a été largement islamisé à partir du XVIe siècle.

Rappelons que mère Thérésa de Calcutta est d'origine albanaise.

ALGERIE (23 millions)

La constitution déclare l'Islam « religion de l'Etat ». Le président de la République doit être de confession musulmane.

La quasi-totalité des Algériens est musulmane sunnite de rite malékite. La pratique religieuse est inégale, elle semble plus faible dans l'importante minorité Kabyle. Une petite minorité d'Algériens, les Mozabites, sont musulmans kharidjites, de la branche ibadite. Cette communauté regroupe plus d'une centaine de milliers de personnes dont 80 000 vivent au Sahara dans les oasis du M'zab, d'où ils tirent leur nom.

D'autres rares Algériens sont sunnites, de rite hanéfite, jadis introduit par les Turcs. Comme dans tout le Maghreb, il subsiste en Algérie des pratiques « obscurantistes » de culte rendu aux morts : la vénération des « marabouts », tombeaux des saints musulmans, fait partie de l'Islam algérien.

Il existe une communauté catholique d'environ 80 000 personnes dont 40 000 Français ; les autres sont Syro-Libanais, Africains etc. Ce sont pour la plupart des étrangers résidents en Algérie mais non citoyens algériens. Cependant les 200 prêtres de cette communauté ont généralement adopté la nationalité algérienne. C'est le cas des évêques et du premier cardinal algérien, d'origine française.

ALLEMAGNE (79 millions). Partie occidentale (ancienne RFA) (61 millions)

Les croyants allemands se partagent en deux grands courants d'importance semblable d'environ 26 millions de fidèles chacun : les Eglises Evangéliques et l'Eglise catholique. Le clergé protestant compte environ 17 000 pasteurs, en large majorité luthériens, parmi lesquels près de 2000 femmes. Les prêtres catholiques sont environ 13 000, auxquels s'ajoutent 3000 moines et 72 000 religieuses. La pratique est quatre fois plus forte chez les catholiques (35 %) que chez les protestants (8 %).

La communauté juive compte 30 000 membres avec 12 rabbins et 53 synagogues.

Les autres religions sont pratiquées par des travailleurs immigrés. On compte parmi eux :
— 300 000 orthodoxes issus de 10 Eglises différentes.
— 1 500 000 musulmans, surtout Turcs et Yougoslaves.

L'Allemagne partage avec le Danemark et quelques cantons suisses la curieuse particularité de l'impôt d'Eglise. Celui-ci est destiné à compenser la perte de revenus subie par les Eglises après la sécularisation de leurs biens fonciers en 1803. Il constitue une partie de l'impôt sur le revenu : il est donc prélevé par l'Etat. Il rapporte des sommes considérables, de l'ordre de 10 milliards de D.M., reversés à toutes les Eglises et associations non religieuses dont les statuts et les effectifs sont reconnus comme durables. Les Témoins de Jéhovah ne bénéficient cependant pas de cet impôt. Les Eglises de R.F.A. disposent ainsi de ressources considérables qui servent à leur fonctionnement mais aussi largement à l'aide au Tiers-Monde et au soutien des Eglises de R.D.A. Certains grands diocèses allemands disposent d'un budget supérieur à celui du Saint-Siège.

Partie orientale (ancienne RDA) (16 millions)

Parmi les pays de l'Est européen, la R.D.A. était le seul qui publiait des statistiques religieuses précises. La religion dominante est le protestantisme luthérien qui compte environ 7,7 millions de fidèles (35 % de la population) ; 10 % d'entre eux sont pratiquants. Le nombre des pasteurs luthériens est d'environ 4300. Il y a également une minorité catholique de près de 2 millions d'âmes (10 % de la population) ; 25 % d'entre eux sont pratiquants. Les catholiques comptent 5 évêques, 6 évêques auxiliaires, 1 600 prêtres et religieux. Il faut ajouter un nombre très réduit de représentants d'autres Eglises comme les Adventistes du Septième jour. Les Juifs ne sont que quelques centaines, sans rabbin depuis 1966. Le reste de la population est sans appartenance religieuse.

ANDORRE (45 000)

Tous les Andorrans sont de tradition catholique. La pratique religieuse a fortement baissé depuis un génération ; elle est du niveau de celle constatée chez les catholiques français. Rappelons que les deux viguiers (vicaires) d'Andorre, qui jouent conjointement le rôle de chef de l'Etat, sont le président de la république française et l'évêque d'Urgel (Espagne).

ANGLETERRE voir Grande-Bretagne

ANGOLA (8,6 millions)

L'Etat est laïc, de type marxiste mais 90 % de la population est chrétienne, dont 70 % de catholiques et 20 % de protestants. Ceux-ci sont majoritairement évangélistes. Il reste environ 700 000 Angolais qui pratiquent un animisme africain traditionnel, ils ne représentent plus que 9 % de la population alors qu'ils étaient 33 % en 1960 et 70 % en 1940.

On note la présence de quelques Eglises chrétiennes purement africaines dont le Kimbanguisme, originaire du Zaïre.

ANTIGUE ET BARBUDE (80 000)

La population est chrétienne à 97 %, dont 44,5 % d'anglicans, 41,6 % d'autres protestants et 10,2 % de catholiques. Le rastafarianisme, culte de Ras Tafari, nom du négus d'Ethiopie, récemment créé en Jamaïque, se développe rapidement chez les jeunes. C'est l'origine de la mode rasta.

ARABIE SEOUDITE (8 millions)

La totalité de la population purement séoudienne est musulmane. Les sunnites de rite hanbalite wahabite sont l'écrasante majorité. Il existe cependant quelque 300 000 chiites. L'Arabie est le pays de naissance de l'Islam et les deux villes saintes de Médine et la Mecque sont interdites aux non-musulmans ; c'est dans la seconde que s'effectue le pèlerinage du hajj, l'un des cinq piliers de l'Islam. Plus de deux millions de musulmans, dont 250 000 Séoudiens, y participent chaque année.

Parmi les travailleurs étrangers vivant en Arabie Séoudite, on compte des Américains, des Européens, des Pakistanais, des Indiens, des Bengalis, des Ceylanais, des Philippins, des Coréens et de nombreux ressortissants d'autres pays arabes, dont beaucoup de Palestiniens. Cette population composite et non permanente comprend, outre des musulmans, un nombre sensiblement égal de catholiques et de protestants, environ 300 000 au total. Les catholiques dépendent du Vicariat Apostolique d'Arabie qui couvre l'Arabie Séoudite, les Emirats et les Yemen. Près de 25 prêtres et trois fois plus de religieuses y travaillent dans des conditions difficiles.

L'intolérance wahabite atteint parfois l'étonnant : fin 1985, il a été interdit aux résidents étrangers de célébrer les fêtes de Noël et du Jour de l'An ; des membres de la police religieuse, la mattawa, ont patrouillé dans les restaurants des hôtels pour faire respecter cette décision.

ARGENTINE (31 millions)

La population est chrétienne à plus de 95 % dont 91 % de catholiques. Cependant, la pratique religieuse est faible : moins de 10 % des catholiques des grandes villes vont à la messe le dimanche.

L'Argentine compte plus de 1 500 000 Juifs, c'est la communauté la plus importante d'Amérique Latine et la quatrième du monde.

A noter l'existence de 100 000 catholiques uniates de rite ukrainien dont beaucoup ne pratiquent plus leur langue.

Comme dans tous les pays d'immigration, on trouve des représentants de croyances diverses: 11 000 bouddhistes, 7000 baha'is etc.
On estime à 20 000 les Amérindiens qui pratiquent encore des religions tribales, ils appartiennent aux ethnies chiriguano ou guarani.

AUSTRALIE (16 millions)

74 % de la population déclarent être de religion chrétienne, 1 % appartient à une religion non chrétienne — il s'agit principalement de Juifs — 12 % n'ont pas de religion et autant refusent de répondre.
Les chrétiens se répartissent ainsi:
— catholiques 26 %
— anglicans 24 %
— méthodistes 10 %
— presbytériens 9 %
— orthodoxes 3 %
— baptistes 2 %
— luthériens
En outre, on dénombre en Australie près de 30 dénominations religieuses différentes qui comprennent des musulmans, des bouddhistes, des baha'is etc.
L'immigration de populations d'origines variées renforce la position relative des catholiques.
On constate, comme en Europe, un déclin de la pratique religieuse mais aussi une meilleure entente entre les différentes confessions chrétiennes.
En ce qui concerne les 250 000 aborigènes, ils ont, pour la plupart, été touchés par les missions chrétiennes mais avec un succès limité: il leur est en effet difficile de se sentir pécheurs alors que leur initiation traditionnelle a fait d'eux des êtres sacrés.

AUTRICHE (7,7 millions)

La répartition de la population par religion est la suivante:
— catholiques 85 %
— protestants (principalement luthériens) 6 %
— autres religions 3 %
— sans religion 6 %
L'Eglise catholique comprend près de 4000 prêtres et plus de 10 000 religieuses.
Les protestants proviennent pour une large part de l'immigration d'Europe Centrale.

Les fidèles des autres religions comprennent:
— 9000 Juifs, alors que la communauté comptait 200 000 membres en 1938.
— 45 000 musulmans, Turcs ou Yougoslaves.
— un millier de bouddhistes. C'est à Salzbourg que se trouve le centre bouddhiste pour les pays germanophones.

BAHAMAS (250 000)

La population de cet archipel, membre du Commonwealth, est chrétienne à près de 95 %, dont 23 % d'anglicans, 29 % de baptistes et 20 % de protestants d'Eglises diverses et 22 % de catholiques.
3 % seulement de la population déclare ne pas avoir de religion et 1 % pratique la variante locale du vaudou.
On note la présence d'une petite communauté juive de 600 personnes et de quelque 400 bahaïs.

BAHREIN (400 000)

La population purement bahreini est en totalité musulmane. Les chiites en constituent près des deux tiers et les sunnites l'autre tiers.
Parmi les Indiens immigrés, on compte plus de 3 000 hindouistes.

BANGLADESH (105 millions)

L'Islam, introduit vers le XIIe siècle, est religion d'Etat, bien que de 1972 à 1975 la Constitution ait été de type laïc.
La population est musulmane sunnite de rite hanéfite à plus de 85 %. On compte aussi plus de 12 % d'hindouistes, 170 000 catholiques répartis en quatre diocèses et presque autant de protestants, principalement baptistes.
Parmi les minoritaires, on compte de rares musulmans chiites, descendants d'Iraniens, environ 70 000 Ahmadis, et 90 000 pratiquants des religions tribales, notamment près de Chittagong. Les bouddhistes sont à peine plus nombreux que les chrétiens et, eux aussi, membres de minorités.

BARBADE (260 000)

Toute la population est de culture chrétienne, 62 % se déclarent membres d'une Eglise. Parmi ceux-ci, les Anglicans sont

70 %, les protestants d'autres dénominations sont principalement méthodistes (9 %), pentecôtistes (4 %) ou hussites et les catholiques ne sont que 4 %.

BELGIQUE (10 millions)

La révolution belge de 1830, qui aboutit à l'indépendance, s'est faite en bonne part pour des raisons religieuses, contre le roi calviniste Guillaume 1er de Hollande. Aussi la Belgique est-elle encore aujourd'hui catholique à 90 %, même si la pratique religieuse est très inégale. La participation à la messe du dimanche, comme dans beaucoup d'autres pays d'Europe occidentale, est souvent inférieure à 25 %. Elle est en général supérieure dans la communauté flamande, majoritaire, que chez les Wallons.

Il y a moins de 100 000 protestants, y compris les étrangers résidents, et 40 000 Juifs.

Parmi les nombreux immigrés vivant en Belgique, on compte plus de 100 000 musulmans, surtout Marocains et Turcs, 60 000 orthodoxes et près de 4000 bouddhistes.

BELIZE (170 000)

80 % de la population de l'ancien Honduras britannique est de tradition chrétienne, dont la moitié est pratiquante.

Les catholiques sont environ 100 000. On trouve aussi près de 15 000 anglicans et autant de protestants, méthodistes et mennonites.

Les pratiques chamanistes indiennes ont pratiquement disparu. La communauté bahaïe atteint 4000 membres.

BENIN (4,5 millions)

La république du Bénin, d'inspiration marxiste jusqu'à une date récente, tolère sans graves problèmes la vie religieuse intense et variée de la population. 60 % des Béninois pratiquent encore des religions africaines. L'ancien nom du pays, Dahomey, signifie en langue fon « dans le ventre de Dan », l'un des dieux locaux. Rappelons également que le vaudou est originaire du Bénin.

Il y a en outre près d'un million de chrétiens, à plus de 80 % catholiques, les autres étant soit protestants soit membres d'églises locales.

Les musulmans représentent environ 15 % de la population, ils sont du Nord du pays ou appartiennent à l'ethnie Yoruba.

Beaucoup de Béninois partagent simultanément leurs convictions entre plusieurs religions, Islam, animisme et même christianisme.

A noter une communauté bahaïe de plus de 5000 membres.

BHOUTAN (1,4 millions)

Ce royaume tibétain, indépendant depuis 1971, a le bouddhisme lamaïste pour religion officielle. C'est la secte de Drukpa, dite des chapeaux rouges, qui est dominante.

Les bouddhistes représentent 70 % de la population, leur culte est teinté de chamanisme « Bon ». On compte environ 6000 moines.

Dans le Sud du pays, on trouve des hindouistes d'origine népalie ou assamaise. Ils représentent 25 % de la population. Il y a en outre 5 % de musulmans d'origine indienne.

Le Bhoutan interdit toute activité missionnaire étrangère.

BIRMANIE (40 millions)

La population est bouddhiste à plus de 87 %. On compte 800 000 bonzes dont 100 000 permanents. Depuis 1962, le bouddhisme n'est plus religion d'Etat : toutes les religions sont également respectées ; toutefois, en 1966, le gouvernement a expulsé tous les prêtres et pasteurs étrangers.

La Birmanie est une mosaïque d'ethnies dont les situations religieuses sont très diverses. 99 % des Birmans d'ethnie birmane ainsi que des Mons et Palaungs sont bouddhistes.

Les Chrétiens sont près de 2 millions et en croissance continue. Les 3/4 d'entre eux sont protestants, souvent baptistes mais aussi luthériens et méthodistes. Les catholiques sont près de 400 000. Certains appartiennent à la communauté des Bayingyi, descendants de métis portugais ;

Les religions pratiquées dasn les différents pays du monde

la plupart des autres appartiennent à l'une des ethnies Karen, Kachin, Chin, Shan ou Kaw.

On trouve aussi 4 % de musulmans, surtout dans l'ethnie Arakan, à la frontière du Bangladesh.

Certains montagnards pratiquent encore des religions tribales de type animiste. Les « Nat », qui sont des divinités locales, sont encore largement honorés par les bouddhistes dans un culte syncrétique typiquement birman, ce qui est contraire aux principes du bouddhisme théravada.

Moins de 1 % de la population, d'origine indienne, est hindouiste.

Les athées et les personnes qui se déclarent sans religion ne totalisent pas 0,5 % de la population.

BOLIVIE (6,7 millions)

Le pays le plus indien d'Amérique latine est, d'après les statistiques, catholique à 92 %. Cependant, il s'agit le plus souvent d'un mélange du catholicisme espagnol le plus traditionnel et d'animisme de l'époque Inca.

L'assistance à la messe ne dépasse pas 10 % chaque semaine mais les grandes fêtes sont suivies par 75 % de la population. Le nombre des prêtres boliviens est faible, moins de 20 % du clergé, marque d'un christianisme encore superficiel.

Certains Aymaras et beaucoup d'Indiens d'Amazonie sont toujours purement animistes ; on les évalue à 70 000.

Les protestants sont environ 250 000, dont 50 000 adventistes.

On constate depuis une vingtaine d'années un succès fulgurant de la foi bahaïe, la fe bajay en espagnol, auprès des Indiens des Hauts-Plateaux. Ils sont déjà 160 000 et il y a plusieurs milliers de conversions par an.

BOTSWANA (1,3 million)

La population est encore pour plus de 50 % animiste. Les 40 000 Boshimen le sont presque tous.

Les autres Botswanais sont chrétiens : on compte 25 % de protestants, surtout congrégationnalistes et méthodistes, 10 % de fidèles d'Eglises locales et 8 % de catholiques.

Il existe aussi une communauté bahaïe de 4600 membres.

BRESIL (140 millions)

95 % des Brésiliens se déclarent chrétiens, dont 88 % de catholiques, 4 % de protestants et un peu plus de 2 % de membres d'Eglises indépendantes diverses (il en existerait 185, en majorité d'inspiration pentecôtiste).

Le catholicisme brésilien, malgré son importance numérique, ses 4 cardinaux et ses 200 évêques, manque de prêtres. Il est resté longtemps assez formaliste et mal intégré dans les couches populaires. C'est pourquoi celles-ci pratiquent aussi des cultes animistes, fétichistes ou spiritistes qui ajoutent aux rites extérieurs du catholicisme des cérémonies où la magie, les transes et la possession jouent un rôle central. Parmi ces différents cultes, les plus connus sont le macumba et sa variante de Bahia, la candomblé, que nous avons évoqués dans le chapitre sur l'animisme. Plus récent, l'umbanda prend un essor très rapide dans les couches populaires de toutes races ; cette nouvelle « religion » purement brésilienne provoque des transes collectives à l'initiative de médiums, hommes ou femmes.

Il faudrait citer bien d'autres cultes de ce type (catimbo dans le Nordeste, pagelança en Amazonie etc.)

Le nombre de pratiquants de ces religions syncrétistes ou animistes ne peut être connu avec précision ; on l'évalue à près de 20 millions de Brésiliens, le plus souvent recensés aussi comme chrétiens.

Face à ces pratiques qui témoignent d'une religiosité débordante, l'Eglise catholique s'est rapprochée depuis quelques décennies des aspirations populaires, ce qui l'a conduit à jouer un rôle très actif dans le combat social des paysans sans terre contre les grands propriétaires terriens. Elle a constitué des « communautés de base » où solidarité et ferveur donnent une vigueur nouvelle au catholicisme. Rappelons que l'un des « théologiens de la libération » les plus connus, le père Boff, est brésilien.

Pour compléter ces quelques indications sur la situation religieuse brésilienne, signalons l'existence d'une importante minorité juive (0,2 % de la population) et de fidèles de nombreuses autres religions, surtout parmi les immigrants de fraîche date.

La minorité d'origine japonaise, établie au Brésil depuis plusieurs générations, compte près d'un million de membres dont plus de 60 % sont devenus catholiques.

BRUNEI (230 000)

L'Islam est la religion officielle de cet émirat asiatique du pétrole. La quasi-totalité des sujets du sultan est musulmane, aussi bien les Malais que les aborigènes.

Cependant, il existe une importante minorité chinoise de près de 30 % de la population qui n'a pas la citoyenneté de Bruneï et a conservé le passeport britannique ; ses membres pratiquent le bouddhisme mahayana, le taoïsme et le culte des ancêtres ; certains d'entre eux sont catholiques.

Au total, les chrétiens, Chinois ou résidents de passage, sont 6 % de la population dont 3 % de catholiques, 2 % d'anglicans et 1 % d'autres protestants.

BULGARIE (9 millions)

Le régime marxiste reconnaissait jusqu'aux événements de 1989, comme en U.R.S.S., la liberté de pratiquer une religion et celle de propagande anti-religieuse. En fait, si les religions étaient toutes considérées comme des survivances du passé destinées à disparaître, le catholicisme et l'Islam étaient plus spécialement attaqués à cause de leurs liens avec l'étranger : le monde occidental pour le premier et la Turquie pour le second.

Il reste environ 800 000 musulmans, tous sunnites de rite hanéfite, 600 000 sont d'origine turque[4], 150 000 sont des Bulgares islamisés, dits Pomaks, les autres sont Tatars ou Tsiganes.

Les catholiques, descendants de bogomils convertis au XVIIe siècle, ne sont que 60 000 de rite latin et 10 000 de rite byzantin. Les protestants sont encore moins nombreux.

La religion de très loin la plus importante est l'orthodoxie à laquelle se rattachent encore par tradition les deux tiers des Bulgares, bien que la pratique religieuse ne concerne plus qu'environ 25 % de la population.

L'orthodoxie a toujours été relativement ménagée par le pouvoir. Celui-ci lui accorde des propriétés terriennes, lui alloue quelques subsides et donne un traitement aux prêtres et aux évêques.

BURKINA-FASO, ex Haute-Volta (8 millions)

On compte 53 % d'animistes, 36 % de musulmans et 11 % de catholiques. L'Islam progresse rapidement. Les musulmans se rattachent généralement à une confrérie (Tidjaniya pour 45 %, Qadiriya 22 % et Hamaliya 12 %). Ils sont tous sunnites et malékites. Le Mogho-Naba, chef traditionnel de l'ethnie des Mossi, la plus importante avec 38 % de la population, est musulman, alors que son peuple a résisté à l'islamisation jusqu'en 1950. La capitale, Ouagadougou, est musulmane à 60 %.

Les chrétiens, pour la plupart catholiques, sont aussi en progression, mais plus lente. Il y a plus d'une centaine de prêtres voltaïques, ou plutôt burkinabe, dont un cardinal, et plus de 300 religieuses, sans compter un nombre au moins égal de religieuses missionnaires étrangères.

L'animisme reste encore vigoureux chez certaines ethnies comme les Lobis (95 % d'entre eux), les Bobos (60 %) ou les Samos (70 %).

BURUNDI (5,5 millions)

Les catholiques représentent 65 % de la population, les protestants 10 %, les animistes 23 % et les musulmans 1,5 %.

L'introduction du christianisme ne date que d'un siècle. Le nombre des catholiques est passé de 250 000 en 1937 à 500 000 en 1950. Le recrutement sacerdotal est élevé : on compte une centaine de séminaristes pour 150 prêtres du pays en activité.

La république du Burundi est laïque. Deux cents missionnaires étrangers ont été expulsés du pays entre 1972 et 1982. La situation de l'Eglise s'est normalisée après le coup d'état de 1987.

Les religions pratiquées dasn les différents pays du monde 591

CAMBODGE (7,3 millions)

Le régime des Khmers rouges a profondément traumatisé le pays en massacrant plusieurs millions de ses citoyens, dont la plupart des élites.

Seule la situation religieuse d'avant 1970 est bien connue. A cette époque, l'écrasante majorité des Khmers était de tradition bouddhiste Théravada et l'on comptait 60 000 bonzes. Les musulmans, appartenant tous à l'ethnie Cham, étaient 250 000 et les catholiques 60 000 également. Cependant, parmi ces derniers il n'y avait que 3 000 Khmers, les autres étaient d'origine vietnamienne ou exceptionnellement chinoise. Il existait aussi une petite communauté protestante, notamment à Battambang.

Le renversement des Khmers rouges par les Vietnamiens a stoppé les tueries mais ne s'est pas traduit par une reprise appréciable de la pratique religieuse, nullement souhaitée par le gouvernement. La situation est devenue récemment encore plus confuse.

CAMEROUN (10 millions)

La situation religieuse est moins complexe que la situation linguistique mais on constate également un certain clivage Nord-Sud.

Le Nord, moins peuplé, est à moitié islamisé. Deux ethnies, les Peuls, qui sont 10 % de la population, et les Bamouns sont totalement musulmanes. Au total, l'Islam, sunnite et de rite malékite, touche 22 % des Camerounais. Il existe deux confréries : celle des Tidjanes, dont le centre est à Yola en Nigeria, et la Qadiriya, dont le centre est à Garoua au Nord-Cameroun.

Le reste de la population du Nord, qui se répartit en nombreuses ethnies désignées par les musulmans sous le nom général de kirdis, « païens », conserve les religions animistes traditionnelles, malgré la compétition entre missionnaires musulmans et chrétiens. L'avantage tourne plutôt au profit des derniers et l'on a même constaté, fait assez rare, l'abandon de l'Islam par certains convertis.

Le Sud-Cameroun et majoritairement chrétien. La capitale, Yaoundé, est chrétienne à 80 %. Le Cameroun comprend désormais une majorité de chrétiens dont près de 30 % de catholiques, 18 % de protestants et 2 % de membres d'Eglises marginales diverses. L'Eglise catholique compte 17 évêques dont 4 étrangers, près de 1000 prêtres, 1300 religieuses et 9000 catéchistes.

Il reste aussi des animistes dans le Sud, mais souvent en voie d'assimilation par le christianisme. C'est le cas des Bamilékés par exemple, groupe d'ethnies renommées pour leur sens commercial, qui vouent un culte particulier aux crânes de leurs défunts. Au total, les animistes purs représentent presqu'autant que les musulmans et un peu plus que les protestants, dépassant 20 % de la population.

A noter qu'au Cameroun les religions doivent être reconnues par l'Etat, ce qui n'est pas le cas des Témoins de Jéhovah.

CANADA (25,5 millions)

Dans ce pays de très forte immigration, on rencontre des fidèles de presque toutes les religions. La communauté la plus importante est l'Eglise catholique qui compte 47 % de la population, dont la quasi-totalité des Canadiens d'origine française (28 % de la population) et des Ukrainiens uniates.

La pratique religieuse des catholiques est fortement en baisse : 87 % allaient à la messe le dimanche en 1957, contre près de 40 % actuellement. L'Eglise reste cependant puissante et riche. Elle contribue largement aux missions à l'étranger, puisque plus de 4000 prêtres canadiens servent dans des pays divers (40 % d'entre eux en Afrique, 37 % en Amérique Latine, 20 % en Asie et 4 % en Océanie).

Les chrétiens non catholiques sont anglicans pour 11 % de la population, membres de l'Eglise Unie du Canada pour 17,5 % (cette Eglise créée en 1925 regroupe les méthodistes, les congrégationalistes et une partie des presbytériens), ou encore luthériens, baptistes ou presbytériens non unifiés (3,5 % pour chaque groupe).

Il s'y ajoute 2,8 % d'orthodoxes de toutes provenances, slaves ou arabes surtout,

50 000 mormons, 80 000 Témoins de Jéhovah etc.
La communauté juive représente 1,3 % de la population.
Les Amérindiens qui pratiquent encore un animisme tribal sont environ 10 000. D'autres se sont convertis à la foi baha'ie qui compte 40 000 fidèles.
Les Canadiens qui se déclarent sans religion ou athées sont à peine plus de 6 %.
Les résidents étrangers et les immigrés récents viennent ajouter à la variété des religions. Il y a 156 000 musulmans, 45 000 hindouistes, dont beaucoup d'Indiens expulsés d'Ouganda il y a quelques années, des bouddhistes chinois, 2500 membres du Nichiren Shoshu, nouvelle religion japonaise, et 1200 rastafariens...

CAP-VERT (350 000)

Cet archipel jadis portugais est catholique à plus de 90 %. L'Eglise est implantée depuis le XVIe siècle. La pratique religieuse est décroissante depuis quelques années. La majorité du clergé (33 prêtres et religieux sur 45) est d'origine étrangère, en particulier de Goa, en Inde, également ancienne possession portugaise. Les protestants et assimilées dépassent à peine 1 % de la population. On compte notamment des adventistes du 7e jour.

CENTRE-AFRIQUE (3 millions)

La progression du christianisme a été particulièrement rapide au cours des dernières décennies. En 1909, le territoire ne comptait que 2000 chrétiens et ils approchent aujourd'hui le million. L'animisme qui constituait la religion traditionnelle n'est plus pratiqué en tant que tel. Il en reste des traces culturelles vivaces, même chez les convertis au christianisme.
L'Islam est la religion des commerçants étrangers mais il commence à pénétrer la population locale.
En pourcentage, on compte sensiblement 20 % de baptisés catholiques, 15 % de protestants, souvent baptistes ou évangélistes, ainsi que 4 % de musulmans. Les Eglises locales, dont le Kimbanguisme, représentent moins de 1 % des croyants. Quant au reste, soit environ 60 % des Centrafricains, on peut les considérer comme animistes, sous les réserves exprimées plus haut.
L'Eglise catholique est encore une Eglise de mission : un seul évêque sur six est centrafricain et 55 prêtres sont autochtones sur un total de près de 250. Le recrutement sacerdotal est satisfaisant puisqu'il y a environ 70 grands séminaristes en formation.

CEYLAN voir Sri Lanka

CHILI (11,5 millions)

Plus de 92 % des Chiliens sont nominalement chrétiens, dont 82 % catholiques. Les Pentecôtistes constituent une importante minorité de 8 % du total. Les autres Eglises protestantes représentent 1,5 % parmi lesquels les Adventistes du 7e jour et près de 25 000 Témoins de Jéhovah.
Les Amérindiens, Quechuas et Aymaras au Nord, Mapuche au Sud, pratiquent un christianisme fortement teinté par les cultes animstes antérieurs. Certains Mapuche, environ 100 000 sur 350 000, sont encore purement animistes. Leur culte polythéiste honore le soleil et la lune aussi bien que les ancêtres.
Les Chiliens qui se déclarent athées ou sans religion n'atteignent pas 7 % de la population. On compte également près de 10 000 Juifs et presqu'autant de Baha'is.

CHINE (1 050 millions)

La République Populaire de Chine reste un pays marxiste-léniniste athée.
La constitution de 1982 garantit le droit aux citoyens de croire ou de ne pas croire et déclare que la religion ne peut être sous le contrôle de l'étranger. C'est pourquoi le gouvernement chinois ne supporte pas la fidélité des catholiques au Saint-Siège. Cependant, ceux-ci ne représentent, au plus, que 0,5 % de la population, c'est-à-dire de 3 à 5 millions de personnes.
Les protestants sont sensiblement aussi nombreux. Environ 400 temples sont en service et un séminaire protestant a été rouvert en 1986 à Canton (34 séminaristes).
Les musulmans sont près de 20 millions. Ils sont sunnites et appartiennent à deux communautés très différentes : les uns sont de race ouïgoure, c'est-à-dire apparentée aux Turcs, et les autres sont des

Les religions pratiquées dans les différents pays du monde 593

Chinois convertis. On les appelle Hui (prononcer Khoueî).

Il subsiste dans les montagnes du Sud de la Chine, au Yunnan et au Guangxi, des minorités dont la religion est un animisme tribal. On évalue leurs membres à 800 000.

Chrétiens, musulmans, animistes ne constituent que d'infimes minorités religieuses. La grande majorité des Chinois a-t-elle encore une religion ?

Les bouddhistes du Grand Véhicule (Mahayana) ne sont pas non plus très nombreux : ils sont estimés à près de 100 millions et comprennent 5 millions de Tibétains qui pratiquent le lamaïsme tantrique.

Traditionnellement, avant la révolution, la masse des Chinois avait pour religion un mélange de confucianisme, de culte des ancêtres et de taoïsme, à quoi s'ajoutait un peu de bouddhisme[5]. Ce type de religion mixte semble devoir concerner encore 20 % des Chinois, au plus, la plupart très âgés. Il faut ajouter que cela n'implique pas une pratique religieuse quelconque de leur part.

Aujourd'hui la grande majorité des Chinois, plus des 3/4, n'a aucune religion ou n'en a même jamais entendu parler. Dans ces conditions, la notion d'athéisme militant n'a guère de sens puisqu'il n'y a plus guère de religions à combattre. Tout au moins peut-on dire que les membres du parti communiste sont officiellement athées. D'autres déclareraient l'être si la question leur était posée.

Récemment le gouvernement a autorisé la réouverture de plus de 200 temples taoïstes, desservis par plus de 2 600 prêtres.

En résumé, une évaluation de la situation religieuse chinoise pourrait être la suivante:

— sans religion . . . . . .   60 %
— religion traditionnelle . .   20 %
— athées militants . . . . .   5 %
— bouddhistes . . . .   9 %
— musulmans . . . .   1,5 %
— chrétiens . . . .   0,9 %

Les membres du Parti Communiste Chinois sont 46 millions, soit 4,6 % de la population.

Malgré l'importance minime du christianisme en Chine, il est intéressant de donner quelques informations sur l'Eglise catholique chinoise, généralement très méconnue.

Les premiers contacts chrétiens avec la Chine remontent à 635 ap. J.-C. quand les missionnaires nestoriens parvinrent à la cour du Céleste Empire. Le premier missionnaire catholique se manifesta en 1294 mais ce furent les jésuites dirigés par le père Ricci qui, au XVIe siècle, furent à deux doigts de convertir l'Empereur. L'échec est dû à des rivalités romaines qui prirent ombrage de la largeur d'esprit de ce personnage d'exception.

Il existait cependant depuis cette époque une Eglise très vivante mais de style traditionnel et quelque peu colonial. La révolution maoïste de 1949 balaya cette Eglise, expulsa les missionnaires et emprisonna de nombreux prêtres et religieuses.

En 1957, devant la persistance de la foi, le gouvernement crée une Association Patriotique des catholiques, destinée à s'assurer que les catholiques soient de bons citoyens ; il exige que les évêques soient élus par les prêtres et fassent serment de rupture avec le pape. Le clergé qui s'oppose ouvertement à cette mesure est emprisonné. L'Eglise s'est alors enfoncée dans une semi-clandestinité.

Après la mort de Mao en 1976, le gouvernement a restitué à l'Association Patriotique des immeubles dont les loyers lui assurent des ressources, complétées par des subsides des Affaires Religieuses. Les premières églises ont été rouvertes à l'Assomption de 1978 et en 1984 trois cents églises et lieux de culte étaient en activité. Il subsiste encore 500 à 600 prêtres chinois, généralement très âgés. On compte cependant 300 séminaristes. Les catholiques disposent d'un siège à l'Assemblée Nationale au titre de la représentation des minorités. Les chrétiens, traumatisés par leurs épreuves passées, revivent leur foi et s'organisent, mais ils ont perdu contact avec l'évolution du monde catholique après le concile de Vatican II ; la liturgie se fait encore en latin car l'impression de nouveaux textes en chinois serait longue et coûteuse. Les prêtres et les fidèles sont souvent pleins de scrupules sur la régularité de leur situation vis-à-vis de Rome qui avait en effet condamné l'Association Patriotique et interdit la participation aux activités communistes. Beaucoup de chrétiens ont été contraints, pour de simples raisons de survie, à transgresser cette interdiction qui n'aurait peut-être pas été formulée avec tant de netteté si l'on avait mieux perçu dans quelle situation elle mettait les fidèles. Le lancinant problème que pose la reconnaissance par le Saint-Siège du gouvernement de Taïwan et non de celui de Pékin rend aléatoire la situation des catholiques chinois. En 1990, des évêques catholiques ont été à nouveau emprisonnés.

Il subsiste quelques milliers de Juifs chinois, reste d'une communauté implantée dans le Henan au IIIe siècle av. J.-C. Celle-ci comptait près de 30 000 âmes avant la révolution. Une partie a émigré en Israël en 1957.

CHYPRE (700 000)

La communauté grecque représente 70 % de la population ; elle est de religion orthodoxe. Les Turcs sont environ 30 % et musulmans. Il existe une petite minorité maronite, donc catholique, de 5 000 personnes établie dans l'île en deux vagues, au VIe et au XIIe siècles. Deux mille arméniens généralement orthodoxes se sont réfugiés à Chypre en 1923 au moment des massacres de Turquie. On trouve enfin près de 600 catholiques latins, d'origine anglaise ou irlandaise.

COLOMBIE (3,8 millions)

Plus de 96 % de la population est catholique. Il s'y ajoute moins de 1 % de protestants et 1 % de pratiquants de religions indiennes animistes.
L'église catholique colombienne a la réputation d'être la plus conservatrice d'Amérique latine. Elle n'a que peu de prêtres. Le premier prêtre d'origine purement indienne a été ordonné en 1973.
On compte environ 10 000 Juifs d'origine étrangère qui se sont établis après la deuxième guerre mondiale.

COMORES (450 000)

Toute la population est musulmane sunnite de rite chaféite. L'archipel compte près de 800 mosquées.
Les quelques rares chrétiens, 0,2 % des résidents, sont d'origine étrangère ; ils se partagent pour moitié entre catholiques et protestants.

CONGO, République populaire, capitale Brazzaville (2,2 millions)

Les animistes qui constituaient 97 % de la population en 1900 n'étaient plus que 11 % en 1960 et sont moins de 5 % aujourd'hui.
Les Congolais se rattachent pour 93 % au christianisme et se répartissent en 54 % de catholiques, 25 % de protestants et 14 % de fidèles d'Eglises locales. Parmi ceux-ci, on compte environ 30 000 Kimbanguistes et autant de membres du mouvement Croix-Koma, généralement catholiques, qui prêchent l'abandon des fétiches et de la sorcellerie. L'Eglise Matsouaniste, syncrétisme adorant Nzambi ya Bougie, le Dieu de la Bougie, a rassemblé jusqu'à 8 % de la population dans les années 1960 mais est en voie de disparition.
A noter la présence de la nouvelle religion japonaise, le Tenri-Kyo, qui a ouvert en 1966 un centre orienté vers les œuvres sociales et les dispensaires ; il compte environ 200 membres.
Les musulmans sont dans leur quasi-totalité, des immigrés, ils ne représentent que 0,5 % de la population.
Rappelons enfin que le premier président de la République après l'indépendance était un prêtre, l'abbé Fulbert Youlou ; il est resté célèbre pour les couleurs très variées de ses soutanes.

CORÉE, République Démocratique Populaire, dite Corée du Nord (22 millions)

Le nom officiel du pays est Chosun, généralement traduit par « Matin calme ». Ce pays est avec la Mongolie et l'Albanie l'un des plus hostiles aux religions. La pratique est difficilement tolérée. Officiellement, il existe 114 000 croyants déclarés : 10 000 protestants, majoritairement évangélistes, dont 15 pasteurs ; un millier de catholiques (la plupart ont fui en Corée du Sud pendant la guerre de Corée) et 600 bouddhistes. On peut penser que de nombreux croyants sont clandestins. Il subsisterait 60 lieux de culte sur l'ensemble du territoire, contre 500 avant la guerre, dont un seul dans la capitale. Tous les temples bouddhistes auraient été fermés.

15 % de la population pratiquerait encore des rites chamanistes, surtout dans les zones rurales du Nord du pays.

Deux millions de personnes, soit 11 % de la population conserverait, clandestinement des convictions du culte chondogyo, religion nationaliste qui reprend des valeurs du bouddhisme, du confucianisme et du taoïsme.

On estime cependant que les athées militants ne sont pas plus de 16 % et les personnes sans attache religieuse 52 %.

CORÉE — République de Corée, Corée du Sud (43 millions)

La constitution garantit une complète liberté aux religions et le gouvernement leur apporte soutien et encouragement.

Les trois principaux cultes sont le bouddhisme, avec environ 12 millions de pratiquants, le christianisme (8 millions de protestants et 1,9 million de catholiques) et le confucianisme qui recense un peu moins de 5 millions d'adeptes.

Le Bouddhisme est celui du Grand Véhicule, introduit vers 372 ap. J.-C. Il comporte en Corée 18 tendances différentes. Il y a au total 1912 temples, plus de 19 000 bonzes et bonzesses. Le jour de la naissance de Bouddha, le 8e jour du 4e mois lunaire, est férié.

Le catholicisme a été introduit au XVIIe siècle, non par les missionnaires étrangers, mais par des Coréens qui revenaient de Chine. Il a été fortement persécuté jusqu'en 1882, date à laquelle un traité a été signé avec les Etats-Unis, suivi par d'autres traités avec les principales puissances occidentales. Il compte aujourd'hui 14 diocèses, 18 évêques, 1100 prêtres et 3700 religieuses originaires du pays.

Le catholicisme, comme le protestantisme, est en expansion rapide. Le nombre des catholiques, qui n'atteignait pas un million en 1973, a doublé en 12 ans. Les quatre séminaires comptent mille séminaristes. Les cours de religion par correspondance sont encombrés et, en 1981, année de « l'évangélisation du voisin », on a compté plus de 100 000 conversions.

Le protestantisme est très diversifié mais les groupes les plus importants sont les presbytériens et les méthodistes.

Le confucianisme imprègne de façon diffuse toute la culture coréenne. Plus de 4 millions de Coréens se réfèrent explicitement à son culte. Il existe 231 temples confucianistes et un institut de recherches confucéennes où l'on célèbre les rites solennels du printemps et de l'automne. Le confucianisme a été introduit en Corée à la même période que le bouddhisme.

De nombreuses autres religions ou rites sont pratiqués en Corée, en particulier l'animisme chamaniste traditionnel dont les prêtresses, appelées mudang, interviennent auprès des esprits pour combattre les maladies et calamités.

Les Coréens n'éprouvent en général aucune difficulté à suivre simultanément plusieurs religions, ne voyant là aucune incompatibilité.

Parmi la vingtaine d'autres mouvements religieux existant en Corée, on peut en citer deux purement coréens, le chondogyo et le taejonggyo, fondés au XIXe siècle. Le premier, qui signifie « enseignement du Tao céleste », dépasse le million d'adeptes et se pratique surtout dans le Sud du pays. C'est un amalgame syncrétiste de bouddhisme, de taoïsme et de confucianisme qui prêche l'égalité et affirme que le paradis est déjà en l'homme. Le second, le taejonggyo, adore une trinité divine composée d'Hanonim, créateur de l'univers, de Hwanung maître du ciel, et de Tangun, fondateur mythique de la Corée. Il convient de mentionner également, parmi les dérivés des religions importantes, l'Association pour l'unification du christianisme mondial, dont le fondateur est le Coréen Moon. Elle compterait 400 000 membres en Corée.

Même l'Islam est représenté en Corée : il existe entre douze et vingt mille musulmans dont l'origine remonte à la présence d'un bataillon turc lors de la guerre de Corée en 1950-1953.

COSTA-RICA (2,7 millions)

Le catholicisme est en fait, religion d'Etat, mais il est interdit aux prêtres de mener une action politique en se fondant sur des motivations religieuses.
Le catholicisme est enseigné dans les écoles publiques.
98 % des Costa-Ricains se déclarent chrétiens, dont 93 % catholiques et 5 % protestants.
Certains Amérindiens catholiques ont gardé des pratiques des religions antérieures, mais il n'y a plus que quelques très rares Indiens purement animistes.
A peine 1 % des Costa-Ricains se déclarent athées ou sans religion. Le 1 % restant comprend 8 000 baha'is, 5 000 Chinois et 2 000 Juifs.

CÔTE D'IVOIRE (11,3 millions)

La majorité de la population — environ 60 % — pratique des cultes animistes traditionnels. Ceux-ci sont particulièrement vivants dans les parties Centre et Sud-Ouest du pays.
Les musulmans (23 %) sont au nombre d'environ 2,5 millions. On les trouve principalement au Nord-Ouest. Ils appartiennent surtout aux ethnies Malinké et Dioula.
Les chrétiens (17 %) sont près de 1,5 million. Parmi ceux-ci, il faut signaler une religion locale d'inspiration méthodiste fondée en 1912, le Harrisme, et une autre, plus récente encore, celle de Boto Adaï, dans la région de Grand-Bassam. Les protestants sont au total près de 200 000, la plupart dans la capitale Abidjan. Les catholiques (12 % de la population), répartis en 8 diocèses, sont plus d'un million surtout dans la partie forestière et Sud-Est du pays. Ils sont nombreux dans les ethnies Agni, Bete et Baoulé.
L'Islam et le christianisme s'étendent aux dépens de l'animisme. Ils sont désormais en compétition dans des ethnies jadis purement animistes comme les Senoufos, près du Burkina-Faso.
La république de Côte d'Ivoire reconnaît quatre religions : catholicisme protestantisme, Islam et harrisme.

CUBA (10,2 millions)

Bien avant l'instauration du régime de Fidel Castro, Cuba était le pays d'Amérique latine où la pratique religieuse était la plus faible. La constitution de type marxiste-léniniste tolère la liberté de religion mais il est illégal d'organiser des activités religieuses, même des prières privées.
Le catholicisme rassemble la grande majorité des croyants. On compte 7 diocèses et 210 prêtres pour près de 4 millions de catholiques, soit 40 % de la population. Il y a environ 3 % de protestants. La pratique religieuse ne touche qu'à peine 1 % des chrétiens, mais on constate un certain renouveau de l'église qui devient plus populaire malgré le départ de nombreux prêtres au moment de la révolution castriste — il y en avait 723 en 1960 —. Ainsi, le pèlerinage de San Lazaro en 1982 a rassemblé environ 200 000 fidèles.

DANEMARK (5,3 millions)

Le christianisme s'est implanté aux IXe et Xe siècles. En 1536, le royaume est devenu entièrement luthérien au point que le catholicisme a été interdit de 1569 à 1648. Aujourd'hui, la population se déclare luthérienne à 95 %. Seuls 3,6 % des Danois se disent athées ou sans religion mais la pratique se situe, en fait, au même niveau que dans les autres pays d'Europe occidentale.
Les catholiques ne sont qu'environ 30 000 (0,6 % de la population). Les Juifs sont 7 000. Il existe en outre une quantité de cultes divers, en écrasante majorité pratiqués par des résidents étrangers ; en particulier, Copenhague est le centre du bouddhisme pour la Scandinavie. Le bouddhisme tibétain, lamaïste, y est spécialement actif.

DJIBOUTI (500 000)

La population autochtone, afar ou issa, est en quasi-totalité musulmane, sunnite de rite chaféite ou hanéfite.
Parmi les résidents, on compte des chrétiens qui représentent environ 5 % de la population. Outre des Français, ceux-ci comprennent aussi des Ethiopiens réfugiés, généralement coptes, et des Indiens.

Les religions pratiquées dans les différents pays du monde 597

DOMINIQUE (90 000)

La population de cette île située entre la Guadeloupe et la Martinique est entièrement chrétienne, dont 90 % de catholiques, près de 2 % d'anglicans et 8 % d'autres protestants, surtout méthodistes et adventistes.

RÉPUBLIQUE DOMINICAINE (6,7 millions)

La population est chrétienne à 98 % et à près de 97 % catholique. On évalue les évangélistes à 1,3 %, ce sont généralement des descendants de Noirs des Etats-Unis. Le gouvernement reconnaît le catholicisme comme « religion de la nation », ce qui lui confère des avantages de statut.
A noter la pratique du Vaudou, surtout chez les immigrés Haïtiens, et d'un autre syncrétisme local, le Liborisme, fondé en 1900 par un certain Liborio. Les sectateurs de ce culte très minoritaire sont le plus souvent aussi catholiques.

EGYPTE (51 millions)

Selon la tradition, c'est l'évangéliste Saint Marc qui a fondé en l'an 42 l'Eglise d'Alexandrie. Le nom grec d'Egypte, déformé, a donné le mot de copte par lequel on désigne encore aujourd'hui l'Eglise égyptienne.
Le christianisme a été pratiqué par toute la population jusqu'à l'arrivée de l'Islam, largement favorisée par les évêques qui espéraient ainsi faire contre-poids à l'influence de Byzance.
On peut donc dire qu'à l'exception de quelques Arabes et de Turcs, les Egyptiens sont des Coptes en très large majorité islamisés.
Aujourd'hui, les musulmans représentent 82 % des Egyptiens ; ils sont tous sunnites et se partagent entre les trois rites chaféite, malékite[6] et hanafite. Il ne reste rien du chiisme, religion de la dynastie fatimide qui a régné sur l'Egypte de 973 à 1171.
Il y a encore près de 15 % de chrétiens coptes, ce qui constitue la plus importante communauté non musulmane des pays de langue arabe.
Le christianisme copte est monophysite mais se rapproche de l'orthodoxie.

La cohabitation avec l'Islam connaît des hauts et des bas mais est en général satisfaisante quoiqu'une pression sociale diffuse favorise les musulmans. On compterait ainsi près de 7 000 conversions de Coptes par an à l'Islam pour des raisons diverses dont souvent le désir de faciliter une carrière ou d'obtenir un divorce. Ce chiffre est nettement inférieur à l'accroissement démographique de cette communauté d'environ 7 millions d'âmes, qui est de près de 150 000 personnes par an. En fait, les Coptes reprennent conscience de leur importance et leur Eglise connaît une très nette renaissance, notamment le monachisme qui a toujours été dans sa tradition.
Il existe aussi en Egypte une communauté de près de 100 000 protestants et autant de catholiques répartis en sept rites : copte catholique, le plus important, grec melkite, maronite, syriaque, arménien et romain.
Les Juifs, qui étaient 75 000 en 1950, ont émigré : il n'en reste plus que quelques centaines.
Les Baha'is, établis en Egypte depuis 1892 ont souvent été persécutés : ils sont environ 50 000.
Les Egyptiens qui se déclarent sans religion n'atteignent pas le chiffre de 200 000.

EMIRATS ARABES UNIS (1 800 000)

La population autochtone de la Fédération est totalement arabe et musulmane. Elle représente moins de la moitié de la population du pays. Elle est généralement sunnite de rite hanbalite. On trouve cependant des minorités chiites et sunnites d'autres rites. La Fédération est officiellement un Etat musulman et arabe dont les lois sont inspirées par la loi musulmane, la chari'a.
Tous les sujets et résidents sont égaux devant cette loi, mais, depuis 1975, toute action missionnaire non-musulmane est interdite.
Parmi les immigrés et résidents, d'origine indienne, pakistanaise, palestinienne, ceylanaise, philippine, coréenne, européenne, de nombreuses religions sont représentées mais elles sont rarement pratiquées. Il y a cependant une église anglicane à Abou-Dhabi.

EQUATEUR (10 millions)

La population est officiellement chrétienne à 98 %, dont plus de 96 % de catholiques et 1,7 % de protestants, principalement évangélistes.

Il y a un contraste entre le catholicisme des Indiens des Andes, très vivant mais fortement teinté de pratiques d'époque incaïque, et celui des populations côtières ou des classes moyennes, beaucoup plus formel et moins fervent.

Les religions animistes traditionnelles sont encore pratiquées par environ 50 000 Indiens d'Amazonie ou des terres basses de la côte.

La communauté bahaïe est forte de près de 30 000 âmes.

ESPAGNE (39 millions)

Moins de 1 500 000 Espagnols déclarent ne pas être catholiques. En 1492, l'année de la découverte de l'Amérique, la reine Isabelle la catholique prit un édit pour bannir les Juifs du royaume et instituer l'Inquisition, ce qui mit également hors la loi les protestants et les musulmans.

La loi instituant la liberté religieuse date de 1967 seulement et l'édit de bannissement des Juifs a été officiellement révoqué en 1968.

Bien qu'il n'y ait que 10 000 Juifs en Espagne de nos jours, c'est de ce pays qu'est issue la communauté sépharade, l'un des deux grands courants du judaïsme.

Les protestants considèrent que leurs divers courants totalisent environ 200 000 membres, dont certains sont encore comptés comme catholiques.

Les principaux groupes protestants sont les Evangélistes (Iglesias Evangélicas de Hermanos, dérivées des British Plymouth Brethren) et les Baptistes.

Les Témoins de Jéhovah sont près de 60 000. On trouve peu de musulmans, moins de 10 000. Les Baha'is sont 4 500.

En ce qui concerne la pratique religieuse, le vent de liberté qui a suivi la disparition du général Franco s'est traduit par une remise en question, notamment chez les jeunes, de ce qui était considéré comme une contrainte. La situation est encore en évolution rapide.

ETATS-UNIS D'AMÉRIQUE (246 millions)

Toutes les religions du monde ont des adeptes aux Etats-Unis. Une simple liste des mouvements religieux exigerait plusieurs pages puisqu'on compte près de 2 000 dénominations différentes. Il paraît donc plus utile de dégager quelques faits saillants :
— les chrétiens, au sens large, représentent 88 % de la population.
— les Américains qui se déclarent sans religion ne sont environ que 15 millions, un peu moins de 7 %.
— les Juifs sont légèrement moins de 3 % mais, en valeur absolue, ils constituent de loin la plus importante communauté juive du monde. Ils sont deux fois plus nombreux que les Juifs d'Israël.
— les musulmans représentent 0,8 % de la population ; ce chiffre inclut 800 000 « black Moslems » qui, après avoir été considérés longtemps comme secte non islamique, ont réintégré l'Islam sunnite en 1976.
— les autres Américains et résidents aux U.S.A. se partagent entre des religions diverses : il y a environ 500 000 hindouistes, 200 000 baha'is, 180 000 bouddhistes et même 60 000 adeptes de religions tribales, ces derniers parmi les Peaux-Rouges des réserves.

Cependant, l'importance des chrétiens mérite que l'on tente d'apporter des éclaircissements sur la composition de cet ensemble hétérogène.

Une distinction importante est à faire entre l'appartenance « sociologique » à la religion et l'affiliation effective à une Eglise, ce qui implique un minimum de pratique.

Selon ce critère, 139 millions d'américains seulement, soit 57 %, revendiquent leur appartenance à une religion.

Sur cette base :
— les catholiques sont 53 millions, soit 23 % des Américains et 1/3 des pratiquants[7].
— les protestants sont 76,4 millions, soit 34 % des Américains. Ce groupe est très ramifié et comprend le mouvement baptiste, lui-même diversifié, pour plus de la moitié, suivi par les méthodistes, environ 13 millions, les presbytériens et

les luthériens, avec environ 8 millions de fidèles pour chaque groupe. Les anglicans, appelés ici épiscopaliens, sont plus de 3 millions.
— les orthodoxes, de toutes origines, représentent plus de 4 millions de fidèles, répartis en près de dix Eglises différentes.
— les Mormons sont environ 3,5 millions. Ils dominent l'Etat d'Utah et leur Grand Temple se trouve à Salt Lake City, sa capitale.
— les Adventistes du 7e jour et les Témoins de Jéhovah sont à égalité, avec environ 600 000 membres pour chaque Eglise.

ETHIOPIE (46 millions)

Les chrétiens constituent le groupe le plus nombreux. Ceux-ci ne détiennent pas la majorité absolue mais, avec 20 millions de pratiquants, 45 % de la population, ils sont plus nombreux que les musulmans — 17 millions et 40 % — et les adeptes des religions animistes traditionnelles qui constituent les 15 % restants.

Le christianisme éthiopien remonte au IVe siècle, il aurait été introduit par deux naufragés de Tyr, pris en esclavage, et qui convertirent la famille de l'empereur d'Axoum. Cette église est copte et jusqu'à 1948 son patriarche — l'abouna — était désigné par celui d'Alexandrie en Egypte. Le clergé compterait plus de 100 000 prêtres, moines et religieux il y a quelque 20 000 paroisses et 800 couvents. La langue de la liturgie est le guèze, forme ancienne de l'éthiopien actuel, l'amharique. La doctrine est monophysite, c'est à dire qu'elle ignore, comme quatre autre Eglises d'Orient, les décisions du concile de Chalcédoine de 451 concernant la double nature, divine et humaine, du Christ.

Maintenant autonome, l'Eglise éthiopienne semble se rapprocher de l'orthodoxie.

Les populations chrétiennes habitent surtout le plateau central, autour et au Nord de la capitale ; elles appartiennent principalement aux ethnies tigrigna ou amhara, traditionnellement dominantes.

Les zones basses, près de la Mer Rouge et de la Somalie, sont musulmanes et les régions frontalières du Soudan et du Kénya, encore largement animistes.

A noter l'existence de deux communautés chrétiennes très vivantes les catholiques, convertis à partir du XIXe siècle par des missionnaires italiens et français, sont près de 400 000, surtout en Erythrée ; les protestants, surtout luthériens évangélistes du mouvement Mekane Yesu sont près de 500 000 alors qu'ils n'étaient que 20 000 en 1959 ; on trouve également quelques pentecôtistes et adventistes.

Les falashas, dont le nom signifie « exilés », sont des juifs éthiopiens dont l'origine remonterait à la rencontre de Salomon et de la reine de Saba, il y a plus de 2 800 ans. Ils sont en voie de disparition. Une dizaine de milliers d'entre eux se sont installés en Israël à la fin de 1984.

FIDJI (800 000)

Les 300 îles de l'archipel des Fidji présentent une grande diversité ethnique. Un peu moins de la moitié de la population est fidjienne de souche : cette fraction est pour 87 % protestante et pour 9 % catholique. Les Indiens, immigrés à la fin du XIXe siècle pour cultiver la canne à sucre, sont, pour la plupart restés hindouistes. Ils constituent près de 40 % de la population. 10 % des Indiens sont catholiques.

Parmi les 14 peuples qui composent le cocktail fidjien, on trouve aussi des musulmans et des Chinois bouddhistes.

Au total, Fidji compte 50 % de chrétiens, dont 38 % de méthodistes et 8 % de catholiques. Ces derniers disposent de 85 prêtres locaux.

FINLANDE (5 millions)

Presque tous les Finlandais — 96 % — sont de tradition luthérienne. On trouve cependant 57 000 orthodoxes et 3 300 catholiques. Le patron de la Finlande est Saint Henri, honoré par les trois Eglises. Les Témoins de Jéhovah sont 15 000.

FRANCE (56 millions)

« Fille aînée de l'Eglise », la France a une longue tradition catholique. Elle est la terre de saints aussi prestigieux et de profils aussi différents que saint Bernard (1090-1153), saint Vincent de Paul (1581-1660), le curé d'Ars (1786-1859), sainte

Thérèse de Lisieux (1873-1897) ou le père de Foucauld (1858-1916). Avignon a été le siège de la papauté de 1309 à 1376.
Quand il avait partie liée avec la monarchie absolue, le catholicisme s'est parfois montré intolérant, au moment de la révocation de l'Edit de Nantes ou de la croisade des Albigeois par exemple.
Les rapports avec Rome ont souvent été difficiles: le gallicanisme qui défendait les franchises de l'Eglise de France vis-à-vis du Saint Siège a été une constante de l'ancien régime depuis Charles VII.
Le XIXe siècle, qui débuta par le concordat signé entre Napoléon Ier et le pape Pie VII, a connu un extraordinaire effort missionnaire vers l'Afrique et l'Océanie. Précédant souvent la colonisation, l'accompagnant toujours, un nombre considérable de prêtres se sont voués à l'idéal de transmettre le christianisme à des populations jugées païennes. Rien, même le martyre, ne faisait reculer ces pionniers enthousiastes et parfois naïfs qui ont fait basculer des peuples entiers de l'animisme vers le christianisme.
Simultanément, la France s'industrialisait et les ouvriers issus du monde rural abandonnaient largement leurs pratiques chrétiennes, à tel point qu'aujourd'hui ce pays se trouve être l'un des rares, si ce n'est le seul, où le catholicisme est plus bourgeois que populaire.
Depuis 1905, la République est laïque et l'Eglise est séparée de l'Etat, à l'exception des trois départements du Haut-Rhin, du Bas-Rhin et de la Moselle, encore régis par le concordat de 1801.
Depuis la fin de la seconde guerre mondiale, la pression sociale qui poussait des incroyants à faire baptiser leurs enfants ou à se marier à l'Eglise a considérablement baissé; les prêtres eux-mêmes cherchent à revaloriser ces sacrements et n'acceptent plus de les administrer sans une totale adhésion à leur contenu religieux.
Aujourd'hui, la situation religieuse est globalement la suivante:
— environ 70 % des Français se considèrent comme catholiques
— 25 % se déclarent athées ou sans religion
— 2 % sont protestants
— 1 % sont Juifs
— 1 % sont musulmans
— 1 % appartiennent à d'autres religions.
Les catholiques pratiquants réguliers sont entre 10 et 15 % des Français; 25 % pratiquent de temps en temps et 30 % ne participent à des cérémonies religieuses que dans des occasions familiales telles que les mariages ou les enterrements. De plus en plus, il apparaît que les catholiques choisissent « à la carte » ce qui leur convient dans leur religion; en particulier, la majorité d'entre eux rejette les consignes de l'Eglise en matière conjugale ou sexuelle. Des contradictions nombreuses existent dans les jugements et les comportements: par exemple, on critique le côté clérical de l'Eglise tout en approuvant massivement la mission du pape.
Les protestants officiellement recensés, cotisant ou non à leur Eglise, sont environ 850 000; cependant près de 2 300 000 Français disent se rattacher sociologiquement au protestantisme. Dans huit départements, dont ceux d'Alsace des Cévennes et les Deux-Sèvres, les protestants représentent plus de 5 % de la population. L'Eglise Réformée de France regroupe depuis 1838 les calvinistes, qui sont les plus nombreux, des congrégationalistes, les méthodistes et deux Eglises luthériennes. Cette Eglise Réformée compte 520 pasteurs dont 25 femmes. Il existe d'autres Eglises protestantes indépendantes notamment des Eglises luthériennes en Alsace, à Paris et à Montbéliard. Les Pentecôtistes, connus aussi sous le nom d'Assemblées de Dieu, sont 90 000; y est rattachée l'Eglise tsigane, d'environ 5 000 fidèles[8].
L'Eglise orthodoxe compte plus de 400 000 membres, soit 0,7 % de la population. Il s'agit le plus souvent de Français d'origine grecque, arménienne ou russe. Ces derniers sont, selon les cas, rattachés à l'un des trois patriarcats de Constantinople, New York ou Moscou.
Les Témoins de Jéhovah sont au nombre de 80 000.
La communauté juive de 650 000 membres est la quatrième du monde après celles des U.S.A., d'Israël et d'U.R.S.S. Elle était de 270 000 personnes au début de la deuxième guerre mondiale et 120 000

d'entre eux ont été déportés. Ses effectifs se sont reconstitués, notamment par l'arrivée entre 1954 et 1961 de 120 000 Juifs d'Afrique du Nord et de 100 000 Juifs d'Egypte. La majorité est ainsi devenue sépharade.

La communauté musulmane comprend des Français de souche convertis à l'Islam, estimés à plus de 40 000, des Français d'origine algérienne qui dépassent largement les 400 000 et des étrangers résidents en France au nombre d'environ 1 400 000. La moitié sont des Algériens, le quart sont des Marocains auxquels s'ajoutent près de 200 000 Tunisiens, 100 000 Turcs, 30 000 Sénégalais, 20 000 Maliens etc. La France compte une soixantaine de mosquées et plus de 300 autres lieux de culte musulman.

Les quelques dizaines de sectes religieuses diverses totalisent environ 70 000 membres.

Les bouddhistes sont une trentaine de milles : il s'agit, pour la plupart de Français d'origine indo-chinoise.

En ce qui concerne les Départements d'Outre-Mer, ils sont en quasi-totalité catholiques. Les quelques fêtes d'origine hindouiste qui subsistent dans la communauté indienne des Antilles sont purement folkloriques et n'ont plus aucun substrat religieux. En Guyane, on trouve encore environ un millier d'Amérindiens animistes.

Parmi les Territoires d'Outre-Mer, la Polynésie compte 50 % de protestants et 37 % de catholiques, tandis que la Nouvelle-Calédonie est catholique pour 72 % et protestante pour 18 %. Dans ce dernier territoire, les coutumes ancestrales restent très vivantes et imprègnent la vie sociale des Canaques.

GABON (1 200 000)

Officiellement[9], la population comprend :
— 65 % de catholiques
— 19 % de protestants
— 12 % de fidèles d'Eglises locales
— 3 % d'adeptes des religions tribales

Le catholicisme est apparu avec des capucins italiens au XVIIe siècle, relayés par des prêtres portugais au XVIIIe. Il s'est développé très rapidement puisque ses fidèles étaient 16 000 en 1910, 120 000 en 1940 et 350 000 en 1985.

Les protestants, évangélistes, sont répartis en trois Eglises ; ils appartiennent principalement à l'ethnie fang et comprennent une majorité de femmes. Le docteur Schweitzer, mort en 1965 à Lambaréné, était évangéliste.

L'Eglise locale la plus importante et la plus originale est l'Eglise des Initiés, dite aussi mouvement Bwiti ou religion d'éboga. Cette société secrète, d'inspiration syncrétiste, s'est orientée vers le christianisme à partir de 1945 et considère désormais Jésus comme le Divin Sauveur. Elle aspire à devenir l'Eglise nationale du Gabon. Elle ne comporte pas de hiérarchie et le baptême est remplacé par une initiation où l'absorption de l'éboga, plante locale, tient la place centrale.

Les musulmans sont moins de 1 % des Gabonais. Le président de la République Omar Bongo s'est converti à l'Islam en 1973.

GAMBIE (750 000)

Ce pays, enclavé dans le Sénégal auquel le lient des accords étroits, est musulman à 85 %. Les ethnies Peul, Wolof, Sarakollé et Mandingue sont totalement islamisées. L'Islam pratiqué est le sunnisme de rite malékite avec une grande importance des confréries tidjane et mouride.

11 % des Gambiens pratiquent les religions animistes traditionnelles ; on les trouve dans les ethnies Bassari, Diola et Sérère. Chez ces derniers, les âmes et les esprits des ancêtres transmigrent et peuvent venir habiter des êtres animés aussi bien que des objets.

Il y a près de 4 % de chrétiens, dont plus de la moitié catholiques. Les anglicans sont presqu'aussi nombreux que les membres des autres Eglises protestantes.

GHANA (13,5 millions)

Apparemment, on constate depuis une trentaine d'années un effondrement des religions animistes au profit du christianisme : leurs adeptes représentaient 50 % de la population vers 1950 et ne sont plus qu'environ 20 % aujourd'hui. Cependant, les nouveaux chrétiens n'ont pas toujours renoncé à certaines pratiques antérieures et une partie d'entre eux a rejoint des Eglises locales où la sensibilité africaine est plus affirmée.

Les 55 % de chrétiens se répartissent en 14 % de catholiques, 25 % de protestants (11 % de méthodistes, 11 % de presbytériens, 3 % d'anglicans) et 16 % de membres d'Eglises locales. Ces dernières se subdivisent en plus de 400 dénominations, dont la plus importante est l'Eglise du Divin Guérisseur qui compte 200 000 fidèles. Les Adventistes et les Témoins de Jéhovah sont sensiblement à égalité avec environ 30 000 fidèles pour chaque groupe.

Les musulmans, en progression continue mais modérée, sont 16 % des Ghanéens. On les trouve répartis de façon assez homogène dans tout le pays.

Le Sud est plus profondément christianisé et le Nord compte la plupart des animistes. 7 % des Ghanéens ne déclarent officiellement aucune religion, peut-être pour ne pas exprimer qu'ils sont encore animistes.

ILES GILBERT voir KIRIBATI

GRANDE-BRETAGNE (57,5 millions)

Si l'anglicanisme n'est plus la religion officielle de la Grande-Bretagne, c'est cependant la religion la plus importante puisque 60 % des Britanniques déclarent s'y rattacher. C'est le roi Henri VIII qui provoqua la naissance de l'anglicanisme, quand il se sépara du catholicisme parce que le pape lui refusait le divorce.

Aujourd'hui, il en reste que le roi doit nécessairement appartenir à l'Eglise d'Angleterre et qu'il nomme les évêques et doyens sur proposition du Premier Ministre. Deux archevêques et 24 évêques sur 42 siègent de droit à la Chambre des Lords, mais la Chambre des Communes est fermée aux membres du clergé. Les évêques prêtent un serment d'allégeance à la Couronne.

Bien que typiquement anglaise par son histoire, cette religion s'est répandue dans le monde avec l'Empire et les Britanniques ne constituent que la moitié des anglicans du monde.

La pratique religieuse des anglicans britanniques est relativement faible : on évalue à 1 200 000 ceux qui vont à l'office chaque dimanche et seuls 35 % des enfants sont baptisés. Cependant 9 % des Britanniques seulement se déclarent athées ou sans religion.

Il existe deux fortes minorités religieuses : les protestants qui sont 15 % et les catholiques 13 %.

Les protestants comprennent les presbytériens de l'Eglise d'Ecosse et de l'Eglise presbytérienne d'Angleterre ainsi que les membres des « Eglises Libres », méthodistes, baptistes ou réformés. Il s'y ajoute 18 000 Quakers, des Pentecôtistes, près de 100 000 Témoins de Jéhovah, des Mormons etc.

La communauté juive, orthodoxe à 80 %, comprend 450 000 membres.

Parmi les nombreux immigrés du Commonwealth et résidents qui vivent en Grande-Bretagne, on trouve des représentants de toutes les religions du monde : des chrétiens orthodoxes, luthériens, réformés, arméniens ou membres d'Eglises locales de pays du Tiers Monde, mais aussi
— plus d'un million de musulmans,
— près de 400 000 hindouistes,
— 200 000 sikhs,
— 120 000 bouddhistes,
— 15 000 baha'is,

Pour donner un exemple de cette indescriptible variété, il existe une centaine de groupes bouddhistes différents appartenant à diverses écoles.

GRÈCE (10 millions)

Touchée dès le premier siècle par l'évangélisation de Saint Paul, la Grèce est aujourd'hui le seul pays officiellement orthodoxe et 97 % de sa population déclare se rattacher à cette religion.

Jusqu'à l'indépendance en 1821, l'Eglise dépendait du patriarcat de Constantinople, auquel seuls l'Eglise de Crête et le Mont Athos sont toujours attachés. Elle est désormais autocéphale, c'est-à-dire indépendante.

La République du Mont Athos, qui occupe une magnifique presqu'île de Chalcidique au Nord-Est du pays, bénéficie d'une sorte d'autonomie interne. Elle est dirigée par un conseil de 20 moines, un pour chacun des 20 monastères. De 40 000 moines

Les religions pratiquées dans les différents pays du monde 603

qu'elle a jadis compté, la République n'en avait déjà plus que 3000 dans les années 1950 et il n'en reste qu'un millier aujourd'hui. Il faut dire que, malgré l'autorisation des prêtres orthodoxes de se marier, toute présence féminine y est strictement interdite! Le rayonnement intellectuel du Mont Athos, jadis brillant, n'est plus qu'un souvenir.

Il existe aussi en Grèce environ 250 000 orthodoxes non-grecs qui appartiennent aux Eglises orthodoxes bulgare, arménienne ou russe.

Les musulmans ne constituent que 1,5 % de la population; on les trouve en Thrace, près de la Turquie d'Europe, où ils disposent de 300 mosquées et de plusieurs écoles coraniques. Cette communauté était beaucoup plus importante avant 1923: quand Atatürk expulsa 1 500 000 Grecs de Turquie, ainsi que 50 000 karamanlis, orthodoxes de langue turque, 400 000 Turcs vivant en Grèce furent renvoyés en Turquie.

Les Juifs, au nombre de 75 000 avant la seconde guerre mondiale, ont été en grande partie massacrés par les Nazis. Il n'en reste qu'environs 4000, surtout à Salonique. Ils appartiennent à la communauté sépharade et descendent des Juifs expulsés d'Espagne en 1492.

Les catholiques sont environ 45 000. Ils se partagent entre les trois rites latin, byzantin et arménien. Beaucoup d'entre eux habitent dans les îles Ioniennes, jadis possessions de Gênes ou de Venise. La Grèce n'a établi de relations diplomatiques avec le Saint-Siège qu'en 1977, tant les séquelles du schisme du XIe siècle entre l'Eglise d'Orient et l'Eglise romaine ont été durables.

Les protestants sont en quantité infime, environ 11 000 âmes, mais les Témoins de Jéhovah se développent au rythme de 6 % par an et sont déjà 22 000.

Les relations entre l'Eglise orthodoxe grecque et l'Etat sont complexes: le président et le vice-président de la République doivent, constitutionnellement, être de religion orthodoxe; le clergé bénéficie d'une aide financière publique; cependant les interventions de l'Etat sur l'Eglise conduisent parfois des évêques à demander la séparation de l'Eglise et de l'Etat.

Quoique la pratique religieuse ait tendance à diminuer, les évêques gardent un contact étroit avec leurs ouailles car les diocèses sont de petite dimension. Ainsi, les évêques se chargent généralement des sermons, peut-être aussi parce que les prêtres, souvent mariés, n'ont pas toujours la formation suffisante.

GRENADE (115 000)

Cette île des Caraïbes, française jusqu'en 1783, est catholique à 64 %. La domination britannique qui a duré jusqu'à l'indépendance en 1974, se traduit par une forte minorité de 21 % d'anglicans. Les différentes Eglises protestantes se partagent 13 % de la population et ont tendance à gagner du terrain, surtout aux dépens des anglicans. On compte notamment 2000 méthodistes et 3000 adventistes du 7e jour.

Les habitants qui ne se rattachent pas, au moins nominalement, au christianisme sont en quantité insignifiante.

GUATÉMALA (8,9 millions)

Depuis 1871, l'Etat est séparé de l'Eglise mais les catholiques constituent 94 % de la population. Les Indiens des différents groupes Mayas qui forment 40 % des Guatémaltèques ont gardé certaines des pratiques religieuses antérieures au christianisme, formant ainsi un mélange syncrétiste. On évalue à 25 % les catholiques dans ce cas et à seulement 5000 les Indiens restés purement animistes.

Les protestants — pentecôtistes, baptistes et adventistes principalement sont 5 % et se développent sous l'influence politico-culturelle des Etats-Unis d'Amérique.

A noter l'existence d'une communauté juive assez ancienne d'un millier de membres.

GUINÉE (6,4 millions)

L'Islam, introduit à partir de 1725 est la religion dominante dans la proportion de 75 %. C'est notamment celle des ethnies Peul, Malinké et Soussou. Les musulmans sont sunnites de rite malékite et généralement membres de la confrérie tidjane.

Les catholiques dépassent de peu 8 % de

la population, ils sont environ 450 000. Il y a 39 prêtres guinéens et les vocations sont nombreuses depuis la fin du régime persécuteur de Sékou Touré. Le reste de la population, soit 17 % est considéré comme animiste.

GUINÉE BISSAU (950 000)

Les musulmans, sunnites de rite malékite, constituent environ 35 % de la population. On les trouve surtout dans l'est et le sud du pays, dans les ethnies peul et mandingue. Les chrétiens, catholiques, sont 7 %. Sur 50 prêtres, un seul est guinéen mais les catéchistes, au nombre de 800, sont très actifs. Les autres Guinéens sont animistes mais leur nombre décroît au profit des musulmans et des chrétiens.

GUINÉE EQUATORIALE (340 000)

La partie insulaire du pays a été espagnole sous le nom de Fernando Poo depuis 1778 et la partie continentale, appelée aussi Rio Muni, depuis 1885. C'est le seul pays d'Afrique dont la langue officielle soit l'espagnol. Corrélativement, le catholicisme est religion dominante avec au moins 80 % de la population.
Les protestants sont environ 4 % avec prédominance des méthodistes dans l'île et des évangélistes sur le continent.
L'Eglise Bwiti, originaire du Gabon, compte quelques adeptes. Les animistes sont encore près de 5 % et les musulmans n'atteignent pas 1 % de la population.
Pendant la période de terreur de Macias Nguema, qui institua en 1968 un régime athée, le tiers des habitants fut massacré et un autre tiers s'enfuit. Les religions furent particulièrement persécutées jusqu'au renversement et à l'exécution de ce sanglant dictateur en 1979.

GUYANA (900 000)

La population, très composite, comprend 52 % d'Indiens, 31 % de Noirs 12 % de divers et 5 % d'Amérindiens. Les Indiens sont hindouistes à 70 % et musulmans à 18 %. La répartition par religions est la suivante :
— hindouistes 34 %,
— musulmans 9 %,
— chrétiens 52 %.
Ces derniers sont catholiques, protestants ou anglicans, en nombre sensiblement égal.
Les musulmans sont sunnites à l'exception de 1600 membres de la secte ahmadi, elle-même divisée en deux sous-sectes.
Les Amérindiens, Arawaks sur la côte et Caraïbes à l'intérieur, sont encore près de 20 000 à pratiquer un animisme tribal.
Le vaudou est la religion exclusive de 7000 Guyanais mais des chrétiens s'y adonnent aussi.
C'est en Guyana qu'a eu lieu en 1978 le suicide collectif des 912 membres de la secte nord-américaine du Temple du Peuple.
Le régime marxiste de Guyana, membre du Comécon, a nationalisé les écoles privées en 1976.

HAITI (5,9 millions)

La population se rattache, pour la quasi-totalité, au christianisme. Il y a environ 4,9 millions de catholiques et un million de protestants, surtout méthodistes et baptistes. Cependant 80 % des Haïtiens des campagnes pratiquent de façon plus ou moins régulière, le vaudou. Cet animisme originaire de la côte africaine du Golfe de Guinée, l'actuel Bénin, a bénéficié d'un traitement de faveur de la part du président Duvallier, car il était l'expression de la religiosité de la majorité noire de la population alors que le christianisme était considéré comme lié à la bourgeoise mulâtre et à un clergé en partie étranger, français pour les catholiques et américain pour les protestants.

HAUTE-VOLTA voir BURKINA-FASO

HONDURAS (4,7 millions)

Les catholiques dépassent, selon les données officielles, 95 % de la population. L'évangélisation a commencé dès 1550 mais elle reste superficielle. Il y a peu de prêtres honduriens et la pratique religieuse est souvent mélangée de spiritisme ou d'animisme indien.
On évalue à seulement 4000 les animistes non christianisés.

Les protestants sont près de 100 000, 2,6 % de la population, mais ils appartiennent à un nombre considérable d'Eglises diverses. Ils se développent aux dépens du catholicisme avec l'aide de missions anglo-saxonnes. Les baha'is sont également en progrès: ils dépassent 11 000 fidèles.

Quelques Arabes, vivant du commerce, immigrés progressivement dans le pays depuis 1910, constituent une petite communauté de près de 2000 musulmans et de plus de 5000 orthodoxes.

L'Eglise est séparée de l'Etat depuis 1880.

HONGRIE (11 millions)

Le régime marxiste-léniniste a dominé le pays de 1949 à 1989. Il n'existe pas de statistiques officielles sur les croyances religieuses.

Au début de la seconde guerre mondiale, la répartition était la suivante:
— catholiques: 68 %
— calvinistes: 21 %
— luthériens: 6 %
— juifs: 4 %

Des évaluations récentes donnent:
— catholiques: 54 %
— calvinistes: 19 %
— luthériens: 4 %
— juifs: 1 %

Ainsi, les Juifs seraient encore environ 100 000.

D'après une récente enquête officieuse, 50 % de la population se dit croyante mais la fréquentation régulière des lieux de culte ne touche qu'un croyant sur cinq. Le recrutement des prêtres est difficile: sur environ 3000 prêtres, plus de la moitié dépasse 60 ans. Il existe cependant 6 séminaires et 200 séminaristes.

En 1964, la Hongrie a signé un accord limité avec le Vatican, le premier concernant un pays de l'Est européen: les évêques sont nommés par Rome, mais ils sont agréés par le gouvernement. Les 11 diocèses ont désormais un titulaire. Les religions diplomatiques avec le Saint-Siège ont été rétablies en 1978.

INDE (800 millions)

La diversité des religions pratiquées en Inde est comparable à celle des groupes ethiques, linguistiques ou culturels du sous-continent.

Si la plupart des religions sont représentées, l'écrasante majorité, 83 %, de la population est classée comme hindouiste, mais les statistiques regroupent sous cette rubrique tous les Indiens difficilement classables, en particulier les rares athées. Les hindouistes se partagent en d'innombrables courants, tels que vishnouites, shivaïtes etc... au sujet desquels il n'existe pas de données quantitatives. On évalue cependant à plus de 200 le nombre de ces différents mouvements ou sectes.

La quasi-totalité des hindouistes suit la religion traditionnelle: ils adorent des idoles et croient à l'incarnation d'innombrables dieux. Les Vishnouites, majoritaires dans l'Inde du Nord, mettent l'accent sur Vishnou et ses « avatars » Rama et Krishna; les Shivaïtes, plus nombreux dans l'Inde dravidienne, au Sud du pays, adorent principalement Shiva et Kali; il existe aussi des disciples de Sakti, déesse-mère, et bien d'autres encore.

Une faible proportion d'hindouistes des milieux intellectuels — moins de 1 % de la population — croient à un hindouisme réformé, monothéiste et sans idoles. On peut y rattacher le mouvement spiritualiste de Sri Aurobindo (1872-1950), bien connu en Occident par son ashram d'Auroville, près de Pondichéry, auquel appartiennent environ 50 000 fidèles. Certains de ces mouvements réussissent à reconvertir à l'hindouisme des Indiens christianisés.

Une quantité encore plus faible d'Indiens participent à l'une des sectes de formation récente qui se caractérisent, contrairement à l'hindouisme classique, par des actions missionnaires vigoureuses en Europe ou en Amérique. Parmi ces sectes, on peut citer « Divine Light Mission », du guru Maharaj-ji, qui grouperait plusieurs millions d'adeptes en Inde mais ressemble fort à une entreprise familiale (l'actuel guru, fils du fondateur, est né en 1958), ou bien Ananda Marga, « la voie de la félicité », mouvement souvent violent, plus politique que religieux, originaire du Bengale.

Globalement, l'hindouisme semble régresser d'environ 1 % tous les 10 ans sous la pression de diverses religions dont le christianisme mais aussi par suite d'une natalité plus faible chez les hindouistes que chez les musulmans et les chrétiens.

Le deuxième groupe religieux par ordre d'importance numérique est constitué des musulmans qui représentent 11 % de la population. L'Inde est ainsi le troisième plus important pays musulman du monde, à égalité avec le Bangla-desh et après l'Indonésie et le Pakistan. Les musulmans indiens sont pour 3/4 sunnites, de rite hanéfite ou chaféite, et pour 1/4 chiites, dont une centaine de milliers d'Ismaëliens. Les chrétiens ne sont que 3 % de la population, ce qui représente cependant plus de 20 millions de personnes. Ce pourcentage atteint 36 % dans la région de Goa, anciennement portugaise, et 22 % dans l'Etat de Kérala, dans le Sud-Ouest du pays. Dans cet Etat, on trouve une église très ancienne, fondée par St Thomas, l'un des douze apôtres du Christ, ou bien, trois siècles plus tard, par un autre Thomas, arrivé là avec quelques familles syriennes. Après bien des vicissitudes qui débutèrent dès le XVIe siècle et furent causées par l'étroitesse d'esprit des missionnaires européens, une partie seulement de cette Eglise s'est rattachée au catholicisme si bien qu'il existe aujourd'hui en Inde :
— des catholiques romains : 10 millions
— des catholiques de rite local dit syro-malabar ou chaldéen : 3 millions
— des orthodoxes syriaques, dits aussi jacobites, séparés des précédents depuis 1652 : 700 000
— des catholiques syro-malankars détachés des précédents mais revenus au catholicisme en 1930 : 200 000
— des groupes de tendance protestante issus de l'église orthodoxe syriaque et des protestants proprement dits 5 millions dont 900 000 luthériens et 800 000 baptistes.
— des anglicans : 3 millions
Au total, l'Eglise catholique comprend plus de 100 diocèses, 10 000 prêtres, 45 000 religieuses, 49 grands séminaires et 4500 séminaristes. 70 % du clergé est originaire des deux provinces du Sud, le Kérala et le Tamil Nadu. L'Eglise est très vivante : à titre d'exemple, on trouve en Inde 3000 jésuites contre 1200 en France. L'action missionnaire s'exerce principalement vers le Nord de l'Inde hindouiste, mais aussi vers l'Afrique.

Les Sikhs, dont la religion se situe à mi-chemin de l'Islam et de l'hindouisme, sont environ 17 millions. Les Jaïns, proches des hindouistes, sont près de 2 700 000. Les bouddhistes, dont la religion est née au Nord de l'Inde, ne sont guère que 5 millions. Les Baha'is, avec un million d'adeptes, ont en Inde leur communauté la plus importante... On trouve en outre près de 200 000 parsis, zoroastriens réfugiés dans la région de Bombay au VIIIe siècle ainsi qu'une dizaine de milliers de Juifs, surtout à Bombay et à Cochin.
Il y a encore vraisemblablement près de 10 millions d'animistes chez les Nagas, au Nord du Bengale, ou dans les tribus primitives du Centre.

INDONÉSIE (180 millions)

L'Indonésie qui compte plus de 13 000 îles et près de 70 ethnies différentes est régie par cinq principes édictés par le président Sukarno au moment de l'indépendance et appelés pancasila.
Le premier de ces principes est la foi en un Dieu unique et suprême, symbolisé par une étoile[10]. L'Indonésie est ainsi, en quelque sorte, officiellement monothéiste, mais sans qu'un choix explicite soit fait en faveur d'une religion particulière.
Cependant, l'Indonésie est le pays qui compte le plus de musulmans au monde : 160 millions, soit 87 % de la population. L'Islam pratiqué est sunnite de rite shaféite. Toutefois l'observation des règles est inégale selon les ethnies : les Atjehs, au Nord de Sumatra, sont particulièrement stricts alors que dans l'Est de Java, on est souvent musulman « statistiquement ».
L'hindouisme, jadis largement répandu dans l'archipel, ne se pratique plus guère qu'à Bali et dans de rares villages de l'Est de Java, autour du volcan Bromo. Les Hindouistes constituent 2 % de la population, soit 3,6 millions de personnes.
Le bouddhisme concerne moins de 1 % de la population, surtout des personnes d'origine chinoise.
Les chrétiens constituent un groupe relativement important, surtout par leur influence culturelle et intellectuelle. L'un des plus grands quotidiens de Jakarta, Kompas, est d'inspiration catholique. Au total,

les catholiques représentent 3,6 % de la population et les protestants 6 %. Parmi les protestants, on compte 2 ou 3 millions de réformés calvinistes, conséquence de l'ancienne colonisation néerlandaise, 2 millions de luthériens et 2 millions de pentecôtistes. Les chrétiens se rencontrent surtout dans les régions non islamisées, de population précédemment animiste, comme aux Célèbres, aux Moluques et à Sumatra ou encore dans des îles jadis sous influence portugaise comme Florès (93 % de catholiques), Timor et Sumba.

Les religions animistes et chamanistes traditionnelles sont recensées pour 1,2 % de la population, soit plus de 2 millions de personnes. On les trouve en Irian Jaya, partie indonésienne de la Papouasie, chez les Toradja des Célèbres, les Dayaks de Bornéo, mais elles se pratiquent aussi, mélangées à l'Islam, dans de nombreuses zones rurales de Java.

Il est intéressant de noter qu'en pourcentage le christianisme croit rapidement aux dépens des animistes et que les autres religions plafonnent.

IRAK voir IRAQ

IRAN (50 millions)

La religion officielle est l'Islam chiite qui est celle de 93 % de la population. Les musulmans sunnites représentent 6 %, on les trouve en Azerbaïdjan, au Kurdistan[11], au Khuzestan et dans le Gorgan, toutes provinces excentrées et peuplées d'ethnies non proprement persanes. Le nombre des mollas, religieux de profession, est estimé à 180 000.

Les 2 % de la population non musulmane se partagent ainsi :
— près de 200 000 chrétiens de rite nestorien et chaldéen dans l'Azerbaïdjan occidental, à l'Ouest du lac Ourmieh.
— environ 150 000 chrétiens arméniens, surtout à Téhéran et Ispahan.
— quelques 200 000 baha'is systématiquement persécutés par le régime des mollas qui les considère comme des renégats de l'Islam.
— environ 50 000 parsis zoroastriens, dits parfois guèbres, qui vivent dans la région de Yazd et de Kerman.
— une communauté juive estimée à également 50 000 personnes. On les trouve surtout dans les grandes villes.

IRAQ (16,3 millions)

Les musulmans qui constituent 96 % de la population se partagent entre une majorité de chiites d'environ 60 % et 40 % de sunnites. Ces derniers sont pour moitié des Arabes de rite hanéfite et pour moitié des Kurdes de rite chaféite.

L'influence des Arabes sunnites est prédominante en Iraq car ils constituent une part importante des classes moyennes urbaines.

Les chrétiens comptent pour 3,5 % de la population, soit à peine un demi-million d'âmes. Les trois quarts des chrétiens sont catholiques, bien que généralement de rite non-romain. 87 % de ces derniers, soit 250 000, sont des Chaldéens, réunis à Rome en 1553. Les prêtres chaldéens peuvent être mariés, ce qui est le cas d'une dizaine d'entre eux. Les autres catholiques se partagent entre syriaques (11 % des catholiques), arméniens, latins et melkites. Les chrétiens non catholiques sont pour les deux tiers assyriens nestoriens, les autres étant syriens jacobites ou orthodoxes arméniens.

Il existe en outre en Iraq d'étranges religions qui remontent à un lointain passé. Ainsi les Yazidis, au nombre de plus de 100 000, dont la doctrine tient à la fois du manichéisme, du zoroastrianisme, du judaïsme de l'Islam et du christianisme nestorien et repose sur deux livres sacrés, le livre noir et le livre de la révélation. Cette religion a été fondée au XIIe siècle par le cheikh Adi auquel s'est révélé l'ange du Mal, Taus. C'est pourquoi les Yazidis sont parfois appelés adorateurs du démon. Une bonne partie des Yazidis est regroupée dans le djebel Sindjar, à l'Ouest de Mossoul.

Une autre religion marginale, qui constitue à bien des égards une énigme de l'histoire des religions, est celle des Mandéens ou Sabéens. Ils sont environ 25 000 et habitent, à l'opposé des précédents, dans la partie basse de la Mésopotamie. Quelques-uns d'entre eux vivent de l'autre côté de la frontière iranienne. Leur doctrine est un gnosticisme: elle oppose radicalement la matière à l'esprit et ne s'attache qu'à la seule connaissance des réalités divines. Cette religion remonte au IIe et IIIe siècle et est fondée sur la révélation de messagers célestes. On y trouve des éléments des cultes perse, mésopotamien, chrétien et juif. Le culte célèbre la fécondité et Saint Jean Baptiste. Celui-ci, selon les Mandéens, est le vrai Messie et Jésus est un faux. Les fidèles vivent pauvrement, évitent les impuretés, et se baptisent à plusieurs reprises. Ils sont très critiques envers le judaïsme et récusent la circoncision.

IRLANDE (3,6 millions)

Durant une longue période de la domination britannique, c'est-à-dire depuis le XVIe siècle jusqu'à l'émancipation des catholiques en 1829, l'anglicanisme a été imposé comme religion d'Etat. Les Irlandais, profondément catholiques, n'ont jamais accepté cette situation et la religion s'est identifiée au nationalisme, d'une façon qui rappelle la situation de la Pologne. Depuis le Moyen-Age, l'Eglise catholique irlandaise a joué un rôle missionnaire remarquable et, aujourd'hui encore, près de 6000 prêtres irlandais continuent cette action sur les cinq continents. L'émigration consécutive à la grande famine de 1845 a également beaucoup contribué à l'importance du catholicisme aux Etats-Unis.
Après l'indépendance en 1921, le pays de Saint Patrick a perdu une fraction notable des anglicans, groupés en Irlande du Nord, l'Ulster, encore partie intégrante du Royaume Uni.
A côté des 95 % de catholiques, l'Irlande compte aujourd'hui près de 3 % d'anglicans et 1 % de protestants divers, ainsi que 4000 Juifs.
Dans son souci d'obtenir l'unification du pays sans trop heurter les anglicans d'Ulster, l'Eire a aboli en 1972 une disposition constitutionnelle reconnaissant une position spéciale à l'Eglise catholique. Un anglican a été Président de la République en 1973.

ISLANDE (230 000)

Le luthéranisme est religion d'Etat depuis 1550 et 95 % des Islandais s'y rattachent. La pratique religieuse est élevée, de l'ordre de 60 %.
Parmi les autres protestants, on compte 2000 pentecôtistes et un million d'adventistes. Les catholiques sont à peine plus nombreux, 1600 soit 0,7 % de la population, mais leur influence s'accroît.
A titre anecdotique, la secte Asa, fondée en 1960, se propose de réintroduire les anciennes religions païennes scandinaves et de supplanter le christianisme avant l'an 2000. Elle adore Odin, roi des dieux, sa femme Erica, leur fils Thor, dieu du tonnerre, Ull, dieu des archers et des skieurs etc. Malgré le petit nombre de ses membres, une centaine dont une dizaine de prêtres, cette « église » bénéficie de la reconnaissance de l'Etat depuis 1973 ainsi que d'un soutien financier.

ISRAËL (4,5 millions)

L'Etat d'Israël proclame l'égalité de tous les citoyens quelle que soit la religion. Chaque religion a un statut légal et les propriétés liées au culte sont exemptées d'impôts. Il existe un ministère des cultes pour veiller au respect de ces principes.
82 % de la population est de religion juive. Les Juifs se partagent sensiblement par moitié entre ashkénazes, originaires d'Europe centrale, et sépharades, provenant plutôt du Moyen-Orient et d'Afrique du Nord. Ces derniers ont une plus forte croissance démographique. Les Juifs les plus rigoristes, qui observent tous les préceptes de leur religion, ne dépassent pas 10 % de la population. Ces « religieux » sont soit des Hassidim, généralement ashkénazes, soit des membres d'autres mouvements un peu moins stricts, le plus souvent sépharades.
Les non-juifs sont pour 77 % des musulmans sunnites (550 000) et 15 % des chrétiens (150 000). Ces derniers se répartissent en 40 % de grecs catholiques, 30 % de grecs orthodoxes, 15 % de catholiques latins, 7 % de maronites et 8 % de protestants et divers.

Enfin, il y a environ 50 000 druzes, des chiites, des alaouites et un millier de baha'is. Le temple principal des baha'is est en Israël, à Haïfa.

ITALIE (58 millions)

Si la quasi-totalité de la population est baptisée dans la religion catholique, la pratique est très inégale. On évalue à 55 ou 60 % les indifférents, qu'on trouve principalement chez les hommes des milieux urbains aisés. Parmi eux, 15 % se déclarent athées ou sans religion. A l'opposé, on compte 20 % d'Italiens pour qui la religion est perçue comme une pratique traditionnelle sacrée, à la limite de la superstition ; c'est un catholicisme à dominante rurale, fréquent dans le Sud du pays. Les catholiques qui pratiquent une religion de type plus « officiel », dans la ligne de l'aggiornamento de l'Eglise, sont environ 20 % également, dont 5 % très engagés dans des mouvements militants divers.

Comme les autres pays européens développés, l'Italie compte des représentants de presque tous les courants religieux, mais ils sont peu nombreux : 0,5 % de la population est protestante, dont 116 000 Témoins de Jéhovah, des pentecôtistes, des adventistes et des Vaudois. On trouve également des grecs-orthodoxes, près de 40 000 Juifs, 4600 baha'is et même des adeptes des nouvelles religions japonaises.

Les musulmans résidents sont rares en Italie, à peine 45 000 dont 25 000 Yougoslaves et Albanais, 15 000 étudiants du Moyen-Orient ainsi que des membres d'organismes divers tels que la F.A.O. dont le siège est à Rome.

Historiquement, il est important de noter le rôle joué dans les rapports de l'Eglise et de l'Etat par les accords du Latran, signés en 1929 par Mussolini et le pape Pie XI. Ces accords comportent un traité et un concordat. Le traité assure au catholicisme le statut de seule religion de l'Etat ainsi que l'extra-territorialité du Saint-Siège. Le concordat laisse à l'Eglise juridiction sur les ecclésiastiques et fait obligation à l'Etat de protéger Rome contre toute atteinte à son caractère sacré. En outre, les évêques prêtent serment de fidélité au chef de l'Etat italien ; l'Etat assure un supplément de traitement aux ecclésiastiques et les dispense du service militaire.

Ces dispositions, parmi d'autres, forment un tissu juridique complexe qui explique pourquoi l'Etat est obligé de consulter le Saint-Siège pour l'autorisation de construire une mosquée à Rome, en dehors de l'enceinte du Vatican ou bien pourquoi la séparation d'un couple relève des tribunaux civils alors que l'annulation du mariage relève de la juridiction ecclésiastique.

JAMAÏQUE (2,4 millions)

Les 90 % de chrétiens déclarés se partagent en plus de 60 Eglises différentes. L'Eglise catholique avec 230 000 fidèles, soit 9,6 % des Jamaïcains, se trouve ainsi être la deuxième par ordre d'importance, après les anglicans. Elle a cependant été interdite par les Anglais de 1655, date de la prise de l'île aux Espagnols, jusqu'en 1857, quand une mission jésuite a été autorisée. Les différentes Eglises protestantes sans les anglicans représentent plus de 54 % de la population. On y trouve des quakers, établis depuis 1671, des frères moraves, des méthodistes et surtout des baptistes. Ceux-ci, dont le nombre dépasse 100 000, se sont signalés dès 1884 par l'envoi de missionnaires dans l'île de Fernando Poo, aujourd'hui partie de la Guinée équatoriale. Les anglicans sont près de 20 % et les Eglises locales, très diversifiées, comptent parmi leurs fidèles un peu moins de 9 % des Jamaïcains.

Il s'ajoute à ces Eglises chrétiennes environ 7 % de ce que les Anglo-saxons désignent sous le nom de spiritistes afro-américains, dont les pratiques sont plus ou moins teintées de christianisme mais qui sont plutôt des animismes. Parmi ces mouvements, on peut citer Pocomania, dont les initiés emploient abondamment le rhum et la marijuana, les quelques centaines de Black Israélites qui honorent Satan et surtout les Rastafariens. Ceux-ci dont le nom dérive de Ras Tafari, le négus d'Ethiopie, ont vu le jour vers 1930, quand a germé l'idée d'un retour des Noirs en Afrique. L'Ethiopie, seul pays africain à avoir toujours préservé son indépendance, est devenu un symbole de l'émancipation des Noirs. La mode « rasta » que nous connaissons aujourd'hui tire son nom de ce mouvement.

Les Rastafariens sont près de 100 000.

JAPON (122 millions)

La notion de religion est fort différente au Japon de ce qu'elle est en Occident. Pour un Japonais, l'appartenance religieuse n'a pas le même sens selon qu'il s'agit de sa religion personnelle ou de celle de sa famille. D'après des sondages, 65 à 70 % des Japonais déclarent ne pas avoir de religion personnelle.

En ce qui concerne la vie familiale, les Japonais pratiquent aussi bien le bouddhisme que le shintoïsme, le premier pour les décès, le second pour les naissances et les mariages. La mode des mariages « à l'occidentale » célébrés à l'étranger répond au désir de faire un voyage de noces aussi bien qu'au souci de ne pas trop dépenser en organisant un mariage japonais traditionnel. Cet exemple illustre l'aspect utilitaire qu'a la religion pour un Japonais : il choisit celle qui lui semble la meilleure pour chaque circonstance.

Les « nouvelles religions », très importantes au Japon, sont parfois de nouvelles formes du bouddhisme, parfois des syncrétismes où se mélangent religions japonaises et occidentales, ou encore des mouvements plus philosophiques que religieux dont les préoccupations politiques ne sont pas absentes. Les plus importantes de ces nouvelles religions, qui essaiment souvent à l'étranger, sont le Rissho Kosei-kai et le Sokagakkai, mouvements bouddhistes laïcs, le Tenrikyo et l'Izumotaishakyo, d'inspiration shintoïste.

Cinq ou six de ces religions dépassent largement les 2 millions de fidèles. Le Rissho Kosei-kai et le Tenrikyo sont en expansion assez rapide tandis que le Sokagakkai a connu son apogée en 1968.

L'ensemble des adeptes des nouvelles religions dépasse dès à présent le cinquième de la population japonaise.

On peut donc ainsi schématiser la pratique religieuse personnelle des Japonais :
— sans religion déclarée précise 65 %
— adeptes des nouvelles religions 22 %
— chrétiens 1 %

Le reste, soit 13 % de la population, pratique un mélange de bouddhisme et de shintoïsme, l'accent étant mis davantage sur l'un ou l'autre selon les circonstances et la tradition familiale.

Au bouddhisme pur se rattache le Zen, forme de méditation pratiquée par plusieurs millions de Japonais.

Chez les chrétiens, les 440 000 catholiques se partagent sociologiquement en « vieux chrétiens », descendants des premiers convertis du XVIe siècle, qui sont souvent de classe sociale modeste et vivent principalement autour de Nagasaki, et les catholiques des dernières générations, généralement membres des classes moyennes, surtout dans la région de Tokyo et le Nord du Japon. Au total, on compte près de 1800 prêtres, japonais on étrangers, et environ 150 séminaristes.

Les 600 000 protestants appartiennent pour moitié à l'Eglise unifiée imposée par le gouvernement militaire en 1940. L'autre moitié est constituée de nombreuses Eglises séparées de l'Eglise unifiée après la guerre. On y trouve des baptistes, des luthériens, des adventistes, des mormons, 92 000 Témoins de Jéhovah, des Pentecôtistes, aussi bien que les fidèles de Kristo Kyo-kai, un mouvement purement japonais.

Parfois on déclare qu'il y a au Japon 3 à 4 millions de chrétiens. Ce chiffre est acceptable dans la mesure où il évalue le nombre de Japonais qui se disent sympathisants du christianisme. Les Japonais, qui ne connaissent pas de rite d'entrée dans le Shinto, se considèrent en effet facilement comme chrétiens sans être baptisés. En réalité, le chiffre des catholiques est précis car la préparation au baptême est longue et rigoureuse, ce qui n'est pas toujours le cas de certaines Eglises protestantes.

JORDANIE (3,8 millions)

Les musulmans représentent plus de 93 % de la population. La plupart sont sunnites de rite chaféite. La petite communauté des Tchétchènes, d'environ 1000 membres, est chiite. Les Alaouites sont trois fois plus nombreux et l'on compte aussi quelques Druzes.

L'Islam est religion d'Etat mais il existe une grande liberté de culte et pas de discrimination envers les autres religions. Toutefois la reconnaissance officielle a été refusée aux Témoins de Jéhovah.

Les 6,5 % de chrétiens se partagent entre 40 % de catholiques, soit 90 000 âmes, et 60 % de non-catholiques, soit 130 000 âmes.
Les catholiques se répartissent eux-mêmes en catholiques latins — environ 60 000 — et grecs-catholiques, qui sont près de 30 000. On compte aussi un petit nombre de catholiques d'autres rites : arménien, syrien, maronite, chaldéen ou copte.
Les non-catholiques sont grecs orthodoxes pour près de 80 %, soit environ 100 000 personnes ; les autres comprennent des syriens orthodoxes, des arméniens grégoriens et quelques coptes monophysites.
Les protestants, anglicans ou luthériens, sont au total une quinzaine de milliers.
Cette extraordinaire variété des confessions chrétiennes a parfois conduit le gouvernement jordanien à jouer le rôle d'arbitre dans certains litiges qui les opposaient entre elles.
Enfin une petite communauté bahaïe compte environ 1000 membres.

KAMPUCHEA voir CAMBODGE

KENYA (22 millions)

Cet Etat laïc est très libéral à l'égard des religions. Il a cependant interdit la religion des esprits des ancêtres qui a récemment cherché à se faire reconnaître.
Plus de la moitié des Kényans sont désormais dans la mouvance chrétienne un peu plus de 20 % sont catholiques, presqu'autant sont protestants, dont 1 200 000 sont pentecôtistes, 7 % sont anglicans et 2,5 % orthodoxes. Mais c'est surtout la prolifération des Eglises locales qui est remarquable : il en existe plus de 150 d'appellations différentes et elles regroupent 18 % de la population. Notons que dans le clergé catholique, 12 évêques sur 16 et 300 prêtres sur 900 sont Kényans.
Les musulmans sont près de 10 %. Ils sont généralement sunnites de rite chaféite et sont établis sur la côte. Ils comprennent la totalité de la minorité des 400 000 Somalis ainsi qu'une trentaine de milliers d'Arabes.
Moins du quart des Kényans est encore animiste. Ils étaient 95 % en 1900, 60 % en 1950 et 27 % en 1972. Certaines ethnies comme les Samburu, les Turkana ou les Masaïs sont encore presque totalement animistes. La plupart de ces religions tribales reconnaissent cependant l'existence d'un Dieu suprême.
La communauté bahaïe est importante et compte 180 000 membres.
Près de 200 000 Indiens vivaient au Kénya avant 1968 ; ils ont été pour la plupart expulsés et il n'en reste que 15 000.

KIRIBATI (70 000)

Ce petit Etat constitué d'un archipel corallien de 944 km^2 est peuplé de mélanésiens dont 35 000 sont catholiques et 31 000 protestants.
L'ensemble des trois pays de Kiribati, Tuvalu et Nauru forme un seul diocèse catholique, le plus vaste du Pacifique ; il comprend une vingtaine de prêtres. Les vocations religieuses sont nombreuses.

KOWEIT (1,5 million)

Ce chiffre comprend une population immigrée de près de 800 000 âmes qui n'a pas la nationalité koweitie. Ces résidents sont Palestiniens et Jordaniens (30 % de la population), Kurdes (10 %), Iraniens, Irakiens, Libanais etc.
Globalement, il y a 95 % de musulmans. Les Koweitis d'origine sont sunnites de rites divers ; les musulmans d'origine étrangère sont en majorité chiites (Iraniens, Irakiens, Libanais) ; on trouve cependant 4 % de chrétiens qui se partagent entre catholiques et orthodoxes, des hindouistes qui sont près de 7000 et 2000 baha'is.
Quoique rigoureux, l'Islam du Koweit donne au visiteur européen l'impression d'une plus grande tolérance que celui d'Arabie Séoudite ou de Qatar.

LAOS (4 millions)

Le bouddhisme Théravada est la religion de plus de 60 % des Laotiens. Différentes formes d'animisme sont pratiquées par les nombreuses minorités montagnardes.
Il existe une Eglise catholique qui ne compte guère plus de 30 000 fidèles, avec trois évêques et une quinzaine de prêtres

laotiens. En 1973, le Vénérable, chef de la communauté bouddhique de Luang Prabang, a rendu une visite remarquée au Pape.

Le gouvernement marxiste s'efforce jusqu'à ce jour d'étouffer progressivement toute forme de religion, qu'il s'agisse du christianisme ou du bouddhisme.

LESOTHO (1,8 millions)

Près de 93 % de la population est d'appartenance chrétienne, un peu plus de 6 % pratique encore des religions animistes et environ 1 % est baha'ie.

Parmi les chrétiens, 43,5 % sont catholiques, 30 % protestants dont 140 000 calvinistes, 11 % anglicans et 8 % se rattachent à des Eglises locales.

Le premier prêtre catholique d'ethnie sotho a été ordonné en 1930, il y avait alors 30 000 catholiques seulement contre plus de 500 000 aujourd'hui.

Parmi les Eglises locales, la plus importante et la plus originale est la Moshoeshoe Berean Bible Readers Church. Ces « lecteurs de Bible », qu'on appelle aussi Association Nazarite, sont au nombre de 7 à 8000. Les femmes portent des robes et des turbans blancs dans les services et les hommes un uniforme.

L'Islam, d'importance minime, n'est représenté que par un petit groupe d'Indiens résidents.

LIBAN (3,2 millions)

Le Liban a la réputation justifiée d'avoir une situation religieuse particulièrement complexe. Dix-sept cultes distincts sont reconnus par l'Etat. La recherche d'un équilibre de la représentation des communautés dans les instances politiques conduit à des querelles sur les statistiques religieuses[12]. La période de guerre n'a pas amélioré la qualité des données disponibles. Cependant, on peut dire que les trois communautés les plus importantes sont les chrétiens (47 %), les musulmans (45 %) et, les druzes (6 %).

Les deux premières se subdivisent en églises ou courants religieux divers:

— les chrétiens sont pour les 2/3 catholiques. Ceux-ci se répartissent en maronites (72 %) et melkites, également appelés grecs-catholiques (15 %); les autres catholiques sont de rite latin, arménien, syrien et chaldéen.

Les chrétiens non catholiques sont grecs-orthodoxes pour 50 %, arméniens-grégoriens pour 30 %, le reste se partage entre syriens-jacobites, assyriens-nestoriens, coptes et protestants. Ceux-ci sont surtout presbytériens mais on compte aussi quelques anglicans, adventistes, pentecôtistes et témoins de Jéhovah.

— les musulmans comprennent des sunnites, principalement dans le Nord, et des chiites, surtout dans le Sud, avec un léger avantage numérique pour les premiers.

Les Druzes, qui se rattachent lointainement à la communauté chiite, vivent surtout dans la montagne du Chouf, peu au Sud de Beyrouth. Ils sont près de 200 000. On trouve aussi des Alaouites, beaucoup moins nombreux qu'en Syrie ou en Turquie, qui appartiennent également à la lignée spirituelle chiite. Ils sont quelques dizaines de milliers.

On notera enfin l'existence d'une très petite minorité de Juifs, à peine quelques milliers, en 1967, réduits à une centaine de personnes aujourd'hui.

Au Liban, on ne trouve pratiquement personne qui récuse toute appartenance religieuse. C'est une constatation sociologique qui n'implique pas de conséquences sur la ferveur de la pratique religieuse.

LIBERIA (2,5 millions)

Ce pays, fondé par la Société de la Colonisation Américaine, a été le terrain d'expérience d'un retour massif en Afrique de Noirs américains au moment de l'abolition de l'esclavage. Ceux-ci ont exercé à leur tour une véritable colonisation sur les populations locales. Le pouvoir a souvent été entre les mains des pasteurs, dont quatre ont été présidents de la République. Aujourd'hui, les chrétiens sont 35 %, dont 19 % de protestants, 13 % de membres d'Eglises locales, 2 % de catholiques et 1 % d'anglicans. Au total, il existe 50 Eglises distinctes. Les méthodistes sont parmi les plus nombreux, environ 80 000; leurs évêques sont généralement originaires des Etats Unis. Le premier évêque originaire du Libéria a été sacré en 1965. On compte aussi 30 000 luthériens, 15 000 pentecôtistes, 10 000 adventistes du 7e jour etc.

Les animistes constituent encore plus de 45 % de la population. On les trouve surtout dans la partie orientale du pays. La société animiste est très complexe : elle compte des associations secrètes, des guérisseurs et des sorciers, des rites d'initiation et de divination...

Les musulmans forment le troisième groupe de religions par ordre d'importance, soit un peu plus de 20 % de la population. Ils sont sunnites de rite malékite. On les trouve surtout parmi les ethnies de l'Ouest du pays.

Il existe également une communauté bahaïe de 5000 membres et une Franc-Maçonnerie très active.

LIBYE (4 millions)

A l'exception de quelques résidents étrangers, la population est entièrement musulmane sunnite, de rite hanéfite ou chaféite. Cependant les Senoussis de Cyrénaïque sont sunnites de rite malékite ; leur confrérie joue un rôle important. L'Islam est religion d'Etat et est présenté par le gouvernement comme l'alternative au communisme ou au capitalisme. L'impôt de la loi musulmane, la zakat, a été institutionnalisé sous forme d'une taxe supplémentaire de 2,5 % sur les biens fonciers et autres richesses.

Les chrétiens, européens ou américains résidents, sont environ 8000 pour les 2/3 catholiques. Un accord a été passé avec le Saint Siège en 1970 par lequel celui-ci abandonne toute propriété terrienne en échange de l'autorisation pour quelques prêtres d'être présents dans le pays pour le service des chrétiens résidents. Les deux églises encore ouvertes à Tripoli et à Benghazi sont utilisés par tous les cultes chrétiens, catholique, anglican ou protestant à tour de rôle.

LIECHTENSTEIN (28 000)

Le catholicisme est religion d'Etat et 85 % de la population s'y rattache. L'Eglise de la principauté constitue un doyenné qui fait partie du diocèse de Chur, en Suisse. Les protestants évangélistes, luthériens ou réformés, constituent 11 % de la population. L'Eglise évangéliste est liée par un accord de coopération avec son homologue du canton de Saint Gall en Suisse.

LUXEMBOURG (400 000)

La constitution du Grand Duché garantit toutes les libertés religieuses et met à la charge de l'Etat le traitement des prêtres, pasteurs et rabbins.

Plus de 95 % de la population se déclare de tradition catholique mais la pratique religieuse est faible ; le taux de natalité est l'un des plus bas du monde et les divorces nombreux.

On compte 1,2 % de protestants et 0,2 % de Juifs. Rappelons que c'est dans la ville d'Echternach qu'a lieu le mardi de la Pentecôte la curieuse procession dansante de Saint Willibrod.

MADAGASCAR (10 millions)

Les Malgaches comptent 45 % d'animistes, 51 % de chrétiens et près de 4 % de musulmans.

Le christianisme s'est développé de façon extrêmement rapide à la fin du siècle dernier : de 5000 fidèles en 1861, on est passé à un million en 1 900, ce qui constituait alors 40 % de la population.

Les chrétiens sont pour moitié catholiques — près de 2,5 millions —, pour moitié protestants, anglicans ou membres d'Eglises locales.

Le clergé protestant est presqu'entièrement malgache alors que, pour des raisons d'obligation de célibat, semble-t-il, 25 % du clergé catholique est du pays.

Neuf Eglises ou religions distinctes sont reconnues par le gouvernement qui, quoiqu'athée, ne s'oppose pas à l'activité religieuse.

Les musulmans se trouvent principalement sur la côte Nord-Ouest autour de Majunga. Ils comprennent de nombreux Comoriens, sunnites de rite chaféite, et quelques Ismaéliens, d'origine indo-pakistanaise.

Tous les Malgaches, quelque soit leur religion, pratiquent le retournement des morts, dit famadihana (voir p. 439).

MALAISIE (16 millions)

La composition ethnique du pays trouve sa correspondance dans les religions. Tous les Malais qui constituent 55 % de la population sont musulmans sunnites chaféites. La plupart des 34 % de Chinois sont restés attachés au bouddhisme mahayana, mélangé de taoïsme et de culte des ancêtres. 70 000 Chinois se rattachent à une religion nouvelle, la Sainte Eglise de la Vertu Céleste (Tian De Sheng Hui, en chinois commun). C'est un syncrétisme des cinq religions : confucianisme, taoïsme, bouddhisme, Islam et christianisme. Il recherche l'harmonie entre le ciel et la terre. Les Indiens, qui constituent 11 % de la population, sont majoritairement hindouistes mais on compte parmi eux de nombreux chrétiens, quelques Sikhs et 50 000 musulmans.

A Bornéo, dans les Etats de Sabah et de Sarawak, 700 000 aborigènes sont encore animistes, un tiers seulement sont musulmans mais un effort de conversion persévérant est entrepris par le pouvoir central malais.

Les chrétiens représentent 7 % de la population dont la moitié de catholiques, soit environ 400 000 âmes. Les sept évêques sont malaisiens, trois d'origine indienne et quatre d'origine chinoise. La plupart des missionnaires étrangers, soit une vingtaine de prêtres, sont français. Ceux arrivés avant 1960 ont pu prendre la nationalité malaisienne.

Parmi les protestants, on compte 70 000 anglicans et presque autant de méthodistes.

Les Baha'is sont plus de 60 000 et croissent rapidement aux dépens de l'animisme à Sarawak et même de l'Islam sur le continent.

L'Islam est religion officielle mais la liberté est assurée à tous les cultes. On constate cependant une forte pression du gouvernement, majoritairement malais, à islamiser le pays au maximum. Il existe chaque année une compétition internationale de récitation du Coran. Il est interdit par la Constitution de convertir des Malais à une autre religion.

Tout se passe comme si l'Islam était un argument supplémentaire pour renfoncer la prépondérance politique de l'ethnie malaise, compensant en quelque sorte le rôle majeur des Chinois dans l'économie.

MALAWI (8 millions)

C'est Livingstone, explorateur et missionnaire presbytérien écossais, qui introduisit le christianisme dans les années 1850, suivi par les réformés hollandais. Les pères blancs catholiques, venus du Mozambique, n'arrivèrent qu'en 1889.

Aujourd'hui, on compte plus de 31 % de protestants, 27 % de catholiques, 2 % d'anglicans et près de 3 % de membres d'Eglises purement africaines.

Le premier prêtre catholique du pays a été ordonné en 1937 et le premier évêque sacré en 1956.

Les musulmans sont 16 %, ils sont sunnites de rite chaféite. La moitié d'entre eux appartient à l'ethnie Yao, importante au Mozambique, qui est pratiquement totalement islamisée au Malawi. C'est la frontière Sud de la pénétration musulmane en Afrique Noire.

Il subsiste encore près de 20 % d'animistes, pratiquant, comme souvent, des rites d'initiation avec sociétés secrètes et usage de masques rituels. A noter que Dieu, dans certains de ces cultes, est symbolisé par un tambour sacré.

La communauté bahaïe compte plus de 10 000 membres.

MALDIVES (180 000)

Originellement bouddhiste, cet archipel corallien est depuis 1153 entièrement islamisé, sunnite de rite chaféite.

MALI (8 millions)

L'Islam s'est implanté dans la région dès le XIe siècle. 80 % des Maliens sont musulmans, sunnites de rite malékite, généralement rattachés à la confrérie tidjane.

Les animistes, dont le nombre décroît, sont encore 18 %. On en trouve notamment chez les Dogons, les Bobos et les Sénoufos, dans la partie Sud-Est du pays.

Les chrétiens comptent pour moins de 2 %. Ils proviennent de populations restées longtemps animistes et sont le plus souvent catholiques. La première mission a été établie en 1888 à Kita. Le premier prêtre malien a été ordonné en 1936 et le premier évêque sacré en 1962. Il existe en outre de petites communautés protestantes appartenant à sept Eglises différentes.

A noter une curieuse secte issue de la confrérie musulmane des Tidjanes celle des hamalistes qui a connu un certain succès au début du siècle. Elle se caractérise par des prières et une profession de foi abrégés ainsi que par l'emploi d'un chapelet à 11 grains au lieu de 12 ; la prière ne se pratique pas en direction de La Mecque mais du village de Nioro ; le Coran et le pèlerinage à La Mecque sont considérés comme inutiles. Il subsiste moins de 50 000 adeptes de la secte.

MALTE (350 000)

A l'exception de quelques résidents britanniques qui sont anglicans, toute la population de l'île est de tradition catholique. L'île a été touchée par le christianisme dès le premier siècle, quand Saint Paul y fit naufrage et y séjourna trois mois sur la route de Rome. Cet événement est l'objet d'une fête très populaire. Le catholicisme est intense, d'une dévotion de type italien. Plus d'une centaine de prêtres maltais sont missionnaires à l'étranger. Les propriétés foncières de l'Eglise sont considérables. Les écoles catholiques regroupent 30 % des élèves. Le gouvernement socialiste s'efforce de contrecarrer cette influence qu'il juge excessive.

Bien que la langue maltaise soit un dialecte arabe, l'occupation arabe de 870 à 1090 n'a laissé aucune présence musulmane.

Les protestants sont représentés par quelques méthodistes et Témoins de Jéhovah.

MAROC (24,3 millions)

La population est à plus de 99 % musulmane, sunnite de rite malékite. L'Islam est religion d'Etat. La non-observation publique des règles du jeûne du Ramadan est considérée comme un délit et les prières sont obligatoires dans les écoles du Royaume. Cependant, la Constitution garantit la liberté religieuse.

L'Islam marocain est personnifié par le roi qui est descendant du prophète et commandeur des croyants. La dynastie alaouite règne depuis le XVe siècle.

L'Islam est pratiqué généralement avec ferveur dans les couches populaires, avec quelques particularismes chez les Berbères. Il existe, comme souvent en pays musulman, des confréries diverses, notamment soufies. Les tombeaux des saints marabouts font l'objet d'un respect particulier.

La communauté juive, forte de 250 000 personnes en 1952, a pour une large part émigré en Israël. Il ne subsiste aujourd'hui qu'environ 15 000 Juifs qui vivent en bonne harmonie avec les musulmans.

Les chrétiens ne se rencontrent pratiquement que dans la population européenne résidente. De petites équipes de Frères de Foucauld vivent totalement intégrées en milieu musulman, notamment à Marrakech.

Les baha'is sont un peu plus de 3000.

MAURICE (1 million)

Française jusqu'en 1810, l'île est restée, de fait, sous le régime du concordat signé entre Napoléon Ier et le pape. Il n'y a pas de religion officielle mais le gouvernement apporte une aide aux Eglises catholique et anglicane.

La population, majoritairement d'origine indienne, est hindouiste à 46 %. Il y a 35 % de chrétiens, presque tous catholiques. L'île Rodriguez, dépendance de Maurice, est totalement catholique.

On trouve cependant quelques représentants d'autres confessions chrétiennes : 8000 protestants, dont les adventistes du 7e jour, 7000 anglicans et un millier de Témoins de Jéhovah.

Les musulmans sont 16 %, sunnites de langue ourdou, sauf une quinzaine de milliers d'ahmadis.

La communauté bahaïe compte 1000 membres. La secte Hare Krishna dispose d'un centre dans l'île.

Les religions pratiquées par la minorité chinoise, dont le bouddhisme, ont pratiquement disparu.

Rappelons que la population mauricienne comprend 68 % de citoyens d'origine indienne, 29 % de créoles, d'origine française ou africaine, et 3 % de Chinois.

MAURITANIE (2 millions)

La religion officielle est l'Islam, pratiqué par la quasi-totalité de la population, noire ou blanche, qui est sunnite et de rite malékite.

Les Maures blancs, les Bidanes, appartiennent à la confrérie Qadriya et les Noirs à celle des Tidjanes. Les clans maraboutiques, d'origine guerrière gardent leur importance.

On constate, sous l'influence de l'Arabie Séoudite qui finance de nombreux projets, des tendances wahabites, mais aussi réformistes ou modernistes. La loi islamique, la charia, s'applique à l'ensemble de la vie nationale.

MEXIQUE (86 millions)

L'écrasante majorité des Mexicains se déclare catholique — environ 95 % d'entre eux, soit 80 millions. Un autre million appartient à des religions chrétiennes diverses, parmi lesquels 150 000 Témoins de Jéhovah. Il y a près de 100 000 Juifs, 40 000 amérindiens mormons et environ 20 000 bahaïs.

Ces chiffres ne font pas apparaître ce qui peut rester des pratiques liées à des religions indiennes. Il est certain que le catholicisme mexicain peut être fortement coloré par ces pratiques dans les zones reculées, notamment chez les Mayas.

Il est étonnant de constater que dans un pays aussi majoritairement catholique la constitution est aussi violemment anticléricale. Ceci s'explique par réaction contre la situation antérieure où l'Eglise jouait un rôle politique considérable.

Ainsi, depuis 1917, les Eglises n'ont pas la personnalité juridique, les ordres religieux sont interdits, le nombre de prêtres est fixé par le gouvernement qui décide de l'ouverture des lieux de culte. En outre, l'Eglise ne peut participer à l'éducation, les prêtres n'ont pas le droit de vote ni celui de sortir dans la rue en soutane...

Dans la pratique, les lois sont rarement appliquées avec rigueur et il existe un modus vivendi plus libéral.

MONACO (30 000)

La population ne compte que 3500 sujets monégasques. La principauté comprend une proportion de résidents étrangers très supérieure à celle que connaissent les Emirats Arabes Unis. Le catholicisme est religion d'Etat. Par concordat signé avec le Saint-Siège, les prêtres et l'entretien des églises sont à la charge de la Principauté. Les sujets monégasques sont en quasi-totalité de tradition catholique. La pratique religieuse est comparable à celle observée en France.

MONGOLIE (2 millions)

La soviétisation pratiquée depuis la fondation de la République Populaire de Mongolie en 1924 a presque totalement extirpé le lamaïsme bouddhique, religion qui supplanta elle-même le chamanisme au XIe siècle.

Des 2500 temples bouddhistes de jadis, il en subsiste une dizaine transformés en musées ou en écoles et un seul qui fonctionne encore pour quelques vieillards et les rares touristes. Ses cent moines emploient le tibétain comme langue religieuse.

Cette quasi-disparition de la religion est, pour une bonne part, l'effet de l'obscurantisme dont les lamas avaient fait preuve avant la révolution en s'opposant à toute réforme.

Cependant, de multiples coutumes et superstitions encore vivaces ont une origine religieuse, mais elles sont pratiquées de façon purement machinale.

Dans l'Ouest du pays, 50 000 Mongols de race Kazakh, c'est-à-dire turque, sont de tradition musulmane.

MOZAMBIQUE (14 millions)

L'Etat est marxiste-léniniste et officiellement athée. Les religions sont cependant librement pratiquées et peu de Mozambicains se déclarent sans religion: 45 % d'entre eux sont encore animistes, on les trouve surtout dans le Nord du pays ; 31 % sont catholiques, conséquence de la présence portugaise de 1490 à 1975 ; 7 % appartiennent à diverses communautés protestantes (presbytériens évangélisés par les Suisses, méthodistes et adventistes par des Américains, anglicans, baptistes, pentecôtistes...) et 13 % sont musulmans.

L'Islam est présent sur la côte du pays depuis l'an 1000, il a été introduit par le

Les religions pratiquées dans les différents pays du monde 617

sultan de Zanzibar. L'ethnie la plus profondément islamisée est celle des Yaos qui compte 80 % de musulmans. Le reste de cette ethnie compte deux fois plus d'anglicans que de catholiques.

NAMIBIE (1,2 million)

70 % de la population est chrétienne. Les communautés les plus nombreuses sont : les luthériens (350 000 âmes), les catholiques (100 000) et les anglicans (90 000). Les non-chrétiens sont, pour la plupart, animistes.

NAURU (8000)

La population de ce minuscule Etat insulaire du Pacifique, comblé des richesses de son phosphate, est chrétienne à plus de 80 %.
Les protestants congrégationalistes sont environ 4000 et les catholiques 2000. Le reste comprend des anglicans, quelques Chinois pratiquant un bouddhisme teinté de confucianisme, et une petite communauté bahaïe d'une centaine de membres.
La pratique religieuse est élevée, de l'ordre de 70 %.

NEPAL (17,5 millions)

L'hindouisme est religion officielle. Seul un monarque de religion hindouiste peut monter sur le trône. Cependant, l'hindouisme népalais est très mélangé d'influences bouddhistes. L'ensemble hindouisme-bouddhisme représente 97 % de la population. Le reste est musulman, à l'exception de quelques chrétiens[13]. Islam et et christianisme n'ont pas droit officiellement au nom de vraies religions : ce sont des croyances tolérées avec restriction. Toute conversion d'un hindouiste est réprimée par la prison, aussi bien pour le converti que pour celui qui l'a convaincu. Les chrétiens et musulmans ne le sont donc que par leur naissance et ils sont considérés comme des impurs de caste inférieure.[14]
A l'intérieur du bloc majoritaire, certains considèrent que 90 % des fidèles sont hindouistes et 10 % bouddhistes ; il existe aussi quelques Sikhs et Jaïns. Des pratiques religieuses tribales animistes sont encore fréquentes, mais elles ne sont jamais reconnues officiellement.

NICARAGUA (3,5 millions)

La quasi-totalité de la population se déclare chrétienne, catholique à 95 % et protestant pour 4,5 %. Il y a peu de prêtres, environ un pour 8000 personnes. On constate une prolifération d'églises locales et de sectes, plus de 26 comptent au moins 10 000 adhérents.
Il subsiste des traces de religions indiennes traditionnelles chez les Miskitos.

NIGER (7 millions)

Les musulmans, sunnites de rite malékite, constituent 88 % de la population. Ils appartiennent en général à la confrérie tidjane ; seuls certains nomades suivent la confrérie de la qadriya.
Les animistes sont encore plus de 11 % ; parmi eux, les Peuls Bororo, célèbres par la pureté de leurs traditions pastorales. Les autres animistes se trouvent surtout dans le Sud du pays.
Les chrétiens sont en nombre très réduit, peut-être un millier d'africains, auxquels s'ajoutent des résidents européens.

NIGERIA (108 millions)

Les statistiques concernant les religions sont encore plus incertaines que celles de la démographie. Les estimations ci-après sont vraisemblables, sans plus.
Les musulmans sunnites de rite malékite sont les plus nombreux, environ la moitié de la population. On les trouve parmi les ethnies du Nord comme les Haoussas, les Peuls et les Kanouris, totalement islamisés, mais aussi dans des ethnies du Sud comme les Yoroubas, où ils sont nombreux.
Les chrétiens représentent un tiers de la population, réparti en 11 % de protestants, 8 % de catholiques, 7 % d'anglicans et 7 % de membres d'Eglises locales purement africaines. Certaines ethnies, comme celle des Ibos, sont très fortement catholiques. Les protestants, nombreux dans les ethnies du Sud, sont principalement méthodistes, pentecôtistes ou presbytériens. Les Eglises locales, également localisées

dans le Sud sont émiettées en quelque 700 dénominations différentes. Il y a plus de 110 000 Témoins de Jéhovah.

L'animisme, en diminution rapide devant l'Islam et le christianisme, est encore pratiqué par un Nigérian sur six. Une vingtaine d'ethnies du plateau central sont encore presque totalement animistes.

Le Nigéria est un pays où fleurissent les religions les plus diverses. Parmi les sectes d'inspiration islamique, on trouve quelques Ahmadis. Il faut noter aussi la secte du prophète Mohammed Marwa, dit Maîtatsine, qui prêche un Islam purement noir très intolérant et rejetant tout occidentalisme. Une tentative d'écrasement de cette secte par les autorités fit près de 4 000 morts en 1980 à Kano et à Yola.

NORVEGE (4,4 millions)

La religion du royaume est évangélique luthérienne. Il y a une totale liberté religieuse mais les organisations confessionnelles doivent être enregistrées. Depuis 1969, la loi stipule qu'on ne peut appartenir à deux religions à la fois et qu'à partir de 15 ans on peut choisir sa religion mais sans pouvoir prononcer de vœux perpétuels avant 20 ans.

Le christianisme, introduit depuis le début du XIe siècle, touche la quasi-totalité de la population. Le luthéranisme a été adopté en 1537.

Si 3 % des Norvégiens seulement vont au service du dimanche, souvent pour des raisons d'éloignement des églises, l'attachement à la religion est très fort : 50 % de la population suit les émissions religieuses, 96 % des enfants sont baptisés, 80 % confirmés, 85 % des mariages se font à l'église ainsi que 95 % des enterrements. Les autres Eglises protestantes sont représentées par les méthodistes et les baptistes principalement.

Les catholiques ne sont que 12 000, soit 0,3 % de la population. La première paroisse a été constituée en 1842. Il existe 16 prêtres norvégiens, ce qui constitue une proportion élevée, et trois fois plus de prêtres d'origine étrangère.

NOUVELLES HEBRIDES voir VANUATU

NOUVELLE-ZELANDE (3,4 millions)

Les diverses Eglises protestantes représentent 68 % de la population, dont 30 % d'anglicans et 17 % de presbytériens. Les catholiques sont moins de 15 %, répartis en 6 diocèses. Dans tous les cas, la pratique religieuse est faible.

On compte aussi plus de 50 000 mormons et environ 10 000 Témoins de Jéhovah. Les mormons se sont développés très rapidement, au taux de 5 % par an, surtout dans la population aborigène maorie qui ne constitue plus que 8 % de la population néo-zélandaise.

A noter aussi une Eglise purement maorie, l'Eglise Ratana, fondée en 1918. Son prophète, Ratana, a prédit que Dieu enverrait des anges pour aider les Maoris. Son temple principal, à Ratanapa, comporte un portique orné d'un croissant et d'une étoile qui lui confèrent une apparence faussement islamique.

Le culte polynésien d'avant le christianisme a pratiquement disparu, quoique certains Maoris honorent encore un Dieu-Ciel et un Dieu-Terre.

Huit pour cent de l'ensemble des Néo-Zélandais et 13 % des Maoris se déclarent sans religion ou athées.

OMAN ET MASCATE (2 millions)

Le sultanat est entièrement musulman et l'Islam kharidjite ibadite est religion officielle. C'est le seul pays du monde où cette branche de l'Islam a cette position, elle est suivie par 75 % de la population.

Il existe cependant d'importantes minorités sunnites, de rite chaféite ou hanbalite, ainsi que 7 % de chiites, persans ou arabes ismaëliens.

On trouve à Mascate une église catholique, construite en 1977 sur un terrain donné par le Sultan. Elle est destinée aux étrangers résidents. Le droit d'établir des communautés religieuses est également accordé aux protestants. Cette situation est la plus libérale de la péninsule arabique.

OUGANDA (16 millions)

Les chrétiens représentent les 3/4 de la population ougandaise. Contrairement à la situation de la plupart des pays anglo-

Les religions pratiquées dans les différents pays du monde 619

phones d'Afrique, deux religions chrétiennes seulement rassemblent la quasi-totalité des fidèles : les catholiques sont 50 % et les anglicans 26 %. On trouve cependant 2 % de protestants divers, principalement pentecôtistes et adventistes, ainsi qu'une vingtaine de petites Eglises locales qui totalisent à peine 70 000 membres. Il existe même une Eglise orthodoxe noire, créée à la suite d'un schisme au sein des anglicans : elle compte plus de 30 000 fidèles.

Le christianisme s'est implanté dans l'actuel Ouganda à la fin du XIXe siècle. Les débuts ont été difficiles et souvent tragiques ; l'animisme de l'ethnie principale des Baganda a persécuté les premiers chrétiens, catholiques et anglicans, dont plusieurs centaines ont été massacrés. Vingt-deux martyrs ougandais ont été canonisés en 1969 à Kampala en présence du pape Paul VI.

Les animistes constituent encore plus de 10 % de la population mais leur nombre décroit rapidement. On les rencontre surtout dans les ethnies nilotiques comme les Karamodjong ou chez les rares pygmées. Les Baganda sont désormais largement christianisés ; leur ancienne religion comportait un Dieu tout-puissant mais aussi 40 divinités intermédiaires.

L'Islam, introduit dès le milieu du XIXe siècle par des commerçants de la côte de l'Océan Indien ou par des Soudanais de l'armée anglaise, touche environ 7 % de la population. Les musulmans sont sunnites, chaféites pour les soudanais, malékites à l'ouest du Nil. L'Islam a été vigoureusement encouragé par le régime d'Idi Amin Dada de 1971 à 1979. Cette période tragique a été marquée de nombreux massacres qui ont fait plus de 400 000 victimes majoritairement chrétiennes ainsi que par l'expulsion en masse des Asiatiques en 1972 et le bannissement des adventistes et des baha'is en 1977.

Cependant les baha'is constituent une importante communauté de plus de 300 000 membres. L'un des sept temples du mouvement dans le monde se trouve à Kampala. C'est le premier construit en Afrique.

PAKISTAN (100 millions)

Créé en 1948 par sécession d'une partie de l'Inde pour donner un territoire aux musulmans, le Pakistan a l'Islam pour religion d'Etat et 97 % de ses citoyens sont musulmans. Parmi ceux-ci, on évalue les chiites à 16,5 % soit plus de 15 millions ; cette communauté avance parfois un nombre beaucoup plus important de membres. Au nombre des chiites, figurent environ 200 000 Ismaëliens qui vivent principalement dans les montagnes du Nord.

On compte aussi près de 2 millions d'Ahmadis, secte qui se réclame de l'Islam mais ne reconnait pas Mahomet comme le dernier prophète ; de ce fait, les autorités pakistanaises ne la considèrent pas comme musulmane.

Les musulmans sunnites, qui sont donc près de 80 %, sont généralement de rite chaféite.

La minorité non musulmane la plus importante est celle des hindouistes : elle ne dépasse pas 1,5 % de la population.

Les chrétiens sont presque aussi nombreux et comptent 500 000 catholiques et 700 000 protestants. Les catholiques et les chrétiens en général sont pour les 3/4 Pandjabis. Le premier évêque catholique pakistanais, un Pandjabi, a été sacré en 1980. Il y a aujourd'hui un cardinal et sept évêques, tous Pakistanais. Sur les 90 prêtres, la moitié est pandjabie, l'autre originaire de Goa en Inde.

Les protestants sont regroupés au sein de l'Eglise du Pakistan où l'on trouve des anglicans, des méthodistes, des luthériens et des presbytériens.

Quelque 25 000 montagnards pratiquent encore des religions tribales pré-islamiques et il existe une communauté bahaïe d'importance analogue.

Les parsis, zoroastriens, sont environ 5000.

PANAMA (2,3 millions)

La population est christianisée à plus de 90 %. Les catholiques sont 85 %. Différentes Eglises protestantes, anglicane ou locales se partagent 5 % de la population. Une importante minorité musulmane, originaire de l'Inde et du Moyen-Orient compte 86 000 personnes. Il reste un petit nombre d'animistes chez les Amérindiens, principalement de l'ethnie Cuna. On les évalue à 6000, à comparer avec un total de 110 000 Amérindiens.

La communauté bahaïe est relativement importante, elle comprend 20 000 fidèles. On trouve à Panama le seul temple baha'i d'Amérique, c'est une coupole très moderne avec neuf portes, symbolisant les 9 grandes religions.

Les Juifs sont 2600.

Le catholicisme est reconnu par l'Etat comme « religion de la majorité ». Cette religion est enseignée à l'école publique mais les parents qui le demandent peuvent en dispenser leurs enfants.

La loi impose que les évêques et les prélats soient panaméens de naissance.

PAPOUASIE—NOUVELLE GUINEE,
localement dénommée en pidjin Niugini (3,5 millions)

La christianisation de multitude d'ethnies du pays est presque totale quoique souvent superficielle. Les peuples des Hautes Terres, de culture très primitive, n'ont été abordés qu'à partir de 1950 et les premières conversions datent de 1960. On estime que seuls 2,5 % de la population est encore entièrement animiste. Les chrétiens se répartissent en 58 % de protestants, 33 % de catholiques et 5 % d'anglicans. Parmi les protestants, les luthériens sont les plus nombreux avec près de 500 000 fidèles, suivis par les méthodistes. On compte 75 000 adventistes et des représentants de nombreuses autres Eglises. Les anglicans sont en quasi-totalité Papous. Les catholiques, qui n'étaient que 400 000 en 1960, atteignent aujourd'hui le million. Le premier prêtre local a été ordonné en 1937, il est devenu le premier évêque autochtone en 1970. Le clergé local reste rare, avec 15 prêtres contre 475 missionnaires.

Les baha'is, dont le nombre croît rapidement, sont déjà près de 20 000.

Les religions tribales pratiquent la magie, le culte des ancêtres et croient aux bons et mauvais esprits. Mais le plus curieux est l'importance qu'a eue le phénomène qu'on appelle globalement « Cargo cults ». Apparus dès 1890, ces cultes attendent les cargos ou les avions que les ancêtres leur enverront de l'au-delà. Il est recensé plus de 100 de ces religions de durée éphémère et certains d'entre eux se sont christianisés sous l'influence des pentecôtistes. A noter aussi le culte du taro, fondé en 1914, qui se propose par des danses extatiques et des possessions, de développer le rendement de la culture du taro, racine de base de la nourriture locale.

PARAGUAY (4 millions)

Plus de 95 % de la population se déclare catholique quoique la pratique soit, comme souvent, de qualité inégale. Certains Indiens ont gardé des habitudes animistes.

Le Paraguay a été pendant 150 ans une véritable république jésuite.[15] Jusqu'à l'expulsion de ces religieux en 1767, un extraordinaire effort de sédentarisation et d'éducation a été effectué, de façon à vrai dire assez paternaliste, dans des villages de regroupement des populations indiennes appelés « réductions ». Il reste de cette longue expérience un plus grand respect qu'ailleurs de la personnalité indienne et le Paraguay est le seul pays où une langue indienne, le guarani, est officielle à coté de l'espagnol. Objet permanent de la convoitise de ses voisins, le Paraguay a perdu la moitié de sa population et une bonne part de ses territoires lors des guerres sanglantes de la Triple Alliance en 1865-1870 et du Chaco en 1932-1935. Le retard de développement qui en a résulté conduit à une forte émigration des hommes, à une polygamie de fait assez répandue et à 50 % de naissances illégitimes. L'Eglise catholique, contrairement à ce qu'on constate dans les autres pays d'Amérique Latine, ne dispose pas de domaines fonciers, elle est très active dans le domaine social.

La proportion des prêtres (46 %) et des religieuses (71 %) originaires du pays est comparativement très élevée.

On compte près de 2 % de protestants dont les mennonites sont les plus importants.

PAYS-BAS (14,6 millions)

La majorité des Néerlandais, soit 71 %, se rattachent au christianisme. Depuis peu, grâce à une plus forte natalité, les catholiques sont un peu plus nombreux que les protestants, 38 % contre 33 %. Les catholiques sont majoritaires dans les provinces du Sud et les protestants dans celles du Nord.

Le reste de la population se déclare sans religion ou athée. La pratique religieuse des chrétiens a considérablement décru depuis quelques décennies, sauf en ce qui concerne le mariage, le baptême et l'enterrement. On constate une raréfaction des vocations sacerdotales, cependant un tiers des quelque 10 000 prêtres néerlandais est missionnaire dans différents pays du monde.

L'Eglise catholique, longtemps très traditionnaliste, connait dorénavant de puissants courants progressistes.

Les protestants appartiennent en très grande majorité aux diverses Eglises réformées dont la plus importante est la N.H.K. (Nederlandse Hervormde Kerk).

Le calvinisme a été religion d'Etat en 1651 mais a perdu ce statut depuis 1795, au moment de l'occupation française.

Aujourd'hui, l'Eglise est séparée de l'Etat, toutefois l'Etat verse des salaires aux aumôniers qui travaillent dans les prisons ou à l'armée.

Il existe deux partis politiques qui se déclarent catholiques et quatre protestants. Parmi les religions très minoritaires, les Juifs, qui comptaient 140 000 âmes avant guerre, ne sont plus qu'une trentaine de milliers. Le « journal d'Anne Franck » témoigne des persécutions de cette communauté sous l'occupation hitlérienne.

On trouve près de 100 000 musulmans aux Pays-Bas, principalement Turcs ou Marocains ; 2600 musulmans sont Néerlandais, ils sont presque tous originaires de Java ou de Surinam.

Enfin, signalons que les Antilles Néerlandaises sont catholiques à 87 %.

PEROU (20 millions)

Le catholicisme est la religion à laquelle se rattachent officiellement 95 % des Péruviens, toutefois un tiers d'entre eux, parmi les Indiens des Andes ou d'Amazonie, conservent des pratiques des cultes animistes antérieurs. La religion des Incas n'est que l'un de ces cultes, relativement tardif. Le catholicisme des Indiens reste donc souvent une façade derrière laquelle fleurissent cultes populaires et superstitions : par exemple, l'ancien culte rendu à des tumuli de pierres sacrées se pratique-t-il encore sous le couvert de l'apparition supposée de saints en ces lieux. Parfois aussi, Pachamama, la déesse-mère de la terre qui donne la nourriture et reçoit le corps après la mort, est assimilée à la Vierge Marie.

Le caractère superficiel du catholicisme explique la faible assistance à la messe et surtout le nombre réduit des vocations sacerdotales. Il n'y a en moyenne qu'un prêtre pour 6000 âmes mais pas plus d'un pour 20 000 dans certains diocèses des Andes. Deux prêtres sur trois et la moitié des 52 évêques sont d'origine étrangère. Rappelons que le premier diocèse, celui de Cuzco, a été établi en 1536, trois ans seulement après la conquête de Pizarre.

Des missions protestantes, d'origine généralement américaine, s'efforcent d'implanter leur religion. Les protestants totalisent moins de 3 % des Péruviens. Parmi les plus nombreux, on compte les adventistes, surtout dans l'ethnie Aymara, et les pentecôtistes. Il y a 19 000 Témoins de Jéhovah. Enfin on évalue à un peu plus de 100 000 les animistes non christianisés. Ils représentent environ la moitié des Indiens des 37 tribus de l'Amazonie péruvienne.

PHILIPPINES (57 millions)

De leur passé colonial espagnol, les Philippines gardent d'être le seul Etat d'Asie très majoritairement catholique, à plus de 80 %. La pratique religieuse, très fervente, reste marquée par la culture espagnole, mais aussi par la sensibilité propre des ethnies locales : parfois certains fidèles vont jusqu'à se faire crucifier volontairement le Vendredi Saint.

A la fin du siècle dernier, le mouvement nationaliste fut à l'origine d'un schisme au sein de l'Eglise catholique. Un prêtre, Aglipay (1860-1940), imprégné avant la lettre par la théologie de la libération, dût rompre avec Rome, influencée par le clergé espagnol local. « L'Eglise philippine indépendante » ainsi créée compte encore environ un million de fidèles, avec 500 prêtres, 70 évêques et 35 diocèses dont un pour les Etats-Unis et le Canada. La doctrine reste très proche du catholicisme, le credo reprend même la formule « je crois en l'Eglise une catholique et apostolique » ; elle se déclare cependant proche des orthodoxes, des anglicans et des Vieux-catholiques. Depuis que le catholicisme célèbre la messe en langue locale, le tagalog, et surtout depuis que le cardinal catholique s'est nettement opposé à la dictature de Marcos, l'Eglise d'Aglipay perd du terrain ; ses divisions internes, qui opposent devant le tribunal deux évêques qui prétendent la diriger, contribuent à cet effritement.

Plus vivantes sont les Eglises protestantes, presque toutes sont représentées depuis que les Philippines sont entrées dans l'univers culturel américain. Les pentecôtistes semblent les plus importants. L'ensemble protestant représente environ 3 % de la population, mais il s'y ajoute une Eglise locale de poids, « Iglesia ni Kristo », qui touche vraisemblablement 7 % des Philippins. Ses églises sont nombreuses dans le pays et se caractérisent par l'absence de la croix, considérée comme une idole. Un article est consacré à cette religion à la fin du chapitre sur le christianisme.

Une minorité musulmane importante, sunnite et chaféite, habite l'ouest de l'île de Mindanao et le petit archipel voisin de Sulu. Ses membres, appelés Moros par analogie avec les Maures qui occupèrent l'Espagne, appartiennent à des groupes ethniques semblables à ceux des autres Philippins. Les musulmans représentent près de 5 % de la population. On compte parmi eux 5000 ahmadis.

Certaines tribus de l'intérieur de l'île de Luçon sont encore animistes, elles constituent moins de 1 % de la population.

POLOGNE (38 millions)

Christianisé depuis le Xe siècle, ce pays, comme l'Irlande, a toujours associé catholicisme et nationalisme. L'Eglise catholique compte plus de 33 millions de fidèles, 85 évêques, 26 000 prêtres et 30 000 religieuses. Faut-il rappeler que le pape Jean Paul II est polonais ?

Il est remarquable de constater que les prêtres n'étaient que 16 000 en 1937. A cette époque, le pays comptait près de 4 millions d'orthodoxes dont il ne reste que 400 000 à la suite des déplacements de frontières de l'après-guerre. Les Juifs étaient alors 3 500 000, il n'en reste qu'un millier, conséquence des massacres hitlériens et de l'émigration des survivants en Israël.

Il existe une petite minorité de 50 000 protestants, surtout des luthériens de Haute-Silésie, ainsi que 20 000 adventistes et quelques pentecôtistes.

Il est difficile de faire la part, dans le catholicisme polonais, de ce qui relève du nationalisme et de ce qui est purement religieux. En comparaison avec d'autres pays, la pratique religieuse est relativement indépendante des classes sociales ; en revanche, elle est variable selon les régions. La puissance du catholicisme polonais lui a permis de lutter victorieusement contre le régime marxiste-léniniste. L'Eglise dispose de 47 séminaires, 10 lycées et collèges, une université, trois hebdomadaires et, fait unique, il existe depuis longtemps des aumôniers dans l'armée. L'aumônier en chef a rang de colonel.

PORTUGAL (10 millions)

Le catholicisme a longtemps eu, comme en Espagne, une position de monopole ; 94 % des Portugais déclarent s'y rattacher tandis que moins de 5 % se disent sans religion ou athées. Toutefois le caractère très conservateur du catholicisme portugais entraine un fort mouvement anticlérical.

Le Sud du pays est assez profondément déchristianisé, on n'y compte qu'un prêtre pour 4500 âmes alors qu'au Nord, beaucoup plus peuplé, il y en a un pour 600. C'est en 1917 qu'ont eu lieu les apparitions de la Vierge Marie à Fatima ; c'est devenu depuis un centre de pèlerinage considérable.

A peine plus de 1 % des Portugais se sont tournés vers le protestantisme malgré la grande activité des missionnaires anglo-saxons.

La communauté juive, jadis importante, a été contrainte à se convertir ou à s'expatrier en 1497. On dit qu'il reste encore quelques descendants de convertis de cette

Les religions pratiquées dans les différents pays du monde 623

époque qui gardent secrètement des pratiques juives : on les appelle les Marranos.

QATAR (270 000)

Cet ancien protectorat britannique indépendant depuis 1970 a, comme l'Arabie Séoudite, l'Islam wahabite pour religion officielle. Toute la population qatarie est donc musulmane sunnite de rite hanbalite. On trouve parmi les résidents d'origine étrangère quelques chiites ainsi qu'une dizaine de milliers de chrétiens de toutes confessions, notamment environ 2000 Palestiniens orthodoxes. Les chrétiens jouissent de liberté d'organisation de leur culte. Il y a un prêtre capucin mais pas d'église.

ROUMANIE (23 millions)

Les chrétiens représentent plus de 80 % de la population.
Ils sont pour les 3/4 orthodoxes, soit près de 14 millions.
Les catholiques de rite latin, au nombre de 1.200.000, appartiennent pour la plupart à la minorité hongroise. Ils se répartissent en cinq diocèses et disposent de deux séminaires. L'Eglise grecque catholique uniate comprend environ 1.700.000 fidèles ; elle a été contrainte en 1948 par le gouvernement communiste à se fondre dans l'Eglise orthodoxe, mesure abrogée en janvier 1990. Cinq évêques de rite byzantin ont été nommés par le pape en mars 1990.
Les protestants, principalement évangélistes, sont un peu plus nombreux que les catholiques.
On évalue les non religieux à 9 % de la population, soit environ 2 millions de personnes, et les athées à 7 %.
Il existe une minorité de 270.000 musulmans près de Constantza et environ 25.000 Juifs. Près de 100.000 Juifs ont émigré en Israël entre 1948 et 1952.

RWANDA (7 millions)

Les catholiques, catéchumènes compris, représentent aujourd'hui plus de 55 % de la population. Cette situation est d'autant plus remarquable que les premiers missionnaires ne se sont présentés au Rwanda qu'en 1900 et que les premiers baptêmes n'ont été célébrés qu'en 1908. C'est depuis les années 1930 que le catholicisme a pris un essor rapide puisque les baptisés n'étaient que 300.000 avant la 2ᵉ guerre mondiale. Le premier prêtre local a été ordonné en 1917 et le premier évêque sacré en 1952. On compte actuellement 8 diocèses avec 241 prêtres rwandais et 271 missionnaires étrangers.
Les protestants représentent environ 12 % de la population, dont plus de 200.000 adventistes mais surtout des réformés qui se rattachent au calvinisme belge. On trouve également un peu moins de 6 % d'anglicans.
Les chrétiens totalisent ainsi près des 3/4 de la population. Il reste encore 18 % d'animistes, en voie de diminution.
Les musulmans, convertis par des commerçants étrangers représentent plus de 8 % des Rwandais, soit 420.000 âmes.
On trouve en outre une dizaine de milliers de baha'is.
Rappelons enfin que des apparitions de la Vierge Marie sont signalées depuis 1981 dans le village de Kibeho.

SAINTE LUCIE (140 000)

Cette île des Antilles jadis française puis anglaise et indépendante en 1979, compte 88 % de catholiques, 6 % de protestants et 3 % d'anglicans.

SAINT MARIN (25 000)

La population est baptisée dans la religion catholique à 95 %. Curieusement, les douze paroisses de la république sont partagées entre deux diocèses italiens, celui de Rimini en a quatre et celui de Montefeltro, huit. Il n'existe pas de concordat entre Saint Marin et le Saint Siège ; le mariage religieux a valeur civile.
A noter une petite communauté de 100 baha'is et une autre d'autant de Témoins de Jéhovah.

SAINT-SIÈGE (6 000)

Tous les ressortissants du Vatican sont catholiques. Toutefois la pratique religieuse ne dépasserait pas 94 %.

SAINT VINCENT (110 000)

Cette ancienne colonie britannique des Antilles compte 36 % d'anglicans, 40 % de protestants divers, principalement méthodistes et adventistes, ainsi que 20 % de catholiques. Ceux-ci sont rattachés au diocèse de Bridgetown, dans l'île de la Barbade.

SALOMON (300 000)

L'archipel, indépendant depuis 1978, est chrétien à plus de 95 %. On y trouve des protestants pour 35 %, des anglicans pour 33 % et des catholiques pour 20 %. Il s'y ajoute 6.000 fidèles d'Eglises locales purement mélanésiennes et quelques autres groupes marginaux.

La moitié des protestants appartient à la South Sea Evangelical Church dont l'origine remonte à la conversion de Mélanésiens des îles Salomon qui travaillaient en Australie à des plantations de canne à sucre. On trouve aussi des méthodistes, des congrégationalistes et des adventistes. Les animistes sont encore environ 4 %, ils célèbrent un culte des esprits selon lequel on s'efforce de capter une force spirituelle appelée « mana ». La possession de crânes d'adversaires ou le cannibalisme était considérés comme une façon de s'approprier cette force. Les « cargo-cults », analogues à ceux de Papouasie-Nouvelle-Guinée, ont également fleuri aux îles Salomon : on en a recensé une douzaine de types différents.

SALVADOR (5,5 millions)

Les catholiques constituent 95 % de la population. La christianisation du pays a commencé avec l'arrivée des Espagnols en 1525 mais elle s'est déroulée à un rythme assez lent car l'absence de métaux précieux n'incitait pas ceux-ci à une implantation en profondeur.

Le catholicisme salvadorien est parfois teinté de superstitions, restes des pratiques antérieures. L'animisme n'est pourtant plus la religion que d'une infime minorité d'environ 8.000 Indiens. Ce sont plutôt les différents courants du protestantisme qui menacent le catholicisme, principalement les pentecôtistes mais aussi les adventistes et les baptistes. Les protestants représentent au total environ 3 % de la population.

Les baha'is, qui sont 15.000, sont en nombre croissant.

Les redoutables problèmes sociaux du Salvador ont conduit à une longue guerre civile au cours de laquelle l'évêque de la capitale, Mgr Romero, a été assassiné pour ses prises de position en faveur des plus défavorisés.

SAMOA (200 000)

Presque toute la population est chrétienne, les protestants en représentent les 2/3, dont les congrégationalistes qui sont à eux seuls 50 %. On trouve aussi des adventistes et des méthodistes ainsi qu'environ 30.000 mormons qui se développent rapidement. Les catholiques constituent 21 % de la population, ils ont été évangélisés à partir du territoire français de Wallis et Futuna. Le premier cardinal océanien est samoan.

La foi religieuse est très vive dans l'archipel et de nombreux missionnaires protestants samoans travaillent en Papouasie-Nouvelle-Guinée ou chez les aborigènes australiens.

Fait curieux, le roi s'est converti au bahaïsme en 1973. Ce mouvement, qui représente moins de 2 % de la population, est en croissance rapide.

SAO TOMÉ ET PRINCIPE (120 000)

La population est chrétienne à près de 98 % dont plus de 92 % de catholiques, 3,2 % de chrétiens pratiquants des cultes africains divers et 2,2 % de protestants.

SÉNÉGAL (7 millions)

L'Etat est laïc mais plus de 85 % des Sénégalais sont musulmans sunnites de rite malékite. A noter l'importance des confréries dont les plus importantes sont les Tidjanes et les Mourides ; elles comptent chacunes près d'un million de membres, mais la seconde est en progression rapide... Leurs grands marabouts résident respectivement à Tivaouane et Touba. Cette dernière ville est le centre de l'imposant pèlerinage mouride annuel qui rassemble plusieurs centaines de milliers de fidèles.

A Dakar, l'ethnie Lebou, qui compte 15.000 membres, tous de langue wolof se rattache majoritairement à une secte mu-

sulmane particulière, celle des Layennes, qui refuse le jeûne du Ramadan, le pèlerinage à la Mecque et la limitation de la polygamie à quatre femmes.
La fête musulmane de l'Aïd el kébir, ou fête du mouton, se nomme ici Tabaski, du nom de Pâques.
Les 10 % de chrétiens, la plupart catholiques, appartiennent à l'ethnie sérère ou aux ethnies de Casamance.
Des ethnies très minoritaires de Casamance ou du Sénégal Oriental, comme les Floups ou les Bassaris sont encore principalement animistes. Cependant de nombreuses pratiques animistes, comme l'usage de gris-gris, se perpétuent chez les musulmans et même chez les chrétiens.

SEYCHELLES (70 000)

Ce petit archipel est catholique à 90 %. Cependant, ce n'est qu'en 1977 que fut consacré le premier évêque seychellois et la majorité des prêtres (15 sur 22) est encore d'origine étrangère.
La langue de l'Eglise catholique est le français alors que l'anglais est la langue officielle du pays et que la population parle surtout créole.
On trouve aussi 7 % de Seychellois anglicans, le pays ayant appartenu à la couronne d'Angleterre de 1814 à 1976.
Parmi les résidents d'origine étrangère, on compte des Indo-Pakistanais hindouistes pour les 2/3 et musulmans pour 1/3.

SIERRA-LEONE (4 millions)

Le pays est encore pour moitié animiste, surtout dans sa partie Est. Les musulmans sont en nombre croissant et dépassent 40 % du total de la population. Ils sont sunnites de rite malékite, mais il existe une petite communauté de 9.000 Ahmadis.
Les chrétiens qui constituent les 9 % restants sont pour 5 % protestants — méthodistes et baptistes principalement —, pour 2,5 % catholiques et pour 1,5 % anglicans.

SINGAPOUR (2,6 millions)

L'Etat est laïc et tolère libéralement toutes les religions. Les Chinois qui constituent 75 % de la population se rattachent en théorie au bouddhisme mahayana mais le pratiquent souvent simultanément avec le taoïsme et le culte des ancêtres.
On compte 17 % de musulmans, pour la plupart Malais mais aussi parfois Chinois et Indiens.
Les chrétiens sont environ 7 % de la population dont 4 % de catholiques, soit près de 100.000 personnes. Ils sont Indiens ou Chinois d'origine. La majorité des quelque 100 prêtres et 300 religieuses sont d'origine étrangère mais les postes de responsabilité sont entre les mains du clergé singapourien.
Les protestants, environ 3 % de la population, sont surtout méthodistes ou anglicans.

SOMALIE (5,7 millions)

La population est en totalité musulmane sunnite. On pratique le rite chaféite au Sud de la corne de l'Afrique et le rite hanéfite au Nord.
L'Islam est religion d'Etat, il est enseigné obligatoirement dans les écoles publiques. Avant 1972, il subsistait des écoles catholiques qui regroupaient 10 % des enfants scolarisés ; elles ont été nationalisées.
La pratique de l'Islam est de ferveur inégale ; elle décroît chez les jeunes des villes.

SOUDAN (24 millions)

Les musulmans constituent près de 60 % de la population. Il sont tous sunnites, généralement de rite malékite, parfois chaféite.
Presque tous les musulmans appartiennent à des confréries, lesquelles jouent fréquemment un rôle politique important. C'est de la confrérie Qadiriya qu'est issu le mouvement mahdiste qui compte près de 3 millions de fidèles. Fondé en 1881 par celui qui se disait el Mahdi, c'est-à-dire « celui qui met sur la bonne voie », ce mouvement particulièrement xénophobe a provoqué de nombreuses révoltes contre les Britanniques (prise de Khartoum en 1895, écrasement des Mahdistes en 1898).
Les animistes constituent un groupe hétérogène qui concerne environ 12 % de la population. Ce sont des Noirs, non arabisés, qui vivent pour la plupart au Sud du 9^e

parallèle, limite de l'islamisation. Ils sont généralement en situation délicate vis-à-vis du pouvoir central.

Les chrétiens partagent les mêmes territoires que les animistes et appartiennent aux mêmes ethnies, ils représentent 18 % de la population (catholiques 11 %, autres 7 %).

Cependant, la Nubie, au nord du pays, a été chrétienne dès le quatrième siècle mais ce christianisme copte a complètement disparu devant l'Islam au XIVe siècle. Les Eglises chrétiennes se sont à nouveau introduites en 1842 puis ont été balayées par les mahdistes en 1881. La reprise a été spectaculaire à partir de 1898 : les catholiques étaient 40. 000 en 1930, 600. 000 en 1970 et près de 2. 500. 000 aujourd'hui.

Les premiers prêtres soudanais ont été ordonnés en 1944 et le premier évêque sacré en 1955.

Les chrétiens non catholiques sont surtout anglicans. Il existe aussi des 40. 000 orthodoxes coptes, ces derniers d'origine égyptienne ou éthiopienne, et des protestants.

SRI LANKA (16 millions)

La répartition des religions suit sensiblement celle des ethnies. Les Singhalais, qui constituent les 2/3 de la population sont majoritairement bouddhistes, tandis que les Tamouls qui sont environ 22 % sont généralement hindouistes. Les Burghers, descendants d'Européens, sont chrétiens et les descendants d'Arabes sont musulmans. On a ainsi :
— 65 % de bouddhistes
— 18 % d'hindouistes
— 8 % de chrétiens
— 7 % de musulmans

Les chrétiens sont pour la plupart catholiques (700. 000 Singhalais, 300. 000 Tamouls). Le cardinal et 5 évêques sur 13 sont originaires du pays.

La distinction entre bouddhistes et hindouistes, jadis floue, est plus nettement marquée depuis le conflit qui oppose les deux communautés singhalaise et tamoule.

Le fameux pèlerinage de Kataragama, vers juillet-août rassemble des fidèles de toutes les religions ; ils se livrent à d'incroyables épreuves pour manifester leur piété : certains y sont amenés pendus par des crochets qui leur traversent la peau, d'autres marchent sur des charbons ardents ou se mutilent, apparemment sans douleur. Tous les cultes coexistent dans cette étrange manifestation d'œcuménisme.

SUÈDE (8,5 millions)

Après la réforme, l'Eglise de Suède a joui d'un monopole comparable à celui qu'a longtemps connu l'Eglise catholique en Espagne. Ce n'est qu'en 1860 que les Suédois furent libres de quitter leur Eglise.

Aujourd'hui encore, 95 % de la population fait partie de l'Eglise de Suède. D'après les sondages, les 2/3 des Suédois sont « activement croyants » 20 % participent à des activités religieuses, mais seulement 10 % aux offices religieux du dimanche. 75 % des Suédois sont baptisés et 94 % se font enterrés religieusement.

Il existe en Suède des Eglises protestantes « libres » ou « dissidentes » qui regroupent 4 % de la population. Certains fidèles appartiennent simultanément à l'Eglise de Suède et à une Eglise dissidente.

La plus importante Eglise « libre » est celle des Amis de la Pentecôte avec près de 100. 000 membres, suivie de l'Eglise congrégationaliste avec 81. 000 fidèles, les groupes baptistes, avec près de 50. 000 membres et l'Armée du Salut avec 30. 000 membres.

Le 1 % restant des Suédois, généralement d'origine étrangère, est catholique ou orthodoxe, à l'exception de 20. 000 Témoins de Jéhovah.

L'Eglise de Suède compte 13 diocèses, largement autonomes, 2. 600 paroisses et 4. 800 pasteurs. Les premières femmes pasteurs ont été ordonnées en 1960 ; il y en a aujourd'hui plus de 450.

La plupart des Eglises font partie du Conseil Œcuménique des Eglises suédois, y compris l'Eglise catholique, depuis 1970.

Les Juifs suédois ne sont guère plus de 15. 000.

Après la deuxième guerre mondiale et surtout vers 1960, la Suède a accueilli de nombreux immigrants, parmi lesquels on trouve 100. 000 catholiques 60. 000 orthodoxes (Grecs, Yougoslaves, Estoniens et Finlandais), 20. 000 musulmans (Turcs et Maghrébins) et 2. 000 bouddhistes.

Les religions pratiquées dans les différents pays du monde 627

SUISSE (6,5 millions)

La répartition de la population par religions est la suivante :
— catholiques : 47,6 %
— protestants réformés (calvinistes) : 44,3 %
— vieux-catholiques : 0,3 %
— juifs : 0,3 %
— autres ou sans religion déclarée : 7,5 %
En outre, il existe en Suisse une population résidente fluctuante de près d'un million d'étrangers, parmi lesquels on trouve aussi des musulmans.
Genève, la ville de Calvin, a depuis peu une population à majorité catholique.

SURINAM (420 000)

Les religions reflètent la situation des ethnies. La population d'origine hindoue représente plus du 1/3 du total. Parmi elle, 100.000 personnes sont hindouistes.
Les musulmans, pour la plupart d'origine javanaise, sont 13 % ; ils sont sunnites de rite chaféite.
Les chrétiens sont près de 50 % de la population et se répartissent en 25 % de catholiques et 25 % de protestants, principalement des Frères Moraves.
On compte aussi 6 % d'animistes qui sont soit des Amérindiens soit des « Nègres marrons », comme on les appelle en Guyane française, c'est-à-dire des Noirs dont les ancêtres ont échappé à l'esclavage et mènent une vie africaine primitive[16].
On compte aussi des adeptes de formes locales du vaudou. Une part importante de la population d'origine indienne a émigré aux Pays-Bas après l'indépendance, en 1964.
A noter la présence d'une petite communauté de Juifs d'origine portugaise émigrée du Brésil lors des persécutions de 1639.
Au Surinam, les religions sont considérées comme des associations : aucune loi ni administration ne les régit. Toutefois l'Etat verse un salaire aux évêques et pasteurs protestants ainsi qu'à quelques prêtres catholiques. Les écoles publiques et privées sont traitées de la même façon.

SWAZILAND (750 000)

Ce pays, appelé localement Ngwane, compte 77 % de chrétiens parmi lesquels 33 % de protestants, 29 % de membres d'Eglises locales, 11 % de catholiques 3,4 % d'anglicans et quelques représentants de groupes marginaux.
Il subsiste 20 % d'animistes qui se livrent à des possessions par les esprits. Le roi des Swazis a le pouvoir divin de faire tomber la pluie.
On trouve une dizaine de milliers de baha'is. Les rares musulmans sont étrangers au pays.

SYRIE (11 millions)

Les musulmans sunnites constituent 82 % de la population. Les chiites sont représentés par les Alaouites qui sont près de 10 % et par quelques Ismaëliens. Sociologiquement, les Alaouites sont généralement des paysans pauvres qui vivent dans les montagnes à l'ouest d'Hama ; par souci de promotion sociale, ils choisissent fréquemment des carrières militaires. C'est de cette communauté qu'est issu le président Hafez el Assad.
Le Druzes sont au nombre d'environ 300 000. On trouve aussi près d'Alep une dizaine de milliers de Yazidis, dits « adorateurs du diable », dix fois plus nombreux en Iraq.
Si l'on excepte environ 3000 Juifs et une petite quantité de Syriens qui se déclarent athées ou sans religion, le reste de la population, soit près de 10 %, est constitué de chrétiens. Un tiers d'entre eux est catholique et se partage en 170 000 Grecs-catholiques, dits aussi melkites, 35 000 Syriens-catholiques, 33 000 maronites et 30 000 Arméniens auxquels s'ajoutent quelque latins et chaldéens.
Les non-catholiques comprennent 330 000 Gecs-orthodoxes, 190 000 Arméniens grégoriens, 120 000 Syriens jacobites et 40 000 Assyriens nestoriens.

TAÏWAN (20 millions)

La République de Chine, appelée Formose par les Portugais, est officiellement confucianiste. Comme dans l'ancienne Chine, la population pratique le bouddhisme du Grand Véhicule (Mahayana) et le taoïsme, souvent simultanément.
Il y a 33 % de chrétiens, soit 600.000 personnes, dont 200.000 catholiques. On

constate de nombreuses conversions chez les aborigènes de langue malayo-polynésienne qui peuplent l'intérieur de l'île.

400 prêtres chinois et étrangers se sont établis à Taîwan en 1949 quand le régime communiste s'est instauré en Chine continentale.

TANZANIE (22 millions)

La population se partage entre 44 % de chrétiens, 33 % de musulmans et 23 % d'animistes. Les chrétiens sont catholiques pour 28 %, protestants pour 11 % et anglicans pour 4 %. Il y a fort peu d'Eglises indépendantes. Les luthériens constituent la moitié des protestants. Les Frères Moraves ont en Tanzanie leur plus importante mission à l'étranger. On trouve aussi des pentecôtistes.

Les musulmans sont sunnites de rite chaféite à l'exception de quelques ismaëliens et ibadites. L'Islam est majoritaire sur la côte ainsi que sur la route entre celle-ci et le lac Nyassa. L'île de Zanzibar est musulmane à 95 %. On a constaté une forte progression de l'Islam après la défaite allemande de 1918 : le prestige du colonisateur s'était effondré. Aujourd'hui, on constate au contraire plus de conversions de musulmans vers le christianisme que l'inverse. En fait, les deux religions se développent aux dépens des animistes qui perdent plusieurs centaines de milliers d'adeptes par an.

Certaines ethnies comme les Masaïs, au nombre de 100. 000 en Tanzanie, restent presqu'en totalité animistes. Chez ceux-ci, l'Etre Suprême, Dieu, porte le même nom que le ciel ou la pluie.

TCHAD (5 millions)

Le Nord du pays est entièrement islamisé alors que le Sud est en voie de christianisation ou d'islamisation avec une forte présence animiste.

Globalement, on compte 44 % de musulmans sunnites de rite chaféite ou malékite, 33 % de chrétiens répartis entre 21 % de catholiques, (8 % de baptisés et 13 % de catéchumènes), et 12 % de protestants, et enfin 23 % d'animistes.

Les musulmans se rattachent généralement à une confrérie, l'hamaliya et la tidjaniya étant les plus importantes.

Les catholiques ont établi leur première mission en 1929 mais n'ont véritablement pris leur essor que depuis 1947. Ils étaient 3000 baptisés à cette époque contre 400. 000 aujourd'hui. Les 4 diocèses comptent un évêque, 30 prêtres et 70 grands séminaristes tchadiens ainsi que 135 missionnaires étrangers. L'implantation du protestantisme date également de l'après guerre ; les courants les plus importants sont les évangélistes et les luthériens.

Il existe enfin une petite communauté bahaïe de 7. 000 membres.

TCHÉCOSLOVAQUIE (15,5 millions)

Le régime marxiste-léniniste athée qui prévalait jusqu'en 1989 exerçait une pression constante contre les organisations religieuses et particulièrement contre l'Eglise catholique pour ses liens avec l'étranger, en l'occurrence le Saint Siège. Cependant, la liberté de culte était reconnue par la Constitution et une enquête officieuse de 1970 concluait que 70 % de la population croit en Dieu. Ce chiffre est corroboré par les évaluations du nombre des membres de chaque Eglise, ce qui n'implique d'ailleurs pas une pratique régulière. Il y aurait :
— 51 % de catholiques
— 7 % de protestants
— 4 % de hussites

L'Eglise catholique est majoritairement latine mais elle comprend une petite minorité de rite byzantin d'environ 350. 000 fidèles. On compte 13 diocèses dont trois seulement ont un évêque ; l'archevêque de Prague a été nommé en 1978 après que son siège ait été 30 ans sans titulaire. Il y a 3. 200 prêtres de rite latin et 190 de rite byzantin, deux séminaires sont en activité. Une association de prêtres subordonnée au gouvernement, Pacem in Terris, a été dissoute après le changement de régime en 1989.

Les protestants sont principalement luthériens mais il existe une bonne dizaine de groupes distincts.

L'Eglise hussite a été fondée en 1920 par sécession de 20 % des catholiques. On entendait protester contre le refus de Rome d'employer les langues locales dans la liturgie, d'admettre le mariage des prêtres et une plus grande participation des laïcs dans l'Eglise. les Hussites se considèrent comme catholiques réformés mais non comme protestants. Le concile Vatican II a rapproché les positions catholique et hussite. Le nom de hussite, donné à cette Eglise en 1972, n'a donc qu'un rapport lointain, de nature nationaliste avec le réformateur Jan Hus, brûlé en 1475 comme hérétique.

TAÏLANDE (53 millions)

Le pays est bouddhiste Théravada à 95 %. Chaque Thaï passe au minimum quelques mois de sa vie dans un monastère, ce qui conduit à un effectif de bonzes supérieur à 200.000. Il existe près de 24.000 temples. Le bouddhisme s'associe parfois à des pratiques animistes, surtout dans les peuplades montagnardes.

Curieusement, les cérémonies royales de la cour de Thaïlande se déroulent selon des rites brahmaniques: 4.000 familles de brahmanes maintiennent cette tradition, d'ailleurs fortement imprégnée de bouddhisme.

Dans le Sud, près de la frontière de Malaisie, deux millions de sujets thaïs d'ethnie malaise sont musulmans, sunnites de rite chaféite. Ils constituent près de 90 % de la population de cette région.

Les chrétiens représentent 0,6 % de la population. Les 190.000 catholiques appartiennent généralement à des minorités d'origine animiste ou à la communauté chinoise. Les 10 diocèses comptent environ 200 prêtres thaïs. Les quelque 100.000 protestants sont, pour la plupart, membres de la « church of Christ in Thaïland », fondée par des missionnaires américains, baptistes, presbytériens et luthériens. Il existe trois congrégations: thaïe, chinoise et karen.

TOGO (3,2 millions)

Les religions animistes constituent le groupe le plus important, elles sont suivies par près de 50 % des Togolais. Elles croient toutes en un Dieu suprême mais elles célèbrent aussi diverses divinités intermédiaires, souvent représentées par des fétiches, parmi lesquelles le dieu de la mer, celui de la variole et celui du tonnerre. L'animisme perd progressivement du terrain au profit du christianisme et de l'Islam mais ses pratiques, proches du Vaudou antillais, restent encore longtemps vivaces chez les nouveaux convertis.

Les chrétiens représentent près de 30 % de la population, répartis en 22 % de catholiques et 7 % de protestants auxquels s'ajoutent les membres de divers mouvements. On trouve les catholiques surtout dans les ethnies du Sud, comme chez les Ewés qui constituent 44 % de la population du Togo. Les 3/4 des catholiques sont dans le diocèse de la capitale, Lomé. Il y a une centaine de prêtres togolais et une trentaine de missionnaires de pays divers. Deux couvents bénédictins, d'hommes et de femmes, ont été fondés vers 1960 par les couvents français d'En-Calcat et de Dourgne. Ils sont déjà à forte majorité togolaise.

Les protestants sont à 60 % évangélistes mais on y compte aussi d'autres tendances (méthodistes, adventistes, baptistes, assemblée de Dieu, luthériens. Ils sont surtout concentrés dans le Nord du pays et près de la frontière du Ghana.

Les musulmans sont environs 12 %, ils sont tous sunnites malékites, ils habitent principalement le Nord où ils ont pénétré depuis le XVIIIe siècle. Avant 1914, ils ont été soutenus par la puissance coloniale allemande qui se heurtait à de vives résistances de la part des animistes.

On trouve également une active communauté baha'ie (environ 5000 personnes), des Rosicruciens etc...

En 1978, le gouvernement togolais, inquiet devant la prolifération des religions, a limité son agrément aux seuls cultes suivants: catholique, protestant, assemblées de Dieu, adventiste, baptiste et musulman.

TONGA (120 000)

Ce royaume, situé sur le méridien de changement de date, est chrétien depuis 150 ans. Converti par des méthodistes britanniques, il est très puritain et toute activité cesse radicalement le dimanche.

Les catholiques, implantés plus tard, comptent 30.000 fidèles. L'évêque du diocèse est originaire du pays.

Les mormons ont fait un effort missionnaire considérable, investissant jusqu'à 25 millions de dollars U.S. en 1970 pour la construction de temples ce qui représente le quart du budget du royaume à cette date. Les mormons sont aujourd'hui à égalité numérique avec les catholiques.

TRINIDAD ET TOBAGO (1,2 millions)

La population est très composite et comprend une forte minorité originaire de l'ancien Empire des Indes. C'est pourquoi on trouve, à côté de 66 % de chrétiens, 25 % d'hindouistes et près de 7 % de musulmans sunnites.

Les chrétiens comprennent 360. 000 catholiques, 170. 000 anglicans et 120. 000 protestants divers.

Malgré un important appoint de clergé originaire d'Irlande, d'Angleterre ou de France, l'Eglise catholique de Trinidad envoie quelques missionnaires au Paraguay.

Les populations d'origine africaine participent parfois, bien qu'elles soient chrétiennes, à une forme de spiritisme dérivé du culte yoruba de shango.

TUNISIE (7,5 millions)

L'Islam est religion d'Etat et le chef de l'Etat doit nécessairement être musulman. Tous les Tunisiens sont d'ailleurs musulmans. L'écrasante majorité est sunnite de rite malékite. On trouve cependant, parmi les familles d'origine turque, quelques sunnites de rite hanéfite. De plus, les habitants de l'île de Djerba, d'origine berbère, ne sont pas sunnites mais kharidjites ; ils sont environ 40. 000.

La Tunisie est l'un des rares pays d'Islam où des enquêtes ont été menées sur la pratique religieuse : parmi les étudiants, 10 % se déclarent très religieux, 45 % assez religieux, 31 % un peu et 13 % pas du tout. En ce qui concerne la pratique du jeûne du Ramadan, 42 % l'observent strictement, 17 % assez souvent, 12 % quand c'est nécessaire, 26 % rarement et 1 % jamais. Ces données n'ont que la valeur d'un sondage limité et elles ne peuvent d'aucune manière s'extrapoler à d'autres pays.

La Tunisie a une vie intellectuelle très intense : chacun des courants de l'Islam y a des partisans, le plus connu est celui des frères musulmans dans la mouvance duquel se situent environ 30 % des Tunisiens.

Les quelques chrétiens qui vivent dans le pays sont des résidents étrangers ; on en évalue le nombre à près de 30. 000.

TURQUIE (53 millions)

République laïque depuis Atatürk, le pays est à 99 % musulman, généralement sunnite de rite hanéfite. Il existe une minorité chiite alaouite chez les Kurdes, qui ne constituent eux-mêmes que 7 % de la population. Ces « alevi », selon l'orthographe turque, sont au plus 200. 000.

Avant les massacres d'Arméniens et de Chaldéens entre 1915 et 1917, et l'exil forcé des Grecs en 1923, les chrétiens représentaient 20 % de la population. Atatürk a donc simultanément laïcisé l'Etat et éliminé de fait les non-musulmans. Cette situation paradoxale trouve aujourd'hui encore ses prolongement, dans certains faits : le port du bikini est autorisé sur les plages mais il est interdit aux femmes de porter le voile islamique, parce qu'il est le symbole de l'idéologie musulmane. En revanche, les non-musulmans sont soumis à une discrimination de fait (tracasseries, pressions diverses..) dont sont victimes également, à vrai dire, les minorités ethniques qui veulent s'affirmer comme non-turques (les Kurdes, par exemple).

L'antique passé chrétien de la Turquie est particulièrement vénérable. Saint Paul y est né, la Vierge Marie y est morte, les églises rupestres de Cappadoce aussi bien que Sainte Sophie font l'admiration des touristes... Constantin débaptisa Byzance pour lui donner son nom 18 ans après qu'il eût fait du christianisme la religion de l'Empire, en l'an 312...

Il subsiste encore en Turquie quelques dizaines de milliers de chrétiens appartenant à toutes les Eglises de cette longue histoire : Grecs, Arabes, Arméniens, Bulgares (75.000 orthodoxes, 70. 000 grégoriens, 38. 000 catholiques, 28. 000 protestants)... Le patriarche de Constantinople est la plus haute autorité orthodoxe, non

Les religions pratiquées dans les différents pays du monde 631

seulement pour la Turquie, mais aussi la Crète, le Mont Athos, la Finlande et tous les Grecs vivant hors de la Grèce, en Amérique du Nord notamment.

Il existe enfin une communauté juive de 35.000 membres, dont 27.000 à Istamboul.

TUVALU (8 000)

Ces 9 petites îles de 30 Km² au total ont une population entièrement protestante congrégationaliste, à l'exception de 400 baha'is et de 200 catholiques.

U.R.S.S (285 millions)

La constitution « garantit la liberté de conscience des citoyens, sépare l'église (ou la mosquée) de l'Etat et l'école de l'église (ou de la mosquée). La liberté d'exercer un culte et de faire de la propagande antireligieuse est reconnue à tous les citoyens ». Ceci signifie que la progragande religieuse est interdite, ce qui peut être interprété à tout moment comme l'interdiction de transmettre des croyances religieuses. L'enseignement s'inspire donc de la philosophie athée, imposée par le parti communiste (17 millions de membres).

En fait, si l'on admet, comme les statistiques tendent à le montrer, que la moitié de l'humanité n'est pas sensible à la religion, il ne serait pas étonnant qu'il y ait en U.R.S.S. une majorité qui accepte cette situation.

Les religions restent cependant très vivantes quoiqu'elles aient connu de grandes difficultés avec le pouvoir, variables selon les cas.

L'orthodoxie est la religion traditionnelle de la « Sainte Russie ». Son introduction remonte au baptême de Vladimir de Kiev en 988. Il se convertit avec tout son peuple au christianisme de rite byzantin, après qu'il eût confronté au cours d'un examen juifs, musulmans et chrétiens de rite latin et byzantin. La décision aurait été emportée, dit-on, grâce à la beauté et la grandeur des cérémonies de ce dernier rite.

Avant la révolution de 1917, la Russie comptait 80.000 églises. Au début du stalinisme, en 1922, 10.000 prêtres et moines furent exécutés et il ne restait plus que 1000 églises ouvertes en 1939. Le souci de mobiliser toutes les couches de la population dans la lutte contre le nazisme limita cette rigueur et près de 20.000 églises étaient ouvertes au culte en 1957. Elles doivent être moins de 7.000 aujourd'hui.

Il en existe cependant dans les lieux inattendus : Samarcande, ville de 300.000 habitants en Asie centrale soviétique de culture musulmane, compte trois églises ouvertes.

Actuellement, on évalue les Soviétiques qui se considèrent comme orthodoxes à 22 % de la population, soit environ 60 millions d'âmes. Ils dépendent du patriarcat de Moscou dont l'attitude vis-à-vis du pouvoir est relativement docile. L'Eglise orthodoxe russe compte 70 évêques pour 66 diocèses ; le nombre de ses prêtres est inconnu mais se situe entre 5.000 et 15.000[17]. Ils étaient 50.000 il y a 50 ans. On trouve encore aujourd'hui trois séminaires, six monastères et un millier de moniales.

Il existerait d'assez nombreux mouvements orthodoxes clandestins qui récusent l'autorité du patriarcat ; ils totaliseraient 500.000 membres.

La situation religieuse peut varier considérablement d'une république à l'autre à l'intérieur de l'Union. En Arménie, par exemple, où la population, chrétienne depuis le IVe siècle, est assez frondeuse, on constate un regain des activités religieuses et le nombre des baptêmes annuels a quadruplé depuis 1975. Il semble que 70 % de la population soit baptisée et que la pratique religieuse atteigne 50 %, ce qui est nettement supérieur aux situations les plus favorables d'Europe occidentale. Pourtant il n'existe en Arménie que 6 monastères et une trentaine de moines[18].

L'Islam constitue la deuxième communauté religieuse d'U.R.S.S. par son importance. Les musulmans représentent environ 11 % de la population, soit 32 millions de personnes, et 80 % des Soviétiques appartenant à des ethnies traditionnellement musulmanes. Ils sont généralement sunnites de rite hanéfite. Cependant les Azéris sont presque tous chiites ; ils sont environ 6 millions. On trouve également dans le Caucase, au Daghestan, des sunnites de rite chaféite ainsi qu'une centaine de milliers d'ismaëliens dans les montagnes du Pamir, au Tadjikistan.

En ce qui concerne la pratique, on dit officiellement que seuls les gens âgés vont à la mosquée, ce qui tendrait à faire croire que l'Islam régresse. En fait, quand on interroge ceux qui sont plus jeunes, ils déclarent qu'ils iront à la mosquée quand ils seront à la retraite. Dans ces conditions, le nombre de pratiquants n'a pas lieu de décroire. Ajoutons que le rôle des confréries est considérable, comme nous l'avons vu dans le chapitre sur l'Islam.

Le catholicisme compte un peu plus de 4.500.000 fidèles. Ils comprennent 80 % de la population de la république socialiste soviétique de Lituanie et 25 % de celle de Lettonie, soit au total près de 3 millions d'âmes. Les autres catholiques, souvent d'origine polonaise ou allemande, se trouvent principalement dans l'Ouest du pays, dans des territoires anciennement polonais rattachés à l'U.R.S.S. en 1945.

Cependant, on présente souvent un chiffre de catholiques très supérieur. En effet, le pouvoir soviétique a imposé en 1946 à 3.500.000 Ukrainiens catholiques de rite oriental de se fondre dans l'Eglise orthodoxe. Nombre de ces chrétiens qu'on appelle uniates se considèrent encore comme catholiques et ont récemment manifesté pour leur reconnaissance.

Précisons que la Lituanie, qui compte 6 évêques nommés par Rome et 700 prêtres, dispose d'un séminaire.

Les mouvements protestants, au sens large, comptent peut-être 4 millions de participants, si l'on y inclut les quelque 2 millions de « Vieux Croyants » (raskoliniki, c'est-à-dire schismatiques, en russe).

L'U.R.S.S. a provoqué en 1944 la création d'une Union des chrétiens baptistes évangélistes, où se retrouvent une bonne partie de ceux qui se déclarent officiellement protestants. Il existerait cependant près de 80 dénominations protestantes dont la plupart ont été longtemps clandestines. Certains croyants seraient directement convertis par des émissions radio en provenance de l'Occident.

Parmi les populations traditionnellement protestantes, on trouve des luthériens en Lettonie (200.000) et en Estonie (150.000). Les pentecôtistes, répartis dans toute l'U.R.S.S. seraient environ un million et les Adventistes du 7e jour une centaine de milliers.

Les *Juifs*, géographiquement très dispersés, constituent une communauté d'environ 3 millions de Soviétiques. C'est la troisième communauté juive du monde après celles des Etats-Unis et d'Israël. Les Juifs étaient plus de 5 millions à la fin du siècle dernier, mais plus d'un million sont morts pendant la seconde guerre mondiale. Aujourd'hui, les Juifs sont considérés comme l'une des « nationalités » d'U.R.S.S., mais sans territoire. La république soviétique juive de Birobidjan en Extrême Orient, dont la langue était le yiddisch, n'a existé que de 1928 jusqu'aux années 1960. Il ne reste dans la ville de ce nom qu'environ 10.000 Juifs.

L'U.R.S.S. commence à laisser émigrer les Juifs vers Israël de façon moins parcimonieuse (60.000 en 1990 contre 12.000 par an en moyenne précédemment). Aucune facilité n'est donnée à l'enseignement de l'hébreu. Cette position, jusqu'à présent rigoureuse provient de l'assimilation faite par le pouvoir entre sionisme et judaïsme.

Les Juifs d'U.R.S.S. sont tous ashkénazes, à l'exception de petits groupes de Karaïtes qui vivent en Lituanie et en Crimée. Une cinquantaine de synagogues sont ouvertes dans toute l'Union.

Parmi les *autres religions*, on peut citer le chamanisme qui subsiste dans les populations Toungouzes et Samoyèdes de Sibérie. Ses pratiquants pourraient se chiffrer à 300 ou 400.000.

Les Bouriates et les Kalmyks sont de tradition bouddhiste du Grand Véhicule, mais rien ne permet de situer le niveau de leur pratique.

Les Baha'is seraient au nombre d'environ 5.000.

Depuis la perestroïka, la situation religieuse en U.R.S.S. paraît très évolutive. On constate une aspiration de plus en plus forte chez certains Soviétiques à vivre une vie spirituelle. Curieusement, les religions se trouvent dans la position involontaire d'être le refuge des insatisfaits et des opposants, en particulier nationalistes. Il y a même des marginaux soviétiques qui se font tatouer un crucifix sur la poitrine dans le même esprit frondeur que certains Français se faisaient jadis tatouer « Vive l'anarchie » !

URUGUAY (3,3 millions)

L'Etat est laïc. Les derniers Indiens ayant été exterminés en 1832, la population est entièrement d'origine européenne ; 60 % d'entre elle est de tradition catholique, 2 % protestante et presqu'autant juive tandis que 35 % se considère sans religion ou athée.
Le sentiment religieux est peu développé, ainsi seuls 7 % des catholiques assistent régulièrement à la messe.
Parmi les groupes minoritaires, on compte 16.000 mormons, 5.200 Témoins de Jéhovah, 6.000 adventistes, 4.000 baha'is et 4.000 adeptes du culte Umbanda. Ce syncrétisme d'origine africaine, introduit depuis 1973 dans les couches sociales les plus basses, a la particularité de se célébrer en langue portugaise.

VANUATU (150 000)

Les premiers missionnaires européens furent presbytériens et 50 % de la population se rattache à cette église ; 15 % est anglicane et 16 % catholique. Il reste encore 15 % de pratiquants des religions traditionnelles de type animiste.

VATICAN voir SAINT-SIÈGE

VÉNÉZUÉLA (18 millions)

La population est de tradition catholique à près de 95 %. La religion reste toutefois superficielle et la pratique ne dépasse pas 5 % à la messe du dimanche. Il n'y a guère plus de 20 % de prêtres sur un total de 2.300 qui sont originaires du pays.
On constate la prolifération de sectes diverses.
Parmi celles-ci, le culte de Maria Lionza est purement vénézuélien : c'est un syncrétisme où l'on honore la déesse de l'eau Maria Lionza, assimilée à la Vierge Marie, des caciques indiens, Negro Miguel, ancien chef d'une révolte d'esclaves et le libérateur Simon Bolivar.

On trouve également plus d'un million de protestants évangélistes et de pentecôtistes, ainsi que 25.000 Témoins de Jéhovah.
Quelque 200.000 Indiens pratiquent encore des cultes traditionnels chamanistes.
Le bahaïsme a environ 30.000 adeptes, principalement des Noirs et des Indiens Guajiros.

VIETNAM (64 millions)

La population vietnamienne se rattache culturellement à la tradition bouddhiste du Grand Véhicule, dit Mahayana, celui pratiqué en Chine. Cependant, les minorités d'origine lao ou khmer sont du Petit Véhicule, Théravada. L'ensemble des bouddhistes pratiquants représente 30 % de la population, soit environ 16 millions de fidèles ; ils sont répartis en 16 sectes ou dénominations.
On trouve en outre des religions syncrétistes et des sectes purement vietnamiennes telles que le Caodaïsme, avec près de 3 millions de fidèles, ou les Hoa-Hao, forme du bouddhisme Theravada, avec environ 1.500.000 membres. Parmi les autres sectes, on peut citer les Binh Xuyen, les Tien Thien, et même la curieuse « religion du cocotier » fondée en 1950 par l'ingénieur Nguyen Thanh Nan, en réaction contre la modernisation. Cette dernière compte moins de 5.000 membres. Au total, ces religions ou sectes regroupent 11 % de la population.
Les chrétiens sont environ 7,5 %, c'est-à-dire près de 5 millions, dont la grande majorité de catholiques, tous très pratiquants et fervents.
On compte 41 évêques et plus de 2.000 prêtres et religieux.
Il reste encore, parmi les montagnards d'ethnies diverses non vietnamiennes, des animistes qui totalisent 3 % de la population.
Il existe aussi quelques musulmans appartenant à l'ethnie Cham, plus nombreuse au Cambodge, jadis maîtres d'un important royaume au Nord de Saïgon. Ils sont encore près de 0,5 % de la population, environ 300.000 personnes.
Il existe enfin une importante communauté baha'ïe de plus de 100.000 membres.
La Constitution reconnaît la liberté du culte

et d'expression religieuse mais, en vertu du principe qu'aucune Eglise ne doit s'occuper de politique, les modalités de cette expression sont aussi limitées que possible et dépendent de la compréhension des responsables.

YÉMEN DU NORD, République Arabe du Yémen, (9,3 millions)[19]

L'Islam est la religion de l'Etat. La population est à 100 % musulmane depuis l'émigration en Israël, entre 1948 et 1951, de la communauté juive de 50.000 membres. La majorité des musulmans est sunnite de rite chaféite.

On note cependant la présence de chiites zaïdites dans la partie centrale et le Nord du pays. Il existe aussi quelques Ismaëliens.

Les chrétiens, résidents temporaires, comptent des baptistes travaillant dans le secteur hospitalier et quelques catholiques.

YÉMEN DU SUD, République Démocratique et populaire du Yémen (2,5 millions)[19]

Le régime marxiste-léniniste a décrété la laïcité de l'Etat. La population est cependant musulmane, sunnite de rite chaféite, à 99,5 %.

On trouve aussi quelques Ismaëliens et Ahmadis et une infime minorité de parsis, établis à Aden à l'époque de l'Empire britannique.

YOUGOSLAVIE (23,5 millions)

La Yougoslavie se définit volontiers comme un pays où coexistent deux écritures, latine et cyrillique, trois religions, orthodoxie, catholicisme et Islam, quatre langues (serbo-croate, slovène, macédonien et albanais), cinq peuples et six républiques.

La constitution fédérale et le ministère des cultes reconnaissent sans discrimination la liberté religieuse mais l'activité religieuse doit se limiter au niveau local. Les croyances ont une grande vitalité mais le pouvoir manifeste à leur égard une hostilité certaine.

La population comprend 40 % d'orthodoxes, surtout Serbes, 30 % de catholiques, généralement Slovènes et Croates, et près de 10 % de musulmans, sunnites de rite hanéfite, qui vivent principalement autour de Sarajevo.

Les catholiques sont répartis en 25 diocèses. On compte 2.700 prêtres et 7.000 religieuses. Il existe deux hebdomadaires et cinq mensuels catholiques. Rappelons les apparitions de la Vierge qui se manifestent à Medjugorje, en Bosnie-Herzégovine. Les orthodoxes dépendent de l'une des deux Eglises autocéphales serbe ou macédonienne. La première compte plus de 3.000 églises et de 1.300 prêtres, ainsi que 80 monastères.

Les musulmans, descendants de colons turcs ou de Slaves convertis à partir du XIVe siècle (généralement Croates ou Bogomils), disposent de 2.000 mosquées. Leurs rapports avec leurs voisins de l'Eglise serbe orthodoxe sont cordiaux.

Parmi les minorités religieuses, on trouve 200.000 protestants luthériens et 8.000 Juifs, reste d'une communauté dix fois plus nombreuse massacrée par les nazis pendant la deuxième guerre mondiale.

On évalue à un peu plus de 10 % les Yougoslaves sans religion, auxquels s'ajoutent près de 7 % d'athées militants.

ZAÏRE (34 millions)

Si la période de la colonisation belge s'est accompagnée d'une christianisation importante du pays, celle-ci reste encore souvent assez superficielle et la personnalité africaine s'exprime par une prolifération d'Eglises locales dont le nombre approche 500. Pour mettre un peu d'ordre, le gouvernement ne reconnaît que sept religions :

— le catholicisme, pratiqué par 48 % de la population, soit 13,5 millions d'âmes.

— l'Eglise du Christ du Zaïre, E.C.Z., qui regroupe la plupart des confessions protestantes — presbytériens, pentecôtistes, baptistes, méthodistes — et représente 29 % des Zaïrois, soit environ 9 millions de fidèles.

— l'Eglise de Jésus-Christ sur terre par le prophète Simon Kimbangu, E.J.C.S.K., fondée en 1921. Membre du Conseil oecuménique des Eglises protestantes, son caractère africain lui a permis de se développer encore plus vite. On évalue ses fidèles à environ 3.500.000 personnes, soit 13 % de la population.

— l'Islam, qui ne rassemble que 390.000 fidèles, soit 1,4 % de la population.

— le bahaïsme, avec 180.000 fidèles, soit 0,6 % des Zaïrois. Sa progression est ra-

pide puisque l'on a compté 20.000 conversions pour la seule année 1963.
— le judaïsme d'importance insignifiante.
— l'orthodoxie, représentée par 7.000 Grecs orthodoxes.

Parmi les Eglises africaines non reconnues par le gouvernement, les deux plus importantes sont :
— l'Eglise Apostolique Africaine de Johane Maranke, avec cent mille membres, active au Shaba, qui touche également la Zambie.
— l'Eglise de J-C sur terre par le Saint-Esprit, d'importance équivalente à la précédente.

Les animistes purs sont encore environ un million, 3 % de la population, mais des pratiques animistes se maintiennent encore dans les religions chrétiennes, au point que certains évaluent les animistes à près de 50 % de la population.

ZAMBIE (7 millions)

Il subsiste 27 % d'animistes ; le reste de la population est plus ou moins profondément christianisé et comprend 26 % de catholiques, 2 % d'anglicans et 44 % de protestants ou de membres d'Eglises diverses. On compte en effet 70 dénominations d'Eglises locales. A noter que les Témoins de Jéhovah, en rapide développement, sont près de 60.000, soit 1 % de la population ; ce pourcentage est le plus élevé du monde pour les pays d'une certaine importance.

Pour l'anecdote, indiquons que l'archevêque catholique, après une vision, eut le pouvoir de guérir et d'exorciser, ce que le Saint-Siège lui interdit de pratiquer en 1978.

ZIMBABWE (9 millions)

L'ancienne Rhodésie du Sud comporte une minorité blanche d'environ 150.000 personnes, en régression. La population noire est encore largement animiste, dans une proportion d'au moins 40 %. Dans l'ethnie shona, majoritaire, on trouve en particulier le culte mwari où, contrairement à la plupart des religions, Dieu est très proche des hommes et leur parle directement par les prêtres. Ceci n'exclut pas la pratique du culte des ancêtres.

Les chrétiens sont, semble-t-il, désormais majoritaires avec 58 % de la population, répartis entre 21 % de protestants, 14 % de catholiques, 16 % d'églises locales et 5 % d'anglicans. Par suite de la diversité des Eglises protestantes et locales, le catholicisme est la religion la plus nombreuse du pays ; il existe sept évêchés.

A noter également la progression des baha'is qui sont 14.000 et l'existence d'une communauté juive, originaire de Grande-Bretagne, établie dans le pays depuis 1869 ; elle compte plus de 5.000 membres.

Les musulmans, originaires de l'étranger, n'atteignent pas 1 % de la population, soit environ 70.000 personnes.

NOTES DES ANNEXES

[1] Ces chiffres ne comprennent pas la population noire des « bantoustans » auxquels l'Afrique du Sud a donné l'indépendance sous le nom de Bophuthatswana. Peu de gouvernements en ont reconnu l'existence. On y compte plus de 6 millions d'habitants dont les croyances religieuses se répartissent comme celles de la communauté noire d'Afrique du Sud proprement dite.

[2] Cette Eglise était la seule à accepter l'aparthied jusqu'en 1986. Elle le rejette à son tour depuis cette date.

[3] Desmond Tutu, prix Nobel de la paix, est évêque anglican.

[4] 200 000 de ceux-ci ont dû quitter la Bulgarie en 1989 avant la chute de Jitkov. Certains reviennent maintenant dans leurs villages.

[5] C'est ce qui faisait dire que les Chinois avaient simultanément quatre religions, mais chacun pouvait marquer une préférence pour l'une d'entre elles.
Récemment le gouvernement a autorisé la réouverture de plus de 200 temples taoïstes, desservis par plus de 2600 prêtres.

[6] Les malékites sont majoritaires en Haute-Egypte, comme ils le sont au Soudan.

[7] Les catholiques n'étaient que 42 millions en 1960. Depuis cette date, le nombre de prêtres a diminué de 2 000 ; ils sont environ 57 000. 40 % des catholiques sont hispanophones ; 1,3 millions sont noirs, dont 10 évêques.

[8] La Confédération protestante de France regroupe la majorité des réformés, des luthériens et des baptistes.

[9] Comme souvent, les statistiques démographiques paraissent très gonflées, même en tenant compte des nombreux travailleurs africains immigrés et des coopérants occidentaux. Aucune mention n'est faite de l'animisme qui imprègne cependant largement encore les traditions locales.

[10] Les quatre autres principes du Panjasila sont : « humanité juste et civilisée », symbolisé par une chaîne qui relie les hommes, « unité de l'Indonésie », symbolisé par l'arbre banyan, « démocratie sagement guidée par les délibérations des représentants », symbolisé par une tête de buffle, « justice sociale pour tout le peuple », symbolisé par un épi de blé.

[11] Les Kurdes, qui sont 2 600 000, sont de rite chaféite. L'Etat les enregistre fréquemment parmi les chiites.

[12] L'équilibre admis depuis la deuxième guerre mondiale était le suivant : président de la République maronite, président du Conseil musulman sunnite, président de la Chambre chiite, vice-président du Conseil grec-orthodoxe, 30 députés maronites, 20 sunnites, 19 chiites, 11 orthodoxes, 6 melkites, 6 druzes, 4 arméniens-grégoriens, 1 arménien-catholique, 1 protestant et 1 pour les autres cultes.

[13] Ils sont environ 500, surtout protestants.

[14] Toutefois, la législation sur les castes a été abolie en 1963.

[15] Le film « mission » a pris pour thème cet épisode historique.

[16] Les Amérindiens, Arawaks ou Caraïbes, ne dépassent pas 8.000 âmes ; 80 % d'entre eux

sont catholiques. Les Nègres marrons (Bush Negros) représentent 11 % de la population du pays et la moitié d'entre eux est restée animiste.

[17] Le terme de pope, employé pour les prêtres orthodoxes, est péjoratif.

[18] « L'Eglise apostolique arménienne », qui compte 4 millions de fidèles dont 3,5 en Arménie proprement dite, est monophysite comme les Eglises coptes d'Egypte ou d'Ethiopie. Elle compte 500 prêtres et évêques.

[19] Les deux Etats du Yémen ont fusionné en mai 1990.

Index des religions, mouvements religieux ou philosophiques mentionnées dans le livre

Le numéro de la page se réfère à l'article principal concernant la religion ou le mouvement.

A

Adorateurs du diable: v. yazidi
Adorateurs du feu: v. zoroastriens
Adventistes 144
Aglipay (Eglise indépendante philippine)
Ahmadi 199
Alaouites, alevi 185
Amishes 137
Anabaptistes 136
Anglicans 137
Animisme 228
Arianisme 95, 166
Armée du salut 138, 170
Arménien (rite) 122
Asa 608
Ashkénazes 70
Assemblée de Dieu: v. pentecôtistes
Assyrien (rite) 122

B

Baha'i 276
Baptistes 142
Black muslims 198
Bogomil 634
Bohême, frères de Bohême: v. frères moraves
Bouddhisme 252
Bwiti 601

Byzantin (rite) 122

C

Calvinisme 140
Candomblé 230
Caodaïsme 280
Cargo-cults 237
Cathares 205
Catholicisme 96
Catimbo 589
Chaféites 179, 180
Chaldéens 123
Chamanisme 229
Chan: v. zen
Charismatiques 114
Chemin neuf 114
Chiisme 180
Chondogyo 281
Christianisme 83
Communisme 289
Confucianisme 264
Congrégationalisme 142
Coptes 131
Croix-Koma 594

D

Darbysme 142
Digambara 227
Divin Guérisseur 602

Divine Light Mission 605
Doukhobors 143
Druzes 185

Ismaëliens 183
Izumotaishakyo 610

E

Eboga 601
Eglise des Initiés : v. bwiti
Emmanuel 114
Eglise Ethiopienne 131
Evangélistes : v. luthéranisme

J

Jacobites 131
Jaïnisme 226
Judaïsme, Juifs 65

F

Falachas 77
Focolari 118
Francs-maçons 284
Frères moraves 139
Frères musulmans 191

K

Karaïtes 75
Kharidjites 187
Khazars 79
Kimbanguisme 155
Knights of Colombus 119
Konkokyo 271
Kristo kyo kai 610
Kurozumikyo 271

G

Grec-catholique (rite) : voir byzantin
Gec-orthodoxe (rite) : voir byzantin
Guèbres : v. zoroastriens

L

Lamaïsme 260
Layennes 625
Liborisme 597
Lion de Judas 14
Luthéranisme 139

H

Hamalistes 615
Hanbalites 179, 180
Hanéfites 179, 180
Hare Krishna 300
Harrisme 157
Hassidisme 74
Hébreux noirs 76
Hinayana 258, 264
Hindouisme 210
Hoa-Hao 261
Hussites 628

M

Macumba 235
Mahayana 259
Malabar : v. syro-malabar
Malankar : v. syro-malankar
Malékites 180
Mandéens : v. sabéens
Maria Lonza 633
Maronites 46
Matsouanistes 594
Mazdéens 204
Méditation transcendentale 299
Mekane Yesu 599
Melkite (rite) 131
Mennonites 137

I

Ibadites 187
Iglisia ni Kristo 158
Islam 171

Index des religions, mouvements religieux...

Méthodistes 138, 170
Monophysites 131
Moonistes 295
Moraves (frères) : v. frères moraves
Mormons 159
Moshœshoe Berean bible readers church 612
Mourides 197
Mwari 635

N

Naqshbandiya 194, 196
Nazarites 612
Nestoriens 111
Nichiren 272

O

Opus Dei 116
Orthodoxie (chrétienne) 123
Orthodoxie (juive) 73

P

Pagelança 589
Pentecôtisme 49
P.L. Kyodan 273
Pocomania 609
Presbytérianisme 140
Protestantisme 133

Q

Qadiriya 194
Quakers 142

R

Rastafari 609
Ratana 618
Risshokosei-kai 274
Réformés : v. calvinisme

Rose-Croix, rosicruciens 287

S

Sabéens 607
Saducéens 72
Samaritains 75
Sainte Eglise de la Vertu Céleste 614
Saints des Derniers Jours : v. mormons
Sanoussiya 194
Science chrétienne 298
Scientologie 297
Sépharades 70
Shaféites : v. chaféites
Shinto 238
Shivaïtes 605
Shwetamabara 227
Sikhs 207
Sionisme 73
Sokka gakkai 272
Soufisme 192
Subud 283
Sunnisme 179
Syriaque (rite) 122
Syro-malabar 122
Syro-malankar 122

T

Taejonggyo 595
Tantrisme 260
Taoïsme 244
Taro 620
Témoins de Jéhovah 146
Tenrikyo 271
Tian de sheng hui : v. Sainte Eglise de la Vertu Céleste
Theravada : v. hinayana
Tidjaniya 194

U

Umbanda 633

V

Vaudois 141
Vaudou 230, 263
Vieux-catholiques 145
Vieux-croyants 130
Vishnouites 605

W

Wesleyens 138

Y

Yazidis 279

Z

Zen 260
Zoroastrianisme 203

Bibliographie

Ouvrages généraux

World christian encyclopedia, David B. Barrett, Oxford University Press 1982.
Dictionnaire des religions, P.U.F., 1984.
Geschichte der Religionen, Fischer, Frankfurt am Main, 1980.
New catholic encyclopedia en 15 volumes, Cath. University, Washington 1967.
Quid?, éd. Robert Laffont, 1989.
L'état des religions, le Cerf-la Découverte, 1987.

Ouvrages traitant de sujets particuliers

Judaïsm, Rabbi Eliahu Avichaïl, Old City Press, Jérusalem, 1985.
Le judaïsme pour débutants, Charles Sziakmann, la Découverte ; 1985.

Annuaire catholique de France, Publicat, Paris, 1985-1986.
La vie surnaturelle, Jean Daujat, Fayard 1939.
Les Judéo-chrétiens, Jacques Gutwirth, le Cerf 1987.
L'orthodoxie, Serge Boulgakov, éd. l'âge d'homme, 1980.
Eglises nouvelles et mouvements religieux, de Pius Ngandu Nkashama, éd. L'Harmattan, 1990.
Le livre de Mormon, éd. de l'Eglise des Saints des Derniers Jours, 1965.

Al Quran al Karim, trad. Salah ed-din Kechrid, Beyrouth 1985.
Initiation à l'Islam, France-Islam, 1974.
Quarante hadiths du prophète, la Maison du noble Coran, Beyrouth, 1980.
Guide du pèlerin, Institut islamique, Dakar, 1981.
Short Encyclopedia of Islam, E.J. Brill, Leiden, Pays-Bas, 1974.
Encyclopedie de l'Islam, Maisonneuve, Paris 1960 (4 tomes édités jusqu'à Kh).

Le Zend-Avesta, Darmesteter, Adrien Maisonneuve, Paris, 1960.
Zoroastre, Duchesne-Guillemin, éd. Robert Laffont, 1975.

Dictionnaire de la civilisation indienne, Louis Frédéric, éd. R. Laffont 1987.
Bhagavad Gita, S. Radhakrishnan, Blackie and son Ltd, Inde.
Les quatre sens de la vie, Alain Danielou, éd. Buchet-Chastel, 1984.

Table des matières

Prologue 7

1ère partie : L'homme dans le monde — 11

Place de l'homme dans le monde 13
   Le prodige de la vie 13
   Le prodige de la pensée 15

L'hypothèse d'un Dieu créateur 19
   L'homme, inventeur ou créature de Dieu ? 21
   La foi en Dieu 22
   Une conséquence de l'existence de Dieu : le surnaturel 23

L'homme en face de Dieu 29
   Qui est Dieu ? 29
   Le plan de Dieu 30
     La condition humaine 33
   Les attitudes à l'égard de Dieu : les religions 36

2ème partie : les religions — 39

Estimation du nombre des adeptes des grandes religions 41
   Le christianisme 45
     Le catholicisme 45
     L'orthodoxie 46
     L'Eglise monophysite (Coptes et Jacobites) 47
     L'anglicanisme 47
     Le protestantisme 48
     Les écoles locales 50
   L'Islam 51

L'hindouisme	52
Le bouddhisme	53
Les animistes	54
Les athées militants	56
Répartition des religions par continents	56
Evolution du nombre des adeptes des grandes religions	57
Nombre de religions dans le monde	59
Les grandes religions	61
Les grandes religions révélées	63
Le judaïsme	65
La doctrine du judaïsme	66
La pratique du judaïsme	69
Les différentes formes du judaïsme	72
Le hassidisme	74
Les Karaïtes	75
Les samaritains	75
Les Hébreux noirs	76
Les tribus perdues d'Israël	77
Le christianisme	83
Jésus-Christ	84
Les croyances du christianisme	89
La pratique du christianisme	91
Mise en œuvre de la parole de Dieu	91
La célébration des dons de Dieu	93
Les différentes formes de christianisme	94
Le catholicisme	96
L'histoire agitée du catholicisme	97
Le concile de Vatican II	98
La spécificité du catholicisme	99
La nature de l'Eglise catholique	99
La tradition et les dogmes	101
Les sacrements	102
La structure hiérarchique de l'Eglise	105
La pratique du catholicisme	112
Les églises catholiques de rite oriental	121
L'orthodoxie	123
La séparation des églises d'orient et d'occident	124
La conception orthodoxe de l'église	126
La place de l'orthodoxie dans le christianisme	129
Les Vieux-Croyants	130
Les Eglises coptes et éthiopienne	131
Le protestantisme	133

La réforme et la naissance du protestantisme	134
Les croyances du protestantisme	135
Evolution et variantes du protestantisme	136
Les anabaptistes	136
L'anglicanisme	137
Le luthéranisme	139
Le calvinisme	140
Autres courants du protestantisme	144
Paysage du protestantisme actuel	150
Les églises « locales »	152
Une église locale : iglesia ni kristo	158
Les mormons	159
L'Islam	171
Les principes de l'Islam	172
Le Coran	175
Les différentes formes de l'Islam	176
Le sunnisme	179
Le chiisme	180
L'ismaèlisme	183
Les dissidents du chiisme : Alaouite et Druzes	185
Le kharidjisme	187
La pratique de l'Islam	189
Les Frères Musulmans	191
Le soufisme	192
Les confréries musulmanes	194
Un exemple de confrérie musulmane : la naqshbandiya	196
Les mourides	197
Les « Black Muslims »	198
Les Ahmadis	199
Les religions de transition	202
Les Zoroastriens ou adorateurs du feu	203
Les Sikhs	207
Les religions « polythéistes »	210
L'hindouisme	210
L'hindouisme dans l'histoire	211
Principes de l'hindouisme	212
La destinée humaine selon l'hindouisme	214
Le panthéon hindouiste	217
La pratique de l'hindouisme	221
Le culte quotidien, la « puja »	221
Les « sadhus »	222

        Les courants « modernistes »........................ 224
Le jaïnisme.. 226
Les animismes 228
    La religion des yoroubas 231
    Les religions afro-américaines 232
        Le vaudou.. 233
        Macumba et candomble............................. 235
    La religion mapuche.................................. 236
    Les cargo-cults...................................... 237
Le shinto... 238
    Un phénomène purement japonais....................... 238
    L'évolution historique du shinto..................... 239
    La pratique du shinto 241

Entre la philosophie et la religion :
Taoïsme, Bouddhisme Confucianisme 243
    Le Taoïsme... 244
        Le Ying et le Yang............................... 246
        Le Tao dans l'histoire........................... 247
        La pratique du taoïsme 248
    Le bouddhisme 252
        Evolution historique 254
        L'enseignement de Bouddha........................ 255
        Les différentes formes du bouddhisme............. 258
            Le bouddhisme Théravada 258
            Le bouddhisme du « Grand Véhicule » (Mahayana).... 259
            Le bouddhisme tantrique...................... 260
        La pratique du bouddhisme 262
            La pratique de Zen........................... 262
    Le confucianisme..................................... 264
        Les principes du confucianisme 266
        L'évolution historique du confucianisme.......... 266
        Ce qu'il subsiste aujourd'hui du confucianisme... 267
        Quelques pensées de Confucius 268
    Les nouvelles religions « japonaises » 270
        Les « sectes » shinto 271
        Un phénomène bien japonais : le soka gakkai...... 272
        Le P.L. kyodan 273
        Le rissho lisei-kai 274

Les syncrétismes.. 275
    Le bahaïsme.. 276
    Les Yazidis, dit « adorateurs du diable »............ 279

Le caodaïsme	280
Le chondogyo	281
Les quasi-religions	282
Le mouvement subud	283
La franc-maçonnerie	284
La Rose-Croix	287
Une anti-religion : le communisme	289
Les sectes	292
Moon	295
La scientologie	297
La science chrétienne	298
La « méditation transcendentale »	299
Hare krishna	300
La fin d'une secte : bhagwan	303
3ème *partie : L'homme et la religion*	**305**
La vie spirituelle personnelle	311
La vie spirituelle, expression des relations de l'homme avec Dieu	311
Trouver Dieu	314
Vivre avec Dieu	315
Vivre de Dieu, le mysticisme	316
Les religions dans la vie sociale	319
La vie publique des religions	320
Le sacré	320
Les symboles	321
Le feu et la lumière	323
L'eau	324
Les végétaux	325
Les parties du corps	326
Les attitudes du corps	327
Les livres sacrés	328
Le culte et les rites	331
Les rites alimentaires	334
Le judaïsme	335
L'Islam	336
L'hindouisme, le jaïnisme et le bouddhisme	336
L'animisme	337

Le christianisme.	337
Le jeûne	337
Le ramadan	338
Le jeûne dans le christianisme	338
Que peut-on penser des rites « religieux » ?	339
La prière.	340
La prière chrétienne	341
La prière dans l'Islam	343
La prière dans le judaïsme	346
L'efficacité de la prière.	347
Le surnaturel dans le religieux	347
La magie.	350
La possession	354
Les visions et les apparitions	355
Fatima.	356
Medjugorje	358
Kibeho.	358
Paray-le-monial	359
La chapelle de la « médaille miraculeuse »	360
Dozulé.	361
Que peut-on penser des apparitions ?	362
Les miracles.	363
Marthe Robin	365
Padre Pio	365
Lourdes.	367
Le surnaturel a-t-il de l'avenir ?	368
Les pèlerinages.	368
Les pèlerinages de l'Islam	369
Le pèlerinage à la Mecque et Médine	369
Les autres pèlerinages de l'Islam	371
Les pèlerinages chrétiens	372
Les pèlerinages d'Amérique Latine	374
Notre-Dame de Guadalupe	374
Copacabana	375
Saint-Jacques de Compostelle	375
Notre-Dame de Fourvière à Lyon	375
Les pèlerinages hindouistes	376
Le Kumbh Mela	378
La fête du char de Jagannath.	379
Les pèlerinages bouddhistes	379
Les hommes de Dieu	380
Les prophètes.	381
Les saints	382

Les théologiens... 385
Prêtres et rabbins dans le judaïsme.................... 386
Le clergé catholique....................................... 387
    L'Eglise catholique manque-t-elle de prêtres ?.......... 390
Le clergé musulman....................................... 394
Les prêtres hindouistes................................... 395
Les moines bouddhistes.................................. 396
    Les bonzes du « petit véhicule »..................... 396
    Les lamas tibétains..................................... 398

Religion et culture... 405
La morale... 406
  La morale catholique..................................... 407
Le bien et le mal... 410
  Le diable... 411
  La vérité... 413
Les fêtes... 415
  Les fêtes juives.. 415
    Le sabbat... 415
    Rosh hashanah.. 416
    Yom kippour... 417
    La fête des tabernacles................................ 417
    Simbat Torah.. 417
    Pâque.. 418
    La pentecôte juive..................................... 418
  Les fêtes musulmanes................................... 419
  Les fêtes hindouistes..................................... 420
    Dashehra... 420
    Holi.. 421
    Dipavali... 421
  Les fêtes bouddhistes................................... 423
  Les fêtes chrétiennes.................................... 424
  Que peut-on penser des fêtes religieuses ?.......... 425
Les religions et la mort................................... 426
  Mort et résurrection..................................... 429
  Les rites funéraires...................................... 431
  L'art et la religion....................................... 436
  Le chant et la musique................................. 437
  La danse.. 438
  La peinture.. 439
  Les objets de culte et de piété........................ 441
  Les lieux de culte.. 444
    Architecture.. 445

L'accès aux lieux de culte	448
Décoration et agencement intérieur	448
Langue et religion	449
Le vocabulaire des religions	452
Noms et prénoms liés à la religion	453
Les religions et l'argent	455
L'Islam et l'argent	457
La religion et l'éducation	458
Enseignement religieux et laïcité	458
La formation religieuse	460
Un virage nécessaire	462

Religion et politique	469
Le pouvoir religieux	469
Théocratie, athéisme ou laïcité	471
Fanatisme et tolérance	474
Guerres de religion ou conflits politiques ?	476
Europe	477
Afrique	477
Amérique Latine	477
Asie	478
L'Iran	479

Les religions ont-elles de l'avenir ?	483
L'évolution des religions dans le passé	484
L'évolution récente des religions	486
L'avenir des différentes religions	488
Avenir de l'animisme	488
Avenir de l'athéisme	489
Avenir de l'hindouisme	490
Avenir du bouddhisme	491
Avenir du judaïsme	493
Avenir de l'Islam	495
L'évolution des mœurs	496
Les problèmes politiques	498
L'Islam bloqué ?	499
Avenir du christianisme	500
Catholicisme, orthodoxie, protestantisme : une seule église ?	501
L'évolution récente du christianisme	504
Le christianisme et les autres religions	505
La compétition entre l'Islam et le christianisme	506

4ème partie : A quoi servent les religions ? — 513

Les besoins et les aspirations de l'homme :
la recherche du bonheur 517
    Les fausses solutions 519
    La sagesse et la philosophie 520

Les ambitions des religions 523
    Le rôle social des religions 525

Que peut-on attendre d'une religion ? 529
    La joie 531
    L'amour 533
    La liberté 535
    La connaissance 536

Y a-t-il une religion meilleure que les autres ? 539
    L'amour universel 540
    L'épanouissement de l'homme 542
    Deux autres critères d'appréciation des religions 544
        Quelques exemples 546

Les questions sans réponses 551
    Un regard sur le temps 552
    La justice de Dieu 553
    La finalité de la création 555

Un objectif à la portée de chacun : avancer vers Dieu ... 559
    La lucidité 561
    La solidarité 563
    La volonté d'agir 565

Conclusion 571

5ème partie : Annexes — 581

Les religions pratiquées dans les différents pays du monde 583

Index des religions, mouvements religieux ou philosophiques
    mentionnés dans le livre 639

Bibliographie 643

Achevé d'imprimer en mars 1991
par l'imprimerie Campin à Tournai (Belgique)
N° d'édition C9001

MODER...
    NOTRE ...
2333 HEADON FOREST DR.
   BURLINGTON, ONTARIO